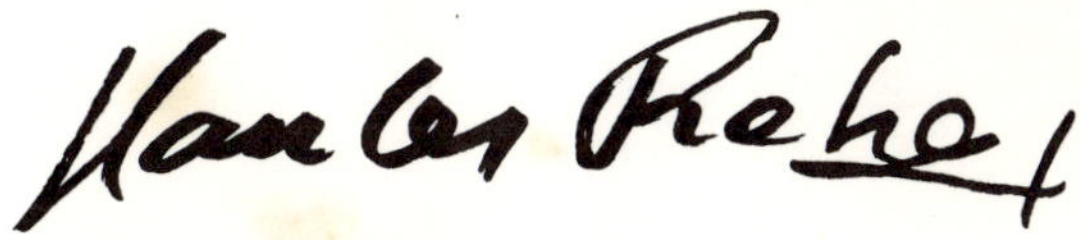

LÁZARO TORRES/ACERVO TEMPO GLAUBER

GLAUBER ROCHA

CARTAS AO MUNDO

ORGANIZAÇÃO

IVANA BENTES

COMPANHIA DAS LETRAS

Projeto gráfico e capa:
Hélio de Almeida

Foto da capa:
Ronaldo Theobald/Agência JB

Assistente de pesquisa:
Samuel Averburg

Digitação dos originais:
Samuel Averburg
Mario Luis de Mendonça Carneiro Kayat

Preparação:
Carlos Alberto Inada

Revisão:
Isabel Jorge Cury
Beatriz Moreira
Ana Maria Barbosa
Carmen S. da Costa
Ana Paula Castellani

Todos os esforços foram feitos para se determinar a autoria das fotos usadas neste livro, porém nem sempre isso foi possível. Todas as fotos foram reproduzidas por Vicente de Mello a partir de originais do Acervo Tempo Glauber.

Dados Internacionais de Catalogação na Publicação (CIP)
(Câmara Brasileira do Livro, SP, Brasil)

Rocha, Glauber, 1939–1981.
Cartas ao mundo / Glauber Rocha ; organização Ivana Bentes. — São Paulo : Companhia das Letras, 1997.

ISBN 85-7164-688-0

1. Cartas brasileiras I. Bentes, Ivana 2. Rocha, Glauber, 1939-1981 I. Título.

97-3534 CDD–869.965

Índices para catálogo sistemático:

1. Cartas : Século 20 : Literatura brasileira 869.965
2. Século 20 : Cartas : Literatura brasileira 869.965

1997

EDITORA SCHWARCZ LTDA.
Rua Bandeira Paulista, 702, cj. 72
04532-002 — São Paulo — SP
Telefone: (011) 866-0801
Fax: (011) 866-0814

SUMÁRIO

INTRODUÇÃO

TEMPO GLAUBER

Lúcia Rocha

Ao longo desses anos eu tenho ouvido das pessoas as mais diferentes opiniões sobre minha determinação em preservar em acervo a obra de meu filho. Desde elogios rasgados até críticas destruidoras. Mantenho firme meu objetivo, pois acompanhei a perseverança de Glauber em seguir seu caminho e isso me serve de escudo contra o desespero de não ser compreendida. Eu gostaria de ver o Tempo Glauber como uma conquista do povo brasileiro, mas ele é ainda apenas um foco de resistência.

Vivo entre roteiros, entrevistas, artigos, ensaios, projetos, livros, a maioria inéditos, vídeos, fotografias e, além de tudo isso, que também faz parte do Acervo, entre cartas e mais cartas. Elas são uma das preciosidades que temos.

Ivana Bentes, ajudada por Samuel Averbug, levou meses lendo e relendo tudo isso até chegar a esta seleção que está sendo publicada aqui. Achei muito importante e apoiei desde o início sua pesquisa. Glauber tinha vontade de que publicassem tudo que dissesse respeito a ele.

Talvez elas possam não ser agradáveis para alguns, mas são os pensamentos de Glauber, onde ele se mostra uma pessoa verdadeira, e onde ele faz a análise de seu próprio trabalho.

Espero que esta publicação seja mais uma prova de que valeu o esforço de reunião e preservação. Tínhamos que arriscar, pois arriscando a gente ganha ou perde.

O DEVORADOR DE MITOS

Ivana Bentes

Glauber não foi apenas um correspondente compulsivo, foi um escritor obsessivo, que passou mais tempo sobre a máquina de escrever que atrás de uma câmera. Ao nos defrontarmos com seus escritos, mais de quinhentas cartas, roteiros, poemas, ensaios, entrevistas, textos conceituais e confessionais, surge a pergunta decisiva: onde termina sua "obra" e até que ponto essa produção textual, de uma exuberância barroca, se integra a toda uma vida marcada pelo cinema?

Diante desse sem-fim de papéis guardados ao longo de quase trinta anos, carregados em malas, pastas e baús pelos quatro cantos, numa errância nômade, outra questão se impõe: já é hora de tirar Glauber do "gueto" do cinema e inseri-lo na história da cultura e do pensamento contemporâneos, da qual seu cinema faz parte. O que já podia ser vislumbrado nos filmes, esse Glauber pensador, estrategista, teórico da cultura e do cinema, ganha com a leitura dos seus escritos maior visibilidade.

As 265 cartas, de Glauber e para Glauber, publicadas aqui são parte desse esforço para trazer um novo aporte sobre sua obra. O que significa dizer que esse longo texto fragmentado que é sua correspondência forma um só *corpo* com os filmes, os textos publicados e inéditos, com as entrevistas, desenhos, poemas, romances, storyboards, rascunhos, promissórias, receitas médicas, bilhetes, grafismos, contratos... tudo se relaciona num fantástico palimpsesto. Lidos e relidos tais textos perturbadores, revistos os filmes, a obra e a vida de Glauber pecam e assustam por um só motivo: *excesso de sentido*.

Sujeito do discurso, sujeito do desejo, ator no processo político e econômico, Glauber surge nessas cartas como sujeito plural e personagem conceitual. No período que cobre a correspondência selecionada e que vai de 1953 a 1981, ou seja, dos treze aos 42 anos, Glauber empreende o que Foucault chama de uma "escrita de si".[1]

Abre-se ao olhar do outro de forma radical. Essa "narração de si" surge nas cartas não como algo íntimo ou privado, mas como um experimen-

(1) Michel Foucault, *O que é um autor?* Lisboa, Vega, 1992.

tar-se que deve ser exteriorizado. É o que se lê numa carta de Glauber para Cacá Diegues, datada de 1973. Esse sentimento de "viver sob o olhar de outro" e de "nada ter a esconder" marca seus escritos:

> [...] não me sinto feliz nem triste, apenas exaltado, deprimido e absolutamente desprovido do senso de moral. O que é a liberdade? Poder saber criar? Não tenho poder, tenho pouco saber... E veja, meu querido Cacá, tudo isso é verdade, *não tenho a menor vergonha de falar publicamente dos meus desejos*, como você também e todos os cineastas que somente eles sabem o que significam estes fantasmas [grifos meus][2]

A carta, um exercício de "introspecção", no sentido dessa exposição de si ao olhar do correspondente, é um exemplo dessa relação do artista com a escrita, em que esta funciona ao mesmo tempo como exercício de pensamento, como transe e exorcismo. É como termina o texto: "[...] Muitas saudades. *Já tirei os demônios do corpo durante a carta*, o corisquismo por vezes me domina, e isto é transe místico, e logo volto à calma. Nesta tensão um dia o coração ou a alma explode. Mas é uma máquina que me dá sensação de Vida livre, fluem energias [...] [grifos meus]".

As cartas de Glauber tem tal intensidade que funcionam como uma autobiografia visceral, ao mesmo tempo que formam um retrato a quente do Brasil e da cultura contemporânea. As cartas têm cunho pessoal, ensaístico, conceitual, histórico. A vida privada de Glauber se confunde e se dissolve na História, ou melhor, na H(EU)STORIA, fórmula glauberiana que aparece em diferentes textos indicando essa dissolução das fronteiras entre o individual e o coletivo.

Lendo essas cartas, descobre-se que Glauber não tinha isso que chamamos de "vida privada", não distinguia a vida mais cotidiana e "pessoal" do personagem público, o personagem escândalo, o cineasta, o polemista, enfim, daquilo que professava com veemência nos filmes, entrevistas, textos. Daí parecer um personagem da sua obra.

Num texto inédito, "Análise do último período", em que Glauber faz uma análise minuciosa de sua vida desde maio de 1971, seus escritos surgem como parte integrante da sua obra:

(2) Para Cacá Diegues, Paris, junho de 1973.

> Resta escrever o livro sobre minha experiência, mas este é um trabalho longo que exige restabelecimento de todos os meus textos, é o estudo de uma época, 50, 60 e 70 no Brasil. [...] A obra escrita virá depois da obra filmada, que me dará a compreensão totalizada dos fenômenos. *Luz e Ação deve ser a história de um sertanejo de Vitória da Conquista que chegou à compreensão científica do mundo e a exprimiu em cinema e letras e política.*

As cartas, intensas, vitais, registro a quente dos acontecimentos, são parte dessa "obra escrita", e o "longo trabalho" de restabelecimento dos textos de Glauber mal começou. Uma "escrita de si" que desfaz os limites entre o conceitual e o biográfico, potencializando vida e obra.

Defrontada com a monumentalidade desses escritos, mais de quinhentas cartas no total, e com as tramas surpreendentes de uma vida se redesenhando aos meus olhos, surpreendi-me elegendo a correspondência como texto prioritário na compreensão da obra. Tomei como critério na seleção dessas correspondências sua intensidade e relevância na composição de uma "via", vida, glauberiana. Trabalho que só foi possível porque todo esse material precioso foi reunido e preservado, por Lúcia Rocha, mãe de Glauber, tornada "arquivista", curadora e guardiã da obra do filho.

Glauber foi um desmistificador. Mas em 1994, quando entrei pela primeira vez naquele cômodo abafado, abarrotado de papéis, pastas e objetos pessoais, o Acervo Tempo Glauber, num casarão de Botafogo, a sensação foi a de estar violando a tumba de um faraó. É que, para além das dificuldades materias, o Acervo só existe pelo esforço pessoal de dona Lúcia Rocha, para além dessa interdição, de ordem econômica, paira sobre o Acervo uma segunda interdição, de outra ordem, um certo temor e apreensão quanto àquilo que Glauber teria escrito e deixado para além da morte.

As palavras de um morto já não ferem tanto, mas algumas dessas cartas são implacáveis, trágicas, lúcidas e vitais, como Glauber foi. Sem nunca tê-lo visto, descobri seus filmes no dia da sua morte, em agosto de 1981, percebi que ele, os afetos, a inteligência, a fúria, o pensamento dialético e barroco, estava inteiro ali, capturado pela escrita: um retrato de Glauber decalcado, estraçalhado, sobre o retrato do Brasil. "Tenho de trabalhar nesta máquina de escrever como se estivesse numa dessas terríveis batalhas", escreve Glauber.[3] Sua escrita é tortuosa em todos os níveis, cheia de correções, garranchos e grafismos, o papel quase agredido pelas idéias.

Também me impressionou, na correspondência, o sentido da posteridade e a intimidade do artista com a morte. Relação entre morte e escrita que atravessa todos os seus textos.

Dos treze aos 42 anos, Glauber empreende uma auto-análise sistemática através dos escritos. "Eu sou um apocalíptico que morrerei cedo [...]. Às vezes sinto-me louco e absolutamente feliz dentro de uma infinita solidão", diz numa carta de junho de 1973 para o amigo Cacá Diegues. Essa volúpia no aniquilamento e auto-exílio aparece em muitos textos, mas tem como contraponto um impulso vital e empreendedor que marca igualmente essa escrita depressiva-eufórica.

Para reconstruir essa trajetória optei pela cronologia. As cartas selecionadas seguem o curso das décadas, dos anos 50 aos 80, mas podem ser lidas ao acaso. Os textos revelam "fases", mas formam também uma teia acentrada de temas e idéias que se cruzam. O efeito dessa leitura é o de entrar no meio de um acontecimento, de um drama, romance, filme, peça de teatro, no cerne de uma vida.

Passando ao largo da "mitificação" ou objetividade das biografias, mas diferenciando-se também das subjetivações e impressionismos de um diário, as cartas de Glauber nos colocam no olho do furacão, na justa medida entre a máxima distância e o envolvimento máximo.

Pelas cartas é possível traçar um caminho e uma biografia objetivos (a ilusão de recobrir a vida pela escrita) e ao mesmo tempo partilhar experiências difíceis de definir: angústias, pressentimentos, projetos, estados eufóricos ou depressivos, pensamentos lúcidos e estratégias, como se a carta em questão tivesse acabado de chegar e fôssemos nós o destinatário desse mundo em convulsão.

Glauber parece ter um vulcão dentro da cabeça, cuspindo idéias, sistemas, conceitos, estratégias, afetos e percepções. Uma máquina de fazer e desfazer sentidos. Por essa perspectiva tudo poderia ser publicado. Não há escrito desprovido de interesse. As cartas "recobrem" sua vida e obra, ou melhor, constituem essa vida, restituem a Glauber sua contemporaneidade.

(3) "Análise do último período", texto inédito de Glauber, sem data. Série Produção Intelectual. Acervo Tempo Glauber.

MONTAGEM E MORTE

Se a morte faz uma montagem fulgurante de nossa vida, como queria Pasolini, se impõe um corte, um sentido, a esse plano seqüência ilimitado e inacabado que é a existência, não destitui a pluralidade dos sentidos e interpretações. Pasolini dizia: "Enquanto eu não morrer ninguém poderá estar certo de me conhecer realmente, ou seja, dar um sentido a minha ação, que permanece até então mal decifrada". A morte de Glauber, em 1981, longe de fechar esse sentido, abriu sua vida e obra para uma vertigem de interpretações. Foi pensando nessa pluralidade de vias que chegamos às correspondências.

Para chegar a esta seleção ou montagem estipulei alguns critérios:

a) que se tratassem de cartas conceituais, nas quais Glauber expõe, desenvolve, apresenta idéias;

b) que fossem cartas em que pudéssemos vislumbrar a gênese de projetos, filmes, livros, obras, realizados ou não;

c) que se enfatizassem as cartas em que Glauber se auto-analisa e analisa sua obra; essa sua assombrosa capacidade de se ver "de fora" como sujeito histórico e finito;

d) que se privilegiassem as cartas que indicam momentos decisivos de sua vida e pensamento: a crença na Revolução e no Cinema como forças desestabilizadoras e construtoras de um novo pensamento; o Glauber guevarista; a crença no Estado ou no militarismo nacionalista como força revolucionária; a passagem de um pensamento dialético para a acolhida do inconsciente, do "fluxo desestruturante do desejo"; o Glauber descrente das ideologias;

e) que as cartas retraçassem o "mapa" de sua vida, o Glauber nômade, com seu nacionalismo desenraizado; disposto a exilar-se ou redescobrir o Brasil, tendo passado por Paris, Cuba, pela América Latina, Itália, África, Espanha, Egito, Estados Unidos, União Soviética, Portugal, tendo cruzado o mundo...

f) enfim, que essas cartas, "dramaturgia do real", restituíssem o fulgor de uma vida.

Optei também por publicar parte da chamada correspondência passiva, cartas para Glauber, que dão a exata medida da rede de afetos construída em torno dele e revelam sua enorme capacidade de mobilização e articulação política. Analisando essa correspondência chega-se ao desenho de toda uma geração. Pode-se visualizar essa "rede", cartas endereçadas a ou escritas por cineastas, políticos, diplomatas e figuras com poder de decisão nas suas áreas, diferentes agentes da cultura, a intelectualidade baiana.

Temos ainda as cartas para a família, sobretudo para a mãe, Lúcia Rocha, guardiã da memória, e para a filha Paloma Rocha, um Glauber de uma ternura infinita, e as cartas de amor para as mulheres. Estas últimas (as cartas de amor) são raras no Acervo, por um único motivo: ficaram com as mulheres de Glauber (Milze, Helena Ignez, Rosa Maria Penna, Maria Tereza Sopeña, Juliet Berto, Maria Aparecida Braga, Letícia, Paula Gaitán); cartas difíceis de reunir.

DISCURSO AMOROSO

Nas cartas selecionadas, não faltam, entretanto, inúmeros fragmentos desse discurso amoroso, citações às mulheres, análises de cada relação, declarações e derramamentos. Duas cartas em especial revelam esse Glauber apaixonado e amoroso em todos os sentidos, *amor fati*, amor ao "destino", mas também "amor de ação e transformação" que se derramou por tudo, pelas mulheres, pelo cinema, pelo Brasil.

Destaco a belíssima carta sobre o fim de uma paixão, com a cubana Maria Tereza Sopeña,[4] e uma longa e impactante carta de amor para a atriz francesa Juliet Berto, escrita de um convento dominicano em Paris, o convento Saint-Jacques, onde Glauber se "interna" por motivos existenciais e políticos na virada de 1975 para 1976: era o fim do caso com Juliet Berto, musa da Nouvelle Vague, coincidindo com um clima de perseguição aos guerrilheiros latino-americanos em Paris, depois dos atentados terroristas cometidos pelo Chacal.

Nesta carta a Juliet, Glauber passa em revista a relação com as ex-mulheres, analisa a "neurose típica dos artistas ocidentais", inclusive a sua, traça uma estratégia de sobrevivência e produção artística para os próximos anos, revela sua descrença no socialismo cubano e soviético e se propõe a começar do zero, tendo os Estados Unidos e o Brasil como

(4) Para Cacá Diegués, Paris, junho de 1973.

ponto de partida. Uma das muitas cartas-balanço que faz da sua vida e do seu pensamento, misturando o mais íntimo, seu dilaceramento amoroso, com o fim e o início de um novo ciclo.

A carta é importante porque indica um aspecto novo no pensamento de Glauber, o fim da demonização dos EUA como centro do "imperialismo" e da "maldade". Glauber criou uma mitologia própria: "Eu sou sul-americano. Na mitologia eu sou o Santo Guerreiro do Sul contra o Dragão da Maldade do Norte", diz na carta, para em seguida tematizar uma nova crença, a de que a "*cena da vanguarda histórica é os Estados Unidos e depois o Brasil*".

Na sua proposta de um cinema Épico/Didático, não rejeita o espetáculo da cultura de massa, sua sedução, e propõe uma pop-cinematografia (Godard?), entre Brecht, Eisenstein e John Ford. Esse desejo de "chegar às massas", de dar um salto "quantitativo" ao lado do qualitativo, é uma expressão cara ao último Glauber, seu "pulo do gato", apontado na *Idade da Terra*, seu último filme, ironicamente o mais "radical" e "impopular". Mas A *Idade da Terra* é um capítulo à parte, aonde vamos chegar.

A carta para Juliet Berto, de 1976, é importante porque nela Glauber expressa um desejo novo, que não chegou a tomar corpo mas direciona seu pensamento no final dos anos 70 e início dos 80, e que poderíamos resumir na frase: "o superespetáculo audiovisual revolucionário não pode ser criado senão nos Estados Unidos".

"Quero chegar às massas", repete Glauber, numa outra carta, de 1978, para Fabiano Canosa, sobre a proposta de uma retrospectiva de seus filmes em Nova York e o lançamento de A *Idade da Terra*: "Não me interessam mais cineclubistas, críticos, estas frescuras todas [...] trata-se de fechar esta miserável década". Glauber também insiste com Canosa para desvincular seu cinema do "cinema brasileiro" ou do rótulo "Cinema Novo".[5] No final, Glauber queria uma outra via. Extemporânea, fora da história que ele próprio fundou.

O "des-sucexo" comercial de seu último filme, A *Idade da Terra*, de 1980, iria desnorteá-lo. Em carta a Celso Amorim, de 1980, lamenta o fracasso dizendo que fez A *Idade da Terra* para as massas e esperava vê-lo um dia na TV.

Esse desejo de atingir um público maior leva Glauber a reconsiderar

(5) Para Fabiano Canosa, Roma, 1978.

a máquina de sedução e mitificação do cinema americano, que ele sempre combateu. O fascínio e horror pela cultura norte-americana oscila ao longo da sua vida. Numa carta, de 78, a Tom Luddy, Glauber reafirma o desejo de uma guinada radical em sua carreira: "Agora quero fazer um filme nos EUA", diz, "depois de *A Idade da Terra* estarei livre". Tendo encarnado o mal radical, os EUA aparecem, nesse momento, como uma saída, um campo possível de atuação.

Já na carta de 76, para Juliet Berto, Glauber, desencantado, tendo percorrido no exílio a América Latina, África, Cuba, Europa, Ásia, retoma o sonho de milhões de imigrantes: "Quero ir para a América, mesmo sem dinheiro porque quero viver ainda mais". Para ele, o projeto de vida europeu, o comunismo ocidental, não interessa mais, tudo fracassou. Los Angeles e Hollywood também iriam frustrá-lo.

A volta ao Brasil, em 1976, e o posterior retorno à Europa, um "segundo exílio", em Paris e Portugal, em 1980 e 1981, fazem parte de um movimento de deriva que marca sua trajetória: "*prefiro partir a ficar. Mas partir para mim é um movimento vital*".[6]

O programa *Abertura*, apresentado na TV Tupi, em 1979, e a série inédita sobre Antônio das Mortes, com doze histórias escritas para TV, fazem parte desse impulso de atingir um grande público, que tem um sentido muito particular em Glauber, o de sair do "gueto" do cinema para uma ampla intervenção na cultura, que passava pela política. Em muitas cartas Glauber fala seriamente em criar um partido político, o PNP (Partido Nacional Popular), em lançar-se governador da Bahia ou presidente da República. Não se trata de delírios ou metáforas. Depois de politizar a arte, queria estetizar a política.

No programa *Abertura*, Glauber explora sua própria imagem e carisma, fazendo uma espécie de *talk show* consigo mesmo, um quase monólogo à deriva onde se encaixavam "entrevistados" perplexos ou mudos.

No seriado com Antônio das Mortes, a popularização passa pela combinação da mitologia sertaneja com clichês do faroeste americano. Cangaceiros louros e mulheres poderosas. Western, drama psicológico, erotismo e pedagogia política se combinam num folhetim televisivo singular.

(6) Para Juliet Berto, Paris, 1976.

Glauber perseguiu a fórmula do folhetim revolucionário (épico-didático), que alcançou em *Deus e o Diabo* e no *Dragão da maldade contra o santo guerreiro*. Mesmo desejo de popularização que o faz passar do cinema à política. Não há corte, não há "incoerência" nessa passagem. O épico-didático na estética leva ao popular-nacional-revolucionário-messiânico na política.

INDUSTRIALIZAR A INTELIGÊNCIA

O cinema é assunto dominante em sua correspondência, mas um cinema que implica um novo projeto de indústria cinematográfica e um novo projeto de "nação". Muitas cartas tratam da gênese e feitura desses filmes. Da idéia à realização é possível seguir a linha que se desdobra e se transforma ao longo do tempo em uma obra.

É uma experiência singular poder ler e acompanhar o trabalho de concepção, metamorfose e produção de filmes como *Barravento*, *Deus e o Diabo na Terra do Sol*, *O dragão da maldade contra o santo guerreiro*, *Di Cavalcanti*, *A Idade da Terra*, além dos projetos que Glauber não realizou...

Na luta pela realização desses projetos, surge não apenas o Glauber teórico e pensador do cinema, mas um Glauber furiosamente empreendedor, produtor, hábil negociante, com uma visão da indústria cinematográfica que desfaz qualquer idéia romantizada do artista perdido nas flores do estilo.

Glauber partilha da definição de Gustavo Dahl do artista moderno, mobilizado não só por idéias, mas num corpo a corpo com o real que é a justa medida entre teoria e prática: "*uma das coisas mais bacanas do cinema é esta exigência de uma atividade concreta, física, que elimina de cara os intelectuais de óculos e ombros estreitos*".[7]

Glauber valoriza como poucos a função do produtor. Seu furor inicial é todo canalizado para a produção, foi como começou em *Barravento*. Do Cinema Novo saíram os grandes produtores do cinema brasileiro. Algumas cartas são verdadeiros tratados sobre esse novo produtor que trabalha em rede: "os filmes de um beneficiando os filmes de outros".[8] A idéia do cinema surge

(7) 31 de janeiro de 1960.
(8) Ibidem.

não como "linha de montagem", mas como essa rede de idéias e recursos, o que possibilitou o Cinema Novo. Quando não estava filmando, o cineasta-produtor produzia outro filme. Em vez de apostarem no "mercado" existente, criaram um mercado e um público novos. Cinema de formação.

No auge do seu entusiasmo por esse fazer, Glauber, do set de filmagens de *Barravento*, escreve para Paulo Emilio Salles Gomes, dizendo: "Seria capaz até do suicídio se não me for possível montar esta indústria aqui na Bahia, por mais filmes bons que eu possa fazer em condições semiprofissionais."[9]

A questão é que Glauber queria "industrializar" a inteligência, industrializar a linguagem e a experimentação. "Pois o que eu aqui pretendo desenvolver é realmente uma 'indústria cultural'", escreve a Paulo Emilio. Relação da indústria com o risco e com o novo que ainda hoje produz mal-entendidos e equívocos entre os defensores de um "mercado" cinematográfico sinônimo de filmes "médios", "de público", que subestima o desejo do espectador pelo novo, num retrocesso em relação às possibilidades e à segmentação da própria indústria da cultura.

Glauber chega à direção do seus dois primeiros longas saído da produção. Toma de assalto a direção de *Barravento*, menos por veleidades autorais que para "salvar" o empreendimento de um fracasso econômico-estético. Numa carta genial de 1960, a Paulo Emilio Salles Gomes, escrita no set de filmagens de *Barravento* num dia de Finados, Glauber explica como tornou-se diretor de cinema, "por acaso e incidentes vários".[10] Ao longo das cartas fica claro que o cinema foi apenas um dos muitos meios de expressão (a literatura, a política, a agitação cultural) desse delírio produtivo.

É o Glauber produtor que, numa carta de 1962, oferece a Paulo César Saraceni a direção de um filme "sobre as ligas camponesas no Nordeste" e a miséria no sertão, e que será "o mais importante dos filmes brasileiros [...] uma das grandes bandeiras revolucionárias do norte [...] será para o Brasil uma espécie de *Encouraçado Potemkin*". Glauber apenas produziria esse filme que "TEM QUE SER FEITO". Saraceni não aceita a incumbência, não era o filme que queria fazer (*Rebelião camponesa*). Glauber faria a produção

(9) Março de 1961.
(10) 2 de novembro de 1960.

do filme, que já sugere os temas de *Deus e o Diabo na Terra do Sol*.[11] A relação entre esses "filmes que têm que ser feitos" e as questões individuais, estéticas e existenciais de cada autor vai marcar o Cinema Novo.

ANOS 50: ALGO DE IMPETUOSO

Glauber é dominado por esse "fogo de realização" que se alastra por todo um grupo ou geração. Impressiona o número de cartas em que estipula para si, para o remetente ou para o grupo de amigos um programa ou projeto coletivo, uma série de tarefas, obras e filmes a serem realizados. O tom é impositivo e cúmplice, dizendo o que fazer, como e por que fazer. Uma espécie de reforma agrária-estética-cinematográfica, distribuindo regiões do Brasil, roteiros e temas possíveis entre os cineastas, num desejo de mapear estética e politicamente o país.

"Fogo de realização" que marca toda sua trajetória. "Não sei como, mas tenho algo de impetuoso em meu espírito", escreve aos treze anos.[12] Ímpeto que leva o jovem Glauber a se envolver em diferentes projetos nos anos 50. Nas cartas desse período, ele aparece à frente das *Jogralescas*, da revista *Mapa*, da produtora Yemanjá e da Editora Macunaíma. Poesia e teatro nas *Jogralescas*, teoria e cultura na *Mapa* e na revista *Ângulos*, cinema na Yemanjá, literatura e arte na Macunaíma. Todos os campos são cobertos.

Em cartas para o poeta Fernando da Rocha Peres e o jornalista Adalmir da Cunha Miranda, datadas de 1957, encontramos um Glauber em atividade febril, disposto a criar uma indústria de cinema na Bahia e a formar a "nova geração da cultura bahiana".[13] Projeto que se desdobraria e culminaria no Cinema Novo e num desejo mais amplo de intervenção radical na cultura brasileira contemporânea.

Numa carta de 3 de abril de 1957, Glauber explica sua estratégia, buscar apoio no Rio e São Paulo para fazer cinema na Bahia: "Meus caros amigos, estou escrevendo para ganhar um pouco de ânimo, sou ainda só neste grande Rio de Janeiro apesar de algumas conquistas. Dos grandes da-

(11) Ver carta para Saraceni, Salvador, janeiro de 1962, e a resposta de Saraceni, Rio de Janeiro, 12 de janeiro de 1962.

(12) Para Wilson Mendes de Andrade, Salvador, 15 de janeiro de 1953.

(13) Para Fernando da Rocha Peres e Yemanjá Filmes, Rio de Janeiro, 3 de abril de 1957.

qui uma amizade já foi feita. Alex Viany, um velho com espírito de novo". Procura Nelson Pereira dos Santos nas filmagens de *Rio, Zona Norte* e com respeito e solenidade vê o cineasta com olhos de admirador intimidado: "Nelson está ocupado demais, cheio de planos, pra que pedir alguma coisa a ele? Atrapalhar estes homens significa atrapalhar o cinema brasileiro".[14]

Glauber vai a São Paulo, mas não consegue o apoio imaginado: "Se nada foi feito a culpa não foi nossa e também não será de vocês. A culpa será de motivos que caberiam em um ensaio de cem páginas e que possivelmente eu escreverei".[15]

O sentimento de estar começando algo importante — a Yemanjá produziria *A grande feira*, de Roberto Pires, e *Barravento*, de Glauber — vem junto com as frustrações. Glauber escreve: "Que fazer? Lutar. Eu estou fazendo o possível. Sem nome, sem dinheiro, sem recomendações, arrodeado por estranhos. A ignorância é a nota dominante no cinema do Rio. Poucas as exceções. Tudo aqui está contaminado, viciado, degenerado".[16] Glauber queria zerar tudo e reinventar a história do cinema a partir da Bahia.

A MÁSCARA TRÁGICA

"Como alguém se torna o que é?", pergunta Nietzsche. Olhando retrospectivamente encontramos o que procurávamos.

A carta de Glauber que abre esta seleção, escrita em 1953, aos treze anos, para seu tio Wilson Mendes de Andrade, é importante porque dá conta de uma primeira *formação*: Glauber lê histórias em quadrinhos, *X-9*, *Detetive*, as aventuras do *Superman*; Jorge Amado, Érico Veríssimo, Edgar Allan Poe e R. Kipling; no cinema admira Chaplin e Jean Cocteau; na filosofia, Schopenhauer, Voltaire, Nietzsche. Passa do super-homem nietzschiano ao *Superman* americano.

A "angústia da influência" cedo inquieta Glauber, que procura tranqüilizar o tio:

(14) Ibidem.
(15) Ibidem.
(16) Ibidem.

> [...] Tio, se algum dia tornar-me escritor fique certo que escreverei sobre minha terra. Saiba também que prefiro os escritores brasileiros aos europeus. [...] quero dizer-te ainda que nunca deixei-me influenciar por fitas cinematográficas ou histórias em quadrinhos. [...] Filosofia, sim, estou lendo. [...] Porém, como dizer-te que nunca seguirei o ponto de vista deste ou daquele? Nunca serei "superior" como Nietzsche, pessimista como Schopenhauer ou cínico como Voltaire, isto não! Podes ficar certo que procurarei seguir minha própria filosofia.

A carta chama atenção pelo tom, que oscila entre o pedido de aconselhamento e a escrita imperativa pela qual Glauber se define: "primeiro sou tímido, segundo odeio as mocinhas frívolas, terceiro só me interessam aquelas que forem cultas e inteligentes [...] quarto não sou de "*flirt*" barato e passageiro, quero amor como no século passado: romance ardente e perigoso".

A agonia romântica do jovem Glauber, a máscara trágica, é cultivada pelo artista e ressurge em diferentes fases da sua vida. Glauber gostava de se comparar ao poeta Castro Alves, morto aos 24 anos e nascido na Bahia no mesmo dia que ele, 14 de março, e como ele um "amante das antíteses e das hipérboles". Admiração pelo poeta abolicionista que só é superada pela identificação com o cineasta russo Sergei Eisenstein e a reverência a Bertold Brecht. São reveladoras e surpreendentes, nesse sentido, duas cartas confessionais, líricas, atormentadas, que Glauber escreve sobre seus "duplos".

A primeira é de 2 de janeiro de 1976, destinada a João Carlos Teixeira Gomes, parte de um romance não acabado intitulado *Mapa da Bahia*. Nela Glauber analisa sua adolescência em Salvador e fala do seu *realismo por tática e romantismo por estratégia*.

Dos românticos, destaca Castro Alves, Álvares de Azevedo ("Quando eu morrer escreva no *Jornal da Bahia* que, como Álvares de Azevedo, foi poeta/sonhou/amou na vida") e José de Alencar. Do romantismo despreza a forma fetichizada com que se representava a mulher, a Donzela "como mercadoria erótica". Nessa carta, volta a falar das mulheres e do amor para concluir: "melhor mesmo é amor reprimido numa sexualidade dor/prazer, afinal a gente conhece senão a literatura machista ou o cinema machista onde mulher é sempre puta ou santa?". Glauber, que se define como um moralista de formação protestante, compara a relação de Castro Alves com a atriz Eugênia Câmara, uma paixão devastadora, com seu casamento com a atriz Helena Ignez, e se compraz, nas cartas, com essa experiência da exaltação trágica. O romantismo, na sua vida e obra, tem uma outra face, o messianismo, que será explicitado no seu pensamento político.[17]

Numa belíssima carta confessional ao crítico Walter da Silveira, de 19 de abril de 1962, Glauber faz um relato precioso de si, do que chama de seus defeitos pessoais e que poderíamos enumerar assim:

a) "eu ofendo as pessoas no excesso do meu interesse por elas";

b) "a partir de minha educação protestante, sou um moralista de berço. luto para ser um homem ao contrário, nossa época é de crítica e não de moral";

c) "sou incapaz de dormir com uma mulher se não estiver amando";

d) "eu procuro me aniquilar como homem em função de um destino histórico";

e) "eu vivo sempre em estado de tensão porque não creio nos amigos, sou parcialmente dominado por um complexo de perseguição, nunca tive coragem de me matar mas penso nisso sempre, como obsessionado".

Essa volúpia no aniquilamento e essa auto-análise são recorrentes nas cartas: "*Tenho medo* de não ser sempre amado e a consciência trágica me possui até o 'suicídio'",[18] escreve. Glauber prefere "relações absolutistas", mesmo que frustrantes, já que "as relações realistas são pobres de exaltação poética". Essa consciência trágica, atravessada de um vitalismo brutal, ressurge no final da sua vida de forma ainda mais exacerbada.

Em 1980, Glauber encarnava a tragédia do subdesenvolvimento (toda uma série de projetos e filmes abortados), sem o glamour das utopias e paixões revolucionárias, sem a crença numa "saída" coletiva. Daí a violência e desencanto das últimas cartas, em que diz, já doente em Sintra, Portugal, que "várias forças políticas extracinematográficas desejam meu exílio e mesmo morte".

Mal vestido, desgrenhado, ferino, com problemas financeiros, a própria figura de Glauber agredia seus interlocutores. Ele tinha consciência desse incômodo, desse seu lado bufão e marginal, o que fica claro em inúmeras cartas e textos, em que o sofrimento é dramatizado e estetizado, como numa carta de 1972, de Paris, para Cacá Diegues, grande amigo e confidente.

(17) Sobre o tema, ver *Romantismo e messianismo. Ensaios sobre Lukács e Benjamin.* São Paulo, Perspectiva, 1990.

(18) Para Juliet Berto, Paris, 1976.

O vitalismo de Glauber é atravessado por um profundo sentimento de injustiça e solidão. Visão da morte que se exacerba quando está no exílio, numa trajetória de uma instabilidade e nomadismo impressionantes. Em diferentes momentos do exílio, o artista se vê desprestigiado, dobrado, humilhado: "me acho ridiculamente reduzido a um pária em Paris e todos fogem de mim como se eu fosse o perigo, a doença, o pecado.[...] a solidão é terrível e sinto todas as feridas do país estourando no meu corpo e alma, parece até o prenúncio da morte".[19]

Ainda nessa carta, Glauber relativiza seu sofrimento dizendo que é um exagero que só seu psicanalista, Ivan Ribeiro, poderia entender. "Não curto essa de ser mártir", escreve, mas acaba comparando-se a uma figura mitológica, Prometeu exilado depois de "roubar o fogo".

Glauber/Prometeu é uma das máscaras que o cineasta toma para si. Como Nietzsche, o pensador das transmutações e metamorfoses, Glauber poderia dizer: "Eu sou todos os nomes da história". Dyonizyo, Kryzto, Napoleão, Corisco, Che, Fidel, Godard, Jango, Eisenstein, Orson Welles, Paulo Martins, Lampião, Antônio das Mortes. Esses personagens aparecem nos filmes, textos, cartas, como *figuras conceituais*, duplos e máscaras. Numa das cartas de Sintra, próximo da morte, Glauber se pergunta: "serei Sócrates, bebendo cicuta na pólis? Não. quero estar no banquete democrático da república". Em algumas cartas assina "Paulo Martins", o poeta que em *Terra em transe* ruma para a morte e tem "fome de absoluto".

Glauber politiza o trágico. O desejo de "morte" surge no seu cinema e pensamento não como uma necessidade individual, mas como despedaçamento diante do vácuo político e da impotência. O sentimento de um "destino histórico", saída trágico-política (a comoção nacional com o suicídio de Getúlio Vargas, a carta-testamento que emocionou Glauber na adolescência), é a justa medida "entre a impotência e a lucidez", como em *Terra em transe*.[20]

A máscara trágica é parte de um vitalismo radical, que marca toda sua obra. Tema explicitado no curta-metragem *Di Cavalcanti* (ou *Di-Glauber*), de 1977, que transforma a morte do pintor Di Cavalcanti, no Museu de Arte Moderna do Rio, num *happening* cultural. Glauber quebra

(19) Para Cacá Diegues, Paris, 5 de julho de 1972.
(20) De Gustavo Dahl, 9 de junho de 1967.

o tabu da morte com um ato anarcomodernista, dirigindo o morto e o velório. Nesse curta-metragem, proibido judicialmente pela filha do pintor, Glauber parece dizer que a morte é uma ilusão, uma invenção da "direita", e transforma o luto e o velório num manifesto estético-metafísico contra a morte.

ANOS 60: CINEMA COMO GUERRILHA

As mais de cem cartas que cobrem a década de 60 trazem um Glauber solar, vulcânico, que explode internacionalmente e se impõe no cenário cinematográfico com *Barravento, Deus e o Diabo na Terra do Sol, Terra em transe* e *O dragão da maldade contra o santo guerreiro.*

Nas cartas desse período, acompanhamos a gênese do Cinema Novo. Mais do que isso, a articulação e sincronização do movimento é feita através das correspondências. Cria-se uma rede epistolar com estratégias precisas, que iriam concretizar o desejo de transformação política e estética. Lendo a correspondência fica claro como a geografia do Cinema Novo se configura: Glauber entre a Bahia e o Rio; Paulo César Saraceni na Itália; Gustavo Dahl entre Roma e Paris; Joaquim Pedro de Andrade pela Europa. No Rio, Nelson Pereira dos Santos, Cacá Diegues, David Neves, Luís Carlos Barreto, Leon Hirszman, Walter Lima Jr., Zelito Viana, Ruy Guerra.

Essa base geográfica — o circuito Bahia—Rio—Europa integrado pelas cartas, com São Paulo um pouco à margem (Roberto Santos, Paulo Emilio Salles Gomes...) — é decisiva para o Cinema Novo acontecer como movimento. Glauber, através da correspondência e das viagens, consegue articular um movimento com repercussão internacional. Mas um "internacional" que resulta de cartas e "latas de filmes debaixo do braço", num périplo pelos pequenos festivais da Europa (Santa Margherita, Sestri Levanti, Karlov Vary), mais a "articulação teórica" de uma produção forjada num pequeno intervalo de tempo.

Nesse ponto a logística do Cinema Novo tem muito da guerrilha: poucas pessoas em pontos cruciais, revezando-se nas funções (produção, direção, distribuição, articulação teórica, agitação política) e formando uma rede que potencializa esforços isolados.

Glauber não precisou esperar a Revolução Cubana para começar sua guerrilha cultural, mas, desde sua eclosão em 1961, a experiência cubana o fascina. É dessa época sua correspondência com Alfredo Guevara, à frente do Instituto Cubano de Arte e Indústria Cinematográfica (ICAIC), uma amizade construída num enorme volume de cartas. Cuba iria detonar uma série de possibilidades. A Revolução torna-se palpável, e reforça-se a crença num personagem mítico, um líder messiânico de esquerda, Che Guevara e depois Fidel, que poderia levar a cabo a revolução. Precisamos de um líder! Essa idéia será perseguida por Glauber em vários níveis.

Em maio de 1961, Glauber escreve a Alfredo Guevara: "Saúdo a nova República Socialista Cubana" em nome dos "jovens universitários, operários, artistas brasileiros".[21] Em outra carta, da mesma época, para Paulo César Saraceni, reforça seu entusiasmo: "Cuba é um acontecimento que me levou às ruas, me deixou sem dormir. Precisamos fazer a nossa [Revolução] aqui. [...] *Cuba é o máximo*, eles estão construindo uma civilização nova no coração do capitalismo. *São machos, raçudos, jovens geniais*" [grifos meus].[22]

Na carta, Glauber coloca um impasse: arte ou revolução? "Não acredito no cinema mas não posso viver sem o cinema. Acho que devemos fazer revolução. [...] não credito nada à palavra *arte* neste país subdesenvolvido. Precisamos quebrar tudo. Do contrário eu me suicido."

O Cinema Novo, sintetizando política e estética, seria uma saída para esse impasse. Cuba é a referência imediata: "Estão fazendo um novo cinema, possuem uma grande revista [*Cine Cubano*], vários filmes longos e curtos. Estou articulando com eles um congresso latino-americano de cinema independente. *Vamos agir em bloco, fazendo política*" [grifos meus].

Da Europa e dos festivais Glauber recebe cartas igualmente entusiasmadas de Paulo César Saraceni, Joaquim Pedro de Andrade, David Neves e Gustavo Dahl sobre a contrapartida estética e européia da Revolução Cubana: o neo-realismo italiano, a Nouvelle Vague de Godard em Paris, o cinema direto de Jean Rouch, o novo cinema argentino.

Saraceni escreve do festival de Santa Margherita, na Itália: "Hoje conversamos com Jean Rouch — ele nos contou como fez *Pirâmide hu-*

(21) Para Alfredo Guevara, 4 de maio de 1961.
(22) Para Alfredo Guevara, entre março e maio de 1961.

mana e *Moi un noir. Sem dinheiro nenhum, com a câmera na mão.* Disse ele que *no cinema moderno não existe mais tripé*, que os travellings são feitos com a mão, com o câmera andando, seguindo o personagem. Só a verdade importa" [grifos meus].[23]

TRANSE, CRENÇA E POVO

A experiência cubana vai disparar uma série de idéias que marcam o pensamento de Glauber, em construção nos anos 60. Um "sistema Glauber", dinâmico, dialético, e que não parou de mudar.

Na análise da obra destaco três questões decisivas, uma interpretação que partiu do estudo dos filmes e escritos, e encontra nas cartas uma nova base. Três noções se impõem, três entradas privilegiadas para uma visão do Glauber teórico e esteta. *Transe, Crença e Povo*[24] são conceitos que surgem no cinema de Glauber, de *Barravento* a *Idade da Terra*. Um cinema que parte da dialética, tese-antítese-síntese, em *Barravento*, e chega à materialização do fluxo do pensamento, um "riverão" cinematográfico, que marca alguns filmes da década de 70, *Cabeças cortadas*, *O leão de 7 cabeças*, *Di*, e seu último filme, *A Idade da Terra*, de 1981.

Fazer entrar em Transe ou em crise seria a primeira figura do pensamento e do cinema de Glauber. O transe é transição, passagem, devir e possessão. Para entrar em crise ou em transe é preciso se deixar atravessar, possuir, por um outro. Glauber faz do transe uma forma de experimentação e conhecimento. Entrar em transe é entrar em fase com um objeto ou situação, é conhecer de dentro.

Eis por que seus filmes, por mais "alegóricos" ou "metafóricos", têm a força de uma verdade, são críveis, as imagens não representam, entram em "transe" ou "fase" com os personagens, cenários, objetos, com o espectador. O discurso não explica, flutua, envolve. Glauber consegue dar profundidade a slogans, palavras de ordem, clichês, da mesma forma que impõe realismo às especulações metafísicas.

(23) De Paulo César Saraceni, 26 de maio de 1961.

(24) Ver Ivana Bentes, "Transe, Crença e Povo". *Cadernos de Subjetividade* (org. Peter Pál Pelbartr e Sueli Rolnik). PUC-SP, junho de 1996.

No cinema de Glauber acompanhamos a crise e o transe da Terra, do homem, das formações sociais. Num primeiro momento essa crise nasce de uma dialética. Tese, antítese e síntese é o esquema de *Barravento*. De um lado o misticismo trágico e fatalista da raça negra, de outro, a tomada de consciência da nova escravidão, e ao final uma mudança e superação.[25]

Na carta para Paulo Emilio em que explica a gênese de *Barravento*,[26] Glauber, que adianta não ter lido Marx, vai opor consciência política e religião: "Apaixonado que sou pelos costumes populares, não aceito contudo que o povo negro sacrifique uma perspectiva em função de uma alegoria mística. *Barravento* é um filme *contra* os candomblés, *contra* os mitos tradicionais, *contra* o homem que procura na religião o apoio e a esperança" [grifos meus].

O filme, entretanto, desmente o próprio discurso sobre ele e vai além do que Glauber admitia ser um ponto de partida "primário": a religião como alienação. O resultado é um marxismo tropicalizado, atravessado pelo misticismo, no qual os mitos surgem ao mesmo tempo como tradição a ser superada e fator de transformação e resistência cultural. O transe e as práticas do candomblé estão presentes em *Barravento* não só como "mistificação", mas como "violência plástica & sensualismo", como experiência estética e gnose, o "*barravento*", a natureza em convulsão e transe, é a contrapartida cósmica de uma experiência social.

A "Revolução Negra no Terceiro Mundo", segundo Glauber, passa pela desmistificação dos mitos, como em *Barravento*, mas também pela transformação mítica dos personagens e pela construção de novos mitos. Ao lado da miscigenação "doce" de Gilberto Freyre em *Casa-grande & senzala*, Glauber aposta na irrupção de uma ira e violência revolucionárias.

De *Barravento*, feito na Bahia em 1960, ao *Leão de 7 cabeças*, filmado na África em 1970, vemos Glauber transformar Aruan, submisso e místico, e o malandro Firmino, "o negro sobrevivente", num Zumbi, guerreiro negro marxista-leninista ou maoísta disposto a fazer a Revolução sem perder um milímetro da sua africanidade e dos seus mitos. Num ato de paroxismo Glauber começa a construir uma esquerda mítica e mística, com seus próprios mitos.

No cinema de Glauber toda ordem, estrutura ou indivíduo poderá ser

(25) Ver análise de Ismail Xavier em *Sertão mar. Glauber Rocha e a estética da fome*. São Paulo, Brasiliense, 1983.

(26) Para Paulo Emilio Salles Gomes, Salvador, 2 de novembro de 1960.

submetida, confrontada a um transe ou crise, a uma violência de onde nasce o pensamento.

Transe e crise são condições de um cinema diferencial que nasce desse impasse diante do que é "terrível demais, belo demais, intolerável". Algo que excede nossa capacidade de reação: uma beleza ou uma dor fortes demais. Ao invés de um pensamento ou de um cinema que tolera e suporta praticamente qualquer coisa, Glauber vai dar um sentido estético e ético à palavra *Revolução*.

Do exercício da crise nasce sua pedagogia ou estética da Violência. A beleza tropical em revolta de *Barravento* dá lugar em *Deus e o Diabo* a uma terra seca, calcinada, infértil. O sertão, o grande outro da civilização tropical e paradisíaca do litoral. O sertão é o outro do Brasil positivista, "civilizado", "racional". Se o sol, no litoral, é o símbolo generoso da civilização tropical, aliado de um solo fértil em que "se plantando tudo dá", no sertão ele é "o inimigo que é forçoso evitar, iludir ou combater" (Euclides da Cunha). A terra é barbaramente estéril e desregulada, capaz de sofrer mutações radicais, pronta para passar da "extrema aridez à exuberância extrema". Os sertões se determinam por violações em cascata às normas do litoral.

REBELDES PRIMITIVOS

Em *Deus e o Diabo na Terra do Sol*, Glauber parte da convulsão e violência da terra para chegar à rebeldia em estado puro. Beatos e cangaceiros são os nossos rebeldes primitivos, portadores de uma ira revolucionária difusa, emissários da cólera da Terra para além de Deus e do Diabo. Glauber parte de todo o imaginário euclidiano de *Os sertões*, no qual a violência, a ferocidade, a fome e a revolta são atributos ou condições do homem e da Terra, mas vai às últimas conseqüências e faz da violência uma política e uma estética.

Glauber procede a uma transmutação dissolvendo os pólos *natureza* e *cultura* de tal forma que toda violência da terra, do meio, da religião, do cangaço, do povo massacrado, toda rebeldia ou fascismo será o embrião de uma ira revolucionária.

Transforma beatos, vaqueiros, matadores de aluguel em agentes da Revolução. Para ele, "somente pela violência e pelo horror o colonizador pode compreender a força da cultura que ele explora". A violência não é um simples sintoma, é um desejo de transformação, é "a mais nobre manifestação cultural da fome". O marxismo de Glauber tem algo de sádico e histérico. Para explodir, a Revolução tem que ser precedida por um crime, um massacre. Pedra Bonita, Canudos. O beato Sebastião impingindo penitências e castigos aos fiéis, o cangaceiro Corisco matando no fuzil para não deixar "pobre morrer de fome". Antônio das Mortes matando beatos e cangaceiros em nome da Revolução que virá: "uma guerra maior nesse sertão... Uma guerra grande, sem a cegueira de Deus nem do Diabo".

Em carta para Alfredo Guevara, de 1962, Glauber deixa claro sua posição: "O PC [Partido Comunista] acredita e prega uma revolução orgânica, talvez sem sangue — o que parece impossível —, enquanto toda a juventude indisposta deseja *uma ação terrorista total* contra regimes escandalosos [grifos meus]".[27]

SÁDICO DE MASSAS

Afastando-se da solução "conciliatória" ou paternalista na representação das relações de poder e de saber entre o intelectual e o povo, Glauber Rocha tematiza o "fascismo" de direita e de esquerda e propõe sua pedagogia da violência para além das ideologias. Nos seus filmes e textos rejeita-se a posição do intelectual como "legítimo" representante do povo assim como o discurso da exaltação ou "vitimização" desse povo, comum nos anos 60.

Nesses filmes, o povo é chicoteado, espancado, amordaçado, fuzilado. Ao invés de condenar "moralmente" a violência e a exploração, representa essa violência com tal radicalidade e força que ela passa a ser algo intolerável para o espectador. Glauber também aponta novos agentes e intermediários nesse processo (o cangaceiro, o beato, o mercenário), que destituem o intelectual do seu lugar privilegiado de agente de transformação.

Numa carta de 1973 para Cacá Diegues, Glauber escreve sobre o "fascismo esplendoroso", sobre o fascínio e o ódio que nutre pelo dominador. Nessa carta, Glauber se vê como "um sádico de massas". "O *ritual do sangue*

(27) Para Alfredo Guevara, Salvador, 5 de janeiro de 1962.

me fascina", diz, "começo a entender a significação do sadomasoquismo e a infinita ternura que há no crime. Eu tinha um verdadeiro prazer em filmar Antônio das Mortes massacrando beatos, projetava meu inconsciente fascista em cima de miseráveis."[28]

A questão reaparece em filmes como *Terra em transe*, *O dragão da maldade contra o santo guerreiro* e *Cabeças cortadas*. Nesses filmes Glauber tematiza o que poderíamos chamar de pulsões anarcoditatoriais da elite, seus personagens Paulo Martins, Porfírio Diaz, Brahms, o Cristo militar vivem as delícias e loucuras do poder de forma desmesurada, bacanais primitivos e olímpicos, numa pura *hybris*.

Com a mesma ambigüidade com que representa o intelectual e o povo, no mesmo movimento de torção que quer forjar heróis revolucionários partindo de cangaceiros irados e mercenários em crise existencial, Glauber, na sua infinita crença na transformação e no devir, nas forças desestabilizadoras, sejam elas impuras, ambíguas, frágeis (o macumbeiro, o cangaceiro, o malandro, o Cristo, o poeta), vai tentar subverter o militarismo e suas pulsões anarcoditatoriais, transformando-o em força revolucionária.

Se há um princípio de conversão em Glauber, que opera essas torções, esse princípio é a CRENÇA numa espécie de devir revolucionário que não se reduz à crença na Revolução. E aqui chegamos à segunda figura do pensamento glauberiano.

"O fato moderno é que já não acreditamos neste mundo. Nem mesmo nos acontecimentos que nos acontecem — o amor, a morte —, como se nos dissessem respeito apenas pela metade."[29] É o vínculo do homem com o mundo que se rompeu. Por isso, é o vínculo que deve se tornar objeto de crença, ele é o impossível que só pode ser restituído pela crença.

A crise dos valores, a crise da verdade, a crise dos esquemas produzem esse rompimento radical. Aruan em *Barravento*, o vaqueiro Manuel em *Deus e o Diabo*, o poeta Paulo Martins em *Terra em transe*, os personagens desterritorializados de *O dragão da maldade contra o santo guerreiro* e *Cabeças cortadas* perderam a crença no mundo. O homem está no mundo, vê, sente, mas não sabe mais como agir.

(28) Para Cacá Diegues, Paris, junho de 1973.
(29) Gilles Deleuze, *A imagem-tempo*. São Paulo, Brasiliense, 1985.

"Restituir-nos a crença no mundo, eis o poder do cinema e do pensamento moderno. Cristãos ou ateus em nossa universal esquizofrenia, precisamos de razões para crer neste mundo."[30] Reencontramos Nietzsche e Glauber nessa proposição. É toda uma reversão da fé cristã que Glauber levará ao cúmulo num filme como *A Idade da Terra*, com a multiplicação do Cristo, liberado do cristianismo (o Cristo índio, o Cristo negro, Cristo militar e o guerrilheiro), um Cristo investido de forças desestabilizadoras.

"Nem conformismo, nem resignação, nem submissão passiva: amor, nem lei, nem causa, nem finalidade: *fatum* (destino)."[31] *Amor ao destino* nietzschiano, que Glauber parece retomar em toda sua obra. Deleuze: "Precisamos de uma ética ou de uma fé, o que faz rir os idiotas não é a necessidade de crer em outra coisa, mas uma necessidade de crer neste mundo aqui, do qual os idiotas fazem parte".[32]

O pensamento é arrebatado pela exterioridade de uma crença, para fora de qualquer saber. Não existe transe sem crença. Glauber arranca, como Nietzsche, a crença da fé e a restitui ao pensamento. Faz da crença um método de conhecimento, num dos mais belos movimentos do seu cinema. Num bilhete para Zelito Viana, datado de 1978, sobre a legendagem de *Cabezas cortadas*, Glauber insiste numa frase que deve permanecer fixa na tela durante todo um plano, no qual o ditador Diaz II diz justamente: "*Eu perdi a fé. Que enfermidade mais terrível*". Para fazer a Revolução ou instaurar o fascismo é preciso crer, paradoxo da modernidade que reduz a "pós-modernidade" a uma questão decisiva: não se crê em mais nada, o que torna a Revolução inútil e o fascismo uma aberração. Há um grande medo e desconfiança na atualidade em relação aos que crêem, seja lá no que for.

Glauber tematiza a crença em vários filmes, mas é no *Dragão da maldade contra o santo guerreiro* que a questão ganha corpo. *O dragão* é um filme sobre os desterritorializados, os descrentes, destituídos de qualquer crença, personagens que vagam procurando uma nova terra, um novo corpo.

A questão do mito e do místico é retomada sob um novo plano. A ambigüidade e negatividade de alguns personagens de *Deus e o Diabo* torna-se positividade no *Dragão*. O impossível é restituído por uma crença. Conversão radical: Antônio das Mortes, o matador, torna-se protetor dos cangaceiros e

(30) Ibidem.
(31) Scarlet Marton, *Nietzsche, uma filosofia a marteladas*. São Paulo, Brasiliense, 1991.
(32) Gilles Deleuze, op. cit.

beatos, o negro Antão deixa seu conformismo, o professor sai do seu niilismo e torna-se guerreiro, o padre torna-se revolucionário, o povo se arma.

Diante do intolerável e da miséria, Glauber constrói uma saída pelo mito e pelo místico, pela revolta em estado puro, uma estratégia, uma composição possível.

O POVO É O QUE FALTA

Até agora encontramos na obra de Glauber um pensamento da crise, deduzimos um mundo perdido na modernidade e uma crença como único elo de ligação homem-mundo.

Chegamos a nossa terceira figura do pensamento glauberiano: o Povo, o que falta. "Os povos não preexistem. De certa maneira, o povo é o que falta."[33] *Dá-me um povo!* Eis o que falta à arte e ao pensamento, diz Gilles Deleuze, novos povoamentos. Um povo é uma minoria que não tem modelo, é um devir, um processo. O povo é sempre uma minoria criadora, povoamentos, inúmeros povos dentro de um mesmo território.

O que interessa, no cinema de Glauber, é a possibilidade de uma fabulação comum ao povo e à arte.

> O artista não pode senão apelar para um povo, ele tem necessidade dele no mais profundo de seu empreendimento. Mas quando um povo se cria é pelos seus próprios meios, mas de maneira a reencontrar algo da arte ou de maneira que a arte encontre o que lhe faltava. Há uma Fabulação comum ao povo e à arte.[34]

A impossibilidade de viver no intolerável de cada sociedade leva à produção de enunciados coletivos capazes de elevar esse intolerável a uma estranha positividade. Estética da fome, Estética da violência, diria Glauber Rocha.

Em *Terra em transe*, Glauber debocha do populismo e do pacifismo na boca de Vieira, o político populista, que brada: "O sangue das massas é sagrado". Paulo Martins, poeta e jornalista, o próprio artista dilacerado, reage: "O sangue não tem importância. Não se muda a história com lágri-

(33) Ibidem.
(34) Ibidem.

mas". Em O *dragão da maldade contra o santo guerreiro*, antes de tomar consciência da sua subserviência, o negro Antão é espancado e humilhado. Em *Câncer*, Antônio Pitanga, que faz um marginal negro, se ajoelha choramingando, sacaneado por brancos e negros de todas as classes.

A pedagogia da violência em Glauber forja um povo em revolta, traz um sentido ativo para a dor, um sentido externo, como em Nietzsche. "A dor não é um argumento contra a vida, mas ao contrário um excitante da vida [...], um argumento em seu favor. Ver sofrer ou mesmo infligir o sofrimento é uma estrutura da vida como vida ativa" (Deleuze).

A pedagogia da dor e da violência em Glauber é o primeiro momento da constituição de um povo, de fabulação. O que é explicitado em *Terra em transe* na fala do poeta Paulo Martins: "Eu bati num pobre camponês porque ele me ameaçou... Podia ter metido a enxada na minha cabeça, mas ele era tão covarde e tão servil! E eu queria provar que ele era tão covarde e servil". E, depois, "a caridade apenas adia, agrava mais a miséria".

"De sangue se desenha o Atlântico", diz Paulo Martins. O Cinema Novo, tão múltiplo e singular na obra de cada um dos seus cineastas, vai tratar da violência, da miséria e do povo, de forma diferenciada. O sadismo de Glauber, sua ira-revolucionária diverge da lírica-romântica de filmes como *Rio, Zona Norte*, de Nelson Pereira dos Santos, ou mesmo do classicismo humanista de *Vidas secas*, também de Nelson.

Com *Terra em transe*, Glauber botou esse povo (subserviente, vitimizado, fraco) em questão com a mesma radicalidade e paroxismo com que criticou o intelectual de esquerda, Paulo Martins, um Hamlet tropical, entre banhos de sangue e exaltação poética.

Num relatório passional sobre os bastidores da esquerda brasileira, uma carta de 22 páginas a Alfredo Guevara, escrita de um quarto de hotel em Santiago do Chile, em 1971, Glauber retoma uma a uma, com preciosismo de historiador, as críticas da esquerda aos seus filmes e à sua pessoa. E a primeira delas é a acusação pública de fascista, porque em *Terra em transe* o personagem Paulo Martins diz que "tem fome do absoluto".[35]

Glauber é atraído pelo que chama de "fascismo esplendoroso", na tentativa de montar cinematograficamente uma mitologia de esquerda que pudesse suplantar a mitologia "colonizadora". Nesse esforço e proposta

(35) Para Alfredo Guevara, Santiago, maio de 1971.

descomunal vai se apropriando e fazendo torções de tudo que servir de estofo a sua construção mítica.

Cuba lhe ensinou, com Che Guevara e Fidel, que uma revolução precisa de HERÓIS. O sertão e os candomblés baianos lhe ensinaram que os santos e beatos têm força de aglutinação e unificação. O cangaço lhe ensinou que a violência pode servir a qualquer ideologia e que existe uma IRA da terra e dos homens que pode servir a qualquer senhor, uma IRA que queima onde houver o intolerável. Glauber persegue essa "verdade sem pudor", esse intolerável de onde pode surgir um devir revolucionário.

Na carta do Chile escreve, em meio a "congestões musculares, frios na espinha, braços, pernas e momentos de alucinação":

> As velhas interpretações econômicas, sociológicas e antropológicas pouco valem diante do desafio *tecnológico e místico* que o país nos impõe. *Macunaíma*, com o *sentimento da verdade sem pudor*, tenta responder um pequeno capítulo deste misterioso questionário. Antônio das Mortes, por todos os Santos e Orixás, amém! — tenta responder outro capítulo, *porque precisamos também dos santos e orixás para fazer nossa revolução, que há de ser sangrenta, messiânica, mística, apocalíptica e decisiva para a crise política do século XX.*[36]

A REVOLUÇÃO QUE NÃO VEIO

Quando o Golpe de 64 estourou, Glauber viajava com *Deus e o Diabo* em direção a Cannes. O filme explode internacionalmente e Glauber vai da Europa para o México, Nova York, Los Angeles. As cartas que recebe do Brasil são escritas sob o signo do desespero e da perplexidade. O luto político contrasta com o deslumbramento de toda uma geração diante de *Deus e o Diabo na Terra do Sol.*

Uma "carta coletiva" para Glauber, assinada por seis amigos,[37] dá conta da situação. Numa outra carta, o cineasta Gustavo Dahl explica as forças políticas por trás do golpe e conta do impacto de *Deus e o Diabo* em

(36) Ibidem.

(37) De Luís Carlos Maciel, Paulo César Saraceni, Leopoldo Serran, Rogério Duarte, Geraldo del Rey e David Neves, 13 de abril de 1964.

seu lançamento no Rio.[38] Walter Lima Jr., que viajou com Glauber pelo sertão, escreve relembrando as filmagens em Monte Santo e analisa o resultado do filme na tela. Sobre o golpe, escreve: "O Alto Comando Revolucionário, que representa a *intelligentsia* dos golpistas, resolveu, após denúncia [...] ver *Deus & Diabo*". Temor afastado quando o produtor do filme, Luís Augusto Mendes, consegue substituir "os gorilas" por Milton Campos, "que como você sabe é chapíssimo do Otto Lara (que viu e achou genial. Disse que vai mandar brasa numa frase)".[39]

As poucas cartas do período falam de uma "onda inquisitorial" pelo país, perseguições, censura aos jornais, delação, e aconselham cautela a Glauber: "Mantenha a cabeça fria. Seja prudente (rasgue esta carta, por exemplo)", escreve Walter Lima Jr. A irmã Anecy Rocha explica que mandou alguns livros de Glauber para outro local, "com medo do DOPS dar uma batida aqui", e pede: "Não assine nada por aí".[40]

Glauber volta de sua viagem e encontra um Brasil inteiramente diferente, um corte brutal num devir revolucionário. A queda de Jango, a fúria da direita e a impotência da esquerda provocam "a mais brutal crise de toda minha vida", que Glauber descreve numa carta amarga e sentida, para o amigo Jomard Muniz de Britto : "eu viajei com *deus e o diabo*, veio a queda de Jango, eu voltei com tudo mudado e as pessoas dispersas, desmoralizadas, tristes".[41] Glauber seria preso em novembro de 65. Da prisão escreve bilhetes para a mãe e para os amigos. Chegava a hora dos gestos clamorosos.

Num bilhete, não incluído neste volume, para o cineasta Júlio Bressane, explica: "Ainda não sabemos como será o clima. Mas aqui nos tratam bem. Somos oito numa cela grande e arejada. Toma-se banho, faz-se ginástica e se conversa. A moral está excelente". Da Itália, Glauber recebe uma carta do cineasta Gianni Amico, comemorando: "*Vecchia puttana adorata*. Então conseguistes ir para a prisão. *L'Avanti* já tinha previsto há um ano. Tinhas vocação".[42] Gianni brinca dizendo que com a prisão Glauber marcava um ponto na construção do seu mito.

(38) 6 de abril de 1964.

(39) 19 de abril de 1964 (não incluída nesta seleção). Walter Lima Jr. se refere ao talento de "frasista" do escritor Otto Lara Resende.

(40) De Anecy Rocha, Rio de Janeiro, 1964.

(41) Para Jomard Muniz de Britto, 1966.

(42) De Gianni Amico, Roma, 1965.

O sucesso de *Deus e o Diabo* colocou Glauber numa posição de destaque na cena internacional: "Se te processarem, faça-nos saber com 15 dias de antecedência, assim preparamos uma gritaria histórica justo para o dia em que o processo se iniciar".

Não houve processo. Glauber é investido do mito com o sucesso internacional e a agitação política. Ao mesmo tempo, pena para conseguir produzir seus filmes. Entre 1965 e 1966 faz dois trabalhos de "encomenda", *Amazonas, Amazonas* e *Maranhão 66*, este um documentário sobre a posse do governador José Sarney no Maranhão.

As filmagens de *Amazonas, Amazonas*, em Manaus e Parintins, em dezembro de 65, são prejudicadas pela chuva intensa e uma série de problemas de produção. Glauber escreve uma carta desesperada ao produtor, Luís Augusto Mendes: "Chego a Manaus e sou recebido com todas as honras. Fui investido aqui de uma responsabilidade maior do que você pode pensar. Eu, sem conhecer porra nenhuma aqui, tenho que fazer um grande filme sobre o Amazonas".[43]

Ao mito Glauber sobrepunha-se o mito Amazônia. Do set de filmagem escreve outra carta ao produtor, explicando que não fará "uma série de vistas falsificadas para uma propaganda de turismo", e insiste na idéia de um "documentário": "Agora você veja: sem índio, sem onça, sem cobra, sem vitória-régia, sem pescaria, sem seringueiro — não é um filme do Amazonas".[44]

Em *Maranhão 66*, Glauber teria oportunidade de acompanhar os bastidores de uma campanha política, a eleição de José Sarney. O resultado reverteria para a ficção exuberante de *Terra em transe*, o melhor estudo cinematográfico sobre populismo, messianismo e a burguesia nacional. Glauber constrói alegorias críveis, inspirado em personagens reais não menos gongóricos: Getúlio Vargas, Carlos Lacerda, Jango e Brizola.

As forças políticas que resultaram no Golpe de 64, a perplexidade e as contradições desse período estão em *Terra em transe*, de 1967, antecedendo em um ano um outro "golpe" na cultura, o maio de 68 na França. Glauber define *Terra em transe* como um "*Cidadão Kane* de esquerda". Gustavo Dahl, numa bela análise do filme, em carta de 9 de junho de 1967,

(43) Para Luís Augusto Mendes, 30 de dezembro de 1965. Não incluída nesta seleção.
(44) Para Luís Augusto Mendes, janeiro 1966.

define o personagem Paulo Martins como um "Hamlet tropical, sem motivações edipianas".

Em muitas cartas são comuns essas extensas análises dos filmes, feitas por outros cineastas ou pelo diretor, uma fortuna crítica singular, de uma geração de cineastas que cultivava *o prazer do texto*. O próprio Glauber, em diferentes cartas, exerce seu talento de analista.

Numa carta para Alfredo Guevara, de 1967, sobre o Festival de Cannes, resume *Terra em transe*:

> É mais poemático do que ficcional. Isto é, a estrutura é livre, cada seqüência é um bloco isolado, narrado em estilos os mais diversos possíveis, e cada seqüência procura analisar um aspecto deste tema complexo. Unindo tudo, como narração, *o delírio verbal de um poeta que morre*, vítima da polícia, no clímax de uma revolução frustrada [grifos meus].

Em carta para o crítico Jean-Claude Bernardet, de 12 de julho de 1967, Glauber explica a construção barroca de *Terra em transe* como uma "ruptura consciente, parto a fórceps, aborto monstro, qualquer coisa que pudesse ser desastrosamente polêmica, em vários níveis, do político ao estético, *Terra* é a minha visão, é o pânico de minha visão".

Outra carta importante, para Jean-Claude Bernardet,[45] traz a visão de Glauber sobre a estrutura do filme. Uma estrutura paradoxal (alegórica e documental)[46] que poderíamos aplicar a toda sua obra. Escreve Glauber: *a*) "*Terra em transe* é um *documentário sobre a metáfora*"; *b*) "as repetições são uma *redundância* necessária, a reflexão dialética sobre a cena"; *c*) "o filme é SIMULTÂNEO e não PARALELO. Toda *simultaneidade* é complexa"; *d*) "*Terra não é metafórico*. É um filme realista. É como se fosse *um documentário de TV sobre uma ópera*"; *e*) "a MONTAGEM É PARABÓLICA. *Parábola* era o método de Cristo. É diferente da fábula, como *Deus e o Diabo*. A *parábola* aqui funciona como a dialética da fábula até a *extrapolação* final".

Glauber cria conceitos que explicam seus filmes. Mas não é preciso conhecê-los para receber o impacto sensorial e visual das suas imagens. Por outro lado, o prazer "redentor" que o filme traz a um grupo e geração, sua exal-

(45) Para Jean-Claude Bernardet, Montreal, 1967.

(46) Ismail Xavier aponta essa relação no ensaio "Glauber Rocha: le désir de L'histoire", in *Le cinéma brésilien*. Paris, Centre Georges Pompidou, 1987.

tação gongórica e anárquica, não o transforma em um filme "popular". Glauber se ressente disso: "a única coisa boa deste filme é sair na hora e vingar as pessoas e responder à brutalidade — mas o povo não entende. O povo vaia e apedreja e eu fiz para o povo — imagine que mito besta é o povo". Glauber repetia fora das telas as angústias de Paulo Martins: "*Mas o que é o povo?*".

O texto "A Revolução é uma Estética" é dessa época, novo manifesto que completa a "Estética da Fome". O texto é inspirado nos discursos de Che Guevara e Fidel, diz Glauber: "O cinema tem de entrar no território da linguagem como a América no território da revolução".

Glauber deplora o cinema de esquerda ou de denúncia que usa a "velha linguagem" do cinema americano, e diz só acreditar em filme didático de dez minutos para ser exibido nas favelas ou no campo. "Nada de fazer drama de camponês para burguês." Desiludido com a Revolução política, prega uma revolução estética radical no cinema.

Seu projeto mais grandioso nesse período, ao qual voltaria de forma obsessiva até o fim da vida, e jamais realizado, é o filme *America nuestra*, que pretendia filmar na América Latina. Glauber fala do projeto em duas cartas do período. Na carta de 1º de agosto de 1967, escreve para Alfredo Guevara propondo:

> É um filme muito ambicioso, onde quero mostrar *o processo de destruição e libertação da América Latina*, desde a destruição dos Incas pelos consquistadores, a influência da Igreja, a criação dos latifúndios e da opressão, a chantagem da política civil e por fim as guerrilhas como caminho de liberação. Deve ser um filme *épico e violento* [grifos meus].

Revolução e Redenção são temas que marcam toda a obra de Glauber.

Em carta para o produtor americano Daniel Talbot, de 2 de agosto de 1969, volta a falar no projeto, em que a Revolução Cubana e a figura de Che assumem proporções cósmicas:

> O filme é dividido em três episódios dramáticos e o narrador é um aventureiro, Gaúcho, que está presente *em todos os lugares e em todas as épocas* e que poderia ser o espírito legendário de Che. Para mim, o filme seria *Deus e o Diabo* multiplicado por *Terra em transe*. Tenho certeza que é o filme mais importante que eu poderia fazer.

As cartas do final dos anos 60 giram em torno da produção e realização de *O dragão da maldade contra o santo guerreiro*. Numa carta de 31 maio de 1968 (não incluída neste volume), Glauber, tomado por problemas de filmagens do *Dragão*, na Bahia, refere-se aos acontecimentos de maio de 68 em Paris como sendo "a crise" que vinha dificultar as negociações com o produtor francês Claude-Antoine.

A correspondência desse período, entre Glauber e Claude-Antoine, é preciosa. Tem-se a visão geral de todo o processo de produção de um filme no Brasil dessa época. Dos contratos de produção ao filme na tela. Toda a via-crúcis, os obstáculos de toda espécie, a burocracia, precariedade de laboratórios, financiamentos cortados na última hora, negociações intermináveis entre diretor e produtor, aprovação na censura, a guerra para entrar nos festivais importantes, lobbies, fofocas, tudo se mistura numa arte impura em que a concepção estética e a ética do artista são dosadas por estratégias comerciais e políticas.

O "dossiê" *Dragão* é fascinante, porque podemos acompanhar, carta a carta, o trajeto de Glauber, das filmagens em Milagres, no sul da Bahia, até a consagração no Festival de Cannes, com o prêmio de Melhor Diretor de 1969. Glauber, que não tinha sido premiado em Cannes em 64 com *Deus e o Diabo*, nem em 67, com *Terra em transe*, debocha da crítica numa carta para Cacá Diegues, de junho de 1969, sobre os bastidores do festival:

> eu e Zelito demos supremas gargalhadas dos elogios, todos a mesma coisa — *opéra brûlante, chant d'amour et d'espoir, poème flamboyante* —, todos uns babacas incapazes de perceber a estrutura de uma cultura diversa da cultura velha clássica européia etc. veja só: faço um filme de estrutura comercial, com o objetivo de ganhar dinheiro, e os caras que esculhambaram *Terra em transe* vêm me dizer que este é o meu melhor filme, e dizem absurdos desproporcionais. deste jeito eu acabo rico, o que no fundo está me interessando bastante, pois a pobreza me enche o saco de uma maneira boçal.

Glauber desconfia da geração 68. Em relação a Godard, oscila entre a admiração e a distância. Na carta para Diegues de junho de 69, conta que Godard, "em processo de autodestruição, tem vindo chorar as mágoas do imperialismo mas no fundo é um solitário que não agüenta mais a França e vai terminar se matando". Glauber atuou em *Vent L'Est*, um Godard político de 1967, mas nunca partilhou a cultura pop-filosófica do cineasta. A mesma ambigüidade marca sua relação com as vanguardas americanas, o underground brasileiro, Hélio Oiticica, o movimento concretista.

Glauber amava Godard, mas via no seu cinema tanto a suprema liberdade e invenção como o reflexo de uma Europa terminal, "anarcodireitista". Mesma acusação que fazia a Sganzerla e Bressane, ao cinema underground e à vanguarda paulista. O concretismo, diz ele, "os Campos Brothers de uma Warner literária", só deu contribuição à publicidade. A briga com o cinema experimental (nascido não por oposição, mas como decorrência da abertura produzida pelo Cinema Novo) seria menos uma questão estética — em muitos filmes, Cinema Novo e cinema underground se confundem — do que uma questão política, Glauber não conseguiu "fazer" seus herdeiros, e para alguém que pensava longe isso significava a primeira "ruptura", quebra da linha evolutiva que Glauber traçava.

Glauber também não se identificava com certos setores da cultura urbana brasileira. "Sou pau-de-arara", enfatiza em carta em que faz um balanço de sua vida, pouco antes de morrer. "Não estudei no Santo Inácio, na PUC, não freqüentei o baile do Municipal, nem o Maracanã, nem o Arpoador, nem o Yatch, nem o MAM."[47]

Se Glauber é um precursor do underground brasileiro, com *Câncer*, filmado em 1968, no Rio, é por sua aproximação com a cultura dos morros cariocas. Relação Sertão/Favela[48] que cria uma linha de continuidade entre o mundo do sertanejo e o imaginário urbano das favelas. A marginália social e artística dos morros ganha um sentido existencial e estético a partir dos anos 70. *Câncer* é uma encruzilhada entre a pedagogia da violência glauberiana, seu impulso sádico-paternalista e o desejo de uma arte que atravessasse as fronteiras de classes, status, cultura. Nele, a classe média artística — Rogério Duarte, Odete Lara, Hugo Carvana, Pitanga, Hélio Oiticica — freqüenta a marginália dos morros, sambistas, punguistas, o submundo das delegacias. Discutem com o povo a respeito de comunismo, sexo, miséria, revolução. Glauber descobre a vanguarda pelo submundo, como se Godard subisse o morro. Numa carta para Alfredo Guevara, pondera: "é mais positivo fazer estes filmes do que falar de revolução nos bares e nas praias".[49]

(47) Para Cacá Diegues, Sintra, 26 de abril de 1981.

(48) A fusão dos territórios e dos imaginários é tema do projeto *Sertão/Favela: territórios em guerra*, de Ivana Bentes.

(49) Para Alfredo Guevara, 1968.

EXÍLIO 70

O período que vai de 1969 a 1976, os seis anos em que Glauber fica fora do Brasil, é um quebra-cabeças biográfico e geográfico, com dezenas de viagens, mudanças de endereço, de países, de mulheres, de amigos. Um périplo romanesco, um nomadismo radical e vital e centenas de cartas, escritas de quartos de hotel, apartamentos provisórios dos amigos, produtores ou mulheres.

Mas o que poderia significar o exílio quando "o país chamado Brasil está tão dentro da gente que é impossível sair"?[50] Glauber só deixou de vez o Brasil em 1971, quando a repressão tornou-se insuportável: já tinha sido preso em 65, *Terra em transe* foi proibido em todo o território nacional em 67,[51] no mesmo ano seu apartamento é desmontado e revirado pela polícia. Em 1970 as prisões e a tortura tornam-se praxe. Com a prisão da equipe do *Pasquim* no final de 1970 e do cineasta Walter Lima Jr., Glauber decide sair do país no início de 71.

Nas cartas do período, fala de uma fossa terrível, e antes de deixar o país de vez, num gesto de humor modernista e estratégico contra os críticos do Cinema Novo, Glauber "enterra" o movimento, num artigo para o *Pasquim* que anuncia: *o Cinema Novo acabou*. O filme-chave desse "fim" e de um recomeço possível seria *Macunaíma*, de Joaquim Pedro de Andrade, obra síntese do filme de autor cinema-novista, com humor tropicalista, retorno comercial e apelo popular. Também *O dragão da maldade contra o santo guerreiro*, em menor escala, indicava esse caminho: o do filme popular, comercial e sem concessão estética.

BACANAIS OLÍMPICOS

Glauber reconhece em *Macunaíma* um novo caminho, próximo do movimento tropicalista, outro filho legítimo, segundo o próprio Caetano, de *Terra em transe*. Por uma dificuldade de identificação com a classe média artística carioca e a contracultura, Glauber, que tinha experimentado

(50) Para Cacá Diegues, Paris, junho de 1969.

(51) Uma série de cartas de Walter Lima Jr., não publicadas nesta seleção, faz um relato minucioso das confusões com a censura, dos tumultos provocados pela tentativa de exibir *Terra em transe*.

tudo, via entretanto os liberalismos, o hippismo, a vanguarda classe média, com um olhar de moralista protestante: "O Brasil vai de mal a pior [...] A moda é o tropicalismo mundano, com uma libertinagem sexual digna de Sodoma e Gomorra...", escreve em carta de 1968.[52] Em Glauber, o liberalismo sexual, político, cultural, tem um sentido a-histórico, não passa por uma revolução gradual dos costumes, mas por uma Revolução apocalíptica e violenta, capaz de rachar e explodir todas as velhas estruturas como uma superfície que se estilhaça irremediavelmente.

Em Glauber, sexo está sempre relacionado a uma queda, à degradação e à libido insaciável dos dominadores. Bacanais olímpicos de tiranos, ditadores com suas amantes, semidespidos e excitados, erotismo sob a lama, sob o sangue, sob balas. "Glauber não poderá nunca filmar uma cena de sexo sem que ela pareça uma cena de apocalipse", escreve o cineasta Paulo Rocha.[53]

Numa carta de 18 de janeiro de 1973 para João Carlos Rodrigues, Glauber expressa seu desinteresse pela contracultura. A carta é escrita, diz, "enquanto tem uma suruba na casa", que ele ignora solenemente porque "me dói o fígado". Entre um assunto e outro pontua a escrita com indicações: "Segue (A SURUBA GRILOU mas vai indo)", e escreve: "Adoro *ripi*. Não engulo é o pessoal brasileiro que resolveu utilizar o ripismo pra consumir disco...[...] O que sempre chocou esta patota é que sempre fui comunista, o que levou a nossa Maria Gladys a gritar em Paris: 'O Glauber é careta porque é comunista'". Na verdade, Glauber sempre viu a contracultura como um subproduto inofensivo do capitalismo. Nesse sentido, segue a mesma lógica de Pier Paolo Pasolini, que se pronunciou, escandalizando as feministas na Itália, contra o aborto e o liberalismo sexual, que via como "comodidades" da moderna sociedade de consumo.

A oposição militantes × desbundados, a referência à perda de referências dos exilados são recorrentes nos textos de Glauber da época. Numa carta para Michel Ciment, é assim que Glauber resume o período 68-70: "Perdemos todas as esperanças, a situação está fechada, o cinema novo acabou, somos vítimas das repressões, de um lado, e das in-

(52) Para Michel Ciment, 1º de março de 1968.

(53) Paulo Rocha, "Rocha é o outro", in Sylvie Pierre, *Glauber Rocha*. Paris, Cahiers du Cinéma, 1987. Lançado no Brasil pela Papirus em 1996.

trigas entre os exilados em Paris. Os exilados acham indigno que eu ainda esteja livre".[54]

A pior época da repressão coincide com o auge da contracultura, as experiências com drogas, a liberação sexual, o tropicalismo, e também com o prestígio crescente de Glauber dentro e fora do Brasil.

Com o prêmio em Cannes pelo *Dragão*, Glauber pela primeira vez recebe propostas internacionais. O produtor de *O dragão*, o francês Claude-Antoine, propõe um filme na África. Pere Fages, produtor em Barcelona, convida Glauber para um filme na Espanha, com total liberdade e 100 mil dólares. Em menos de um ano Glauber faz os dois filmes, *Der leone have sept cabeças*, filmado na África, e *Cabezas cortadas*, filmado na Espanha, ambos lançados em 1970. Era o início de um novo ciclo.

TEATRO TEÓRICO

O leão e *Cabeças cortadas* são filmes-colagem, com encenação de conceitos e slogans. Glauber define *O leão* como uma tentativa de "alcançar a síntese dos mitos históricos do Terceiro Mundo por meio do repertório nacional do drama popular".[55] De *Barravento* ao *Leão*, a crença numa revolução negra no Terceiro Mundo compõe uma só via, que vai da fúria idílica dos elementos na aldeia baiana de *Barravento* ao cosmos sangrento do *Leão* africano. Nessa passagem, Glauber faz dos deuses e mitos afro-brasileiros não o mal a combater, mas os aliados numa luta decisiva e imemorial contra o colonialismo.

Nesses dois filmes, Glauber radicaliza ainda mais a mise en scène presente em *Terra em transe* e no *Dragão*, montando uma espécie de presépio sincrético,[56] com tipos sociais movimentando-se em cenários carregados de signos. O caráter teatral, a idéia de encenação, é explorada em todos os níveis. Os personagens são ícones vivos, com figurinos supercaracterizados, numa combinação de simbologias: folclore afro-brasileiro, simbologia cristã, a crueza da terra africana no *Leão*, a arquitetura espa-

(54) Para Michel Ciment, 1970.

(55) Declaração de Glauber à agência italiana Ansa durante o XXI Festival de Veneza, em 1970.

(56) Ver o ensaio "O mito e o sagrado em Glauber e Pasolini", de Ivana Bentes. Revista *Cultura/Vozes*, nº 3, maio/junho de 1994, volume 88. Petrópolis, Vozes.

nhola de *Cabeças*, o kitsch católico afro-luso-hispano-americano, slogans políticos, alegorias e adereços de um carnaval didático.

Glauber define esses filmes como "estruturalistas", e sem dúvida seus personagens são esquemáticos: a besta imperialista, o Agente Americano, Xobu, o representante da burguesia nacional africana, Pablo, o revolucionário, o Padre, os sete colonizadores da África. *Der leone have sept cabeças*, cada palavra do título indicando um colonizador: alemão, italiano, anglo-americano, francês, português.

Glauber vai montando uma espécie de história universal do capitalismo e da dominação, a partir de certas estruturas e signos. "Reduzi toda a história ao significante", escreve, e chega a um fluxo de imagens e idéias que define como uma "materialização do inconsciente".[57] Virada teórica no seu pensamento, da dialética ao "fluxo desestruturante", que está mapeada na passagem entre dois textos-manifestos, da *Estética da Fome* à *Estética do Sonho*.

Da mesma forma que *Deus e o Diabo* era uma espécie de materialização e "liberação do inconsciente coletivo do camponês brasileiro",[58] em *Cabezas cortadas*, Glauber materializa o inconsciente dos dominadores. O cinema de Glauber é um estudo decisivo não apenas sobre as misérias e anseios do povo, mas sobre as pulsões e acanalhamento das elites brasileiras, africanas, européias, hispano-americanas.

Em *Claro*, filmado em Roma, em 1975, com Juliet Berto, a musa da Nouvelle Vague, com quem Glauber viveu tempestuosa paixão, o cineasta encena uma espécie de exorcismo no "centro histórico mitológico do capitalismo", em meio às ruínas de Roma e a manifestações políticas nas ruas. O filme tem algo do caráter "psicossocial" e da "espontaneidade" de *Câncer*. Em *Claro*, o que está em cena é a aristocracia e burguesia italiana, no cenário europeu "em ruínas". Juliet Berto e Glauber tornam-se personagens, um casal "mítico", tipos cinematográficos num filme com referências diretas a três matrizes do cinema moderno internacional: o neo-realismo italiano, a Nouvelle Vague francesa e o Cinema Novo brasileiro.

Em todos esses filmes, Glauber trabalha com grandes cortes universa-

(57) Raquel Gerber analisa a relação do cinema de Glauber com a construção de uma estética do inconsciente em *O mito da Civilização Atlântica: Glauber Rocha, cinema, política e a estética do inconsciente*. Petrópolis, Vozes, 1982.

(58) Entrevista de Glauber a Raquel Gerber, ibidem.

lizantes, ontologias, histórias universais da infâmia e da libertação. Movimento barroco, torção que transforma o mais abstrato, o conceitual, o teórico, em materialização, fluxo audiovisual, deriva de signos e significantes.

Cabeças cortadas é a materialização desse fluxo, lava vulcânica, iconografia, signos deslizando na tela, vomitados por um ditador decadente latino-americano, assim como *Deus e o Diabo* recriava o universo mental arrebentado do camponês e *Terra em transe* o fluxo, récita de um dilaceramento ético-político-poético. Em *Claro*, é a própria subjetividade de um cineasta latino-americano no exílio, confrontado com signos do passado (a Roma aristocrata, a cultura européia) e do presente (manifestações políticas, passeatas, o underground europeu).

Apesar de estarem perfeitamente integrados à obra de Glauber, os filmes do exílio abrem uma nova via: a radicalização da mise en scène, as intervenções do próprio Glauber em off (*Claro*, *História do Brasil*), a dissolução do narrativo (*O leão*, *Cabeças cortadas*, *Claro*), a exacerbação da via política. A relação de Glauber com a crítica européia torna-se mais aguda nesse período. *O leão* e *Cabeças cortadas*, bem recebidos nos festivais de San Sebastian, na Espanha, e em Veneza, são criticados em Barcelona, *Claro* é massacrado em Paris e Roma.

Glauber sempre manteve uma estreita relação com a crítica, uma troca contínua, apesar das divergências e ataques. Críticos como Paulo Emilio Salles Gomes, Jean-Claude Bernardet, Raquel Gerber, no Brasil; Sylvie Pierre, Michel Ciment, Louis Marcorelles, na França; o espanhol Ricardo Muñoz Suay; Peter B. Schumann, na Alemanha; os críticos portugueses e italianos, a maioria manteve um diálogo franco e direto com Glauber. Os filmes feitos no exílio, que ficaram praticamente inéditos no Brasil, foram recebidos ou rejeitados em primeiro lugar por essa crítica internacional. Dialética da consagração e rejeição, que a crítica Sylvie Pierre captou em *O homem dos cabelos azuis*, documentário de 1989 sobre Glauber e a crítica francesa.

Numa carta de 14 de setembro de 1970, o crítico francês Michel Ciment escreve a Glauber falando de sua decepção com *O leão* e *Cabeças cortadas*, temeroso de que o "coro de louvores" em torno do seu cinema e sua posição de "cineasta revolucionário inatacável" prejudicassem a evolução da sua obra. Glauber tinha fechado um ciclo de reconhecimento internacional e entusiasmo com *Deus e o Diabo*, *Terra em transe* e *O dragão da maldade*.

Ciment reprova o "didatismo" dos primeiros filmes do exílio: "No *Leão de 7 Cabeças* você faz do cinema político uma sucessão de slogans ou de graffites e eu não sei mais a quem se endereçam teus filmes. *Slogans muito simples para os intelectuais, muito intelectuais para um público popular*"[grifos meus]. Ciment também considera a influência de Godard sobre Glauber "nefasta".

O Godard de *A chinesa* fascina Glauber, mas também a mise en scène verbo-teatralizada de Jean-Marie Straub, a épica de Eisenstein, além do surrealismo espanhol de Buñuel e Salvador Dalí (os figurinos e a simbologia de *Cabezas cortadas*), referências desse período. Em resposta às críticas, Glauber ironiza: "Os críticos de Paris que proclamaram Rocha gênio vão massacrar Rocha", escreve numa carta violenta, de dezembro de 1975, para Jean-Louis Bory, do *Nouvel Observateur*, que na época de *Terra em transe* escreveu um dos mais belos artigos sobre o filme, mas rejeita o Glauber de *Claro*.

Uma carta igualmente ácida, de novembro de 1975, de Glauber para o crítico Jacques Siclier, desqualifica os comentários sobre *Claro*. Scliar escreve: "Infelizmente o desprezo do autor pela linguagem 'burguesa' e seu gosto pela imprecação o conduzem dessa vez para além do suportável". Glauber responde: "não reconheço a autoridade da crítica para julgar com uma linguagem burguesa meus filmes, que não falam segundo o sistema Lacan".

Glauber se isola, não tem a unanimidade da crítica, o Cinema Novo está fragmentado, a nova geração de cineastas, Bressane, Sganzerla, rejeita a herança cinema-novista. Numa longa carta de Londres, de outubro de 1970, Caetano Veloso faz um balanço das heranças, brigas e mal-entendidos entre os exilados brasileiros em Londres e Paris. A carta é interessante, tanto porque contextualiza todos os pontos de vistas da briga Cinema Novo × cinema marginal como pelo exercício de autodesmistificação de Caetano, que diz não saber o que fazer com a autoridade intelectual da qual foi imbuído no Brasil.

"Estou de partida, não sei onde vou", Glauber escreve de Nova York para a crítica francesa Sylvie Pierre, em 29 de abril de 1971. A carta — escrita no seu francês "louco-maravilhoso", segundo Sylvie, que conviveu com Glauber em Paris ("para Glauber eu era a *Cahiers du Cinéma*") — é sintomática de um período de incertezas.

A carta para Sylvie tem um tom de despedida. Glauber tinha se separado de Rosa Maria Penna, a santa do *Dragão* e de *Cabeças cortadas* (as mulheres em Glauber são santificadas ou demonizadas). Via a Europa se fechar para seu cinema: "Devo achar um outro país onde viver. Penso que me torno cada vez mais só, pois o cinema é qualquer coisa deslocada na Europa. Devo seguir meu caminho, mas fora de todos os modismos e culturalismos".

Era o início de incontáveis viagens. Glauber iria rodar o mundo. Entre 1970 e 1973 suas cartas chegam de Paris, Londres, Nova York, Barcelona, Santiago do Chile, Munique, Roma, Havana. Fala de um "sentimento do mundo" exacerbado por esse nomadismo. Suas cartas tornam-se relatórios minuciosos da sua vida.

Duas cartas se destacam, uma longa carta de Munique, datada de 1971 e endereçada a Cacá Diegues, em que resume seu périplo e a carta para Alfredo Guevara, de Santiago do Chile, um relatório sobre a política cultural da esquerda. De Munique, escreve: "Em Londres estive quinze dias na casa de Caetano e entendi tudo. Era realmente preciso ir a Londres e acho que não temos nada a pagar no balcão de trocas culturais". Glauber se refere à relação Cinema Novo, tropicalismo, cinema marginal.

"Nova Yorque foi a experiência antiga revivida num campo de liberdade absoluta que era possível dentro das quatro paredes do meu grande loft dirigido por Fabiano [Canosa]."

De Santiago do Chile, repensa as divergências internas das esquerdas: "Um trecho do discurso de Fidel sobre os problemas culturais me fez escrever este relatório: se nós, revolucionários, temos medo de dizer nossas idéias, por que somos então revolucionários?", e fala do filme inacabado *Estrela do Sol* ou *Definição*, sobre os exilados, "onde tento levantar um quadro humano dos revolucionários brasileiros".

Nessa carta Glauber fala da relação do Cinema Novo com o Estado, e toca num ponto importante: como uma empresa estatal como a Embrafilme, criada em 1969, no auge da ditadura, pôde financiar o Cinema Novo, que atacava esse mesmo Estado ditatorial? Uma resposta foi a política e pressão de um grupo forte, enquanto esteve unido:

> [...] estive em várias sessões do Sindicato com Joaquim Pedro e Luís Carlos Barreto defendendo, sob todos os riscos, uma regulamentação que concedesse financiamento sem "exigir roteiro". Fizemos pressão e conseguimos que um país fascista concedesse financiamento sem

exigir roteiro. A minha visão era histórica, ampla, além das contigências.[59]

Glauber só teria três filmes financiados pela Embrafilme, ao voltar ao Brasil, em 1976: *Di Cavalcanti*, *Jorjamado no cinema* e *A Idade da Terra*. Numa carta de Cacá Diegues, de 1969 (não publicada), a relação do Cinema Novo com o Estado é colocada entre dois extremos por Diegues: os cineastas tornar-se-iam ou "revolucionários permanentes do cinema ou jovens patrões da mais promissora indústria nacional do Terceiro Mundo".

Esse Estado ditatorial finaciador de um movimento de resistência à ditadura cria situações surreais, como a negativa de um certificado de "filme brasileiro" a *Cabezas cortadas*, filme de Glauber co-produzido pela Espanha. Para ser considerado produto nacional, o filme (falado em catalão, espanhol, latim, e com uma trilha sonora de "efeitos verbais puramente mágicos ou poéticos") teria que ser dublado para o português! Também seria negado, em 1973, o certificado de censura ao filme. No despacho da Polícia Federal, justificava-se: "Por capas [sic] de provocar incitamento contra regime vigente, a ordem pública, suas autoridades e seus agentes".[60] O filme só seria liberado em 1978, cinco anos depois.

O 1525 DO HABANA LIBRE

De 1971 a 1976, Glauber faz uma espécie de peregrinação pelos centros do comunismo e da esquerda internacional: o socialismo africano no Congo (onde filmou *O leão*), Cuba (onde faria *História do Brasil*), o Chile de Allende, o Peru de Alvarado, a Roma do PCI, a Paris dos exilados e guerrilheiros brasileiros, onde o próprio Glauber aproxima-se da ALN (Aliança de Libertação Nacional) de Marighella, até sua ida a Moscou, em 1976.

Dessas viagens, dos encontros clandestinos com a elite comunista e socialista, Miguel Arraes na Argélia, Jango em Punta del Este, Darcy Ribeiro e Luís Carlos Prestes em Paris e Moscou, os guerrilheiros cubanos e exilados em Havana, Glauber vai formar um pensamento político original, que rejeita modelos e pensa uma via para a Revolução brasileira.

(59) Para Alfredo Guevara, Santiago, maio de 1971.
(60) Carta da Polícia Federal, 7 de fevereiro de 1973.

O exílio torna-se menos amargo na África ou em Cuba, duas Bahias para Glauber. Numa carta de 1971 para Zelito Viana, escreve do Marrocos: "Estou nos desertos d'Oriente! Meu coração é grande demais! Viajando sem parar pelas rotas fantásticas de príncipes e ladrões e guerreiros: raptando princesas e negociando segredos ao sabor das fumaças e ao som dos tamborim. Não tem volta! É a felicidade que dói de tão boa".

Mesmo sentimento de felicidade que o toma em Cuba, onde vive entre 1971 e 1972, casa-se com a jornalista Maria Tereza Sopeña, torna-se um militante de organizações clandestinas de esquerda e produz o filme *História do Brasil*. Glauber parece encontrar na Cuba revolucionária o paraíso perdido no Brasil:

> o sonho permanente diante do mar azul nesta terra de mitos, a crioulada me chama no ônibus de "Leon de siete cabezas", os pais-de-santo curtem *Barravento* e *Ganga Zumba*, os filmes nossos todas as semanas na tela, nossas músicas o dia inteiro no rádio, [...] não uso dinheiro, esqueci este grilo, ando de ônibus e a pé, como faço ginástica, trato da gastrite que involuiu para úlcera, leio antropologia e os babados dos alemães loucos que o pessoal aí devia curtir mais pra parar de dizer besteira revisionista. *Soy feliz y tengo saudades.*[61]

Numa carta anterior, de 1971, também para Cacá Diegues, Glauber descreve a ilha ao som de Wagner e Vila-Lobos, "diante de mar por todos os lados" e "dentro dos ciclones que balançam o 1525 do Habana Libre", um dos melhores hotéis cubanos. Cuba foi uma espécie de laboratório político para Glauber, por onde passou a elite revolucionária do mundo, numa conjunção singular de ideologias, nacionalidades, credos, num socialismo ecumênico.

Glauber conseguiu em Cuba tudo o que quis, apoiado pelo governo, mandava recados a Fidel Castro pelo amigo Alfredo Guevara, tinha à sua disposição o Instituto Cubano de Artes e Indústria Cinematográfica, e era prestigiado, como "cineasta tricontinental" que ia da revolução à estética e vice-versa. Nessas condições prepararia, durante um ano, toda a pesquisa que resultou no filme *História do Brasil*, co-dirigido por Marcos Medeiros. Um filme de pesquisa e revisão crítica da história brasileira, partindo de

(61) Para Cacá Diegues, Havana, 1972.

Euclides da Cunha, Sérgio Buarque de Holanda, Gilberto Freyre, Darcy Ribeiro, Celso Furtado, Fernando Henrique Cardoso, mixados num só discurso.

História do Brasil é um filme-ensaio em que Glauber se propõe a "sintetizar o famoso caos brasileiro". A montagem do filme só seria concluída depois de sua saída de Cuba, em 1973, por problemas com drogas[62] que incomodaram as autoridades cubanas. Glauber nunca assumiu totalmente a autoria de *História do Brasil*, como deixa claro numa bela carta de Paris, de julho de 1974, para Cacá Diegues, em que a escrita expõe, vomita, escancara, todo seu inconsciente. A rejeição ao filme, a suspeita de que se tratava de um filme "inacabado", reaparece em carta para Paulo Emilio, de janeiro de 1976.

MILITARISMO REVOLUCIONÁRIO

"Minha transa é a revolução brasileira socialista, além dos modelos históricos de URSS, China e Cuba", escreve Glauber em 1973.[63] Esse "além dos modelos históricos" é a chave para entender o pensamento político de Glauber, que iria chocar a esquerda brasileira em 1974.

Até hoje não se desfez o impacto de sua declaração bombástica, muito repetida e pouco entendida, em carta de 31 de janeiro de 1974 para Zuenir Ventura, publicada como depoimento na revista *Visão*.

Na carta, Glauber dizia que Golbery do Couto e Silva, um dos mentores do Golpe de 64, era "o gênio da raça" e os militares, "legítimos representantes do povo". A idéia, "fora de hora", ou "equivocada" para muitos, aparece claramente formulada numa série de cartas anteriores a 1974 e está perfeitamente integrada à lógica glauberiana e ao seu *messianismo romântico*.

Duas cartas são importantes para entender o Glauber "militarista", que no seu imenso desejo de transformação via numa elite militar "esclarecida", que acenava com a "Abertura", a possibilidade de uma virada política radical, não simplesmente a "abertura lenta e gradual", como de fato aconteceu, mas, por que não?, um militarismo revolucionário que realizaria as mudanças que a esquerda não soube ou não pôde fazer. A idéia não vi-

(62) Glauber faz referências veladas em algumas cartas ao uso de drogas. Os desentendimentos em Cuba são apontados por Sylvie Pierre em seu livro *Glauber Rocha*. São Paulo, Papirus, 1996.

(63) Para João Carlos Rodrigues, 18 de janeiro de 1973.

nha do nada e seduziu um Glauber disposto a encontrar na cultura militar brasileira um líder revolucionário popular, um Antônio das Mortes capaz de *mudar de lado*, passar de matador e torturador a defensor do povo.

Uma longa carta de Glauber para Miguel Arraes, escrita de Havana, em 20 de novembro de 1971, é exemplar desse pensamento. Para Glauber,

a) "é natural que o Exército produza guerrilheiros marxistas-leninistas";

b) "o Capitão Lamarca demonstrava, em assaltos, seqüestros e ocupações, que o único caminho de sua geração humilhada por americanos marechais vendidos era passar de armas e bagagens para os fronts populares de operários, camponeses, negros, marginais, classe média, burguesia liberal. Completava a jogada de Marighella".

Glauber vai tecendo uma mitologia militar salvacionista que passa pela referência a figuras poderosas como Kadhafi, militar que nacionalizou as empresas de petróleo na Líbia e armou o país, visando a liderança do mundo árabe; o general Juan Velasco Alvarado, que toma o poder em 1968 no Peru, propondo mudanças sociais; Carlos Lamarca, capitão que deixa o Exército para liderar a luta armada contra a ditadura; Euler Bentes Monteiro, que Glauber considerava um progressista dentro do Exército, Albuquerque Lima, militar que lança em 1973 um manifesto nacionalista pedindo reformas, e o general Golbery do Couto e Silva, que Glauber vê como o estrategista de um Brasil capaz de se impor no campo internacional, como sugere seu *Geopolítica do Brasil*, em que um dos capítulos intitula-se: "O Ocidente precisa do Brasil".

A segunda carta importante é escrita em 31 de agosto de 1973, de Roma, para João Carlos Rodrigues. Glauber, entusiasmado com as "lições de política" recebidas em encontros clandestinos com Jango e Darcy Ribeiro, sintetiza informações de bastidores e monta um painel das forças políticas de 64 a 74, antecipando a sucessão do presidente Médici por Geisel. No auge da repressão, Glauber, como Jango, "viu a história com um dia de vantagem" e apostou na abertura política, conduzida pelo que seriam as "vanguardas militares" e seu "inconsciente rebelde" que ao longo da história produziu Tiradentes, Lamarca, Albuquerque Lima. Glauber termina a carta, que antecede seu depoimento à revista *Visão* em 1974, dizendo: "Afinal, Antônio das Mortes, em pleno albuquerquismo, peruanismo e kadafismo é um jagunço do latifúndio que se une à esquerda para matar o dragão. A profecia se cumpre". O messianismo romântico em Glauber traça uma linha contínua, um fluxo, no qual mito e história se fundem à espera de um Messias que virá nos redimir do apocalipse.

Dentro da cosmovisão glauberiana, hiperbólica, Golbery torna-se "gênio da raça", capaz de pensar a inserção do Brasil na civilização ocidental, e os militares surgem como agentes de transformação (como na Líbia e no Peru). Glauber parte para explicações míticas e psicanalíticas, procurando um inconsciente militar explodido por contradições que viraria a mesa da ditadura. Nesse sentido, a carta de agosto de 1974, de Roma, para Paulo Emilio, sintetiza seu pensamento mítico-político-poético do período, com Glauber encarnando esse militar/militante messiânico-revolucionário pelas ruas de Paris: "sou militarista-terceiro-mundista e comprei uma capa verde numa boutique de Saint-Germain. sou sobretudo florianista e acho que o exército é legítimo representante do povo. ou não está na cara que Domingo Jorge Velho Antônio das Mortes é a metáfora profética inspirada por Alvarado e Kadhafi."[64]

O PROJETO NACIONAL-UNIVERSAL

As cartas do final dos anos 70 têm duas características importantes. A primeira é uma abertura de Glauber para o mundo, uma ênfase em projetos "nacionais-universais", onde o que está em questão não é apenas o Brasil ou a América Latina, mas a relação entre diferentes civilizações, entre Ocidente e Oriente, ou ainda uma história universal do capitalismo que viria complementar o projeto de *America nuestra*, filme que deveria ser a síntese da experiência latino-americana em séculos de lutas anticoloniais.

Fazem parte dessa mesma lógica, de um delírio mítico-histórico de grandes ambições, os projetos: *America nuestra*, *A Idade da Terra* e *O nascimento dos deuses*, este último um filme de seis horas dividido em duas partes, *Ciro, Lua do Oriente* e *Alexandre, Sol do Ocidente*.

Desses projetos, só *A Idade da Terra* seria filmado. Glauber parte para um cinema de dimensões épicas (cenas de batalhas, saques, legião de soldados, centenas de figurantes entre tendas e desertos), mas de forma a que sua interpretação mítico-política da história crie novas significações. Glau-

(64) Para Paulo Emilio Salles Gomes, agosto de 1974.

ber parece querer provocar um apocalipse estético, de onde surgiria uma novidade política radical.

No roteiro de *O nascimento dos deuses*, publicado na Itália em 1981, pela RAI, Glauber passa do Irã e Pérsia à Grécia mítica, num afresco monumental em que figuras históricas, como Ciro da Pérsia e Alexandre da Macedônia, Homero, Xenofonte, contracenam com deuses e profetas: Zoroastro, Urano, Géia, Afrodite, os Titãs, Zeus.

Numa carta para Zelito Viana, escrita de Roma, em 6 de janeiro de 1974, Glauber expõe entusiasmado o projeto de *O nascimento dos deuses*, uma superprodução encomendada pela RAI que custaria 1 milhão de dólares. Glauber escova a história a contrapelo e escreve um roteiro messiânico e apocalíptico, próximo da visão cósmico-profética de *A Idade da Terra*, cujo primeiro roteiro já estava pronto quando começa a trabalhar em *O nascimento dos deuses*, em 1974: "Eis-me de volta ao cinema e ao sertão depois de longo afastamento começado com o exílio de 71. Terminei *Câncer*, estruturei a *História*, escrevi o roteiro de *A Idade da Terra*".

Na carta para Zelito, Glauber detalha o projeto de *O nascimento dos deuses*, indicando suas fontes históricas: a *Ciropedia*, de Xenofonte, e *Anabasis Alexandri*, de Arriano, mas frisando que "a interpretação é de Engels e Antônio das Mortes". Nessa carta, Glauber fala com humor que o filme teria que reunir as qualidades do Griffith de *Intolerância*, do David Lean de *Lawrence da Arábia*, do Eisenstein de *Ivan, o Terrível I e II*, mais as qualidades épico-monumentais de John Ford e Cecil B. de Mille.

Trata-se de uma nova fase. Glauber decola do transe brasileiro, que marcou todo seu cinema, mas especialmente o período que vai de *Barravento* ao *Dragão da maldade*, encena o funeral das ditaduras latino-americanas em *Cabeças cortadas*, celebra as lutas anticolonialistas no *Leão de 7 cabeças*, para chegar a uma história universal, do *Nascimento dos deuses* à *Idade da Terra*: "viajo à ancestralidade mais ou menos seguro dos resultados porque o que me interessa *é desmistificar mitologias greco-orientais*, mostrar que por baixo de Olympos e Templos reinava o patriarcalismo escravocrata, primeiras solidificações do capitalismo"[grifos meus].[65]

A carta para Zelito também é importante porque traça um mapa minucioso da vida de Glauber no exílio, entre 1973 e 1974:

(65) Para Zelito Viana, Roma, 6 de janeiro de 1974.

> Andei pelo Peru, Argentina, sobrevoei o belorizonte chileno que já tinha sacado em 71, aprendi um pouco de política latino-americana com Darcy e outros conhecimentos, entrei pela Colômbia, saí em Cartagena "criajando" na Semana Santa pra ir ver o túmulo de Bolívar em Barranquilla, terra onde Gabo escreveu *Macondo*. Passei dois dias no Panamá, cheguei a New Yorque onde tive um concerto privado com João Gilberto, revi Francis, cheguei a Paris, montei um quarto studio com Tereza no estilo *Último tango* e escrevi o roteiro de *A Idade da Terra*.

De Roma, Glauber iria para o Egito, procurando as locações para *O nascimento dos deuses*, que nunca foi filmado.

"A língua materialista penetra como ácido nas estruturas", escreve Glauber, explicando para Zelito que não teria dificuldade de interpretar a história da Antiguidade apesar de não saber "nada da Grécia nem da Pérsia, mas como estudei a fundo a História do Brasil pelo *método materialista dialético estrutural psicolingüístico*, tiro de letra em 2 meses."

É da mesma época o projeto de Glauber de filmar *O capital* com Orson Welles no papel de Karl Marx e Dirk Bogarde no papel de Engels.[66] Seu fascínio pela história funde-se a um fascínio pela teoria, mas não uma teoria qualquer, mas o materialismo dialético, uma teoria que "avançasse por contradições" e pudesse dar conta da história das civilizações. Saindo da órbita do cinema, Glauber pretende chegar a um entendimento estrutural das civilizações.

É nessa época que pela primeira vez Glauber fala em "deixar sem dores o cinema pela política", em carta para Cacá Diegues de julho de 1974. Nela, diz que é preciso "materializar idéias em função do projeto nacionaluniversal", e propõe criar um partido político, o PNP (Partido Nacional Popular), cujos "eleitores são os espectadores do CN".

Insiste no projeto e em outra carta, para Zuenir Ventura, de Roma, datada de 1974, escreve: "se tiver eleições me arranje um partido que me candidato a Presidente pelo único fato de não ter nada a perder e disposição a muito falar na tevê se campanha houver livre". Glauber se lançaria ainda candidato a governador da Bahia pelo MDB, em carta de 2 de janeiro de 1976, para João Carlos Teixeira Gomes.

(66) Glauber anuncia o projeto em carta para Zuenir Ventura, de 1974.

A vinda de Glauber para o Brasil é precedida por uma grande crise, afetiva (o fim do relacionamento com Juliet Berto), política (descrença nos modelos socialistas) e profissional (não consegue financiar nenhum de seus projetos).

"*VOLTO PARA CASA*"

Entre 1974 e 1976, antes de retornar para o Brasil, Glauber queima todas as possibilidades. Percorre a América Latina tentando levantar a produção dos projetos: *America nuestra*, *A Idade da Terra* e *O nascimento dos deuses*. Viaja entre Paris—Roma—Bagdá—México—Canadá—Geórgia—Moscou—Nova York—Los Angeles. Mas nem na Europa, América Latina, Cuba, Bagdá, Moscou ou Hollywood consegue condições para continuar como cineasta.

Tem-se a impressão de que Glauber só volta ao Brasil porque não tem outra saída. Numa carta resposta, de 27 de dezembro de 1975, o alemão Peter B. Schumann espanta-se com "a situação inacreditável de um dos maiores cineastas do mundo" e oferece a Glauber a possibilidade de ficar um ano como bolsista do governo da Alemanha Ocidental. Glauber responde que não, queria ir para a Alemanha Oriental, e insiste que não está "numa situação *psicológica* ruim, mas numa situação *política* ruim", por fazer "um cinema revolucionário no ocidente capitalista". E finaliza sua resposta com um irônico: "Não posso aceitar a bolsa, é muito longe".[67]

Glauber vai para Moscou no início de 1976, e seu entusiasmo é descrito em duas cartas para Paulo Emilio, de 15 e 26 de janeiro, textos marcados pelo deslumbramento, identificação e redescoberta de Sergei Eisenstein. Nessa carta, Glauber compara sua obra com a do cineasta russo, visita sua casa três vezes, examina seus arquivos, desenhos, projetos de livros, manuscritos, e faz uma análise da influência de Eisenstein na construção da sua própria mitologia:

> foi o mito Eisenstein que me fez ser cineasta. Simples. A complexidade foi não entender isto. Primeiro quando era jovem me identificava fisi-

(67) Para Peter B. Schumann, 3 de janeiro de 1976.

camente com suas fotos. Depois os filmes. E os livros que li e reli durante a vida sem nunca entender bem. Conscientemente. E a revolução. Foi lendo seus artigos sobre o Cinema Soviético naquela célebre retrospectiva que eu tomei conhecimento da Revolução.

Essa é uma das primeiras cartas em que Glauber diz estar disposto a voltar ao Brasil e acabar com seu sofrimento. "Acabou o ciclo com esta última viagem." Glauber ainda iria a Los Angeles, onde apresenta conferências na Universidade da Califórnia e tenta sem sucesso que Francis Ford Coppola, entre outros produtores americanos, produza *A Idade da Terra*.[68]

A volta ao Brasil seria articulada numa série de cartas em que Glauber procura se certificar de que não seria processado ou perseguido. A resposta vem pelo amigo Jorge Amado. Numa carta de Londres, de 14 de junho de 1976, ele informa que o próprio general Golbery do Couto e Silva havia dado ordens ao Itamaraty para liberar em Los Angeles o passaporte de Glauber e dizer que ele podia voltar sem problemas. Na carta, Jorge Amado ainda dá seu parecer sobre os livros que Glauber pretendia escrever: "Creio que você poderá fazer romance tão bem quanto faz cinema, o que não é dizer pouco. Raramente me engano".

"EU SOU OU NÃO SOU O INCONSCIENTE COLETIVO?"

A volta de Glauber ao Brasil se dá num clima de esgotamento e descrença. Em carta de Los Angeles, de junho de 1976, para Cacá Diegues, se expressa assim:

> estou cansado desta odisséia... por que estou nesta situação? o que é que há comigo? Tenho planos de filmar aqui, *but* aqui se pode ganhar facilmente muito dinheiro, *but* não dá pé... é deserto... é triste... o mundo todo triste... a China morta... Rússia morta... Europa morta... Ásia morta... África pré-histórica... América Latina subdesenvolvida... ah, a única solução é fundar no Brasil um Estado Novo com Cinema Novo... uf, ah.

A impressão de um recomeço possível, um novo Cinema Novo, sob novas bases, marca o pensamento de Glauber, sintonizado com uma série

(68) Ver carta deTom Luddy, 15 de janeiro de 1976.

de sinais internacionais de mudanças políticas, tecnológicas, de comportamento. Mudanças que só viriam a ser tematizadas claramente nos anos 80, mas que já estavam em curso desde o final dos anos 60 e que poderíamos resumir em conceitos como o de multiculturalismo ou pós-modernismo, que vieram dar visibilidade, "rótulos", a essas transformações.

Glauber faz uma reflexão a quente desses contextos emergentes, nem sequer diagnosticados ou vislumbrados, verdadeiro inconsciente cultural que iria emergir. Chega ao Brasil com uma visão ampla, lúcida, dessas transformações em curso, tendo rodado o mundo, tendo freqüentado uma elite político-cultural e lido de forma errática, mas constante, o que de mais importante foi publicado em termos de teoria e pensamento: política, psicanálise, filosofia, cinema, estruturalismo, semiologia, literatura. Um tipo de leitura atravessada, segundo depoimento de Cacá Diegues, diagonal, que sintetizava uma formação fragmentada, com lacunas, "incultura", no sentido enciclopédico e acadêmico, que não impediu um pensamento vigoroso, ao mesmo tempo diagnóstico e sintoma do presente. Glauber não "anteviu" nada, arrancou um pensamento e uma visão do presente porque fez do contemporâneo e da atualidade um problema.

O choque entre essa visão macro, ampla, e a reentrada fulminante num contexto específico, "fechado", da cultura brasileira no final dos anos 70, no eixo Rio—São Paulo—Bahia, leva Glauber a um grau de demanda, superexposição, polêmicas, cobranças, surpreendentes. No Brasil de 1976, Glauber imaginava "reorganizar o time e entrar no segundo tempo", reunir o Cinema Novo numa segunda fase, tendo como base a Embrafilme, onde parte do grupo cinema-novista estava no poder ou exercia influência. Em carta de junho de 1976 para Gustavo Dahl, Glauber deixa clara essa estratégia de atuação que pretendia seguir, com idéias realmente novas, que passavam por cima de qualquer maniqueísmo ideológico, trabalhando nas brechas abertas pelo regime militar. Escreve: "não há nenhuma culpabilidade em transar com o regime, porque a Mosfilm não tem moral pra criticar. nem ninguém. este zero ideológico nos deixa limpos".[69] O "zero ideológico" a que se refere significava uma independência radical à esquerda e à direita, posição que acabaria o isolando de forma perigosa.

(69) Para Gustavo Dahl, Los Angeles, junho de 1976.

Esse tipo de postura, um diálogo sem culpa com os militares, torna-se "inconveniente" a partir do momento que Glauber passa a criticar e relativizar a própria esquerda: a guerrilha urbana, considerada suicida, o Partido Comunista, o "Clube", visto como autoritário e ditatorial, e a contracultura, que Glauber considerava um subproduto inofensivo do capitalismo.

Um encontro histórico, em 1977, no apartamento de Darcy Ribeiro, em Copacabana, entre Glauber e mais três recém-chegados do exílio: Darcy, Ferreira Gullar e Mario Pedrosa. Publicado pelo *Jornal do Brasil* só vinte anos depois,[70] é exemplar do pensamento político e da dialética glauberiana.

A certa altura da reunião, uma discussão dos ex-exilados sobre os rumos do Brasil, Glauber se recusa a prosseguir no debate no momento em que não pode, publicamente, criticar a esquerda e o Partido Comunista: "Se a questão do PC não for discutida eu me recuso a participar, porque vai ser uma babaquice, porque o Partido Comunista você discute na Itália, você discute na França, discute em qualquer lugar...".

Glauber iguala a ditadura militar brasileira à ditadura comunista na União Soviética. Numa torção impensável ou impublicável, numa época em que o inimigo comum eram os militares, insiste em que "os torturados, as vítimas, não estão isentos da crítica de seus erros políticos", sublinhando que "no Brasil a crítica filosófica ao pensamento baseado no marxismo, no leninismo, no maoísmo, está interditada". Em meio aos protestos gerais quanto à "inconveniência" dessas declarações, Glauber — que Ferreira Gullar define como "anárquico no modo de pensar" e "longe de ter uma coerência teórica"[71] — é absolutamente lúcido e coerente, coloca o único problema incontornável na época: uma mudança de postura na esquerda. Posição que era um passo à frente, início de todo um processo de exorcismo e autocrítica de uma esquerda paralisada, trajada de luto, que só muito lentamente se libertava da lógica da "resistência" à ditadura para enveredar na discussão de um modelo possível de democratização no Brasil.[72]

(70) Encontro registrado pela jornalista Elizabeth Carvalho, que reuniu os quatro ex-exilados para um debate sobre o país, em plena ditadura militar. O debate foi publicado em duas partes no *Jornal do Brasil* dos dias 23 e 24 de fevereiro de 1997.

(71) "Um papo estranho", artigo de Ferreira Gullar publicado no *Jornal do Brasil*, 23 de fevereiro de 1997.

(72) Sobre essa passagem, ver o artigo de Silviano Santiago, "Democratização no Brasil (1979-1981)". Caderno *Idéias*, *Jornal do Brasil*, 22 de março de 1997.

Glauber tem um papel crucial nessa transição, foi a primeira voz dissonante que permitiu um pensamento realmente novo no cerne da luta contra a ditadura e em nome de um recomeço:

> Sou rigorosamente nacionalista. Sou anti-soviético, antiamericano, antichinês, anti-social-democracia européia. Acho que no Brasil nós temos realmente possibilidade de criar um modelo político novo e essa idéia não é um absurdo do ponto de vista da imaginação. Ela encontra inclusive raízes em nossa cultura.

Mais uma vez rebate um pensamento político sobre um pensamento estético e cultural. Insiste na idéia de um recomeço, do Cinema Novo, da esquerda e dos militares, a partir de novas bases. Um novo projeto político-cultural que acelerasse a transição da ditadura à democracia. Em carta para Cacá Diegues, de Sintra, 26 de abril de 1981, Glauber escreve sobre essa posição perigosa, a de porta-voz de uma "boa nova", a crença na redemocratização política, que foi confundida com "traição", "oportunismo", "loucura". Glauber: "serei Sócrates, bebendo cicuta na pólis? Não. quero estar no banquete democrático da república [...]".

A volta ao Brasil se dá sob o impacto dessas mudanças. Glauber tem uma visão estratégica do mercado cinematográfico. Insiste num projeto de formação: "criar bases de uma cultura cinematográfica do público", escreve para Luís Carlos Barreto: "Investir na cultura. Cinematecas. Cineclubes. Congressos. Festivais. Universidades. Escolas. Acima dos interesses políticos. Editar, livros, revistas, informações técnicas sobre o cinema".[73]

Entre suas propostas, que reaparecem na carta de Sintra, de 9 de abril de 1981, para o diplomata Celso Amorim, surge um ponto polêmico, a desestatização de órgãos culturais: "Embrafilme, hora de mudar. Democraticamente. Função cultural. Realmente, diante da crise socialista, não se pode arriscar num cinema completamente estatal". Não se trata de profético rompante desestatizante neoliberal, mas de uma estratégia de modernização da indústria cinematográfica e da própria função do Estado na cultura que nascia de um corpo a corpo com o presente. Glauber outra vez via a história com um dia de antecedência, "visão" enraizada na sua problematização do atual.

(73) Para Luís Carlos e Lucy Barreto. Original sem data, provavelmente de 1976.

Três cartas resumem o pensamento de Glauber sobre o tema: as cartas para Gustavo Dahl (Los Angeles, junho de 1976), para Luís Carlos Barreto (de 1976) e para Celso Amorim (abril de 1981).

Glauber monta o seguinte raciocínio: a indústria cinematográfica brasileira (Embrafilme) precisa se diversificar, investindo simultaneamente em superproduções, produções médias (cita os filmes do grupo do Cinema Novo) e pequenas produções: "Udigrúdi, novos primeiros filmes, desenhos animados, filmes científicos, tudo o que revela experimentalismo isentado de culpabilidade política".[74] Insiste na diversificação como única forma de criar a base de uma cultura cinematográfica.

Propõe investimentos não apenas na produção de filmes, mas na distribuição, exibição e difusão, com a entrada da Embrafilme na construção de salas de cinema e na obtenção de um canal de televisão para a exibição de filmes brasileiros.

Assim, quando fala em desestatizar a Embrafilme e órgãos culturais, ataca, como na carta para Celso Amorim, um Estado que funciona exatamente com a mesma selvageria e vícios do mercado neoliberal, beneficiando, com decretos e leis que deveriam proteger um cinema cultural, filmes meramente comerciais ou superproduções.

A Embrafilme, nos anos 80, torna-se para Glauber a metáfora dessa contradição, de um modelo estatal não culturalista no Brasil.[75] Ou seja, em nome da cultura criam-se os incentivos e as leis, e em nome do mercado distribuem-se tais benefícios para um pequeno grupo. Isso é a perversão que Glauber aponta e que minou a Embrafilme e outros órgãos de incentivo à cultura.

A descrença diante desse Estado aparece na carta desesperada para Celso Amorim, de abril de 1981, e é sintoma ao mesmo tempo de uma crise pessoal (Glauber isolado, desprestigiado com o fracasso comercial de *A Idade da Terra*) e de uma crise estrutural desse Estado.

No meio da tumultuada produção de seu último filme, *A Idade da Terra*, uma produção cara, financiada pela Embrafilme, Glauber entra num processo de deriva e fusão radical de sua vida com o Estado, em que se vê como um patrimônio cultural que o Estado poderia comprar, um "PACOTE

(74) Para Gustavo Dahl, Los Angeles, junho de 1976.

(75) Entrevista de Glauber para o livro *Patrulhas ideológicas*, de Heloisa Buarque de Hollanda e Carlos Alberto Messeder Pereira. São Paulo, Brasiliense, 1980.

GLAUBER ROCHA", como apresenta-se em carta para Celso Amorim, de 29 de agosto de 1979: "Acho que o Ministério deveria tomar conhecimento da situação EMPRESARIAL CULTURAL DE GLAUBER ROCHA, e decidir, segundo seus critérios, o que fazer comigo". Glauber coloca duas opções: "Ou a EMBRAFILME banca meu Pacote passado, ou o pacote presente, *A Idade da Terra*, e o pacote futuro", ou "tenho de partir para outro país [...] a fim de financiar meus projetos e salvar os filmes passados".

Nessa carta, Glauber toma distância de si mesmo, se olha de fora, se vê pobre, assalariado e perseguido, tendo que sustentar uma prole grande e, mais importante, carregar o fardo revolucionário que pesa sobre seus ombros. Diz que vai apelar (não sem se dizer humilhado) para uma bolsa de estudos da Fundação Ford, americana, como uma saída. A carta é sintomática de uma dissolução radical entre o público e o privado. Glauber pede ajuda financeira-existencial ao Estado:

> Como lhe escrevo depois de sair do analista, que é um lakanyano bravo, acho justo fechar a análise informando ao Estado qual é meu patrimônio teórico e prático. Que o valor seja dado. *O Estado então compra o meu PASSADO, meu Presente e meu Futuro?* Evidentemente gostaria de dar, e não vender a vida ao Estado. Sendo o Estado sem juros [grifos meus].

Mais surpreendente é que Glauber rejeita esse Estado a quem pede que o salve e cuide de sua obra: "Mas, se por acaso eu *morrer*, digo logo — por sentimentos nacionalistas, eu gostaria que fosse a Embrafilme e não o ICAIC — o editor (ou editora) do PACOTE ROCHA". Avançando por contradições, pondera: "Minha vida é inconfundivelmente revolucionária. O Estado tem o direito de rejeitar minha Teoria e minha Prática, quer dizer, meus livros de cinema (sobre cinema) e meus filmes. Acho que minha Obra está contra o Estado atual, por um novo Estado, um anti-Estado, o Reino do Inconsciente que gera novas estruturas...".

A carta toca em outros pontos importantes. Investido de uma fala frágil, desesperada, e ao mesmo tempo imperativa, Glauber pede à Embrafilme que financie sem julgar, que condecore, preste homenagens, ofereça um jantar, leve ao presidente da República os patriarcas do cinema brasileiro, como Lima Barreto, Alberto Cavalcanti, Mário Peixoto, "para que eles não morram frustrados". Glauber volta-se para o passado e para a memória, a tradição, como formas de reerguer o cinema brasileiro, e ao mesmo tempo aposta no futuro: "se aqui pudesse se criaria um KYNORAMA dois mil, para criar aqui a luz e ser o futuro...". Todo seu discurso, mesmo atravessado por certo desespero e angústia, é uma fala de fundação, reconstrução, que oscila entre tradição e renovação.

O período de 1976 a 1980, que Glauber passa no Brasil, antes de partir para um "segundo exílio", do qual só voltaria morto, em 1981, é marcado por fatos importantes: as filmagens tumultuadas e a premiação em Cannes do curta-metragem *Di Cavalcanti*; a morte trágica de sua irmã, Anecy Rocha, que cai no poço de um elevador em 1977; a interrupção do romance *Riverão Sussuarana* e a incorporação abrupta da morte da irmã à narrativa do livro, publicado em 1978; a atuação no programa *Abertura* da TV Tupi; a realização de *A Idade da Terra* e sua rejeição no Festival de Veneza, a morte do pai, Adamastor, além das incontáveis polêmicas, intervenções, entrevistas e artigos de Glauber na imprensa.

Sua escrita cortante e irada, oracular, nos jornais, sua fala-fluxo, quase um monólogo (como no *Abertura*), adquirem um papel crucial na sua obra. Esse fluxo desestruturante atravessa seus escritos, sua correspondência, sua fala e seus filmes num mesmo movimento de exorcismo. A obra e a vida de Glauber caminham para um apagamento das fronteiras (cinema, política, escrita, agitação cultural, afeto & negócios) e para um transbordamento.

Fragmentação do discurso em diferentes níveis, que não se opõe à "unidade" de sua obra. Glauber "*desburocratiza*" sua vida. Cartas "oficiais" tornam-se confessionais e vice-versa. O que deveria ser prestação de contas e acertos financeiros torna-se diário. "prefiro Mallarmé a Houaiss, daí a fragmentação eisensteiniana da carta, que deveria ser oficial, mas eu a desburocratizei...", escreve para Celso Amorim em agosto de 1979.

Nos cinco anos de exílio, Glauber se afastou da língua portuguesa. Seu nomadismo, filmes, negócios, amizades, mulheres em diferentes países forjam um idioma singular, translingüístico, que marca também os artigos para o *Pasquim*. As cartas de Glauber em outras línguas são escritas num idioma selvagem que combina francês, inglês, espanhol com a estrutura do português. Uma língua descolonizada, truncada e poética, que atravessa barreiras, mas ao mesmo tempo o coloca numa posição desconfortável com seu barbarismo lingüístico inculto e belo.

É de 1977 o início da segunda revolução ortográfica a que Glauber submete todos seus escritos, inclusive textos antigos, reescritos substituindo algumas letras por X, Y, Z, K. Mesmo escrevendo em português, Glauber nunca se preocupou com ortografia, sua correspondência e escritos estão cheios de erros, borrões, rabiscos, um inferno gramatical e ortográfico que nega toda idéia de cultura como correção, disciplina, zelo gramatical, cultura dicionarizada. "Detesto Houaiss", escreve.

Num belo artigo sobre Glauber, Cacá Diegues dá a esse gesto do amigo uma dimensão *estratégica*, calcada em uma noção acurada de *espetáculo*: "Um dia lhe perguntei: 'Mas por que você escreve assim?'. Ele me disse: 'Há tanta coisa no jornal... escreve-se tanto... que se você não chama a atenção das pessoas com uma forma diferente de escrever, ninguém vai te ler!'".[76]

Em diferentes ocasiões Glauber retorna à questão do idioma e da gramática como entraves: "Precisamos de novas estruturas lingüísticas para nos expressarmos sem a camisa-de-força do idioma. *O ensino da língua emburrece*. Que todos garatujem novas escritas, para se livrar da massificação lingüística" [grifos meus].[77] Também relaciona a gramática à ditadura do patriarcalismo e a dominações de toda espécie (como Nietzsche, que dizia que no dia em que nos livrarmos da gramática nos livraremos de Deus): "Na gramática a língua é forjada segundo todo um sistema de dominação preestabelecido". Nas cartas, Glauber sempre faz referência a máquinas de escrever que emperram, que não funcionam (a quase totalidade de seus escritos é datilografada), e a seu horror pelo copidesque e revisor: "penso em abandonar o alfabeto português nostra gramatyka falyda",[78] escreve.

Trata-se de um mesmo movimento de explosão da "ortografia", da escrita, do discurso ou da narrativa "corretas". Característica que marca o jornalismo no *Pasquim*, o romance *Riverão Sussuarana*, o fluxo audiovisual do programa *Abertura*, a "montagem nuclear" de *Di Cavalcanti*, a desconstrução da narrativa em *A Idade da Terra*.

Glauber define esta última fase do seu cinema e do seu discurso como

(76) "Choisir ses frères/Escolher seus irmãos", artigo de Cacá Diegues publicado em *Glauber Rocha*, de Sylvie Pierre. Paris, Cahiers du Cinéma, 1987. Lançado no Brasil pela Ed. Papirus (1996).

(77) Depoimento a Christiane Samarco, 31 de agosto de 1980. In *Ideário de Glauber Rocha*, organização de Sidney Rezende. Rio de Janeiro, Philobiblion, 1986.

(78) "Apocoppolakalyz e Kenned", texto da série Produção Intelectual. Sem data. Acervo Tempo Glauber.

"anarcoconstrutivista" (citando Gilberto Freyre) ou "transrealista". Trata-se de explorar todas as potencialidades expressivas do discurso, da montagem e da narrativa tornada colagem, fluxo e análise combinatória. Nesses dois filmes excepcionais, *Di Cavalcanti* e *A Idade da Terra*, Glauber dá um salto mortal, um salto qualitativo. No plano da estética, leva às últimas conseqüências a idéia de um fluxo audiovisual, um inconsciente cinematográfico e social que pode emergir na tela. Nos dois filmes, Glauber parece repetir que as respostas da cultura já não o satisfazem e que para tratar de temas como o tabu da morte em *Di* ou a questão da crença em *A Idade da Terra* é preciso reinventar o cinema.

De um lado, desordem narrativa, choque sensorial e intelectual que obriga o espectador a pensar, de outro o *pathos*, o entusiasmo que leva à adesão (o "épico-didático"). Estas são as duas formas que marcam o cinema de Glauber e não se excluem. Nas cartas, quando fala de *Idade da Terra*, deixa claro que se trata de um filme radical, de ruptura com toda idéia de cinema.

Em carta de março de 1978 para Jorge Amado, explica que *A Idade da Terra* "é o filme mais moderno e revolucionário dos anos 70 no mundo. É novo em enquadramento, em som, interpretação, montagem — uma novidade Barroca-épica. Quer dizer, o épico de Brecht, no brabo barroco de Jorge".

O filme é colocado como

> um corpo novo, um objeto não identificado... Do filme *DI CAVALCANTI* para cá eu rompi com o cinema teatral e ficcional que fiz de *Barravento* até *Claro*. *A Idade da Terra* é a desintegração da seqüência narrativa sem a perda do discurso infra-estrutural que vai materializar os símbolos mais representativos do TERCEIRO MUNDO, ou seja: o imperialismo, as forças negras, os índios massacrados, o catolicismo popular, o militarismo revolucionário, o terrorismo urbano, a prostituição da alta burguesia, a rebelião das mulheres [...].[79]

O filme é a materialização audiovisual da idéia de um cristianismo revolucionário, esquizocristianismo, em que o Cristo desdobra-se em qua-

(79) Entrevista de Glauber a Reali Jr., jornalista de *O Estado de S. Paulo*. Entrevista dada em 1980, em Paris, e publicada em *A revolução do Cinema Novo*. Rio de Janeiro, Alhambra/Embrafilme.

tro: Cristo índio, Cristo negro, Cristo guerrilheiro, Cristo militar. Um Cristo liberto do dogma cristão (idéia que Nietzsche tematizou na filosofia e Pier Paolo Pasolini e Luis Buñuel no cinema). Nesse filme Glauber parte para uma síntese ousada: um marxismo místico, misticismo de esquerda, cristianismo ecumênico que sintetizasse, sem subsumi-las, todas as religiões e rituais primitivos num teatro do irracional, numa religião natural do amor, ou "fluxo amoroso" (*amor fati*[80] nietzschiano, amor ao destino e ao mundo).

"Segui o romance da bíblia — mas não Cristo mortis. Começa com a ressurreição na Bahia, até o batysmo, o índio Jece [Cristo índio]. Depois vira o negro Pitanga [Cristo negro] em Brasilya — Pitanga Jango ó depois em RIO [Cristo militar e Cristo guerrilheiro], Carter, contra Baader Meinhof Napoleão Figueiredo, vários Cristos e o povo."[81]

Eis a torção radical do seu cinema político-metafísico no embate com o niilismo, o racionalismo, a mistificação. Glauber volta em *A Idade da Terra* à questão da crença, não mais a crença na Revolução, muito menos na racionalidade da História, trata-se da crença num devir revolucionário do inconsciente ou da cultura, movido não pela fé cristã, mas pela crença num novo humanismo.[82]

> A crença é uma coisa fundamental na criatividade artística. Eu acho que n'*A idade da Terra* coloco um problema de crença porque de certa forma o filme investe o mito cristão, mas não o mito do Cristo católico, europeizado ou civilizado, investe numa espécie de cristandade, mas uma cristandade descristificada. O meu Cristo não morre, não vai crucificado. Acho inclusive que no meu filme não há sofrimento como nos outros filmes. Aí, acho que há uma crença num humanismo, numa espécie de humanismo revolucionário.[83]

Glauber combina nesse filme o caráter profético do protestantismo, a estética católica (o barroco místico-sensual) e os rituais afro-orientais,

(80) O tema da crença e do *amor fati* nietzschiano são analisados por Karl Löwith no texto "Nietzsche e a tentativa de recuperação do mundo".

(81) Para Jorge Amado, março de 1978.

(82) Glauber fala sobre o tema da crença em *A Idade da Terra* em uma de suas últimas entrevistas para João Lopes (Sintra, 8 de abril de 1981), intitulada "A passagem das mitologias" e publicada em *O século do cinema*. Rio de Janeiro, Alhambra.

(83) Ibidem.

pensa a religião como teatro pop, capaz de desencadear forças incontroláveis de libertação (microfísica do poder glauberiana, onde estão presentes todas as forças sociais emergentes pós-68).

A equação que explica *A Idade da Terra*, segundo Glauber, é: "o filme gerado inconsciente (filmagem) consciente (montagem) metafísico (projeção)". Na tela, um fluxo de grandes blocos de imagens autônomos cuja base são acontecimentos relacionados a três capitais brasileiras: Bahia, Rio e Brasília, onde cada Cristo faz sua microrrevolução.

"Toda simultaneidade é complexa", escreveu Glauber a propósito de *Terra em Transe*. A simultaneidade é a base de *A Idade da Terra*. A onipresença e fragmentação dos Cristos pelas três capitais, as longas seqüências independentes que constituem o filme, a repetição exaustiva de cenas e frases no interior de cada um desses blocos aproximam *A Idade da Terra* de um painel ou mural, de uma colagem, na qual a organização espacial importa mais que o desenvolvimento no tempo.

A Idade da Terra foi montado em três moviolas, com três montadores diferentes e independentes, cada um responsável por um bloco de filmagens (Bahia, Brasília e Rio de Janeiro). Segundo Ricardo Miranda, que montou o material filmado no Rio, Glauber estruturou o filme depois de um exaustivo exercício de análise combinatória dos diferentes blocos, em projeções contínuas de seis horas e meia de duração, cortadas para quatro horas e meia, até chegar à duração final. Trabalho de montagem que levou um ano e meio para ficar pronto. Para cada bloco, uma idéia base norteando a montagem. Por exemplo, a montagem das seqüências de Carnaval no Rio segue o ritmo da batida do tamborim, diz Ricardo Miranda.

Além da ruptura estética, Glauber pretendia romper em *A Idade da Terra* com o própria idéia de um processo cinematográfico industrial, o que tinha feito em *Câncer*, *Claro* e explicitamente no seu *Di Cavalcanti*, curta-metragem filmado com pontas de negativo, equipe mínima e improvisada, realizado num impulso, sob o impacto da notícia da morte do pintor.

Glauber leva a experiência de *Di* para *A Idade da Terra*, num longa-metragem com total liberdade estética, grande orçamento e que queria realizar fora das regras da produção industrial: "Acabei com o montador, com o assistente de direção, com a direção de fotografia e outras funções. Minha equipe funciona apenas com três técnicos de imagem, dois responsáveis pelo som, uma pessoa para o setor de economia, um assistente e um diretor".[84]

O violento embate de Glauber com a crítica e o júri do Festival de Veneza, que rejeitou *A Idade da Terra*, em 1980 — "Briguei com mais de 200 pessoas em Veneza"[85] —, o leva a descartar a exibição do filme no circuito convencional de cinema. Em carta para o produtor americano Tom Luddy, de 16 de julho de 1981, a última de nossa seleção, escreve: "Não quero mostrar esse filme em Festivais. Talvez no Museu de Arte Moderna. Muitas pessoas comparam *A Idade da Terra* com Guernica". Glauber fala de um "cinema painting", na linha de Pollock ou construído como "painéis" (cita Riviera, Picasso, Portinari), "espécie de caos ótico".[86] Apresenta o filme como "pintura", "colagem" ou como um happening: "*A Idade da Terra* é um filme que o espectador deverá assistir como se estivesse numa cama, numa festa, numa greve ou numa revolução. É um novo cinema, antiliterário e metateatral, que será gozado, e não visto e ouvido".[87]

A Idade da Terra foi pensado para ser uma missa rezada em catedral, ou espetáculo popular no Maracanã, daí o desespero e sofrimento de Glauber com seu fracasso comercial. Em 1980, Glauber falava da necessidade de novos caminhos para o cinema: novas salas, "maracanãs eletrônicos, visuais. Quando digo que acabou o cinema de salas, é que acabou o cinema das salas velhas. Filme de uma dimensão como o que se passa hoje será passado nas TVs velhas. Você só irá ao cinema para ver o grande espetáculo holográfico, do raio laser, das telas múltiplas, o cinema das jogadas visuais, a pintura eletrônica".[88]

Sem dúvida, *A Idade da Terra* é o começo de um projeto de cinema futuro, interrompido pela morte. Um filme que pouco se presta ao jogo inócuo do "é bom", "é ruim", "gostei", "não gostei". Ou entramos no seu fluxo e gozamos com o apocalipse carioca de Tarcísio Meira, bradando que "esta é a cloaca do universo" e que "nossos alicerces foram destruídos", ou assistiremos martirizados a um filme "delirante" e "insuportável".

(84) Entrevista publicada em *O Estado de S. Paulo*, 20 de outubro de 1979.

(85) Entrevista a Pedro del Picchia, in *Glauber, o Leão de Veneza*. Editora Escrita.

(86) Entrevista a Roberto Pontual, feita em Paris e publicada em 8 de abril de 1981 no *Jornal do Brasil*.

(87) Entrevista a Bruno Cartier Bresson, *O Estado de S.Paulo*, 9 de setembro de 1979, publicada em Sidney Rezende, *Ideário de Glauber Rocha*, Rio de Janeiro, Philobiblion, 1986.

(88) Entrevista a Pedro del Picchia, op. cit.

PANAVISÃO SOBRE O ATLÂNTICO

As dez últimas cartas de Glauber, escritas entre 1980 e 1981, funcionam como dez testamentos, cartas-balanço de sua vida e obra. A sua ida para Paris e Sintra, em Portugal, depois do desgaste e escândalo de Veneza e o fracasso comercial de *A Idade da Terra* no Brasil, faz dessa última viagem um momento de incertezas. Em carta para Cacá Diegues, de Sintra, 23 de março de 1981, escreve: "Vivo um intervalo. Fim de um ciclo psíquico e corporal. Um segundo exílio, de futuro incerto, mas caminhos mais ou menos estruturados. (Um exílio que começou em 1970 — minha volta em 76 foi um parêntese e as tragédias que me cercaram provocaram o segundo exílio)".

A morte da irmã, em 1977, o deixou transtornado e confuso, em 1980 perdia o pai. O fracasso de *A Idade da Terra* seria um segundo baque, um filme que tinha sido rejeitado por produtores de Cuba, Paris, México, Espanha, Moscou, Estados Unidos, e realizado em meio a problemas de toda ordem. "Minha doença e problemas específicos atrasaram o trabalho mais 45 dias. O dinheiro já acabou outra vez mas a Embrafilme deverá complementar [...] Estourei os nervos nesta produção. Na última crise, quase morri", escreve para Celso Amorim, em fevereiro de 1980. Nesta carta, antes de viajar para a Europa, traça uma nova "geopolítica" para *A Idade da Terra*: "O destino deste filme não é Cannes". Planeja lançá-lo primeiro no Brasil e América Latina, depois África, mundo árabe, China, Europa e EUA.

Antes de partir, comunica na carta a Celso Amorim que "gostaria de entregar à *distribuição e conservação da Embrafilme todos meus filmes*". Em duas cartas de Paris, para Carlos Augusto Calil, de 2 e 28 de dezembro de 1980, dá todas as indicações para a edição do livro *Roteiros do Terceyro Mundo* e sobre "a *preservação*, *salvação* e *divulgação* dos meus filmes", além de indicar como os filmes deveriam ser organizados "em caso de Semanas, Retrospectivas etc.".

Em nova carta para Celso Amorim, de 29-30 de dezembro de 1980, ainda de Paris, explica que "existem uns 5 a 6 livros (romances, peças, poesias, entrevistas, críticas de 'artes', 'letras' e 'políticas') para serem publicados, quase todos *mais ou menos* prontos, cujos originais se encontram *com a minha mãe na Bahia*.[...] Além disto, cerca de 20 roteiros '*esboçados*' para cinema e TV". Glauber mapeia toda sua vida, fala do desejo de montar uma empresa de comunicações em Paris e conclui: "Não quero, não posso, não devo voltar ao Brazyl antes de 2 anos".

De Paris, escreve que vive pobremente, angustiado pela pobreza e doente: "Embora não considere uma *IMAGEM TRÁGICA* — aos 42 anos encontro-me pobre, doente, perseguido e em grande FASE CRIATIVA → daí ao enfarte, ao câncer, ao assassinato (*see* John Lennon)... Mas como o velho Cavalcanti está aqui aos 83 anos, eu espero RESISTIR".

Glauber compara-se a Trotzky, Kryzto e Maiacovsky,[89] um assassinado, um crucificado e um suicida, e trata da sua posteridade com cuidado e planejamento. Cada carta faz o mapeamento de uma parte da sua obra.

Escreve para a mãe em 29 de dezembro de 1980, de Paris, recomendando o máximo de cuidado com as malas que deixou no Rio com todos os seus escritos e originais de vários livros. Pede que não revele o conteúdo das malas a ninguém. As malas de Glauber rodaram o mundo com ele, e inspiravam zelo e cuidados: um baú deixado no convento parisiense, negativos viajando em caixotes, escritos, recortes que abarrotavam valises de couro, *home films* e registros de viagens que ficaram com as mulheres, "recuerdos sentimentais" empacotados. "Minha vida ficou metade por aí [Roma, Paris, Nova York], preciso trazer", escreve em 1979.

Nas últimas cartas, Glauber volta a falar dos problemas que levaram ao fim do Cinema Novo como grupo, como política e como estética. Em carta para Cacá Diegues, de Sintra, 23 de março de 81, sentencia: "A miséria ideológica do Cinema Brasileiro (falta de ambições criativas, prostituição, decadência crítica etc.) levará o cinema brasileiro ao zero, à possível morte da Embrafilme. [...] Não lamento nada. Este túnel chegará ao fim e nos encontraremos mesmo que seja no deserto, onde encontraremos novas soluções".

Não se trata de nenhum juízo de valor sobre obras e filmes. Para cada insulto pessoal há um desagravo do próprio Glauber em outras cartas e textos. Glauber, consumido pelo fogo das paixões revolucionárias, rompeu, brigou, riu, escarneceu de todos os companheiros, amigos e inimigos. Seus artigos e entrevistas, principalmente os do *Pasquim*, foram demolidores, acusatórios, ácidos e de um humor corrosivo.

Eis o credo glauberiano, rezado na mais bela carta biográfica, escrita para Cacá Diegues pouco antes de morrer:

(89) Para Celso Amorim, 29 de agosto de 1979.

> *esta suruba de intrigas outra coisa não é senão paixões reprimidas e desafios psicanalíticos que nos escapam...* não entendo a cultura carioca, não entendo estas brigas, *creio* que o individualismo é uma expressão burguesa parafascista, que os intelectuais precisam romper com as determinações positivistas da história, *acredito* na explosão da força nuclear produzida pelo desencadeamento das energias contraditórias liberadas, *creio* que revolução é vida e *creio na imortalidade embora não creia em deus...* [grifos meus]

SINTRA É UM BELO LUGAR PARA MORRER

Essa carta de Sintra, 26 de abril de 1981, é uma espécie de testamento biográfico que sintetiza muitas coisas: "o cinema novo foi uma revolução cultural feita por garotos... é difícil aos quarenta anos viver depois da revolução".[90] Na carta, Glauber reconta parte da sua trajetória e a relação com o Rio de Janeiro: "de Rio no meu cinema apenas o *Di* (morte) e um trecho de A *Idade da Terra* — o Carnaval — a suruba — a conspiração ó o terrorismo na favela e o Maracanã vazio... a Bahia da Guanabara poluída e apocalíptica, não me interesso em filmar o Corcovado". Fala de Portugal como uma redescoberta, lugar mítico de fundação e recomeço.

Em Paris tinha sido duro, Glauber passou o Natal e o Réveillon de 1980 com a família e poucos amigos, acompanhando uma retrospectiva de seus filmes e apresentando A *Idade da Terra*, que tinha sido bem recebido pela crítica francesa em Veneza. O jornalista Roberto Pontual começa uma matéria para o *JB* descrevendo Glauber em Paris, "estirado na cama, sob pesadas cobertas, e ainda assim quase não suportando o frio que o castiga no apartamento de amigos colombianos no *quinzième* parisiense".[91]

Do desconforto parisiense ao clima ameno de Sintra, numa paisagem deslumbrante, parecia a descoberta do paraíso:

> Aqui é bonito. Escrevo diante de uma panavisão sobre o Atlântico camoniano e sebastianista do alto de uma montanha antes habitada por Byron numa linda casa onde viveu Ferreira de Castro... o ro-

(90) Para Cacá Diegues, Sintra, 26 de abril de 1981.
(91) Artigo de Roberto Pontual publicado em 8 de abril de 1981 no *Jornal do Brasil*.

mancista João Ubaldo Ribeiro está hospedado aqui com a Berenice grávida... semana que vem Gerard e Nelita aparecem... Claude passou... as coisas vão bem, estou feliz no meu feudo à beira-mar plantado vendo todos os dias naves partindo na construção do IV Império de Sebastião Ressuscitado...

Glauber e todo o seu cinema é marcado por esse sentimento messiânico, um nacionalismo místico e crítico que é a base da sua política e ética. Credo, crença que une Glauber ao Fernando Pessoa do poema épico *Mensagem* ("Mar português", "A última nau", "D. Sebastião", "O encoberto", "O desejado") e que se definia como um "sebastianista racional".

No exílio português, Glauber redescobre Pessoa e a mitologia luso-brasileira:

> Sou um sebastianista. Nós dizemos, no Nordeste do Brasil, que Dom Sebastião desapareceu em Alkacer-Kibir para renascer no sertão. Em meu filme [*Deus e o Diabo na Terra do Sol*], o nome do profeta visionário, do beato, é Sebastião. E Sebastião é um nome forte no Brasil. Deixou de ser um nome aristocrático para se tornar popular. *É como se o Rei tivesse desaparecido dentro das tripas do povo para renascer vomitado pela coletividade terceiro-mundista e tropicalista.* Então tudo isso me conduziu a Portugal numa viagem metafórica, numa viagem poética [grifos meus].[92]

A questão dos mitos e da mitologia é a contrapartida da força demolidora e desmistificadora, vulcânica, que impulsiona o cinema de Glauber. Anarcoconstrutivismo que significa demolir para reconstruir, devorar os velhos mitos para recriá-los. Profetismo, apocalipse e reconstrução que funda uma mitologia na qual o próprio Glauber se insere: "sou o profeta da anistia", "eu sou o Cinema Novo", "a Embrafilme foi construída sobre o mito Glauber Rocha", "tenho um encontro marcado com o Infante Dom Henrique em Sagres, onde Camões enxergou para além do mar e recitou para o infinito".

O cinema de Glauber é assombrado pela história e pelos mitos fundadores do que seria uma civilização panamericana. Glauber sempre construiu,

(92) Entrevista a Manuel Carvalheiro, publicada no *Jornal do Brasil* de 22 de agosto de 1987. A mesma declaração, com algumas variações, saiu no *Diário de Notícias*, Portugal, 28 de fevereiro de 1981, e foi reproduzida no livro *Ideário de Glauber Rocha*, de Sidney Rezende, Philobiblion, 1986.

mesmo na aldeia de *Barravento*, ou em *Pátio* e *Praça*, seus dois primeiros filmes, um discurso histórico-universal: a *Trilogia da Terra* (a *Terra do Sol*, a *Terra em Transe*, *A Idade da Terra*), pensada como um fluxo que contém todas as virtualidades da história. Só dessa perspectiva, inseridos no grande fluxo universal, vislumbramos nossa singularidade e potência, História e Terra do Brasil.

A carta para Cacá Diegues, de Sintra, 26 de abril de 1981, tem a tranqüilidade e lucidez de um intervalo: "sinto-me mais ou menos em casa, boa cama, boa mesa, bom clima, transromantismo".

"Me sinto reprojetado nas origens", escreve Glauber, comunicando o início de um novo roteiro, *O império de Napoleão*, adaptação de um livro de Stendhal, e o projeto de filmar *O nascimento dos deuses* no cenário português de castelos e influências árabes. Cita Griffith, John Ford, Cecil B. de Mille, e nas últimas cartas fala da busca de um "transrealismo", após a fragmentação de *A Idade da Terra*, que marcaria a nova fase luso-atlântica, reintegrando as grandes linhas do realismo.[93]

Em Sintra, Glauber cruza com o presidente Figueiredo e posa para fotografias, publicadas nos jornais. A retrospectiva de seus filmes é interrompida por um incêndio na Cinemateca Portuguesa. Encontra a equipe de Wim Wenders, que filmava *O estado das coisas*. Conhece Samuel Fuller e dá um depoimento em vídeo para o ator Patrick Bauchau, intitulado *Sintra is a beautiful place to die* [Sintra é um belo lugar para morrer], no qual explica que, para a média de idade de um latino-americano, aos 42 anos já viveu bastante.

A doença, a precariedade financeira e as incertezas levam a um clímax, relatado em carta desesperada para Celso Amorim, de 8 de junho de 1981, em que Glauber explica seu "exílio", a pobreza e sua "expulsão" do cinema brasileiro como o preço que pagou pela liberdade artística. Quer "tempo e calma" para começar um novo filme e só vê uma saída: "A *Embrafilme*, por ser do MEC, tem o dever de SALVAR OS FILMES e ME SALVAR. É uma situação dramática natural para quem viveu dedicado 20 anos ao Cinema Brasileiro".

A última carta publicada neste volume, de 16 de julho de 1981, para o produtor americano Daniel Talbot, começa dizendo: "Estou escrevendo um novo roteiro: *O destino da humanidade*. Vou acabar no dia 20 de agos-

(93) Para Celso Amorim, 8 de junho de 1981.

to". Glauber tinha um prazo, até 30 de setembro, para decidir se ficava ou partia de Portugal, não sabia para onde iria, tentava arrumar financiamento para começar um novo projeto. "Se o filme for possível eu fico. Se não...? Posso ir para França ou San Francisco..." Em todas as cartas o futuro surge sempre como uma hipótese nebulosa. Sua fala é ancorada no presente, mas o sentido da posteridade o lança para além-mar: "O verão começa, a vida só recomeça em setembro".

No dia 6 de agosto, Glauber é internado numa clínica dos arredores de Lisboa. No dia 16 de agosto, o escritor João Ubaldo Ribeiro, passando temporada em Sintra, publica uma crônica no *Globo* sobre a internação, o sofrimento do amigo, as visitas de Jorge e Zélia Amado, a mobilização dos médicos, o desencontro dos diagnósticos e a movimentação das autoridades portuguesas com o caso. Compondo a cena, um Glauber fragilizado, tirando e botando o tubo de oxigênio no nariz para falar ao telefone sobre os rumos da política cultural brasileira ou "discursando no quarto sobre a Dialética da Enfermidade".[94]

Em meio à tragédia, Ubaldo descreve um delírio cômico de Glauber com o Ponto Frio Bonzão, em que repete a propaganda da empresa aos prantos: "O Ponto Frio Bonzão meu Deus, liquidificadores, batedeiras, refrigeradores, aí meu Deus, tudo a preços módicos e suaves prestações mensais! Enceradeiras, televisores, ferros de passar [...]". Refrão ao qual volta de tempos em tempos "com a mesma cara trágica".

Glauber tinha de tal forma se dissolvido no coletivo e na cultura que mesmo seus delírios são socioeconômicos, estranhos "pesadelos" de consumo. A morte de Glauber, em 22 de agosto, como a morte de Pier Paolo Pasolini, foi seu último escândalo.

Seu enterro foi um happening, "é preciso fechar essa miserável década", dizia em 1979. Sua morte carnavalizada (Di-Glauber), o velório no Parque Lage, cenário de *Terra em Transe*, fechou uma era cultural no Brasil, provocando o transe, a ira, o choro, os últimos discursos inflamados de agosto, as últimas brigas e acusações, as últimas polêmicas culturais.

"O que faltou para Glauber?" "A possibilidade de envelhecer como

(94) "A verdade sobre o caso Glauber Rocha", artigo de João Ubaldo Ribeiro, publicado em O *Globo* de 16 de agosto de 1981.

um patriarca", escreveu o cineasta português Paulo Rocha.[95] Teríamos, então, não o corpo de um revolucionário enterrado em meio à comoção lírica, como Che Guevara, mas toda uma outra mitologia. "Não curto essa de ser mártir!", dizia Glauber.

Estas cartas funcionam como um romance épico-didático, autobiografia, manual de cinema, guia do guerrilheiro cultural, tratado de humor negro, livro teórico, memorabilia, cartilha de história do Brasil. Lendo estas cartas, revendo cada filme de Glauber, descobre-se que a cultura brasileira, o povo brasileiro, é matéria mítica de tão bom estofo quanto outras que flutuam em nosso imaginário.

A fala de Glauber, sua eloqüência e oratória, seu brado retumbante, na tradição romântica, popular e populista baiana, é uma ventania que vem desestabilizar os discursos prontos. É uma fala mítica.

Estas cartas funcionam também como uma reflexão a quente sobre a cultura brasileira contemporânea, capítulo vertiginoso e desconcertante de um romance panamericano, luso-afro-tropical.

Rio, março de 1997

(95) Paulo Rocha, "Rocha c'est l'autre" [Rocha é o outro], in Sylvie Pierre, *Glauber Rocha*. Paris, Cahiers du Cinéma, 1987. Lançado no Brasil pela Ed. Papirus, São Paulo, 1995.

NOTA DA ORGANIZADORA

As cartas publicadas neste volume estão depositadas no Acervo Tempo Glauber e, na sua maioria, foram doadas ao Acervo pelos correspondentes de Glauber, depois de sua morte, em 1981.

A correspondência passiva, recebida por Glauber, foi guardada por ele ao longo de sua vida e tudo foi reunido e preservado por sua mãe, Lúcia Rocha, cujo apoio, lucidez e confiança foram cruciais para a realização deste livro.

Agradecemos aos correspondentes pela concordância na publicação destas cartas: Cacá Diegues, Alfredo Guevara, Raquel Gerber, Paulo César Saraceni, Gustavo Dahl, Zelito Viana, Nelson Pereira dos Santos, Walter Lima Jr., Walter Hugo Khoury, herdeiros de David Neves, Alice de Andrade e herdeiros de Joaquim Pedro de Andrade, Roberto Farias, Luís Augusto Mendes, Caetano Veloso, Jorge Amado, Darcy Ribeiro, Miguel Arraes, João Ubaldo Ribeiro, Jards Macalé, Luiz Rosemberg Filho, Luís Carlos e Lucy Barreto, Ana Maria Magalhães, Paulo Gil Soares, Ivan Lessa, Luís Carlos Maciel, Rogério Duarte, Geraldo del Rey, Luís Carlos Maciel, herdeiros de Wilson Mendes de Andrade, herdeiros de Ruy Simões, Fiorella Amico e herdeiros de Gianni Amico, Roberto Pires, Nini van Prehn, herdeiros de Ênio Silveira, Moacyr Félix, Orlando Senna, Marco Aurélio Marcondes, herdeiros de Carlos Castello Branco, herdeiros de Carlos Drummond de Andrade, Harry Stone, Daniel Talbot, Tom Luddy, Randal Johnson, Yvonne Baby, Carlos Augusto Calill e herdeiros de Georges Sadoul.

No trabalho de pesquisa foram descobertas novas cartas, fora do Acervo, obtidas especialmente para esta edição e gentilmente cedidas para publicação por Lígia Fagundes Telles e herdeiros de Paulo Emilio Salles Gomes, Jean-Claude Bernardet, Dedy Lherm e herdeiros de Claude-Antoine, Fabiano Canosa, João Carlos Rodrigues, Ivany, Kátia da Silveira e herdeiros de Walter da Silveira, Adalmir da Cunha Miranda, Fernando da Rocha Peres, João Carlos Teixeira Gomes, Jomard Muniz de Britto, Ferreira Gullar, José Mario Pereira e herdeiros de José Guilherme Merquior, Ricardo Cravo Albin, Michel Ciment, Sylvie Pierre, Peter B. Schumann.

Agradeço ainda a Arthur Omar, Ilka Oliveira e família Bentes Oliveira, Samuel Averbug, Felipe Falcão, Paloma Rocha, Paula Gaitán, Anabelle Queneau, Paulo Antonio Paranaguá, Cinemateca Brasileira, Djair Rodrigues de Souza, Itoby Alves Correa, Júlio César Lobo, Ricardo Miranda e Silvia Wolfenson, Guido Araújo, Érick Hermany, Facom (Faculdade de Comunicação da UFBA), José Umbelino, José Umberto Dias, Centro Interdisciplinar de Estudos Contemporâneos (CIEC — Escola de Comunicação da UFRJ).

As cartas escritas em francês e inglês foram traduzidas pela organizadora. As cartas em italiano foram traduzidas pelo Acervo Tempo Glauber. As cartas em espanhol foram mantidas sem tradução. Eventuais cortes no texto foram feitos a pedido dos remetentes e serão indicados por [...]. Trechos ilegíveis são indicados por [—].

1953

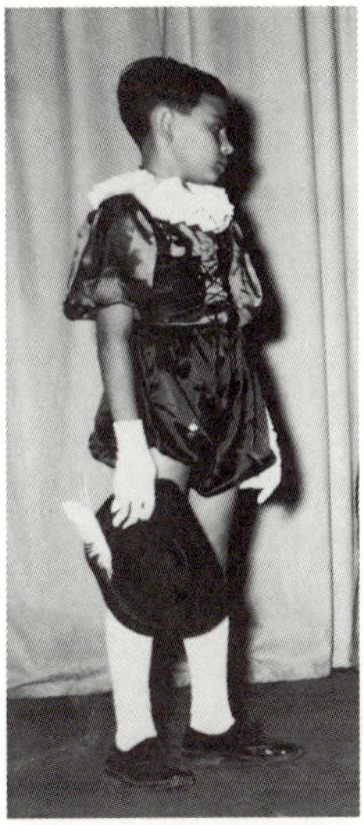

Glauber o príncipe espanhol na peça El hilito de oro *(1949).*

ACERVO TEMPO GLAUBER

Lúcia e Adamastor Rocha, em Vitória da Conquista, Bahia, 1939.

ACERVO TEMPO GLAUBER

Glauber e o pai, no Rio de Janeiro, 1943.

Para Wilson Mendes de Andrade*

Salvador, 15 de janeiro de 1953

Tio Wilson,

Demorei muito para responder tua carta, porém hoje o faço, já que me sinto disposto para tal.

Gostei do que me escrevestes e podes ficar certo que teus conselhos serão seguidos. Só tenho de discordar, ou melhor, explicar-te, acerca d'alguns pormenores sobre minha personalidade.

Quero que fiques tranqüilo a respeito da leitura de X-9 e *Detetive*, pois realmente poucas vezes eu os li; quanto às revistas em quadrinhos, eu as leio até hoje, de vez em quando, e ainda me distraio com as aventuras de Superman ou outro qualquer...

Não quero com isso que penses que sou criança, não! Mas é que uma revista em quadrinhos faz-nos esquecer certas amarguras... Quanto à peça,** quero explicar-te a razão da história se desenrolar em um país estrangeiro. Durante o ano letivo, eu e alguns colegas, interessados em teatro, resolvemos mostrar ao Colégio, em réplica a uma peça que levaram, "como se fazia teatro" (como se fôssemos teatrólogos diplomados). Bem, deixaram o argumento a meu cargo. Que fiz? Vim para casa e lutei em busca de um assunto invulgar, um assunto que revolucionasse a "turma". Precisamos entregar tudo no dia seguinte. Pensei, pensei e nasceu-me aquela idéia.*** Rápido minha pena desenhou no papel todo o enredo. Mas... no Brasil não poderia ser, pois aqui não há pena de morte, então mudei para a França. Aquela peça absolutamente não revela a minha personalidade (pois penso que um escritor deve escrever o que pensa e o que sente, enfim deve expressar a sua própria filosofia).

Creio que me entendestes.

(*) No Índice Onomástico o leitor encontrará informações sobre as pessoas citadas.

(**) *El hilito de oro.*

(***) Na peça Glauber fazia o papel de um príncipe espanhol que vai a Cuba pedir a mão de uma das filhas de uma nobre dama crioula.

Quanto a Poe e Kipling, já os li. O segundo melhor do que o primeiro (opinião minha!). E aquela sua poesia "Se" é o que de mais belo pode haver em matéria de filosofia mas que considero, assim por dizer, impraticável. Às vezes chego a duvidar do autor de *Mowgli, o Menino Lobo*, *Kim* e outros... Bem, duvidar porque acredito que ele não seguia os mandamentos que escreveu em "Se" e assim sendo seria... Bem, não pretendo e não estou à altura de criticar o grande poeta e escritor Rudyard Kipling. Mande-me tua opinião acerca dele. Quanto a aprender e observar as coisas, obrigado; saberei de hoje em diante observá-las melhor.

Tio, se algum dia tornar-me escritor fique certo que escreverei sobre minha terra. Saiba também que prefiro os escritores brasileiros aos europeus. Não que tenha vasta cultura literária, a ponto de querer compará-los, mas prefiro conhecer antes a filosofia de meus patrícios para depois conhecer a dos europeus. Não quero dizer com isto que Dickens, Stevenson e outros são maus escritores.

Li *Terras do sem-fim*, de Jorge Amado, e achei mais do que "realista". A sua linguagem poder-se-ia dizer quase imoral. Virgílio, Margot, Ester, Juca Badaró são sem dúvida personagens que cativam o leitor, porém nunca como o Eugênio, a Olívia, a Dora e o Simão, a Eunice e todos os outros personagens de Veríssimo em *Olhai os lírios do campo*; o li de uma só vez, tal o seu poder de atração, e pretendo relê-lo para sentir novamente a tragédia íntima de Eugênio e pensar na existência.

Quero confessar-te uma coisa: às vezes pareço-me com Eugênio, às vezes sinto o irrefreável complexo de inferioridade. São coisas da vida, creio que todos nós temos um pouco de Eugênio em nossas almas.

Tio, quero dizer-te ainda que nunca deixei-me influenciar por fitas cinematográficas ou histórias em quadrinhos. Bons filmes como *O Cristo proibido*, italiano, *Chaga de fogo*, americano, *Uma rua chamada pecado*, americano, e *Luzes da ribalta*, de Chaplin, deixam uma certa impressão em nosso espírito, mas convém dizer que trata-se de filmes humanos, feitos por homens conscientes, cada qual procurando difundir sua filosofia através da sétima arte (tenho também de citar *Orfeu*, de Jean Cocteau).

Filosofia, sim, estou lendo. Schopenhauer (*Dores do mundo*), Nietzsche (*Assim falava Zaratustra*), além de pequenos comentários a respeito da filosofia de Bacon, Platão, Aristóteles, Sócrates, Spinoza, Voltaire e muitos outros. Filosofia faz-nos pensar melhor acerca do mundo e dos homens. Porém, como dizer-te que nunca seguirei o ponto de vista deste ou daquele? Nunca serei "superior" como Nietzsche, pessimista como Schopenhauer ou cínico como Voltaire, isto não! Podes ficar certo que procurarei seguir minha própria filosofia.

Como disse em minha carta anterior, vou estudar Direito. Agora, em 1954, vou começar "vida nova", estudar, escrever e também... namorar; apesar de não ser nenhum Apolo no físico ou um D. Juan na "lábia", porém vou tentar. Acho muito difícil namorar: primeiro sou tímido, segundo odeio as mocinhas frívolas, terceiro só me interessam aquelas que forem cultas e inteligentes e que não ardem pensando no topete de John Derek ou T. Curtis, quarto não sou de "flirt" barato e passageiro, quero amor como no século passado: romance ardente e perigoso. Não sei como, mas tenho algo de impetuoso em meu espírito. Tenho raiva das coisas fáceis, idolatrando as que, para consegui-las, arranquem-nos suor da face.

Escrevi muito, talvez encontre asneiras, mas não importar-me-ei se, na próxima carta que me fizeres, apontá-las criticando-as separadamente.

Quanto ao discurso,* sinto muito: não houve uma cópia datilografada e limpa. Como sabes (se não sabes fiques sabendo) sou displicente, portanto não cuidei do papel e sim do conteúdo. Obtive mesmo sucesso, pelo menos houve muitos aplausos e parabéns por parte de colegas, convidados, professores etc. Rasguei o original. Mas sei que não vais dar importância a isto.

Tenho um vasto plano para 1954, cheio de surpresas (apenas para mim e para o sr.). Mas surpresas apenas para nós, já que meus planos só a ti são revelados. Espere, que as surpresas talvez sejam boas.

Despeço-me, augurando-lhe um "happy new year" juntamente com a "tia" Fabíola e...

Até a próxima,

Glauber

(*) Glauber foi o orador da turma que se formou em 1953 no Colégio 2 de Julho.

1956

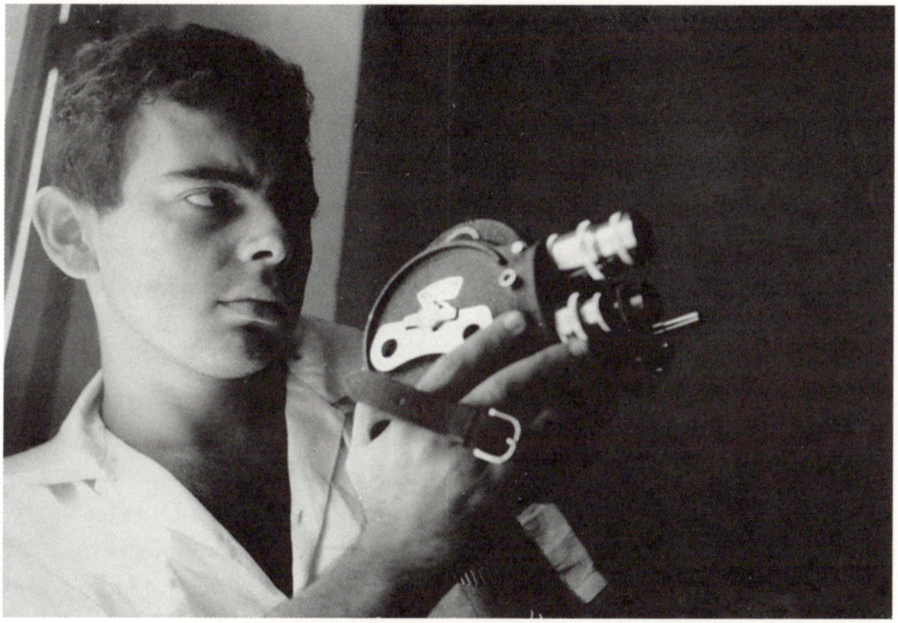

LUIZ PAULINO DOS SANTOS/ACERVO TEMPO GLAUBER

Glauber com sua primeira câmera, em Salvador.

De Ruy Simões

Salvador, 20 de agosto de 1956

Glauber:

Aí vai minha *opinião*, pois não me atrevo a promover um julgamento:

De filiação neo-realista, seu conto apresenta melhores ângulos formais do que materiais. Sua inclinação ao bizarro e ao grotesco, bem como sua tendência ao irreverente e contraditório, sobre revelarem nítida influência alheia, furtaram-lhe a possibilidade de ser original. Creia-me que já se está tornando *vala comum*, aqui na Bahia, esta combinação de putas com igrejas; esta preocupação de fundir-se religiosidades antagônicas numa analogia desproporcional e diversa. Reflita em que o Terreiro está explorado demais, excessivamente prostituído, muito mais pervertido do que realmente é ou idealmente poderá ser!

Um outro reparo, se me é lícito: sua técnica narrativa, sincopada, talvez seja adequável ao cinema, muito mais do que à literatura. Há excessiva plasticidade. Ademais, os cortes bruscos, violentos, assim como as *superposições*, deixam o leitor confuso de raciocínio e sentindo necessidade da colaboração subsidiária dos sentidos! Se foi intencional, dou-lhe parabéns, mesmo pela impertinência (sentido rigorosamente lógico). Convém depurar ainda mais. Concorra ao concurso do Colégio da Bahia, mas não exiba ao público sua "Dona dos sessenta metros".* E, sobretudo, leia e escreva mais e mais.

Ex corde

Ruy Simões

(*) Título do conto submetido à avaliação do professor.

1957

ACERVO TEMPO GLAUBER

Glauber aos dezoito anos, em Salvador.

Para Lúcia Rocha

Rio/Março/1957
Sábado

Mãezinha,

Estou no Rio há dois dias e só hoje pude escrever.

Passei do Hotel Avenida para uma pensão boazinha e barata. Além disso fica no Centro.

É "Pensão São Bento" — Rua São Bento, 32.

Fica perto da Praça Mauá. Preço com cama, roupa de cama e comida: 1800,00. Paguei adiantado. Mas vou comer na rua.

Já gastei nesta adaptação: *5000,00*.

Em Belo Horizonte: 2000,00 com o passeio a Ouro Preto e compra de livros.

A passagem com comida 600,00.

O Hotel Avenida: dois dias: 920,00 (cobraram três diárias).

A pensão adiantado: 1800,00. Outras despesas pequenas já fizeram cinco contos. Ainda não descontei o cheque. Mas agora que já me estabeleci, as despesas vão diminuir.

Já estou trabalhando com Nelson Pereira dos Santos nas filmagens de *Rio, Zona Norte*. Até agora, tudo bem.

Escreva dando notícias.

Lembranças a todos.

e um abraço saudoso,

de Glauber

Para Fernando da Rocha Peres

Rio. Sábado. 22, março, 1957.

Fernando

Estou em uma pensão infame. A única vantagem é ser no Centro. De resto: suja, escura, cheia de gente bruta, calada. Gente de "bas-fond". Mas no fundo é gente boa. Amanhã, todos serão meus amigos.

Mandei dizer a mãezinha e Milze que a Pensão prestava. Confirme se for inquirido a respeito.

Em Belô, tudo bem.

Aqui no Rio já localizei Arlípio, Nelson. Guido não está. Foi para a Bahia com o pulmão atacado.

Já ontem trabalhei, ou melhor, assisti os trabalhos de *Zona Norte*. Fiz uma pontinha numa cena com Othelo e Ângela.* Nelson é porreta. Foi muito delicado. A equipe também é porreta. É cheia de índios idealistas, é assim que se faz um bom cinema? Perguntam todos os filhos da puta intelectuais e teóricos.

É ASSIM, SACANAS!

Arlípio vai bem. Hoje à tarde ele vai ler o argumento. Aliás, o argumento abafou em Belô. Fritz Teixeira de Sales e Maurício Gomes Leite acharam bom.

Meu endereço:

Pensão São Bento,
Rua São Bento, 32 — Rio

Diga a Alberico:

Envie pela Cruzeiro do Sul — Urgente.

Diga a Teles: Mande relatório da Yemanjá.**

Diga a Joca: Escreva e espere notícias. Avisar minha situação na Faculdade.

(*) Ângela Maria.

(**) Yemanjá Filmes, produtora que reuniu parte do grupo baiano criador do Cinema Novo.

Lembranças: Paulo Gil, Guerra, Turisco, Ruy, Rosa, Geraldo,* Lina etc. Não encontrei [—] Bandeira. Não está aqui.

Para Yemanjá Filmes

Março, 27, 1957.

Yemanjá via Fernando

I) A) *Antes* de receber os roteiros de Alberico e Jaime não posso registrar os direitos autorais;

B) não posso, sem registro, tentar empréstimo.

C) não posso mostrar e submeter ao julgamento de Alex Viany, homem com prestígio no cinema do Rio.

II) A) Arlípio acha que o filme tem possibilidades;

B) se vocês não arranjarem trezentos contos, nada feito porque:

— não há filme virgem na praça e por isto *Estouro na praça* está parado e Nelson interrompeu *Zona Norte*.

— o filme virgem vai chegar, mas quem não entrar logo na boca perde o estoque.

— se não houver copiões já feitos nada, NADA com o *Banco*.

O Banco empresta de um a dois milhões, dependendo da qualidade.

Mas QUEREM ver os copiões. Se for regular, UM. Se for de CATEGORIA, DOIS MILHÕES.

Maquinário não é problema. O problema são os trezentos contos para o filme virgem.

III) Por Cooperativa a produção bronqueia.

Tem de ser sociedade particular composta por: Teles, Alberico, Peres, Eu, Arlípio, S. A. etc.

Peça ao Alberico não fazer variações teóricas sobre o tema. Alberico, Fernando e Teles vão ao Dr. Walter ou a Teixeira ou a outro advogado

(*) Antônio Geraldo Pereira.

competente e amigo e peçam para organizar sociedade por *quotas*, QUOTAS, entenderam?

Sejam OBJETIVOS!

Sociedade para produzir *Bahia de Todos os Santos*. Aliás eu sabia que Cooperativa não daria certo para agora.

Temos de pensar no NEGÓCIO. É negro o panorama de cinema no Rio. Morre-se de fome.

Os estúdios da Flama e da Atlântida são duas barracas sujas. Dinheiro é ZERO aqui.

Vou com Arlípio a São Paulo tentar com Mário Andrá, com Cavalheiro Lima e com outros produtores de lá.

Mas isto SÓ DEPOIS DE RECEBER OS ARGUMENTOS.

Vou pagar a despesa de Arlípio em São Paulo. O negócio tem de ser rápido porque meu dinheiro está acabando e Arlípio não tem um tostão.

URGÊNCIA

Outra coisa: ARLÍPIO é um homem de quarenta anos, experiente e conhecedor do assunto.

Não é um intelectual refinado. Portanto eu peço:

Nada de MENINADAS e IRRESPONSABILIDADES quando o homem chegar aí.

Ele vive de cinema. Se o negócio virar mangue vai dar em muita zona.

Urgência e trabalho. Este é o momento decisivo da Yemanjá. Tirem sinopses das histórias e façam publicidade.

Sairá o dinheiro da Prefeitura? E do Estado?

Arranjem quotistas. Vale qualquer dinheiro.

Adeus e vamos TRABALHAR. VIVA A YEMANJÁ.

GLAUBER

LEVANTEM QUANTO PUDEREM

Fernando

Amanhã vou pedir o artigo* a Jorge Amado. Espere cartão. E meus artigos? Vão sair na *Tarde*? É fundamental que saiam. Não por mim. Sim pela Yemanjá e pelo cinema brasileiro. Na página de fundo junto de Carlos Coelho para o nosso *Ler*.

Escreva uma carta, por favor.

Glauber.

Para Fernando da Rocha Peres

Belo Horizonte, março 57

Fernando

Bebo há quatro dias e estou doente. Grande turma. Muito veado. Muita gente séria. Muita mulher feia. Muito concretista. Muita sofisticação. Muita inteligência.

Celi-Autran-Carrero estão na terra. Já vi *Otelo*. Magnífico. Autran e Benedito Corsi. [...]

Vai seguir *Complemento* para você distribuir. Mande o dinheiro e envie sua revista** para a sede de *Complemento*. Se L. C. Alves, poeta bahiano, lhe escrever responda.

A Yemanjá abafa. Hoje à noite conferência no CEC. Segunda-feira entrevista no *Diário de Minas* com João Etiene Filho (poeta, jornalista).[...]

Não fui a Ouro Preto. Corsi ia comigo, mas ele não pôde. Diga a Pedreira para mandar o livro dele para *Complemento* em nome de TEOTÔNIO JR. (homem, retadão).

Pergunte a Rubem Valentim se ele quer organizar uma exposição aqui. Belô está interessada na plástica bahiana; oferecem local e publicidade. O resto fica por conta dos pintores.

(*) Artigo do escritor Jorge Amado para ser publicado na revista *Paratodos*.
(**) Referência à revista *Mapa*.

Escreva respondendo para João Marschmam, endereço de *Complemento*.[...]

Ensaiam uma peça fresquíssima, *Esperando Godot*, de Samuel Beckett. Querem ir até aí. Responda para Marschmam das possibilidades. Em suma a turma quer intercâmbio. Envie coisas para *Complemento* e peça colaboração para sua revista. Eles me propuseram isto. Responda a Teotônio.

Do Rio, escrevo dando endereço. Conheci o poeta Emílio Moura e fiz farra com Corsi e Autran.[...]

Lembranças a todos. Diga a Teles que a Yemanjá está acreditada e que receberá notícias minhas breve.

Diga a Alberico que seguirá carta. Para a frente com *Jogralesca*, envie resultado, lembrança a Joca, Ruy, Gil, Guerra. Providencie meus artigos. Mande Jaime preparar argumento e enviar quando tiver endereço.

Bem, agora vou a uma conferência de Celi sobre "Teatro e cinema". À noite falarei sobre "O cinema do Norte do Brasil: duas possibilidades de desenvolvimento".

do amigo

GLAUBER

PS: Diga a Milze que espere cartas, já foram.

Para Fernando da Rocha Peres e Yemanjá Filmes

Rio, 3 de abril de 1957

A Fernando Peres e ao grupo Yemanjá — uma geração que não é mais de cinema e já é a própria nova geração da cultura bahiana.

Meus caros amigos,

Estou escrevendo para ganhar um pouco de ânimo, sou ainda só neste grande Rio de Janeiro apesar de algumas conquistas. Dos grandes daqui uma amizade já foi feita. Alex Viany, um velho com espírito de novo. Tem me assistido. Não devo, porém, incomodá-lo. Se *Bahia de Todos os Santos* é um filme difícil de ser feito, *Estouro na praça* também o é. Alex sente quase as nossas necessidades. Não pode nos ajudar, por isso a ele nada pedi.

Nelson está ocupado demais, cheio de planos, pra que pedir alguma coisa a ele? Atrapalhar estes homens significa atrapalhar o cinema brasileiro. É preciso dominar o problema bem, ser frio e lógico para não fazer asneiras.

A Comissão Federal de Cinema resolverá os problemas daqui... Dois anos no mínimo. Que fazer? Lutar. Eu estou fazendo o possível. Sem nome, sem dinheiro, sem recomendações, arrodeado por estranhos. A ignorância é a nota dominante no cinema do Rio. Poucas as exceções. Tudo aqui está contaminado, viciado, degenerado.

Impossível registrar direitos autorais. Preço: dois mil cruzeiros. Como poderei eu desembolsar este dinheiro quando só estou com três mil para ir ainda a São Paulo?

Às vezes tudo é negro, eu me desespero intimamente. Depois tudo se amaina, volto a assumir este "fogo de realização" que nos foi imposto por nós mesmos e que devemos conservar aceso mais e mais.

Arlípio é uma boa pessoa. É idealista, está lutando.

Vamos a São Paulo lutar. Se nada foi feito a culpa não foi nossa e também não será de vocês. A culpa será de motivos que caberiam em um ensaio de cem páginas e que possivelmente eu escreverei.

Estive no *Paratodos* e pedi o artigo para Jorge Amado. Ele foi muito delicado e amanhã à tarde me entregará. Espere pelo correio. Vinicius está na França e *Orfeu* caiu por terra pelo menos nestes dois anos.

Os poemas serão entregues amanhã. Se nada conseguir a culpa não me cabe. Aqui tudo é Concretismo. Compre a edição dominical do *Jornal do Brasil*, porta-voz do movimento.

A geração James Dean já morre e vem a geração Yul Brynner de cabeça raspada. Aos meus caros acadêmicos do Direito:* Tirem as boinas, que jovens carecas estão em moda. Provavelmente aí aportarei pelado.

Fernando: Organize *Jogralesca*. Organize Revista. Deixe o Cinema com Teles e Alberico. Se eu não levar nada de objetivo, levarei experiência. E meus artigos, saíram, sairão? Quebre lanças — eu preciso, ou melhor, a Yemanjá precisa desta publicação. Não escreva para o Rio. Espere novo endereço São Paulo. Alberico: Faça urgentemente carta a Ca-

(*) Alusão aos calouros da Faculdade de Direito da Bahia, que tinham a cabeça raspada no trote.

valheiro Lima, comprida, demagógica, patriótica, apologética, aberta, expondo nossos planos e pedindo-lhe socorro. Ele é o homem mais importante da Comissão. Eu vi. O endereço dele é: Major Diogo, *xxx* — São Paulo — FAÇA URGENTE.

Paulo Gil: não é necessário enviar aquele material que lhe pedi. Recolha-o, guarde-o para quando eu voltar.

Teles — confio em você e em seu idealismo. Não dê muito cartaz a Guido, esteja firme ao lado do Dr. Walter* e Paulino, controle a situação com tarimba de Presidente.

Fernando: diga a Pedreira que prepare os planos dos *Cadernos da Bahia*.

Lembranças afetuosas a Ruy, a Machado, Lulu, Guerra, Bananeira, Joca, Dr. Walter [...].

Felicidades para todos

Glauber

[...]

Para Adalmir da Cunha Miranda

Salvador, julho de 57

Prezado Adalmir,

Ao lado das necessárias informações sobre a *Jogralesca*, seguem alguns exemplares nossa revista *Mapa*, número primeiro. Embora ainda não corresponda ao que se poderia exigir com mais rigor da gente moça da Bahia que começa a suceder a geração dos bons amigos que são Moacyr, Machado, Barros e (naturalmente, apesar de não o conhecermos pessoalmente) você. Todavia, planejamos um segundo número realmente bom, sem que aqui vão maiores pretensões. *O maravilhoso é que a coisa foi realizada*; assim, pois, com o descrédito vencido, não teremos as mesmas dificuldades. *Jogralesca* prepara *quinto espetáculo fins de agosto*. Não sabemos ainda se parou campanha profes-

(*) Walter da Silveira.

sores. Estudamos possíveis soluções caso haja qualquer atrapalhação. *Veja* Semanário, *Rio, 25 de julho, Nº 67, farto noticiário.* Não sei se Lina remeteu recorte *Tarde*. Envio novamente. Também José Valadares criticou no *Diário de Notícias*. A propósito seu pedido, passemos relatório:

A *Jogralesca* começou o ano passado no Colégio Bahia, quando eu, Fernando Peres e Calazans Neto ainda éramos alunos de lá. Realizamos a primeira apresentação no dia 6, setembro, aniversário do Colégio, encenando quatro poemas: "Nega Fulô", Jorge de Lima; "Mula do padre", Ascenso; "Enterro de Izolina", Cecília, e "O caso do vestido", Drummond. Embora fosse um espetáculo deficiente, agradou plenamente pelo que trazia de inédito. Animados, saímos, no espaço de dezoito dias, num verdadeiro passe de mágica, prodígio de improvisação com ensaios e "construção" de palco entrando pela noite, para mais duas apresentações onde já apresentávamos, além dos quatros citados, de Vinicius: "Balada do morto vivo", "O falso mendigo" e "Poema enjoadinho"; de Schmidt: "Retrato de meu avô" e mais uma pantomima com estribilho do primeiro poema de Lorca, "La cogida y la morte", no *Llanto* etc. Ainda deficiente, para espanto, o público agradou-se da coisa com bastante entusiasmo, o que provocou de Moacyr, a quem não conhecíamos, uma série de dois artigos na *Tarde*, além de referências em outros jornais. Animados, atingimos a quarta *Jogralesca*, o que foi um prêmio muito simpático ao nosso trabalho com o público que lotava completamente o Auditório do Colégio nos aplaudindo de pé e aos gritos. Logo depois, surgiu a campanha de Dalva Matos com ataques pelos jornais que não respondemos. Cremos na boa-fé de Moura Bastos. A verdade é que só no palco do Colégio podemos trabalhar à vontade. Já na *Quarta Jogralesca*, recebemos a colaboração valiosíssima de Paulo Gil (o jogral na foto do *Semanário*), que veio integrar a equipe de direção. Eu, Peres e Paulo selecionamos os poemas, escalamos e dirigimos os jograis e *Jogralescas* (seis rapazes e seis moças) realizamos a mise en scène. Calazans realiza a cenografia, inspirando-se nas sugestões plásticas de cada poema, que, de antemão, é escolhido segundo as suas maiores qualidades teatrais ou não (vide "Caso do vestido", Drummond). Nós também, quando necessário, recitamos.

Sabemos muito bem das restrições que se fazem à "encenação" de poemas com a alegação de que a poesia é para ser lida em silêncio ou por uma voz extática à maneira jograis São Paulo (em coro, aliás) etc.

O que realizamos, e não leve aqui uma descabida pretensão, é no sentido de alcançar uma linguagem onde os elementos materiais e espirituais do poema possam se completar mútua e intensamente. Além disso, visamos um objetivo: levar a poesia ao povo de cultura média, ao estudante e ao operário: é de nosso plano uma excursão pela Liberdade, Amaralina etc. embora enfrentando as possibilidades de vaias etc.

Não se trata de declamação no sentido de Margarida Lopes, por exemplo; trata-se de teatralização, poesia com roupa de teatro, encenada, daí nem todo poema servir. As vozes ainda não satisfazem plenamente, às vezes o cenário é carregado, outras o jogral supera o cenário, revelando assim desequilíbrios que vamos regulando gradativamente, baseados nas experiências antecedentes. Você sabe que Bahia é terra de autodidatismo e muita raça, senão se vai por água abaixo.

Não disse a coisa bem, mas creio que foi uma idéia mais ou menos possível ao seu entendimento.

Envie crítica rigorosa *Mapa*, envie recortes do Jornal com artigo *Jogralesca*. Difícil encontrar o *Estado*. Envie um artigo seu para *Mapa*, que publicaremos com imenso prazer.

Felicidades e obrigado,

Glauber.

Glauber Rocha
General Labatut, *xxx*, Barris, Salvador.

Espere um exemplar *Samba de roda*, livro de estréia do poeta Frederico Souza Castro.

Para Adalmir da Cunha Miranda

Salvador, agosto 57.

Prezado Adalmir,

Segue primeira "Edição Macunaíma",* *Samba de roda*, Frederico Souza Castro e Calazans Neto. Esperamos que você saiba fazer a notícia

(*) Série de livros publicados pelo grupo das *Jogralescas* e revista *Mapa*.

de que jovens na Bahia estão lutando. Não param. Infelizmente não podemos enviar mais um exemplar, porque só foram realizados duzentos pelo preço de dez mil cruzeiros. Se alguém em São Paulo se interessar, que me envie pelo Banco Crédito Real Minas Gerais quatrocentos cruzeiros e eu enviarei um exemplar frete pago..

Sei que você saberá fazer justiça empreendimento. Para este ano ainda programados: seleção de poemas Lina Gadelha e uma antologia dos novos poetas bahianos, ambos edição limitada trezentos exemplares. *V Jogralesca* para fins de agosto. Também *Mapa* II. Possivelmente teremos um quinzenário cultural, *Contraponto*, interestadual: Pernambuco, Minas, Ceará, Bahia, Maranhão etc. Será uma tentativa.

Envie recortes jornais em três vias sobre o que você escrever.

Mais uma vez obrigado,

um abraço,

Glauber Andrade Rocha,
General Labatut, *xxx*, Barris, Salvador, Bahia.

Para Adalmir da Cunha Miranda

Salvador, 13 de agosto de cinqüenta e sete

amigo Adalmir

Recebi sua primeira carta após a segunda; desencontro com Lina. Obrigado pelos livros. *A vigésima quinta...* eu já conhecia, tenho um exemplar comprado, mas o remetido com autógrafo vem enriquecer minha coleção de gente bahiana. Da Paraíba ou não, lhe considero bahiano. Sua primeira carta foi estimulante; deu mesmo para comover. Obrigado. Devorei agora a *Esfinge*. Mais tarde vou estudar com calma; o assunto vem a calhar, pois é dos que mais me preocupam apesar de que meus interesses e objetivos intelectuais estejam mais ligados e dirigidos para cinema, sobretudo, e teatro. Atualmente faço crítica em semanário local, novo, *Sete Dias*, participo de debates semanalmente na Rádio Sociedade, sou dirigente do Clube de Cinema e talvez seja integrante de uma página dominical a ser organizada pelo crítico Hamilton Correia na "nova fase" do *Diário de Notícias*. O

Walter da Silveira tem sido um bom amigo, melhor mestre, grande incentivador. Aliás, não fosse o Walter eu me sentiria um tanto deslocado, pois na turma, à exceção de Alberico Motta (que escreve no *Semanário* do Rio, remete daqui), não existe interesse tão forte por cinema. Enquanto estudo vou escrevendo artigos bisonhos, vou lutando com uma série interminável de insuficiências. Devido à urgência de *Mapa* não pude fazer alguns reparos no artigo sobre western (fraco, diga-se de passagem) e estou impossibilitado de continuar por forças maiores: não existe filmoteca; os filmes estão recolhidos, não devo improvisar, tenho de desistir. Luto agora por um documentário e talvez realize: o argumento é de José Pedreira e a fotografia de Rozemberg. Mas estou em projetos. Nada de concreto. Viso, sobretudo, uma bolsa de estudos no IDHEC, na França. Sou um estudante de direito fracassado, com quatro zeros nas provas parciais. No princípio do ano fui para o Rio a fim de trabalhar com Alex Viany, passei quarenta dias, deu saudades da Bahia, eu voltei desiludido e então aderi aos movimentos de *Jogralesca* e *Mapa*. O resto da turma é que vive enfronhada em literatura, principalmente o Fernando Peres e o J. C. Teixeira Gomes, infelizmente autor daquele deplorável "conto". Todavia, creio que o poema publicado, "Balada"* e o próximo trabalho em *Mapa* recomendará melhor. O Gil é estudioso de folclore e teatro. Estuda pedagogia e luta por bolsa de teatro. A Reitoria aqui possui um curso, passatempo de pederastas intelectualizados cuja chefia cabe a um "importado" Martim Gonçalves, reacionário de quatro costados. Por falar em reitorismo, o "Magnífico"** nos conferiu dez mil cruzeiros por trinta exemplares de *Samba de roda*, o que salvou o prejuízo mas não deu para subornar, como ele pretendeu; embora nossos valores sejam escassos, lutamos firmemente, apesar da campanha pública que sofremos (é pública mesmo, porque até folheto impresso já houve), apesar de sermos "Transviados", "Veados", "Comunistas", "Anticatólicos" e outras besteiras das quais você bem sabe, no sentido de uma honestidade e autointegração. Foi um prêmio que nós passássemos pela tutela de Machado,*** que nós vivêssemos um terceiro clássico maravilhoso no CEB. Só isto talvez nos ajude a suportar o tédio e a burrice da Faculdade de Direito.

(*) Poema de João Carlos Teixeira Gomes.
(**) Reitor Edgard Santos da Universidade da Bahia.
(***) Machado Netto.

Talvez agora *Ângulos* apareça com a dignidade do passado; é dirigida por João Eurico Mata, o que é boa recomendação.

Carlos Anísio é um ótimo rapaz, inteligente, disperso, inadaptado, uma personalidade sedutora e confusa. Fala várias línguas, estudou de tudo, hoje é um "Maudit", vive desaparecido, a família não possui um só exemplar de *Maria Cabocla*. Sinto muitíssimo não poder realizar seu pedido. Tenho *Violas* à disposição, mas creio que não interessa.

O Wilson Rocha escreverá em *Mapa* sobre artes plásticas, teremos capa de Lenio e uma gravura de Mário Cravo. Planejo organizar uma pequena antologia dos novos poetas bahianos a ser editada pela Progresso através da reitoria. Sem concessões.

Se for imposta a menor censura, faremos por conta própria.

Hoje é treze, Machado fez uma conferência na Faculdade sobre coerção social e intelectual etc. e, intencionalmente, e bravamente, e sempre amigo do peito, dedicou à *Jogralesca*. Formam ao nosso lado o prof. Auto José de Castro, o mestre de fonética Nelson Rossi, pintores e demais gente esclarecida da Bahia. *Jogralesca* quinta será em setembro, no Central,* ainda que o espetáculo custe o diabo. A briga será feia e oportunamente farei requerimento solidariedade paulista. Edgard Santos, reitor, compra tudo na Bahia. Página literária *Tarde*, o que você conhece. Odorico Tavares, aquela reação que é. O nosso recurso vai ser o folheto impresso.

Despeço-me.

PS: Se não lhe for grande o trabalho, envie-me publicações *Seminário de Cinema do Museu* (consiga com Paulo Emilio ou Rudá de Andrade), e notícias sobre a restauração da filmoteca incendiada.

Um abraço e envie quatro vias de cada recorte seus artigos, ou de outros, sobre *Mapa*, *Jogralesca* e *Samba de roda*.

Mapa publicará informações Clube Poesia. Noticiarei oportunamente na *Tarde* sobre a *Esfinge*, se antes alguém não o fizer.

2º PS: Outro pedido. Não é de grande importância, mas se puder, faça esse favor ao cinema brasileiro. Informe ao primeiro crítico de cinema que você encontrar na rua ou no bonde que na Bahia, Salvador, a *Columbia* não está distribuindo os filmes nacionais: *O sobrado* e *Osso, amor e pa-*

(*) Colégio da Bahia — Seção Central.

pagaios não serão exibidos. Peça ao crítico para informar aos produtores a fim de que estes protestem o roubo de que são vítimas.

Glauber Andrade Rocha
Labatut, *xxx* — Barris. Salvador

Para Adalmir da Cunha Miranda

Salvador, 4 de Setembro de 57

Amigo Adalmir

Acuso recebimento jornais. Obrigado, mais uma vez. Noticiário sobre Clube de Poesia sairá segundo *Mapa*, já em impressão. Aproveitando a presença, conseguimos desenho e artigo especiais de Di Cavalcanti. Artigo sobre artes plásticas de Wilson Rocha. Transcreveremos trechos do roteiro técnico de *Rio, Zona Norte*, que nos foi oferecido por Nelson Pereira dos Santos. Assim, *Mapa* cresce, alcança novos limites. Marchamos para libertação econômica da ABES; amigos, entre os quais Mário Cravo e Gastão Pedreira, nos conseguiram alguma publicidade; a campanha de assinaturas frutificou porque os acanhados mil exemplares de *Mapa* conquistaram a província de maneira inesperada. Queremos melhor papel e mais riqueza e variedade de matéria. *Mapa* não pretende ser a expressão fechada de nós, jovens, que ao lado das deficiências culturais, não passamos de sete ou oito. Queremos estender e acabar esta demarcação rígida de idade ou "geração". Por isso, temos as nossas páginas abertas à "intelligentsia".

Quanto à *Jogralesca*, vencemos a batalha e a quinta será lá mesmo no nosso colégio. Agradecemos à interferência "macha" do prof. Auto José de Castro, que assinou um termo de responsabilidade perante o secretário Short, sem nos conhecer há mais tempo e sem ter assistido ao espetáculo. Foi um gesto que nos comoveu. Já começamos os ensaios e no 14 de Outubro estaremos em cena. O programa desta vez é o seguinte: de Vinicius de Moraes, "Morte na madrugada", "Desespero da piedade" (fragmento da "Elegia desesperada"), "Operário em construção"; "Desaparecimento de Luiza Porto", de Drummond; "Poema didático", de PMC; "Jandira", de Murilo Mendes; "Pistoia" e "Noturno 12", de Cecília Meireles; fragmento da "Ode marítima", de Fernando Pessoa; "Romance sonâmbulo", de Lorca; "Elegia a Jacques Roumain", de Nicolás Guillen; "O pequenino morto", de Vicente de Carvalho. Em coro de quatro vozes teremos "Meus oito anos" e "Canção do exílio", de CA e GD. Permanecerá o quadro do "Divino Narciso" e será acrescentado "Os três mal amados", de João Cabral. O poema "A ponte", de Geir Campos, deixou de entrar em virtude de termos perdido o *Para Todos* respectivo. Foi, assim, adiado para próxima oportunidade.

Agora a nossa responsabilidade é multiplicada; não só teremos de eliminar os erros de encenação cometidos, como também evitar que a confiança depositada por Auto José de Castro seja desrespeitada. Todavia, isto jamais implicaria em uma concessão à burrice e poemas como "Operário em construção" e outros estão, cremos, encaixados como violentas respostas. Além disso, o nosso grito de reação está planejado da seguinte maneira:

a) pretendemos concentrar no dia 29 o número maior de intelectuais, pintores, músicos, professores etc.

b) o maior número possível de deputados, vereadores, inclusive o presidente, dr. Heitor Dias.

c) Aloísio Short e um representante de Antonio Balbino, se não ele próprio.

d) estudantes, presidentes e membros de diretórios, grêmio e entidades.

e) transcorrido o espetáculo, faremos o "bafafá": diremos das coerções sofridas e exigiremos proteção, liberdade de criação artística. Será uma cartada decisiva; ou nos protegem ou a *Jogralesca* encerrará suas atividades. Nas mãos da Bahia estará nossa sobrevivência. E isto não será demagogia. Porque sem teatro e sem auxílio não poderemos resistir. Atualmente nossa situação é precária e trabalhamos sujeitos a exigências descabidas e mesmo à humilhação de diretores e funcionários do Colégio.

Se vencermos, entraremos em preparo para um empreendimento gigantesco. Com um coro de cinqüenta vozes, além de dez figuras centrais, encerraremos em Janeiro, no Teatro Guarany, fragmentos de *Os Lusíadas*, compreendendo o "Canto primeiro" e "O Adamastor", "A Ilha dos Amores" e "Inês de Castro". Calculamos a encenação para cinqüenta mil cruzeiros, atendendo às mínimas exigências da produção. Futuramente, se o plano frutificar, enviarei roteiros, plantas de cenários, dados pormenorizados.

Notas da província: Publicação do livro do Pe. Sales Brasil sobre Lobato; prepara-se semana do escritor, da qual participaremos.

Preparo Antologia "novíssimos" poetas bahianos. Estrearão, possivelmente, uns dez. Procedo, no momento, a seleção. Edição Progresso, financiada pela Reitoria.

Nossa Editora, Macunaíma (*Samba de roda*), prepara Lina Gadelha para os próximos dois meses.

Exposição individual de Calazans Neto em Outubro no Belvedere da Sé, atual Turismo.

Enviarei artigos seus, se forem publicados.

Concluindo;

um abraço e outro obrigado.

Disponha e "torça" por nós. Provavelmente farei uma visita a São Paulo no fim do ano.

Glauber Rocha

PS: Saiu notícia *Jogralesca* no *Paratodos*, segunda quinzena de Agosto. Segue uma série de artigos meus publicados no *Diário de Notícias*; como na Bahia não existe quem se interesse por cinema e o Walter da Silveira está na Europa, e eu precise saber de uma exata opinião, pois penso em desenvolvê-los, peço a você que os submeta à apreciação de Pe. Sales Gomes. Ficarei gratíssimo.

a) Quero saber se a Cinemateca Brasileira já foi reajustada após o incêndio.

b) Se existe possibilidade de se fazer um estudo, utilizando material da Cinemateca; pretendo fazer um retrospecto histórico do cinema, é possível?

c) Ainda funciona o curso de cinema do MAM?

d) Existe algum concurso para bolsas de estudos na Europa? Se existe, quais as bases?

e) Em outra hipótese, haveria possibilidade de um estágio na Vera Cruz, em caráter de estudo?

Pergunte essas coisas para mim ao Pe. Sales Gomes e eu lhe ficarei imensamente grato. Estou precisando urgentemente solucionar o meu problema: entre Direito e Cinema! Direito ou Cinema, o sacrifício do primeiro é o que pretendo executar em 1958, em função do segundo.

Para Adalmir da Cunha Miranda

Salvador, 14 de Outubro de 1957

Prezado Adalmir

Jogralesca a ferro e fogo segundo telegrama enviado para o *Estado de São Paulo*. Li publicamente a moção que foi publicada no *Sete Dias* e será publicada na *Tarde*. OBRIGADO.

Muita gente no espetáculo e os aplausos foram os mais simpáticos e entusiastas.

Esteve presente o Teatro de Arena daí de São Paulo e o Gianfrancesco Guarnieri fez um ligeiro discurso de solidariedade. Só conseguimos tudo no domingo graças ao deputado Ladislau Cavalcanti que, em último caso, OBRIGOU o diretor Moura Bastos (obrigou em bons termos, é claro) a nos ceder o auditório, pois o homem resolveu proibir o espetáculo de última hora. Foi uma luta monstra os três dias antecedentes.

Agora já estamos esperando a padresca da Bahia cair em cima da gente. Não importa. Aqui, um padre macho encenou *Capitães de areia*, conservando a terminologia dos diálogos de Jorge Amado. Aproveitamos e fizemos uma moção de solidariedade. Os padres se desesperaram ainda mais. Mas os católicos e sacanas dos "águias brancas" de Plínio Salgado ainda foram vencidos nesta mesma semana pela turma da esquerda por quarenta e cinco votos no V Congresso de Estudantes Secundários. Foi de cabo a rabo a lavagem. Realizada a quinta estamos prontos para a luta; agora, topamos qualquer quixotada contra Sales Brasil & reitor & reacionários...

Mapa vai bem. Obrigado sonetos Ballotini.

Será publicada moção. *Jogralesca* sexta no ano vindouro. Agora vamos estudar. A turma está se isolando conforme acertado para só se reunir no segundo *Mapa*. Fernando* vai morar aí em São Paulo e *Mapa três* já será dirigido por Paulo Gil.

Walter da Silveira já está na terra. Responda falando francamente

(*) Fernando da Rocha Peres.

sobre concretismo. Lemos há meses o *Jornal do Brasil* e estamos a par do movimento. É ou não é de meninos ricos?

Glauber.

Para Adalmir da Cunha Miranda

Salvador, Novembro 57

Amigo Adalmir

Hoje é dia de lhe agradecer mais longamente pelo muito que você fez por nós. Podemos dizer que você daí nos ajudou mais que muita gente daqui. A leitura da moção alcançou o sucesso esperado. O público irrompeu em aplausos e então um ator do Teatro de Arena, GIANFRANCESCO GUARNIERI — você conhece? —, tomou a palavra e fez um discurso de solidariedade. Infelizmente pessoas importantes convidadas não compareceram; inclusive o diretor do Colégio e todos os professores, à exceção da turma — Moacyr, Barros etc. e do professor de inglês, Peixoto, que, por sinal, dirigiu ao diretor uma declaração nos defendendo. O Pe. Sales Brasil foi, mas não sei até quando ficou. O auditório ficou entupido. Entre as pessoas importantes de fora, só me lembro de Marc Berkowitz — o crítico de artes plásticas — que Mário* e Carybé levaram, de atores do Teatro de Arena, e só. As vinte e quatro, ou melhor, as quarenta e oito horas que antecederam o espetáculo, foram épicas. Imagine que os convites não estavam prontos e o diretor, de última hora, nega o auditório sob desculpa de gripe asiática. Saio como um louco, vou à porta da livraria Civilização, abordo o deputado Wilson Lins, faço uma declaração patética, exigindo uma ação em nosso favor na câmara estadual. O homem, que me conhecia ligeiramente, quase que se descontrolou diante de meu choro. Eu chorava não sei se de raiva ou de nervosismo. Mas chorava. Chegou então Ariovaldo Matos (Corta-Braço) e propôs uma solução: MANCHETES NO MOMENTO. Recusei.

(*) Mário Cravo Júnior.

Segunda solução: vinte e quatro horas depois nos levaria ao vice-governador em função, dr. Ladislau Cavalcanti. O homem tomou nosso partido, pegou o telefone e deu uma "ordem" a Moura Bastos. Este, para não se desmoralizar, pediu uma petição. Fiz a petição. Já é tarde de sexta-feira e os convites atrasados na tipografia. No teatro, três números estão crus, furaram no ensaio geral e precisam urgentes soluções. Não se trabalha sexta-feira: moral zero, abatimento nervoso. Sábado às dez horas, um amigo, Antônio Guerra, passando por minha casa, leva o remédio. Sua moção.

Aberta e lida imediatamente por um grupo da Escola. Vou ao Colégio às carreiras e novo impasse havia surgido. Na cantina, em horário paralelo ao nosso, uma festa dançante. Ora, o auditório não tem acústica; com festa "jazz", seria suicídio se fazer a *Jogralesca*. Proponho ao presidente mil cruzeiros para encerrar às oito horas. Não aceita. Não faz trato com comunista. Fernando* quer quebrar-lhe a cara, desiste. Paulo Gil na gráfica americana briga pelos convites. Não se ensaia sábado pela manhã. Saio com a moção, vou ao *Sete Dias*, entrego para publicação. Encontro-me com Paulo Gil na Praça da Sé. Uma hora da tarde, Guerra recebe os convites e começa a distribuição. Duas horas o ensaio geral e definitivo começa. Então o imbecil do Moura Bastos aparece para "observações". Agüentamos os nervos. Às sete horas, encerra-se o ensaio. Quatro quadros ficam para a noite, vamos pela madrugada. Domingo, às oito, em pé, Paulo Gil rouco, Anísio rouco, Calazans nervoso, eu exausto e com moral zero. Arranja-se curativo para Anísio e Gil, nova discussão com os camaradas da festa. Oito horas e a casa pela metade. Moral zero. Nos bastidores Moacyr, Barros e o prof. Nelson Rossi nos animam. Oito e meia e a casa se enche subitamente. Ao longe o "Jazz". Abre o pano. "El Divino Narciso". Hircio Peixoto esquece uma parte do poema e o desespero nos abate. Aplausos que sabemos de incentivo. "O Destino da Tenebrosa" levanta, suspende a platéia. *Mapa*, com a voz fantástica de Anísio, prepara, além de realizar, a noite para qualquer miséria da *V Jogralesca*. Duas horas mais tarde, "Os três mal amados", de João Cabral, levantava nossa moral definitivamente. A noite estava ganha.

Depois chegou uma sensação de vazio, um tédio imenso. A turma andava pela Avenida Sete, Paulo Gil com uma sacola de dinheiro recolhido debaixo do braço. Ninguém era homem para beber. Caímos no

(*) Fernando da Rocha Peres.

Cachorro-Quente e ninguém dormiu. Fomos para casa, ficamos acordados, zonzos.

Não nos vimos por uma semana. As fotografias queimaram. Atirei-me à conclusão de meu trabalho para *Mapa*. De treze a hoje estamos lendo — eu nunca li tanto em minha vida — e escrevendo para o *Sete Dias*. Eu, cinema. Paulo Gil, teatro. Alberico, literatura. Calazans trabalha em quinze gravuras que serão editadas por Zitelman ou pela Progresso, com texto de Carvalho Filho. Peres vai morar em Pernambuco. *Mapa* vai ser dirigida, do três em diante, por mim e Gil. Anísio desapareceu. Um dia apareceu. Tinha lido os dois últimos Proust traduzidos pela Globo. Tinha lido Homero. É verdade. Leu mesmo. Anísio é um indivíduo de rasgos geniais. Com vinte e três anos fala francês, inglês, latim, espanhol. Lê grego e alemão. Esteve em convento jesuíta. *Mapa* dois já quase pronta. No fim do mês você recebe.

Outra novidade: *Ângulos* sairá magnífica, após a fase de decadência. João Eurico Mata e Nemesio Salles estão lutando. O dinheiro que o reitor deu não chegou, mas solucionaram.

Temos aqui um poeta que nos assombra. Florisvaldo Mattos, de quem já lhe enviei dois poemas. Acredite-me seriamente: o rapaz descobre e inventa. Cria uma poesia fantástica. Você lerá em *Mapa* e *Ângulos* novos poemas seus. Dele é este soneto:

Resistência da ausente

De íntima doçura, em tardes oblongas
molhas o corpo nu. Dorme entre tua
face perdida e preexistente lua
nosso ânimo de lutas e delongas.

Penetra em nossa carne e continua
uma aurora refeita em horas longas
a vestir o silêncio e álgida rua
onde ausente me alongo, onde te alongas

Humanizada aos ritmos de onde vinhas,
toda uma paz de serras e enseada
desabrocha entre lâmpadas marinhas

e simultânea flor. Do mar que sondas,
resistindo na praia abandonada,
alvorecem cavalos sobre as ondas.

Diga francamente o que é que você acha disso para vinte e três anos apenas?

Fomos convidados, eu não, os outros, porque eu já estava, a colaborar no Suplemento do *Diário de Notícias*, agora sob direção Nelson Araújo. Farei CPOR, infelizmente. Decidido, abandono Direito. Farei vestibular Filosofia. Caso contrário, adeus, título de doutor. Obrigado, profundamente, amigo Adalmir. Sua simpatia por nós é um exemplo raro e que nos comove e nos premia. É uma lição.

Um abraço,

Glauber

1959

ACERVO TEMPO GLAUBER

Glauber se casa com a primeira mulher, Helena Ignez, na Igreja dos Aflitos, em Salvador.

Para Lúcia Rocha e Adamastor Rocha

São Paulo, 1º de fevereiro de 1959

Querida Mãezinha (e Paizinho, também)

Passei uma semana muito cheia de trabalho e só hoje tive tempo de escrever para a senhora.

Tudo foi bem. Estou numa boa pensão, com almoço e jantar baratos e gostosos. O dinheiro está dando porque gasto pouco e só o necessário.

Vou passar o carnaval em Campinas, na casa de Nonô e Evandro. Lá eu vou ficar lendo porque não gosto de folia. Depois vou até o Rio acabar os filmes.

Aqui eu passei o filme na Vera Cruz para um dos maiores diretores do cinema nacional, WALTER HUGO KHOURY, e ele gostou muito do *Pátio* e disse que Lena é boa atriz. Estive com a melhor gente de cinema daqui e estou conseguindo boas amizades. Ainda não sei se vou poder vender alguma coisa: só depois de aprontar tudo no Rio é que saberei.

Estou bem de saúde e Lena também. Os tios dela são muito bons comigo, fazendo tudo para me agradar.

Ainda tenho nove contos. Só por azar é que não darão para meu tempo no Rio. Se precisar eu mando pedir.

Diga a Paulino que Alex Viany disse que precisa dar mais unidade à montagem de *Rampa*. Todavia, a opinião é velha, porque ainda é do tempo que ele viu a fita. Vou mostrar agora outra vez com os novos cortes. Diga também a ele pra se cobrir um pouco com Trigueirinho Neto, porque ele não conhece a Bahia e pode ser que vá estragar *nossos temas* com o filme* que ele vai fazer aí. O resto da turma deve se cobrir também. Só tenho isso até agora. Meu endereço não vale. Eu mando dizer do Rio. Outra coisa: Paulino deve ficar de sobreaviso e ver se Martim Gonçalves já chegou aí na Bahia. Se chegou ele deve me telegrafar para o Rio, endereço de Gérson Tavares. Pode ser que eu precise de dinheiro pra terminar *Pátio*.

Lena manda lembranças a Jomard, Deja, Paulino, Peres, Calá e todo mundo.

Do filho querido, Glauber

(*) O filme é *Bahia de Todos os Santos*.

De Paulo Gil Soares

Bahia, 18/2/59

Glauber

hoje lembrei-me de você e do que temos sido por estes tempos já vividos. a vida tem me entristecido, e eis-me aqui agora carregando na lapela um fragmento preto de luto. não aquele luto romântico de mim mesmo. mais um pedaço de vida que me foi com a súbita morte de meu irmão *Dudu.* colapso cardíaco numa dispnéia que a pneumonia dupla lhe trouxe. e foi-se. a presença da morte comigo. mais perto e palpável, por isso experiência amarga e horrível para ser vivida. a chateação do morto e sua comunidade. os que chegam no velório e não se sabe quem é. as perguntas irritantes sobre coisas que não se deseja mais lembrar e um *vivaldino*... e lá vai...

daí as coisas todas. sacanagem na *A Tarde* com um sacana chamado Roschild Moreira que fez picuinhas com a minha seção querendo cortá-la. mas isto passa porque eu felizmente não me deixei ser aquele passional que você um dia descobriu em mim quando comentávamos o resultado do meu *affair Leda.* e a seção sairá. eu deverei fazer algumas modificações tentando dar-lhe vida, movimentá-la e totalmente, talvez longe da província, pois pouco contribuirá, pois quase nada tem de interessante. penso em fazer a coisa mais com notícias sempre culturais de todas as partes. assim deverei, na próxima, já fazer um comentário sobre um pintor polonês capa de *Polonia* nova, transcrever entrevistas de Cocteau (em parte sobre poesia sobre sua capela de Ville-Franche) e coisas assim. no mais é o jornalismo quem me toma todo o tempo, dando duro com Inácio, meu grande amigo, e a quem dedico toda a minha vontade de trabalho pelo jornal. devo viajar sábado agora para Ilhéus e fazer várias reportagens, principalmente sobre o porto, problema que tem despertado vivos interesses, pois Ilhéus promete fazer terrorismo contra as alvarengas que fazem os transportes entre o cais e os navios. lá estarei com os amigos Sadala, Telmo, e mais quem encontre. será pelo menos descanso para mim, apesar do trabalho. esta Salvador querida está muito chata com aumento de trânsito e milhares de gentes na rua Chile às cinco horas.

Elmo do Campo da Pólvora, aquele que era mito e valentia, foi assassinado na casa de chá do Palace Hotel. a onda de crimes continua sendo imensa. cerca de cinco (os que me lembro) crimes já aconteceram nesta cidade de "poder da polícia".

agora que falo das coisas que queria. tenho sabido (e isto me alegra profundamente) do seu sucesso aí nestas bandas de sul. com Khourys e os mais que se seguem. estou realmente alegre, pois sempre acreditei no você cineasta. apesar de achar um tanto estranho o *Pátio* não ter histórias nem simbologias. mas foi, como sempre pensamos, o cinema-cinema. estive com tia Lúcia e ela me disse da sua oportunidade em ficar mais alguns dias (talvez vinte) por aí. conselho de amigo: se arranjar "boca" não volte. lembre-se que a província não oferece as condições que você necessita. nem mesmo com aquela sua possibilidade de tentar uma indústria baiana. não se engane nem queira fazer romantismo tentando pioneirismo (sem Robatto...) aqui. aí é que você deve ficar. oportunidades de bolsas, participações em filmes e o mais que se segue. venha para a Bahia apenas como participante de equipes. o Nelson vem rodar *Vidas secas*, de Graciliano Ramos. o Christensen vem fazer *Meus amores na Bahia* (nossos planos...) pra que vir tentar sem condições essenciais, básicas? agora que você aí está, torna-se fácil soltar-se dos laços afetivos da Bahia. a família, embora querida e amada, pode tornar-se um pouco distante. o amor você dispõe (sua felicidade maior) para sua realização. por que não ficar? de minha conversas com tia Lúcia (ontem na porta da livraria — ela falou e eu apenas ouvi. nada tema...), ela está disposta a enviar dinheiro para que você possa ficar mais um pouco e está contente com seus sucessos. esteve conversando com Walter da Silveira, que falou inclusive, para ela, que seria ótimo você ficar. ela parece que está "topando" a idéia!!!...

você poderia ficar fazendo a crítica de cinema de qualquer um jornal daí. e bem melhor. igual a você seria um talvez do tipo Grunewald. e só. (creia na minha sinceridade sem minha amizade.) estas considerações existem depois que conversei a respeito do problema com Inácio (que gostamos imensamente de você) e com o Hamilton Correia. TODOS ACHAMOS QUE VOCÊ DEVE FICAR POR AÍ. por ora é só. talvez vão mais coisas assim terríveis. esquecidas as coisas aceite um abraço fraternal do seu amigo e irmão

Dê lembranças a Leninha

Paulo Gil

Paulo
Felipe Camarão, *xxx*
ou
Estado da Bahia
Carlos Gomes, 57
durante todo o dia.

— Estou criando um "cavaignac" e bigode em homenagem a Fidel Castro. Sem esculhambações. O pior é que *minha barba é rala* e fica feia como corno, mas eu vou tentar criá-la até o dia 26 de julho, aniversário do movimento revolucionário cubano, quando rasparei na porta da livraria com champagne. Se tiver forças para "güentar".

Paulo Gil

De Walter Hugo Khoury

São Paulo, 18 de Julho de 1959

Prezado Glauber,

Infelizmente apenas nos últimos dias de junho recebi sua carta: Acontece que mudei de residência em abril deste ano e somente por acaso, quando passei na minha antiga casa, recebi o envelope. Não escrevi antes porque pensei que seria possível chegar até aí na "avant-première" do *Fronteiras*. Infelizmente não foi possível, pois, como estou de partida para a Foz do Iguaçu (embarco depois de amanhã), a preparação da fita tem ocupado todo o meu tempo. Tinha pedido ao Luigi Picchi que conversasse com você e explicasse uma série de coisas, mas ele infelizmente teve que desistir da viagem quando chegou ao Rio de Janeiro, pois a senhora dele teve uma crise de sinusite e não poderia continuar.

Acho muito boa a sua idéia de partir para a Europa com as fitas debaixo do braço. Eu se pudesse faria o mesmo. Acredito que não existe ambiente aqui para o seu tipo de fita, e o pessoal, tenho certeza, nunca o compreenderia. Estão todos ávidos de fitas exóticas, sobre a "nossa realidade", e nunca perdoarão um cultivador de cinema absoluto,* nem sequer de cinema autêntico e honesto.

Ainda mantenho o mesmo entusiasmo sobre o seu *O pátio* (não era esse o título?) e estou realmente curioso por vê-lo em montagem definitiva, assim como o *Cruz na praça*. Quando estivemos juntos procurei não insistir muito sobre o fato de ter gostado para que você não pensasse que era gratuito, mas foi *realmente* uma surpresa para mim.

Li o artigo a que você se referiu (*Jornal do Brasil*, 5/4/1959) e gostei. Apenas discordo quanto às considerações sobre o fator "tema". Sinceramente, acho que a transcendência e a dimensão de grandeza do cinema partem exclusivamente do "approach" do cineasta em relação ao seu meio de expressão. É uma questão de autenticidade intrínseca, de vivência; um fator quase somático. O fato de ter descoberto o filão do tema "cangaço" não confere ao *Cangaceiro* nenhuma transcendência maior. E o sucesso comercial internacional teve suas tristes contrapartes na total inversão de valores que a fita provocou em nosso ambiente. Está certo que nós (os diretores mais jovens) temos feito "draminhas psicológicos" (realmente ruins, reconheço, como construção e estrutura), mas de certa forma ainda é o caminho mais sério e autêntico. Tem dado frutos duvidosos, mas corresponde a uma inquietação artística e estética muito mais legítima e corajosa.

Você conta-me que está lutando com dificuldades tremendas aí e eu as posso realmente imaginar. As condições, de certa forma, não são muito melhores aqui. Há uma certa atmosfera de profissionalismo, mas a hostilidade e o descrédito são gerais em relação a qualquer tentativa mais séria. Vou começar minha quarta fita,** mas considero isso um milagre, devido principalmente à minha perseverança e ao meu desprendimento em relação a questões materiais. Tenho feito fitas com orçamentos ridículos, sem preparação, sem recursos e sem a calma e o incentivo que deveria ter qualquer obra com pretensões artísticas. Sou cineasta apenas por *teimosia*. Faça um levantamento e veja que todos os outros (Nelson, Galileu, Roberto,*** Biáfora, Mêmolo, Carlos Alberto**** etc.) ou já pararam ou estão

(*) Khoury tem como referência o primeiro filme de Glauber, *O pátio*.
(**) *Na garganta do Inferno*.
(***) Roberto Santos.
(****) Carlos Alberto de Souza Barros.

parando. É muito difícil continuar sem uma vontade de ferro. Os defeitos e a matança no serviço de laboratório do *Fronteiras* quase se aniquilaram. Sei que saiu uma fita híbrida ou desconjuntada, está certo, mas com um pouco, muito pouco, de recursos a mais tudo poderia ser diferente, pelo menos no mesmo nível do começo e do final. Quem conhece os bastidores da produção de uma fita independente aqui em São Paulo pode avaliar o que isso significa. Agora mesmo, com esta nova fita (que se intitula provisoriamente *A Garganta do Diabo*, nome da queda mais alta do Iguaçu), não estou podendo evitar uma série de senões que dificilmente poderão ser superados. Não há verbas, não há atores de categoria, não há tempo, não é possível dar largas à imaginação e à inventiva; tudo está condicionado a um sistema de produção canhestro e primitivo.

A minha situação é muito incômoda: o pessoal de esquerda visa-me particularmente. É uma raiva quase *pessoal*. Eles não perdoam o fato de sentir em mim um pouco de independência e convicção. Aos poucos estão fechando o cerco e tenho certeza que nada poderá demovê-los: Posso fazer a fita mais genuína e vibrante cinematograficamente falando e eles sempre acharão que é uma patacoada, uma imitação de cinema sueco; falarão em morbidez, em fuga da realidade, em falta de autenticidade e compreensão dos problemas brasileiros, em formalismo, virtuosismo, esteticismo, falta de conteúdo etc. Já estou acostumando a ser "ripado" e até estou encarando isso como incentivo, pois geralmente é fácil verificar a natureza dessas ripadas. O Walter da Silveira, por exemplo, pressupõe que eu me julgo um cineasta completo e amadurecido e que fui estragado pelas críticas. Por quê, não sei. Nunca dei a entender tal coisa nem a ele nem a ninguém. Ao contrário, as pessoas que me conhecem intimamente sabem que tenho uma consciência quase *anormal* de meus defeitos e fraquezas. A pseudo-influência do Bergman é outra das ladainhas preferidas por eles. Sou fundamentalmente diferente dele, como concepção de mundo, o que não me impede de considerá-lo extraordinário. O fato da existência de certas afinidades de estilo é uma causa, não um efeito: gosto dele porque corresponde ao que julgo ideal em cinema e porque suas obras falam à minha sensibilidade. É uma afinidade e não uma imitação. Em todo caso essa é uma das armas deles e sei que continuarão a usá-la. Sei também que não tenho grande futuro como cineasta aqui no Brasil e que os pseudonacionalistas acabarão por me destruir. Mas não tem importância, porque sei que fui sincero comigo mesmo e que procurei no cinema a satisfação de uma necessidade anímica e não um veículo para exibicionismo ou derivativo de manias.

A história que vou filmar agora está cheia de idéias e intenções, talvez não plenamente realizadas mas certamente existentes. Procurei colocar certos problemas humanos atuais e permanentes num ambiente cru de tragédia, localizando a ação no tempo da guerra do Paraguai. Como linha central é o seguinte: Os personagens centrais são homens e mulheres que agonizam em solidão e desespero em meio a uma natureza que se afirma com força e exuberância. No entreato de uma guerra grotesca mas sangrenta sucede então uma série de situações que conduzem a personagem central (uma moça) à descoberta de um sentido autêntico e profundo de vida. É uma tese de panteísmo e contemplação, de misticismo materialista. E que corresponde a um problema permanente e eterno. Não sei se conseguirei extrair um sentido de grandeza da fita, mas se não for desta vez não será nunca mais, pois sinto dentro de mim a inquietação e a vibração necessárias.

Devo estar de volta lá pelo dia 10 de agosto. Se você desse um pulo até aqui nessa ocasião seria interessante, pois poderia seguir todas as filmagens dos interiores, que durarão até fins de setembro mais ou menos. Seria talvez uma experiência interessante para você e coincidiria com o Festival do Cinema Francês da Filmoteca, que também apresenta seus pontos de interesse. No caso do seu plano europeu não se concretizar talvez poderíamos arrumar algo positivo para você aqui em São Paulo. Sempre haveria um ambiente mais propício e seu trabalho teria mais reconhecimento. Pense nisso.

Como já escrevi demais vou parar por aqui, enviando um grande abraço e esperando uma nova carta sua para breve.

Walter Hugo Khoury

PS: Diga à Helena que não tenho a menor dúvida de que ela teria feito infinitamente melhor do que a Andrea (que é um gelo) o papel do *Estranho encontro*. O que vi dela no *Pátio* era suficiente para entusiasmar (o que aliás falei naquele dia de projeção no estúdio).

Meu novo endereço é o seguinte: Avenida João Dias *xxx* — São Paulo (Bairro Alto da Boa Vista)

1960

ACERVO TEMPO GLAUBER

Glauber assume a direção de Barravento, *seu primeiro longa, e filma na praia do Buraquinho, em Salvador.*

De Gustavo Dahl

Roma 31/janeiro/1960

Meu querido Glauber,

Viva! Viva! *Barravento* é agora a grande esperança. Fotografias, especialmente mulata bebendo leite de coco e as saídas em *Manchete*, geniais. Morro de vontade de ver a fita. Como quando vi *Arraial*, sinto que a vitória também é minha, porque acredito em você como acredito em Paulo César.

Isto não é carta, é apenas precisão sobre certas minhas opiniões, que você interpreta em sua carta.

Primeiro, ela me deu muito prazer, não só pelas notícias que trazia, mas por trazer também tua voz. Você sabe como eu gostei de nossos últimos encontros, e como a distância existente nos primeiros era causada por aquela timidez que sentimos em relação às pessoas com quem simpatizamos.

Mas em que arte o ideal poético não é uma "questão de suor"? Sei muito bem que esse ideal só começa a existir no momento em que uma suficiente formulação permite uma suficiente comunicação. No cinema isto é difícil. E daí? Se um travelling* de 100 metros é genial e custa X, um cara verdadeiramente grande pode substituí-lo por um plano fixo, que custa Y, e continuar genial. Não há nada que impeça o aparecimento da poesia, quando ela existe. Nem um travelling de 100 metros.

Quanto ao problema da produção, tenho idéias muito bem definidas a respeito. A primeira das quais é a seguinte: um produtor, o mais imbecil do mundo, o que tenha metido cinco milhões numa fita, merece o maior respeito. Um dos maiores direitos que existem é o direito de quem paga. E a confiança tem que ser retribuída. Se um produtor te deu gaita pra fazer uma fita, mesmo que não esteja muito atento ao problema da velocidade dos travellings de *Hiroshima*, é um homem que confiou em ti. Honestamente, humanamente você não pode desprezá-lo. Sei que algumas vezes eles enchem, mas é preciso não esquecer que o artista é o diretor. Produtor é produtor. Se tiver uma consciência estética, como o de Bergman para

(*) *Travelling*, movimento de câmera.

Noites de circo — era Rune Waldekranz? — ou o de Torre Nilsson, melhor. Se for apenas um produtor, perfeito, está jogando o seu jogo na sua posição, não há nada a reclamar. É lógico, porém, que fico puto com os Massaini, os Richers, os calhordas da Atlântida, que funcionam na base da picaretagem pura e que jamais se preocuparam do cinema nacional, nem ao menos industrialmente. São aqueles que continuarão a dar produto envenenado ao povo até que a Polícia os prenda, e que nem ao menos industrialmente têm a cabeça no lugar. Energúmenos filhos da puta que só querem ganhar dinheiro à custa de todo mundo. Destes eu sou inimigo porque já provaram a sua incompetência e a sua desonestidade. Dos outros, de outros que irão aparecer, tenho a maior simpatia. Concordo quando você diz que o fenômeno mais importante de nosso cinema é a Produção, porque tenho certeza que somente com um novo tipo de produtores, mas os novos produtores, os produtores de *Barravento* e não os das ignóbeis chanchadas que infestam e asfixiam o nosso cinema. Vamos ser amigos dos produtores bem-intencionados e inimigos dos sacanas que há dezenas de anos têm nosso cinema entre as mãos e o levaram ao ponto que está.

E antipoeta, e antiintelectual, e antiburguês. Poeta que fica sentado no gabinete é uma merda, só poderá fazer exercício de estilo. Uma das coisas que eu acho mais bacana no cinema é esta exigência de uma atividade concreta, física, que elimina de cara os intelectuais de óculos e ombros estreitos. Personalidade, coragem e popularização. Gente é gente, independente de classe. E o jovem intelectual que não trabalha porque os produtores são imbecis, é desonesto a priori porque não está fazendo jus ao ordenado que recebe, primeiro e antes de tudo.

A Europa é muito menos bicho-papão do que eu pensava. Não tem muito mais a dar-te que o Brasil. E os europeus têm algo que eu detesto, o vício burguês, a covardia. Têm medo, medo de errar, medo de dar com os burros n'água, medo de se comprometer, medo de tudo. Não têm audácia, não olham longe, como diz PC, não levantam os braços e não dizem "porra!!!".

O problema da rentabilidade dos filmes é complicadíssimo. Me preocupa muito e muito. Tenho impressão que nas circunstâncias atuais o caminho mais fácil é o da conquista do mercado internacional. A conquista do mercado nacional, sabemos todos, depende irremediavelmente das alterações que deverá sofrer o sistema de distribuição-exibição. Este sistema está muito bem organizado para que seja possível desmontá-lo em pouco tempo. E tem no meio os americanos, que não são bestas não. Tenho impressão que paradoxalmente a conquista do público brasileiro deverá ser feita de dentro para fora. Aliás a conquista não é tanto do público como da máquina distribuidora-exibidora. O fenômeno aliás não seria novo, os neo-realistas só se impuseram em seu próprio país após se terem imposto ao mundo, e o mesmo aconteceu, por exemplo, com Akira Kurosawa. E o mercado internacional, para o qual eu acho, como você, indispensável que nos dirijamos, só é conquistável na base dos festivais. E também da ação pessoal, mas muito mais dos festivais. Mas os festivais estão na mão de calhordas e prostitutos da palavra fácil e pena ágil. É indispensável uma ação pessoal. E é indispensável um plano de batalha. A este respeito tenho sempre muita confiança na presença do Carlos Perez, no Itamaraty. Mas é difícil fazer um filme que seja ao mesmo tempo suficientemente comercial para não meter medo aos distribuidores e exibidores brasileiros, suficientemente brasileiro para que sua comunicabilidade não fique limitada a setores limitados regionalmente e para que satisfaça no Exterior a uma necessidade efetivamente existente de tipicidade, sem cair no exotismo, que é o máximo de degradação da terra em que foi criado em que pode cair um cineasta, e suficientemente "artístico" para impressionar os imbecis críticos que freqüentam os festivais.

Glauber, a carta foi interrompida por dois dias.

Relendo o último parágrafo verifiquei que está confuso e que a matéria é delicada. Vamos pegar um exemplo concreto que servirá depois para a continuação do discurso. *Cidade ameaçada*. Primeiro pingar os "ii". Quando falei com você não tinha visto a fita. Antes de sair do Brasil, quatro ou cinco dias, antes, no Rio, fiz questão de vê-la. Me surpreendeu um pouco, porque, ao contrário do que eu pensava, o Farias tinha procurado mesmo fazer sentir sua voz interior e mesmo a poesia. Tive mesmo o grande prazer de mostrar aos imbecis que tinham ido gozar a fita — a coisa era no Rio, naquele cinema na Av. Atlântica lá pelo posto 4 —, você conhece o público carioca, que havia alguém que a leva a sério. Quando no final Promessinha fala com a mulher, grita e chora nas grades da prisão, evidentemente o pedaço que o diretor quis valorizar ao máximo, uns sacanas, como sempre que a coisa fica séria, começaram a rir e dar piadinhas. Eu me levantei e gritei para trás, dando o maior berro da minha vida: "Cala a boca, imbecil!", e por alguns minutos houve silêncio. Agora que vi a fita sei que ela é uma das duas ou três dignas que fazemos por ano. Não gosto muito, por problemas de visão do mundo, de exaltação da vida pequeno-burguesa, morna, ir à feira etc. em oposição a uma outra, aventurosa, que podia ser resolvida em chave de rebeldia, desespero e solidão. Você me entende? Além do mais esse negócio do bandido nostálgico de uma medíocre anonimidade está manjado paca. A coisa pode ir mais longe, mas o que quero é analisar o fenômeno *Cidade ameaçada* no mercado internacional. Você sabe muito bem que o Roberto e o Orsini, que é uma besta, foram a Cannes. Talvez a fita tenha sido vendida para alguns países, o mercado da Cortina de Ferro por exemplo, que é grande, está sempre à procura de fitas para alimentar-se, e compensar assim uma certa carência causada pela ausência de fitas norte-americanas. A verdade, porém, é que a fita foi mal, não contribuiu muito para a dignificação do cinema brasileiro, no exterior. Mas, no mercado interno, no Brasil, ela contribuiu muito. Significou a aparição de um diretor capaz de fazer tudo aquilo que você diz. Mas, se por um lado, pra nós, pro nosso cinema esta rotina de qualidade é um fato excepcional, para o mundo ela é simplesmente uma rotina. E neste campo nós jamais poderemos competir com as grandes cinematografias. Você está vendo que o que há aqui é uma "décalage" (intelectualismo!) entre um certo estado de coisas nacional e um outro internacional. Esta diferença se nota também a respeito das possibilidades comerciais da fita no Brasil e no Exterior. Enquanto que para o Brasil a fita era comercial, mas dignamente, não na base da chanchada, inclusive devido a este "métier" que é uma coisa rara no nosso cinema, internacionalmente ela não o era. Por quê? Primeiro porque ela se coloca num nível médio que não tem força suficiente para furar o bloqueio. Os países europeus reservam para as suas próprias fitas, para sua própria indústria, as possibilidades de colocação deste gênero de produção. Nem os americanos. Os reis deste tipo de fita conseguem colocá-las no mercado europeu. Segundo, porque, na verdade, a fita não corresponde à imagem que o resto do mundo tem do Brasil. Eu detesto, mas detesto o cinema exótico, "orfeus negros" e mazelas, mas objetivamente tenho que constatar que é necessário que os filmes ou se aproximem desta concepção européia do Brasil, o que se pode fazer sem cair no exotismo, sem trair a realidade brasileira existente, descobrindo os aspectos mais profundos dentro desta noção superficial já existente, talvez *Barravento* seja um exemplo disto, ou então que acrescentem novos domínios a esta concepção. Por exemplo, antes de *O cangaceiro* tenho certeza que muito poucas pessoas fora do Brasil sabiam o que era o Nordeste e o cangaço. Hoje, depois da fita, a noção de Brasil inclui necessariamente para muitos a de NE e bandoleiros. Assim, uma fita sobre o Pantanal ou as cidades mortas, morre-morrendo do litoral paulista, embora não correspondam à imagem habitual do Brasil, satisfazem esta deficiência fornecendo uma outra imagem até então desconhecida. É a isto que eu me referia quando mais atrás falava em tipicidade. *Cidade ameaçada* propunha, como substituição à imagem habitual do Brasil, a imagem de uma paisagem cosmopolita, que os europeus tendem a associar aos Estados Unidos. Devem ter surgido daí as referências aos mestres do "thriller" americano, que na melhor das hipóteses o davam como um discípulo menor e na pior como um imitador.

Mais um intervalo de dois dias.

Chegaram notícias que o artigo que mandei para o Brasil, já tinha te falado a respeito dele, está dando os maiores bolos. Especialmente o Lima Barreto, a quem digo umas coisas chatas mas que acho mesmo, está botando a boca no mundo, e dizendo cobras e lagartos de mim. Até amigos meus que não têm nada que ver com o peixe foram postos na dança pelo Lima. Ele diz que vem a Roma mostrar a fita ao Papa. Para me penitenciar irei recebê-lo com um grande ramo de flores. Acho que você deve ter lido o artigo, pois fala muito em você, saiu um pouco cortado. Na sua próxima carta diga-me o que acha dele. E depois vamos conversar.

Pois, Glauber, o negócio é este, cartas daí dizem-me que estou completamente por fora, que mudaram muito as coisas. Por isso é que cartas como as suas são importantes. Mas mesmo assim continuarei o discurso.

O problema é o seguinte: além dos negócios que já escrevi, os europeus só se interessam verdadeiramente por filmes de festival. De festivais tudo que posso dizer-te é que os conheces tão bem quanto eu. A única maneira de despertá-los é lançar-lhes na cara, com muita força, *o autor*. Moda ou não, é só isto que os impressiona. E a brasilidade que já havia dito.

É por tudo isto que estou convencido que o caminho a ser seguido pelo cinema brasileiro é muito mais artesanal que industrial. Você mesmo falou na rede de produtos independentes, lembra? Um cinema como este pode permitir a feitura de filmes em milhões de lugares no Brasil, enquanto o sistema industrial, o estúdio, tende a localizá-lo apenas no Rio e em São Paulo. Dentro deste esquema, acho exemplar o fenômeno do cinema baiano, *Barravento* e o que se seguirá. É assim que as coisas estão acontecendo na França, na Inglaterra, nos Estados Unidos. E porque não é assim na Itália, estão sofrendo meus amigos italianos. Nos Estados Unidos o pessoal do cinema de Nova York organizou-se em cooperativa, junto com os caras que fazem filmes independentes na Califórnia, e lançam-se na produção, como você quer fazer, os filmes de uns beneficiando os filmes de outros, e mesmo na distribuição. Creio que a era industrial do cinema terminou. O espectador exige cada vez mais do cinema uma humanidade que só o artista pode dar, e não a indústria. Aqui a coisa iria longe...

Quanto ao problema Khoury, Biáfora e paulistas há sempre um mal-entendido. Sou amigo de todos. Gosto de todos e tenho confiança em todos. Não tento mudá-los, porque acho que ninguém muda ninguém. E porque acho que aquele que tiver algo a dizer o diz, desta ou daquela forma. Por isso, o que procuro é convencer os vários grupos a não se atacarem mutuamente. Porém, como no começo da minha formação eu fui muito influenciado pelo Biáfora e pelo Khoury, mesmo hoje, estando numa base completamente diferente especialmente do Biáfora, continuo mais íntimo com eles que com o resto. Isto leva os do grupo opositor a me olharem de esguelha. Por outro lado, os dois também me olham de esguelha, porque sabem que não concordo mais com eles, e porque minha concepção cinematográfica está muito próxima da do Paulo Emilio, que foi quem teve em mim a influência mais fecunda, que perdura até hoje. Defendi e defendo o Khoury, porque gosto dele como amigo e porque acho que o fato de persistir, como ele o faz, o coloca num plano muito alto. Mas quando chegou a hora de esculhambar, esculhambei, justamente porque gosto dele. Ele não gostou, mas não faz mal. O que eu gostaria é de ter-lhe aberto um pouquinho os olhos contra os seus próprios, mesmo que ele ficasse com raiva de mim. Procurei manter-me sempre "au-dessus de la mêlée". O que valeu que todos ficassem um pouco desconfiados. Ninguém admitia que alguém como eu não tomasse partido, e se recusasse a tomar partido. É aliás o que faz o Paulo Emilio. É lógico, porém, que isto não embota a independência crítica. Paulo achou que devia meter o pau em *Ravina* e meteu. Mas antes tinha escrito um grande artigo sobre o Biáfora, situando a sua personalidade. E eu continuarei assim. Não quero ver-me preso de políticas alheias, cheio de compromissos de falar ou não falar. Faço questão de guardar para mim este direito. E escuto as pessoas em quem tenho confiança e sei que podem me entender, como o Paulo Emilio e você. Por isso quero que me escreva sobre o meu artigo. Mas quando estou convencido que tenho razão, a única maneira de mudar-me é convencerem-me do contrário. Se não me convencem faço como todos, continuo com a mesma opinião. Espero que mais tarde as pessoas compreendam que pode existir no cinema brasileiro uma mentalidade que não esteja envolvida pela inveja, pelas picuinhas, pelas mesquinhezas, que procure manter suas relações profissionais num clima de confiança, independência e boa-fé. É isto que fazem meus amigos em São Paulo, e o fato de sermos já dois ou três ou quatro, já nos dá ânimo e impõe um certo respeito. Quando um diretor vem falar mal do outro, a gente literalmente corta a conversação. E não só a respeito de problemas estéticos, mas também de ordem pessoal, financeira ou sexual, que são geralmente o "leitmotiv". Sem um pouco de dignidade a coisa não vai. Todos os que querem ser considerados como artistas têm que ter a responsabilidade que cabe no caso. Cinema não é brincadeira, e muito menos o brasileiro, para que as pessoas julguem as outras, com tanta pequenez e intolerância. Chega. Desabafei.

Se eu não me engano, aliás não me engano mesmo, porque verifiquei outro dia, o que eu disse é que o cinema começa e termina no diretor. O cinema seria a parte artística. O filme é feito por todos, o cinema pelo diretor. Sinto ternura pelo maquinista que empurra o "travelling", e acho qualquer profissional competente, digno do maior respeito, o respeito que damos às pessoas realizadas. Não sei por quê, mas sempre consigo comunicar às pessoas a impressão de que sou muito pior do que na realidade sou.

As notícias daqui não interessam, por isso não as dou. Preparo um filminho de 15 minutos em 16 mm. Vamos ver o que sai.

Gostei de conversar estas cinco páginas com você sobre nosso cineminha. As longas conversas a respeito que tenho com Paulo César correm o risco de cristalizar-se se não houver o contato com outras pessoas. A corrente de cartas já envolveu Joaquim Pedro e logo deverão chegar notícias de São Paulo. Escreva, conte notícias muitas, sobre *Barravento*. E se tiver que ajudar Paulo César no negócio da distribuição aqui, farei com gosto.

Muitos abraços. Depois da tua carta e desta longa resposta me sinto mais perto de ti.

Gustavo

De Nelson Pereira dos Santos

Rio, 1 de agosto de 1960

Prezado Glauber,

Nada de novo nesta frente... MV* está à espera de uma saleta de montagem (estão todas ocupadas, há um movimento febricitante no cinema carioca, todo mundo realiza documentários) e eu à espera do MV. Enquanto isso, trabalho no *JB*, cuido de arranjar dinheiro para o acabamento do filme e preparo um documentário sobre o estaleiro japonês que se constrói no Rio. Creio que na próxima semana poderei começar a montagem do *Mandacaru*, pois o Saul (que terminou *Com minha sogra em Paquetá*) me emprestará metade do espaço de sua sala de montagem. Também não há montadores disponíveis; serei obrigado a fazer pelo menos o primeiro corte. Estive em São Paulo, mas não encontrei o pessoal, a não ser Roberto,** assim mesmo por telefone. Ele conclui, com Guarnieri, o roteiro de *Gimba*, que deverá ser rodado ainda este ano. Aqui no Rio, vi Eli e Décio, Shatowsky e Claudio (meu colega de "copy desk"), e o assunto que ocupou nosso tempo de conversa foi *Hiroshima meu amor*.

O filme de Resnais provocou polêmicas. Por aí percebes como ele é importante. Há os que se colocam furiosamente contra o filme ou os que o defendem ardorosamente. Vi-o uma vez — queria ver mais — e esta é minha opinião: Resnais é o realizador francês mais coerente e sincero. Sua preocupação sempre foi a guerra e suas conseqüências para a humanidade, preocupação, aliás, autenticamente francesa e européia. Desde o seu primeiro filme curto, Resnais mostrou que empregaria o cinema para ampliar e dar um sentido às ansiedades pacifistas na forma de severa advertência — quase ameaça — aos que já sofreram e esqueceram o que sofreram. Mas a polêmica não se trava em torno de montagem ou do conteúdo do filme, é a forma escolhida por Resnais que causa a confusão. Pela primeira vez, a narrativa cinematográfica supera a limitação da projeção do tempo e, como

(*) *Mandacaru Vermelho*.
(**) Roberto Santos.

romance, consegue fluir ao sabor da memória. É verdade que o texto (1ª pessoa) ajuda a amarrar os sucessivos retrocessos, mas a inteligência do filme é proporcionada sobretudo pelo domínio das imagens, que ultrapassa as convenções até hoje respeitadas. Resnais chutou definitivamente as regrinhas da "continuity" e construiu o filme com imagens densas, cada uma com o seu próprio valor e nenhuma apenas com valor referencial. O resultado é chocante para os formalistas, que querem ver no filme apenas uma experiência literária, distante da compreensão do público. Alguns bobocas chegaram a afirmar que o filme é "oriental", avesso, portanto, à compreensão do espectador ocidental, e outras baboseiras que tais.

Pelo jeito, vês que estou entusiasmado com o filme. Dá o devido desconto.

Junto desta segue uma coleção de fotografias do MV. São as primeiras ampliações, que o Hélio teve tempo de fazer. O resto, que é muito, ainda levará tempo para ficar pronto. Por essa razão ainda não iniciamos a publicidade por aqui. Ademais, estou sozinho na montagem, sem possibilidade de preparar os textos e legendas etc. O Shatowsky disse que não fez a reportagem porque o Justino não gostou do material fotográfico e se comprometeu (o Shatowsky) a tentar novamente com o material novo que eu fiquei de lhe mostrar. Por outro lado, O *Cruzeiro* está interessado em fazer uma reportagem sobre o filme, pois havia se comprometido no mesmo sentido em relação a *Vidas secas*. Tudo depende, entretanto, de gostarem ou não das fotografias, o que acho bem provável.

Nosso problema continua sendo o da falta de dinheiro. Enquanto não montar o MV, não vejo perspectivas de arranjar o que preciso. Podes não acreditar, como fez o Roberto Pires, que eu preciso de dois milhões de cruzas, mas é a verdade. Compreenda-se que o filme precisa de um acabamento, digamos assim, de luxo: muita música, orquestra completa, partitura excelente de maestro consagrado e competente, banda sonora impecável, com efeitos bem realizados, além de separação da banda internacional, pois devemos nos preparar para possíveis negócios com o exterior. Os filmes anteriores, por falta desse material, tiveram sérias dificuldades para serem exportados, sem a banda internacional não se pode dublar o filme. Acrescente a isso os serviços de laboratório, incluindo as cópias.

Se não cuidarmos do acabamento do filme, ele desaparecerá. O cuidado, desta vez, não deve ser formal, mas fundamentalmente técnico, e técnica quer dizer dinheiro. Pra dizer a verdade, nem sei onde arranjar tantas abobrinhas. O Banco do Estado não me empresta mais, pois *O grande momento* dificilmente pagará o que retirou de lá; minha família já está cheia comigo, pressionando-me para voltar para São Paulo e trabalhar em advocacia. Mas eu tenho cá os meus planos e, se puder agüentar mais algum tempo, creio que poderei resolver o caso sem me entregar aos "gangsters" de distribuição destas plagas.

Como vai Paloma? Recomendações a Helena, lembrança a todos.

Pra você, um abraço do

Nelson

PS: Pergunta, por favor, ao Roberto se o material pesado já chegou de Juazeiro. Conforme combinação entre nós, enviei o carrinho, praticáveis, trilhos etc. Avisa-me em seguida.

Aqui estão três mil do Leonardo para pagar parte da dívida.

Assim que ele arranjar o resto, nós te enviaremos. Desculpa mais uma vez o atraso.

Para Paulo César Saraceni*

meu querido César

tudo bem em matéria de *Barravento* que já está sendo rodado com Paulino na direção. Paulino vai bem e animado, *Bahia de Todos os Santos* não ficou pronto em tempo para a exibição em Veneza. mas Trigueirinho vai à Europa e se encontrará com você em Roma. o filme é uma beleza, do ponto de vista político, formal, comercial. vai ser um sucesso total. *Cidade ameaçada* é outro grande filme e a *Primeira missa* de Lima Barreto também. estamos recriando nosso cinema e você precisa voltar para ser soldado nesta luta. não quero que você fique mais tempo na Itália. escrevi um artigo no *Jornal do Brasil* sobre *Arraial do Cabo*. espero que Mário** tenha lhe

(*) Carta enviada de Salvador, no mês de setembro.
(**) Mário Carneiro.

enviado. estou de firma produtora funcionando e *Barravento* custa quatro milhões. para o ano poderemos produzir teu filme no Amazonas. vá escrevendo logo o esboço do roteiro e mande-me para um estudo prévio. vou ser produtor e só realizarei *A ira de Deus* por estes anos. você não deve se demorar porque a temporal da vida é pouca. precisas FAZER FILMES aqui no Brasil dentro de nossa luta: Joaquim, eu, Paulino, você, Miguel, Marcos, Leon e os outros novos que surgirão. você é um sacana que escreve para todo mundo menos para mim, que sou o amigo que mais se preocupa com você. e para Brutus também, que lhe ama tanto. tenho uma filha linda de nome Paloma. e tenho saudades de você, com quem estive tão ligado em todos os meus problemas íntimos. *Barravento* fica pronto em abril e vai ao festival de Berlim, para o ano, em junho. escreva. abraços.

Glauber.

você tem mais novidades para contar...

Para Paulo Emilio Salles Gomes*

Prezado Paulo Emílio

desculpando a qualidade do papel,
um abraço

por acaso e incidentes vários estou fazendo um filme, na direção, eu que estava apenas produtor-executivo, co-argumentista e dialoguista. aconteceu um bafafá sentimental entre diretor e atriz, os produtores subiram à serra, despediram a Greta Garbo, e como nos dias seguintes o nosso Stiller desprezou a fita, recebeu 360 mil cruzeiros pelos direitos autorais do argumento e foi ver barquinhos com Greta, por sinal uma que o desama. O resultado final é que no roteiro definitivo do Luiz Paulino existiam 180 planos da referida estreante sensual: que eram desnecessários além de enfáticos, pois que, num dos diálogos entrelinhados: Como é bela!

Bem, acontece que eu amava o filme há cinco anos e por isto produzi,

(*) Carta enviada de Salvador, em 2/11/60.

ou melhor, consegui que dois homens de visão, o cineasta jovem, Roberto Pires (ensaio longo *Redenção*), e um pintor diletante, imobiliário e judeu, Rex Schindler (que entre outras coisas é médico e capitalista), não só produzissem *Barravento*, como também planejassem cinco filmes para os próximos dois anos, inspirando a fogueira aqui despertada por Trigueirinho, apesar do impacto que foi *Bahia* sobre esta província sofisticada. Portanto, após *Barravento*, teremos, logo em fevereiro, os inícios de *A grande feira*, cujo argumento é nosso e cuja direção é do Roberto. Sobre esta última figura, eis um protótipo de cineasta, pedra bruta que deveria conviver com você intensas 24 horas. Infelizmente, quando estivemos juntos da última vez na Cinemateca, não foi possível encontrá-lo.

Apesar do tempo instável (e apesar dos pesares) *Barravento* anda no seu vigésimo dia de filmagem, e como hoje é dia de finados tiro a noite para mandar a participação. O primeiro motivo é meu respeito por você, acrescentado àquela tremedeira interna que me sacode quando estou ao seu lado, sem ter ovos suficientes para "falar de cinema". Bom, um dia eu vou ter coragem de falar em sua cara o que penso sobre cinema. Aposto que é bem diferente do que pensam seus discípulos aí de São Paulo, embora eu pense quase como você e eles pensem diferente de nós. Bom: o iluminador da fita é este competente e acadêmico Tony Rabattoni, com quem tenho discutido aos carinhos. Eis um discípulo de George Stevens, a esta altura.

Aqui realizo um filme nos seguintes termos:

a) não sou marxista, sendo antes um protestante que não se batizou e que depois passou às causas da revolução levado pelos ímpetos de uma juventude literária, o que não deixa de ser tradicional e um tanto decadente. Mas... o filme parte, embora primariamente, de "a religião é o ópio do povo". Nunca li Marx, adianto. A coisa estalou na cabeça no dia seguinte, quando acordei com a responsabilidade do filme atravessada no argumento. Adorava (talvez ainda adore) o Luiz Paulino, mas acontece que as crises dele pela atriz trucidaram o argumento transformando-o em uma espécie de "La Red" baiana, o que seria um exagero!

Espremido o roteiro, restaram personagens reais, primitivos e intensamente povoados de misticismo: os mitos negros, aqueles que vieram da África para o Brasil e que hoje ainda perduram intactos nos litorais, principalmente na Bahia. Iemanjá, Xangô, Oxalá, Oxumarê e Iansã etc. são os deuses. Miseráveis, analfabetos, escravos, corajosos para enfrentar mar bravo mas covardes para defender os direitos de trabalho na pesca do xaréu, eles afogam a fome nos exóticos candomblés baianos. Estes candomblés, embora possuam valor cultural estimável, adormecem uma raça de fantásticas possibilidades. Uma raça que, segundo vejo, eu que convivo com maioria de negros, poderá se emancipar de vez no Brasil paralelamente à grande independência africana. Vivemos aqui com a Nigéria na ponta do nariz e são os próprios nigerianos visitantes que deploram o fetichismo pernicioso. Apaixonado que sou pelos costumes populares, não aceito, contudo, que o povo negro sacrifique uma perspectiva em função de uma alegoria mística. *Barravento* é um filme contra os candomblés, contra os mitos tradicionais, contra o homem que procura na religião o apoio e a esperança.

O negro é fantástico no seu ritmo de andar, de falar e amar. Mas é detestável até mesmo esta antropologia de salão que qualifica o negro de excepcional porque é "negro". Aí está o racismo! Os negros de *Barravento* no roteiro que refiz são homens vítimas da condição de "negro", mas são sobretudo homens; tanto os belos quanto os maus assim o são porque "homens" e não "raça".

O que Camus fez foi uma canalhice e de certa maneira nossa literatura negra é a mais racista de todas as contribuições artísticas nacionais. O próprio Jorge de Lima. O próprio Jorge Amado. Negro é "como negro", eis a essência deles.

Em *Barravento* (significa a palavra "revolução, viração do mar e dos costumes") o personagem central, Aruan, jovem virgem "feito" de Iemanjá, rompe com tudo e diz, simplesmente, que os peixes se pescam com as "mãos". Ele vivera vinte e dois anos sob o preceito do Santo e sobre ele estava a responsabilidade dos "barraventos". Ninguém age na miserável aldeia isolada, pois confiam na virgindade do jovem. E ele, que aprendera dos mais velhos a tradição, arrisca sempre a vida ingenuamente, descendo "aos mares bravios" a fim de aplacar a fúria da rainha — esta Iemanjá sagrada para mim não passa de uma quarentena histórica. Respeito devemos à crença dos outros? Hesitei muito em transformar Aruan num ateu. Mas transformei. Um preto da mesma idade de Aruan, Firmino, tido como "gente do Exu", detesta o mar e veio para a cidade. Ali, ele, Firmino Bispo dos Santos, "carregando muamba, comerciando o sexo de todo o jeito, abrindo navalha em cima da polícia", se fez um negro sobrevivente. Quando chegam as vacas gordas ele volta. Época de puxadas de rede, época de comida, quando cada pescador, ironicamente, leva um xaréu em cada cem. Quando recolhem 99 não levam nada. No fim Aruan se transforma num ateu, mas é investido de outro mito: esta destruição do próprio mito, quando os negros da África se libertam. Acredito tanto no negro e foi justamente por isto que fiz Aruan buscar a cidade para lutar com a adversidade social e não com deuses invisíveis. Não sei se o resultado será convincente. Estou fazendo o filme, crente de que o povo brasileiro sofre mais porque é mais religioso: tanto o operário católico, quanto o nordestino fanático, quanto o negro fetichista. Esta gente só vai adquirir o que chamam "consciência social" quando estas crenças e inclusive o carnaval, que é a religião do pobre carioca, *forem jogadas no chão*.

A estrutura do filme é simples: Firmino acha que o povo é besta e inconseqüente, bota feitiço e fura a rede. O "DONO" da rede manda buscar a rede, se não houver peixe logo. O Mestre induz todos ao conserto da rede, mas Firmino corta a rede na outra noite. A polícia vem e leva a rede. A fome acossa e todos devem pescar em mar alto. Batendo "Barravento", morrerão muitos. O Mestre é um conservador, fanático e covarde. Primeira tempestade e Aruan enfrenta mar violento na jangada, vence o mar, se iguala a Ulisses, todos pescam, vem peixe. Firmino precisa de destruir aquilo, pois não pode admitir aquele sacrifício. Ele também é um fanático, mas tem um horizonte de liberdade. Sua amante, a negra Cota, atrai Aruan e o seduz. Aí é que eu luto entre a realidade e o misticismo. Aruan perde os poderes e as desgraças se sucedem violentamente. Daí para o fim você verá...

Existem duas coisas:

a) um clichê inconsciente que se revela e se imprime: Aruan aponta o infinito (Eis sua terra, Aruanda, de onde "...eu vim só, deixei lá pai, deixei lá vó" — que é sua cantiga de guerra) e grita: "Viemo de lá escravo, mas escravidão já acabou". A coisa parece ingênua, mas está encaixada como bomba no organismo.

b) é um filme gritado. É um filme de explosões. É um filme de tensão crescente — um filme místico, ele mesmo? Talvez seja mesmo uma contradição. Espero que no fundo seja um filme.

Estou usando atores negros, fabulosos, vivos, flexíveis, quentes e cheios de violência plástica & sensualismo. O mise en scène está fundamentado na coreografia popular dos passos e gingas daqueles capoeiristas latentes. Espero, modestamente, responder, deste selvagem Brasil, alguma coisa à dança de cena do cinema japonês. Nós temos "nossas bossas", embora Biáfora e um séquito de virgens que o seguem nada disso percebam por omissão existencial. O que é grave.

Tenho um material musical fantástico, uma paisagem que alumbra (como diz o velho poeta Bandeira), um mar-oceano que se oferece. Sendo tropical, estou sendo suficientemente lúcido para esquecer o paisagismo praieiro da tradição sul-americana e posso lhe dizer que crepúsculos e redes, ao gosto mexicano, estão encarcerados. Como forma não é o filme que me agrada fazer. Será um trabalho artesanal de qualidade, porém, isto posso lhe garantir. Eliminei as fusões. Haverá duas, no máximo, se possível. Entre o TRAV* e o corte me comporto. O Homem está sendo o mais importante e o público também:

a) quatorze destinos estão envolvidos no filme;

b) daí depende a indústria de cinema na Bahia, embora o produtor Rex Schindler não pretenda parar, mesmo se o filme nada render;

c) o mercado da Europa vai aceitar. Temos a fotografia de Rabattoni de alta qualidade e um acervo sonoro que derrota O *cangaceiro*;

d) estando pronto em tempo vou levá-lo a Berlim, no ano que vem;

e) como Vadim, Malle e Bolognini, fiz do sexo um tema importante dentro do tema geral e espero, dentro de minhas modestas possibilidades de "nouvelle vague caipira" acrescentar alguma coisa na lista quando em longo TRAV. uma negra fabulosa se despe e toma Aruan pelos flancos quebrando a virgindade do herói. Penso que este será o primeiro herói deflorado do cinema. Você conhece algum outro?

Espero que esta carta obtenha resposta sua. Você verá logo os copiões. Espero logo sua carta.

Um abraço fraternal,

Glauber Rocha.

(*) *Travelling.*

De Paulo César Saraceni

Roma, 3/11/60

Querido Glauber,

Estava louco esperando tua resposta da carta que te escrevi, no dia, penso, 1º de setembro, quando chegou tua carta escrita quase no mesmo tempo. As reclamações da falta de cartas minhas para ti e Brutus são justas quando a gente tá na Bahia. Porém, quem está aqui não tem jeito não. Nesses últimos meses, só escrevi cartas para meus irmãos pedindo coisas. No estilo Van Gogh, tu sabes. Gostaria de te escrever sempre. Contando tudo e perguntando mais ainda. Fiquei contente com a notícia do filme do Paulino, estou torcendo. Acho que será genial. Da possibilidade de eu fazer a fita, tu produzindo, está de pé aquela conversa, largo qualquer assistência aqui e corro para fazer. Mas penso que tu deves fazer a *Ira de Deus** logo. Quando eu penso que existe no Brasil um cenário daquele, tenho vontade de voltar correndo. Faça o teu e eu estou trabalhando para quando voltar levantar um capital aí, para o meu e os nossos. A conversa por meio de cartas para os irmãos ainda está na base de fazer filmes comigo e italianos. Mas deixa estar que eu convenço que italiano é bom mas é para filmar no Trastevere.

Estou sempre com o Gustavo Dahl. Que consegue superar a alienação, São Paulo, Biáfora, Khoury, *Cahiers* com uma grande inteligência e grande simpatia. Estamos nos dando bem, apesar das nossas briguinhas. Imagine — tu, Paulino, ele, eu, de um lado. Mário, Joaquim, Miguel, Pérez** e quem aparecer. Tem que ser o melhor cinema do mundo. O Gustavo se convenceu, com argumentos inclusive da Nouvelle Vague, que ele adora, que o negócio principal é criar a atmosfera "bossa-nova", e que só pode ser com ajuda e trabalhos em conjunto. Evidentemente sem as limitações que o pessoal do manifesto queria. Liberdade, Amor, Criação, Brasil, cinema-Arte. Eu, Gustavo e um certo brasileiro, mineiro, chamado

(*) Primeiro tratamento de *Deus e o Diabo na Terra do Sol*.
(**) Luiz Paulino dos Santos, Mário Carneiro, Joaquim Pedro de Andrade, Miguel Borges e Carlos Pérez.

Geraldo Magalhães, fizemos exame no Centro.* Passamos e estamos morando num apartamento moderno em Cinecittà. O exame foi fácil. Eles gostaram muito de *Arraial* e, depois, brasileiros têm cartaz de inteligente no Centro. Eu falei todo o tempo sobre Rosselini e contra Fellini, eles não gostaram, mas me aprovaram.

São dois anos mas que não significam que eu vá fazê-los. O que quero é a possibilidade de trabalhar aqui, principalmente no laboratório, que para o som é muito importante. Abaixo a escola e viva Eisenstein.

Saudades,

Paulo
(*Terra Trema* é uma beleza. Genial.)

De Paulo Emilio Salles Gomes

São Paulo, 19 de novembro de 1960

Meu querido Glauber:

Recebi sua carta depois da convenção, quando estava ainda cheio de preocupação e doente. Foi para mim uma alegria que você, no meio da trabalheira de produção e realização de *Barravento*, tenha empregado algumas horas de folga para me escrever.

Já que entramos num terreno das confusões devo dizer também que eu interpretei, sobretudo a primeira vez que estivemos juntos em São Paulo, a "tremedeira interna" não como tal mas como desconfiança e cisma, o que desencadeou logo os habituais mecanismos de inibição e defesa.

Tudo o que você me diz sobre você e o filme me interessa prodigiosamente. Se eu entendi direito, estou de acordo com tudo, ângulo de encarar o fetichismo, concepção habitual do negro. Você me fala inclusive de algo totalmente novo para mim e que teve o dom de incendiar minha imagina-

(*) Centro Sperimentale de Cinematografia, em Roma.

ção: a articulação entre os grandes acontecimentos políticos africanos e o ritmo de emancipação social do negro brasileiro.

Fiquei com a impressão que afinal de contas os amores entre a estrela e o diretor foram ótimos não só para os interessados mas para todos e para tudo, a começar pelo filme.

Eu espero que você faça de Aruan um herói no sentido da concepção dramática, isto é, alguém que esteja realmente no centro das coisas e pelo qual o público se interessará especialmente.

O interesse por Firmino e pelos outros eu espero que exista em função do que Aruan significará para nós. Estou convencido de que uma das razões da dificuldade do filme brasileiro se comunicar com o público está na atomização dramática, na ausência de fixação no herói.

Os poderes de Aruan, a sua virgindade, suas mutações, tudo isso me parece uma matéria-prima poética, social e narrativa de primeira qualidade.

Respondendo à sua pergunta, o cinema tem conhecido jovens heróis iniciados por mulheres sempre mais velhas, como, por exemplo, *Amor de outono*. Herói realmente deflorado, penso que o seu é o primeiro, e a cena que você sugere pode realmente ser muito bela.

Se eu estivesse ditando para nossa fabulosa secretária Yolanda — que só nos dá a honra de vir trabalhar aqui de quando em vez —, ainda te diria mais algumas coisas. Acontece que estou ditando para o Caio, que é um pífio datilógrafo. Basta dizer, além de outras coisas que vou verificar, que lá em cima em vez de confissões ele escreveu confusões. Isso já é quase sabotagem. Continue escrevendo longamente sobre *Barravento* e você. Abraço afetuoso de

Paulo Emilio

Para Alfredo Guevara

Salvador, Bahia, 27 de dezembro de 1960

Companheiro Alfredo Guevara

Segue uma reportagem que escrevi sobre o cinema cubano baseada na revista *Cine Cubano*, que recebi de um amigo e também um artigo sobre o primeiro filme de longa-metragem que terminei aqui no Brasil, *Barravento*.

É grande o meu entusiasmo não só pelo movimento cinematográfico de Cuba como também pela revolução, o que é mais importante. O seu editorial na Revista é o verdadeiro plano para um novo cinema latino — autêntico, revolucionário e independente. Gostaria de receber novos números da revista, para distribuí-los com outras pessoas de cinema no Brasil. Onde mostrei a revista no Rio e São Paulo, houve muito sucesso. Várias pessoas, inclusive, ficaram de escrever para você.

O nosso filme, *Barravento*, versa sobre o problema social dos negros pescadores do litoral da Bahia, que é uma situação terrível de exploração igual a muitas outras classes do Brasil. É uma produção independente, rodada por uma equipe jovem que pretende desenvolver um cinema verdadeiro e nacional, seguindo aquela linha política que foi inaugurada com *Rio, 40 graus*. Hoje os problemas estão mais acentuados e acreditamos que nosso filme seja a primeira grande denúncia já realizada no cinema do Brasil. Ao lado disto, o espetáculo da bela paisagem e a trilha sonora de músicas regionais enriquecem o trabalho com um contexto puramente popular. As fotografias que seguem podem dar uma idéia do ambiente, do dinamismo e das características particulares de *Barravento*, cujo significado é "transformação", "revolução". Fala alto pela necessidade das classes negras e exploradas levantarem um grito contra a exploração dos industriais. Por isto, oferecemos este filme para, em breve, ser exibido em Havana, pelo menos em sessão especial, embora tivéssemos interesse num intercâmbio que permitisse exibir comercialmente em Havana, desde quando nossos filmes são difíceis de serem distribuídos devido à concorrência americana. Poderíamos, inclusive, fazer um intercâmbio: poderíamos trocar *Barravento* por *Histórias de la Revolución*, o filme de vocês. O título deve ser *Cuentos de la Revolución*, não? Distribuiríamos o filme de vocês no Brasil e vocês distribuiriam o nosso em Cuba. Se isto não for possível, poderíamos estudar outra fórmula. Temos grande interesse de exibir *Barravento* em Cuba, pois este filme é um retrato do Brasil que sofre, muito parecido com Cuba antes da revolução. E mostra que também em nossa pátria a juventude está alerta para tomar posições definidas em relação aos sofrimentos de nosso povo.

Gostaria de receber uma carta sua, explicando quais as possibilidades de maior intercâmbio entre o cinema brasileiro e o novo cinema cubano.

Espero, o mais breve possível, as revistas e fotos do filme *Cuentos de la Revolución*. É melhor mandar pelo correio aéreo, pois por via pessoal a alfândega pode apreender, pelo fato de vir de Cuba. Meu endereço é: Glauber Rocha — *Diário de Notícias* — Rua Carlos Gomes, 57 — Salvador — Bahia.

Receba as minhas saudações para você e para todos os companheiros do cinema cubano,

Glauber Rocha

1961

ACERVO TEMPO GLAUBER

Glauber e Anecy Rocha, em Barris, Bahia.

De Alfredo Guevara

Habana, febrero 4 de 1961.

Sr. Glauber Rocha
Diario Noticias
Rua Carlos Gómez 57
Salvador.
Bahia.
Brasil.

Distinguido amigo:

Recebí su carta, las maravillosas fotografías del film que acaba de rodar y sus amables e interesantes artículos. Conforta saber que por toda América Latina brota un nuevo movimiento cinematográfico, pleno de fuerza y sinceridad, y capaz de remover los podridos cimientos de una industria que generalmente olvida que trabaja con un material precioso, el arte. Según puedo apreciar por el argumento de *Barravento*, se trata de un film no solo bien realizado y fotografiado, sino también valeroso y combatiente.

Estamos en disposición de exhibirlo en Cuba y esperamos nos pueda ser enviada copia de prueba o visión, en la seguridad de que será estudiada inmediatamente, y que la colaboración entre nuestras dos cinematografías es para nosotros lo más deseado. Sabemos hasta qué punto tienen contacto nuestras realidades y culturas, cuán cercanos — mucho más de lo que uno y otro saben — están nuestros pueblos, y cómo en la psicología, las costumbres, los problemas, los sueños, la música y el arte se encuentra una común raíz.

Días y semanas han pasado siempre con su carta a la vista, con las fotografías de *Barravento* a la mano. Han sido días de tensión y movilización popular en defensa de la soberanía y de esta libertad que tan caro costó y que ante nada cederemos. La gente de cine realizó también importantes trabajos y a más de reseñar como juglares de una nueva época las semanas de la movilización popular, convertimos nuestros documentales y largometrajes en lo que son: expresión vívida de la Revolución y de nuestro pueblo. Milicianos del pueblo, directores, camarógrafos y artistas estuvieron dispuestos a repeler toda agresión como el resto de nuestros compañeros de las industrias, las universidades y las cooperativas e ingenios azucareros nacionalizados.

Atareado con estas responsabilidades, me ha sido imposible hasta ahora responder a su carta, y quería hacerlo personalmente.

Le ruego pues, disculpe tanta y hasta hoy inexplicada demora.

Estoy enviándole fotografías y revistas, y tanto la administración de la *Revista del Cine Cubano* como la Cinemateca de Cuba, se encargarán de hacerle llegar todas nuestras publicaciones y noticias de la actividad de nuestro cine. Por otra parte, la Distribuidora de Películas del Instituto Cubano del Arte e Industria Cinematográficos se pondrá en contacto con Ud. directamente sobre la película *Barravento* y en cuanto a nuestros films (*Historias de la Revolución*, o *Cuentos* como Ud. remarca; *Cuba baila*, *Los clandestinos*, *Campesinos* etc).

En estos días iniciaremos la filmación de *El joven rebelde*, sobre un argumento de Cesare Zavattini y con la dirección de Julio García Espinosa. El y Tomás Gutiérrez Alea, director de *Historias de la Revolución*, son nuestros mejores y más completos realizadores pero toda una nueva generación de documentalistas se forma en el cortometraje, los noticieros y la enciclopedia popular (fílmica).

Espero que nuevos planes y realizaciones hagan de su trabajo en *Barravento* toda una corriente, y le aseguro que con sus letras y mi carta, con su film y los nuestros, se abrirá un período de verdadera amistad y colaboración, como lo queremos con los movimientos cinematográficos de verdadera calidad de toda América Latina, y aún del mundo entero.

Le saluda muy cordialmente,

Alfredo Guevara
Presidente

De Juracy Magalhães

Salvador, 10 de fevereiro de 1961.

Ao Exmo. Sr.
Glauber Rocha
NESTA

Meu prezado amigo:

Fiquei ciente de seus comentários sob o título "Inconsciência & inconseqüência da atual cultura baiana".

Você é, com efeito, um jovem artista, independente, e sua inteligência e dedicação às cousas do espírito transparecem na obra que vem construindo. Possui, portanto, autoridade para emitir os juízos que publicou. Oportunos e justos.

Realmente, temos que realizar na Bahia, a todo custo, um trabalho de equipe que reconduza àquele posto seu de realce.

Eu apenas sou um entusiasta e procuro realizar o que posso, para dar prestígio aos valores de nossa terra, em todos os campos.

E ao escrever-lhe estas palavras, ditadas pelo agradecimento ao generoso impulso que o fez citar-me entre os poucos que asseguram o renome da velha Província, penso que este será talvez um dos epitáfios que estou criando para mim mesmo: — "Foi um homem que procurou ajudar a Bahia em todos os sentidos".

Creia-me, pois, que nada me poderia ter sido mais grato do que ver estas intenções reconhecidas por um jovem do seu legítimo talento.

Com elevado apreço,

Juracy Magalhães
Governador do Estado

Para Alfredo Guevara

Salvador, Bahia, 3 de março de 1961

Prezado companheiro Alfredo Guevara

Recebi sua carta e revistas. Graças pelo interesse em torno de *Barravento*. Todavia, o filme ainda se encontra em fase de montagem e só ficará pronto em junho próximo. Deverá fazer sua estréia no Festival de Moscou ou no Festival de Karlov-Vary.

Logo após julho, poderei remeter uma cópia ou mesmo ir levá-la pessoalmente a Cuba, pois amo muito o seu país e sou um entusiasta pela revolução, aspiração de nós todos, os jovens da América do Sul, que desejam a liberdade de suas culturas.

Creio que vosso filme, *Cuentos de la Revolución*, poderá ser barrado pela Censura Brasileira, agora entregue a reacionários. Qualquer filme que pregue revolução ou luta de classes é proibido. Temo inclusive por *Barravento*.

Todavia, precisamos estudar de perto a nova simpatia do presidente Quadros por Fidel Castro.* Lutaremos com todas as nossas armas para que vosso filme seja dignamente exibido no Brasil.

Estamos agora rodando outro "largometraje", *A grande feira*, dentro da mesma linha social de *Barravento*. Com estes filmes esperamos iniciar um movimento de cinema independente no Brasil, trazendo os jovens inconformistas para o cinema. Precisamos de recursos, mas espero que o nosso filme alcance sucesso na Europa como também espero ajuda de outros países, como a União Soviética, no sentido de que possamos comprar material. Trabalhamos primitivamente, sem recursos, usando câmeras velhas e passando até mesmo fome. Somente o amor ao cinema nos leva até o fim. É uma verdadeira epopéia!

Gostaria de escrever para *Cine Cubano* um artigo sobre o cinema brasileiro e seus problemas. Desta maneira, enquanto divulgamos no Brasil sobre o cinema de Cuba, os senhores divulgariam sobre nosso cinema. Caso seja de vosso interesse, espero que me escreva autorizando a remessa do ar-

(*) Jânio Quadros condecorou Che Guevara com a Ordem do Cruzeiro do Sul, provocando polêmica.

tigo. No Brasil já está surgindo interesse para vosso cinema. Esperemos que no futuro possamos rodar uma co-produção que una nossos povos nos mesmos ideais de justiça e liberdade.

Abraços em todos os cineastas do ICAIC, meu entusiasmo e solidariedade por vossa causa, saudações,

Glauber Rocha

De Alfredo Guevara

Habana, marzo 18 de 1961

Sr. Glauber Rocha
Produções Iglu Filmes Ltda.
Av. 7 de Setembro, 90/sala 315
Salvador
Bahia
Brasil.

Distinguido director y amigo:

Acabo de recibir su carta de Marzo 3.

Lamento que *Barravento* no esté aún en la fase en que puede ser enviado y esperamos sus noticias. Estamos pasando el asunto — puesto que se aplaza — a la Distribuidora de Películas ICAIC. El Dr. Hugo Ayala o la Sra. Aurora Velasco escribirán al respecto y atenderán regularmente esta relación entre nuestras dos cinematografías.

Hemos recibido información sobre dos films y un director cuya obra, según nos reseñan, tiene aspectos realmente interesantes. Agradeceremos cualquier información que nos pueda ser ofrecida sobre el director Nelson Pereira dos Santos, y sobre los dos títulos que de su obra conocemos: *Río 40 grados* y *Río, Zona Norte*.

Vemos que vuestra productora no se detiene, y que un nuevo film se encuentra en rodaje, *A grande feira*, que como *Barravento* servirá para lanzar vuestro grupo cinematográfico. Nosotros también estamos sumamente atareados con la primera semana de rodaje de *El joven rebelde*, argumento de Cesare Zavattini, guión de este extraordinario poeta cinematográfico y del joven director Julio García Espinosa, que tiene a su cargo el film, y que ya realizó *Cuba baila* (cuya premiere se producirá el próximo día 7 de Abril).

Estoy seguro de que un artículo sobre el cine brasileño y sus problemas, y también sobre sus perspectivas y tradiciones o antecedentes, fijando los nuevos grupos creadores, las auténticas figuras de la dirección, la fotografía y el guión, y con suficientes ilustraciones gráficas será bien acogido por nuestra Revista del *Cine Cubano*.

En Cuba seguimos con gran atención, interés y simpatía las declaraciones de las grandes figuras de la política, el arte y la cultura brasileñas alrededor de la Revolución cubana, y esperamos que la mano amiga tendida por nuestro pueblo a todos los de Latinoamérica encuentre en las vuestras el calor y la amistad, y la comprensión y la solidaridad de que tanto necesita una Revolución.

Aprovecho la ocasión para presentar a los amigos Saúl Yelín, Director de Relaciones Públicas e Internacionales y Consejero Asesor del Instituto, quien como Héctor García, Secretario de la Cinemateca Cubana, se pondrán en contacto directamente con Ud y con la productora, a través de sus departamentos. Pronto recibirá cartas de ellos.

Finalmente, quisiéramos agradecer toda la información que nos pueda ser ofrecida sobre el número de salas cinematográficas que hay en Brasil, su capacidad, *tipo de pantalla* y *sistema de proyección habitual*, precios de las localidades (lunetas) etc. Sobre todo nos interesa conocer com extrema urgencia el tipo de pantalla y el sistema de proyección habitual. Esto se debe a que el standard europeo parece ser el de la pantalla panorámica de acuerdo con las decisiones de un Consejo Técnico Superior (???) cuyo poder aún desconocemos. La información nos acaba de llegar, estamos filmando y queremos adoptar decisiones rápidas sobre la mascarilla que debe servir de adaptador a los lentes para garantizar una difusión adecuada. También en Cuba nos proponemos establecer standards, pero aún no tenemos decisiones muy precisas al respecto.

Saludos muy cordiales,

Alfredo Guevara

Para José Amádio

Salvador, 30 de março de 1961

Sr. José Amádio,

Esta carta é uma solicitação dos produtores do filme *Barravento*, produção já divulgada por *O Cruzeiro*, em reportagem de Luís Carlos Barreto, no sentido de que seja levado ao conhecimento público o plágio do qual fomos vítimas, com o episódio da "raspagem de cabeça" da atriz Irma Alvarez.

Como pode ser verificado, a *Manchete*, no mês de dezembro, noticiou, em foto com texto-legenda, sob o título de "*Barravento*: Macumba de cabeça raspada" — que a atriz Lucy Carvalho (branca) teve seus cabelos cortados na seqüência final do filme *Barravento*, realizado nas praias da Bahia.

Também a revista *Cinelândia* e mais alguns jornais do Rio e São Paulo (como notícias pequenas) divulgaram a cena.

Vamos agora ao problema central:

a) Quando rodava *Barravento* no mês de novembro, chegou a Salvador o sr. Miguel Torres, argumentista conceituado do cinema brasileiro, com o objetivo de escrever um argumento para documentário do *Canal 100*. O sr. Miguel Torres manteve contatos íntimos com nossa equipe, tomou conhecimento de nosso roteiro (temos 20 testemunhas, isto é, todos os técnicos e atores do filme), recebeu informações pessoais minhas sobre problemas de negros, foi levado a pessoas especializadas no assunto, tratado com a maior cortesia;

b) Quase dois meses depois retornava o sr. Miguel Torres, desta vez acompanhado pelo diretor português Ruy Guerra e por uma equipe mista de brasileiros e europeus para filmagem de *Cavalo de Oxumaré*;

c) Embora fossem todos recebidos com grande amabilidade, não mostraram o roteiro do filme — coisa normal entre colegas, pois nós havíamos antes mostrado o roteiro de *Barravento*;

d) Incrivelmente (!) filmaram todas as seqüências na Bahia, menos a seqüência do candomblé. Por quê? Era mais fácil, afinal, rodar as cenas na própria Bahia. E mais barato. Fiquei, inclusive, desconfiado, mas nunca me passaria pela cabeça que estava sendo logrado pelo sr. Ruy Guerra;

e) Vejo, surpreso e revoltado, nos jornais e na revista O *Cruzeiro* a notícia: Irma Alvarez, uma branca, raspa a cabeça num candomblé.

f) UMA BRANCA — eis o detalhe: meu filme é verdadeiramente "integrado" social e etnograficamente; filmei candomblés autênticos; no próprio filme combato a exploração barata do exotismo, a indústria do pitoresco, o carnavalesco folclórico. Meu filme é uma "visão" séria e consciente de um problema vital dentro da civilização baiana: a cultura negra. Este documentário do sr. Ruy Guerra, destinado à Europa, não passa de um carnaval, de uma mistificação. Se for analisado o contexto — resumido na reportagem da revista — veremos que tudo é sensação. E ainda mais: o "americanismo" de uma bela vedete sob práticas bárbaras. E a mistificação de dizer que Irma foi "consultada" para saber se estava na "linha" de Oxumarê. Onde estamos? Que zombaria é esta?

Espero que o sr. compreenda o alcance do problema: encerra um duplo crime:

I — O PLÁGIO

II — O DESRESPEITO À CULTURA NEGRA

Gostaria que o sr. divulgasse as minhas declarações, acompanhadas de algumas fotos, para que o público possa notar, inclusive, a semelhança do mise en scène, sem dúvida inspirado nestas próprias fotos. Isto para não dizer da semelhança entre Lucy e Irma. O público e o meio cinematográfico do Brasil precisam saber deste plágio. Adianto, contudo, que o sr. Carlos Niemeyer não tem muita culpa, pois, caso soubesse da fraude, não iria comprometer, assim, o nome de sua produtora. Os culpados exclusivos são os srs. Miguel Torres e Ruy Guerra. Um abraço, grato — Glauber Rocha (diretor).

Para Paulo Emilio Salles Gomes

Salvador, abril de 1961

Meu caro Paulo Emilio

Não acredito que sua secretária faça greve tão longa: assim, não há desculpas para o silêncio da própria alma da Cinemateca e da sua própria, que é mais importante. A não ser que o tempo seja pouco ou então o esquecimento da Bahia tenha lhe dominado: o que não é possível, pois da Bahia um homem jamais se esquece, mesmo um europeu: Rosselini agora, por exemplo, anuncia que virá até aqui filmar *Jubiabá*. Abrindo um parêntese, será que esta terra teve reservada para si as honras de uma FASE (talvez a solução) do nosso pobre cinema? A resposta é uma sugestão...

Bom: compreendo que você, por vários motivos, não tenha escrito. Lendo outro dia artigo seu sobre autores e artesãos (como você pode conhecer tão bem as pessoas? — falo de Trigueirinho!), resolvi não só republicar o artigo aqui no *Diário de Notícias*, como também fazer outra carta, já que a última parece não ter lhe despertado maiores necessidades de diálogo com estes afastados baianos. Isto é mentira minha, por favor!

A *grande feira*, dirigido por Roberto Pires, que (a propósito) me parece um artesão excepcional e um grande autor inconsciente (apenas o autor), está chegando ao fim. Por isto o atraso da minha tão anunciada aparição em plagas sulinas com os filmes debaixo do braço, iniciando assim mais uma aventura no terreno do sonho cinematográfico, que, saindo da Bahia, ainda alimenta a possibilidade de cruzar fronteiras, não pela ambição, mas apenas PARA SABER se um filme brasileiro nas tais e tais condições que concebemos pode realmente ser aceito. Do contrário, a experiência não será total, jamais poderemos tirar uma média do que se deve fazer no futuro, pois acreditamos (plural sou eu mesmo) que um cinema provinciano é suicídio cultural e comercial. Se você quiser um depoimento pessoal (e confidencial) eu lhe diria que em *Barravento* tive apenas duas intenções: um protesto ou um manifesto (verei depois da montagem) sobre a problemática do negro e ao mesmo tempo uma penetração nos mercados de Oropas, França e Bahia. Não é pelo acaso da expressão que a Bahia surge aqui, mas sim pelo motivo:

se eu rompo os mercados, eu provo à mentalidade latifundiária da terra que podemos industrializar as próprias paisagens dos latifúndios embora combatendo os mesmos. Eles desenvolverão a própria arma de destruição e quando perceberem já será tarde. Não acredito muito na inteligência deles. Acredito apenas na grande vaidade e usura de todos.

Não sei como você pode encarar uma confissão desta espécie, mas acontece que eu lhe considero tão excepcionalmente inteligente que acho mais lícito lhe confessar estas coisas antes que você desconfie e as interprete de outras maneiras. Eu tenho realmente ódio da mentalidade burguesa, da concessão e do abuso do poder econômico, embora tenha pena de não fazer concessão, pois subitamente considero gente poderosa como o Governador pobres homens e tenho piedade cristã por ele. Uma quase ou mesmo demagogia sentimental, mas que posso fazer se o sentimento vem?

Quanto ao que se diz "artístico", acho que estilo é vaidade pecaminosa (eis o nosso Trigueirinho e o nosso Khoury, terríveis pecadores!) e que o cinema é uma manifestação importante apenas porque pode atingir mais gente e com mais força. A palavra ainda é o grande instrumento do homem e o grande artista não passa de um operário de idéias. Mas, ao mesmo tempo, o cinema é também para o brasileiro um desafio à sua capacidade de vencer este clima de hoje. Seria capaz até do suicídio se não me for possível montar esta indústria aqui na Bahia, por mais filmes bons que eu possa fazer em condições semiprofissionais. Você entendeu a coisa, tenho certeza.

Não estamos hora nenhuma salvando o cinema brasileiro. Acho, como já lhe disse, que a turma que está na Europa forma a melhor geração do nosso cinema a ser: o filme* de Saraceni tirou prêmios na Europa e dizem que *Couro de gato*, de Joaquim Pedro, é também um filme de valor. Escrevo muito a ele: o Gustavo sofreu uma operação fantástica e virou brasileiro na Europa. Violentamente (me chamaram de "papal") eu meti um bisturi na espinha dorsal daquele elegante romântico do inverno paulista... e em sua última carta restava apenas a figura viva e cultivada de Paulo Emilio, pois todos os outros amigos "snobs" do Turist Bar eram apenas fantasmas na garoa...

O que *Barravento* e *A grande feira* possam render nas bilheterias daqui e de fora serão exatamente as garantias de oportunidade para esta geração. Pelo menos o cinema brasileiro terá mais uma oportunidade, pois o que eu aqui pretendo desenvolver é realmente uma "indústria cultural". Tenho medo de que a solidão da província me aniquile, mas espero em breve estar fervendo nesta nova caldeira, embora o cinema no Brasil seja uma luta tenaz, um sacrifício total, um desespero diário contra tudo, como bem sabe você e por isto não adianta falar...

Tenho idéias sobre a nossa cultura: acho que o cineasta brasileiro existente não é um homem que pensa, não tem visão geral, não tem tradi-

(*) *Arraial do Cabo.*

ção nem humanismo, não é culto no sentido de integração, mas é envernizado pela vaidade. O cinema é uma técnica, não é um privilégio. Qualquer homem inteligente pode se expressar pelo cinema, basta que ele seja realmente um homem com idéias. O resto é a mesma coisa do Suplemento onde você escreve e onde você apenas se salva. Acho que pelo trágico fato de você escrever sobre cinema, ainda não viram que você é o homem mais inteligente do Brasil (não é um exagero, não é uma chantagem...), e a prova disto é que meus Jovens amigos (a não ser um tolo como o Cláudio Mello e Souza...) nem ousam lhe desrespeitar. Seus artigos são páginas de uma Bíblia... Soubesse você dos efeitos deles!

Não sei se você sofre ou tem pena da cultura nacional. Acho, por exemplo, que, como eu, você tolera ou compreende demais: refiro-me a *A morte comanda o cangaço* e *Bahia de Todos os Santos*. O primeiro exige tolerância, o segundo compreensão. A compreensão aliás que o Walter* (confidencialmente!) não teve pelo Trigueirinho. Não sei qual foi a coincidência, mas eu quando li o artigo de Trigueirinho em *Anhembi* desconfiava de *Bahia de Todos o Santos* e ler seu artigo foi um estalo de Vieira. Exatamente aquilo! Estará Trigueirinho perdido para os próximos filmes? E Khoury?

Como você poderá salvá-los da obsessão? Sabe que esta é uma missão que lhe pertence?

Não sei se esta carta está confusa. Como deverei realmente andar por aí daqui uns vinte dias, poderia muito bem deixar estas coisas para uma conversa pessoal. Temo, contudo, que aquela timidez possa me silenciar novamente e no fundo quero apenas abrir fronteiras, dizendo, logo, que não haverá fronteiras de *tolerância ou compreensão* para você dizer o que são nossos filmes. Exatamente o que eles são. Dizer pessoalmente, julgá-los com a frieza de um juiz. Eu não tenho certeza do que eles possam valer. São apenas esperanças, mas eles não são nossos filhos amados. Pelo menos *Barravento* não o é.

Dê um abraço no Caio e nos outros aí na Cinemateca.

E a Bahia, realmente, necessita que você a visite. Espero em agosto convidá-lo ou então em setembro. Iremos então por uma semana visitar as áridas paisagens de Canudos, onde, por força de contrato, serei obrigado a concluir um documentário para o Governo, que não pode ser feito em

(*) Walter da Silveira.

março por causa das chuvas. As co-produções chovem e precisamos de têlas. Será que o GEICINE vai atender também à Bahia?

Um abraço fraternal,

Glauber Rocha.

PS: não leve a mal os meus *segredos*, mas esta carta é também confidencial. Não precisa responder. Estarei aí breve!

De Roberto Farias

Rio, 6/4/61

Meu caro Glauber,

Certamente você terá estranhado o meu silêncio. Trigueirinho, naturalmente, falou-lhe que eu escreveria para você.

Tenho estado um pouco aborrecido por necessitar fazer chanchada, enquanto o meu desejo você sabe qual é. Meu último filme* estreou faz pouco tempo — uma chanchada —, fez sucesso de bilheteria como não podia deixar de fazer, tendo Ankito, Grande Otelo, Vera Regina etc. Naturalmente não estou contente, não estive contente, nem estarei enquanto for obrigado a trabalhar neste tipo de filme.

Infelizmente, o fato de fazer *Cidade* não me garantiu permanecer no cinema sério. Por mais sucesso que *eu* tivesse feito, já o pressentia, um filme sem autenticidade brasileira não faria bilheteria. Como conseqüência, a permanência no cinema que queremos fazer não me seria possível.

De qualquer modo, e isso é lógico, foi um filme do qual devo orgulhar-me, pois constituiu para mim uma experiência nova que, modéstia à parte, permitiu-me mostrar um pouco de valor. Sinto, entretanto, que tenha sido uma luta quase inglória, um trabalho insano a serviço de um tema que não tinha grandes possibilidades. Estou satisfeito, evidentemente, por

(*) *Um candango na Belacap* (1961).

ter o produtor do filme lucrado com as vendas para o exterior. É uma pena que o filme tenha feito pouco sucesso de público no Brasil. Teve um péssimo lançamento, não correspondendo como a chanchada... Um pouco de culpa cabe ao Orsini, que rejeitou um ótimo lançamento esperando que a fita fizesse mais sucesso da forma que ele queria que ela fosse lançada.

Anima-me, no entanto, o fato desse filme ter sido vendido para o exterior, como já lhe disse. Se *Cidade* desperta interesse lá fora, imagine um filme de Brasil autêntico como desejamos demonstrar...

Lamento que quando nos apareça a oportunidade de fazer um filme sério, não seja o filme sério que desejamos fazer... Quando Orsini convidou-me para dirigir o filme disse-lhe que se o dinheiro fosse meu não o empregaria naquele tipo de filme. O mesmo aconteceu com o Alinor de Azevedo. Felizmente, apesar de tudo, nosso querido Orsini já vai partir para uma co-produção com Itália e França, sinal que se deu bem...

Em realidade, nada disso interessa. Entristece-me o fato de terem posto em dúvida (Moniz Viana) a paternidade de *Cidade*. Moniz, quando saiu da minha última chanchada, asseverou que *Cidade ameaçada* não havia sido dirigida por mim... "Quem teria dirigido *Cidade ameaçada*, assinada por esse diretor?" Não gostei. Sinceramente não gostei. Esperava tudo, menos isso. Calculava que o meu esforço, o sacrifício que impus à minha família não tivesse sido em vão. Esperava que *Cidade* me tivesse garantido, de uma vez por todas, um lugar dentre os diretores de reconhecido talento. Não me vejo cabotino, Glauber, não compartilho com os exagerados aplausos com que receberam *Cidade*. Não o considero um filme assim tão maravilhoso. Apesar disso, julguei que não poriam mais em dúvida minhas possibilidades de fazer um cinema melhor. Já o provei e tenho certeza que posso repetir. Esperava que metessem o pau na chanchada que fiz, com toda a merecida força... mas que duvidassem ter sido eu o diretor de *Cidade*, isso me pareceu querer ferir demais. Tenho certeza, Glauber, que o senhor Moniz Viana sabe o sacrifício que foi, para mim, voltar a fazer chanchada depois de tão maravilhosa acolhida ao ingressar no cinema sério. Todos sabem que vivo de cinema e que não posso parar em hipótese alguma. Não sei fazer outra coisa que trabalhar em cinema e tenho três filhos para sustentar. Julguei ter plantado em *Cidade* uma semente que germinaria mais tarde. Meus filhos e minha mulher sacrificaram-se comigo para enterrar a tal semente. Será que o nosso amigo não vê isso? Ou não quer ver? Não me parece justo que alguém, em dez minutos, fazendo uma crítica idiota, ponha em dúvida e destrua o trabalho de um ano de sacrifícios. Em realidade, paguei para fazê-lo, tive prejuízos. O que ganhei em *Cidade*, dividido pelo tempo que trabalhei, não dá por mês o que ganhou o assistente de câmera...

E, parece mentira, não poderia ter agüentado se não fossem duas chanchadas que havia feito no Rio como produtor associado e que enxertavam meu orçamento mensal em São Paulo enquanto filmava *Cidade*...

Chega de lamentações. O que espero viver dá para reafirmar o feito. E, para o que tenho a dizer, Glauber, não precisava ter falado tanto e de problemas que não lhe interessam, perdoe-me.

Interessa-me o seu argumento.* Certamente deveríamos ajustar umas coisas, tenho certeza que nos entenderíamos, pois, em cinema, falamos a mesma linguagem...

Sinto que a história já não conte com a seqüência do santo e a dos flagelados. De qualquer modo, não creio que sejam insubstituíveis. Como você disse, ainda há muito material sobre o assunto, e você tendo muito "*Inédito*, que ninguém tem" me parece ótimo.

Gostaria que você me mandasse a história. Queria dar mais uma lida, mostrar a um pessoal que está interessado. Acho viáveis suas propostas e creio que poderemos fazer negócio de alguma forma ou algum negócio de qualquer forma, mesmo que não seja com esta história.

Não se preocupe, não penso fazer filme de cangaço em outro local que não seja o nordeste. E quero filmar cangaço. Espero a história antes da sua chegada. Encontrar-nos-emos quando você vier.

Um grande abraço meu e de meus irmãos. Oxalá, desta vez, eu conheça a Bahia.

Roberto

Roberto Farias
Trav. Sta. Leocádia, *xxx* apto. 25
Copacabana — Rio de Janeiro

(*) Referência a *A ira de Deus*.

Para Paulo César Saraceni*

Paulo César

vocês não escrevem. por quê? já não tenho mais notícias pra dar a não ser que nos atrasamos por falta de dinheiro e que os filmes só estarão prontos lá pra julho ou agosto, o que modifica os planos todos. isto é o diabo do azar e da frustração nacionais.

leio nos jornais que você será o diretor de *A casa assassinada*, de Lúcio Cardoso, e acho que isto, apesar da temática, é bom. O melhor é você vir logo fazer uma fita longa. Aqui no Brasil começa a repercutir o sucesso de *Arraial do Cabo*, felizmente. Sou amigo da Edla van Steen** e fiz uma carta a ela apoiando seu nome. Vamos partir para *A casa assassinada*, pois. leio também que Sérgio Cardoso será ator e seu assistente de direção, o que achei mau, pois, como você sabe, gente de teatro como assistente pode atrapalhar tudo. a desgraça do Brasil são estes filmes com assistentes vedetes.

Quem fez o roteiro? A adaptação? O próprio Lúcio? Cuidado com os diálogos excessivamente literários, chatos, discursivos. Peça um novo diálogo, em língua de gente que todo mundo entenda. Assim o resultado final vai lhe prejudicar. Com um bom diálogo que não encha o espectador o filme pode ser sucesso. Mas este negócio de incesto é meio deslocado no cinema brasileiro. Em todo caso, acho que você deve topar, pois é uma maneira de se lançar logo num "longa", o que pode lhe dar logo independência. Conte comigo para ajudá-lo no que for possível. Mesmo assim você continua em minhas metas. Trabalharei para que você faça um "longa" logo, logo, se esse negócio da Edla van Steen não der certo. Mas estão fazendo publicidade com seu nome. O diretor Saraceni, dizem, e o público pensa que é um italiano...

Diga a Gustavo que quero um artigo sobre o novo Antonioni, *L'aventura* e *La notte*, para o *Jornal do Brasil*. É preciso discutir o caso aqui. Não vi e não sei. Só ouço elogios. Mande o Gustavo me enviar o artigo

(*) Carta enviada do Rio de Janeiro, entre março e maio.

(**) A atriz e produtora Edla van Steen queria produzir *A casa assassinada* tendo Luchino Visconti como diretor. O filme acabou sendo dirigido por Paulo César Saraceni.

pessoalmente. Mande carta e tudo o mais para a Bahia que a Helena me envia para o Rio. Assim não haverá mais confusão de endereço, pois vou ficar incerto entre Rio—São Paulo e Bahia. Mas tudo pode vir para a Bahia. Escrevam, por favor, seus sacanas.

E Joaquim? Por onde anda? Outro dia recebi carta de Marcos dizendo que "apesar de tudo eu ainda era um dos nossos". Por que apesar de tudo? Nunca fiz nada com eles, pelo contrário, sempre me preocupei com todos. Respondi pra ele que não havia nada. E *Couro de gato*? Por que Joaquim não me escreve? Será que ele pretende voltar ao Brasil? Receberam minhas reportagens, do *Cruzeiro*, com sugestões?

Este meu entusiasmo é uma batalha, pois no fundo o meu desespero permanece o mesmo. Você sabe bem, me conhece demais. Ou será que não conhece? Se eu estivesse pelo menos uma hora com você lhe daria tanta coisa, ia lhe confessar todo o acontecido, desde que lhe vi pela última vez. E a Ana Letícia? Como vai? Continuam? Romperam? Alguma italiana no papo? Você bem que podia se casar com a BB e trazê-la pra um filme aqui com a gente... Tive uma briga violenta com Francis por causa do Martim. É um filho da puta, teu amigo Francis. Fiz dois artigos esculhambando com ele no *Jornal do Brasil*. Estou em luta com muita gente. Vou terminar dando tiro no Rio e São Paulo. Você sabe que tenho sangue de cangaceiro.

Escrevi um artigo negando o cinema. Não acredito no cinema, mas não posso viver sem o cinema. Acho que devemos fazer revolução. Cuba é um acontecimento que me levou às ruas, me deixou sem dormir. Precisamos fazer a nossa aqui. Não se esqueça de seu país, veja se politiza o Gustavo. Cuba é o máximo, eles estão construindo uma civilização nova no coração do capitalismo. São machos, raçudos, jovens geniais.

Estão fazendo um novo cinema, possuem uma grande revista, vários filmes longos e curtos. Estou articulando com eles um congresso latino-americano de cinema independente. Vamos agir em bloco, fazendo política. Agora, neste momento, não credito nada à palavra arte neste país subdesenvolvido. Precisamos quebrar tudo.

Do contrário eu me suicido.

Estou em processo para isto. Jamais serei um reacionário, um alienado, comprometido com a corrupção, o capitalismo, a escravidão. Creia-me, com sinceridade.

A) Ontem eu quase me suicido;

B) Hoje estou melhor, mas dentro de algumas horas receberei o impacto da morte novamente;

C) Tenho um problema fundamental. Não posso dizer por carta.

Escreva, escreva, escreva,

Glauber.

Para Alfredo Guevara e companheiros do ICAIC

Salvador, 4 de maio de 1961

Prezado Companheiro Guevara e Companheiros do ICAIC

Saúdo a nova República Socialista Cubana, não somente eu, mas todos os jovens universitários, operários, artistas e brasileiros que também iniciam a grande luta contra o colonialismo e a opressão americana. Durante os dias amargos da vergonhosa agressão, estivemos aqui no Brasil protestando em praça pública, lutando contra os reacionários, enfrentando aqueles que, comprometidos, queriam lançar calúnias contra o líder Castro.

Estivemos sofrendo pelos patriotas que aí morreram e mesmo chegamos à campanha do voluntariado, pois era grande o número de jovens em todo o Brasil dispostos a morrer por vosso país. Felizmente vocês venceram e proclamaram o que significa esperança para o nosso futuro latino: a República Socialista é uma bofetada corajosa nos imperialistas, é um desafio glorioso de um povo pequeno e pobre contra o monstro de Mr. Kennedy.

Aqui também vivemos horas incertas, pois as massas capitalistas dominam e o país é um gigante incapaz de se articular numa revolução como a cubana. Cada Estado (e são 21) é maior do que Cuba dez vezes (a Bahia é maior do que a França). O Brasil é do tamanho quase da Europa e a nossa tradição de luta é uma vergonhosa história de quarteladas levadas a cabo por parafascistas ou semi-heróis conservadores. Somente agora é que nossa juventude começa a ganhar consciência e organizar uma parede de protesto contra esta democracia escrava dos EUA.

A nossa situação não é muito diferente da cubana, pois o nordeste é um vasto território seco (cabem dez Itálias dentro), onde milhões de pessoas morrem de fome. Somente o banditismo (CANGACEIROS) e o messianismo (CANUDOS: ANTÔNIO CONSELHEIRO) foram manifestações de protesto social mas sem doutrina, sem preparação e antes desviados para o crime, o marginalismo e a barbárie. Agora é que, em Pernambuco, um líder inspirado por Castro, Francisco Julião (esteve em Cuba há pouco tempo), está levantando os camponeses em ligas revolucionárias. Todavia, cresce a ameaça policial e não será surpresa se forem exterminados de um dia para o outro. Bem, a situação político-social do Brasil é assunto para um livro e não uma carta. Esperamos que o inesperado Presidente Quadros continue simpático ao Governo de Cuba, ao Novo Estado. Pelo menos, até agora, tem apoiado Cuba em todos os seus movimentos. Isto evitou uma manifestação mais violenta dos reacionários.

Espero, com expectativa, que vocês continuem agora na obra de construção social e também deste cinema livre da América Latina. Nossas telas aqui são na maioria Panorâmicas. Não acredito que a Censura aprove *Histórias de La Revolución*, porque o Censor, Ascendino Leite, é anticomunista, fascista, católico e tem proibido filmes. É um terror. Somente o Presidente Quadros poderia liberar no Brasil um filme sobre a Revolução Cubana.

Farei no Rio de Janeiro, nos próximos dias, algumas reportagens sobre o cinema cubano, alertando o público e procurando despertar o interesse dos distribuidores. Se vocês me autorizam, poderei cuidar diretamente dos seus negócios com os distribuidores daqui. Nossos filmes, por falta de dinheiro, ficarão mais atrasados. Só estarão prontos agora em setembro ou outubro. Espero então visitar Cuba para conhecer de perto todo o trabalho de vocês. Isto se houver tempo aqui. Por que Cuba não organiza um Encontro Internacional de Cineastas Independentes da América Latina, com exibição de filmes e discussão dos nossos problemas comuns? Seria uma forma de organizarmos uma liga internacional latino-americana de cinema revolucionário. Fica a idéia e aqui no Brasil estou disposto a trabalhar por isto. Receba um abraço fraternal e solidário,

Glauber Rocha
Rua General Labatut, *xxx*, Barris-Salvador-Bahia. Brasil.

Favor não enviar mais para *Diário de Notícias*. E colocar BRASIL.

De Joaquim Pedro de Andrade

26/05/61

Glauber,

Este papel aqui a gente pegou no bar do hotel para escrever a você enquanto Vanja Orico e outras brasileiras dão um recital de canto e poesia. É mais um vexame, esse dos menores, que os nossos patrícios dão por aqui. Foi para nós todos, os que você chamou de "bossa-nova", importantíssimo vir a Sta. Margherita.* Primeiro porque descobrimos o novo cinema argentino. Segundo porque nos encontramos, brasileiros e argentinos, discutimos entre nós e com eles. De uns dois anos pra cá os argentinos fizeram pelo menos dez filmes realmente novos, sobretudo pela mise en scène. [—], Feldman, [—] e Torre Nilsson fizeram filmes de primeira linha, novos, originais, com uma técnica, uma invenção plástica e [—] surpreendente. No debate que se realizou aqui sobre o cinema argentino um crítico moço, que integra a delegação deles (*Bussoni?* depois averiguo), fez uma análise comprometida, apaixonada e lúcida e entusiasmada do movimento deles. Paulo e Gustavo choraram. Eu estava dormindo nessa hora de ressaca. Mas o resto vi. Vi o vexame da delegação brasileira. Incrível! Fernando de Barros abriu como diretor, mas fechou como membro do GEICINE. Num francês horrendo, com uma arrogância, uma segurança que só a burrice total dele poderia justificar. Falou na lei da distribuição compulsória de filmes brasileiros, disse que dentro de muito pouco nós teríamos um cinema agressivo, poderoso etc. Depois falou Almeida Sales, da Cinemateca de São Paulo, membro do GEICINE. Fez um discursozinho chinfrim, boa-praça como ele. Os italianos e argentinos começaram então a fazer perguntas. As respostas completaram o vexame. Ninguém sabia nada, a inconsciência e a incompetência deles não tinham limite. A distribuição compulsória será o fim do produtor independente no Brasil. Ele não poderá resistir ao aumento do custo de produção e ao monopólio completo de exibição provocados pela lei. Nossa cultura cinematográfica vai passar a ser dirigida por estrangeiros, sobretudo os norte-americanos. A argumenta-

(*) Festival de Cinema de Santa Margherita, na Ligúria, Itália.

ção que leva a essas conclusões nós expusemos a Almeida Sales e Carlos Pérez. Almeida disse que sim, que realmente. Que nós estávamos levantando um problema em que eles não tinham pensado, imagine!!! Carlos Pérez não tem essa ingenuidade. Discutiu conosco bastantes horas, se contradizendo, revelando-se cínico e realmente vendido a seus interesses pessoais. Mas a questão é grave demais para a gente se limitar aos comentários. Nós estamos cada vez mais unidos. Aqui em Santa Margherita vamos brigando com todos os canalhas e no Brasil a briga será maior. Você, Paulo César, Gustavo, Mário* e eu, outros mais que tiverem força e entusiasmo, vamos arrasar com os Fernandos de Barros todos. Os argentinos são ótimos, mas tematicamente formaram um caminho menos bom que o nosso. Todos os prêmios do festival vão para eles, menos um que vai para o *Arraial*. Vamos atirar esse prêmio na cara da delegação brasileira, amanhã à noite. Tenho muita coisa por conversar com você. Escrevo com mais calma logo que chegar a Paris. Lute contra a distribuição compulsória. Vou fazer um artigo. Pode ser que a distribuição compulsória funcione se se defender ao mesmo tempo o produtor independente.

Abraços. Joaquim

De Paulo César Saraceni

26-5-1961

Glauber querido — Aproveitamos que estamos juntos, eu, Joaquim e Gustavo — num festival** genial — nunca vi tanto interesse pela América Latina. Aqui nós conhecemos os argentinos — o novo cinema argentino é impressionante — conhecemos Jean Rouch — amanhã eu ganharei o prêmio do melhor documentário. O *Arraial* foi um sucesso. Tua carta chegou bem na hora — recebi com lágrimas nos olhos — nós estavamos em plena luta — luta à base de porrada com a delegação brasileira que tem o bom Almeida Sales — o filho da puta do Fernando de Barros — o traidor

(*) Mário Carneiro.
(**) Festival de Cinema de Santa Margherita.

de merda — Carlos Pérez — e mais 12 imbecis. Nós brigamos e te digo foi a grande vitória nossa, Gustavo e Joaquim estiveram fabulosos. Volto para o Brasil em julho para filmar *A casa assassinada* no peito, fazendo tudo o que quiser: senão não faço. Santa Margherita me ensinou tanto — que os argentinos têm um grande cinema. Tão bom quanto qualquer cinema do mundo; que eles estão unidos, que têm 2 produtores inteligentes e 5 diretores de 1ª ordem. Nós temos que estar unidos — briguei com o Pérez. Chamei-o de traidor, com Fernando de Barros e Orsini, que eles são burros e deviam se matar — volto para o Brasil com eles contra mim — eu preciso de ti. Sobre o teu filme eu falei com o Almeida Sales, ele me disse que escreveria uma carta para o Banco de São Paulo, tu então mostra o copião a eles, e tu acabarias a fita no Rex em São Paulo.

Agüenta a parada, caro amigo — agora que a coisa começou — eu, Joaquim e Gustavo estamos unidos e estamos contigo, chegou o tempo da gente fazer o filme que queremos fazer — nós contra aqueles filhos das putas. Hoje conversamos com Jean Rouche — ele nos contou como fez *Pirâmide humana* e *Moi un noir*. Sem dinheiro nenhum, com a câmera na mão. Disse ele que no cinema moderno não existe mais tripé, que os travellings são feitos com a mão, com a câmara andando, seguindo o personagem. Só a verdade importa. Falei também com Cavalcanti, que está com a gente, disse-me ele se tu quiseres ele escreve para Mário Andrada Maristela, que te pode emprestar dinheiro. Te digo Gustavo está 100 por cento. A lei nova brasileira é um desastre para nós — eles só querem ver o problema econômico, que o lado cultural não interessa para o Brasil agora. Pérez disse se não quisermos fazer fitas independentes é melhor mudarmos de posição. É o fim. A lei argentina é completamente aberta para o lado cultural-artístico — e o cinema mundial não é mais o cinema-indústria, mudou na França. Vai mudar na Itália, nos EUA os filmes independentes são geniais. O negócio não é fazer filme à la Khoury e Biáfora e perder dinheiro. O produtor tem que ganhar dinheiro mais [—], fazer filmes bons e ganhar dinheiro. Santa Margherita mostrou que podemos fazer fitas boas e ganhar dinheiro. Os argentinos estão mostrando isso — Viva o Brasil. Viva o cinema. Em julho estarei no Brasil, espero te ver logo. Me escreva logo. E coragem, vamos mesmo na base da porrada. Lembrança a todos.

Saudades. Paulo César

Para Gustavo Dahl, Paulo César Saraceni e Joaquim Pedro de Andrade

13/06/61

Gustavo & Paulo — Joaquim
abraços

Sei que *Arraial* já foi sucesso, li na imprensa brasileira uma nota do Ely Azeredo. O resto do pessoal pouco fala — boicotaram a notícia, talvez por causa da briga. O Pérez nunca me iludiu: não acredito em homem de gravata, homem comprometido com as estruturas dominantes: cada dia fico mais na esquerda e o exemplo de meus amigos cubanos e agora a morte do ditador Trujillo e a rebelião de Angola e toda a emancipação africana mostram que os países novos serão os líderes do mundo dentro de mais algum tempo: que do Brasil, Argentina, Cuba e outros latinos nascerão filmes fantásticos. eu já estou articulado com os cubanos, articulados demais. lá eles estão montando uma indústria. se vocês já têm ligações com os argentinos, então poderemos fazer um movimento ambicioso, sul-americano, um movimento de força, independente, capaz de derrubar a porcaria de GEICINES e estas lesmas cretinas do nosso velho cinema. O grito de independência já foi dado com *Arraial*. Que filme brasileiro tirou tanto prêmio, filme pobre e sem coberturas oficiais? — *Arraial* pode representar o início de uma nova época no cinema nacional e vou escrever sobre isto no *Jornal do Brasil*. O Gustavo devia mandar a história de Santa Margherita para O *Estado de São Paulo*. É importante que no Brasil se fique sabendo do que houve. O Jean-Claude tem escrito excelentes artigos, dentro da melhor linha. É mais um aliado para a nova luta. Espero até o fim do ano aprontar *Barravento*: agora o filme se define em minha cabeça e poderá ser um ensaio forte do que pode ser nosso cinema independente. Não esperem demais, contudo. A montagem é muito complicada. Se der certo, tudo bem. E se der errado? Preciso de calma, tempo, sossego, coisas que não tenho, por vários motivos pessoais. Mas devo estar no Rio no máximo em meios de junho. Espero ver logo Paulo, em julho. Procurem-me na Líder, quando chegar. Cuidado com A *casa assassinada*: os diálogos não podem ser escritos por Lúcio Cardoso — muita literatura. Depois, não aceite Sérgio Cardoso como co-diretor, nem ninguém. Tem de ser independente. O Sérgio é um belo rapaz, mas não interessa a não ser como o ator, no que é excepcional. Ele está aqui com Martim, fazendo *Calígula*, de Camus, e pretendo contratá-lo para meu Lampião.* Mas faça o filme, é importante para seu lançamento. E faça para dar dinheiro. O argumento puxa para o lado do expressionismo, o que dá logo em Khoury. É preciso "nacionalizar" o negócio, tornar o problema "real". Lúcio Cardoso é um grande escritor, um grande problema, mas é alienado e sua literatura está para nossa cultura como poesia concreta e filme de Khoury. Cuidado, pois, muito cuidado. Seria o caso de você recorrer a Otávio de Faria para refazer os diálogos — crus, secos, objetivos — e recriar a atmosfera sob o seu ponto de vista de autor, o que seria negar a atmosfera do Lúcio, e criar um caso louco. Eis o problema ou não tenho razão. Mas se seu irmão é produtor, você tem pulso forte. Caso não aceitem, você faz seu irmão produzir outra fita. Só encaro o sucesso de *Casa assassinada* sob um ponto de vista formal: cultural e financeiramente não tem possibilidades. História de incesto, de traição humana, Bem e Mal, pederastia, a angústia estão falsamente colocados em nosso momento. Cada filme deve tocar o povo, não demagogicamente, mas no sentido que Brecht toca. O povo deve raciocinar em torno dos problemas. Aqui no Brasil nosso cinema deve ser inicialmente um problema mais ÉTICO DO QUE ESTÉTICO. Compreendo aos poucos que nossa ambição de puristas e formalistas deve ser esquecida. Agora os sociólogos daqui colocam muito bem o problema da consciência crítica nacional, equacionando o país em termos verdadeiramente científicos. O Cineasta tem uma responsabilidade acima do que julga: como o ficcionista e o teatrólogo. A poesia acabou e resta isto para fazermos a revolução. Sartre viu o Brasil melhor que nós. Fez conferências geniais e falou de Cuba o tempo todo. Mas faça a *Casa assassinada*. Você poderá fazer um belo filme, se trabalhar com independência. Olhe os diálogos, repito.

Precisamos trabalhar muito: e no Brasil. Nosso grupo tem de ser um verdadeiro motor. Não podemos parar, fazendo filmes, discutindo e escrevendo. O *Jornal do Brasil* vai acabar o *Suplemento*, o que vai me deixar sem armas. Mas consigo outro jornal. É importante que Gustavo escreva para o *Estadão*. Não pode parar. Mais tarde faremos uma revista. Vou fazer aqui na

(*) Referência ao personagem para o filme *Deus e o Diabo na Terra do Sol*. Glauber desistiu da idéia. Lampião não aparece no filme; apenas, numa das seqüências, um Lampião imaginado é encarnado pelo ator Othon Bastos (que faz o Corisco).

Bahia a Bienal do Cinema Brasileiro, na Bienal Nacional, que o Museu vai organizar. O programa consiste de:

HUMBERTO MAURO e CINEMA INDEPENDENTE. Vai ficar muita gente de fora. Vera Cruz inclusive. Vai ser um rompimento. Quero, todavia, exibir o filme de Cavalcanti sobre *Puntilla*, de Brecht. Gustavo poderia escrever algo ao Cavalcanti, falando em nome da Sra. Lina Bardi e perguntando como o filme poderia vir à Bahia? Insista e diga que lhe faremos uma grande homenagem nesta bienal. Vocês estarão aqui. A bienal será em julho do ano que vem. Vamos publicar um catálogo de rompimento e definição de nossa geração. Vamos atrair o Linduarte Noronha, da Paraíba, e outros. Vai ser duro. Posso armar co-produções com os cubanos, podem vocês estabelecer ligações com os portenhos. E Gustavo, quais os planos? E o filminho em 16 que ia fazer? Pena que meu atraso esteja liquidando um pouco planos que enviei por cartas. Mas eles serão realizados. Eu preciso, contudo, da presença de vocês para não desistir por solidão e desespero. Perdoe-me se eu sou tão chato mandando problemas. É que amo muito a vocês e espero que esta nossa amizade nunca seja quebrada, nunca seja traída, mesmo que briguemos centenas de vezes. Tenho sofrido cruéis decepções com os amigos. Informo a Gustavo, sentido, que Jurandir Pimentel suicidou-se, atirando-se do viaduto 29 de Julho. Ato desesperado que nada resolve, pois os homens não mudam. Jurandir é o símbolo de uma geração que fracassou pelo desespero da alienação. Tive muita pena, mas que fazer? *A primeira missa* enterrou mesmo Lima Barreto. Jean-Claude fez um artigo defendendo Trigueirinho, o homem mais inteligente do cinema brasileiro, vítima do ódio natural que os brasileiros têm pela inteligência.

IMPORTANTE PARA JOAQUIM: Está praticamente armada uma produção, na qual eu convido ele para ser o diretor. O argumento do filme é de minha autoria. Seria inclusive em cores. É um "western", contudo, ambientado nos sertões da Bahia, sobre vaqueiros encourados e jagunços, envolvendo a expansão do latifúndio e o comportamento particular de um grupo social. Coisa do gosto de John Ford, do melhor Ford. Joaquim toparia? Seria preciso ler o argumento. Espero enviar uma cópia em breve. O produtor do filme, um jovem ator, teria um papel central. É um rapaz inteligente e forma na linha dos novos produtores. Mas o meu argumento não é rígido e cede logo a Joaquim a verdadeira autoria do filme. O problema fundamental é que o produtor só aceita um argumento meu e aceita que eu indique o diretor. Bastaria um mês nas fazendas dos sertões baianos para apanhar todo o ambiente. Quero o endereço de Joaquim para enviar, dentro de mais dois meses, uma cópia do argumento. Acho que ele deve topar o negócio.

Quanto a Gustavo, chegarei ao Rio. Logo depois de *Barravento* e a *Grande feira* serem exibidos, eu traçarei planos com ele. Mas devia voltar logo, pois a presença dele no Brasil é necessária.

Para todos um abraço,

Glauber.

1962

ACERVO TEMPO GLAUBER

Glauber, Regina Rosemburgo e Gustavo Dahl, em Portofino, Itália.

Para Alfredo Guevara

Salvador (Bahia), 5 de janeiro de 1962.

prezado amigo Guevara
saudações fraternais

peço grandes desculpas por tanto tempo de silêncio. aconteceram muitas coisas que me impediram de escrever para muitos amigos. a conclusão de filmes nos laboratórios estrangeiros são impossíveis, por isto temos de lutar meses e meses nos míseros laboratórios nacionais. a nossa outra produção, *A grande feira*, já foi lançada, com sucesso, e agora estamos preparando o lançamento de *Barravento*. Meu sócio, Roberto Pires, que realizou *A grande feira*, vai dirigir agora *Tocaia no asfalto*, um filme sobre as corrupções políticas nas zonas nordestinas.

Mandacaru vermelho, de Nelson Pereira dos Santos; *Os cafajestes*, de Ruy Guerra; *Três cabras de Lampião* (cores), de Miguel Torres; *O pagador de promessas*, de Anselmo Duarte; *A ilha*, de Walter Khoury; *Barravento*, meu; *A grande feira*, de Roberto Pires, e *Assalto ao trem pagador*, de Roberto Farias — são os filmes dos "novos" e "independentes" que serão lançados em 1962 e que representam um renascimento do pobre cine brasileiro. São tendências diversas — resultado de nossa imaturidade cultural —, mas todos estes filmes soam como protesto social e mesmo político. Salvo a alienação de *A ilha*, um filme mais influenciado por Bergman — embora retrate alguns aspectos da alta burguesia política com ousadia —, todos os outros vão determinar este ano, no Brasil, maiores perspectivas para todo este grupo. Entre os documentaristas, gostaria de citar três, excepcionais: *Arraial do Cabo*, de Paulo César; *Aruanda*, de Linduarte Noronha, e *Couro de gato*, de Joaquim Pedro. Este último completa um filme de episódios dos jovens no Rio: *Cinco vezes favela*. Os outros são Leon Hirszman, Miguel Borges e Carlos Diegues.

Todavia, apesar de tudo isto, deste progresso, os produtores estrangeiros infestam o país de co-produções, sem que as leis tomem providências. Sacha Gordini está dilapidando o país. Verdade, amigo Guevara, é que também estamos às portas de uma perigosa revolução — o que não dá ao brasileiro de hoje maiores sonhos em nosso podre sistema. A renúncia do presidente Quadros, forçada pelos golpistas da direita e pelos agentes dos grandes "trusts" americanos, foi uma tragédia para nossas melhores esperanças, mas determinou uma brusca consciência social e política em toda a nação. Foi a semente de uma revolução, com a qual nós sonhamos — embora seja difícil, muito difícil, porque o país é imenso, a DIRETA REACIONÁRIA é organizada enquanto as *várias esquerdas* brigam entre si, e o Partido Comunista, sendo ilegal, é pequeno de composição e sofre de repressões seriíssimas.

Falta um líder: por isto há confusões próprias do Brasil. Julião, o líder dos camponeses, está sendo "queimado" pelo PC e se alia mais aos padres reformistas do nordeste; Quadros é apoiado pela esquerda, mas o próprio PC é dividido em relação a Jânio. O PC fez aliança com o Partido Socialista — mas este Partido é conservador, moderado. O PC acredita e prega uma revolução orgânica, talvez sem sangue — o que parece impossível —, enquanto toda a juventude indisposta deseja uma ação terrorista total contra regimes escandalosos: o da Bahia, do governador Magalhães, e o do Rio, do governador Lacerda, por exemplo, não podem perdurar à espera de eleições.

O meu país, querido Guevara, é desesperador por causa de sua imensa extensão e de seus erros. Mas de qualquer forma, com tudo o que se passa, as esquerdas estão unidas nas horas graves, como foram aqueles dias da renúncia de Quadros, quando fizemos frente aos golpistas militares.

Não vão mandar para o Brasil *Contos da Revolução?* — Lembranças e abraços a todos os meus amigos cubanos. Vossa revolução é um motivo de orgulho para nós todos, latinos. Gostaria de voltar ao contato com todos do ICAIC. Abraços — Glauber Rocha.

Para Paulo César Saraceni*

querido Paulo

ainda bem que você sabe compreender a situação do cineasta brasileiro. fiquei com medo de você, desesperado, ser capaz inclusive de se virar

(*) Carta enviada de Salvador, no mês de janeiro.

contra mim. o banco aqui atrasou novamente o financiamento pra concluir *Barravento*. estou alucinado, perdendo tempo. tudo que se pensa e que se organiza é pra depois de pagar as dívidas. o atraso é como se fosse uma praga. não quero que você se comprometa mais, pelo menos comigo, todavia é coisa certa o filme sobre camponeses,* pra março. produção profissional na melhor base. Rex e Braga concordam integralmente que você seja o diretor. não há problema quanto a argumento. o que houve em *A grande feira* foi por culpa de Roberto:** se ele cortasse as besteiras não haveria problema. Rex é um produtor que coloca no contrato o seguinte: "fica concedida inteira liberdade de criação artística ao diretor". a proposta é de 500 contos pra você realizar o filme e mais uma percentagem sobre os lucros: no total equivale a quase um milhão. Paulo, a revolução aqui no norte é um FATO. crescemos dia a dia. o mais importante dos filmes brasileiros será este filme camponês. 200 mil pessoas morrem de fome e sede nas estradas, enlouquecem, assassinam. dos campos áridos e miseráveis de Pernambuco vem a voz da revolução. homens que não têm carteira de identidade a não ser o recibo da sociedade. obreiros da morte, onde se inscrevem pro enterro quando morrerem. a revolução crescendo nos campos — Pernambuco, Paraíba, Piauí, Goiás, Bahia, Minas —, se você olhar o norte 24 horas, você enlouquece de raiva e vibra de entusiasmo. todos os meus amigos estão no Partido. vou entrar esta semana ainda. na universidade, nos campos da Bahia e Pernambuco só há uma palavra — REVOLUÇÃO! é um momento histórico, um momento que não se pode negar, porque tudo está presente, intenso. este filme será uma das grandes bandeiras revolucionárias do norte. aqui na Bahia todo mundo fala e espera este filme. ele será para o Brasil uma espécie de *Encouraçado Potemkin* — porque você, com a poesia que revelou na violência de *Arraial*, fará um filme genial, tenho certeza. recolhi com Rex os dados sociológicos e preparamos uma estrutura (está em preparo), sobre a qual você poderá fazer um roteiro com inteira liberdade. não acredito, inclusive, que diante do tema possa haver opção anti-revolucionária de sua parte, porque não se trata de um panfleto mas de uma verdade. o ambiente é aquele de *Aruanda* — aquela gente pobre e magra, aquela paisagem infernal de seca

(*) Glauber se refere ao projeto de *Deus e o Diabo na Terra do Sol*, que propôs originalmente a Joaquim Pedro de Andrade e Paulo César Saraceni e que seria dirigido por Glauber.

(**) Roberto Pires.

e desolação, os latifúndios da cana e as ligas. você se lembra do *Túmulo do sol*? agora você só vai se comprometer com este filme depois de contratado. no fim de janeiro, Rex enviará o contrato: em fevereiro você vai pra Pernambuco, preparar o roteiro pra filmar em março. eu não sou contra *Amor de gente moça*. não há condições, porém, de produzir um filme no Rio — pelos motivos que lhe expliquei. o seu roteiro é excelente, eu acho ótimo. mas teremos de esperar mais um pouco. não pense que eu quero ser produtor pra ganhar dinheiro — eu quero criar condições pra que minha geração se realize sem problemas. sem dinheiro não se faz cinema. e não podemos ser artistas no cinema brasileiro, a não ser idealisticamente. tenho muito medo de ser mal interpretado. aqui na Bahia, salvo Roberto e Rex, todo mundo me interpreta mal. não sei aí no Rio. mas isto não tem a menor importância. entrando pro PC eu quero ser o homem revolucionário total, distanciado de qualquer problemática individual burguesa. não que eu assuma o sectarismo de negar o homem, porque quero a revolução pra dignificar o homem. mas não quero mais ser vítima das pequenas mesquinhezas de nossa condição.

quais as intenções de Samuel Wainer? quer fazer cinema? — se eu tivesse nas mãos dez bons roteiros, eu levantaria dez produções. atuando como produtor este ano, eu espero que em 1963 tenhamos condições básicas de produzir com regularidade, isto se a revolução não interromper a marcha. depois de *Rebelião camponesa*, vamos fazer em junho *Alagados do Inferno*,* um filme nas invasões que vai ser dirigido por Orlando Senna, um jovem daqui do nosso grupo, talentosíssimo, que é o assistente de direção de Roberto em *Tocaia no asfalto*. e ainda há chance pra mais dois filmes depois de agosto, e pra isto espero convidar Joaquim pra fazer um deles. talvez eu fizesse o outro. é preciso formar o movimento. precisamos fazer filmes CERTOS — entendeu? não se pode arriscar, porque se falhamos um segundo, caímos no fracasso. filmes "LIVRES" só quando a base estiver formada. sei que você (como eu) pode reagir a isto, MAS É A SAÍDA. do contrário ficaremos apenas sonhando, entende? eu sou REALISTA, não tenho ilusões. por isto, Antonioni só me interessa enquanto eu sou intelectual de superestrutura. quando eu faço a redução pro BRASIL SUBDESENVOLVIDO E INCULTO — eu vejo que a Europa é a HISTÓRIA FEITA e nós SOMOS A HISTÓRIA A FAZER, e nosso tempo é pouco, nosso passado é vergonhoso e temos de agir enga-

(*) Projeto que se transformou no curta-metragem *Imagens da terra e do povo*.

jados na história. o Brasil de hoje não tem lugar pro artista romântico e sim para o artista revolucionário, mas não um revolucionário da arte e sim da própria história. estética hoje é uma questão política. escreva.

Glauber.

De Paulo César Saraceni

Rio, 12, 1, 1962

Querido Glauber.

Acabei de chegar de São Paulo, onde fui tratar de uma produção. Li tua carta, apresso-me em respondê-la. Realmente Anecyr me telefonou, mas eu estava pronto para a viagem, preferi responder depois de alguma notícia concreta para te dar. Houve um período que eu quis desistir de tudo, curto, é verdade, mas sofrido paca, faria documentários jeanmanzons, rosemberg* etc. — o dinheiro me faltava, não acreditava mais que eu poderia ser ouvido pela burrice do Brasil etc.; o coração me doía de amor triste, diante do imponderável. E a constatação evidente: Morte do amor na gente, angústia e anarquia, nascimento do amor e morte do amor na outra pessoa amada. Tive com Nelson, ele é formidável, mas *Mandacaru* foi mal, talvez ele faça um filme para alguma cia aí. Os meninos de *5 × favela* filmam, ainda é Miguel** que filma, atrasou um pouco por causa da chuva, não os tenho visto. Houve mesmo os tiros de metralha, eles do MAC querem parar a fita, mas a razão é só para fazerem onda, pra criar um clima revolucionário fascista. Aqui em casa tudo bem, Norma vai para Brasília. Gustavo não escreveu e Joaquim ainda está em Londres, volta talvez em julho.

O filme da liga revolucionária não é o que quero fazer, pois ainda acredito que é muito melhor fazer a revolução. Mas eu faria, eu faria até um filme para o Luiz Severiano, qualquer coisa, pensava eu, mas esta viagem a São Paulo provou-me que eu não tenho jeito não, sou duro como pedra, orgulhoso e

(*) Referência aos documentaristas Jean Manzon e I. Rosemberg.
(**) Miguel Borges.

anacrônico. Te conto tudo. Depois de tua carta, entrei em crise, crise de frescura, bebi pra burro, caio doente, Narinha entra em crise de psicanálise e chorando me diz que não pode me ver, até quando não sabe, não entendi nada, fiquei fodido, com dor de corno mas de quem, quem, e por quê? Então se eu não trabalhasse logo eu me mataria. Fernando Campos me contou uma história acontecida na Bahia, gostei, tinha muita possibilidade comercial e nós poderíamos usar o cartaz de Irma Alvarez e fazer uma fita honesta e boa. Topei, trabalhei o roteiro, ele ficou muito bom, quando me preparava para mostrar aos interessados, surgiu um cara de São Paulo, a mesma turma que está fazendo a dublagem em São Paulo, de fitas estrangeiras. Os caras tinham filmes virgens, laboratório, distribuição e exibição por todo o Brasil. Oportunidade melhor não podia haver. Fui para São Paulo, levando, além do script, o *Arraial*, que eles queriam ver para distribuírem. Entre os cinemas do mundo, o Brasil tem o pior cinema, entre o cinema brasileiro, o que existe de pior em matéria de burrice e vigarice são os distribuidores e os exibidores, e entre os distribuidores e os exibidores, positivamente aqueles eram os piores. Eu vi o que existe de pior na realidade do cinema brasileiro. Espero falar com Tambellini dessa minha experiência para que a ingenuidade dele diminua um pouco. A verdadeira realidade do cinema brasileiro eu vivi em São Paulo. De um lado a alienação total, de outro a burrice e o cafajestismo maior. Começaram querendo que eu tirasse 6 minutos do *Arraial*, disse-lhe que não. Da história eles gostaram, não dela, claro, mas do folclore, que eles pensavam explorar o nome de Irma. Queriam o seguinte: me dariam o dinheiro que eu quisesse, podia ser até 40 milhões, para fazer a fita, mas queriam em cores, modificar um pouco a história, e os cínicos filhos da puta queriam ainda montar a fita. Eu só precisava filmar e mandar o material para São Paulo que eles se encarregariam do resto. Podiam até me dar 3 milhões pela história e direção. Mas fizeram as maiores sacanagens que eu conheci na minha vida. E ainda se espantaram com minha negativa. Depois que eu enfrentava esses monstros ia encontrar com o presidente Almeida Salles e o pessoal do cinema e teatro. Que distância, meu caro, ainda se fala o que o Biáfora pensa disso ou daquilo, é o máximo. Havia uma festa de despedida para o presidente, com peru e "uisqui" às pampas. O presidente vai para Paris ganhando 2 mil dólares. Na festa havia a intelectualidade de São Paulo, ministros e deputados, espantei-me com o meu cartaz. Todos tinham visto ou ouvido falar do *Arraial* e dos prêmios, todos me julgavam não só o melhor cineasta do Brasil como um cara inteligente pra caralho. Ouvi um comentário de um intelectual de porre: "Saraceni, Saraceni, só se fala em Saraceni, parece uma epidemia". E com isso não consigo trabalhar, os que fazem cinema nunca ouviram falar no meu nome, e mesmo querendo e achando minha história comercial, eles querem modificá-la e montá-la... vai a puta que pariu.

Tenho saudades tuas, sinto que nem tenho amigos pra conversar. Conversar mesmo eu só posso com você e Gustavo, mas vocês estão longe, e escrever cartas da maneira que eu estou me sentindo é o fim. Não entendo como um homem ainda continua querendo viver quando ele se encontra diante de três impossibilidades de fazer a coisa única que faz com que o homem não se mate: Trabalhar, Amar, e conversar com amigos mesmo.

Lembranças a todos. Tive com Geraldo em São Paulo, ele está bem na casa do Flávio Rangel.

Abraços

Paulo César Saraceni.

Vê se tira logo esse dinheiro daí e venha. E esculhamba o resto

---

Para Paulo Emilio Sales Gomes*

meu caro
paulo emilio

já li a história.** gostei da história e lamento mesmo que você há mais tempo não tenha escrito para nosso cinema, principalmente naquela fase da vera cruz: de agora em diante você é indispensável para o novo cinema brasileiro, não sei bem por que você me escolheu, entre outros, para realizar a fita — não digo baianos, mas inclusive entre outros diretores daqui da terra. a honra é grande, principalmente porque se trata a quem devo e cultivo grande admiração, aliás várias vezes expressas nos meus raros (melhores e piores artigos). ao assunto: evidentemente, entre outras quali-

(*) Carta enviada de Salvador.

(**) Referência ao projeto de adaptação para o cinema de *Dina do Cavalo Branco*, roteiro de Paulo Emilio que ele queria que Glauber dirigisse na Bahia.

dades da história, você está apaixonado (permite-me a intimidade) e talvez por isto, no jato original deste primeiro tratamento, resta dinalva enquadrada dentro de uma perspectiva extremamente pessoal e sentimental: a sua, é claro, eu, por meu ângulo, de temperamento excessivamente realista, concebo o mito mas não o sinto pela espinha, como diria fernando pessoa. trata-se de mulher, e eu, confesso, não estou tomado de mulher, mas sim de política. não sei bem se é juventude ou resultado de uma crise violenta e um tanto caótica, surgida justamente por causa de mulher.

a) faria o filme, com uma condição extrema: você sendo co-diretor, você tratando a dina, a paisagem, vendo toda sua fantástica impressão da bahia, segundo sua visão. seria impossível, segundo minha visão, que sou de lá e não vejo a terra em termos de beleza mas sim em termos de miséria. faria o filme como seu assistente técnico, seu assistente baiano, sendo o encarregado da produção, entende? o filme é seu, a dina só poderá adquirir uma condição mítica segundo você — percebe? ou senão segundo um excepcional manipulador de mulheres como é o caso do nosso ruy guerra, que fez, em *cafajestes*, a norma benguell atingir uma categoria de beleza e talento até hoje inédita (e quase inacreditável em nosso cinema: a propósito, este filme do ruy é o MELHOR já realizado em nossas terras).

b) há um problema de tempo/vou a karlovi-vary levar *barravento* e tentar vender as três fitas nossas. do contrário, estaremos irremediavelmente falidos. tenho entre agosto e novembro um projeto daquele filme nordestino* (trigueirinho lhe falou uma vez a respeito) que necessito realizar o mais breve possível, principalmente por causa da ameaça que o gordine faz com o seu projetado canudos.

c) assim sendo, poderíamos (no caso eu) enfrentar o seu filme apenas nos inícios do próximo ano. recusei há poucos meses, do próprio rex, o filme "rebelião camponesa" (ele deve ter lhe dito), que passei ao saraceni, que também não pôde e não quis, que ficou para nelson, que não pôde. todo o caso *barravento*, os problemas de luiz paulino, junto aos meus problemas afetivos, me liquidam humanamente há um ano e meio, e para mim, nesta fase atual, é VITAL fazer esta fita nordestina — mesmo que tente outros produtores que não o rex. todavia, eu farei junto a rex todos os esforços possíveis a fim de que ele entre nesta produção desde que para nós haja condições, a depender dos nossos três

(*) Referência ao projeto, ainda embrionário, de *Deus e o Diabo na Terra do Sol*.

lançamentos, e assim DINA DO CAVALO BRANCO seria inscrito no nosso programa de agosto em diante, sob uma destas duas direções: ruy guerra ou joaquim pedro, que voltará da europa neste tempo, chegará sem projetos e sem financiamento. enquanto eu, somente tendo você como co-diretor, posso lhe garantir para inícios do ano que vem [...]

Para Walter da Silveira

Rio, 19 de abril de 1962

meu prezado Walter

surpreendentemente, quando cheguei à última sessão de um domingo, no Festival Francês, amigos me disseram que o senhor houvera falado contra mim, por motivos que me pareceram inexplicáveis — e como conheço bem o seu temperamento e o meu — e como devo ao senhor um respeito que só devo aos meus pais — achei de melhor política não me dirigir ao senhor — a não ser quando cheguei à sala e o saudei com absoluta ingenuidade a sua posição.

francamente, não acredito como uma crônica em jornal viesse feri-lo. eu não o incluo entre os meus amigos baianos — mas sim entre as pessoas (poucas) a quem devo um compromisso muito maior do que simples e às vezes íntimas relações. no cinema — que é minha órbita sócio-existencial — eu tenho pelo senhor, por Alex e Paulo Emilio uma forte admiração, porque reconheço na minha formação uma influência poderosa de todos os três. Há uma diferença de geração, de grupo, de outros fatores históricos que nos separam no chamado plano *íntimo*, como as relações que eu tenho com os meninos aí. eu sempre tive dúvidas absurdas sobre as pessoas que me cercam, nunca as tive a seu respeito. já discuti contra Alex e Nelson, sou confuso no meu julgamento, mas hoje eu já sei, depois de muito ter sofrido, que o senhor, Alex, Nelson, Paulo Emilio, Roberto* e mais alguns são pessoas que me interessam, que dominam variantes de uma verda-

(*) Roberto Farias.

de válida, porque já é minha também. esclarecido isto, creio esclarecer por que seu nome não saiu naquela crônica, acrescentando que o "senhor poderia se importar" com a intimidade dada a sua condição respeitável. dr. Walter, foi uma lamentável contradição. eu, aliás, erro sempre pelos melhores caminhos. erro com meu casamento, com todo o caso Luiz Paulino (inclusive uma briga com Nelson), quando pensei que Alex estava contra o novo cinema brasileiro (por causa de Tambellini), quando defendo um cinema tipo o de Walter Khoury ou de Ruy Guerra, quando posso pensar, inclusive por escrito, que Anselmo Duarte e Roberto Farias vão fazer cinema de autor. houve um desentendimento deste tipo entre Saraceni e Alex, agora ele fez uma carta para Alex, quando soube que Alex se irritou por causa de uma conversa meio maluca que tiveram. os meus grandes defeitos pessoais são estes erros, porque eu, a partir de minha educação protestante, sou um moralista de berço. luto para ser um homem ao contrário, nossa época é de crítica e não de moral. os meus defeitos pessoais são estes: eu ofendo as pessoas no excesso do meu interesse por elas. meu casamento fracassou* muito mais por minha culpa. eu não sou boêmio, nem "playboy", nem cínico — sou incapaz de dormir com uma mulher se não estiver amando. minha vida no Rio é na Líder, no trabalho, algumas vezes janto na Fiorentina** para conversar e isto ainda é trabalho. o senhor quer saber o que eu quero do cinema? um trabalho científico, universitário — um trabalho de importância sociológica, antropológica e política. eu tenho defeitos culturais do jovem brasileiro, mal formado nas universidades e mal informado através de leituras confusas e conversas idem. eu procuro me aniquilar como homem em função de um destino histórico. eu gosto de mulher e toda a minha atividade é violentamente interrompida por romances desequilibrados que surgem... eu vivo sempre em estado de tensão porque não creio nos amigos, sou parcialmente dominado por um complexo de perseguição, nunca tive coragem de me matar, mas penso nisso sempre, como obsessionado. como o senhor pode ver, sou realmente cheio de defeitos, mas sou também dono de uma certa lucidez que me permite saber destes defeitos e lutar contra eles, embora defeitos sejam maiores do que as nossas forças. eu nunca quis feri-lo de nenhuma forma, eu não quis ir falar

(*) O casamento de Glauber com Helena Ignez.
(**) Restaurante carioca no Leme, onde se reunia o pessoal de teatro, cinema e jornalistas.

com o senhor por isto, o senhor sabe como é a Bahia, a fofoca, a intriga. o senhor luta muito na Bahia, de certa forma o senhor vence a Bahia, o senhor tem uma missão importantíssima no cinema brasileiro, o senhor pagou o preço alto na luta por este cinema, quando a gente diz cinema novo dizemos "verdade e não idade", foi Saraceni que disse isto e virou lema. seria para mim profundamente doloroso se deixasse de contar com este tipo de amizade que nos une, que para mim tem uma raiz maior do que outras, porque é histórica. esta carta eu faço hoje, na quinta-feira, com o máximo de sinceridade que posso descobrir em mim. ontem, depois de exibir meu filme, outro problema grave se levantou, porque eu sei, pelo menos isto, o que quero fazer e o que posso fazer em cinema: Louis Marcorelles, que o senhor sabe quem é, viu parte de *Barravento* e me disse coisas seriíssimas que absolutamente não me envaideceram porque não sou vítima da vaidade que o senhor pensa erroneamente a meu respeito. Amos Segalla, diretor do festival de Sta. Margherita, disse-me, em altos brados, e discutindo com Biáfora e Tambellini, que meu filme "é talvez a maior manifestação cultural da América do Sul" e que eu serei primeiro prêmio fácil. Marcorelles acha que em Veneza (para onde, segundo ele, o filme deveria ir) poderão acontecer grandes coisas. creio que eles são sinceros, embora exagerados, por um problema de perspectiva. o Itamaraty, ao contrário (e apesar do nível técnico do filme), está silencioso e provavelmente não aprovará a saída do filme, porque segundo Biáfora é comunizante, segundo Tambellini é retrógrado porque é uma volta ao indianismo, segundo Perez não tem o caráter de grande espetáculo, segundo Otávio Bonfim é uma merda, segundo os atores que dublaram, segundo grande parte dos jornalistas, amigos, pintores e alguns poetas o filme é ótimo. segundo o público, será o quê?

creio que o senhor gostará muito do filme, apesar de certos defeitos na estrutura do roteiro — acho que Alex e Paulo Emilio amarão muito o filme, mas já tenho a certeza inabalável de que muita gente também não gostará. isto tudo me confunde demais: acho eu, sinceramente, que é um filme verdadeiro, forte e corajoso. a realização é simples, tem um ritmo contínuo de oitenta minutos sem a menor quebra de tempo — estilo que eu e Nelson resolvemos imprimir à montagem, depois de eliminar todo o supérfluo ou discursivo. o grande público, me parece, vai gostar e acho que a bilheteria será boa. mas não é como *A grande feira*, não tem o efeito do espetáculo. eu às vezes não acredito nada no que é o filme e às vezes acredito demais, porque acredito que a raça negra é importante e que toda a política cultural em relação aos negros está errada no Brasil e que a beleza tropical da Bahia é um paraíso de fome. acho que Pitanga, os pescadores, a paisagem são como eles são — feios ou bonitos — e às vezes há muita beleza em toda aquela miséria. certo, o Itamaraty quer ver o filme outra vez, eles me beneficiarão. mas vou a Karlov Vary não com *Barravento*, mas com *A grande feira*. prefiro agora ir a Sta. Margherita, porque segundo o diretor do festival o júri composto por Buñuel, Chris Marker, Grierson, Edgar Morin, Sadoul e outro cara que me esqueço poderá me premiar facilmente e que, profissionalmente, preciso do prêmio — para o cinema novo, para defender um tipo de cinema-verdade, começado em *Rio, quarenta graus*, mantido em *Mandacaru*, que está em *Arraial*, em *Cinco vezes favela*, em *Agulha no palheiro*, de certa forma em *A grande feira*, às vezes em *O pagador de promessas*, idem no confuso *Bahia de Todos os Santos*, e não está em *Cafajestes*, em *A ilha*, em *Assalto ao trem pagador*, em *Cidade ameaçada*, em *O cangaceiro*, *Primeira missa*, *Mulheres e milhões*. Poderá estar neste filme que Alex vai fazer. estou louco para mostrar o filme ao senhor e discuti-lo francamente, duramente, a sós. esta carta é apenas entre nós, em tudo por tudo.

um abraço sincero do seu

Glauber

meu endereço é *xxx*, Faubourg Montmartre, Paris. Se por acaso o senhor encontrar o Siri ou o Ubaldo, peça a eles para me escreverem, pois não tenho o endereço de nenhum dos dois e ao Siri devo enviar um dinheiro que devo a ele.

Para Lúcia Rocha*

Mãezinha

Já estou em Paris e daqui devo ir a Cuba** e logo depois para o Brasil. Chegarei ao Rio entre 5 e 10 de agosto. Enviei muitos cartões, recebi as car-

(*) Carta enviada de Paris. Nesse período Glauber viaja para Paris levando seu filme *Barravento*.
(**) Em vez de ir a Cuba, viaja para Tchecoslováquia, onde participa do Festival de Karlov Vary.

tas e espero que a senhora esteja bem. Quando receber esta carta estarei em Cuba. Quando chegar ao Rio telegrafarei urgente. Tenho de saltar no Rio para tratar de assuntos urgentes sobre o meu próximo filme, que espero começar em outubro. Vou levando uma boneca para Paloma e uma saieta e várias bonecas de marionete para Lu. Comprarei aqui em Paris uma saia de tergal para a senhora, e para Necy comprei uma camisa esporte na Itália, e comprei uma camisa esporte para paizinho, mas acho que está um pouco grande. Não posso levar mais presentes porque o dinheiro está acabando e mal dá para comer e pagar hotel. Enviei uma carta para Paulo Gil e outra para Orlando.* Apesar dos baianos aí falarem mal de *Barravento*, aqui na Europa o filme fez sucesso e os jornais da França e da Itália escreveram muitas coisas a meu respeito. Vou levando os recortes para levar a paizinho, ele vai gostar muito. Estou morrendo de vontades de ver a senhora e Paloma, e Lu e Paizinho. No ano que vem quero trazer a senhora à Europa para ver como é lindo.

Muitas saudades

de Glauber.

Endereço
em Cuba:
Glauber Rocha
Embajada del Brasil
Havana — Cuba

Para Alfredo Guevara

Rio de Janeiro, 21 de Novembro de 1962

My querido Alfredo, com *saudaciones* para Julio, Blás, Teté, Bertina, Alatrite *y todos mis queridos amigos cubanos* de Sestri Levante y Karlov Vary.

My prezado Alfredo, prefiro escrever em português.

Quando cheguei em Paris encontrei convite e passagem, contudo ti-

(*) Orlando Senna.

nha perdido todos os meus dólares, não tinha um vintém, *tenía HAMBRE* e não podia voltar a Praga, *llegar* a Havana sem dinheiro, retornar a Praga e voltar ao Brasil. Expliquei tudo e os problemas à Sra. Rosada, muito atenciosa e amiga em Paris.

Retornando ao Brasil, entre Bahia e Rio, tive sérios problemas a resolver, somente um mês depois recebi tua carta. Aqui recebemos, acompanhamos e lutamos contra o bloqueio sórdido do Kennedy e mais uma vez sentimos Cuba como nervo de nossa própria carne. Somos irmãos do mesmo continente e da mesma cultura e Cuba não morreria sozinha, porque todos estaríamos morrendo com ela caso os foguetes americanos caíssem sobre vocês. Sofri muito por todos vocês, que vi ameaçados, meus amigos mais próximos em Karlov Vary — os irmãos mais próximos que estiveram juntos nesta corrida *del cine latino-americano* na Europa.

Com a política externa do Brasil acho difícil uma semana brasileira de imediato. Todavia, há setores de esquerda no Ministério das Relações Exteriores com os quais mantenho relações e por isto mesmo vou mostrar a tua carta e fazer o possível para que não só façamos uma semana aí como vocês, cubanos, façam uma semana no Brasil.

A nossa produção agora está mais definida e realizaremos os seguintes filmes a partir de dezembro: *Viva a Terra*,* realização minha sobre *los campesinos*; Nelson Pereira dos Santos, nosso director mais importante, realizará *Vidas secas*, da famosa novela *del* escritor comunista Graciliano Ramos, já morto, sobre os vaqueiros do Norte; Carlos Diegues realizará *Ganga Zumba*, uma novela de João Felício dos Santos que trata da luta dos negros durante a escravatura no começo do século, mas dentro de *una* perspectiva atual de luta social; Joaquim Pedro, o diretor de *Couro de gato*, terminou *Garrincha & futebol*,** um documentário *largo* sobre o grande herói do esporte que é Garrincha, e uma documentação e pesquisa sociológica sobre o fenômeno do futebol no Brasil, estudando também as reações da massa dentro de *un* sentido social. Para *nuestro nuevo cine* estes filmes significarão muito — cremos que filmes como *O pagador de promessas* são um tanto prejudiciais porque Duarte não tem definição ideológica e pode fazer também um filme de direita apenas para ganhar prêmio em Festival. A situação po-

(*) Provavelmente o projeto que deu origem a *Deus e o Diabo na Terra do Sol.*
(**) *Garrincha, Alegria do Povo.*

lítica está cada vez mais complicada, com várias manifestações de esquerda, Brizola liderando o Sul e Julião liderando o Norte. Ganhamos as eleições no Estado do Rio de Janeiro, derrotando a todos os candidatos de Lacerda, mas perdemos nos outros Estados, Bahia para o candidato da Aliança para o Progresso. Vencemos em Pernambuco e elegemos um governador comunista, Miguel Arraes. Agora, o país se prepara para um plebiscito, que poderá fazer voltar o Presidencialismo a Jango Goulart, que se anuncia de esquerda, mas que está claramente ligado aos americanos. Todas as cadeias de TV no Brasil passarão ao controle da ABC-EUA e toda a nossa produção de trigo será agora controlada pelos grandes trustes americanos. A Aliança para o Progresso está comprando as consciências aqui a peso de ouro.

Estou pensando num grande filme sobre a América Latina e cujo plano inicial seria *America nuestra* (*América nossa*) que poderia ser realizado em Cuba, Argentina, Brasil, México, num sistema de co-produção, mas produzido também em todos os outros países para equipes locais fixarem o drama da América em luta. Seria um filme de três ou quatro horas — e o epílogo seria CUBA socialista como exemplo diante de nós outros oprimidos e explorados.

O Brasil articularia a produção com os outros países diretamente com Cuba — e o filme poderia ser paginado, dublado e sonorizado nos estúdios e laboratórios do ICAIC. Seria um plano para fins do ano próximo. Não sei se poderia ir a Sestri Levante o ano próximo, mas desejo receber as revistas e cartas suas.

Diga ao Julio para escrever e envie a Gutiérrez Alea os meus entusiasmos por *Cuentos de la Revolución*, idem para o autor de *Colina Lenin*.

Meu endereço agora é: Rua General Labatut, XXX, Barris, Salvador, Bahia, Brasil.

Um abraço *amistad* saudades do teu

Glauber.

Para Paulo César Saraceni*

querido Paulo

a colocação de muita coisa me faz escrever: ontem fiz o prometido e nunca cumprido artigo sobre *Porto das Caixas*, que remeti para Reinaldo e deverá sair em um dos próximos números de *Sr.* foi um artigo lúcido, profundo e baseado em fatos. vai dar polêmica, porque meti o pau na crítica. não podia escrever no Rio, porque estava meio louco e fatalmente sairia uma besteirada e o filme é sério demais para ser perdido num artigo feroz. a morte do Miguel** me abalou muito, logo depois da morte de Mário Faustino. Miguel era uma pessoa muito próxima a mim, não era verdadeiramente um amigo, mas subitamente eu vi um negócio terrível, que me apavora tanto e me excita tanto, que é a morte. aqui nesta colônia morta, com o terrível sol e a pobreza agressiva, estou apenas fazendo ginástica e lendo muito — literatura e filosofia: estou quase livre das raízes e subitamente tenho a impressão de que a solidão humana só não é absoluta porque você tem irmãos em determinados momentos da história com os quais se comunica — ou lendo poetas mortos ou falando com os amigos. a morte é inevitável, a vida não tem o menor sentido enquanto vazio, renúncia, recusa, humildade: você é na medida em que você está em relação com o mundo e faz. importa apenas o que você fizer — você permanecerá pelo que você fizer, criar. eis a vantagem de ser artista, de poder pensar sobre a natureza. o amor, o sexo, a loucura diária no absurdo das relações — tudo isto é válido para você apenas. não é válido para a história. a burrice dos comunistas profissionais é que eles não entendem que o verdadeiro artista é um ser revolucionário; um ser em oposição, em luta consigo mesmo e com o seu tempo: sempre, e é preciso saber disto para interferir. "verdade e moral" — é o que é o "cinema novo" para mim. uma "moral" revolucionária — pois não podemos viver na abstração, sem um diálogo com a natureza — e se a natureza lhe propõe uma mentira ou uma verdade cruel — urge mudá-la pela violência, pela insolência ou pela beleza. foi neste sentido que escrevi

(*) Carta enviada de Salvador, entre dezembro de 1962 e março de 1963.
(**) Miguel Torres.

sobre *Porto das Caixas* e é neste sentido que lhe escrevo pedindo que você nunca se perca no seu caminho, embora ele seja tortuoso, duro de ser seguido. já lhe disse mais de uma vez que você é um homem à margem e seria muito difícil você marchar com a história do nosso cinema, porque você vai na frente, assim como Humberto Mauro vai atrás e Nelson vai conosco. sobre isto, sobre Mauro, Nelson e você, estou fazendo um artigo seriíssimo, que vou enviar para Sadoul publicar in *Lettres Françaises*, mas uma cópia mandarei para Jean-Claude publicar in *Estadão*. Tenho agora de escrever muito porque esta crítica está demitida, falida, aniquilada pela burrice. o Brasil é um país morto-vivo, onde poucos homens pensam e fazem. só filmarei em agosto, se estiver vivo. não é por causa das chuvas; é um problema interior: agora eu quero fazer ginástica, ler e escrever. aqui não tem mulher, pouco me interesso. Rosinha escreve dos Estados Unidos, eu escrevo: este amor é assim, algum dia terá solução. minha mãe e Paloma estão aí chez Anecyr. minha mãe vai telefonar aí para d. Mariá para levar Paloma, avise a ela. e a bela & grande Isa? seria tão bom que vocês viessem à Bahia. se Isa não tiver tempo, você não pode? se tiverem medo de avião, a viagem de ônibus é ótima e você veria o sertão de Minas e passaria por Conquista, minha terra. quais os planos? e os argentinos? algum filme em projeto? ainda há crise? e *Angústia*, de Graciliano Ramos? escrevendo sobre *Porto das Caixas*, disse que, apesar de Lúcio, a atmosfera era da família do mestre Graça. seria bom que, logo depois de *Vidas secas*, você fizesse *Angústia* — revendo a literatura brasileira verifico que o Brasil mesmo está em Graça, esta raça triste e pobre, esta raça apodrecida antes de se desenvolver. deveria dizer que a missão de nossa geração é revolucionária, mas tudo é tremendamente difícil. seremos mais um ato sacrificado. não existe uma suficiente consciência crítica para que se faça uma revolução. por isto, forçando a história, a nossa revolução estará entre o idealismo e a anarquia — mas deixará uma pedra de toque bem montada. Paulinho: não quero lhe enviar uma palavra de desespero, mas não podemos perder tempo. é preciso filmar e brigar e amar — mesmo que irrefletidamente. escreva-me logo, dando notícias, inclusive se sabe do endereço de Gustavo. e falando do Rio, do que se passa. gostaria muito que você viesse por aqui.

um abraço mesmo do seu

Glauber

1963

ACERVO TEMPO GLAUBER

Maurício do Valle e Paulo Gil Soares nas filmagens de Deus e o Diabo na Terra do Sol, *no alto da serra de Santa Cruz, Monte Santo, Bahia.*

Para Jean-Claude Bernardet*

Meu prezado Jean-Claude

Sou um terrível mau-caráter. Dois anos quase sem enviar carta — apenas um bilhete, uma vez, pelo Paulo Emilio. Afinal o Rio é tão próximo e poderia talvez lhe telefonar. Perdoe.

Rex me mostrou uma carta sua que foi a mais entusiasmante que recebi até hoje. Do Rio, da Bahia — nunca paro nesta aventura louca. Agora, finalmente, parece que me equilibrei — espero começar meu filme sobre camponeses em fins de maio — que será aquele sentido debilmente revelado em *Barravento*, agora mais aprofundado. Tenho estudado o bastante: cinco vezes refiz o roteiro e vou refazer uma sexta. Não é virtuosismo, pelo contrário. É preciso a verdade — além ou aquém da verdade, qualquer moral revolucionária é demagogia. Gosto muito de *Porto das Caixas* — é uma metáfora revolucionária: para mim é o melhor filme que se fez nestas bandas. É uma metáfora, está certo — mas Saraceni é um místico ainda, que fazer senão esperar a revolução interior? É um artista, um excelente diretor, sabe a "mise en scène", vive a "mise en scène". É a "mise en scène", se você me permite. Estive com Gustavo — ele vai ótimo, perfeito. *Cinco vezes favela* é ruim por causa do artesanato no roteiro, e na realização é fertilizante. Em Cacá, Leon, Joaquim podemos ter fé. Joaquim é um pouco radicado na aristocracia: uma questão de costumes, de cultura; é um poeta. Cacá é um intelectual de temperamento poético; Leon tem estrutura compacta de ensaísta. Politicamente ambos são duas feras: Leon é mais conseqüente, Cacá é mais profundo: ambos têm 23 anos. Miguel e Marcos** não sei, ainda são incógnitas. Cabe esperar. Ruy Guerra é muito talentoso: quer ser um autor; vai ser. Como todo português tem um amor misturado de má vontade pelo Brasil: isto desde o tempo da invasão holandesa. Você, um francês, entende bem este negócio, sente pela espinha, como diria Fernando Pessoa. O Ruy entende pela inteligência: o que vai servir para balança é o novo filme, *Os fuzis*. Daí se vê. Linduarte progredirá, apesar de *Cajueiro nordestino* ser pior do que *Aruanda*. Mas o nosso primeiro grande filme é

(*) Carta enviada de Salvador.
(**) Miguel Borges e Marcos Farias.

este *Vidas secas*, que finalmente Nelson realiza agora. Não avalie o Nelson pelo que ele já fez, inclusive *Boca de Ouro*. É outra coisa. Nelson é o homem de *Vidas secas* e sua avaliação deverá ser feita a partir de agora. *O sol sobre a lama* é uma incógnita: é um filme jovem e inquieto, mas não vi de perto. Tudo é polêmico, confuso, fertilizante. Foi um ano só, 1962. Esta gente não viu que foi um ano só! Falta de perspectiva histórica.

Bom, estou escrevendo um livro* para a Civilização Brasileira, que espero terminar antes de março e mandar para o prelo. É uma tentativa de conceituação crítica do cinema brasileiro. Não sei direito suas opiniões sobre *Barravento*: espero uma carta, um artigo, qualquer coisa. Quero recomeçar a correspondência e a amizade. Estou na Bahia, no endereço de sempre. Estou a caminho da lucidez, maturidade maybe. Acho São Paulo e esse tal Jorge Mautner & Khoury & Nelson Coelho & ltda... uma província chata. Acho o Chamie um cara inteligente. *Gimba* vai ser um orfeu comunizado... *Viva Lampião* de "make-up" e *Serra vermelha*, via diversa, é destas coisas — um melodrama no sertão. *Garrincha* — eis um filme importante, quanta besteira JC Ismael e Mauricio Rittner escrevem por aí, hein? De resto, é o Brasil, muito novo.

um abraço feroz e fraternal do

seu Glauber Rocha
Labatut — *xxx* — 1º andar — Barris
Salvador — Bahia

Para Alfredo Guevara **

Muy querido Alfredo

Tudo bem. espero que passem as chuvas para iniciar *Viva a terra* entre os "campesinos";

Espero que me envies os últimos números da revista *Cine Cubano*, contendo as reportagens de Sestri Levante e Karlov Vary;

Segue um artigo escrito há quase um ano sobre vocês; espero um bom

(*) *Revisão crítica do cinema brasileiro*.
(**) Carta enviada de Salvador em fevereiro.

MATERIAL FOTOGRÁFICO, para outros artigos; estou preparando um livro sobre cinema brasileiro — que enviarei em junho ou julho para vocês, alguns exemplares em português. escreva.

lembranças a Júlio, Blás, Tete, Bertina, Rodriguez, Alatrite e todos os amigos comuns.

um abraço do seu,

Glauber.

Minha direção agora es: Rua General Labatut, *xxx* — primeiro andar. Barris – Salvador — Bahia

---

De Alfredo Guevara

La Habana, Febrero 7 de 1963.

Glauber Rocha
Rua General Labatut,
xxx — primeiro andar
Barris — Salvador
Bahia, Brasil.

Querido Glauber:

Mucho me alegra tu carta en la que me informas, estás preparando un libro sobre cinema brasileiro. Cuento con los ejemplares que me prometes, seguramente de gran utilidad para nosostros.

Por mi parte, te estoy enviando los dos últimos números de *Cine Cubano*. En el número 7 aparecen los reportajes sobre Karlovy Vary y Sestri Levanti.

Espero tus noticias y hasta tanto quedo de ti, con afectos,

Alfredo Guevara

Para Lúcia Rocha*

LÚCIA

mãezinha

a senhora me desculpe não ter escrito: realmente deveria voltar na sexta-feira marcada, mas acontece que Roberto** foi e eu tive de ficar. pedi a Roberto para passar aí e dar notícias minhas, mas ele esteve muito ocupado e se esqueceu, daí o atraso, não foi relaxamento não, que penso muito na senhora, paizinho, Lu e minha Loloma. só posso ir agora depois do dia seis, inclusive porque está chovendo muito e não dá pé começar agora a fazer o filme.***

estou na casa de Necy, tudo vai bem, Necy vai ótima e gorda e estou trabalhando muito nos meus negócios, me virando até onde posso — mas está tudo ótimo, tenho dinheiro para ir passando.

quando retornar do filme em fevereiro, a senhora vem comigo. vou alugar um apartamento para a senhora ficar com Paloma, Lu e paizinho se ele quiser vir. não quero mais ficar longe da senhora e de minha filha, inclusive aqui eu acerto o problema da Escola pra Lu. não é mais possível ficar aí na Bahia, é muito pequeno pra mim e eu aqui estou tendo oportunidades que podem me ser muito úteis no futuro. a senhora pode bem compreender que se eu ficasse na Bahia seria a morte para mim.

desculpe eu andar tão afastado nos últimos tempos, mas é que preciso lutar muito para conseguir as coisas que quero e tenho grandes problemas a resolver.

lembranças a Loma, Lu, a paizinho e um grande abraço saudoso para a senhora.

do seu filho Glauber.

(*) Carta enviada do Rio de Janeiro.
(**) Roberto Pires.
(***) *Deus e o Diabo na Terra do Sol.*

Para Alfredo Guevara

Salvador, 25 de fevereiro de 1963

Prezado Alfredo

Realmente é *Vidas secas*, de Graciliano Ramos, que Pereira dos Santos está terminando de realizar e me parece que será o filme mais importante do Brasil. Devo começar no próximo mês meu filme *Deus & Diabo na Terra do Sol* — e todo o resto da produção brasileira está em grande movimentação. Para o fim do ano trataremos da semana brasileira em Cuba — já começo a tomar providências neste sentido. Logo que chegar ao Rio de Janeiro falarei com Leon Hirszman, o produtor-geral de *Cinco vezes favela*, sobre a co-produção dos *Cuentos*. Concordo com suas idéias e tenho grande interesse em levar o plano adiante. *Doze Sillas*, de Alea, é um filme que nos interessa e talvez fosse possível fazer um "câmbio" por outro filme brasileiro — porque também temos dificuldades em ter dólares, que estão quase a mil cruzeiros cada!

Outro assunto: PAULO GIL SOARES, poeta, periodista, autor teatral e argumentista cinematográfico (com participação neste filme que vou realizar agora), tem manifestado sérios desejos de fazer um estágio & curso no ICAIC, num período de seis meses a um ano. Ele é um dos nomes mais importantes da nova geração brasileira e tem uma grande necessidade de deixar a Bahia por algum tempo, inclusive por motivos políticos. Creio que assim como poderia auferir grandes proveitos teóricos e técnicos no ICAIC, poderá levar uma excelente contribuição aos *guionistas* cubanos, porque é um escritor de talento, e também poderia travar contatos proveitosos com os grupos de teatro cubanos. Se você conseguisse uma bolsa para ele no ICAIC, ainda este ano, seria ótimo. Ele, inclusive, trataria dos contatos iniciais na organização e nossa co-produção de *Cuentos*. Enviei um artigo sobre "Cinema Cubano". Espero receber a revista. Logo que esteja editado meu livro sobre cinema brasileiro, te enviarei alguns exemplares. Lembranças para Julio [...] assim como aos demais amigos de ICAIC — espero de você resposta quanto a esta carta.

Um abraço do seu

GLAUBER ROCHA

De Georges Sadoul

xxx, rue de Bretonvilliers Paris 4º
Paris, 01 de Março de 1963
Sr. Glauber ROCHA
Rua General Labatut xxx — I Andar
Salvador — Bahia (Brésil)

Caro Amigo,

Fomos embora ano passado em Karlovy-Vary sem nos despedirmos, e não pude infelizmente ver *Barravento*, o que lamento profundamente. A respeito desse filme minhas lembranças não são muito precisas. Ele foi apresentado na competição de Karlovy-Vary? Apenas no caso dele ter sido apresentado à margem do Festival, talvez possamos inscrevê-lo em uma Semana Internacional da Crítica, que será organizada em Cannes dentro do Festival. Você encontrará anexo o regulamento dessa Semana, que terá, acredito, uma grande repercussão.

No caso, bem entendido, de ser possível nos enviar uma cópia de *Viva a Terra** antes do dia 30 de março, seria interessante. Mas se *Barravento* não foi apresentado em Karlovy-Vary, faça todo o possível para nos enviar uma cópia a Paris para o endereço do Comitê.

Espero com impaciência seu livro sobre o Cinema Brasileiro.**

Com toda a minha simpatia e as melhores lembranças de minha mulher, pedimos que transmita nossas lembranças a nossos amigos da Bahia.

Georges SADOUL

(*) Um dos títulos iniciais de *Deus e o Diabo na Terra do Sol*.
(**) *Revisão crítica do cinema brasileiro*.

De Gustavo Dahl

Paris, 10/III/63
Gustavo Dahl
c/o. Juliette Caputo
xxx, Servandoni
Paris — 6e.

Glauber querido

Desculpas não, exceto a de que eu quase me fodi. Dezembro em Paris, com a mãe de Martine no psiquiatra e estrepando a vida de Martine, e a minha por tabela, janeiro na Alemanha e eu fazendo a psicanálise de minha mãe, ruim paca, estrepando a minha vida e não atingindo Martine só porque a mesma não estava lá, novembro que tinha sido a partida de Roma, péssima, pedindo dinheiro e malas emprestadas e deixando troços no "prego", cheguei a fevereiro tão ruim, que passei quinze dias de pijama, sem fazer a barba, exasperado, hipersensível, personagem de romance russo do século passado. Não tinha suficiente coordenação mental para escrever. Nada de mais nem de menos que a velha depressão que de vez em quando nos pega de jeito. Quando a gente está bem agüenta a parada, mas quando além de seus próprios dramas se tem que agüentar os dos outros, se não se está em forma, acontece o que aconteceu. Mas há sempre uma Holanda para levantar-nos, tem aspirina à vontade e moça bonita para a gente namorar... E um Paris para nos desgastar.

Em todo caso o silêncio não foi inatividade, só que o resultado foi nulo. Apenas recebi tua carta, em dezembro, botei o Almeida Salles na jogada, falei com Roma, estava tudo certo. Mas eu precisava partir para ver minha mãe, e na minha ausência a coisa ficou no chove-não-molha. Quando voltei em meios de fevereiro, tinha duas cartas da Regina perguntando por que que o Almeida não tinha mandado a ordem para o transporte do filme através da embaixada francesa. Fui ao Almeida, mas aí já tinham complicado tudo, tinha lagosta e ministro-conselheiro no meio. Nada pôde ser feito. O único jeito de tirar filme da Itália é na mala, ou com valise diplomática. Esta não funcionando, estou ainda à procura de um portador. É uma merda. Quanto à *Grande feira*, aconteceu o que eu temia, só que levou seis meses para se apurar. Ao contrário do que tinha sido combinado, Sestri Levante devolveu o filme ao transportador, em vez de mandá-lo para minha casa. E a companhia transportadora, "Cipolli & Zanetti", expediu o filme para a Secretaria de Estado das Relações Exteriores, pela Panair do Brasil, com conhecimento de embarque nº 127760 de 25 de agosto de 1962. Neste momento, se não houve nenhum imprevisto, há uma cópia (a minha) de *Barra** com a Regina em Roma e uma de *A grande feira*, que a menos de ter sido retirada, deve estar rolando pelos subterrâneos do Itamaraty. Eu sei que deveria ter escrito antes, mas ao azar de minhas viagens e da bagunça ítalo-brasileira, faz somente quinze dias que estas questões vieram a se resolver. E escrever para não dizer nada, ou dizer que tudo está no ar, quando se está ruim paca é chato. Evidentemente fiquei puto da vida com o Salles, que se não tivesse dormido no ponto poderia ter trazido o filme para Paris em janeiro, mesmo sem eu estar aqui, e eu levaria para a Alemanha. Como fiquei puto, em retrospectiva, com o Gianni Amico, que não me mandou o filme como eu pedia. Quando os outros dão mancadas a única coisa que fica é tentar consertar. Manda dizer se o negócio da Alemanha ainda está de pé. Eu tenho uma sinopse muito pormenorizada que eu fiz de *Barravento* que poderia traduzir eu mesmo para o francês ou minha mãe para o inglês. Manda em todo o caso dizer quais são os teus planos a respeito de *Barravento*. Os italianos continuaram no mesmo chove-não-molha, e como eu precisava partir e como você anunciava uma cópia do filme em Sestri este ano, eu decidi adiar tudo até o momento da cópia com legenda.

Evidentemente o meu *début* como representante da Ganga Filmes não é muito brilhante. O problema foi que eu soube muito na última hora que você queria mandar *Barravento* a Florença. Se eu tivesse sabido antes teria me arranjado de um outro jeito. Aliás, o problema de alfândega de filmes na Itália é talmente duro ao ponto de justificar uma viagem para evitá-lo. Por um sim, por um não, eles pegam a cópia e precisa se dar um dinheirão para recuperá-la. Em todo caso este fracasso temporário não me desanimou. Pelo contrário, escrevi uma carta ao Paulo,** dizendo que eu tinha conversado com o Marcorelles, que vem de publicar um artigo nos

(*) *Barravento.*
(**) Paulo Emilio Salles Gomes.

Cahiers, onde és chamado de "Tourmenté porte-flambeau du futur cinema national"* e onde fala de *Barravento*, com fotografia do filme, e também de *Porto das Caixas*, que estava de acordo para tentar fazer o filme passar em Cannes, na Semana da Crítica ou quem sabe mesmo em concurso, antes de ir a Sestri. Eu acho que seria sopa no mel e a ocasião de tentar vender *Porto*, *Barravento* e o resto dos filmes que eventualmente vierem para os festivais. Por outro lado estive em novembro em Leipzig, na Alemanha Oriental, num festival de documentários e curtas-metragens. O convite foi através do Trigueirinho e do Cavalcanti, que tinha uma retrospectiva. Senti que havia um interesse enorme numa participação do Brasil. Só que a coisa não pode ser por vias oficiais, porque tenho a impressão que não há relações diplomáticas. Mas eles comprariam sem maior problema documentários e curtas brasileiros, na base por exemplo de *5 × favela*, e como há também delegações de todos os outros países orientais, pode-se também vender para eles, como fizeram por exemplo os italianos. Além do mais, como tem prêmios pra caralho, um viria para nós fatalmente, mesmo porque o nível dos documentários dos países do lado de lá não é dos melhores. Falei com o Ministro da Cultura e lhe disse que haveria gente interessada no Brasil pelo festival, ele pediu logo nome e endereços para convidar. Infelizmente eu não tinha, mas prometi mandar. Não sei por exemplo que fim levou a *Favela*, mas você poderia mandar-me o nome e o endereço da produtora — e o CPC? — para eu me comunicar. Pergunte a eles se interessa e diga que eventualmente pode sair viagem, não sei se do Brasil, mas pelo menos pela Europa Oriental. A mim, me pagaram a passagem de volta. Eu já fui convidado para o próximo, que é em novembro, mas essas coisas precisam ser tratadas com tempo. *Favela* seria o ideal, mas se houver outros documentários é ótimo também.

O artigo de Marcorelles nos *Cahiers* é muito bom para nós, só fala da turma, Glauber, Paulo,** Joaquim, Leon, e diz que em princípio, ou melhor, em potência, nós somos os primeiros cineastas do mundo. Tudo isto me convence cada vez mais que só cinema novo tem elementos para penetrar na Europa. Seria o caso de nos organizarmos e começar a mandar por conta própria, ou através do Itamaraty, filmes para todos os festivais, grandes,

(*) "Atormentado líder do futuro cinema nacional".
(**) Paulo César Saraceni.

mas sobretudo os pequenos, que estão fora das órbitas oficiais, e depois tentar vendê-los em bloco ou em separado, alguns para os países comunistas, outros para os países capitalistas, fazer em Paris uma central cinema novo, abrir uma frente mundial. Eu vou ficar um ano em Paris, se tudo der certo, isto é, se não entrar areia na bolsa prometida para 1º de abril (data simbólica), e toparia entrar numa parada dura. Mas não se pode perder tempo, porque em Sestri Levante se retomará a discussão da associação dos cineastas independentes, que no fundo é a associação dos latino-americanos que estão na Europa com vontade de fazer cinema, e como a demagogia vence sempre, vão formar uma espécie de *bureau* em Paris. Como para nós, visto a crise do movimento argentino, a crise do movimento mexicano e a inexistência de outros movimentos, é melhor trabalhar sozinhos, é melhor fazê-lo antes da constituição do troço, para que não nos acusem de sabotagem, e eventualmente se o troço for feito, dominar o tal de *bureau* em Paris, pois ele terá que se juntar a nós. É lógico que o que há de concreto é lata de filme debaixo do braço levando aos distribuidores ou fazendo ver nos festivais. Eu lembro de nossas conversas de Porreta* e acho que é necessário aproveitar este momento. Li o artigo do Maurice, dizendo que mal que bem se fazem 30 filmes cinema novo no Rio, antes que venha o anticlímax, que levará à depuração. Aliás vi os *Cafajestes* e não gostei, como não gosto de filme onde os personagens são vistos isolados do mundo. Manda notícias do movimento aí, e os teus planos, que fim levou *Viva a Terra*? Tenho procurado notícias tuas nos jornais, mas não tenho encontrado. Manda dizer o que pensas do exposto acima, e quais as possibilidades de pôr isso em prática. Como vão os outros? Estamos sempre na mesma canoa ou já partiram pra base do cada um por si e Deus por todos? Vou mandar *Cahiers* para o Paulo, que talvez chegue antes que esta carta, que vai para a Bahia.

A vida vai indo. Recebi há séculos tua carta linda, da Bahia, e um dia desses te respondo contando de mim. Hoje não é o momento. Mesmo porque só há dez dias que soube que a bolsa ia sair, e porque esta espera longa demais me arrasou, como se arrasa um motor que roda vazio. Tenho tido ligeiros contatos com os grandes, mas não tenho forças suficientes para atacá-los. Por enquanto não há nada de concreto, mas tudo está ape-

(*) Porreta Terme, festival de cinema italiano.

nas começando. Espero a gaita da bolsa para recomeçar a respirar. Não tenho ido ao cinema, vi somente *Vivre sa vie* (gostei), *Prisão*, um Bergman velho (gostei), *Tirez sur le pianiste* (gostei) e os últimos Vadim, sem o mínimo interesse. Minha evolução política e cinematográfica continua a mesma, a viagem à Alemanha Oriental me fez muito bem, eliminou uma porção de idéias preconcebidas. Sobre o Brasil neste momento não sei o que pensar, me pergunto se Jango não é um Kennedy brasileiro, e o ministério um equivalente do ministério italiano de abertura à esquerda, baseado na mentalidade do "vão-se os anéis mas guardam-se os dedos". Em todo caso é melhor que antes, porque pior impossível. Escrevi para o Paulo Emilio e aguardo resposta. Vejo bastante o Almeida Salles, através de quem soube que Regina passou por aí com um Simonsen qualquer. E isto me faz pensar, como não tenho a mínima idéia do que te está acontecendo, em todos os planos. Manda uma carta dando instruções, opiniões e notícias. Tudo isto me faz falta. Agora eu respondo. Entre nossas respectivas crises, nossa correspondência deve ter um ar de filme mal montado. Um abraço grande, velho, amigo, do teu

Gustavo Dahl

Trigueirinho desapareceu prometendo voltar à circulação daqui a dois anos

---

Para Paulo César Saraceni*

Sarra

recebi carta de Gustavo, carta do Cacá, e agora carta tua, pois Roberto** não enviou carta nenhuma, e então pensei que você ou estivesse aborrecido comigo ou estivesse na fossa, de qualquer forma compreendi. o Cacá manda sempre notícias tuas, e ele também está com você — os outros são todos filhos da puta, medíocres, oportunistas, sacanas. terminei de escrever

(*) Carta enviada de Salvador, entre abril e maio.
(**) Roberto Pires.

meu livro,* em que esculhambo estes caras e esta crítica de merda daqui do Brasil: é preciso meter o pau nestes caras. estou acertando quase definitivamente minha produção e espero começar agora a 15 de maio: você sabe que os caras aqui quiseram me chutar, dizendo que eu era burro inclusive! mas entrei direito, e armei as coisas. Gustavo me escreveu sobre o Cahiers e isto é ótimo: justamente eu e você que Eli esculhambou! com que cara ele vai ficar? aquilo é um pobre-diabo; já disse a ele uma vez que se bulisse comigo eu ia dar uma porrada. quando chegar no Rio vou quebrar os óculos dele na vista de todo mundo, pra desmoralizar de vez e ele aprender a não bulir com baiano. estou muito amando Gerta, e vou ficar com ela, que é ótima e me embala direito: ela toca violino na orquestra da universidade, é alemã do Rio Grande do Sul, é simples, diáfana, musical, sem ambições e problemas e gosta de mim de "puro amore", total, sem briga, psicologia, ciúme, futuro, nada. imagine, é como só música barroca de Corelli, o amor pelo amor. *Angústia*, sim, *Angústia* você deve fazer. meu artigo sobre *Porto* eu acho sério, Cacá escreveu falando contra depois falando a favor, porque disse depois que "descobriu". Graciliano é para nós como Giovanni Verga foi pra Visconti e os neorealistas, entende? É a única Fonte de realismo crítico: *Angústia* é a única grande tragédia de nossa tradição literária desde o século XVI, é ambientado em Maceió, mas pode ser feito na Bahia. você não pode desprezar a paisagem física e humana. tem de ser verista como *Vidas secas*. na Bahia, com o barroco trágico, as ruazinhas semi-escuras, os bairros miseráveis e a estação ferroviária, seria qualquer coisa de terrível. creio que a melhor forma de fazer *Angústia* é filmar *Angústia* irmanado com Graciliano, filmar quase tudo que está lá — e não esquecer a memória de Luís da Silva, a memória dos vaqueiros, dos homens enforcados, do cangaceiro Cirilo da Engrácia. você notou bem a cena de Luís da Silva com a prostituta? é uma das coisas mais chocantes que já li ou vi. e o crime final, com toda [a força] para suspender o cadáver na árvore, pode ser das maiores do cinema. Graciliano é um folhetim brasileiro, com o peso de Dostoiévski. as personagens de Marina e Julião de Sousa são fantásticas. você se lembra de Luís da Silva espiando Marina no banheiro, quando descobre a barriga dela? e a cena do aborto, quando ele pega no braço dela e diz: puta. e o amor dos dois, junto das bananeiras, quando ele faz o minete nela. preste atenção que depois Luís da Silva se lembra que chamou

(*) *Revisão crítica do cinema brasileiro.*

Marina pra trepar e ela não quis. ele fala dos beijos nas pernas e nas coxas — num pequeno momento há o minete, sei porque li o livro três vezes. as cenas iniciais, quando Luís da Silva anda angustiado no bonde, seriam excelentes se filmadas na Bahia — você mostraria a cidade antiga, pobre e barroca. daquele jeito de *Arraial* e *Porto*, como a Bahia nunca foi mostrada. *Porto* parece música de câmara, cantochão de igreja. *Angústia* também: se Graciliano é o nosso grande escritor, você é o nosso grande diretor, a Bahia é nossa grande arquitetura: unindo tudo dá o filme total. Nelsinho vai filmar *São Bernardo* (eu tenho loucura pra fazer *São Bernardo*, faria algo melhor que o *Ossessione*, de Visconti) e acho que você devia filmar *Memórias do cárcere* — assim você e Nelsinho fariam uma "gracilianesca", que seria uma das coisas mais importantes do cinema moderno do mundo. porque eu vi os copiões de *Vidas secas* em Alagoas e lhe digo que é genial. como disse em meu artigo, o cinema brasileiro é assim: *Ganga Bruta* evolui para *Rio, quarenta graus* evolui para *Porto das Caixas* evolui para *Vidas secas* evolui para o próximo filme seu, meu, ou de outro qualquer, entende? esta é uma escola, que seria uma das maiores do mundo. tenho amigos aqui que podem se interessar por *Angústia*. não é caro, porque tem poucos atores. penso que Sérgio Cardoso faria genialmente Luís da Silva. o filme sai por oito milhões. vou propor por aqui uma parte da produção. se *Vidas secas* der dinheiro, Luís Carlos entra com o resto, falei com ele em Alagoas e ele topará. agora é preciso se concentrar nisto, vender *Porto*. tem um cara na Bélgica, "Progress films", Rue Royle — 213 Bruxelles — M. Didier Gelluck, que compra uma cópia de *Porto* por 1000 dólares e uma de *Arraial* por 200. e outra de *Aldeia* por 200. a cópia que vai a Sestri, Cannes, Porreta, pode depois ser entregue a ele. assim não se perde o dinheiro da cópia e Elísio ganha aí este dinheiro. fiz assim com *Barravento*, que vai a Sestri. Gustavo entrega as duas pra gente: diga no Itamaraty para que Gustavo fique de posse de nossas cópias na Europa para levar *Porto* até *Porreta* e tentar *Porto* e *Barra* em vários lugares. peça ao Elísio para enviar uma autorização a Gustavo, como eu fiz, com firma reconhecida, autorizando-o a fazer negócio com as fitas. estou articulando para ir com *Porto* e *Barra* a Nova York, não pra tal *Semana*,* mas (mesmo indo à *Semana*) me articular com os independentes de lá: o nosso cinema é novo, tenha certeza, assim como o do Nelson e como creio que Cacá fará *Ganga Zumba*.

(*) Mostra de filmes em Nova York.

atenção, para *Angústia*, que *Porto* é também um crime! acho isto ótimo, mas agora você tem de jogar estes crimes dialeticamente, o crime de *Porto* e o crime de *Angústia* — entende? disse para Cacá que você era nosso Modigliani, que eles não te entendiam mas não tinha importância, porque era assim mesmo com Jean Vigo, Flaherty, Rossellini, Orson Welles etc. o único responsável por você é você mesmo. tem que trabalhar, estudar, criar, e Isa tem de lhe ajudar, lhe proteger, lhe guardar direitinho. diz pra ela que ela tem de ser assim sempre, como eu vi, e fiquei feliz porque ela te ama e te afastou daquela vida fresca que você levava, perdendo tempo e fazendo charme. ABAIXO O CHARME E VIVA O SANGUE! no fim do romance *As palmeiras bravas*, de Faulkner, que você faria o maior filme do mundo, o personagem diz: "a memória não pode viver fora da carne. a memória sem carne é o nada. entre o nada e a dor eu fico com a dor" — e então não se suicida, para se lembrar, na dor, da mulher que morreu num aborto que ele mesmo tentou fazer. é uma tragédia total, genial. você tem de ficar com a dor, deixar sua criminalidade se manifestar totalmente, não transigir, agora é tarde para conceder. a experiência de *Porto* te endureceu, te marcou, você agora não é mais diretor pra Marcos, Otávio, Lúcio* e aqueles caras de Ipanema. você agora é diretor para o mundo todo, foda-se o resto. seu compromisso é maior. quanto a *Angústia*, não siga os diálogos de Graciliano, *in totum* (Graciliano "gramatiquiza" certos diálogos, poucos apenas. é preciso uma revisão meticulosíssima, para não acontecer aquelas coisinhas de *Porto*). achava bom você ver isso com Nelsinho, que conhece bem Graça e mexeu em coisinhas de *Vidas secas*. bobagem, mas não podemos fazer bobagem. escrevi seis vezes os meus. estou estudando muito Graciliano, porque quero escrever um livro sobre realismo crítico em literatura e cinema, baseado em Graça, você e Nelsinho.

outra coisa, em segredo, aqui entre nós:

li duas vezes, e detalhadamente, *Menina morta*. este é o grande filme que você vai fazer. os direitos são fáceis, consigo com Rosinha. não fale com ninguém. quero trabalhar com você na adaptação, porque amo Rosinha (agora de uma forma de memória) e acho que você poderá fazer uma "mise en scène genial". o problema central é a decadência do latifúndio, na imagem da *menina morta* e da nova menina, Carlota. tem lá uma cena

(*) Marcos Faria, Otávio de Faria e Lúcio Cardoso.

em que um pobre médico diz que não queria dinheiro do comendador, porque era um dinheiro sujo de sangue. como Cornélio descreve é a coisa mais patética, tremenda e total do mundo. o ambiente das senzalas, os negros servis e humildes, a crueldade interior da casa-grande, a castração, a negação, a tragédia terrível do nosso povo, é um romance genial cinco vezes. é muito caro, uma coisa assim com *Senso*, mas genial. e vai ser fácil, porque o Zé Luís financiará (ele é mineiro) e o filho da puta do Schmidt entrará com dinheiro. Schmidt que se foda, eu tomo a nota dele, uns quarenta milhões, e fazemos uma fita anticomercial, genial, ok? mas não diz nada pra ninguém. fazemos juntos a adaptação, você dirige, Rosinha é a atriz, ok? Precisamos trabalhar juntos, como Godard e Truffaut, em alguns filmes. eu penso que com você, Nelsinho, Luís Carlos, Davizinho, Cacá e talvez Joaquim (e Gustavo, se voltar) poderíamos fazer algo como a Renascença na pintura, a música barroca, sei lá! sinto isto, sinto que faremos qualquer coisa de genial em pouco tempo. antigamente, há quatro anos, a gente não tinha esperanças. agora já fizemos filmes, os primeiros filmes, daqui a mais dois anos, quando os boçais estiverem no profissionalismo, já estaremos fazendo filmes tão importantes como hoje fazem na França Resnais e Antonioni. tenho certeza. somos jovens, estamos no começo. não se desanime, pois. eu faço *Viva a Terra*, você faz *Angústia*. depois a gente faz junto a *Menina morta*; Nelson vai fazer *São Bernardo*; Cacá termina *Ganga Zumba* e vai fazer *Corpo vivo*. Joaquim fará coisas grandes e Leon também e Luís Carlos. você vai ver. como disse em meu artigo na *Sr.*, não é um ano para definir uma cultura. cada um de nós tem um caminho difícil. o importante é não desistir, é fazer as fitas; elas ficam agora nas prateleiras, depois elas explodem. se a gente for humilde, maduro e SÉRIO — a gente faz grandes filmes, porque nós somos cinema, nosso ser é o cinema e temos talento. escreve logo. comigo, tudo bem. lembranças a Isa.

Glauber.

De Gustavo Dahl*

Glauber Rocha dos meus pensamentos

Ontem falei com Richard Roud, que me disse que tudo vai bem, que se pôs em contato contigo para mandar *Barra* para New York e depois Londres. Ele adora o filme, em Sestri viu o final, se entusiasmou, muita gente se entusiasmou em Sestri, pediu-me uma sessão com explicações, fiz, dei material e teu endereço. Acho da maior importância, estou fazendo força para estar em Londres por ocasião do Festival, veremos o que se pode fazer lá.

Berlim finalmente não mandei. Fiquei com medo, a cópia deveria ser entregue à Embaixada em Roma, que mandaria ao Consulado em Munich, que entregaria à UFA, que mandaria ao Mercado do Filme, que enviaria a mim, que depois teria que quebrar um galho para tirar o filme da alfândega em Paris, sem justificação nenhuma de participação em Festival ou coisa que o valha. Além do mais estava em negociação com a Cineriz, que depois de um mês entortaram o cano. E tinha sabido que a UFA não se comporta tão bem. Então tive medo, achei que o mais importante era ter a cópia comigo, que eu poderia ir à Alemanha depois, e que o importante agora, que estás partindo pra outra, é preparar o terreno pra *Deus e o Diabo* etc. etc. etc. os três etecéteras do coronel e você tinha dado autorização.

A situação concreta é a seguinte: a venda na Itália é improvável. Os italianos produziram trezentos filmes o ano passado, têm superprodução, mal têm tempo para lançarem os filmes italianos. Há aquela velha história dos 20 milhões necessários para o lançamento, entre impostos e dublagem, os pequenos dizem: "é um risco para os grandes", os grandes dizem: "é um risco pequeno demais". A Cineriz teria porém comprado se não fosse a esculhambação que é, onde ninguém se interessa por nada. Em todo caso o artigo do Morávia e a repercussão em Sestri deixaram as portas abertas. Quem sabe numa situação de mercado mais favorável... Mas tudo isto é hipotético. Ainda nas coisas concretas: fui procurado com insistência pela Federação Internacional de Cineclubes, que me transmitiu o interesse deles e de outros países para uma exploração não

(*) Carta enviada de Paris.

comercial, isto é, nos cineclubes. A coisa dependeria de muitas coisas, mas o que eles pagariam não é desprezível, acho que se poderia chegar a 5000 ou mais dólares para a Europa Ocidental. Em todo caso como é a mais certa eu deixo para o último caso. Vou tentar agora a venda na França, ou a exibição em Paris, salvaguardando os direitos de exploração não comercial, o que nos permitiria continuar a negociar com a Federação, somente que pagariam menos neste caso.

Com a Bélgica, o problema é o seguinte: eu poderia levar a cópia até amanhã. Mas você me disse que estava interessado numa exibição especial, num *cinéma d'essai*, e eu compreendo, e vou tratar disso. Mas eu pergunto: a cópia já não está muito nova, você acha que a Royal continuaria a interessar-se pela cópia, que já está arranhada, nos finais de bobina, depois dos danos suplementares causados por uma semana de exibição?

Isto coloca os problemas das cópias. Você me disse que brigou com os produtores, e o Carrilho me disse que os produtores não ligam muito para *Barra*, que as negociações com os países socialistas não foram prosseguidas porque os masters não foram enviados, você está começando um outro filme. Você entende que é ridículo entabular negociação e acordos sem saber se eles vão ser cumpridos, sobretudo porque compromete comercialmente e fecha as portas para o futuro. É por isso que nesta altura dos acontecimentos eu te pergunto: *em que medida seria possível hoje aos produtores fazerem "master" e banda sonora internacional para cumprir eventuais vendas?* Em que medida você pode interessar-se ou interessá-los pelos trabalhos que acarretariam estas eventuais vendas? Isto é, há interesse e dinheiro para fazê-lo? Devo dirigir-me diretamente aos produtores, ao Braga Neto sobretudo? Ou deixamos tudo como está, tentando somente passar nos cobres esta cópia, vendendo-a à Bélgica, ou à Federação Internacional dos Cineclubes, ou a um *cinéma d'essai* de Paris? É claro que nesta segunda hipótese a escolha de uma solução exclui as outras duas. Eu acho que esta escolha você pode fazer vendo o que é mais conveniente pra ti. Eu acho que o melhor é tentar fazer uma onda em Paris, mas neste caso o tutu seria mínimo e, mesmo se do meu lado ele continua curto, eu digo que o importante é pensar no futuro e não no presente. A Lotte Eisner convidou o filme para a Cinemateca Francesa, e quando o Langlois voltar de Moscou eu vou falar com ele pra ver se ele me ajuda na venda, e se ele estaria interessado num ciclo do "nouveau cinéma brésilien". Tudo isto é um pouco não fode nem sai de cima, aumenta porém a tesão, ou a tensão.

1963 está sendo o ano de *Barravento, meu amor*, é preciso aproveitar. Escreva dizendo o que há a fazer. Eu vou continuar a manter todos os contatos, sem porém fechar nada, vou somente escrever à Royal para confirmar se eles continuam interessados.

Podemos daqui encadear sobre o teu pedido de um relatório sobre Sestri. Foi melhor, muito melhor, não o Festival mas a participação brasileira. Os filmes e as gentes. Carrilho deu uns vexamezinhos menores, algumas sumidas, algumas tiradas temperadas com a suficiência brasileira que, positivamente, agüento cada vez menos, umas agressividades com os argentinos, que não adiantam nada, criam somente um clima desagradável, Diva de Múcio Teixeira, deu os vexames habituais, foi chorar e dizer pro Gianni que te ama muito, que eu estava querendo arruinar a carreira dela, deu um show de comunismo burro, chateou todo mundo, e se alinhou contra nós, escrevendo críticas no *Avanti* (socialista) de Milão metendo o pau em *Porto* e *Barra*. Ela está com a Saga Filmes, Marcos Farias, Miguel Borges, e quer botar uns contra os outros, apoiando-se em suas relações com o Nelson. É uma figura perniciosa que conseguiu uma certa posição, que fez todos os festivais da Europa fazendo onda, em Cannes estava anunciando co-produções, em Sestri dizia aos franceses que a história de *Barra* é inverossímil. Como ela não tem mensagem, não é perigosa, mas como é uma das raras pessoas que passam por aqui e como todo mundo se interessa pelo Brasil e como ela não tem nenhum pudor em ir chatear as pessoas, ela consegue muita coisa, e como consegue, consegue sobretudo atrapalhar. É preciso que ela sinta uma pressão, dizendo para ela não aporrinhar, senão a gente tira ela da Agência Nacional. Eu por mim tiraria já, mas pra que não me chamem de terrorista proponho a ameaça.

Das outras pessoas nada de muito interessante a dizer. Maurício Gomes Leite parece ter descoberto em Sestri o cinema brasileiro. Flávio Rangel, incerto e com mania de perseguição. Suficientemente bom para ser apoiado, apoiei *Gimba* apesar de tudo o que penso a respeito, mas preocupado ainda demais com seu sucesso pessoal para poder contar com ele num movimento. Tinha um monte de brasileiros, Octávio Bonfim em lua-de-mel, as atrizinhas Irma Alvarez e Ana Maria Nabuco, Person, que junto com Maurício eu chamava de ala média, e eu cada vez mais puto. Como eu tinha feito uma apresentação de *Porto* em Cannes, um pouco pretensiosa e agressiva, bem ao gosto francês, as pessoas que não gostaram do filme vinham me procurar para falar mal do dito e eu recusava-me a falar, o que irritava ainda mais as pessoas. Marcorelles terminou, se dedica a dizer maldadezinhas quando me vê. Como todo mundo gostou de *Barra* ele reviu seu julgamento sobre *Barra*, como ninguém gostou de *Porto* ele reviu seu julgamento sobre *Porto*, só *Garrincha* ele não gostou pelas boas razões, Marcorelles é hoje um dos sustentáculos do cinema *verité* mundial, e não gostou das divagações formalistas do nosso Joaquim nacional. Ruspoli também não gostou. E eu estou de acordo com o Paulo César, que diz que o início é muito bom. O problema iria longe, para mim é sobretudo que o Joaquim, formal como é, não tem a vocação deste cinema informal. Ele tenta então formalizar um troço que por essência é informal, além do mais esta história de cinema *verité* ou *direct* evolui rapidamente, hoje os maiores são os canadenses, que nem se sabia que existissem quando Joaquim estava na Europa, Reichenbach, que Zuquincas adora, é uma bicha louca aflita que, diz o Flávio, veicula sua bichice de uma maneira um pouco mais moderna, mas é só.

Dois dias depois, depois de ter recebido tua carta do sertão. Relendo parece-me que fui severo mais que o devido com o Carrilho, grande praça, gosta da gente paca, com defeitozinhos inerentes à brasilidade e ao Itamaraty. O que há é um certo estilo de suficiência e agressividade irresponsável e brasileira que me tira fora do sério, e é chato reconhecê-la mesmo em pequenas doses num amigo como o Carrilho.

Posto que você me pede, continuo no *Garrincha*. O que disse acima é uma conclusão geral que pode dar margem a outras observações. Para mim o problema é o seguinte: Zuquinca é um homem voltado para um cinema literário, estético, formal, refletido. Ao mesmo tempo é um homem informado e sentiu que estas novas técnicas do cinema direto vão influenciar o cinema paca. Ele deu uma olhadinha e quando voltou ao Brasil quis fazer um filme moderno, na onda. Porém havia: *a*) uma inadequação temperamental; *b*) falta de técnica; *c*) falta de meios técnicos. Tudo isto podia ser resolvido com imaginação, coragem, improvisação, loucura, tudo muito, em excesso. Joaquim não é um excessivo. Então, num assunto que recusava uma certa distanciação, ele a adotou, numa direção que deveria ser informal, epidérmica, ágil na tomada, ele criou uma montagem de efeitos, planos fixos, teleobjetiva, tudo tornando a coisa pesada. Num cinema antiespetacular ele procurou o pitoresco, com os primeiros planos no estádio. Os primeiros dez minutos, que eu e Paulo adoramos, são belos, mas dizem somente da beleza plástica do futebol. Os pedaços que eu mais gosto, o vestiário, pela sua qualidade insólita, o twist das filhas do Garrincha, não precisavam de montagem nem de música de Frescobaldi. Em suma, você não ataca a realidade para fazer montagem, nem filma o povo de teleobjetiva. Você pega a câmera e começa a andar no meio dele, com ele, esta é a vantagem da câmera que anda. Quando eu digo montagem, tá na cara que é direção, mise en scène. Hoje qualquer um sabe que, se você filmar mil metros de primeiros planos em uma conglomeração de pessoas, você terá 100 metros de primeiros planos gozados, grotescos, pitorescos, que não dão a medida nem do povo nem do autor. E a meia hora de futebol de televisão mal filmado, onde não se distingue um jogo do outro se não fosse o comentário, é uma imposição comercial, e isto se vê, não se integra no filme. Este tipo de cinema exige um rigor maior ainda, senão se cai no insignificante. Joaquim não arriscou e se estrepou. O que fica de tudo isto é que o filme anuncia um bom diretor de ficção com o perigo de ser um pouquinho *snob* mas com uma mão segura. A fotografia do Mário não é excepcional, é muito melhor em *Porto*. Além do mais o lançamento do filme em Berlim foi um erro, em Sestri ganhava o prêmio fácil.

Porto é um filme certo. Eu gosto de tudo, da história inclusive. Falei com o Paulo, que confirmou tudo o que eu pensava e disse que eu gostava do filme como tinha que gostar. Não me deram teu artigo para ler e eu não compreendi ainda o que você queria dizer por "gaucherie" do argumento. Há umas faltas de gosto, umas boçalidades expressionísticas, como o personagem da Margarida Rei, e aquele final com as linhas da vida que se separam. Eu nem penso nisso, quando eu vejo um filme grande não estou a procurar os erros. Mas como o filme irrita muito as pessoas pela sua lentidão, pelo seu peso, pela sua carnalidade que não exclui um certo ascetismo, as pessoas aproveitam e pegam o boi pelo rabo, apontando estes defeitos. Marcorelles, quando ainda gostava do filme, disse uma coisa muito justa, que o Paulo não tinha tomado nenhuma distância diante de seus personagens e que isto criava uma tensão quase insuportável. A conversa que eu tive com o Paulo para dizer o que eu achava, não um defeito, mas um perigo, isto é, que o filme era fechado sobre si mesmo, sem abertura, feito com os olhos fechados, como um final de competição de natação, o que lhe dava uma grande beleza, mas revelava uma certa hostilidade com o mundo, foi explicado pelas condições de filmagem. Era isso mesmo, o Paulo quando fez estava tão fodido que mergulhou no filme com tanta fúria, com uma raiva do mundo tão grande, que curvou-se sobre si mesmo. É quase um filme que ele fez pra ele. Isto pode dar certo, no caso deu, mas não é uma estrada a seguir, longe disso, a abandonar o quanto antes. A inconsciência, mesmo como fonte de pureza, é perigosa. O Paulo pode ou ficar a vida toda refazendo *Porto*, e nenhum filme sucessivo será melhor que *Porto*, ou partir pra renovação, e aí sim fazer filmes ainda melhores.

Conversei com Paulo César mas foi difícil. Eu estava cheio de problemas, ele também, a comunicação não foi a desejada, se a gente começa a ter problemas de comunicação com seus irmãos de sangue é fogo, tudo foi difícil e complicado. Peça pra ele te contar. O que há de positivo é que ele ficou decepcionado com a viagem e teve um choque com a má acolhida de *Porto*, além de ter-me visto na fossa, com as gentes indo aporrinhar a cabeça dele pra falar mal de mim. Pois bem, ele chegou à conclusão que o mercado europeu é um conto de fadas, que nós temos que solucionar a parada aí mesmo e que para isso precisamos agir em conjunto. Até aí tudo bem, tudo normal. O problema do mercado europeu é o seguinte: quem criou esta onda de mercado europeu fomos nós três, mais o sucesso do *Pagador*, mas nós a criamos um pouco iludidos, um pouco otimistas, um pouco malandros, para permitir que *Barra*, *Porto* e *Garrincha* fossem feitos. Há dois anos atrás era a única coisa a fazer, era nossa única arma. Hoje os filmes estão feitos, você está mesmo fazendo um segundo. *Porto* e *Garrincha* entraram pro cano, como entraram pro cano todos os argentinos. Torre Nilsson, inclusive. Isto serviu para colocarnos, Paulo, Joaquim e eu, que estou mexendo com isso, na realidade. É a seguinte: o mercado europeu, como o mercado mundial, está vivendo uma fase de transição, na qual o cinema está procurando uma definição que já está se esboçando, de um lado filmes de grande espetáculo, de um outro filmes de autor. As estruturas continuam, porém, as mesmas vigentes durante a fase anterior, do cinema comercial. Exemplo: a Itália aumentou ainda mais sua produção ano passado, porque se parasse cairia todo o edifício. O resultado é que eles agüentaram ainda um ano e este ano produziram somente entre 50 e 100 filmes, numa fossa total. Segundo exemplo: a venda de entradas na França caiu em 50%, eles quebraram o galho aumentando as entradas, momentaneamente deu certo, mas a longo prazo eles não poderão aumentar proporcionalmente à diminuição de espectadores. Então a venda fica absolutamente indeterminada, em circunstâncias que dependem muito da sorte.

Exemplo: *Gimba* (cá muito entre nós) foi vendido exclusivamente à Suíça por 3000 dólares. A exclusividade do filme ficou com um distribuidor francês que garantiu uma comissão de 10 ou 15% sobre as vendas efetuadas, mas por enquanto não se efetuaram muitas. Oficialmente ele está em tratativas com os USA, mas filme ou compra ou não compra, não é que tenha muita conversa. E isto com lançamento publicitário em Cannes... Nenhum dos que passaram em Sestri Levante foi vendido. Por outro lado, o interesse por cinema latino-americano continua a aumentar, mas num sentido puramente cultural. O que tem suas repercussões comerciais. A primeira foi este interesse da Federação Internacional de Cineclubes. Uma outra foi o pedido que recebi para passar *Barravento* na *saison* do Circolo Chaplin, em Roma, no cinema Rialto. Outra ainda, uma possibilidade a levar o ano que vem em Montreal, um festival cinema novo, e vender os filmes para a televisão canadense. Há uma abertura mais ou menos certa dos chamados circuitos de cinema paralelo, cineclubes, televisão, cinema *d'art et essai* (este já mais hipotético) e uma difícil, indeterminada, mas não improvável, dos circuitos comerciais. A conclusão de tudo isto é que enquanto movimento devemos continuar a desenvolver aqui a ação empreendida para *Barra* e *Porto*, Zuquincas e Luís Carlos quiseram lançar *Garrincha* e entraram pelo cano, criando um ambiente cultural cada vez mais favorável para todo o movimento. Mesmo na Europa as pessoas já começam a saber o que é cinema novo, eu sempre que posso falo sempre, Morando Morandini escreveu um artigo pedindo que a *nouvelle vague* brasileira estivesse representada em Veneza. A onda tem que continuar mas tem que ser refletida, pensada, de conjunto. Não se pode dar uma brecha, não sei, por exemplo, por que *Vidas secas* não foi indicado para Veneza no lugar de *Seara vermelha*, é preciso que só saia do Brasil "cinema novo", para que as pessoas fora e dentro se convençam que cinema brasileiro = cinema novo. Não se pode descuidar, temos que partir para o controle total da comissão do Itamaraty. Depois é preciso que os diretores venham com as fitas, mas para vender e não para passear. A única maneira de vender é viajando com ela debaixo do braço. Mas o que é importante é que a ação seja coordenada, que cada um aproveite dos contatos dos outros: é preciso que tenha alguém na Europa, fazendo o que se fez para *Porto* e *Barra* para outros filmes, temos que ter um Ministério do Exterior. E depois um ministério da guerra, cuja função seria de resolver a parada aí no Brasil. Porque a parada no exterior, além de ser aleatória, é seguramente de longo prazo. O nosso ministério da guerra só tem que ter uma função: a tomada do poder cinematográfico para a regulamentação da distribuição, dos financiamentos e de uma eventual premiação. Fora deste esquema estamos fodidos, fará cinema um ou outro, mas não existirá um movimento. Se cada um de nós compreender que é tão importante quanto fazer filmes criar um mercado para eles, se cada um de nós tiver maturidade suficiente para compreender que só num esforço conjunto conseguiremos alguma coisa, que se cada um começar a fazer filme do seu lado vai todo mundo se estrepar, se todo mundo compreender que os nossos problemas, além de artísticos, são econômicos e políticos a coisa irá. Se não vamos perder um tempo louco... Isto não é propaganda da Associação de Autores, com a qual o Paulo estava embalado e eu não, porque afirmava que o pessoal não tinha ainda uma mentalidade coletiva, suficientemente independente da individualização, para reunir-se em associação. A minha tese é que o melhor era organizar-se em célula, de conspiração de quinta-coluna, de tomada do poder cinematográfico, que iria crescendo à medida que as pessoas fossem adquirindo consciência da necessidade de um esforço comum. Sem oficialidades, que se não derem certo fecharão a porta para uma associação certa. Mas a coisa foi feita e vamos ver no que dá. Evidentemente eu também tenho meus problemas de criação, preciso urgentemente fazer um longa-metragem, para dar aos outros e a mim mesmo a medida do que posso fazer, bom ou ruim. Mas já estou participando de um espírito não individual e espero continuar assim.

Fora disso há ação pessoal, da qual não é preciso esquecer. Eu estou com todos, mas antes que tudo estou contigo e com Paulo e sei que ou você ou ele estão com os outros dois. Paulo estava um pouco apavorado com tua vontade de vir à Europa e com as tuas vistas voltadas para o mercado europeu. Ele via nisso uma possível causa de dano ao teu filme. Eu acho que teus filmes vêm de dentro demais para poderem sofrer influência de uma hipotética mentalidade festival, por isso não me afobo. E acho que na medida em que *Deus-Diabo* representará para ti o fim de um ciclo, como, por exemplo, *Porto* para o Paulo, eu tenho a impressão que você pode jogar tudo, inclusive Cannes. *Deus-Diabo* é ou vai ou racha. Se rachar não há nada a fazer. É começar de novo. Se a coisa vai, melhor ainda, você começará uma outra coisa, mas com uma base muito melhor. Na pior das hipóteses, você terá depois de *Deus-Diabo* uma crise muito salutar, que te obrigará a parar, refletir, repensar, e da qual sairás melhorado mesmo se abalado. Quero dizer, tenho certeza que *Deus e o Diabo* representará uma superação, depois da qual você encontrará um campo aberto diante de ti, vá o filme bem ou não. E então por que não tentar a grande jogada, arriscar tudo, já que é tudo que está em jogo? Na melhor das hipóteses o filme irá bem, e depois do sucesso você terá que parar para pensar do mesmo jeito que se o filme for mal. Mas é outra coisa pensar com dinheiro no bolso e sem aporrinhações na cabeça. Por isso eu digo, vamos para Cannes e pra Cabeça. Em Sestri *Barravento* teve sucesso, junto ao público tradicional de Festival, do qual Novais Teixeira é um representante exemplar. É um bom sinal para Cannes. Graças a isso você pode pretender hoje no Brasil participar num festival com chance. Teus filmes têm, pelo acidente geográfico de seres baiano, a carga regional que o pessoal topa, sem que te possam acusar de folklore nem de desnacionalização. É meter os peitos... Mas sem dormir de botina. Por exemplo, a Christiane de Rochefort me disse que se houvesse para o ano que vem um filme brasileiro bom ela garantiria a parada se fosse avisada com antecedência. Que eu fosse procurá-la bem antes do festival. Acho da maior importância. Você me mandaria o material e eu, dois ou três meses antes, isto é, em fevereiro de 64, iria pra cima dela, de maneira que, quando a onda de saber quem vai começasse no Brasil, o terreno já estivesse preparado aqui. Na mesma ocasião poderia se mostrar a minha cópia em 16 [mm] de *Barra* ao diretor do festival pra ele ver o gênero da coisa. Você teria somente que quebrar o galho aí no Brasil para não deixar nenhum outro filme ser indicado. Mas se por acaso fosse indicado um outro a gente sabotaria aqui mostrando diretamente *Deus e o Diabo* ao diretor do festival através da Christiane. É preciso porém que desde já você comece a pensar e botar no orçamento da produção uma cópia subtitulada em francês, se você subtitular todos os diálogos, sem resumir, como fazem habitualmente, o trabalho do tradutor seria um só, a coisa serviria também como lista de diálogos. E quando por ocasião do trabalho na banda sonora, bote já no orçamento uma banda internacional (música e ruídos), além das bandas normais. Faz gravar também em banda magnética (não em película) a música do filme. Te informa aí se no caso de haver necessidade de fazer uma remixagem do filme na Europa, os distribuidores às vezes exigem, se seria possível fazê-la com material que você traria na mala, isto é, com três bandas magnéticas, uma de diálogos, outra de ruídos, outra de música, que seriam depois transcritas aqui em película magnética, e mixadas aqui.

Segundo a minha parca técnica seria possível, você gravaria as três fitas com o mesmo comprimento, isto é, toda a metragem do filme, faria os sinais de partida, e aqui seria fácil encontrar o sincronismo. Deve haver macetes desse tipo possíveis. Outra coisa são as fotografias e o material de publicidade. Para as fotografias traga também os negativos, aqui e em Paris eles fazem ampliações geniais, que impressionam melhor que as brasileiras, e mesmo que a gente não faça, quase fatalmente um distribuidor te pedirá os negativos. Para o cartaz, a linha do cartaz de *Barra* é boa, acho que você poderá usar xilogravuras do Nordeste, mas faça atenção à tipografia (aos tipos), que no cartaz de *Barra* é deficiente, é preciso fazer uma coisa popular, regional, mas com classe, sem erros de gosto. E venha pronto pra levar o teu filme por todos os festivais, Cannes, Sestri, Berlim, Karlovy e Veneza. Os atores não vendem filme e produtor atrapalha. Você é que tem que vir. Eu já estou começando a onda pra *Deus e o Diabo*.

Na base da onda é preciso saber o que decidimos com *Barra*. Evidentemente tua carta mudou as coisas. O que interessa agora é vender esta cópia. Eu vou de todo jeito escrever à Royal e oferecer o filme. Você já mandou a lista de diálogos pra eles? E vou procurar o Langlois para fazer uma sessão na Cinémathèque. Pelo visto você está inclinado por uma venda à Bélgica, que é a solução mais prática e simples, mesmo porque o problema de uma eventual exibição comercial seria a feitura de subtítulos em francês sobre esta cópia, operação possível mas que monta em trezentos dólares, sendo que para a tradução eu quebro o galho. Eu em todo caso fico esperando uma carta tua, urgente, tomando a decisão final. Enquanto isto eu contato o Langlois e a Royal. Espero também uma resposta tua urgente, onde me *dirás se posso propor também* Porto *à Royal*? Eu fiquei com a cópia subtitulada em francês e para o Paulo seria importante fazê-la render uns cobrinhos. Então ficamos combinados que apenas você receba esta carta, você pega um lápis e papel e me responde só estas duas coisas. Tá? [...]

Estou trabalhando com Agnés Varda num documentário sobre Cuba e esforçando-me para reintegrar-me no horizonte cinematográfico. Rudá passou por aqui e me ofereceu ir trabalhar com o Paulo Emilio em Brasília. Como ele vai aos países socialistas para comprar equipamento, eu pensei que a coisa seria exclusivamente destinada à produção de filmes, e como estou convencido que temos de desenvolver uma política de poder — "Tudo é ilusão, exceto o poder", Lenin — o fato de trabalhar em Brasília não me desagradava. Só que depois eu compreendi que não se tratava exclusivamente de criar o Departamento de Cinema da Universidade de Brasília, mas também de integrar nele a Cinemateca Brasileira. Então eu fiquei desconfiado que no fundo se trataria quem sabe... do contrário, isto é, de integrar o Depto. na CB em vez do vice-versa, e, como estou em polêmica com a cultura cinematográfica, só acredito no cinema e na sua política, não quero fazer cultura cinematográfica, quero fazer cinema e política de cinema, não posso fazer outra coisa, esfriei um pouco. Além disso, quando voltar eu quero, eu preciso fazer longa-metragem, o mesmo de sempre, que nasceu numa viagem de trem entre Roma e Porreta. O que causaria transtornos no devido departamento. Além do mais eu venho de receber a bolsa, e provavelmente possa renová-la e fazer com que eles me paguem uma viagem ao Canadá. Tudo isto complica, eu que já crio bastante complicações sozinho. De maneira que quando terminar esta carta vou fazer uma ao Paulo Emilio explicando todas estas coisas, e dizendo que eu continuo a interessar-me por outros problemas que não de criação artística, mas que para que eu trabalhe é preciso que a coisa seja como eu quero, senão não me interessa. Você, o que acha de tudo isto? O Paulo insistiu para que eu voltasse, que iríamos trabalhar juntos, que a gente faria "Fera da Penha" e depois o meu filme. Eu topei, eu sinto que nós três devemos ficar juntos, o pessoal fica apavorado quando vê nossa união, como dizes, corre um sangue comum. Só que no Brasil as coisas mudam tanto que não se pode predizer nada. De concreto há a minha necessidade de fazer este filme e esta premonição do fim da experiência européia. Em janeiro ou em julho eu voltarei, sinto que voltarei. Eu estou fazendo todo mundo esperar já desde há muito tempo e o pessoal começa a perder a paciência, quem sabe até o Paulo César. Devo dar-me em pasto às feras, e isto não me mete medo. Este ano de fossa atrasou minha vida em exatamente um ano, eu preciso terminar este ciclo de minha vida, fazer um filme e ver o que farei depois. Mais ou menos como eu te dizia para ti e *Deus-Diabo*.

Tudo que você me diz de *Deus-Diabo* está certo. Todos os que leram o roteiro me dizem maravilhas, é um mau sinal. Precisa misturar os gêneros e câmera fixa e câmera na mão. Estilisticamente, porém, acho que você deveria agrupar em capítulos, isto é, fazer seqüências CM, outras CF, até agora tenho visto que rodar um plano fixo com um plano câmera na mão causa uma certa sensação desagradável, há uma ruptura, como há ruptura quando, no meio de uma seqüência feita com 50, o diretor lasca uma tele ou uma 18,5. Pense nisto na montagem. E também na mistura de gêneros. Em *Electra* o burro do Cacoyannis misturou ópera (o prólogo) com tragédia (visita da mãe de Electra) com naturalismo (vida de Electra com o camponês) e uma coisa prejudicava a outra. Eu acho que se você manter os limites bem definidos, tuas pesquisas ou teus achados serão mais claros. Como você diz que é um musical, trate o filme musicalmente, decomponha-o em movimentos, os movimentos em temas, misture os temas se achar necessário (movimento e tema em sentido musical, está claro), mas com cuidado para que esta mistura não seja desarmoniosa, casual. Quanto à linha do anarquismo mais consciente, está certo. Eu devo ser, com o Nelson, a pessoa que mais conhece a estrutura de *Barra*, porque o vi tantas vezes e estudei uma semana na moviola, é um pouco como *À bout de souffle* para Godard, as circunstâncias levaram-te a encontrar esta forma de narrativa aberta, que só numa segunda fase encontra sua coordenação, que corresponde à tua personalidade, de coesão por detrás de um caos aparente. Evidentemente se conservar este caos, mas conseguir torná-lo transparente através da consciência, de maneira que as pessoas vejam simultaneamente o caos e a origem, em vez de percebê-lo sucessivamente, como é o caso de *Barra*, você terá feito um progresso. Não sei se isto está claro, mas acho que se você pensar um pouco você compreende e acho que esta é uma direção de teu cinema que merece ser trabalhada.

Eu gostaria tanto de estar contigo, barba grande, carregando bateria e capturando beatos e cangaceiros. Martine* diz que você faz falta, que ela tem saudades, que é para você vir. Eu sou mais modesto, quero só que você me mande uma carta, uma outra como esta. Pode mandar para o número XXX, rue Servandoni, que eu recebo, aliás, recebi a penúltima carta em Roma e aqui. Trigueirinho anda escondido num lugar da Itália, eu respeito seu exílio voluntário. Esta carta é comprida, não é para reler. Faça *Deus-Diabo*, pensando em mim. Mas para não terminar gravemente vamos gritar, feito deputado nacionalista: "*Deus-Diabo* é nosso!".

Teu,

Gustavo.

...E diga a Paloma que o titio de Paris manda beijinhos...

(*) Namorada de Gustavo Dahl.

De Paulo Gil Soares

8 Bahia, abril 63.

Glauber

Pas de temps pour la littérature; et pour cause.

1. Acabei de fazer a planificação de produção — já tenho todas as locações montadas com os seus takes e tudo. Fiz também o levantamento de planos por personagem — o que nos permite ver quanto tempo cada cara fica conosco aproximadamente. É importante notar que o grosso do trabalho está mesmo em Monte Santo e Campo do Cocorobó, o que significa simplesmente — não vai ser mole não!

2. Fiz ainda o levantamento de todos os planos de montagem que Waldemar insiste em chamar de "plano de prestígio" e

3. Mais do que importante — os planos de maquilagem são aproximadamente duzentos, fora as caracterizações e cuidados com montagem, cabeleiras etc. — sobretudo, é necessário que o maquiador esteja conosco da primeira à última seqüência, acompanhando o trabalho plano por plano — você deve se lembrar que o Robertinho tem compromissos com Maciel para levar o "major Bárbara" a Brasília. Os dias (trinta) de que ele dispõe são bem poucos diante do montante de trabalho a fazer. Convém pensar logo nisso desde já. E porque a mim parece que nós vamos necessitar de um trabalho "profissional" para as cenas de sangue. Coisas como o "esfolamento" de Herculano e o corte do braço de Corisco requerem um "*touche realiste*" que é conveniente não facilitar, para evitar o ridículo e alcançar as platéias exatamente onde queremos segurá-las.

4. Outra coisa importante — no assalto à fazenda (episódio dos cangaceiros) há a presença de moças NUAS. O bom senso recomenda que levemos essas moças daqui da cidade. A experiência ensina que nenhuma moça do interior, e principalmente do agreste norte baiano, topa ficar nua diante de uma equipe de homens. E nem mesmo as putas topam a coisa. De pessoal tem o caso de Chica do Bendegó, que no dia que trepou comigo recusou-se decididamente a tirar a roupa toda. E o que se viu foi aquela incô-

moda trepada que eu dei com a Chica vestida de anágua de algodãozinho e soutiens no seio... Por outro lado haverá — e isso depois de ler o roteiro eu advogo com todos os argumentos — a necessidade imperiosa de ser feita a continuidade da fita com certo rigorismo. Manuel e Rosa entram num processo de decadência física que será necessário adotar nos mínimos detalhes, a fim de evitar qualquer falha. O sujo e o desmazelo em Rosa acentua-se de plano para plano. Vamos perder tempo, dinheiro, trabalho e "latim" se não tomarmos cuidado. Essa mesma pessoa poderia ainda cuidar dos toques femininos das atrizes — que será também necessário, numa equipe com oito ou dez homens cansados e ocupados — o que eu sugiro é que se faça uma pequena despesa a mais (pouca) e se levem duas moças que acumulariam os encargos de: 1- *script-girl*; 2- continuidade; 3- fariam as garotas do assalto; 4- cuidariam da equipe feminina. Waldemar concorda inteiramente e diz ter pessoas ótimas para tal serviço. Sem segundas intenções — tal como a possibilidade de uma vez na Caatinga vir a trepá-las — creia que falo sério, com o maior espírito de colaboração e trabalho pra valer.

5. Para facilitar o seu trabalho com os caras que você pretende contratar, aí vão alguns dados numéricos — Manuel, 121 planos; Rosa, 100 planos; Corisco, 66; Sebastião, 55; Antônio das Mortes, 43; Dadá, 36; Cego Júlio, 35; Vicente, 15; Gringo, 15; Maria Santa, 14; Santana, 6; Capitão Sena, 3; Lampião, 4; Moraes, 6; Jagunços, 4; Mãe de Manuel, 4.

6. Milton Gaúcho manda dizer que aceita o teu convite. Que papel fará ele na fita?

7. Favor — não esqueça da minha calça Lee, meu tamanho é 36 médio, ou seja, 75 de cintura, compre uma ajeitada. Há nas lojas de Copacabana ou então na lojinha à esquerda do Mercadinho Azul. Ou então pergunte ao Ruy onde tem. Compre 1 ou 2 pontos menor que a dele. Compre que eu lhe pago aqui. Mas não volte sem trazer. Não aceito desculpa quanto a isto. Custa apenas 5500 ou 6 mil cruzeiros, tire dinheiro do Ruy, de Gugu, mas traga-me as calças.

8. Veja o negócio do filme de 16 mm — e mande os preços de revelação, cópia e mixagem.

9. Abrace Luís Carlos e Lucy. Espero o endereço deles para enviar as camisas. Não mando por Waldemar porque falta o cara da loja entregar-me. Havia falta e ele está providenciando.

10. Dê um abraço na turma [—], Nara, Gracinda e Zuleica.

E venha embora que há muito trabalho para ser feito.
um abração

Paulo Gil.

PS: Acho que nós vamos fazer um filme genial! A história é bárbara! Só tenho medo é de Coió como Sebastião. O Bento é forte demais para suportar as caretas de Coió. Pense nisso duas vezes. Paulinho.

2º PS: Siri ainda não chegou — não fiz levantamento de material de cena porque tem que, antes, discutir as caracterizações. Tá?

Não se meta nas fofocas do Rio. Acabando tudo aí "*se pique*" de volta.

3º PS: Avise a Cacá que o embarque de Pitanga unicamente depende de recebimento da passagem. A Sadia até agora, 11 horas de terça, não tem passagem para ele. Não chegou ainda. Do dinheiro nem sombra. O Banco Boavista não existe. Cacá deve telegrafar dizendo qual o correspondente deste banco aqui, onde devo procurar o dinheiro! Faça isso agora, já, urgente! Ou Cacá que se foda pra aprender a fazer as coisas direito. P. Gil. VIRE

Pitanga segue sábado pela Sadia — ainda não recebemos o dinheiro — só a passagem. São 17 horas de terça. Os bancos fecham hoje às 18 horas e voltam a abrir segunda-feira (!!?) de manhã.

O número do vôo de Pitanga é 251, da Sadia (sai às 11 horas) — mande Cacá buscá-lo no aeroporto. Vou adiantar algum dinheiro a ele para Cacá me pagar juntamente com as miçangas. Já tenho prejuízo com *Ganga Zumba*, cerca de 5 mil cruzeiros em telegramas Western.

Paulo Gil

De Georges Sadoul

XXX, rue de Bretonvilliers
Paris 4º
Paris, 18 de Junho de 1963
Sr. Glauber ROCHA
Rua General Labatut XXX — I Andar
Salvador — Bahia (Brésil)

Caro Senhor,

Desculpe-me responder tão tardiamente sua carta de 22, mas diferentes viagens ao estrangeiro, os Festivais, me impediram de responder a muitas cartas.

Como, por outro lado, não estarei, este ano, no Festival de Sestri Levante, não poderemos nos encontrar, mas não creio que você mesmo irá.

Pelo menos pude ver em Cannes, na mostra da Associação da Crítica, da qual eu era um dos organizadores, *Porto das Caixas*, que sem ser uma obra-prima me agradou muito e interessou.

Bem, não conheço ainda seu *Barravento*, sobre o qual todo mundo me falou muito bem.

Sim, estaria interessado num artigo sobre as principais tendências do cinema brasileiro contemporâneo, sobre sua "Bossa-Nova", para empregar um termo popularizado na França por um tipo de dança. Envie-me pois o artigo com fotografias. Vou intervir energicamente para que seja publicado em *Les Lettres Françaises*. Mas não lhe garanto os resultados. Apesar das aparências, minha influência é mínima no jornal.

Creia, Caro Glauber Rocha, nos meus melhores sentimentos.

Georges SADOUL

De Gianni Amico*

Gênova, 2 de julho de 1963
Ilmo. Sr.
Glauber Rocha
General Labatut xxx/1
Andar — Barris — Salvador
BAHIA — *Salvador*

Caro Glauber,

Eis-nos finalmente juntos ao final da 4ª Resenha do Cinema Latino-Americano. Paolo, David, Gustavo e Carrilho terão com certeza falado do grandioso sucesso obtido por seu filme na nossa mostra. Pena que *Barravento* não estivesse concorrendo, porque teria sem dúvida obtido um prêmio e talvez até o "Giano d'oro".

A imprensa, seja italiana ou européia, exaltou o seu filme, colocando em realce sobretudo a originalidade estilística e seu significado no contexto da produção brasileira. Em Roma organizei também uma projeção privada de *Barravento* para as personalidades do mundo cultural italiano, e entre estes sobretudo Moravia ficou muito impressionado com seu filme e dedicou a ele um artigo no *Espresso*, artigo que lhe envio.

Me desagradou muito não poder reencontrá-lo em Sestri Levante, mas espero que o filme que você está rodando esteja pronto no próximo ano e talvez você venha com uma obra nova para a 5ª Resenha.

Revendo o filme na versão original em 35 mm pude apreciar melhor a sua importância e estou plenamente de acordo com o Gustavo, que o define como "o melhor filme brasileiro já rodado", e espero que os distribuidores italianos saibam apreciar o significado de *Barravento* e que se decidam finalmente a comprá-lo e distribuí-lo nos circuitos normais.

Este ano, como você já sabe, o Brasil não teve muita sorte na nossa Resenha no que diz respeito aos filmes em concurso, e isso me aborrece sobretudo pelo filme de Paolo, que pessoalmente acho muito bonito e interessante.

(*) Carta escrita em italiano.

Como sempre Gustavo fez de tudo para chamar a atenção para a produção do Cinema Novo e sobretudo agradou muito o comentário dele, em francês e simultâneo, de seu filme, numa projeção especial requisitada pela maior parte da crítica.

Espero poder expedir o mais rápido uma cópia dos resultados definitivos da Mesa Redonda e espero poder contar também com a sua colaboração para a redação do Boletim de Informações, que este ano parece finalmente que sairá.

Agora muitas felicitações pelo seu sucesso, esperando revê-lo logo, mando um abraço.

Seu

Gianni Amico.

De David Neves

Rio, 25/7/63

Meu caro Glauber:

Ter achado o Gugu foi genial. Te pensava em Cocorobó, razão pela qual não te escrevi da Europa. Temia não encontrá-lo ou alcançá-lo com atraso, fatos que quebram toda uma noção inerente a minha personalidade, de estética (que pode ser a "aristocrática", que você tanto denuncia).

Da Europa vou por etapas. Foi uma viagem fabulosa que serviu sobretudo para que eu conhecesse mais o Brasil. E agora, daqui do Rio, rumino saudades e conhecimentos de lá. Fiz uma das coisas mais importantes de minha vida. Devo em parte a você, a minha viagem; com seus incentivos ao Carrilho, ao Bruno Torri etc. *Barravento* é a coqueluche cinematográfica da Europa, atualmente. Mantenho meu ponto de vista inicial sobre a genialidade da fita, mas devo te advertir que de certa forma eles (os gringos) incompreenderam-na quase que completamente (o que não frustra absolutamente o seu impulso comercial — sobretudo depois do artigo do Moravia).

O Carrilho, ao que parece, advertiu ao Rex das facilidades que a fita teria para penetrar no mercado europeu. Houve em tudo um mal-entendido que o Gugu vai explicar pessoalmente, em detalhes. Na sua carta ao Carrilho você havia mencionado a possibilidade de pagar uma cópia nova em troca da subtitulagem, às expensas do Itamaraty. O Carvalho Pinto é o Ministro da Fazenda e o pão-durismo se disseminou pelo governo. O Ita* não pode mais despachar as cópias das fitas para os Festivais. E ainda por cima o Carrilho parece ter distinguido você do Rex, e quando você dizia que *pagava* a cópia nova ele apelou para o Rex (Cr$ 200 000,00) apenas para a subtitulagem. O dinheiro enviado resultou insuficiente, razão pela qual o Gugu vai incumbido de requisitar mais 150 000,00, aproximadamente.

Volto à Europa. Fui uma das vedetes de Sestri, e o fato serviu para mostrar que sou realmente um tipo de rara sorte. Muita coisa contribuiu para o fato, sobretudo a ausência de outras "personalidades" e o meu caráter tímido e conciliador. Naquela oportunidade era o que se fazia necessário. Minhas teses (tive que escrever duas; uma em nome de Paulo Emilio e outra em meu próprio nome) foram citadas, discutidas, e algumas vezes transcritas nos jornais italianos. Até agora não posso sentir a razão verdadeira do meu sucesso, uma vez que tudo foi feito de supetão, num regime extremo de urgência. Não tenho cópias das teses, mas em breve sairá o primeiro número de um boletim sobre o cinema latino-americano a ser editado pelo Columbianum (uma das principais conclusões práticas do certame), e nele talvez saia uma delas. Fui feito correspondente do boletim no Brasil e, para o segundo, tenho a incumbência de entrevistá-lo. Pediria a você que respondesse dentro do regime de urgência que lhe for permitido as perguntas que lhe faço e lhe envio junto. Acrescente a elas algumas idéias novas que porventura você tiver acerca do Cinema Novo, de ordem pessoal, política, financeira etc. etc. É fundamental isto. O Brasil não pode faltar a este convite do Columbianum. Diante dos casos extremos de Cuba (regime estatal) e da Argentina (excesso legislativo, e total inconsciência), o Brasil é o país que começa a se sobressair no mundo com um cinema digno de *competir* comercialmente. Em Berlim, Torre Nilsson parece ter tomado consciência disso, *adorando*, contra a opinião de todos aqueles energúmenos de lá, o nosso *Garrincha* genial.

(*) Itamaraty.

Não te digo mais nada porque tudo será assunto para próximos artigos que escreverei. Vou guardá-los para você, se interessar. No momento tomo conta para o Joaquim do Serviço de Cinema do Patrimônio e monto o filme de Copacabana (sua cena foi excluída...).

Responda firme a ambos, a carta e o questionário. Dê um abraço forte no Walter Lima e diga a ele que me escreva contando as peripécias da filmagem, que preciso reportar, desde já, por aqui. Seu artigo sobre Buñuel só agora sai. Mando, em primeiríssima mão, um exemplar de assinante... Faça-me outro favor: pedi ao Almeida Sales que me escrevesse ao Brasil para o teu endereço em Salvador, pois pretendia passar uns dias no Nordeste quando voltasse. Os planos se alteraram por falta de dinheiro e vim direto para o Rio. Se tal carta chegar peça a quem de direito que me envie aqui para o Rio, com urgência, pois contém dados importantes a serem resolvidos com brevidade.

Receba meus votos de pleno sucesso e a certeza de uma saudade enorme que comigo atravessou duas vezes o oceano. E um abraço do

David

De David Neves

Rio, 8 de agosto de 1963.

Glauberocha:

URGENTE

Favor enviar entrevista, fotos, com toda a presteza. Faça tudo numa noite, com o Walter, quando não houver cena a ser rodada.* Precisam disso na Itália, onde hoje você é *vedette*. Estou com pressa. Mando junto uma carta de Novaes, dentro da qual, suponho, você sentirá sinais do vedetismo de que falei acima. Responda ao homem, que é grande praça, nosso ponta-

(*) Glauber estava filmando *Deus e o Diabo na Terra do Sol.*

de-lança nas Oropas. Ele te ama, amando cada dia mais *Barravento*. Um beijo do súdito

David

PS: Walter Lima Júnior que me escreva, também. A cópia de *Barravento* já está pronta. A tradução e os letreiros, em 10 dias. D.

DE TEIXEIRA NOVAES

PARIS, *2 de agosto de 1963.*

Velho Glauber:

Gostei imenso da tua carta. Que diabo, a ninguém amarga um doce, como dizem os espanhóis... Ora, da tua carta o que mais gostei foi desta frase: "Os artigos posteriores não tiveram o valor de sua sinceridade, porque sei que o criticarias (se eu não gostasse do filme, fica subentendido) com a mesma força e também por ajuda a mim". Sou sempre, com efeito, leal a mim mesmo. Tenho o sentimento da amizade na mais alta conta, mas nem esse me suborna quando julgo que devo ser leal a mim, lealdade, claro está, que não significa infalibilidade. Infalíveis são os Papas e os burros! E continuam a escrever deliciosamente mal e a filmar deliciosamente mal. Os Camões e os Pessoa (que também não eram infalíveis) saltarão de gozo na tumba de seus ossos!

Vou-te fazer uma confidência. Gostei logo de ti quando o Salles nos apresentou na Embaixada. Estendeste-me uma mão displicente. Recebeste-me com o maior dos desprezos. Disse comigo: "Este rapaz tem caráter e é um irreverente nato!". Vai ser meu amigo, pensei ainda. Uns dias mais e está no papo. E assim foi. Depois, no meio da tua absoluta miséria de Paris, havia uma espécie de espinha ereta, um tom de dignidade pessoal que me encantava. Assim, quando me anunciaram o teu filme em Sestri Levante, tive um medo atroz de não gostar!... Estava com a sensação de um exame de cagaço. Ora, quando teu *Barravento* começou a berrar coisas belas, inteligentes e brasileiras, e do bom cinema, e antinacionalistas (que é o contrário de "nacional"), a meus olhos surpreendidos, tive uma grande sensação de alívio. E lancei beijos ao Gustavo, ao Paulo César, ao Amico (que te adora!... E a quem aí não se presta a justiça que ele merece), ao Salles etc. etc. etc.

No meu artigo há uma asneira, que deves retificar. Quando digo "estúdio", deves ler "interior". É tal a barafunda de trabalho e de atenção num Festival de cinema, quando ele se toma a sério, que a gente confunde as palavras no momento de as escrever.

O cinema brasileiro sumiu-se em 1930, com a época heróica do Mauro. Vêm depois 30 anos de "chanchada". Renasce depois em vocês, em ti, no Joaquim Pedro e no Paulo César, não no *Porto das Caixas*, mas naquilo que, como comportamento de homem detrás da câmera, nos promete *Porto das Caixas*. Confio também no Nelson, de quem conheço apenas a incipientíssima prova de *Rio, 40 graus*. E confio no homem de *Grande momento* (Roberto Santos, creio que se chama), filmezinho mais de nervos que de redação limpa, mas que prometia muito. Em vocês, está o cinema brasileiro.

Mais outra confidência. Intuía de *Barravento* uma esculhambação de forma e expressão com fogachos de talento. Vi a fita. Intuí falso. A fita tem uma "redação" madura, calma e sapiente. De aí a minha imensa surpresa. Os que a viram na Tchecoslováquia davam-me dela boas impressões, mas não nos termos de revelação e entusiasmo que a fita merece. Mandam os supremos interesses da Nação (e não faço frase sem blague) que *Barravento* seja posto em diferentes e bem cuidadas cópias (35 milímetros), subtítulos em francês, para esta parte da Europa e países comunistas, e inglês, para os Estados Unidos, Canadá, Ásia etc. Vi agora, numa notícia no *Le Figaro*, que ele teria sido selecionado pela Comissão Organizadora para o próximo e primeiro Festival de Nova York. Não a deixes ir sem subtítulos, por amor de Deus! E não confia o trabalho ao primeiro tradutor que te apareça. O de *Pagador*, *Gimba* etc. era uma merda! Parece-me muito melhor o do *Porto das Caixas*. E espero ansiosamente *Deus e o Diabo na Terra do Sol*. O título é muito bom. E não me faças filmes para Festival. Primeiro, faz o teu filme, e pensa só depois no Festival. De resto, o filme vale pelo que é e não pelo que dizem os Festivais. Compreendo que um prêmio agrada ao autor e faz marchar o filme no "terreno comercial". Mas mesmo isso não é sempre certo. A marcha comercial de *O pagador de promessas* na Europa foi um desastre. Pinta, pois, para ti, e só depois do quadro *pintado* procura a clientela...

Vocês precisam de um crítico vosso — quero dizer à altura dos seus deveres e do momento brasileiro — num jornal diário importante. Penso no David Neves, rapazinho inteligente, culto, sensível, honrado e capaz de divergir de vocês, quando ele assim o entender. Objetivo, enfim, mas animado de uma alma nova. Que poderíamos nós fazer para que o David tivesse a crítica cinematográfica de um jornal diário?

E "barraventiza-te" sempre, que estás no melhor dos caminhos, que é, aliás, o teu! Prestaste com esse filme um bom serviço à cultura do teu país. E quem não o entender assim que "se muera"...

Abraços e escreve de vez em quando. Não gosto dos homens da minha idade. Quero a vossa amizade. Teu

Novaes

PS: Eu próprio só entendi o teu filme na segunda visão. De aí que me pareça indispensável a tradução dos diálogos em subtítulos.

De Gustavo Dahl

Paris, 10 de outubro de 1963.

Glauber meu velho

Era preciso estar juntos, e não falar da vida que é puta e cachorrenta, nem das mulheres que são ótimas mas cansam, nem de amor que termina por te tirar tudo o que deu e nem desta vontade de aniquilamento da personalidade individual que como tantos chegou minha vez de experimentar. Que me importa este cansaço e este peito oprimido, se eu sei que minha trajetória terá que continuar com eles ou sem eles, se eu não sei de onde vem, não quero saber, ando farto de mim mesmo, tenho vontade de ser outro, ando farto desta tristeza, destes nervos, ando farto deste esforço de vontade feito para que deste gosto do abismo, da amputação, do nada, nasça ou fique alguma coisa. E como esta coisa será o cinema ou não será nada, eu quero falar de cinema, e depois de mim.

Mete a cara, Glauber, não te preocupa, tu és como Saturno que comia os filhos, teus filmes você faz e depois fica com vontade de comer. O filme será muito melhor que o roteiro *et pour cause*... Depois de *Barra* tinha que fazer um filme lento e sem clímaxes, gente como a gente tem que viver o tempo sobre o fio da navalha senão se estrepa. Os arrojos *sauvages* precisam de crítica tanto quanto a crítica de arrojos *sauvages*. A fotografia do Valdemar é boa. Eu lembro dela em *Barra* e deve ter seu valor comercial, mais inclusive que a do Mário,* com a qual você não tem nada que ver, mas este é um capítulo à parte. E o mercado europeu, se a gente trabalhar direitinho ainda pode dar. Só que agora nós sabemos que é difícil à beça mas sabemos também como é que tem que fazer. E depois *Vidas secas* está indo, *Porto* deve estar também, mas em menor escala, talvez neste tempo a situação esteja tão desesperadora quanto, mas pelo menos mais concreta.

Esta carta está péssima, eu estou completamente fora de forma, eu não consigo dizer as coisas que quero. E, já que não posso falar de ti direito, só me resta falar de mim. Te explicar por que decidi voltar em fevereiro. Primeiro que não tem o que explicar, é uma sensação orgânica, uma necessidade moral. Sensação orgânica de cansaço, de provisoriedade, necessidade moral de levar até o fim uma certa crise que se processa muito estranhamente em dois planos, num dos quais as soluções ficam cada vez mais claras e num outro onde elas ficam cada vez mais caras. E como é necessário fazer que os dois coincidam, isto é, colocar-me em situação de ver-se se eu tenho mensagem suficiente para pagar o preço das soluções escolhidas, decidi voltar. Eu tenho ou que me estrepar definitivamente ou que me salvar definitivamente. De todos nós eu sou aquele cuja preparação foi mais lenta e longa. É que meus problemas, tanto dentro quanto fora, eram tantos que eu não me sentia com coragem suficiente. Hoje todos os problemas se resolveram num só, e mesmo com os nervos à *bout de souffle*, cheios de tiques e aflições, me sinto livre, pela primeira vez na vida, desprendido dos problemas materiais, sexuais, sentimentais e familiares. Era isto que eu tinha bastante inconscientemente vindo procurar na Europa. E uma vez isto encontrado a permanência se faz penosa, vive-se uma espécie de terra de ninguém moral, na qual não se está mais numa fase, mais ainda não se está em outra. O tempo da ação é chegado, e não é o cansaço que deve adiá-lo, porque este só fará aumentar no tipo de vida que vivemos. O que me espanta cada vez mais é como para conseguir um pouco dos resultados que a gente quer, um filme, um grupo, um cinema novo, vivemos todos à

(*) Mário Carneiro.

beira do desastre, do suicídio coletivo ou individual. E o que me impressionou na tua carta, mais do que a habitualmente catastrófica situação brasileira, cinematográfica ou não, era esta impressão que estavas *mesmo* no ponto de estourar. Eu sei por que é, e você também, é porque desde os tempos que você vinha a São Paulo e Rio e a gente sonhava de juntar tudo e criar um troço novo neste cinema de merda que existia, você era e é ainda o único que assumiu o total das responsabilidades. Todos os outros assumiram responsabilidades parciais, todos os outros se ajudavam entre si, mas só você ajudava a todos, quem sabe por isso os outros esqueceram de te ajudar. De todos os filmes do CN, *Barra* é o que foi menos prestigiado publicamente, porque na cabeça dos outros não podia passar que você precisasse disto. Ora, você não precisa de prestígio mais do que Zuquincas ou Paulo, acontece, porém, que as coisas não se passam somente diante de nós. E ninguém pensou, por exemplo, que a não-distribuição comercial de *Barra* era um negócio que ia pesar pesadamente sobre teu segundo filme. O prestígio ia todo pra Glauber pessoa, em vez de Glauber autor, quando mesmo se não se pode separar este é mais importante que aquele. Tudo isto, Glauber meu, é para explicar uma coisa simples, ninguém lembrou que você, tomando conta dos filmes dos outros, do prestígio de um movimento, sendo ao mesmo tempo seu teórico e seu primeiro-ministro, participando nele ao mesmo tempo como principal autor, e conseqüentemente acrescentando a todas as inquietações coletivas as tuas particulares, não poderia tomar conta de ti mesmo. Ficaste isolado pela tua posição de chefe. Eu quis depois de *Barravento* gritar aos putos que tinha nascido um filme no Brasil, mas estava em crise, escrevi vinte páginas e não saiu nada. Nesta merda de país se alguém não vem pra praça a fazer comício ninguém se mexe. E eu sei bem que não é muita gente que quer fazer comício e todo mundo preferiu esquecer que a gente pode fazer comício para os outros mas não para si mesmo. É em todo caso uma merda confusa. Digamos que uma das deficiências do CN é esta falta de personalidades públicas. No fundo só você faz a política a alto nível, os outros a fazem a um nível menor e se dedicam muito mais a seus problemas de criadores. Eu não sei como vai funcionar a tal Associação de Autores, discuti com o Paulo, disse que era contra, que acreditava na quinta-coluna, mas tenho medo que ela continue naquela base brasileira de querer atingir e conseguir as coisas pelas vias legais, em vez de partir para a conspiração e para o aproveitamento do governo. Estou cada vez mais pela sacanagem, eu acho que você coloca mal o problema Zé Luiz. Eu sei que tudo deveria funcionar com base do mercado europeu. Já falamos, porém, de nossa ingenuidade esquecendo a própria crise do cinema europeu e pretendendo de um ano para o outro conquistar a Europa. Como falamos também de uma falta de profissionalismo nosso no atacar o mercado europeu. Eu me rendo bem conta do quanto de diletante têm minhas ou tuas tentativas de vender os filmes. Porém em três anos conseguimos que o nosso movimento fosse conhecido. Nos últimos *Cahiers*, comentando Sestri 63, Marcorelles diz que "il fut d'abord le Festival de l'affirmation brésilienne et de la déception argentine...",* continua depois dizendo: "Des films presentés a Sestri Levante on retiendra surtout l'ensemble brésilien, formé de *Barravento* de Glauber Rocha, primé l'année dernière a Karlovy Vary, effort remarquable d'un jeune cinéaste de 23 ans cherchant à travers d'une histoire trop chargée de significations contradictoires (persistances des superstitions dans une communauté de pêcheurs de Bahia, exploitation économique réelle qui se cache derrière ces superstitions, simbolisme d'une composition plastique exacerbé à la *Que viva México*), à restituer leur noblesse, leur originalité aux habitants d'une région pauvre, riches seulement de leurs seules traditions; *Porto das Caixas* de Saraceni; et *Garrincha*, montage d'actualités, de faits vécus ou reconstitués, centré sur la vie de l'idole des stades de Rio".** Como vês, melhorou muito a posição dele a respeito de *Barra*, enquanto que silencio sobre *Porto* e *Garrincha*. Mas o que interessa é que se fala cada vez mais no movimento, no *Time* inclusive, a respeito do festival de New York. O caminho da conquista do mercado europeu, e isto é só agora que sabemos, passa forçosamente pela afirmação cultural. Que está se fazendo e a um ritmo bastante bom. Só que nós não podemos esperar este tempo normal, porque senão seremos decapitados. Mas não foi somente no mercado externo que fomos ingênuos. Repetimos

(*) "Foi a princípio o Festival da afirmação brasileira e da decepção argentina..."

(**) "Dos filmes apresentados em Sestri Levante destacaremos sobretudo o conjunto brasileiro, formado de *Barravento*, de Glauber Rocha, premiado ano passado em Karlovy Vary, esforço notável de um jovem de 23 anos buscando, através de uma história bastante carregada de significações contraditórias (persistência das superstições numa comunidade de pescadores da Bahia, exploração econômica real que se esconde atrás dessas superstições, simbolismo de uma composição plástica à la *Que viva México!*), restituir a nobreza, a originalidade dos habitantes de uma região pobre, rica somente de suas tradições; *Porto das Caixas*, de Saraceni; e Garrincha, montagem de atualidades, de fatos vividos ou reconstituídos, centrados na vida do ídolo dos estádios do Rio."

exatamente o erro de toda e qualquer tentativa brasileira de cinema, os filmes foram feitos sem pensar na distribuição, embora os artigos de Paulo Emilio lá estivessem indicando o caminho. Se sabia desde sempre que, com a porcentagem do produtor, para que um filme se pagasse no Brasil teria que ser um sucesso enorme, mas em vista disso nós nem tentamos sanear a distribuição no Brasil, nem tomarmos a medida elementar de criar uma distribuidora CN. Com a porcentagem do produtor e a do distribuidor, já se consegue levantar um dinheiro melhor, que permite tocar pra frente enquanto o mercado não é saneado. E quando ele o for melhor ainda. O Nelson me disse que distribuidora estava para ser formada. É a primeira coisa a fazer. O grupo de filme do Zé Luiz é o mais importante da atual produção. Se se conseguir exibidor (Nelson me disse que se arranja), com cinqüenta por cento da renda de Rio — São Paulo e as capitais, mais a inflação, deve dar para tocar pra frente. Que não se deve é deixar que o Zé Luiz pare, porque então ele perderá tudo, o dinheiro empregado, o prestígio e o esforço de todo um grupo. Isto não é um esquema suicida e, se você tiver forças ainda pra levar esse negócio pra frente, a situação se não conserta pelo menos se arranja. Eu não sei ainda qual seria minha utilidade dentro disso tudo. Das pessoas que você cita como CN, acho que por incrível que pareça é de você que estou mais perto, como formação e tipo de preocupação. Isto não quer absolutamente dizer que eu possa te substituir, eu tenho certeza que não. Eu vou começar agora, com uns cinco anos de atraso sobre ti. Mas quer dizer que voltando ao Brasil eu só quero te ajudar naquilo que o CN precisa, que é atividade política, a tua estratégia, que te custa tanto. Eu sei hoje o que não sou, para saber o que sou preciso botar à prova minhas disposições. Sinto em todo caso que se der certo eu vou jogar numa base terrível, não digo como autor de filmes, que é um problema indeterminado, mas como membro de um grupo, de um movimento. Sinto o problema brasileiro cada vez mais agudamente, e eu gostaria de virar faca-lâmina de tão agudo. Tenho medo de relaxar, tudo no Brasil leva ao relaxo. Mas vou com disposições seriíssimas. Recusei Brasília, ou pelo menos botei tanto problema que o Paulo Emilio não me respondeu. Fiz uma crítica dele e da Cinemateca, foi chato e doloroso. Foi a primeira de uma série de rupturas. Mas fiz porque sentia que agora só posso jogar numa base definitiva, e porque das conversas que tive com o Rudá depreendi que a Cinemateca queria mudar, mas muito menos do que eu achava necessário. Decidi voltar para o Rio por causa disso. São Paulo é uma merda, não tem jeito, vai levar muito pra consertar, e eu não estou para bancar o missionário. São Paulo, exceto Jean-Claude, continua burro demais. E mesmo os caras bacanas continuam muito intelectuais. São Paulo tem que ser usado, quem quiser fazer CN que faça, mas são eles que têm que se botar no ritmo da dança, como eu fiz.

O que é importante, Glauber, é que você agüente até que eu volte. A bolsa termina em janeiro e não vou fazer força para renovar: já me disseram que não é possível. Escrevi ao Resnais, mas o filme dele, o próximo, foi adiado de dezembro para a primavera, e eu não vou poder esperar. Mesmo porque estou completamente desinteressado por qualquer trabalho fora do Brasil. Devo começar agora um estágio no Museu do Homem, devo fazer um filme em 16 [mm] sendo eu mesmo operador, mas me interessa só a técnica, aqui eu não tenho nada para dizer, a realidade não me estimula. Mas é importante não só porque eu vou precisar de você na volta, mas porque também eu tenho a sensação de poder te ajudar. Se a viagem for depois necessária, você irá a Cannes, Sestri ou Veneza. Mas você não deve sair apavorado. Você se pergunta sempre se é uma fuga? Pode ser que seja, pode ser que não seja. Se for, não venha. Atrapalhará o resto da tua vida. Sair apavorado, como saiu Trigueirinho, termina por criar problemas em qualquer parte do mundo. Sair numa crise, como busca de uma renovação aí, é perfeito, dá sempre certo. Largar o barco com outros comandos seria bom, mas com quem? O que você deveria fazer é deixar o barco andando mais ou menos sozinho, e então sair, espairecer, e aí, quando você voltasse, recomeçar uma outra fase. Cuba seria bom, mas te queimaria politicamente. O México é uma merda, é um país semifascista pela proximidade com os States, vide caso Siqueiros. E depois, Glauber, é no Brasil que você tem sentido. Mesmo se as condições locais terminam em comer a gente por dentro.

Sem dúvida o cinema está velho para nós. O cinema que nos formou morreu, outro ainda não nasceu, a gente é que tem que fazer. A televisão é um negócio bacana, mas ainda está à procura de sua própria linguagem, esmagada por problemas formais. A literatura não tem mais sentido. Fica só a política. Mas os problemas que temos no cinema, imagina o que devem ser na política. Você pensou concretamente em inserir-se na política oficial, no PTB, por exemplo. Eu tenho a impressão que a política tal qual como se faz no Brasil também está velha para nós. Resta a conspiração, que é ainda o aspecto mais sério da política. Mas quais são as possibilidades de uma conspiração no Brasil? A extensão territorial exclui a luta armada, fica o golpe de Estado. A aglutinação das forças opostas está se fazendo, mas acho que os vários grupos devem estar desunidos, é preciso que haja uma composição total, de todas as forças interessadas numa mudança, e sabem que esta mudança não será pacífica. Cada um deve estar agindo por si, sem nenhuma articulação geral. É preciso esperar que todos compreendam que sozinhos não conseguirão fazer nada, e depois, Glauber, é preciso que haja um líder. Eu me pergunto se os políticos brasileiros, mesmo os bacanas, não estão viciados por um certo tipo de realidade política e nem concebem a possibilidade de um outro tipo de realidade e de ação. Então como é que vamos ficar? Eu não sei, mas acho que, enquanto no cinema o momento é de agir, na política é de esperar, atentamente, ativamente, mas esperar. Eu tenho quase certeza que o Juscelino vai ser eleito de novo. O mecanismo do povo brasileiro é elementar. Ele pensa: há dez anos as coisas estavam ruins, mas não tão ruins. Há dez anos havia Juscelino, logo, Juscelino é ruim mas não tão ruim. Quando está na cara que, se as coisas estão ruins, é por culpa do JK, do Jânio, que deu no pé, e do Jango, que é um bestalhão. Mas este é um raciocínio por demais complicado para a cabeça do nosso povo. O resultado é que vamos repartir como há dez anos atrás. Desde a morte de Getúlio o Brasil continua na mesma fase, é o fim.

Barravento continua a dar complicação. Recebi uma resposta do Gelluck. Dizendo que pelo contrato ele tinha prometido pagar somente 1040 dólares pelo filme, e que te tinha escrito duas cartas, uma em 15 de novembro de 1962 e outra em 19 de março de 1963. Na segunda, da qual ele mandou cópia, ele pede uma fatura em 4 vias, na qual você deve indicar:

Nome e endereço do vendedor e o texto seguinte:

Pour fourniture d'une copie 35 mm avec droits inclus suivant contrat du 22 juin 1962 du film Barravento *1040 US dollars.*

E uma outra igual para *o menino das calças brancas*, por 260 dólares. Acho que o *menino* pifou, e não interessa mais. Em todo caso o homem parece estar ainda interessado e mesmo apressado para concluir o negócio. Mas diz que sem as faturas não pode fazer nada. Ele diz que, apenas receba a fatura, depositará a gaita no City Bank of New York de Salvador. Na carta que ele respondeu pra mim mandando cópia da última que te mandou, ele diz ter trocado correspondência contigo a respeito, mas que espera que com minha ajuda possa ser encontrada rapidamente uma solução. A solução, Glauber, eu acho que só você é que pode dar. Eu vejo várias mas não sei até onde elas têm valor legal. A primeira coisa a decidir *é se você ainda quer, como consta no contrato, que o dinheiro seja enviado para Salvador*. Senão você pode pedir para ele depositá-lo em Paris, em teu nome, no Bank of London and South America, por exemplo. Só que para isto ele quer antes a fatura. A respeito da fatura, eu já te dei os termos em cima. Se você não tiver papel timbrado da Iglu, faça em papel branco, você já tem um contrato assinado, mas especifique que o dinheiro deve agora ser depositado em Paris. Se você preferir, escreva ao Gelluck, dizendo que sou agora o teu representante na Europa, que sou eu que vou faturar e pra ele depositar o dinheiro em meu nome em Paris. Eu receberia o dinheiro, mandava a cópia pra ele, pegava a parte que me tocaria, e o resto depositaria num banco em teu nome e te mandava o recibo, ou então mandava com um portador ao Brasil. Uma terceira solução, para não ficar com o dinheiro emperrado em Paris, seria que você mandasse a fatura em teu nome, e uma carta dizendo para depositar o dinheiro em meu nome, e que apenas recebido eu mandaria a cópia. Depois se ele achar que a cópia está velha a gente arranja outra pra ele. Importante é ter a gaita na mão. Mas para tudo isto é necessário que você

ou mande fatura à Progrès Films S. A.

Rue Royale, 213, Bruxelles,

dizendo para depositar o dinheiro em teu nome, em Paris ou em Salvador, ou em meu nome em Paris,

ou então escrevendo a ele que eu sou representante teu e que sou eu que faturo, recebo e entrego a cópia.

Em todo caso é preciso que você escreva ao Gelluck e que mande uma cópia da carta. Sem isso nada a fazer. Faça isto logo, que o tempo está se encurtando e a gaita é sempre bem-vinda, podemos inclusive não pegar nenhum dos dois e meter tudo na publicidade européia de *Deus e o Diabo*, que tem que ser vendida. O negócio, Glauber, é que a gente deve deixar de fazer luxo. De Laurentis ofereceu na Itália 5000 dólares por *Garrincha*, com direitos para toda a Europa e direito de mudar a montagem e reduzir. É um roubo, uma sacanagem, mas nós não estamos em condições de botar banca. O Luís Carlos recusou, e não sei no que deu, sei em todo caso que estes cinco mil dólares ajudariam o bloco das produções Zé Luiz. Os filmes têm que ser torrados, os pequenos países, a Alemanha etc. talvez sejam o campo mais fecundo. Tenho certeza que, se você vier com *DD*,* e viajar a Europa com o filme debaixo do braço, consegue levantar o dinheiro do filme. Isto na pior das hipóteses, que na melhor dá tudo certo. Eu poderia depois, do Brasil, controlar remessa de master e caralho a quatro. Mas tudo são planos, que porém se a gente trabalhar com método tem que dar certo. Senão estamos perdidos, meu irmão.

Você deve fazer tudo para que *Barra* seja exibido antes de *Deus*, quem sabe aproveitando a onda do Festival de Londres, e ir já pensando na exibição de *Deus*. Se eu tivesse confiança em mim como em ti, me consideraria salvo. Mas isto deve ser sempre assim, a gente acredita muito mais nos outros que em si mesmo.

O Gianni Amico, que te ama, só pode arrumar a passagem se o filme for lançado no Festival de Sestri. É razoável. As soluções mais prováveis são: ou o filme vem pra Cannes e você se vira pra vir, ou com o dinheiro da produção ou do Itamaraty ou o teu, ou de todos juntos, e depois vai a Sestri e faz um giro dos festivais europeus com o filme. Ou você vem a Sestri, eles te pagam a passagem, e depois você leva o filme a Veneza, quem sabe em concurso, se eles gostarem do filme.

Acabo de saber por outros caminhos, pois que o Roud não me respondeu ainda, que *Barra* será exibido em Londres nos dias 16 e 31 de outubro de 1963. Irei para a segunda exibição e tentarei negociar a cópia. Já sondei o Roud, que não me respondeu. Vou escrever de novo, contando a história triste, quem sabe a gente possa também contar com o Lindsay Anderson, que conhecemos em Porreta, pra vender a cópia para um cinema de arte. É fundamental, porém, a autorização do Carrilho para retirar a cópia, e eventualmente uma credencial fornecida por ti mesmo, como representante da produção, me autorizando a negociar o filme. Acho impossível que nada dê certo, mesmo porque a presença física das cópias começa a causar transtorno na minha vida de boêmio.

Que vai mais mal que bem, mas vai. Vamos ver o que vai dar o Musée de l'Homme e vamos ver se vou ao Canadá. O Canadá é um dos trunfos a serem jogados com o Zé Luiz, já estava mais ou menos combinado um festivalzinho brasileiro no próximo Festival de Montreal, agosto do ano que vem, com um dinheirinho assegurado mais ou menos com a venda à televisão ca-

(*) *Deus e o Diabo na Terra do Sol.*

nadense e outros etc. É só trabalhar. Davizinho sabe de tudo. Mande notícias. O puto do Paulo não me responde. A tua foi a última carta que recebi.

Martine,* é comprido demais para explicar, está ainda muito quente. Em todo caso preciso continuar a amá-la, e se um dia vieres a Paris podes contar com sua ajuda. Eu não agüento mais mulher mas continuo a sair duma para cair em outra. Em todo caso não procuro mais nada nelas, senão ternura e companhia. É uma porra confusa, estou me embarcando em outra quando deveria ficar sozinho. Em todo caso os sentimentos se fazem cada vez mais raros dentro de mim. Acabo para ter rápido notícias tuas.

Cuide de *Deus e o Diabo* como você cuidaria não de você, mas de mim. Diga ao Nelson o bem que me fez o encontro com ele. E não largue não, que a gente está fazendo algo de grande. Merda pra grandiloqüência, mas viva para a garra.

Teu, Gustavo

De Guta**

29 de outubro de 1963

Glauber!

Sou feliz por ter recebido as notícias. Cada [frase]*** é tu mesmo, eu as sinto!

Pensei muito em ti, o sabes!

Estive muito doente, infecção na vista, fiquei assim três semanas sem atividade nenhuma, sem ler ou escrever. Fora da preocupação pela vista foi ótimo; assim pude me concentrar bem, e transmitir a ti muita força e compreensão. Compreensão pela vida, cuja confusão e sofrimento não é inútil como te parece.

É maravilhoso como tudo é bem traçado e como somos conduzidos a um porto seguro, sim!

As coisas estão se clareando cada dia mais em mim. Meu maior desejo é ajudar-te neste sentido; vejo nisto a razão de eu viver.

(*) Namorada de Gustavo Dahl.
(**) Mãe-de-santo com quem Glauber se consultou algumas vezes.
(***) Palavra pouco legível.

Um dia sabes que valeu a pena sofrer, que o sofrimento vai lapidando a pessoa, até o diamante aparecer, que cada um tem em si, por mais escondido que esteja. O teu é enorme como as três estrelas (vejo-as toda noite). Estás tão bem protegido, estou mais calma por sabê-lo. Tens um anjo invisível ao teu redor, acredite nele.

Não caminhamos juntos nesta vida, o sabes, vejo isto pela tua carta. Mas, espiritualmente, estamos ligados para a eternidade, isso importa.

Sempre nos reencontraremos nesta vida, é um consolo, te falarei então da força, tranqüilidade e paz que te transmito sempre.

Te abenço-o beijando tuas mãos

Guta

De João Ubaldo Ribeiro

Salvador, 11 de novembro de 1963.

Rocha,

estive com Siri ontem e Siri me disse, muito vagamente, que você tinha mandado uma carta para mim, explicando como você tinha recebido meu livro etc. etc., não recebi carta nenhuma. Se você mandou para minha casa a carta, certamente nunca a receberei, porque o carteiro daqui é meu inimigo pessoal, desafeto inconciliável, e me fez as piores escrotidões. Se você mandou para o *Jornal da Bahia*, é provável que não a receba, porque o cara que agora fica lá na portaria é débil mental, oligofrênico, e não sabe nada além de dizer como vai o senhor, de uma maneira extremamente babosa e irritante, por sinal. Tenho perdido uma porção de correspondência dessa forma. Em primeiro lugar, já que não sou freqüentador assíduo do jornal (mando minhas colunas pelo servente do Departamento de Turismo), ele não sabia que havia João Ubaldo no jornal e devolvia as cartas, dizendo não é aqui não. Em segundo lugar, como ele não via nenhum escaninho com o nome Policarpo ou Theóphilo, devolvia as cartas para os ditos, ou jogava-as fora, dizendo que não sabia quem era Policarpo (tinha até vontade de conhecê-lo).

Depois de perturbá-lo com esses detalhes infinitesimais, lembro que também pode ser que você não tenha mandado carta nenhuma, caso em que você é um filho da puta. Mande me dizer como é que foi. Acho que vou viajar para os Estados Unidos em breve e preciso SABER. Isto aqui é muito porre e agora mesmo eu estava assistindo televisão na casa do vizinho.

Não estive com Paulo Gil, mas soube por Siri que ele vem aí. Ou já veio. Estive com Gugu, que é muito gentil e fala muito simpaticamente, usando palavras difíceis com grande propriedade. Estive com Helena Ignês, que não falou com um ar muito interessado, quase me passando a mão na cabeça: achei-a magrinha e quietinha.

Enquanto isso, Luiz Carlos* leu meu livro e disse que era bom, mas não acertou a dizer mais nada, porque eu não estimulei a discussão. Meu pai leu meu livro e disse que era bom, apesar de ser um livro niilista, amargo etc. etc. Meu pai. Zilma, mulher de Barros, leu meu livro e, segundo imprecisas informações do dito Barros, achou-o "pornográfico e escatológico". O livro, não Barros. Mas disse que está muito bem escritinho, o que, aliás, eu já sabia.

O namorado de minha irmã, que é futuro ginecologista, leu o livro e disse que era muito bom e me perguntou se eu já tinha estudado psicologia, ao que lhe respondi que evidentemente já tinha estudado psicologia a fundo, como subsídio para minha florescente carreira de escritor. E não só psicologia como sociologia e fisiologia e economia política e psiquiatria, tendo também as minhas noções elementares de cibernética. Ele, que tem dentões e se chama Santiago, sorriu como quem disse: "eu acertei, viu?".

Siri me disse que você tem um amigo aí chamado Leopoldo, que leu o livro. Não lhe posso informar que foi que Leopoldo disse do livro, disse mais, que todo mundo que vai aí lê o livro. Donde se conclui que, você trabalhando com sua cópia aí e eu trabalhando com a minha cópia aqui, faremos desnecessária a publicação do livro, o que poupa trabalho, aporrinhações e lançamentos.

E o nosso bom Walter,** como vai? mando-lhe gentis recomendações.

Agora temos também o nosso horário de verão, que me faz sentir-me muito metropolitano e tudo. Distraí-me imensamente com o horário de verão, no primeiro dia, mas agora ele começa a chatear-me um pouco. Ne-

(*) Luis Carlos Maciel.
(**) Walter Lima Jr.

cessito de outro passatempo. Ao que parece, o meu próximo passatempo será ouvir a leitura dos originais do livro de Seu amigo Raimundo (o barbudo) Nogueira, que virá à minha casa na próxima sexta-feira.

Também faço testes vocacionais no IDOV, obrigado pelos americanos que vão me dar a tal bolsa. Hoje mesmo, estive com uma veneranda senhora, que me disse ser eu um indivíduo indeciso, com grandes inclinações musicais, algumas inclinações para o serviço público, menos inclinações para as artes plásticas e pouquíssimas para a literatura. Disse mais, que o meu QI verbal é 137 e que sou um camarada estereotipado, sem imaginação nenhuma. Disse que eu vi bichos demais, nuns borrões que uma rapariga me apresentou há alguns dias atrás. Disse-me ainda que sou descontrolado e disse que o meu QI de execução é bem baixo. Não sei o que é isso. Depois de comunicar-me o meu penalizador estado (quase peço a ela para me ensinar a tomar o ônibus para casa), afirmou que terá uma nova sessão comigo, denominada "Aconselhamento", ocasião em que serei indubitavelmente aconselhado com grande sabedoria e prudência.

Sem mais no momento, despeço-me, aproveitando a oportunidade para enviar os meus protestos de alta estima e elevada consideração.

Cordialmente,

D. Pedro I
João Ubaldo Ribeiro.

1964

copacabana filmes apresenta
deus e o diabo na terra do sol
yoná magalhães
geraldo d'el rey
othon bastos
mauricio do valle
um filme de glauber rocha
produção: luiz augusto mendes

De Luís Carlos Maciel, Paulo César Saraceni, Leopoldo Serran, Rogério Duarte, Geraldo del Rey e David Neves

Rio de Janeiro, 13 de abril de 1964

Glauber Rocha!!!

Esta é uma carta coletiva escrita sob o signo do desespero e da esperança simultaneamente, o que é uma contradição, mas a contradição, como se sabe, é o poder que move todas as coisas. Inclusive as cartas. Há razões de sobejo para o desespero; para a esperança nós as estamos procurando. O primeiro que lhe escreve é Maciel, o que equivale a dizer a calma na aparência e a angústia na essência. Felizmente, da turma não há ninguém preso, e Davidsinho promete colocar seu pai general em campo para libertar qualquer um de nós que, por lamentável equívoco das forças chamadas democráticas, seja trancafiado sem possibilidade de fuga. Estamos, por isso, um pouco mais tranqüilos, mas, efetivamente, a coisa ficou feia por aqui. As explicações de ordem política, sociológica, dialética, filosófica etc. ficam para outra oportunidade. Em resumo, já sabes que aconteceu: um golpe militar que é apelidado pela imprensa reacionária de "revolução" e a instauração de uma ditadura militar, apresentada como salvação da "democracia". Apesar de tudo, desde que não estamos, no momento, fazendo parte dos milhares de presos políticos de todo o Brasil, planejamos as possíveis ações para o futuro. Sarra, que está aqui junto, acabou de falar da necessidade de formarmos um grupo ainda mais sólido, compacto, uno etc. em permanente atividade. Ainda apesar de tudo, Gugu continua a assegurar os financiamentos da Guanabara. Há no horizonte nuvens negras e frestas de luz solar. Deixo a Paulo César o trabalho de dizer quais.

Acabei de ver *Mundo cão*. Fui com Isa, no cinema Leblon — filme fraco, mas, quando saímos do cinema e pegamos o carro, passamos pela favela que está mais triste e entramos numa rua onde, guardada pelos carros do exército, havia a festa e os discursos da vitória deles. Era o verdadeiro mundo cão do Brasil. Temos que começar tudo de novo. Andamos um pouco fugidos mas agora estamos de volta, esperamos a deixa. Gustavo está bom com o seu amor, Maria Lúcia. Como o documentário dele não pode sair agora, eu convidei para que ele montasse a *Integração racial* para ele ganhar um dinheirinho. Paulo Emilio esteve aqui e contou que São Paulo está fogo, mas que Jean-Claude e Maurício* estão escondidos. Não dê entrevistas erradas, espere a nossa vez com calma, senão não te deixam voltar. O negócio é ganhar o prêmio e voltar para a luta. Espero o dinheiro do Gugu para começar a "Fera".** Quero ver aonde vai a censura desses caras. Agora dê notícias suas, as nuvens negras não bastam contra o Cinema Novo. Te deixo Leopoldo.

Fala agora Leopoldo, esculhambando na essência e na aparência. Falo em fita preta por louvor à originalidade. Não é poema "beat", mas as melhores mentes da nossa geração estão sendo caçadas como bichos. Velho, a situação não está mole. Outro dia o Paulo Emílio foi apresentar *O nascimento de uma nação*, na embaixada americana, e na hora da projeção verificou que a fita tinha sido trocada por *Intolerância*. Ele se levantou explicou: a época é mais de intolerância que de nascimento de uma nação. Estamos todos esperando a situação se aclarar. Ontem foi "eleito" o general Castelo Branco. Trata-se de um tremendo gorila assim como todo o seu *staff*. É preciso mais do que nunca deixar de lado os intelectuais e partir para ler *A Guerra de Guerrilhas* de Che Guevara. Vê se não faz besteira por aí. Fica quieto, e não assina manifesto. Sei que é difícil, mas é preciso. Agora vai Rogério.

Agora vai Rogério.

A revolução florida entrou pelo cano. A aliança marx-bossa-ipanema-estudantil-frescura dará lugar à operário-camponesa, desta vez para o pau, a morte ou a república popular brasileira. A turma que pensava ser mole o negócio está apavorada; os que, como eu, só acreditam no conflito e na violência encontraram, nos fatos últimos, nada mais que a dissipação de uma tola crença e um apelo à reentrada humilde no cotidiano de luta e espera. Mandei brasa já nos seus cartazes; o grandão eu tive que modificar, porque com a foto foi impossível fazer, usei uma velha gravura de Newton Cavalcanti chamada de *Chegada de Lampião ao Inferno*; o pessoal gostou. Mandarei depois por Carrilho um exemplar desse e do menor. A parte de informação doméstica fica a cargo de Nece.

Agora é Maciel, eu de novo. A história que eu tinha bolado (a da Bahia, com Ubaldo) e que estava sendo trabalhada com a colaboração do

(*) Maurício Gomes Leite.
(**) "O desafio da Fera da Penha", primeiro título do filme *O desafio*, de Paulo César Saraceni.

Leopoldo será impraticável com o novo regime do país. Passei quase um ano pensando nesse diabo desse filme, mas o negócio agora é partir para outro, com outra história. Aquela ficará para o futuro, quando novamente houver condições para expressão livre. Enquanto isso acho que vou dar uma mão no filme do Sarra, e que, se Deus e Gugu quiserem, deverá começar a ser rodado dentro em breve. As filmagens de *Cabra marcado para morrer* foram interrompidas. Walter Lima deverá começar *Menino do engenho* ainda este mês. O *Corpo vivo*, de Cacá, parou, e ele em dúvida se faz ou não. Talvez faça, principalmente se Adonias Filho for Ministro da Educação, cargo para o qual está sendo considerado muito cotado. Joaquim anda declarando que o negócio é mesmo fazer filmes pequeno-burgueses, e parece que ficou meio abalado com a mudança das perspectivas. Barreto confia que os planos traçados com Nelson serão normalmente levados adiante. Parece que o único que ficou realmente desarticulado foi o Leon, que tinha seus esquemas baseados no Ministério da Educação, que é talvez o ministério mais atingido pelo expurgo, a limpeza, e a reestruturação democrática. *Deus e o Diabo* teve sua campanha publicitária inevitavelmente atrasada pelos acontecimentos. Eu, por exemplo, depois de ter falado rapidamente com o Waltinho,* ainda não o encontrei de novo para acertar a promoção pela TV Excelsior. Ele anda muito ocupado para salvar o pêlo e as estações, com o revertério total da situação política. Outra coisa: o revertério atingiu também minha viagem à Europa, que não sairá mais. Nosso amigo conselheiro e o Itamaraty desistiram de enviar *Morte e vida Severina* para Nancy. Desculparam-se muito e prometeram um novo esquema no futuro. Coisa muito natural e compreensível. Geraldo,** porém, parece que vai mesmo, anda tratando do passaporte. Gugu disse que viaja dia 22, deixando aqui a questão dos financiamentos dos filmes resolvida em definitivo. E acho que são essas, mais ou menos, as notícias. Passo a bola ao Leopoldo para novas digressões literário-filosóficas. Aconteça o que acontecer, estaremos sempre mandando brasa.

Desta vez saí do vermelho porque as coisas estão pretas, e não por originalidade.*** Lá vou eu de novo. A carta foi interrompida porque fomos

(*) Walter Clark, empresário de TV.

(**) Geraldo del Rey.

(***) Frase manuscrita na lateral da página. Trecho datilografado em cor preta, ao contrário do resto da carta, datilografada em vermelho.

ver *La Sfida*, do Rosi. Mas, como eu ia te dizendo, o sertão não virou mar. Virou lama. E maiores não foram os poderes do povo, mas os das forças armadas. Estive com o Pedrinho Moraes. Ele me falou que vocês estavam apavorados aí, sem entender nada. Não se preocupe com isso, porque aqui ninguém entendeu também. Alguns já começam a falar na tal da burguesia vacilante, mas, como dizia o outro, burguesia é burguesia e vacilante é a mãe.

Recebi carta do Fernando Duarte datada de 30 de março. Um dia antes de estourar o barulho. Até lá ia tudo muito bem. Depois a polícia baixou lá, prenderam dois maquinistas e levaram material. A turma só não foi presa porque não estava lá na hora. Fernando não chegou ao Rio, mas temos informações seguras de que nada aconteceu com ele. Está ficando tarde: o Sarra já foi dormir e o Maciel também, e eu não tenho mais nada na cabeça. Manda bala, companheiro, e arranca esse prêmio. Não sei se alguém mais vai escrever. Um abração.*

Agora sou eu, David, algum tempo depois da primeira série de notícias. Reli-as com toda a atenção e pude depreender que o essencial está nas palavras de P. César, ou seja, de você se abster de prestar muitas declarações sobre o problema brasileiro. Fale (e muito) de seu filme, das suas intenções, mas evite falar com implicações diretas com a crise. A situação aqui não está para muita conversa. Outra coisa importante é a possibilidade de Adonias ir para o MEC. Apesar de reaça, seus contatos com Cacá podem garantir um esquema neutro mas ativo no INCE e no Patrimônio, e isso para começar está bom. Pode também amenizar a situação do Leon, que não é das melhores. O *Maioria* terá que ficar "inacabado" por algum tempo. Vi hoje, na rua, a Rosa, que falou do seu telefonema e da carta coletiva que seguirá depois de amanhã. Hoje é segunda, 13, e segundo as últimas notícias mais 20 deputados terão mandatos cassados (total: perto de 60). Os expurgos, segundo o ato "revolucionário", durarão 6 meses. Não acredito que nos atinja. Como PE, disse, em cinema, ao contrário das outras atividades, se há um grupo válido e ativo, que é o nosso, paralisá-lo significaria acabar com o cinema brasileiro. Um prêmio teu ou do Nelson por aí nos garantiria ainda mais. Faço figa desde já.

Minhas saudades. Não poderei partir, o esquema Itamaraty pifou

(*) Bilhete de Geraldo del Rey não incluído.

De Gustavo Dahl

Rio/6/4/64

Glaubiru, Glaubiru

Barbarizou, barbarizou. Que agitação, que confusão. Teu rosto me aparece tão nítido, mas tão rápido, entre tantas outras coisas, depois de tanto tempo. O essencial foi dito e sentido. E espero que os dólares já estejam em tuas mãos. Depois foi aquela coisa terrível, todo mundo falando do teu filme,* de ti, quase que me fazendo sentir culpável de não tê-lo visto. E de sentir aquele monte de gente para os quais você era o centro de gravidade, me agoniava ainda mais, pois que você estava um pouco em cada um deles mas inteiro em nenhum. Tua cara estava forte e calma, e, como nosso problema é mais de calma que de força, isto me deu a sensação que estavas bem.

Eu vi o filme e vou revê-lo. Tenho muita coisa a dizer. Mas acho besta e contraproducente este delírio geral, que prejudica a compreensão. É evidente que, gostando de *Barra* como eu gosto, nada para mim seria surpresa, enquanto que aqueles que não compreenderam *Barra* agora querem se redimir. Se você quiser saber numa frase, eu acho que Antônio das Mortes e os cangaceiros representam um avanço, enquanto que os beatos, ainda envolvidos pelo caos, como em *Barra*, mas paradoxalmente sem o fervor místico deste, apenas ampliam tua problemática, sem encaminhá-la para uma solução. No filme, você não está suficientemente afastado nem suficientemente perto da religião. Em *Barra* você acreditava, tendo vontade de não acreditar. Em *Deus-Diabo*, porque você acredita menos, tua vontade de não acreditar, de te afastar é menor. Estou tentando dizer que para mim você ficou a meias entre a convicção e a distância. O que eu gostava em *Barra*, que era de ver Firmino e você não acreditar, acreditando — *yo no creo en brujas, pero que las hay, las hay* —, não tem nos beatos. Eu achava que você se libertaria desta mística religiosa levando-a a um paroxismo insuportável, e a leitura da história dava a entender isto, mas a tua vontade de afastamento impediu isto, sem ser suficientemente forte para despreender-te totalmente. Você tem em você um

(*) A carta conta a repercussão do filme *Deus e o Diabo na Terra do Sol*, em seu lançamento no Rio de Janeiro.

beato que começa a descrer mas ainda não deixou de ser beato, ao lado de um cangaceiro que não acredita mais em beatos e acha que o homem só tem validade quando pega nas armas para mudar (ou fazer) seu destino. O que me impressiona, porém, é como estas coisas se sentem na direção anárquica e descontrolada para os beatos, rigorosa e solene para os cangaceiros. Luiz Carlos Maciel me disse que você queria fazer o contrário. Mas a gente faz o que deve e não o que quer. A beleza nos beatos vem por iluminações fugidias, é descontínua. Nos cangaceiros ela não vem de nenhum lugar, ela já está lá quando aparece Corisco e só faz aumentar até o final. Ela nasce da terra, tem os pés no chão. Ela tem em relação à beleza dos beatos a mesma relação que tem Corisco com Sebastião, uma relação de superioridade. E agora uma intuição, eu senti o misticismo maior nos cangaceiros que nos beatos. As relações sobrenaturais de Corisco com Lampião, e as relações de Corisco com o sobrenatural (fechamento do corpo), me pareceram mais fortes que as relações do vaqueiro com o beato, e do beato com Deus. É nesta linha que o filme me preocupa. Há muito mais a dizer, eu não tenho pressa. Que é o filme de maior vôo jamais feito no Brasil, você já sabe. Por isso mesmo é que você encontra mais dificuldades de realização que Paulo e Nelson. Acho que você já conseguiu dois terços do que quer. Com mais um você estoura e o sertão vira mar e o mar, sertão.

Mas o que estou pensando é que você deve estar é preocupado com a política. E que eu, no meio dos acontecimentos, te imagino também neles. O importante é o seguinte: nenhuma das pessoas que conhecemos foi presa. Isto dá o tom de tudo: entre Rio e São Paulo há cinco mil pessoas presas. O golpe que a direita queria dar há dez anos, finalmente deu. Jango achou que estava apoiado pelos generais e pelos sargentos. Houve um incidente na Marinha, Jango ficou do lado dos marinheiros e cabos, e a direita aproveitou para precipitar o dispositivo militar de um golpe que estava sendo preparado há meses. O primeiro foi Magalhães Pinto, que declarou as tropas mineiras em rebelião, foi em seguida apoiado por Ademar de Barros, enquanto que Lacerda se entrincheirava no seu Palácio. O Exército dividiu-se e, como a direita tinha maior cobertura militar que a esquerda, estes se aliaram logo, na base do não-derramamento de sangue (obsessão de Jango), da defesa da ordem e do anticomunismo. Sobrou só o Rio Grande do Sul, mesmo assim dividido, e Jango partiu declarando que não queria derramar o sangue do nobre povo gaúcho. Foi uma quartelada no velho estilo latino-americano, sem que a legalidade tenha sido respeitada ou defendida, porque todos estavam com medo da política de Jango. Hoje os governadores Ademar, Lacerda, Magalhães (que no começo era o mais liberal) e outros estão de acordo em impor ao Congresso o Gal. Castelo Branco, chefe militar da revolução, como Presidente até 65. Há expectativa sobre o rumo que tomará a repressão anticomunista agora em curso. Há censura nas estações de rádio e quem sabe nos correios. A impressão geral que se tem é que a esquerda subestimava a força da direita e superestimava o seu poder sindical e sua cobertura militar. Para o cinema parece que *Matraga* e *Padre e a moça* continuam, não se sabe nada do Lacerda. Tem um artigo do Ely, de hoje, que tem ar de quem quer fazer as pazes. Soube-se que *Vidas* acompanhará *DD*, e eu, no primeiro momento, pensando que isto viesse em detrimento de *Deus e o Diabo*, apavorei. Diz-se porém que irão os dois e eu acho ótimo.

Minhas relações pessoais com o país vão bem. Paulo e Isa são ótimos, vejo pouca gente. Estamos tentando documentário do Ita (parece que sobre o "cinema novo"), devo montar *Integração* e depois escrever um roteiro, o mesmo de sempre. Sinto tua falta, muito, mas deve ter sido melhor assim. Escreva pra gente, duas linhas pra dizer como vão as coisas. Quando as ligações que a gente acreditava ter com uma coisa maior passam do terreno real para o virtual, o único jeito é cerrar fileiras.

Abraço, longínquo como sempre, do teu

Gustavo

PS: Chega o recado que você está bem e que quer saber onde está a cópia em 35 mm sem legendas de *Barra*. Eu já tinha te escrito que a cópia estava na Bélgica, com Gelluck, e você tinha me dito de entregar à Embaixada em Bruxelas. Eu não disse nada achando que você já tinha escrito diretamente. Em todo caso a última instrução ao Gelluck que eu dei é que ele guardasse a cópia com ele até segunda ordem. Veja com ele. Diga ao Almeida o meu abraço e que estou escrevendo pra ele.

G.

Para Walter da Silveira*

dr. Walter

esta carta será rápida. depois seguirá uma outra, mais longa. as nossas necessidades urgentes aqui:

1) instituir mesmo, como Jango prometeu, o Festival Anual de Brasília, com prêmios em dinheiro para os filmes de curta e longa-metragem, a exemplo do que Lacerda fez no Rio; há uma verba da Censura destinada a isto; o Festival só precisa ser organizado, em termos sérios e não na porra-louquice do Lacerda. O Jango já prometeu este festival; o negócio é oficializá-lo de vez, bem organizado, com uma comissão idônea, que não seja passível de *parti-pris* e subornos. os prêmios em dinheiro devem ser equilibrados no sentido de suprir os produtores, enquanto eles ainda lutam pelo mercado interno. nisto devia ser especificado o que é prêmio de produtor, prêmio do autor etc. e tal.

2) não deixar o 56 dias.** tem de ser seis por um, especificado. quando o exibidor dobra o filme ele conta os dias, entendeu? seis por um, dobrando o filme não conta o dia. deixamos um projeto perfeito em mãos de Josué Guimarães, da Agência Nacional — e o Jango assinou 56 dias. 56 dias serve, mas, se puder mudar para seis por um, será genial.

3) reformar a carteira de crédito do Banco do Brasil — ninguém conseguiu tirar dinheiro lá até hoje. estamos produzindo com o dinheiro do Banco Nacional de Minas Gerais. é incrível, explique a Waldir, que um banco particular empreste com facilidade de prazo, juro e avalistas, enquanto o Banco do Brasil exige hipotecas, avalistas potentes, garantias terríveis, é um crime!

4) regulamentar como indústria de base no BNDE para conceder financiamento para adquirir material aos produtores de qualificação. claro, porque neste caso é preciso haver uma estrutura industrial.

5) mover pedras no Itamaraty, onde há o maior clima favorável, Mário Dias Costa e Arnaldo Carrilho, para uma regulamentação da importa-

(*) Carta enviada do Rio de Janeiro.

(**) Referência à elevação da obrigatoriedade de exibição anual de filmes brasileiros pelos exibidores para 56 dias, medida assinada por Jango.

ção de filmes estrangeiros. eis o ponto, dr. Walter. o grave e complexo ponto, do qual nem eu entendo direito. mas tem de ser regulamentado. é fundamental, é decisivo isto. a obrigatoriedade não abre o mercado. o mercado é burlado. somente sem o excesso de filme estrangeiro — o mercado vai exigir — o produtor poderá ter força junto aos exibidores. agora o exibidor cumpre a lei, contra a vontade. com o mercado exigindo eles vão tratar melhor os nossos filmes. e japonês em São Paulo é demais. e quanto à exportação, fazer a reciprocidade na média de 8 a 10 por um com cada país. é preciso exportar. tem de haver reciprocidade. muitas providências podem ser adiantadas neste sentido se o Jango criar o departamento de cinema na divisão cultural do Itamaraty, explico: a divisão cultural é excelente. agora estão até produzindo curtas-metragens. o primeiro é sobre integração racial, que Saraceni está fazendo, e já começarão outro este mês sobre a obra de João Cabral, outro sobre Di Cavalcanti, que eu vou fazer, e mais outros sobre Vila-Lobos, Portinari etc.

organizaram [a divisão cultural do Itamaraty] semanas do cinema brasileiro de Assunção a Bogotá, de Paris a Copenhague — a partir de 30 de março começará o avanço, ajudado pelos Cepros. mas não há verbas. o Mário e o Carrilho me falaram para eu falar com Waldir para falar com Jango para criar o departamento de cinema da divisão cultural. e deixar lá um homem como Mário Dias Costa, como o Carrilho ou como o Ministro Jorge Maia. estes são os únicos que entendem do traçado a fundo. esta divisão tratará dos tais acordos de co-produção, de exportação, de regulamentação, de importação de filme estrangeiro, material e tudo. ela está pronta para existir, porém no momento funcionando extra, como simples atividade do departamento cultural, faz o impossível pelo CB. isto é, os três homens que estão lá e que, caso criado o departamento, deveriam ser mantidos.

— demitir o Tambellini do GEICINE. o Jango queria pôr o Nelson. Nelson não serve. o negócio é pôr o Luís Carlos Barreto. o ideal seria o sr., se o senhor morasse no Rio. e botar na direção do INC o velho Mauro, porque o velho Mauro é acessível a nós, é nosso amigo e ainda mais está passando necessidades financeiras terríveis. o sr. imagine que Tambellini agora quer comprar 30 filmes americanos para o INC. ia comprar no Paulo de Tarso, Ferreira Gullar barrou. agora deverá comprar com o Samabaqui. a denúncia foi feita pelo próprio Mauro. O Luís Carlos Barreto conseguiu revolucionar a mentalidade de produção no Brasil e tem prestígio de [—] e de imprensa fantástico, além de ser honestíssimo e uma visão de cinema magnífica. *Vidas secas* é o exemplo dele como produtor e creio que isto é bastante! depois é dinâmico, inquieto, realizador mesmo!

isto de maneira geral é o que nós discutimos aqui, o que o cinema independente quer aqui no Rio, e creio que é o desejo de todos. as legislações de Schindler são loucuras. não se pode deixar Rex andar às soltas com tais manifestos.

termino aqui, depois escrevo mais, dando notícias.

abraços,

Glauber.

De Walter Lima Jr.

Rio, 19 de abril 1964.

Bravíssimo Glauber, meu amigo

Eis a carta. Fiquei esperando notícias suas e do filme até a sua carta para Paulo César. As notícias que você mandava para Gugu não eram suficientes para evitar o eterno monólogo de uma carta e tentar transformá-la em diálogo. Também a situação aqui não permitia (e, se já permite, ninguém sabe). Suas notícias, portanto, eram mais importantes do que as nossas, que de nada sabíamos. Agora, ao que parece as coisas vão tomando forma e característica mais definida. E mesmo que essa forma e essa característica de que falo representem o que se convencionou chamar de caos, convém lembrar que estamos na América do Sul, o único lugar do planeta onde a encenação da farsa é quase brechtiana. Onde as pessoas se revelam e os inimigos se cumprimentam antes do ataque. O golpe militar de 1º de abril valeu por isso: comprovou por intermédio do Exército, onde o "bom-caratismo" impera, que o doente está de coma. Valeu também para provar que quem apregoava os imperativos do processo histórico confundia revolução com reivindicação, estratégia com destino histórico. E continuam a confundir, por isso prometem emigrar para este ou aquele país. Eu mesmo cheguei a pensar nisto, muito menos por auto-análise do que por simples libertação de espírito. Pensei e deixei de pensar. Passei a crer que nada seria mais aprisionante, mais aburguesante do que esta necessidade diletante de estar em paz, de agir em calma. De fugir. Nem me acredito uma figura tão importante para a ordem social, posição que me daria um certo sentido à fuga. Fico para ser. Evito, portanto, a dúvida que leva o Gomez de *A idade da razão* ao comunismo simplesmente porque tem medo de ser Gomez. Fico com o Menalco do *Imoralista*, de Gide: guardo a minha liberdade. Apenas que não preciso fugir para ser um pouco mais livre. Nem pretendo dar razão aos que não a têm, simplesmente "porque isso os consolaria de não terem outra coisa". Não. Fico para agredir.

Faço este preâmbulo, sob certos pontos de vista fresquíssimo e subliterário, para evitar que você pense como os outros. Não creio que seja recomendável a sua volta no momento. Mas, e disso tenho certeza, ela é tão necessária para você quanto o é para nós. Uma deserção agora nada significaria. E é justamente o significado dos atos e das coisas que deve ser pensado, calculado e posto em prática. Acho que você deve pensar, calcular e pôr em prática, por isso e somente por isso é que lhe digo estas coisas. Sua volta é tão importante quanto a sua estabilidade. Não dê ouvidos aos imbecis que passam a vida sem ter um mínimo de perspectiva histórica. Faça o que tem de fazer e volte.

Aqui a luta será muito mais terrível do que já o era. Mas terá o sentido que poucas lutas já tiveram. E só isto justificaria a vida de quem quer que seja.

Fico pensando agora no tipo de reação humana sua diante deste meu falatório em torno da luta e da liberdade. Acredito até que você me veja como mais uma peça usável pelo processo histórico. Posso lhe assegurar, no entanto, que não creio em processo histórico imanentista, erguido acima da realidade, fechado em si mesmo, como uma religião. O processo histórico sou eu, é você, é fulano, beltrano, ou melhor, todos aqueles que querem agir sobre a História. e não pela História. Acredito no ato e duvido do fato, acredito no milagre e duvido do santo. Fora disso só vejo mistificação. Lembra-se quando atravessávamos a praça de Monte Santo durante uma noite, conversando sobre o mito do "Brasil para os meus filhos", e eu lhe disse que esta conversa não me interessava, que o Brasil era para agora, para os que vivem, para mim, para você, para todos nós? Me lembro até que você concordou e acrescentou que o negócio era partir para a luta.

Esta conversa, das muitas que procuravam contornar o tédio de uma cidade de interior, tem muito de verdade e, ainda que esteja marcada pelo diletantismo do diálogo pelo diálogo, teve grande significação para mim.

Gostaria de ter podido conversar com você sobre tudo o que estava me ocorrendo, desde que você me chamou para trabalhar no *Deus & Diabo* à calçada da Fiorentina até a sua ida para a França. Infelizmente esta violenta introspeção me deteve no desabafo. Julgo oportuno agora comentar estes problemas, que por preguiça ou inibição guardei como segredo. Descobri, todavia, que este ano e meio de minha vida era ou estava se tornando uma espécie de ato de consciência. E, como não quero saber de consciência e de segredos, uso a sua amizade para o relato. Digo a sua amizade quando deveria dizer a única amizade que me restou, pois me descobri de uma hora para outra sem nenhuma outra amizade que a sua:

No final do ano 62 eu estava acabando o curso. Tinha então dois grandes problemas: namorava uma moça há quatro anos e vinha evitando assumir a posição de "noivo". O outro: queria fazer cinema. Um problema só poderia ser resolvido com a anulação do outro. De minha parte eu gostava tanto da moça quanto do cinema. E não teria tomado a decisão que tomei se ela não criasse a alternativa em termos categóricos. Fiquei com o cinema e me mudei para o Rio. Você chegou a conhecer o lugar em que eu morava. Iria trabalhar como assistente do Celi. Tomei a decisão e fiquei com as responsabilidades de tudo. Até que o filme brecou. Criou-se então um problema maior, a significação de tudo aquilo. O que afinal representava para mim o cinema? Que tipo de justificativa eu me apresentava para o malogro do "Marafa"? Afinal de contas o esforço de nada valerá. Por isso passei a lutar violentamente para a coisa andar. Na luta foram-se algumas amizades, o primitivo idealismo (o pouco que ainda me restava) e a primeira lição. Também o emprego do Correio. Surgiu então Perdigão e suas idéias. Fiquei interessado na coisa durante uma semana mais ou menos. Depois saí à procura de um produtor para um filme meu (aquela história dos índios), tentei um, dois, três. Nada. Um dia vou à casa de minha mãe e tenho a notícia de que Lillian (o nome da namorada) estava noiva de um cara. A notícia, confesso mesmo, me deixou um pouco tonto. Voltei para o Rio. Procurei as poucas pessoas da minha intimidade. Não encontrei ninguém. Foi me dando uma angústia violenta, até que cheguei na Fiorentina. Nem sei por que fui para lá. Apenas sei que fui andando. Pensava me encontrar com alguém, com você talvez, não sei. Você então me chamou para ir contigo para a Bahia. Topei. Primeiro porque aquilo era uma oportunidade de justificar tudo; segundo porque seria com você. Temia apenas que você esquecesse da promessa noturna. Tenho mesmo a impressão de que você por dentro riu da aparente ingenuidade da minha "vontade de fazer cinema", da minha memória musical cinematográfica, da minha cinefilia. Saiba que tudo isto — digo isto sem a menor presunção — não representa um dado do meu íntimo, da minha vontade. Via e vejo o cinema como veículo da minha explosão, que tanto pode ser surda quanto ruidosa. Cabe a mim provar. A Bahia, as caras novas, o deslocamento não me alterou os sentimentos, muito embora eu tenha trocado estes mesmos sentimentos pela integridade que o cinema me dava. E voltando ao relato: pouco antes de seguirmos para Monte Santo recebi uma carta me anunciando o casamento. Por essa época estávamos no lufa-lufa do início das filmagens e me voltara a idéia antiga de filmar *Menino de engenho*. Isto ou aquilo me manteve afastado de qualquer mortificação, o que só veio a ocorrer em Monte Santo, quando o meu neurovegetativo explodiu. Fiquei então com uma tremenda vontade de lhe contar esta história. Mas achava, e continuo achando, este negócio todo de um ridículo adolescente. Por isso tratei de fazer eu mesmo a minha psicanálise e cagar para o resto. O filme acabou, viemos para o Rio, fiquei sem dinheiro, comecei a trabalhar na adaptação do *Menino de engenho* etc. Muitas vezes não tinha dinheiro nem para ir ao Rio. Meu grande problema se transformou em como comprar cigarros. E não sei quantas vezes tive de andar a pé para poder comer. Voltei para a Cinemateca; [...]. Fui à Paraíba. Com 10 mil cruzeiros. Fernando me emprestou o que faltava (os 10 mil eram para nós dois). Na volta, você havia começado a dublagem. Tentei ajudá-lo no trabalho. Mas me parecia que você estava muito mais encalacrado do que eu. Os empréstimos que ia fazendo acabavam mais rápido do que eu podia imaginar. Voltei então a trabalhar no *Menino*. Pelo menos, isto me manteria em casa. Fiz o roteiro numa semana. Entreguei então o negócio ao grupo do Odylo. Leram, gostaram e começaram a adiar. Adiavam tudo: reuniões, acordos, datas, providências, tudo o que você possa imaginar. Acabou naquilo que você sabe. Fiquei de novo sozinho. Com menos dinheiro ainda. Andei traduzindo uns troços para poder ganhar dinheiro. O trabalho era maior do que o pagamento. Enquanto isto você montava o filme no Richers e o dinheiro do BEG não saía. Até que o filme ficou pronto, sem que eu pudesse dar mais do meu esforço e da minha vontade de estar trabalhando contigo [...]. Comecei a trabalhar no trailer* e o trabalho me absorveu de tal forma que eu me mantive firme. Foi quando surgiu o golpe militar, as pessoas que jogavam papel picado das janelas para festejar Lacerda, o fogo no prédio da UNE, a inquisição policial, aquela lista do CTI publicada nos jornais com o meu nome, o teu e de todo mundo. Uma sensação de que tudo estava acabando também ao mesmo tempo que eu já podia olhar para trás. E agora eu realmente posso. Não cheguei a me abalar, apenas me amargurei por não tê-la possuído. Estranha esta indiferença, não é? Eu mesmo, de vez em quando, me surpreendo com esta atitude. Agora descobri que estou desejando uma mulher linda que me apareceu no MAM um dia desses. E tenho a impressão de que não será difícil tê-la. Enquanto o dinheiro do BEG não sai estou nesta tarefa. O resto é a luta, as pessoas, as dificuldades e tudo o mais. A memória disto tudo poderá me significar alguma coisa, não duvido, mas será apenas memória. E ainda que o meu cinismo permita uma auto-análise, eliminando o supérfluo, selecionando o significativo existencial, fico como não estava, mas com a certeza de que toda e qualquer relação humana terá de ser, pelo menos para mim, tão efetiva quanto afetiva.

Prometi a você comentar *Deus e o Diabo* depois de pronto. Venho tentando fazê-lo. Mas a cada nova visão do filme me convenço da impossibilidade. Tenho alguns traços críticos do filme, mas me falta perspectiva para compor um gráfico do que fizemos. De princípio, acredito no seu talento, na sua fé, e conheço as intenções e possibilidades que o acompanharam durante as filmagens. Mas há também o que você pretende e isto, via de regra, está sendo encarado como definitivo. Mas sobretudo o que há é você. E isto é o que é mais importante. Há o que você foi e o que você é, suas conversas, as nossas conversas, o esforço e o encontro de algumas pessoas e o significado deste encontro. À guisa de comentário desta confusão toda que acabei de escrever, exemplifico: de que maneira Geraldo, Waldemar, Paulo Gil, Siri se uniram nisto tudo? Qual o passado deste encontro,

(*) De *Deus e o Diabo na Terra do Sol*.

se não a violenta e irrefreável vontade de realizá-lo? Que condições dirigiram Gugu, por exemplo, ao negócio cinematográfico? Ele mesmo me disse que já havia pensado, há anos, em fazer um filme, contigo. E eu mesmo? Lembra-se da nossa viagem a Cataguases? Do convite que você me fez na volta, no ônibus, de trabalhar com você no *Jardim das piranhas*? Desta ou daquela maneira este encontro coletivo está no filme, tornando-se um acontecimento. Por que razão, depois do filme acabado, as pessoas que dele fizeram parte se sentiram obrigadas a manter a sua existência em forma de equipe? Você mesmo teve que se voltar contra isso. Vendo isto tudo à distância, posso lhe dizer que, talvez, você e eu tenhamos sido as únicas pessoas (Waldemar também) a cortar o cordão umbilical e deixar que *Deus e o Diabo* existisse por si mesmo.

Agora o filme: gosto da *exposição*, isto é, a primeira parte: do olho do boi morto até a morte da mãe, muito embora seja aí, nestas primeiras cenas, que encontro o maior número de seus cacoetes cinematográficos, o seu modismo, talvez posto em prática como último recurso da montagem. Todos os "clímaxes" criados pela tesoura estão perfeitos, acumulam um clima de "pré-explosão", e acredito que na seqüência da casa de farinha você tenha ainda maior satisfação. Está como você gostaria que estivesse toda esta primeira parte do que chamo de *exposição*. Por sinal, foi a seqüência que Walter da Silveira (que veio de Bahia especialmente para ver o filme) mais gostou. Acha que aquilo tudo, uso de som, montagem matemática etc., mesmo não sendo uma coisa nova, é a melhor parte do filme. Não disse nada porque respeito a opinião alheia, desde que ela não me prejudique. Acho que, assim como está, apenas aquela seqüência exasperante no meio de todo aquele "pluf" que a segue: feira, morte do Coronel, corrida, briga etc., tem perfeita continuação no interior da casa com a conversa dos dois e fecha-se admiravelmente sobre o rosto de Geraldo após a morte da mãe. Lentidão e desespero em cinema têm tempo próprio. Acho que isto você obteve. Está lá. Perfeito.

Do zoom para o Monte Santo, que abre o que vou chamar de *desdobramento*, até a morte de Sebastião & beatos, está aquilo que você pretendia: o desdobramento em seu sentido sinfônico. Neste desdobramento você atinge um alto grau de integridade na montagem. No meu ponto de vista é a melhor coisa do filme, ou melhor, a parte mais realizada, muito embora as citações abertas de Visconti através do personagem de "Rosa", seu mundo interior sendo sublimado pela imagem, a procura da ópera no paroxismo temático etc., Pudovkin (involuntário como realização, voluntário como recurso). Gosto de sua posição viscontiana, apenas aceito a utilização de Pudovkin como último recurso para driblar o material existente. As duas cenas de Antônio das Mortes, todavia, entram em conflito entre si. Na primeira, o que você fez: a estilização do *décor* em "casa do poder" está perfeita. Não fossem as deficiências da produção, acredito que estaria mais perfeita ainda. Se o *décor* fosse mais claramente estilizado, se a iluminação "comentasse" com você a trama que vai se formando em torno de Antônio das Mortes, você conseguiria *in totum* o clima impessoal de cinismo que desejava. O segundo encontro, como está no filme, aquela parede branca, a posição dos atores, o diálogo cínico do padre, não completa a idéia original de estilização. A cena como você havia bolado, na igreja, teria um significado e um peso muito maiores. Seria cínica intrinsecamente, seria muito mais anticlerical do que se mostra. Lembro-me de ter comentado com você o que digo acima pouco antes da filmagem. Continuo achando o mesmo. O filme, porém, cavalga sobre ela e o desdobramento sinfônico supre muito bem a idéia esboçada. Apenas que alguns acordes desta sinfonia expositiva foram suprimidos e estes, creio, deveriam ser os acordes que dariam o tom final ao massacre dos beatos. Na igreja e na escadaria os tons crescem, mas em outra escala.

A parte dos cangaceiros, que chamo de *discussão*, é o grande material do filme. Em situações, personagens, conflitos e criação pessoal. Nela você está presente de corpo e alma, e talvez esta sua presença impressionante o tenha inibido na montagem. Os tempos são longos quando deveriam ser ásperos. Acredito que, se pudesse levar mais algum tempo trabalhando com Rafael, você acabaria por adotar um critério mais econômico na exposição de sua mise en scène. Mas há coisas extraordinárias nesta *discussão*: a abertura, os monólogos de Corisco, o rosto, a elegância e a vibração interior de Othon, grande ator, tremendo personagem. Há o massacre na casa da noiva, suas marcações belíssimas; há ainda boa parte do esfolamento, o beijo, Canudos e das Mortes & cego e o final admirável. E ainda o *gran finale*, o mar, de que muito me orgulho por ter lutado até que você sentisse a sua falta e o seu poderoso sentido de libertação.

O meu saldo, como vê, não tem a menor perspectiva crítica. Tenta ser exato e esbarra na memória. Mas tenho certeza que tudo o que falei é o que preliminarmente estou sentindo. Há outras coisas e entre elas muitas das suas magníficas incoerências que apenas gostaria de citar quando o visse pessoalmente. Por isso aguardo o momento.

Quanto às opiniões alheias, destaco uma por motivos óbvios, a de Anselmo Duarte, que viu teu filme com o temor de um candidato às vésperas das eleições. Gostou mas achou a realização muito pela "bossa", na linha da *novelle vague* (o homem diz assim mesmo, *novelle*). Acha que o filme fará bonito em Cannes e lamenta apenas que você não o tenha avisado a tempo, pois então ele não compraria o *Vereda da salvação*. Agora, no mínimo, ele não poderá fazer o filme "para Cannes". Este "para Cannes" é genial. Terminou voltando para casa com a cara triste e preocupada. Foda-se.

O Alto Comando Revolucionário, que representa a *intelligentsia* dos golpistas, resolveu, após denúncia que ainda não sei de onde partiu, ver *Deus & Diabo*. Gugu articulou com os canais competentes e os gorilas foram substituídos por Milton Campos, que como você sabe é chapíssimo do Otto Lara (que viu e achou genial. Disse que vai mandar brasa numa frase). Vão resolver isto de uma hora para outra.

Numa das muitas sessões realizadas por Gugu na Líder (todas elas concorridíssimas) esteve Justino Martins, sua mulher, mais um cupincha & mulher. Eu e Gugu ficamos na cabine de projeção, vendo a reação das pessoas pela janelinha. Lembro-me de Gustavo reagindo ao filme com os braços e com o rosto contraído. Me pareceu, assim de lado, que ele estava comovidíssimo. Perto do encontro final de Maurício e Othon, ainda nas andanças do primeiro, Justino Martins se retirou. Eu quando vi o homenzinho indo embora fiquei puto dentro da roupa. Admito que não se goste do filme, mas é preciso para isto que se respeite a sua visão (a do filme). Fiquei tão indignado que fui até lá e pedi para que ele voltasse, alegando que já estava no finalzinho. Ora, porra. Uma das coisas mais belas que há no filme, e em muitos filmes, é aquela batalha final, a corrida, o mar. O homem voltou chateado mas viu até o fim. Na saída eu agradeci, depois fiquei sabendo através de Shatowsky que ele havia achado o filme primário, que você não sabia fazer cinema, que o filme tinha mil defeitos. Finalmente tive a certeza de que Justino Martins é um burro.

Sanz andou espalhando que *Deus & Diabo* iria passar "logo mais à meia-noite, no Ópera". Esta notícia ele divulgou inúmeras vezes. E era um tal de gente perguntando, telefonando, querendo ver. Chegava a meia-noite e estava aquela multidãozinha na porta do Ópera. Ficavam esperando, esperando, até que desistiam. Isto se repetiu umas 3 vezes. Nem Sanz nem o filme apareciam.

Acho excelente o cartaz de Rogério.* O que ele te mandou não diz tudo do que realmente é. As cores originalmente são mais fortes. O cartaz bom chegou um dia depois dele mandar uma cópia para você. Tenho estado quase todo dia em sua casa. Fico conversando com Rogério e Leopoldo. Anecyr vai bem. A última vez que vi Rosinha foi lá. Estava ela e a irmã. Na ocasião, andava preocupada com a possibilidade de sua permanência na Europa por longo tempo. Tirei isso da cabeça dela. O pior dessa fase é a onda de boatos. O sujeito acaba perdido no meio de tanta confusão e mentira.

O meu projeto está na fase da idéia na mão e câmera na cabeça. Conversei com Maciel e Rogério, mas me parece que eles conhecem muito pouco a obra de Zé Lins. Todavia eu tenciono manter a narrativa num tom horizontal e extrair disto "clímaxes" verticais. Quero um filme onde o menino está sempre perdendo as coisas, do prólogo à penúltima seqüência. Onde as coisas estão desaparecendo antes que ele tenha tempo de vivê-las. E onde a erosão e transformação seja o principal personagem. Preciso ter cuidado é de evitar uma atmosfera tchecoviana, fechada, asfixiante. Não há disso no Brasil, tudo é muito aberto, muito triste. Quero filme com essa tristeza (de ritmo interior), mas gostaria de obtê-la em montagem direta. Pá, pá, pá. O personagem Papa-Rabo ficará como uma espécie de comentador, trovador ou cantador deste mundo acabando. Alterei suas falas e acho que assim dá certo. Se você tiver alguma sugestão não deixe de me dizer. Tenho a impressão que vou trabalhar novamente com você. Não sei, de repente me vem essa impressão.

Tenho visto pouco cinema. Vi *Lawrence da Arábia*, um filme que você não deve perder; belíssimo. Também *Oito e meio* (vi na Líder). Acho genial, o maior Fellini, fácil. É preciso ter muito peito para fazer um filme daquele. No mais estou acompanhando um festival de filmes antigos americanos. Vi uns Griffiths espetaculares e um filme chamado *Tol'able David* (David, o caçula), que muito impressionou a Eisenstein e Humberto Mauro na época de seu lançamento. Direção de Henry King. É um senhor filme.

(*) Rogério Duarte.

E agora eis o que você queria:

1) A Bahia está terrível. Blecaute nas ruas depois das 9 horas. Toque de recolher. Onda inquisitorial e delatores em penca. O prefeito foi mandado para Fernando de Noronha. Lomanto virou títere. Paulo Gil apareceu por aqui e disse que ficou 5 dias comendo biscoito e bebendo água trancado num apartamento. Estava bem abatido. Siri está por lá. Sua família deve vir para o Rio. Quase todos os seus conhecidos e amigos (Noênio, aquele jornalista gordo que trabalhava no *Diário de Notícias* e na Petrobrás) estão presos, incomunicáveis. Nilda Spencer revelou-se delatora. Helena esteve na Bahia e disse que passou 10 horas detida no aeroporto para investigação. Falou misérias. Disse que você está sendo o nome mais desejado pela onda inquisicional. Um dia depois esclareci com um amigo seu que trabalha no *Correio* (não me lembro o nome) e que é muito amigo de seu primo Flávio de que 80% do que Helena falara era puro alarme. Nada havia contra você.

2) No Rio os amigos estão bem. Até agora ninguém preso. Os que não se esconderam, fugiram. Houve até os que fugiram porque não poderiam perder uma ocasião dessas. Tornaram-se personagens de romance de aventuras e depois voltaram com um certo ar de superioridade. Os filhos de Sanz, por exemplo. Ênio Silveira teve cassados os direitos políticos por 10 anos. Está escondido. Cony escreveu meia dúzia de artigos metendo pau no Exército. Foi ameaçado e mudou de endereço. Continua a escrever e a meter o pau. *UH*, *DN*, *DC*, *JB*, *TI* e mesmo *O Globo* estavam ou ainda estão sob censura, menos o CM, que nada deve ao Banco do Brasil. É o melhor jornal do Rio atualmente ou o único que pode ser lido. O resto, à exceção do *JB*, que está voltando à forma, é merda.

3) Houve ainda a confusão com Coutinho que Cacá te conta.

Glauburu, meu amigo, termino aqui. Como só vou entregar esta carta ao Cacá na terça, qualquer novidade eu acrescento à parte. Não deixe de me escrever. Conte-me as novidades, fale de você e o mundo aí fora, decadente e triste. Mantenha a cabeça fria. Seja prudente (rasgue esta carta, por exemplo) e desculpe esta loquacidade até então inédita e fique com o abraço — ABRAÇO do amigo — AMIGO.

Walter

De Anecy Rocha*

Glauber querido,

Tenho me preocupado muito com você, com sua fossa. Geraldo** deve ir breve pra lhe fazer companhia.

Tenho escrito muito para mãezinha e no dia da crise eu telefonei para ela. Antes de ir para a Paraíba vou dar um pulinho lá na Bahia.

Rosinha tem vindo sempre aqui em casa. Todo mundo adora ela. Ela passa o tempo todo perguntando que dia você vem; parece uma menininha de 12 anos. Mandei alguns dos seus livros para a casa dela, com medo do DOPS dar uma batida aqui. Vasculharam o escritório que Rogério trabalhava e levaram tudo e agora está fechado e sob vigilância da polícia. Não assine nada por aí e tenha muito cuidado.

Você tem se alimentado bem? Cuide-se direitinho e cuidado para não criar barriga. Mude de roupa de vez em quando. E o frio? Mande uma carta falando de você.

Já paguei sua prestação desse mês. O apartamento também já foi pago. Tenho tido muito cuidado com suas coisas e seu quarto. Por hoje chega. O resto é muita saudade e amor de sua

Necy.

Escreva para mãezinha.

De Paulo César Saraceni***

Glauber querido,

Veja bem se entende tudo e o que é principal, sem se apavorar. O nosso cineminha está parado, todos nós sabemos que temos que continuar,

(*) Carta enviada do Rio de Janeiro.
(**) Geraldo del Rey.
(***) Carta enviada do Rio de Janeiro.

e de qualquer maneira, mas esta espera é terrível. Sairá o dinheiro do BG? E o Banco Nacional, agora sem Raimundo como ficará? No Rio, dizem, os que chegam dos outros Estados, está uma maravilha, podemos conversar, dizem que os intelectuais serão poupados, poderão viver, trabalhar. São Paulo e Bahia inteiramente impossível, mas Khoury está bem, teve uma reunião com Ademar. São Paulo espera produzir cinqüenta filmes cinema novo. Imagine o que será? É o dragão da maldade industrial querendo acabar com o santo do povo. Ninguém é passarinho pra viver lá na prisão. Ninguém se entrega não. Em nome da Arte cometeremos os pecados carnais e os teologais. Se tudo era contra antes, tinha-se a vaga idéia de que valia a pena, agora a luta é maior e o difícil é dar vontade na gente, mas se a alma não for pequena... Espero a palavra de Gugu, disse-me o Walter* que o dinheiro sai antes do Gugu partir para aí. Sairá a fera um pouco mais zangada que antes. Hoje à noite tenho um encontro com Cacá e o Quartim para arranjar complemento do *Desafio*, vamos ver. Ainda não tive vontade de montar o *Integração*, David está desanimado, mas Gustavo montará a fita. Não sei como faço, se monto como antes ou se transformo num filme em *allegro* integrado. Ninguém sabe o destino de nada. Você tem razão. Merda para a Europa e seus filmes formais com seus críticos que aceitaram, cansados, velhos. Querendo apadrinhar — paternalistas rococós. Mas é isso mesmo, o Novaes é um bom sujeito, mas de cinema não entende picas. O negócio é ficar com a cabeça fria, aproveitar o máximo — críticas e prêmios. *Deus*, *Ganga*, *Vidas secas*, qualquer coisa genial para nós. Se cuide nas entrevistas, os boatos aqui estão chegando, dizendo que você fez entrevistas perigosas para nossa terrinha. Aqui dormimos em nossa cama como se estivéssemos nos despedindo. Mas da janela tudo está calmo e o mar azul. Dias belíssimos para crônicas de Rubem Braga, tempo ruim para o *cinema verité*. Soube por Helena Ignez, que chegou ontem de Salvador, que tua família vai bem, que Paloma está genial. Mas que as feras estão soltas, querendo acabar com o cabelo grande do geniozinho Glaubiru. Necy está ótima e feliz no amor. O cartaz de *Deus* está perfeito, genial — o mais bonito que vi. Tem dois, o que não está pronto ainda deve ser mais bonito. O trailer que o Walter fez brigando com o Billi, que é uma besta, ficou exato. Walter é um grande cara, e muito seu amigo, só não

(*) Walter Lima Jr.

conseguiu se livrar do narrador que o Billi quis, que é uma merda, o resto está melhor do que você faria. Inclusive a cena da escadaria está melhor do que no filme, se bem que ele diga que está igual. Ele deve fazer um grande filme. Ontem tivemos juntos aqui em casa, ele, Luís Carlos, Ione, Isa e eu. Foi ótimo, falamos muito de você. Tuas neuroses, teus sonhos, tuas conspirações. Luís Carlos e Ione estão sempre comigo. Talvez ele faça a produção do *Desafio*. Gustavo está se esforçando para se adaptar mas está bastante animado. Isa te quer um bem danado. Glauber, fique quietinho, vamos ver se a turma do deixa disso ganha (PSD) para você voltar. O único lugar nosso é aqui mesmo e a temática continua sendo rica apesar do corte de luz. Diga ao Marco que apesar do acontecido aqui, e se der pé nas andanças dele pelo mundo, que venha para cá. Diga a ele que Delachila me pediu para ver se dava para ele vir, mas o que eu gostaria mesmo era que ele viesse. Que eu tenho grande saudade. À Martine diga que Isa gostou muito dos retratos dela, que nós mandamos um grande abraço nela com saudades.

Força, meu Glauber.

Paulo César

Para Lúcia Rocha*

mãezinha,

já estou em Los Angeles, mandei uma cartinha por correio há uns dias. aqui tudo anda bem, espero voltar aí por volta do fim de janeiro, depois do festival que vai ter em Roma. recebi uma carta da senhora dando as notícias e fiquei preocupado com os problemas de dinheiro, mas se precisar de alguma coisa não se aperte, escreva para paizinho que ele mandará com certeza.

desculpe a minha demora e desculpe não estar aí para dar à senhora o que a senhora NECESSITA, ESTOU LUTANDO PARA resolver meus problemas e a vida de cinema é muito difícil.

como vai indo Paloma? recebeu minha segunda carta? já está boa do

(*) Carta enviada de Los Angeles em 18 de dezembro.

sarampo. escreva urgente para mim dizendo o tamanho dela, tamanho de pé e tamanho de roupa porque se comprar alguma coisa para ela poderei comprar no tamanho certo. e Anecy? nunca mais tive notícia dela, não sei se já foi para a Paraíba, não tive notícias de Walter* nem de ninguém. e Lu, como vai? diga a ela para ir se comportando bem. estou em Los Angeles na casa de Ubaldo e Bilô que estão muito bem e me tratando com toda a gentileza. não tenho passado nenhuma dificuldade, como também não passei no México.**

recebi as cartas que Carrilho me mandou. já estão chegando cartas de bancos? estas não precisa mandar.

diga a Lu que estive em Hollywood e que os artistas são muito feios, as mulheres só têm *maquillage* para parecer bonitas nas fotografias e que os artistas são carecas e barrigudos.

diga a Paloma para ir se comportando bem, não quero ela fora do edifício brincando com nenhum menino do edifício, muito cuidado nisto, por favor, e para ela deixar crescer o cabelo. se ela sabe inglês posso levar uns discos de histórias.

aqui não faz frio mas em Nova Yorque sim.

escreva para paizinho dizendo que tudo vai bem e que depois escreverei para ele. desejo a todos um feliz natal, embora não possa mandar presentes. diga a Paloma que levarei o presente dela quando chegar.

a senhora não iria gostar daqui, porque as ruas são muito tristes e feias e aqui para se ir de um lugar a outro se tem que andar quilômetros.

despeço-me com muitas saudades. beijos em Paloma e Lu. lembranças a Diza e Necy e a todos.

Glauber

(*) Walter Lima Jr.

(**) Referência à viagem ao México para participar do Festival Internacional de Acapulco, em que *Deus e o Diabo* é premiado.

Para Walter da Silveira

querido Walter

recebi o teu artigo e seria demais dizer que muito me fez bem: menos pelos elogios, mais por saber que não lhe decepcionei; lembro-me que numa carta antiga você me pedia para não decepcioná-lo com *Deus e o Diabo*. que o filme não fosse bem na Bahia eu já esperava: afinal de contas, na Bahia, o meu cinema estará sempre ligado à minha vida: e entre as pessoas que me conhecem os termos ficarão radicais *ad infinitum*. não faz mal, a renda foi razoavelmente boa — e com as demais rendas do mercado o filme vai se pagando e é dos poucos que conseguem. o nosso tirano Governador não gostou e o prejudicará certamente no prêmio de qualidade: segundo suas palavras textuais, "não tenho dinheiro para estimular a vanguarda, ainda mais quando o cineasta pensa em estimular a luta de classes; entre a chanchada e a vanguarda há um longo campo, até mesmo o da mediocridade; sem a mediocridade não pode haver vanguarda", e por aí foi dizendo besteiras... que fazer? agora, após a experiência, e após esta frustração histórica que estamos vivendo, digo humildemente, como Antonioni: não tenho mais pudores em me dizer um diretor intelectual. é crime ser intelectual em cinema? o músico, o crítico, o poeta, o pintor, o político é intelectual, não? por que somente o cineasta tem de ser um mecânico e banir a condição de intelectual? quem não é intelectual faz os filmes ruins. ou todos os grandes realizadores que nós amamos não são intelectuais? acho, sinceramente, como me falou um dia um amigo, que talvez as massas não estejam preparadas para o papel histórico que nós, os intelectuais, desejamos que ela assuma. e que inconsciente de um povo pode aceitar sem reagir a brutalidade de sua própria existência no plano da consciência? respeitar o público é fazer mau cinema? respeitar o cinema e sua História, aprender dos grandes mestres a evoluir & revolucionar para o moderno é crime contra o público? onde começa o cinema e termina o público?

1965

MARIO
MAR CITO
GLAUBER
CONY
JOAQUIM
FLAVIO
JAYME
CALADO
OCTETO DA GLORIA

Para Lúcia Rocha*

Mãezinha,

Tudo bem. Não há muito o que dizer. Lembranças a todos.

Julinho,

Um abraço. Obrigado pela assistência. Ainda não sabemos como será o clima. Mas aqui nos tratam bem. Somos oito numa cela grande e arejada. Toma-se banho, faz-se ginástica e se conversa. O moral está excelente. Um abraço do seu

Glauber

PS: Beijos para Anecy, Lominha, Rosinha e Lu.

Para Lúcia Rocha**

Glauber — 479031***

Mãezinha,

Preciso de um travesseiro, um cobertor, uma toalha grande, um suéter.
Tudo bem. Meu pai deve falar na Bahia com o Dr. Orlando para interceder junto a Juracy.
Beijos,

Glauber.

(*) Bilhete escrito na prisão, no Rio, quando Glauber foi detido depois de um protesto contra a ditadura militar na abertura da conferência internacional da OEA, no Hotel Glória, com mais sete pessoas.
(**) Bilhete enviado da prisão.
(***) Número do telefone da casa de Glauber, no Rio.

Lembranças e beijos em Loma

Minha mãe: telefona a Rosinha e pergunta se ela pode falar com o tio dela em Minas. Fale com ela pessoalmente.

De Gianni Amico*

Para Glauber

Vecchia puttana adorata

Então você conseguiu ir para a prisão. *L'Avanti* já tinha previsto há um ano. Você tinha vocação. Aqui nos incomodou muito. Fez retornar a Bernardo a veia poética (patética-comprometida). Enviei alguns bilhetes (por Sônia) e você nada. *Brutto porco*, me disse e eu não sabia que estava trabalhando para parar na prisão. Coisa que quando Sônia me disse ao telefone, pensei comigo, bem feito, assim escreve outra vez. Agora sério, temi muito nos primeiros dias, depois soube que o tratavam bem. Espero que tenha sido útil. Daqui tínhamos a impressão que sim, sobretudo lendo os jornais brasileiros. Temo inclusive que se tenha necessidade disto. De gestos clamorosos. Agora é importante saber se haverá processo. Se o processarem, faça-nos saber com 15 dias de antecedência, assim preparamos uma gritaria histórica justo para o dia em que o processo se iniciar. Eu, logicamente, espero que tudo esteja acabado por aí, porque penso que Paloma e C. precisam de você e o cinema ainda mais. Nós estamos aqui para ajudá-lo mesmo se a nossa impotência seja historicamente crônica.

Procure encontrar uma hora para me escrever. Me daria um grande prazer. Gustavo assinou o manifesto, ao mesmo tempo pensava que você marcou um ponto a seu favor na construção do seu mito. Os filmes que você fez são melhores. Gostei muito do artigo sobre O *desafio*. Eu, como já te escrevi, insisto com Marcorelles para que convide o filme para a Semana da Crítica. Langlois me disse que pode fazer qualquer coisa para o filme sair

(*) Carta enviada de Roma. Carta escrita em italiano.

do Brasil no caso de faltar o visto de exportação. Depois das últimas aventuras me parece importantíssimo mandar o filme para Cannes. E você? As últimas notícias que tenho são as que me deu Baldi, de uma carta sua de um mês atrás. Sinceramente, se eu fosse você procuraria tirar proveito do Baldi, mas não teria ilusões a seu respeito. Não tem meios e é um pouco gângster. Depois do que aconteceu você ainda terá a possibilidade de trabalhar no Brasil. Carrilho me disse que tinha intenção de trazer você para Roma. Eu ficaria egoisticamente feliz mas penso que agora mais do que nunca você deve procurar trabalhar no Brasil. Digo isto mesmo se da minha viagem, sobretudo depois de ter estado na Bahia e no sertão, voltei muito desiludido. Não vejo possibilidades revolucionárias, o subdesenvolvimento é tudo aquilo que eu sabia, mais a absoluta falta de consciência, não digo política, mas ao menos da própria fome. É em cima disso que se deve militar. Penso sempre mais que o componente *divística* (entende em qual sentido) de Fidel tenha sido essencial para a revolução. Escreva-me, por favor, dizendo que estou errado. Que você tem uma esperança, um motivo de otimismo. A nossa situação por certo ângulo é pior, porque as nossas esperanças podem ser só as suas, de segunda mão. Há 15 dias mais ou menos houve uma vigília pelo Vietnã. Uma reunião mundana pietística de gente que chorava por um povo que, em última análise, tem ao menos a possibilidade de lutar, de medir-se com a história. Nós sentimos sempre mais a tragédia de não ter tido e de não poder ter a nossa guerra civil espanhola. Vocês terão a guerra de vocês, você sabe, é uma certeza. Mas quando? Tive a impressão que ainda está longe. E no entanto, para você, como para nós, o que está cada dia mais evidente, mais galopante, é a neurose. Não podemos mais esperar, porque está custando mais do que seria legítimo. Neste sentido me parece que interpreto também o seu gesto. Por isso, além da amizade e do afeto, estamos nos sentindo tão perto de você. Porque no fundo, na prisão, por má que seja, será como fora. Mas nós, você sabe, seria absolutamente inútil irmos para a prisão. Para não dizer que seria difícil achar o meio de ir. No fim, por isso, o mal menor é ainda fazer filmes. Digo isso por extensão. Mas você poderá fazê-los ainda. Peço que me escreva ao menos duas linhas, mas responda a essa pergunta.

Eu teria que ter mandado para você e o Barreto aquele famoso roteiro. Além do mais o produtor italiano está mais que pronto. Não escrevi mais nada porque depois da viagem o filme me pareceu inútil, falso e desonesto. Escrevi um outro roteiro brasileiro que me agrada muito, mas depois chegou a notícia de sua prisão e não sei mesmo como poderia rodar o filme, visto que se trata de um filme absolutamente político. Isso para explicar por que não lhe escrevi. Estou atravessando um momento muito difícil, com uma grande confusão na cabeça.

Peço que dê lembranças minhas à Rosinha e um beijo em Paloma, e diga a sua irmã que, quando voltar ao Brasil, será para rodar um filme com ela. Ela nos convenceu a todos ser uma atriz extraordinária.

A história que escrevi é para ela.

Tenho muita saudade dos almoços na sua casa. Se no bordel onde você se encontra você tiver dois minutos, tente ficar próximo de Sônia.

Lembranças a todos os amigos velhos e novos. Abrace Gustavo, Cacá, Paolo,* escreva e saiba que pode vir para Roma a qualquer momento. Tem muitos amigos.

Gianni

Para Walter da Silveira**

Meu querido Walter

recebi sua carta, aliás, seus impressos, e li, constrangido, esta discórdia. Termino de escrever agora mesmo ao Orlando,*** invocando antes de tudo o respeito que você merece de todos nós — o que torna injustificável este tipo de polêmica. Acrescento os meus sentimentos por tal episódio, o que, em suma, só faz fragmentar cada vez mais os pálidos restos desse cinema baiano.

Mas, ao contrário, quero lhe dar uma boa notícia. estamos, eu e Alex Viany, preparando já o primeiro número da revista *CINEMA NOVO*, que será editada pelo Rio trimestralmente, e esta é, por fim, a revista que nós todos queríamos e precisávamos. Assim sendo, eu, como um dos diretores,

(*) Paulo César Saraceni.
(**) Carta enviada do Rio de Janeiro.
(***) Orlando Senna.

lhe convido, desde já, para colaborar conosco. O primeiro número, sobre o cinema brasileiro, está sendo feito e quase completo. Creio que, ademais, não há tempo para que envies uma colaboração. Mas, eis aqui uma matéria para nosso segundo número que, creio, um pesquisador infatigável como você gostaria de fazer — trata-se de "O militarismo no cinema", matéria oportuna e rica, virgem de estudos cinematográficos ao que eu sei e que seria uma análise dos principais temas militaristas analisados pelo cinema em todas as suas fases, de Hitler a Stalin a De Gaulle e Kennedy. Com, é óbvio, a filmografia dos principais filmes. Este assunto eu tomei a liberdade de convidá-lo para fazer. Para isto, tens três meses de prazo e um máximo de vinte laudas, fora as filmografias. Se ainda não viu coisas recentes como *King and country*, de Losey, isto será adicionado em notas à margem, por mim mesmo. *Strangelove*, acho que já viste, não? A Revista PAGA e nosso livrinho sai por mais um mês. Está bonito.

A viagem foi boa. Recebeu meu cartão de Roma?

Preparo-me para filmar *A terra em transe*, radicalmente diferente do que lhe falei antes. Agora o problema é financiamento. Pode haver atraso, mas este é o projeto. Já paguei, felizmente, minhas dívidas, vivo de parcas rendas do filme. Algumas vendas externas vão dando aquela folga necessária para a viagem e para novos projetos. Caso-me em breve. Espero vê-lo qualquer hora destas e abraçá-lo. Além do trabalho pedido, poderás enviar outros, para próximos números. Acontece a sugestão porque a revista terá um caráter por cada número e, como o segundo será sobre cinema latino-americano e cinema de denúncia, o artigo do Militarismo tem função. E, além do mais, é assunto inédito.

Lembranças a D. Ivany e nos meninos.

Aqui estou a seu dispor, um abraço com a fraternidade e a estima do teu

Glauber

1966

ACERVO TEMPO GLAUBER

Glauber enquadra Jardel Filho e Danuza Leão em cena de Terra em transe, *no Rio de Janeiro.*

Para Luís Augusto Mendes*

Prezado Gugu

Como você está vendo pelo relatório que Roberto lhe manda, o tempo está feio. Somente hoje, por azar, abriu um pouco, e mesmo assim com chuvas, quando estávamos fazendo os interiores. Quero lhe esclarecer um detalhe: não houve transformação de documentário turístico em sócio-econômico. Houve um quebra-galho porque aqui não há muito o que filmar de turismo. Aqui chegando havia dois problemas: ou fazer uma série de vistas falsificadas para uma propaganda de turismo ou fazer um documentário com o mínimo de intenção que justificasse a onda da qual o mesmo aqui estava cercado com fofocas no Governo e etc. O roteirinho que fiz não é complicado como o Roberto viu: mostrar um pouco do Amazonas selvagem e lendário e um pouco do Amazonas de hoje. Assim haveria um contraste, despertaria algum interesse. Mesmo porque, sobre o tal "turismo", o J. Borges fez aqui o *Manaus*, para o Itamaraty, de dez minutos, que vi, e esgotava o assunto. Por outro lado, agora lhe falo de cabeça fria, sei que você não gosta de serviço malfeito. O roteiro seria feito em oito ou dez dias. A chuva fudeu tudo. Os interiores são importantes por vários motivos: o orgulho da terra aqui é o teatro, no teatro se pode fazer alguma coisa de original. Depois a entrevista com o Governador isenta o documentário de outras falhas inevitáveis e adiantou muito o trabalho, pois fiz transformações de muitas coisas. Agora você veja: sem índio, sem onça, sem cobra, sem vitória-régia, sem pescaria, sem seringueiro — não é um filme do Amazonas. Muita coisa já foi cortada. Estou vendo o problema dos índios, mas acho indispensável.

Sinto que tenhas gasto mais dinheiro do que o previsto. Não foi contudo irresponsabilidade minha. Te asseguro que qualquer outro gastaria mais. Não tive culpa do tempo aqui ser calculado fora de época. Este documentário, azarado desde suas origens, foi um lamentável ponto de desentendimento entre nós que, espero, com a troca de cartas tenha sido sanado. Eu da minha parte lhe asseguro que não faço mais outro nem para você nem para ninguém, pois enche o saco.

(*) Carta enviada do Amazonas em janeiro.

Lamento todo o ocorrido. Confesso-lhe, inclusive, que temo pela qualidade deste filme, não que seja porcaria, mas que não seja o que poderia ser. Acho que se houvesse um orçamento prévio, um estudo de produção antecipado e outras coisas, muitos males seriam evitados.

Farei o possível para terminá-lo bem, o melhor possível e no mínimo de tempo.

Lembranças a Yoná, um abraço do

Glauber

Para Paloma Rocha*

Palominha,

Papai está aqui no Amazonas fazendo um filme. Aqui tem muito bicho: arara, papagaio, cobra, peixe-boi, jacaré, onça. O rio aqui é muito grande, é quase do tamanho do mar. E tem índio que sempre vem falar com papai. "Índio quer ver menina Paloma." Tem índio Mauê, Waupe, Manao, tudo nu, de pena na cabeça, arco e flecha.

Aqui faz muito calor. Você está sentindo calor aí? Que foi que ganhou de Natal?

Você vai ficar aí na escola este ano. Deve estudar inglês, dança, pintura, aprender a ler e escrever, e ser boazinha com vovó.

Depois, papai manda lhe buscar no Rio e vamos à praia.

Dê lembranças em vovô e vovó, no vovô Félix e Cecê e nos priminhos. Quando eu chegar no Rio mando o bloco, pincel, álbum e um disco de histórias.

Estou no Rio lá pelo dia 20. Escreva uma carta para papai e manda um desenho.

Muitas saudades, beijos,

Glauburu.

(*) Carta enviada do Amazonas em janeiro. A carta traz vários desenhos e legendas: "menina Paloma vestida de índio", "cobra, onça, uirapuru".

Para Walter da Silveira

Rio, 17 de outubro

Meu caro Walter

Pensei em lhe mandar um telegrama de felicitações pela festa amanhã, quando você será recebido pela Academia. Fiquei com receio, porém, de que você julgasse o telegrama simples gozação, conhecendo, como conhece, a minha posição face às academias.

Preferi, pois, um bilhete. Para lhe dizer que o fato me enche de alegria. Não o fato de você entrar para a Academia, que me parece sem importância, nada acrescenta ao seu trabalho, nenhum valor novo empresta à obra de escritor que você, com talento, conhecimento e tenacidade, vem realizando — e que me desperta a maior admiração. O que me alegra no fato é a sua implicação no reconhecimento — afinal — da importância de sua contribuição de intelectual honesto, corajoso e capaz. Acompanhei, nesses quase trinta anos de nossa fraternal amizade, cada passo dessa realização e bem sei quantos obstáculos lhe foram, muitas vezes de má-fé, opostos. E muito me preocupei — preocupação de amigo — com a sua falta de paciência e sua irritação diante deles. Isto serviu para me dar grandes satisfações ao ver que tais matreiros obstáculos ruíam, um a um, ante o valor evidente de seus trabalhos. Você foi reconhecido "lá fora" antes de o ser aqui. Finalmente, isto ocorre, e na Bahia, justamente onde a mesquinhez mais se acirrou contra você. Se, neste momento, eu exercitasse meu desprezo pelas academias, não estaria compreendendo que a festa de amanhã é válida — e apenas como tal — pelo que representa de reconhecimento de um valor autêntico, do talento verdadeiro e da dedicação à causa da cultura. E este preito público é prestado exatamente pelos que se aproveitam da condição de intelectual, apegam-se às instituições, buscam o brilho fácil, fazem das letras (que desconhecem) uma "carreira". Uma vez mais eles se curvam, e a contragosto, à inteligência, rendem homenagem ao caráter e ao talento. Isto é bom.

Lamento não estar por aí. A velha amizade, tão grande, talvez até me levasse à tortura da sessão de posse. Mas seria realmente um bem ver a sua alegria, o contentamento de Ivani. Talvez possa abraçá-lo, no fim de semana.

Até lá, meu caro Walter. Um abraço do seu

Glauber

Para Paloma Rocha*

Paloma Palominha

Papai voltou do Amazonas onde tinha muito índio.

Você vai ficar este ano aí para brincar com os priminhos.

No mês de julho papai vai aí lhe ver.

Papai vai mandar no mês que vem muitos cadernos para desenho e discos dos Beatles.

Tudo bem, manda uma carta com uns desenhos.

Beijos do seu

Glauburu.

Para Jomard Muniz de Britto

querido jomard

estive aqui folheando lentamente o teu livro** e lhe asseguro que vou ler com o maior interesse, porque já vi que você fez um estudo inteligentíssimo sobre nossa Cultura! e sobretudo porque descobri, num relance, que os autores citados por você, revistos e essencializados! dão mesmo uma Visão brasileira, complexa, contraditoriamente subdesenvolvida — e tudo assim continua mesmo depois do Golpe, quando nós nos vimos traídos,

(*) Carta enviada do Rio de Janeiro, com vários desenhos e legendas: "índio, Lominha, cangaceiro".

(**) Glauber refere-se ao livro *Do modernismo à bossa-nova*, Ed. Civilização Brasileira, 1966, que prefaciou.

quando não sabemos bem quem e como surgiu esta nova época, quando a outra era tão promissora. o quanto aprendemos, eis o vero.

sua carta, suas notícias, tudo isto é muito bom; preocupei-me muito contigo, não sabia onde estavas e só agora soube da prisão* e que outra vez estavas livre e trabalhando; foi tão estranho nosso último encontro, você ficou num grande silêncio realmente, a minha casa desmontada, tive a impressão de que tínhamos envelhecido e que, pelo menos eu, já estava sofrendo da antonionesca moléstia da incomunicabilidade. depois da sua visita eu viajei com *deus e o diabo*, veio a queda de Jango, eu voltei com tudo mudado e as pessoas dispersas, desmoralizadas, tristes. e eu fui acometido da mais brutal crise de toda minha vida: no momento em que assumi uma profunda visão dos problemas políticos acumulei uma total desilusão sobre os sentimentos — e uma coisa ficando na dependência da outra me levou a tamanha fossa, como se diz na ipanêmica gíria, que pensei em emigrar até para Hollywood, até pensei inclusive em me demitir da terra e dos ofícios e lhe confesso que não estou ainda bastante curado — ando cheio de decepções, de muitas dívidas, de um cinema ingrato, de tudo na estaca zero depois de tantos anos de luta, da paloma crescendo sem ter direito onde morar, de minha mãe cada vez mais nervosa, da loucura que domina o asfalto, do individualismo hipócrita coletivo do carioca, da vigarice intelectual, da parada no sucesso das letras e artes, do esquerdismo visceral e bossal, do direitismo monstruoso e corrupto, das migalhas comunistas que muitos comeram sem saber por quê, da confusão tão primária entre alienação e participação e da miséria de não ter dinheiro, de ter que resistir para não se negar, de ter que ir levando, pensando e sofrendo e a cada instante querendo morrer e ser então assaltado pela esperança, pelos deveres, pelos processos e pela responsabilidade!

posso lhe dizer que nada mais lhe digo além disto: que tua carta me emocionou e a única coisa boa deste filme é sair na hora e vingar as pessoas e responder à brutalidade — mas o povo não entende, o povo vaia e apedreja, e eu fiz para o povo — imagine que mito besta é o povo. a gente envelhece, caríssimo, descobrindo-se amargo e querendo a mesma paz da paz do mineiro Drummond, e quer emigrar para a Flórida ou para as ruínas de Roma, ficar tomando sol e ganhando dinheiro fácil.

(*) Jomard foi preso com a equipe do professor Paulo Freire, em 1964.

o que vai por aí neste distante Pernambuco do Recife? como agüentas a província brutalizada, a lama do subdesenvolvimento, o feijão, o angu, as velhas lotações, as estradas sujas, as ruas esburacadas, as moças sonhadoramente ansiosas na longínqua maquillage, a brutalidade adolescente dos rapazes, os velhos latifundiários, o arrivismo, os jovens poetas sinceramente dispostos a tudo salvar? Ah, meu querido, como tens mais resistência do que eu, tens a divina paciência para o magistério, a calma sacerdotal dos justos e dos puros! — eu não suportaria ver os tanques, as bandeiras, as flores pátrias, nada.

como você vê, estou amargo e gongórico.

aqui te deixo, espero uma carta sua, que poderei responder ou não brevemente. mas escreve falando de você e de tua vida.

um abraço fraternal do seu amigo

Glauber

1967

DAVID DREW ZING

No Bar Zeppelin, em Ipanema, um encontro histórico do grupo do Cinema Novo (da esquerda para a direita): Ruy Guerra, Joaquim Pedro de Andrade, Walter Lima Jr., Zelito Viana, Luís Carlos Barreto, Glauber, Leon Hirszman e Nelson Pereira dos Santos.

Para Alfredo Guevara *

Prezado Alfredo: Eis o que pude fazer. Dá para você se arranjar?

Cannes 1967 foi considerado pela imprensa internacional como um dos melhores Festivais dos últimos anos, mas para observadores mais especializados tudo não passou de mais um desfile da crise do cinema, sacudida apenas pelos sopros de um novo cinema: este novo cinema, este ano, veio da Iugoslávia e da Hungria, entre os filmes oficiais, e de todos os países do mundo, na Semana da Crítica, minifestival paralelo, que tem em Louis Marcorelles seu principal animador.

América Latina esteve presente com três filmes: dois, *La muchacha de Lunes*, de Torre Nilson (Argentina), e *Terra em transe*, de Glauber Rocha (Brasil), foram temas para debates e despertaram grande interesse da crítica. O terceiro, *Pedro Paramo*, de Carlos Velo (México), infelizmente não transportou o clima, a significação e a qualidade estilística do romance de Juan Rulfo.

O Torre Nilson de *La muchacha de Lunes* surpreende a todos, menos aqueles que já tinham visto no anterior *El ojo em la cerradura* um desvio do autor dos temas intimistas para uma realidade social. Mudou Torre Nilson? Tudo leva a crer que sim. *El ojo de la cerradura*, apresentado no Festival do Rio em 1965, já fazia críticas ao fascismo. O que limitava o filme era sua linguagem fechada, que diluía o tema político numa reflexão quase metafísica. A crescente onda de agitação política pela qual passa a AL tem provocado crises e manifestações até mesmo no cinema argentino, dentre todos os cinemas latinos, o mais estetizante. Esta modificação viemos a sentir, com definição precisa, em *La muchacha de Lunes*, produção americana, embora o financiador, De Rona, seja um porto-riquenho. TN explicou em sua conferência de *prensa* que De Rona viveu um drama parecido e, tendo a idéia inicial, o convidou para fazer um filme que ele, De Rona, produziria. Trabalhando a idéia inicial com sua esposa, B. Cuido, TN realizou o filme em Porto Rico, com atores americanos, Arthur Kennedy e Geraldine Page.

Um furacão ataca Porto Rico e leva ao desabrigo centenas de famí-

(*) Carta enviada de Paris.

lias pobres. Uma empresa americana constrói edifícios em Porto Rico. Os americanos estão na sua "*fazenda*". O povo morre de fome nas ruas. O americano trata o porto-riquenho como um escravo e, quando o trata com simpatia, o trata com um paternalismo cristão típico do senhor pelo escravo. Com tintas claras e diretas, TN pinta este quadro e não hesita um só segundo em revelar esta relação colonial nos gestos, detalhes e significações. Ataca de frente a inconsciência e o egoísmo dos americanos, embora não os pinte como monstros devoradores de criancinhas, isto é, os coloca como seres humanos, também produtos de uma conjuntura social e econômica. Arthur Kennedy é o americano, pai de família, funcionário da grande empresa, que, dominado pela mulher, vai ao fundo de uma experiência pessoal: sua filha, voluntariosa e deformada, exige que ele vá a um bairro pobre de Porto Rico em busca de uma boneca velha que sua mãe, dias antes, dera como donativo às crianças pobres vítimas do furacão. A mãe dera vários objetos usados, e uma boneca, distraidamente. Pois é em torno desta boneca (solução talvez um pouco prosaica) que o filme se conduz. Seguindo os caminhos da boneca, acompanhado pela família, o americano descobre a falta de sentido daquela sua ação e percebe, entre os nativos esmagados, os traços de seres humanos. Moralismo? O filme é ambíguo no final. O americano estaria redimido pela experiência? A estrutura psicológica dos personagens para uma forma acabada de melodrama limita *La muchacha de Lunes* como filme político. Os dados políticos sobram dos detalhes. Torre Nilson, mudando de tema, não perdeu o seu toque de cinema de atmosfera e sua linguagem, por isto, continua carregada de símbolos abstratos que, sem apoio em realidades, se diluem arbitrariamente. Mas, mesmo assim, este filme já possui uma flexibilidade maior do que os outros: é mais aberto, mais dinâmico e agressivo. Em alguns momentos, de grande violência. Mas até que ponto foi esta violência ou até que ponto a acusação se mantém? O filme não dá resposta, embora o final possa parecer também violento. Os atores americanos, Kennedy e Geraldine Page, são excelentes e mereciam bem ganhar o prêmio de atores.

Pedro Paramo é um filme mexicano realizado por um homem de qualidades intelectuais e com interesse em fazer bom cinema: Carlos Velo. Quem conhece a estrutura industrial do cinema mexicano sabe como é difícil se fazer um filme neste país sem intromissões de produtores, técnicos e várias gamas de burocracia existentes. A impressão que se tem, vendo *Pe-*

dro Paramo, é a de um filme que tudo fez para acertar, mas com tamanho receio de errar que terminou errando mais do que acertando. Defeito da adaptação? Defeito do estilo "hollywoodiano" da produção? Em efeito, não sabemos se por causa da presença do canastrão John Gavin no papel central (?) *Paramo* parece um filme americano filmado no México: porque aqui, inclusive, o filme parece caricatural em muitos aspectos, sobretudo pela fotografia acadêmica de Figueroa, "co-diretor" indevido, certamente um dos pontos de prejuízo para Velo. Do filme, contudo, sobra uma boa dose de generosidade humana e nisto está o caráter fundamental do diretor. Um filme de crise, bem-intencionado, cujas frustrações, nítidas, estão na origem da produção. Até quando o México vai insistir em conservar os mitos do cinema industrial, até quando os jovens diretores mexicanos vão tentar fazer alguma coisa mais revolucionária do que apenas fazer um filme correto para se inserir nesta indústria de mediocridade? Enquanto o cinema mexicano não destruir todos seus preconceitos, mitos e orgulho, sem autocrítica, típicos de uma cultura subdesenvolvida que se julga "universal", os filmes, quando bons, serão como *Pedro Paramo*.

Terra em transe, do Cinema Novo brasileiro, de Glauber Rocha, recebeu o Prêmio FIPRESCI e o Prêmio Luis Buñuel. É uma parábola sobre a crise ideológica e política da América Latina, onde os valores se entrechocam sem encontrar o caminho válido e conseqüente: a luta revolucionária. O filme é uma amarga e violenta crítica aos intelectuais de esquerda, teóricos do Partido que se unem sempre à burguesia para apoiar o populismo demagógico e sempre são traídos quando a burguesia sente os perigos de sua aliança, da demagogia e do oportunismo em nome do povo, e de outros temas paralelos. O filme é mais poemático do que ficcional. Isto é, a estrutura é livre, cada seqüência é um bloco isolado, narrado em estilos os mais diversos possíveis, e cada seqüência procura analisar um aspecto deste tema complexo. Unindo tudo, como narração, o delírio verbal de um poeta que morre, vítima da polícia, no clímax de uma revolução frustrada. *Terra em transe*, que foi proibido no Brasil, foi em seguida liberado devido a uma grande campanha nacional e internacional de opinião seguida da repercussão que obteve em Cannes, na maioria entusiástica, embora alguns jornais tivessem confessado não haver entendido as intenções do filme. No Brasil a imprensa também já se dividiu mas o filme está se transformando, pelo seu caráter polêmico, no primeiro grande sucesso de público do Cinema Novo. (Opinião crítica de você e Yellin, que viram o filme...).

Para completar o capítulo AL, a Semana da Crítica apresentou um longa-metragem boliviano — não sei o nome, nem o diretor...(?), filme de denúncia sobre aspectos sociais da Bolívia, mas, como todo filme inicial de uma zona subdesenvolvida, um pouco romântico e folclorístico. Emocionante por ser um começo voltado para sua própria realidade e, sobretudo, por conseguir, talvez por insuficiência de métodos, uma linguagem expressiva.

No plano internacional desenvolvido: Estados Unidos com uma comédia de um diretor de vinte e nove anos, Ford Coppola, sobre como vencer na vida e ser sexualmente importante na melhor sociedade do mundo... Itália: zero à esquerda, sem merecer comentários. Comencini, Petri e Germi, o comercialismo pornográfico com ares sociais. O cinema italiano de hoje, conseqüente do neo-realismo, é uma indústria e nada mais. Esperemos que Belocchio, De Bosio e Bertolucci, com mais alguns outros jovens, revolucionem outra vez o cinema peninsular.

França: zero à esquerda, salvo o discutido, duro, ambíguo *Mouchette*, de Robert Bresson. Filme de primeiros planos, quase mudo, seco, objetivo, é um filme de um católico ou, como costumam chamar os críticos, de um "católico profano" ou de um "ateu com dramas de consciência". Seja como for, Bresson ganhou o Prêmio da OCIC. O filme dividiu a crítica mas ninguém nega o estilo pessoal e eficaz de Bresson, um do raros velhos cineastas franceses a fazer ainda um cinema que se interessa "por alguma coisa". A parte moderna, em cores, reflete a mentalidade prostituída que gerou a *nouvelle vague*: Jessua e Nadine Trintignant, filhos de Lelouch e da vontade do sucesso, desandam pelos temas mais banais, em busca da "comunicação", isto é, da fortuna fácil. *Jeu de massacre* e *Mon amour*... são filmes inofensivos, banais, e "inteligentes".

O cinema tcheco, precedido de grande publicidade, decepcionou este ano com uma pesada, simbólica e discursiva história "kafkiana". Já os iugoslavos marcaram tento na Semana da Crítica, com *Rondo*, e no Festival, com *Loz zingaros felices*, de Alexandre Petrovic. Este filme foi precedido de um escândalo que o beneficiou publicitariamente. Lelouch, membro do júri, o comprou para distribuição na Europa, antes dos Prêmios. E depois lutou para premiá-lo... Descoberto a tempo, Lelouch admitiu a operação e se demitiu. Em cores, o filme trata das minorias zíngaras não adaptadas ao socialismo. Poético, terno e violento, o filme é forte e tem o cheiro livre de um novo cinema que surge na Iugoslávia. Da Hungria, *Dez mil sóis*, epopéia de camponeses, é um filme sofrido, verdadeiro e antidemagógico. Ferenc Kosa, vinte e oito anos, teve seu projeto recusado pela burocracia do cinema húngaro, mas, obtendo mais tarde a produção, fez o filme com uma tal força e tamanho amor a seu povo que, facilmente, se transformou num cineasta oficial. O filme, que do ponto de vista da forma é acadêmico, vale pela sinceridade, pela profundidade crítica e pela compreensão da revolução dentro do tempo e não do imediatismo.

Da Rússia, uma ópera ridícula, *Katerina Ismailova*. A platéia abandonou em massa a sala de projeção.

Inglaterra, caso à parte, Inglaterra, caso especial: *Ulisses* foi recensurado pelo diretor do Festival, que na sessão noturna apagou os subtítulos em francês, pornográficos, que haviam chocado o público da sessão vespertina. Joyce, anos depois, ainda sob censura. Críticos italianos disseram que o crime de Favre Le Bert era perdoável porque Joseph Strike, o diretor, já tinha feito um crime maior: estragar *Ulisses*, o livro. Mas críticos franceses, alguns, adoraram o filme que, no recenso final, graças ao escândalo, escapou quase ileso da crítica e nada conseguiu no palmares. Intencionalmente comercial, fácil, banal e com virtuosismos herdados da *nouvelle vague*, *Ulisses* é um filme que explora apenas o lado escatológico da obra de Joyce e está longe de ser, no cinema, a revolução que foi o romance na literatura. Audácia menor, filme lento, provocativo e frustrado.

Privilege, de Peter Watkins, o novo fenômeno inglês, foi o maior sucesso de público em Cannes, embora apresentado *hors-concours*. Violento ataque às instituições britânicas, através da história de uma cantora de Yêyê. Filme grotesco. Watkins, corajoso e provocativo, não tem estilo nem personalidade. Nem ideologia. Seu filme, *La bombe*, que fez sucesso em Paris, é sincero porém falso no plano das imagens. Falta a este jovem diretor uma personalidade própria que o elevaria, sem dúvida, ao plano do maior cineasta moderno da Europa. Mas Watkins, que mistura Godard com Buñuel, Fellini com Cinema Verdade, e não consegue um estilo próprio, é o exemplo vigoroso de uma nova geração de cineastas que buscam o estilo ou, ao contrário, usam todos os estilos em função do tema. Juiz irado do capitalismo e da hipocrisia, Watkins, já contratado por Hollywood (?), provocou ondas de entusiasmo do público, embora a crítica o recebesse friamente. Quem está com a verdade, o público ou a crítica?

O Losey, de *Accident*, escrito por Harold Pinter, um teatrólogo que está aumentando dia-a-dia seu prestígio e sua influência na Europa, é um Losey feroz, criticando as relações brutais da Inglaterra de hoje, "paraíso do desenvolvimento". Losey antipolicial, Losey reflexivo, mas sempre o Losey do estilo inconfundível: implacável, complexo, violento, arrasador. Este arrasamento de *Accident* é surdo, como uma lancinante música de câmara. Atores excepcionais, sociedade e sexo, isto é, Marx e Freud como base e matéria de um clima dramático. Excepcional, bem merecia o Grand Prix, não tivesse como concorrente a alta pressão publicitária de Carlo Ponti/ Metro/Antonioni. A revista colorida se chama *Blow up*, a mais bela paginação em cores do cinema moderno, clássica, brilhante e vazia. Baseada num conto de Júlio Cortazar, esta fábula antonionesca conta, nas ruas de Londres moderna, as aventuras de um fotógrafo de modas e de uma modelo durante um dia, presumo, de primavera. O fotógrafo, entediado, fotografa detalhes num parque. Subitamente surpreende uma mulher e um homem. Fotografa. Depois a mulher aparece em seu ateliê para pedir os negativos. Dorme com ele, animal sexual espontâneo, para obter os negativos. Depois parte. (A mulher é Vanessa Redgrave, que passeia dez minutos em cena de busto nu.) O fotógrafo, interessado por aqueles estranhos negativos, engana a mulher. Troca os rolos. Revela, amplia (BLOW UP), descobre um crime. A mulher, o amante, outro amante (?), uma mão com um revólver atrás de uma árvore.

Onde está a consciência? O Crime deve ser denunciado? O crime existiu? No parque o fotógrafo vê o cadáver. Quem no mundo de hoje se interessa pelo crime, por um cadáver, por um mistério? O sexo liberta o jovem, com duas modelos, uma seqüência fantástica: o fotógrafo desnuda as jovens e, entre os papéis coloridos do seu estúdio, possui as duas ao mesmo tempo. Antonioni, diante do sexo, não perde a gravidade. Mas seu interesse de cientista pelo sexo lhe propõe o êxito: graças a isto *Blow up* é um sucesso de bilheteria, graças a este sucesso Antonioni parte para Hollywood, onde vai filmar *Identification of a woman*. Antonioni critica uma classe, um sistema, uma moral particular, a moral de uma época? *Blow up* é um filme cansado de um grande cineasta. Um filme evasivo, porque o mundo de hoje não se caracteriza por conflitos de fotógrafos com modelos e sim por conflitos do mundo desenvolvido com o terceiro mundo. O grande erro é supor que Antonioni, Godard e outros diretores modernos falam do "mundo moderno". Falam de um certo mundo moderno, o mundo deles, do centro cultural europeu capitalista. Mas, enquanto Godard investiga, se interroga, e vai progressivamente adotando uma posição de esquerda clara diante dos problemas, Antonioni se abstrai. *Blow up*, à primeira vista, é o espelho da senilidade. Uma senilidade que começa com o esplendor do nada, com a perfeição de um estilo que se realiza brilhantemente como último esforço de um homem cansado. O próprio Antonioni disse à imprensa que nada perguntassem a ele sobre o filme, seu significado, pois não saberia responder...

Os prêmios, como sempre, foram discutidos. A crítica, já cansada de Festivais, comenta os filmes com uma reflexão puramente mecânica. Tem-se a impressão de que é necessário se fazer novos Festivais, sem prêmios e sem crítica, apenas com o debate livre entre os espectadores. E num Festival, se a função é cultural e não turística ou comercial, um filme deve ser visto várias vezes e debatido em profundidade para se saber realmente até que ponto pode contribuir para o esclarecimento de questões inerentes ao homem e à sociedade. Dizer coisas profundas com clareza de linguagem, eis o problema principal do cinema de hoje. Expressão, comunicação e significação procuram sua síntese: um cinema que falhe num destes três pontos não cumpre sua missão. Isto não se viu em Cannes. Alguns filmes se aproximam desta nova era mas ainda será necessário algum tempo para que as velhas tradições sejam superadas e que as influências do "modernismo" e os vícios estetizantes sejam transformados em instrumentos eficazes da linguagem. A técnica e a criação, quando se encontraram, em Cannes, estavam a serviço do nada: *Blow up*.

Alfredo: Pode reescrever e condensar. Assine outro nome qualquer porque o meu nome poderia criar problemas depois para mim no Brasil...

O material seguirá o mais pronto possível. Escreve para o endereço de Claude. Não vou mais a Pesaro —

Glauber

De Paulo César Saraceni

Rio, 24/06/67.

Glaubiru,

Parece que tudo correu bem. Gostou quem tinha que gostar, não gostou quem não tinha que gostar. O povinho ficou de fora, como sempre, e no seu lugar. Até quando é a pergunta. No outro dia li um artigo de Francis sobre isso, da necessidade do Povinho ficar de fora na atual conjuntura cultural, mas eu prefiro como você fez, fora a coragem havia um sofrimento que dignificava tudo. Vi o debate da tua fita* no Rio, não gostei muito, pois o ambiente estava muito passional. As pessoas contra eram fraquíssimas com seus argumentos imbecis. A turma a favor era na base do terrorismo. Em São Paulo a tua fita foi muito bem, acho que muito melhor que no Rio. Já com O *desafio* foi a mesma coisa. Em São Paulo as pessoas são mais sérias e se interessam pelas coisas. O mais triste do Rio é que ninguém se interessa por nada. Veja a fossa e as tristezas dos nossos cronistas. Ser metrópole cultural num país sub e inculto não é mole. Fiquei muito contente, pois o debate em São Paulo teve o comparecimento dos intelectuais mais sérios de São Paulo e discutiram a fita com garra, honestidade e seriedade. Falou-se muito do *Desafio* também junto a *Terra*, o que me deixou muito contente.

Gustavo me falou que na sua carta você fala que está lendo muito e vendo filmes. Acho genial, ele me falou do teu entusiasmo por Rosselini, no *Luis XIV*. Perfeito. Ninguém sabe mais do que o velho Roberto. Cada vez que eu fico radical em cinema é o único que eu penso. Quem diria, o nosso cineminha pegou mesmo até o nosso caro Jabor com um premiozinho em Pesaro. Como não podia deixar de ser, mandou o seu telegrama babaca para o Antonio. “Venci. Avise o pessoal.” Os inimigos estão no poder. O que Ely etc. estão vibrando é uma tristeza, parece a marcha da família. O negócio é ficar na resistência, um dia a casa cai. Estou preparando a minha *Capitu* com cuidado, vou jogar no terreno deles. Quero fazer uma fita pra valer, voltando à atmosfera de *Porto* e fazendo uma fita pra valer. Acho que começo em agos-

(*) *Terra em transe.*

to, com orçamento de 100 milhões, que farei sozinho. Ou vai ou racha. Cansei de ficar pedindo. O que se passou comigo ano passado não quero repetir. A única saída era a guerrilha, não fui. Pensei muito em ir, mas não fui, e é isto que conta. Volto a fazer cinema. A tesão está voltando. Sofri muito com a operação de Gustavo, mas tudo passou, ele agora está bem, mas o coração não está bom. Parece que ele vem morar conosco. Brigou com Maria Lúcia. Mas espero que tudo corra bem. Ele é forte, e macaco velho já nisso. Agora é pensar no seu filminho, que não é mole. Estive em Tiradentes na locação do Paulo Gil. O filme estava indo bem, acho que Paulo Gil no final não agüentou a barra. A locação era péssima, sem nenhum conforto, e depois de vinte dias as coisas engrossam. Isa está bem. Vi os copiões dela, que gostei muito, fazendo um papel inteiramente doido. Como todo filme do Paulo Gil. Estou muito preocupado, pois continuamos a fazer fitas como no início. *Barravento*, *Porto* etc. Basta imprimir para a gente ficar contente. Espero que você e Rosa estejam bem. Estamos com saudades.

Grandes abraços nos dois.

Paulo César.

Para Jean-Claude Bernardet

Paris, Julho, 12, 1967

Querido Jean-Claude

Somente agora, devido ao PE, consegui seu endereço fixo, pois você, como bom francês errante, não pára de Brasília a São Paulo e eu não sabia onde estava chegando. Soube, inclusive, com atraso, que vocês já têm um rebento na família, pelo que e para o qual envio minhas tardias congratulações.

O motivo desta carta seria matar saudades, uma vez que não nos vemos há muito e pouco conversamos. Para lhe perguntar pelo livro* e lhe

(*) Referência ao livro de Jean-Claude Bernardet, *Brasil em tempo de cinema* (Civilização Brasileira), lançado em 1967.

sugerir que o envie para os seguintes críticos na França (segue lista de nomes). Estes críticos morrem de vontade de conhecer o livro, cuja propaganda estou fazendo, e como são estudiosos empíricos do cinema brasileiro vão ter uma base para mexer. E depois, se você quiser, sugira ao Billard a tradução, pois o Billard tem jeito e força para conseguir que o livro saia traduzido aqui na sua terra.

Sobre *Terra em transe*, cuja opinião tua não sei até agora, espero que tenhas comentado no livro. Se não deu tempo, te peço para me mandar uma ligeira carta dizendo o que achastes, pois, como você foi das poucas pessoas que leu o roteiro original, tua opinião me interessa muito. Espero que não tenhas trabalho com isto. Se vai sair no livro, eu espero para ler.

Aqui tudo bem. Estarei de volta a Paris em setembro próximo. Você pode me escrever para o Canadá.

Estou entusiasmado com a nossa revista e espero que agora tenhamos o nosso tribunal de discussões aberto. Insisto com Alex para que a revista seja *CINEMA × CIVILIZAÇÃO*, isso é, Cinema como ponto de uma discussão global. Estás de acordo? Quais os teus planos? Agora, depois da experiência de *Naves* e *Brasília*, pretendes dirigir? Agora que as coisas estão melhorando, se tiveres um projeto podemos conversar, via MAPA, quando eu voltar, em janeiro. É fácil a gente armar uma co-produção.

Escreva-me, de qualquer jeito, para o Canadá ou para a Suíça, onde estarei de 20 a 30 de julho...

Não vi nada de bom, a não ser o estertor final do velho cinema de Bergman, Antonioni, Resnais, Visconti. A tentativa que eles fazem pra ser modernos é suicida. *La chinoise* me parece que será o manifesto maoísta de Godard, já delineado pelas posições avançadas de *Made in USA* e *Duas ou três coisas*. Vi tudo de Buñuel. Quando a gente vê o conjunto de *Chien andalou* a *Belle de Jour* é que ele é o melhor mesmo, o único imperturbável. Buñuel é, inclusive, O CINEASTA LATINO, pois a violência da denúncia e a força anticonformista de *Olvidados*, *Nazarin*, *Ambiciosos* e outros todos é atual, válida e profunda.

Chegou a hora do terceiro mundo, do cinema revolucionário do terceiro mundo. Acho que a ação tem de se dar no plano didático, através de documentários, e no plano da expressão, através de filmes que sejam revolucionários, na sua própria práxis, como foram os filmes russos de Eisenstein. Sou e continuo sendo cada vez mais contra o cinema de denúncia, discursivo e psicológico. Quando digo contra, não é que seja contra que outras pessoas façam. Sou contra eu fazer. Minha idéia agora é que não podemos fazer um cinema revolucionário numa linguagem velha. A linguagem velha, para mim, é o compromisso com o realismo flaubertiano, com o teatro Gorki-Tchekov-Shaw, com a estética de Lukács. O cinema tem de entrar no território da linguagem como a América no território da revolução. Sinto que isto se aproxima. A boa consciência gerada por uma arte que se diz de esquerda porque comunica usando a velha linguagem é o pior. *Todas as mulheres* comunica. Mas comunica o quê? O otimismo, o moralismo pequeno-burguês, os valores de uma sociedade apodrecida. É um filme conformista, alegre, por isto comunica. Comunica e aliena. Comunica e silencia. Comunica e colabora com o status. Toda a esquerda festiva louvou *Todas as mulheres* e ninguém ousou criticar este terrível aspecto. O mal nos ronda, a mim e a você e aos amigos. Mas temos que gritar. *Terra*, pra mim, foi uma ruptura consciente, parto a fórceps, aborto monstro, qualquer coisa que pudesse ser desastrosamente polêmica, em vários níveis, do político ao estético, *Terra* é a minha visão, é o pânico de minha visão. Não sei o que você acha disto. Teu artigo sobre os documentários era mais ou menos isto, a condenação. A grande chance e opção do cinema novo é justamente esta: incorporar a problemática brasileira num nível de expressão revolucionária e ferir o público. As massas alienadas pela imagem do imperialismo só ouvirão diálogos estilo *Todas as mulheres* ou *Todas as donzelas*. Mas se a ferimos, em cargas pesadas, ela reage, se bem que em minoria, mas a abertura de *fronts* polêmicos são mais incendiados e duradouros. No outro plano, só acredito em filme didático, 10 minutos, 16 mm, para ser exibido no meio das favelas ou dos camponeses. Nada de fazer drama de camponês para burguês. Tem-se que ir lá, porque com a burguesia, para mim, terminou o tempo do diálogo verbal discursivo. Você leu o Debray.

Termino por aqui. Lembranças a Lucila, receba um abraço distante, inconstante, fraternal mas sempre fiel do teu

Glauber.

De Paloma Rocha

Guanabara, 16 de julho de 1967.

Para papai.

Papai eu estou bem aqui no Rio.
E aí em Paris vai tudo bem?
Papai eu já arranquei três dentes e eles já estão nascendo.
Papai eu já estou de férias.
Eu já acabei a 1ª música de Schumann, já comecei a 2ª música.
As aulas de piano eram de manhã e agora ela tornou a ficar de tarde.
Papai vai demorar muito para você chegar?
A escola também vai bem.
Papai estou com muito saudade sua e de Rosa.
Mamãe manda um beijo para você e Rosa.
Paloma também manda um beijo para você e Rosa.

De Jean-Claude Bernardet *

21/7/67

Glauber querido,

Estou novamente trabalhando com Person: adaptação do romance de J. Veiga, *A hora dos ruminantes*. O meu projeto mais imediato é fazer mais um filme com ele, que eu começaria a escrever logo depois de terminado o roteiro de *Os ruminantes*, e enquanto ele estaria filmando *A tomada do poder* em Natal. *Naves-Ruminantes-Tomada do poder*: talvez um conjunto sobre a violência e sua aceitação, a passividade da classe média e um certo tipo de revolta. Não sei se você já viu *Os Naves*. Acho provável

(*) Carta enviada de São Paulo.

que você não se interesse muito pelo filme. *Os ruminantes*: homens estranhos chegam próximo a uma pequena cidade e pouco a pouco, sem violência, só com pressões, sabendo se valer dos valores morais das pessoas, da vacilação das instituições, do seu individualismo, do medo das mudanças e das novidades, acabam dominando totalmente a coletividade. O filme é (ou pretende ser) sarcástico, e é também uma fantasia. Fantasia amarga. Grandes coisas não acontecem na fita, porque toda vez que os habitantes esboçam uma reação esta logo se desmancha, e porque os ocupantes não precisam nunca recorrer à força, pois conseguem armar com os próprios habitantes um dispositivo humano que faz com que suas vontades sejam realizadas. A opressão não é definida: trata-se de uma força opressora que os habitantes não entendem e que deixamos vaga para o espectador, para nos fixarmos na reação da cidade, sobre a maneira de as pessoas cederem aos poucos, primeiro o dedo, depois a mão, o braço... Os elementos fantasmagóricos (?) são as duas invasões que sofre a cidade (cachorros e bois) e as festas em que se aliena a população. A fita é grossa, não pretende ser sutil. Pode ser assim qualificada: fábula em torno da entrega à opressão. Dos *Naves* para os *Ruminantes*, me sinto muito melhor, tenho impressão que algo que estava procurando — como tema e principalmente expressão — vem se configurando. Sinto-me mais livre. É um caminho que se abre, um ponto de partida que se aproxima de uma fita que quero fazer, mas não sei ainda qual é. Evidentemente, com *A tomada do poder*, não sei ainda como vai ser; não poderá ser a linha dos *Ruminantes*. Veremos. Quanto aos *Ruminantes*, penso que a fita está influenciada por um certo clima reinante relativo ao fantástico, a que você absolutamente não está estranho (pelas suas entrevistas e mais tarde com *Terra*) e que venho pressentindo desde 1965. O momento de eu realizar a fita vem, e já não estou de todo satisfeito de não dirigir *Os ruminantes*. Então conversarei com a Mapa.

Os Naves não foram muito bem recebidos pelas pessoas cultas. Acharam a fita sádica (penso que ela não é), acharam que o Estado Novo está demais ou insuficientemente presente, assim por diante. Mas foi bem de público. O Metrópole e o Astor a enterraram, mas foi bem no Paissandu e no Ipiranga. E particularmente bem no Brás, Vila Mariana e Vila Maria. Num mês em S. Paulo, a bilheteria foi de 90 milhões. Em Londrina ficou 4 dias e deu 4 milhões: excluindo as fitas de Mazaroppi, dizem que foi a maior renda atingida por filmes brasileiros. Em Salvador, não sei quanto deu, mas também dizem que foi bem.

Meu livro ainda não saiu. Não sei por quê. No livro não há referenciais a *Terra em transe* — filme. Como passei quase todo o primeiro semestre de 67 fora de S. Paulo, só vi a fita tardiamente e não deu para acrescentar nada no livro. No caso de uma tradução em francês ou espanhol, falarei em *Terra em transe*, como também em *Opinião pública*, que ainda não conheço!!!

Como eu vejo *Terra em transe*? Na primeira projeção, uma bruta confusão a que não entendi muita coisa, espantado pela precisão de expressão relativa a Vieira, Diaz e Fuentes, e frustrado, insatisfeito, *mal à l'aise* porque a fita me escapava. Na 2ª projeção, as coisas me pareceram claras e a fita nem um pouco confusa, ao contrário. O que me pareceu importante na fita me escapou completamente no roteiro. Em si a trajetória de Paulo Martins, hoje em dia, não é tão importante. Ela é um excelente documento de algo que vivemos anos atrás, de algo que já foi criticado e cuja inviabilidade e alienação são hoje óbvias. Quer dizer que, deste ponto de vista, a catarse em torno dos erros tipo PC (se ligar à estrutura de poder, afastamento das massas etc.) foi, para mim pelo menos, feita pelo *Desafio*. Quando li o roteiro, foi este o aspecto que me marcou, mas li o roteiro longo tempo antes de ver a fita e as coisas evoluem.

Mas o que de novo eu vi na fita, e isso ultrapassa de muito os aninhos que vivemos antes de 64, é a *impossibilidade de atingir a realidade* por parte de um certo tipo de pessoas, por uma certa camada, dentro de certas condições. Este é um problema de linguagem, Paulo quer agir, porém ele não sabe o que é, o que exige a política que o cerca: a política que o cerca impede que um indivíduo como ele possa ter atitudes que sejam coerentes simultaneamente do ponto de vista político, intelectual e moral. Os seus valores morais se chocam com as necessidades políticas. Sua criação poética é sonho quando confrontada à realidade. Então, digamos que Paulo está à procura de uma totalidade que Maquiavel já disse ser impossível nos tempos modernos. Paulo é um indivíduo em luta com Maquiavel. Isso o leva forçosamente a evoluir em várias esferas que não coincidem: Vieira-Diaz-Fuentes, moral-política, ação política-criação poética (isto está perfeito nas relações de ligação e oposição de Paulo com Diaz). Paulo está na interseção destas esferas, o que lhe impede a ação. Logo, apesar de sua movimentação, Paulo não age, neste sentido que ele não vai concatenando ações transformadoras com uma finalidade. Isso o leva a ter noções completamente diferentes na sua "ação" e na sua poesia, principalmente a noção de povo e de violência. A violência como uma aspiração que, não sendo nem aplicada, nem encaminhada para a aplicação, se transforma na poesia, num mito redentor, e não numa possibilidade prática de ação. Por isso a fita não é um encadeamento de ações, mas um encadeamento de atitudes, a fita é uma sucessão de momentos, cada um sendo uma etapa de meditação de Paulo, da sua tentativa de entender e de se assentar a realidade (eu me nego absolutamente a justificar a eliminação da ação em favor dos momentos de meditação de Paulo e em favor dos momentos de choque entre personagens, pelo fato de a fita ser a recordação de um agonizante. Penso que a agonia e o *flash-back* têm um sentido em si, mas que a estrutura da fita nada deve à memória perturbada de um moribundo). Dividido, sem ação, Paulo não se enfronha na realidade e toda a sua visão de realidade por isso nos é transmitida por ele e por você através de metáforas. E aí acho que é o ponto essencial da fita e aquilo que ela tem de mais exigente. Se Paulo fosse um homem de ação, que pouco se importasse com o que não sejam os meios e os resultados de sua ação, *Terra* não teria sentido. Mas a metáfora sobre a realidade e informada diretamente pela realidade (e Diaz é um excelente exemplo desta metáfora informada pela realidade em que tudo, o crucifixo, a bandeira, as falas, o palácio, a chegada pelo mar, a presença dos representantes da corte, a solidão, é a realidade, porém uma realidade que foi reduzida a seus elementos essenciais, os quais foram extrapolados) comunica uma impossibilidade de chegar à realidade. A metáfora, inclusive quando ela significa a realidade e está informada pela realidade (e essa relação metáfora-realidade funciona muito bem na fita: as metáforas são claras e criticam diretamente a realidade, são quase caricaturas da realidade, às vezes), a metáfora é como um manto em torno da realidade, ela é um verniz por cima da realidade. E você faz um filme baseado na metáfora e que é um processo da metáfora (metáfora a que você adere e que você critica ao mesmo tempo) enquanto ela expressa um desligamento da realidade, enquanto ela expressa uma não-ação. A linguagem de *Terra* critica uma cultura retórica, na medida em que essa cultura não é uma cultura de ação. Não sei se dá para entender o que quero dizer. Sobre este ponto gostaria muito que você me escrevesse, porque talvez não tenhamos um filme, no Brasil, que faça uma crítica tão por dentro da nossa cultura intelectual. Esta crítica, você não me parece ser quem a introduziu no cinema brasileiro. Tenho quase certeza que, mais ou menos conscientemente, Saraceni a entreviu: pode-se dizer o que quiser dos diálogos do *Desafio*, *O desafio* critica uma cultura que se situa ao nível das palavras e o faz pelo diálogo. Mas *Terra em transe*, acho, foi muito mais longe porque não se limitou à palavra, mas atingiu a maneira destas palavras e imagens se organizarem e fazer um tecido que nos separa da realidade. Talvez *Terra* seja uma crítica tanto a Pablo Neruda, como ao metaforismo sociológico dos CPC. Você entende? ACHO ISSO, GLAUBER, DA MAIOR IMPORTÂNCIA. No entanto, devo te dizer que não estou satisfeito com aquilo que te escrevo, porque ainda não peguei totalmente as relações metáfora/ação-realidade.

Um aspecto do filme me chamou tremendamente a atenção — e sobre este ponto quero que você se manifeste: o povo aparece na fita, cercando o Vieira durante os comícios; de toda evidência, pela sua movimentação, pelos seus gestos, pelo seu aspecto, são figurantes que são na vida como estão na tela, pessoas eventualmente que vocês tenham escolhido no próprio local de filmagem na hora da filmagem. Quando pessoas deste povo se manifestam, abandonamos a figuração e vemos atores: Cavalcanti, a mulher e Flávio M.* O choque é brutal: daquelas pessoas que não destoariam dentro de um documentário, passamos para atores que se movimentam e declamam no mesmo nível dos outros atores, os quais pertencem à estrutura do poder. Ou seja, a partir do momento em que o povo fala, abandonamos o tom da figuração para entrar no tom da metáfora. Você poderá me responder o que me foi dito e repetido em S. Paulo: simples problema de produção, não ia confiar os papéis a atores não profissionais. A resposta pode ser verdadeira, mas é insuficiente. Eu pergunto se, propositalmente ou não (o que é mais provável), não se deve ver aí uma manifestação, uma intuição da dificuldade que Paulo Martins tem, que você tem, que eu tenho, em atingir o povo. Assim como as autoridades federais tem o seu povo oficial (o pelego, no caso), nós também temos o nosso povo, o qual nosso povo é uma imagem que nos fizemos do povo, mas não é o povo. Nós vivemos dentro das nossas metáforas. E a escolha de atores para encarnar os elementos populares que se manifestam me parece expressar de modo

(*) Emanoel Cavalcanti (Felício), Telma Reston (a mulher de Felício) e Flávio Migliaccio (Homem do Povo).

profundamente angustiado o fato de que realmente ainda não vemos no povo uma escolha política viável, ou seja, uma escolha política que seja uma ação. Você entende qual seria a outra solução (que seria talvez artificial): que os elementos populares quebrem a unidade de interpretação do elenco. Mas isso não corresponderia à visão de Paulo, nem à nossa realidade político-intelectual.

Outro elemento que acho particularmente interessante e comunicativo no filme, mas de que ainda não peguei bem o mecanismo, são as repetições, ou o sistema de repetições. Elas são de várias ordens (entrada de Glauce na redação — volta a uma cena, por exemplo, a orgia — ou a simetria das estadas de Paulo em Alecrim). Mas penso que algo tem a ver com o sistema de metáfora, e estou procurando. Mas as repetições, sem penetrar o mecanismo, me impressionaram dramaticamente.

Quanto ao mais, acho que tudo serve admiravelmente à metáfora: é esse tal toque seu, você monta um extraordinário espetáculo: uso da arquitetura, por exemplo, entre mil coisas, os penteados, a interpretação dos atores (e destaco Lewgoy, que me pareceu excepcional), a marcação. Enfim, artifícios que você maneja admiravelmente e sem os quais a fita não se entenderia. É necessário que se sinta o espetáculo e o artifício — acho eu — para que a metáfora passe a ter força e possa ser criticada. Bom, não sei se essas poucas coisas que te escrevo correspondem ao que você esperava que se extraísse da fita. Talvez você chegue à conclusão de que não entendi nada, ou não entendi as coisas mais importantes.

Agora tem o problema do público. *Terra em transe* serve como nenhuma outra fita para levantar o problema. Pelas cartas suas que foram transcritas pela imprensa, sei que você teve conhecimento de uma crítica que está lhe sendo feita cada dia: o filme não é público; no Brasil atual, não se tem direito de fazer filmes herméticos que falem a meia dúzia de intelectuais. Ainda mais quando o diretor se chama GR, que prega um cinema popular. Eu entendi a fita, mas o que GR diz, eu já sabia, e o João da Silva que estava sentado ao meu lado não entendeu nada.

Um dos méritos de *Terra* é ter posto a nu — pelo menos nas várias discussões de que participei sobre a fita — o que é o tal problema do público para os ditos intelectuais: cheguei à convicção de que essa colocação do público é uma manifestação de frustração e de projeção: nos meios intelectuais e estudantis, *há um complexo de culpa porque não se vem desenvolvendo nenhuma atividade política* (há ao contrário, pelo menos em S. Paulo, uma acomodação assustadora: o governo aparentemente liberal, bonachão, do Marechal sobrevivente esvazia absolutamente qualquer resistência, qualquer idéia firme e estruturada), *e por isso se exige do artista que ele faça o que eles não fazem*. Eu pouco faço, mas exijo que aqueles que fazem, já que fazem, façam um trabalho político em profundidade (dentro da minha concepção de trabalho político em profundidade).

Outra coisa: há obviamente uma posição de classe. Os *tais intelectuais* sentados ao lado de João da Silva *nem sempre entenderam o filme*, pelo menos é o que parece. Ora entendeu-se apenas que o filme criticava a atitude política da Paulo (e critica), ora se viu na fita um panorama da situação política brasileira-latino-americana (o que ela não é), considerando Paulo como mero fio condutor. Mas pouca gente chegou àquilo que me parece o essencial da fita: uma crítica à política-cultura através de um de seus principais mecanismos de alienação, a metáfora (Chamie tem um artigo sobre *Terra* visto deste ponto de vista). *Isso porque esta gente está confortavelmente instalada nas suas idéias. Eu sou de esquerda, portanto estou garantido contra as intempéries, os ataques*. Estou certo, mas como há poucas pessoas certas, *o que se deve fazer é levar a verdade* (ou seja, a minha certeza) àqueles que ainda não estão certos, os pobres, os proletários, camponeses... Ora, essa posição da imensa maioria da intelectualidade (inclusive os estudantes) de esquerda da classe média é uma posição de classe: *essa classe média coloca-se, do ponto de vista da cultura e das idéias, como uma classe dominante e quer que seus pontos de vista sejam transmitidos e assimilados pelas classes inferiores*, enquanto isto, essa mesma intelectualidade não aceita a análise e a crítica das suas idéias.

Outra coisa: essa maneira de colocar o problema do público revela uma não-compreensão do que é cinema e um idealismo nas formas de ação. Dizem-te: *cinema é comunicação de massa, logo tem que se dirigir à massa*. Ora, isso significa desconhecer que nenhum meio de expressão é em si comunicação de massa. Que um meio de expressão passa a ser comunicação de massa conforme o uso que é feito dele, conforme os moldes de produção das obras (os nossos especialistas em comunicação de massa estão muito interessados em estudar as comunicações de massa do ponto de vista da lingüística e da semiologia, mas pouco se interessam pelas ditas comunicações em função da constituição da sociedade em classes). Há um cinema que é comunicação de massa e um cinema que não é comunicação de massa. É um pouco como se se criticasse um quadro de Buri em nome do último cartaz da Shell ou da folhinha da venda da esquina.

É também desconhecer que esse tal público em que eles estão pensando vagamente *mas que nunca definem* (e nessa não-definição mais uma vez se encontra idealismo e posição de classe), mas que é algo como o povo, os trabalhadores, não freqüenta cinema. *O público de cinema, estatisticamente falando, é um público de classe média.* Portanto, não tem sentido tomar uma posição dessa a respeito de um filme que passa no Windsor. Precisa se criticar também, e fundamentalmente, a constituição dos circuitos cinematográficos e a necessidade da criação de circuitos de moldes totalmente diversos dos existentes.

É também atribuir ao cinema uma tarefa que, penso, ele não pode realizar: *ser um fato transformador da sociedade.* Não vejo como um veículo de formas e idéias poderia se transformar sem que a sociedade se transforme estruturalmente; *é a transformação da sociedade que transformará o cinema.* E, nas atuais circunstâncias, o cinema só pode ser crítico, criticar, levantar problemas, detectar dúvidas, acirrar e analisar as dúvidas e os problemas. Nas atuais circunstâncias, ele pode ter função propriamente política quando encaixado em movimento político, mas não por si. E, assim, querem que o cinema faça aquilo que uma inexistente ação política de nossa parte (a que aspiramos verbalmente) deveria fazer. Este último ponto é também um modo de projeção de uma frustração sobre o cinema. E tem mais: dizem que o público classe média, que é o freqüentador atual do cinema, não entende as fitas brasileiras por serem difíceis demais. Se *Terra* é um tanto, bastante, difícil, nem todas as fitas desprezadas pelo público e de temática social foram fitas difíceis: *Deus e o Diabo*, *Vidas secas*, *Os fuzis*. Um profundo entendimento destas fitas é difícil, como difícil é o profundo entendimento de qualquer obra; mas estas fitas dão a possibilidade de se entender, sem maiores dificuldades, coisas bastante interessantes. O que encontramos é que o público não quer saber de certos assuntos, ou melhor, de determinado enfoque de certos assuntos. E isso não é um problema especificamente cinematográfico.

O problema cinematográfico é um aspecto (fundamental para nós, mas talvez secundário no panorama geral) *de um problema muito maior, que vamos chamar a não-politização da classe média.* Qualquer encaminhamento para uma posição política é barrado pela classe média (essa classe média que joga papel picado na rua quando cai Goulart e ascende Castelo, o mesmo papel picado quando o Brasil faz um gol num campeonato internacional, o mesmo papel picado quando falece Castelo). O cinema não vai acabar com a não-politização desta classe, mas a atitude cinematográfica desta classe mudará quando mudar seu comportamento geral como classe. O que não leva de modo algum a uma renúncia nossa diante do cinema. Além disso, reencontramos a propósito de *Terra* os chavões eternos: em nada contribui para a consolidação da base econômica do cinema brasileiro, o filme não vai se pagar. E aí você pergunta: mas o senhor não acha que é perfeitamente lícito uma pessoa que quer expressar alguma coisa botar 80 milhões para realizar seu filme, arriscar 80 milhões, as dívidas etc. E aí o cara vê surgir o mito do artista romântico que tudo arrisca para a sua obra, e o cara risonho e satisfeito: é, de fato. Por outro lado, acho também que o problema da metáfora e a linguagem de *Terra* terão influências sobre outras fitas, de menor gabarito, e será esse um dos modos de *Terra* chegar ao público. Esse modo é válido. Finalmente, deve-se dizer que a fita ficou 4 semanas no Windsor e deu 32 milhões, o que não é tão mau. Por outro lado, às vezes que eu fui assistir, tive realmente impressão de que uma grande parte da fita não passava despercebida ao público: as caricaturas de figuras políticas, os comícios. Isso não há ninguém que tenha entrado no Windsor e que não tenha entendido. Evidentemente não é o essencial.

Paro aqui. Assim que puder te mando o livro. O rebento é lindo e se chama Lígia.

Para Alfredo Guevara

Roma, 1/8/67

Querido Alfredo

Recebi hoje suas cartas e encomendas do Embajador Amado Blanco.

Li com atenção sua carta e te enviarei em dez dias, de Paris, as minhas sugestões sobre o congresso. Terei muita honra em colaborar com você. A única coisa que insisto é não ter publicidade, por enquanto, para evitar repressões no Brasil contra o cinema novo. Creio que posso ser muito mais útil, em certos casos, sem publicidade. Para os escritores é fácil escrever novelas no exílio, em Paris. Para os cineastas é necessário fazer filmes na América Latina. Por isto, sobretudo por causa do meu próximo filme, *America nuestra*, precisarei de tráfego "livre" para filmar no Peru, Chile, Argentina e Uruguai. Agora já tenho a idéia do filme mais desenvolvida e devo fazê-lo em co-produção com Achugar. É um filme muito ambicioso, onde quero mostrar o processo de destruição e libertação da América Latina, desde a destruição dos Incas pelos conquistadores, a influência da igreja, a criação dos latifúndios e da opressão, a chantagem da política civil e por fim as guerrilhas como caminho de liberação. Deve ser um filme épico e violento. Como lhe disse em Paris, gostaria de saber quais as possibilidades que você poderia [ter de] colaborar comigo. Sei que não podes investir dólares, mas há outras formas de colaboração. Pensei, com Achugar, por exemplo, que você poderia entrar como co-produtor, com a película virgem (que poderia vir da Alemanha Oriental para o Uruguai, 30 mil metros). Eu filmaria e faria a revelação na Argentina. Depois iria para Habana para fazer a dublagem e a montagem e as sonorizações, no ICAIC. Faria isto secretamente. Depois o filme seria lançado como película URUGUAIA, pois o Uruguai NÃO TEM CENSURA, esta é a grande vantagem! Faríamos um contrato e, logo que vendamos a película, te enviamos a percentagem correspondente ao ICAIC pela co-produção. Seria uma espécie de co-produção secreta, com a chance do ICAIC ganhar alguns dólares, incluso. *Deus e o Diabo* e *Terra em transe* foram vendidos agora, inclusive para os Estados Unidos. Tenho condições objetivas de vender *America nuestra* e seria uma forma das nossas idéias (e nosso cine) *entrar* indiretamente. Responda-me urgente sobre esta proposta. Podes responder a Paris por Carpentier. Em dez dias passo na Embaixada para receber sua resposta. Walter* te falará do negócio de *Barravento*.

Falarei com Claude para facilitar o programa de Mino Argentieri. De Paris te respondo se posso ir ou não a Cuba. Estou necessitando voltar urgente ao Brasil para começar a trabalhar no filme. Devo retornar em novembro e durante outubro devo ficar em Paris para preparar o lançamento

(*) Walter Lima Jr.

de *Deus e o Diabo* e *Terra em transe*. No Brasil *Terra em transe* está fazendo um grande sucesso ainda. Terei por isto mais ou menos 30 mil dólares para começar *America nuestra*, INDEPENDENTEMENTE. Achugar entrará com laboratório na Argentina e as despesas da produção.

Se você entrar com a película e a finalização, será genial, pois assim PODEREMOS FAZER UM FILME DE GRANDE QUALIDADE TÉCNICA, a melhor forma para impormos as NOSSAS IDÉIAS. O filme custará um pouco mais do que *Terra em transe*, porque devo filmar no Peru, depois no Brasil, na Argentina e no Uruguai. Terei atores e outras partes documentários. Perdoe-me a pretensão mas pretendo fazer uma estrutura épica no estilo de *Outubro*, com muita força poética e emoção revolucionária. Creio que um filme POLÍTICO deve ser também um ESTÍMULO CULTURAL E ARTÍSTICO. E para nós, latinos, que somos colonizados cultural e economicamente, o nosso cine deve ser revolucionário do ponto de vista político e poético, isto é, temos de apresentar IDÉIAS NOVAS COM NOVA LINGUAGEM. *America nuestra* não pretende ser um filme DIDÁTICO mas um COMÍCIO, UM FILME DE AGITAÇÃO, UM DISCURSO VIOLENTO e também uma prova de que, no terreno da cultura, o homem latino, liberado da opressão colonizadora, pode CRIAR. Tenho muita fé neste filme, é a única coisa que QUERO E POSSO FAZER, acho que será uma contribuição para a Guerra geral das Américas e estou disposto a assumir todos os riscos e conseqüências para fazê-lo.

Procurarei Carpentier em Paris. Por estes dias seguirá o material de *Terra em transe*. Como combinamos, paga mil dólares a Claude e os outros mil dólares recebo em mãos de Carpentier. Outro assunto: o Instituto de Relações Latino-Americanas, Rockfeller, dirigido por Robert Wool e Cláudio Campuzano (possíveis agentes da CIA), está organizando para o começo de novembro, creio que a 4, um Congresso de Intelectuais em Caracas. Convidaram-me em Nova Yorque e eu não aceitei. Muitos intelectuais latinos estão aceitando. É necessário que você comece a bombardear este congresso, denunciando inicialmente os intelectuais que o apóiam, ou melhor, advertindo do perigo. O Torre Nilsson, Fuentes, por exemplo, são nomes que apóiam este congresso. Será uma chantagem, para demonstrar que há intelectuais DE ACORDO COM OS AMERICANOS. Este Instituto de que te falei é o substituto do tal Congresso pela Liberdade da Cultura, que era da CIA.

Sobre política, do que leio pelos jornais, lamento te informar que Cuba está mal informada do que se passa no Brasil. Políticos como cabo Anselmo ou Aragão não têm muita importância no processo brasileiro, assim como Grabois e outros. No Brasil, hoje, a mais importante figura política, o único líder em potencial de uma revolução no Brasil, em termos ideológicos justos, é *Miguel Arraes*, em exílio na Argélia.

No Brasil, existe Jânio de Freitas, do jornal *Última Hora*. O Homem que deve ser contatado. E, mais do que PC, o movimento importante no Brasil é a AP (Ação Popular, com padres e estudantes), cujo Homem a ser conectado chama-se Roberto Freire, em São Paulo, escritor e teatrólogo e homem de ação. Quando houver uma união da AP com Arraes, com a adesão de Jânio de Freitas, então poderá ser COMEÇADA UMA REVOLUÇÃO no Brasil, que poderá ser APOIADA por Brizola e o PC. Brizola é violento mas não tem honestidade ou formação ideológica. Tem um temperamento fascista e está ligado a alguns aventureiros de esquerda. Estas informações são CONFIDENCIAIS, mas acho que apoiar Brizola é um erro para o Brasil. Todos os núcleos importantes brasileiros estão potencialmente com Arraes.

Estas informações, você pode pensar sobre elas e falar com Fidel, se quiser. Isto não implica *em não apoiar Brizola*, mas o melhor, o possível e o CONSEQÜENTE, seria fazer a aliança Arraes, Brizola, AP. Arraes É O ÚNICO LÍDER DE CAMPONESES, AP É O ÚNICO LÍDER DE ESTUDANTES, JÂNIO DE FREITAS É O ÚNICO LÍDER INTELECTUAL e Brizola tem força no Sul e no Exército. Julião, ao contrário, é um homem liquidado. Eu trabalho ligado a Arraes, que já está preparando zonas para treinamento de guerrilhas com os camponeses, no Norte/Nordeste, tenho ligações com Freire e Freitas e sei que o grande problema brasileiro é criar um FRONT com a colaboração destas três correntes, sem a qual qualquer processo revolucionário no Brasil será frustrado, devido à complexidade particular do país dentro da América Latina. CREIO, PORÉM, depois de UMA CONVERSA PROFUNDA COM ARRAES, em Paris, QUE A EXTENSÃO TERRITORIAL DO BRASIL é uma VANTAGEM PARA A GUERRA DE GUERRILHAS e não, como dizem todos, um IMPEDIMENTO. Se você se interessa, posso depois enviar um estudo mais completo desta situação. E, no Brasil, é IMPRESCINDÍVEL a atuação do PC EM SÃO PAULO, o maior estado, tão desenvolvido como um país europeu, com um operariado industrial elevado onde somente o PC tem instrumento para agir. Outro problema é o dos NEGROS. Nunca, até hoje, estudado ou trabalhado pela esquerda.

Embora eu não tenha Prática Política, e possa ter cometido alguns erros nestas informações, posso te assegurar que tenho razão em grande parte. Se você quiser indique alguém em Paris, de Cuba, com quem eu possa conversar e informar melhor com detalhes, inclusive contatar com Freire, Arraes e Freitas.

Um abraço forte do seu,

Glauber.

De Jean-Claude Bernardet *

25.10.67

Glauber querido

Como forma de diálogo, te envio cópia de artigos que remeti a jornal e revista de S. Paulo.

O das mulheres foi para nova revista de cinema e teatro que o TUSP (teatro dos universitários de S. Paulo) vai lançar no próximo mês. Para esta revista, te peço a tua colaboração:

1) Gostaríamos de levantar polêmica em torno das *Mulheres*. Já pedi resposta a meu artigo a Alex e a Domingos. Se você achar interessante se manifestar a respeito da fita ou do artigo, mande uma nota.

2) Se você tiver informações interessantes a respeito de cinema no Vietnam, na Grécia, na África, na América Latina, no 3º Mundo em geral, ou de cinema novo em geral, mande. Se souber de artigos que valha a pena traduzir sobre estes assuntos, informe.

3) Para o 2º número, preparamos um inquérito junto a artistas e críticos de diversas disciplinas, *radicalmente* de esquerda, para saber como enquadram o *seu trabalho* dentro do contexto *político* da América Latina. Este inquérito é motivado por uma perplexidade reinante nos meios intelectuais e universitários paulistas, e que vai expressa no texto anexo. *Escreva* a este respeito. Se você não quiser ou não puder escrever, você aceitaria que sejam publicados os trechos referentes ao assunto contidos nas duas cartas que me mandou?

(*) Carta enviada de São Paulo.

Se você já recebeu e leu o *Brasil em tempo de cinema*, diga o que você achou. Aqui em S. Paulo foi o maior silêncio: até hoje não saiu nenhuma crítica, nem resenha, nem registro nos lançamentos do mês. No Rio, a pichação foi geral: sou um indivíduo desprovido de sensibilidade; elaboro na minha cabeça belíssimos esquemas em que boto a realidade a tapas; sou politicamente irresponsável; sou contraditório (principalmente na primeira parte do livro, que é péssima: cheia de falhas graves) e, quando não sou contraditório, me limito a dizer o óbvio; faço apenas crítica destrutiva, quando o cinema novo precisa de crítica construtiva; me nego a levar em conta a juventude dos diretores que fizeram os filmes que abordo. Em conversas particulares, muitos jovens falaram coisas interessantes sobre o livro. Alguns cineastas também, Saraceni, Sarno. Os universitários estão gostando. O livro tem boa saída.

Tchau. — Continuo preocupadíssimo com *Terra em transe*. *TT* foi o centro do curso que dei na Escola de Comunicações da USP desde agosto e que vai se encerrar na 2ª quinzena de novembro. Na fita encontramos todos os problemas ou ecos dos problemas que nos preocupam fundamentalmente. É até hoje a fita mais radical que se fez sobre o conjunto da cultura brasileira. Reli o roteiro que você me emprestou. A versão definitiva é infinitamente melhor. O roteiro é mais preso àquilo que motivou a fita: o episódio 1964 e o que precedeu, mas a fita ultrapassa o seu ponto de partida. Você é uma presença necessária na América Latina. Um grande abraço.

J.-Claude

Jean-Claude Bernardet
Rua Rego Freitas, xxx – ap. xxx
São Paulo

De Gustavo Dahl *

Buru querido dos meus sentimentos

Os canais é que não são competentes. Escrevi há mais de um mês para *xxx*, rue Davioud, apregoado como teu endereço postal e não mandei registrado, como você pedira. Pelo visto a carta não chegou. Eu conheço as viagens e prefiro uma viagem aos correios que a dúvida de uma carta perdida. A carta perdeu-se, perdemos nós, ingratidão nenhuma, e você ainda me ameaça com a queda da casa. Ficam as ruínas, Buru, e a memória.

Mas a carta não era importante. Era a tal de detalhes objetivos. Dizia vagamente que o roteiro tinha evoluído, que o tratamento dos diálogos ia no sentido do que você dizia, perguntava se você achava que Israel Klabin falado devia ser procurado mesmo sem você, para dar tutu ou ser avalista e outros quejandos. Não havia muito o que dizer.

O filme vai bem. Arranjei vinte e cinco milhões, ontem que os últimos dez se resolveram, posso filmar um mês com isso, vou mandar brasa, há outros esquemas rodando, meio no ar, mas nunca se sabe, é do ar que as coisas saem. O roteiro está bem, Leon gostou, Paulo Emilio analisou a estrutura, deu conselhos sábios, não penso mais nele, o que é bom sinal, indica uma cristalização. Trabalharei ainda no discurso, onde se concentraram as objeções da segunda turma de leitores, farei isto logo antes das filmagens. Hoje sou um pouco diferente de quando o escrevi, há uma lenta reformulação ideológica que vinha se fazendo depois que terminei o roteiro que passou por nossas cartas, o *Rei da Vela* (o espetáculo é dedicado a você), e culminou com a morte de Che. Integro-me aos poucos numa linha que não é Mao, não é Fidel, mas é mais estas coisas que Kossiguin, mas também não é Che nem Debray, é uma mistura de tudo. As palavras de ordem são: O dever de todo revolucionário é fazer a revolução (Fidel), o ódio é um sentimento que deve ser estimulado no povo, pois pode vir a ter um papel revolucionário (Che), Rap Brown e Carmichael, fomos batidos e explorados durante 200 anos, agora é nossa vez; o dever de todo artista revolucionário é fazer uma arte revolucionária (GD, mas podia ser também

(*) Carta enviada do Rio de Janeiro, em 29 de outubro.

GR). Estou lendo muito sobre a arte no período 17-25 na URSS, é tudo genial, muito parecido com o Brasil, se o Brasil fosse o que devia ser. Enfim, dentro do movimento pendular entre o revisionismo e o esquerdismo, voltei ao esquerdismo, que acho que é o nosso papel. Entre a política de centro-esquerda e a arte de extrema esquerda, fico com esta. Sou de novo um radical, *ah, what a wonderful feeling*... Enfim sempre tive meu fraco por Stalin, embora ele tenha mandado matar Meyerhold.

A qualidade literária dos diálogos foi elogiada, as pessoas juram que eu sou um escritor. Mas minha gula de imagens é tanta que eu tenho que me controlar. Estou cheio de planos, um outro filme, o dos pretos em Ouro Preto, um livro, uma peça de teatro escrita com o Robertinho, fundei a firma, quero viajar, ter já feito meu filme. Se tudo não se perder nas fadigas da filmagem, andarei bem o ano que vem.

O país é o mesmo. O Cinema Novo está em desordem. Todo mundo tendo que fazer os filmes ao mesmo tempo. Paulo César diz que começa dia seis, está me aporrinhando a vida porque Mário* está com ele, o filme já atrasou, pode atrasar mais, e eu entrar pelo cano se já tiver detonado a produção. Ou então adiar bem, até janeiro de 68, para dar tempo para todo mundo acabar. Porque Coutinho tem que acabar também para eu poder usar o equipamento da Mapa e Coutinho deve terminar em janeiro mesmo [Não vai dar, vou partir para dezembro mesmo, com quem for],** mas não agüento mais o adiamento. E agora os juros estão comendo. Walter está na luta do tutu, o dele é violento, difícil de achar. Luís Carlos, Zé Alberto e Júlio estão na produção, ajudando-o. Cacá vai viajar. E produzir o *Canto livre de Nara*, picaretagem colorida com fundo internacional mas bem-intencionada. Eu não disse nada para ele, mas acho uma besteira, Davizinho está no meio, deve ser o verdadeiro diretor do filme, Luís Carlos é o titular, David garante a frescura mas também o talento e a sensibilidade. Estou muito implicante com tudo e com todos, exceto com meus amigos. Não agüento cineasta jovem, acho que não vou gostar do filme de Júlio, fascinado pela mulher e pelo cinema, botando política para imitar você. Serginho Bernardes querendo fazer um filme sobre ditador latino-americano e guerrilha foi a gota d'água e o *stand* de *Garota de Ipanema*, com os "ídolos" e beijos ao crepúsculo, me fez chorar, como você já tinha previsto. Existe mais um Festival *JB* na praça

(*) Mário Carneiro.
(**) Frase manuscrita na margem.

com todo mundo matando o pai e a mãe e fazendo a guerrilha. Estou ficando velho, Buru, porque não agüento mais a juventude. Fui ver uma cópia nova de *Em busca* e vi os letreiros do filme do Klaus sobre o carnaval, havia uma epígrafe do seguinte teor: Esta é a minha visão do Carnaval da Cidade do Rio de Janeiro do ano de 1967. (Ass: Klaus Shell). Existe? Além do que mal escrito, com abuso da preposição, contraída ou não. Renato Newman teve seu documentário *Lapa 67* recusado pelo INC para categoria especial (sacanagem) e botou a boca no mundo. Quando eu tentei ponderar que, se você apresenta um filme a uma comissão, implicitamente você já aceitou seu julgamento, ele teve um ataque histérico, uma crise de choro e disse que então nada mais tinha sentido. Te conto estas histórias desimportantes pra você entender meu estado de espírito. Dizem que o roteiro de Joaquim está bom. Paulo César vai fazer um filme sobre o ciúme, não li o roteiro, que todo mundo diz estar ótimo, mas acho que o filme vai ser bom. Ele não se aporrinhou tanto assim... Andamos muito juntos quando ele estava na fossa (amigo é pra isso), disse-lhe algumas coisas, tentei discretamente fazer-lhe ver que ele criava na cabeça uma Isa-Virgem Maria que não existia, que ele não era o Nazarin, não sei o que ficou. Agora com esta história do filme ele voltou a trabalhar lá e não nos vemos mais muito. Ele está na casa do Júlio. Acho que mais uma vez voltarão. É como ter um amigo homossexual, se é isso que lhe dá prazer, o que eu quero é o prazer dele... São Paulo vai melhor, estive lá, todo mundo quer fazer cinema. O diabo é que eu acho que na próxima *saison* e já um pouco nessa começará a haver um escalonamento de genialidades, e ninguém vai querer ficar em segundo ou terceiro plano. Tenho medo que comecem a surgir ressentimentos. Chegam notícias tuas dizendo que *DD* vai bem em Paris. De minha vida sentimental não posso nem quero falar, você deve imaginar. Acho que estou meio vazio, ou foi antes este longo período sem carta tua ou minha que mixou o assunto. Diga a Rosa * que recebi o cartão, e agradeço. Para você o abraço amigo. Som direto é fogo e *El Jus*, que vi hoje, é uma besteira simpática. *Salut le copain.*

Rio 29/x/67

Gustavo.

(*) Rosa Maria Penna.

Para João Carlos Teixeira Gomes

Paris, novembro

ilustre e *muy* prezado bardo amigo Joca Carlos

a distância e o tempo não matam as velhas e sólidas amizades e mesmo que o meu silêncio seja prolongado o é na medida do meu sentimento de saudade e amizade; soube que você andou batendo em garçom nesta terra do General De Gaulle no que fez muito bem pois são estúpidos além de ligeiramente fedorentos. soube também que você ternamente chorou pelas alamedas lisboetas o que me fez ir a casa de um amigo brasileiro para ler versos do Pessoa em sua homenagem. não tenho notícias concretas a te dar pois aí recebendo notícias você estará mais informado do que se passa no Brasil e no mundo e, escusado dizer, a morte do Che me emocionou como a todas as pessoas *d'ailleurs* (veja frescura...).

como vai a terrinha? ah, saudades... vê se me escreve uma crônica detalhada dos fatos o mais urgente possível pois não sei pra onde sigo daqui e só fico mais uns vinte dias neste endereço que te mando... vou viajando não sei mesmo fazendo o quê. continuo tentando esta vida de cineasta batendo em ferro frio (ou ferro quente?) mas tentando dizer alguma coisa mesmo que não queiram ouvir (que eu diga mal). aquele repasto formidável que você e a bela Cici me ofereceram ainda me cala profundamente e espero, qualquer dias destes, tombar outra vez em teus acolhedores benefícios.

se vires o Flávio Costa (ele trabalha aí contigo?), dê um abraço muito forte nele e diga-lhe que lamento não tê-lo visto durante tanto tempo, a ele e a prima dele Leda, mas confirme (através desta mesma) os meus sentimentos de estima. estamos envelhecendo mas é assim mesmo: de vez em quando grandes farras comemorarão os tempos daquela juventude que foi tão inquieta e irresponsavelmente genial.

está seguindo, junto, uma carta aos teus cuidados para o bardo Flori: entregue-lhe se ele não trabalhar na casa. Onde anda o Guerra? Sabe do endereço dele no México? Se souber mande me dizer, pois preciso me comunicar urgente com o dito cujo guerrófilo.

neste exílio voluntário e neste inverno que se aproxima, cartas tuas e doutros amigos bem me fariam (?). e não dê divulgação desta para outras pessoas, chatíssimas como sempre, que sempre me aporrinham. recebe um forte amplexo do teu irmão, Glauburu.

PS: Pede a Ubaldo pra escrever e não assino por falta de caneta. Endereço: *xxx*, Faubourg Montmartre, Paris XVIII. A/C Claude-Antoine.

beijos e saudades na d. Cici e na garotada (quantos são já?)

Para Jean-Claude Bernardet

Montreal

Querido Jean-Claude

Não posso fazer uma carta maior, pois estou sem máquina. Depois escrevo. Muito obrigado por sua carta. Estou totalmente de acordo com ela. Sobre o público, análise esclarecedora você fez. O pessoal precisa saber que o realismo socialista entrou pelos canos e que hoje, na Tchecoslováquia, Polônia etc., os filmes de ambições culturais encontram as mesmas dificuldades de público. Nestes países o público está *exigindo* filmes no estilo americano e tem inclusive se manifestado *contra* os *filmes* nossos e verdadeiramente revolucionários, do ponto de vista cultural e político. Onde está a raiz do problema em sociedades que já foram transformadas? A posição cultural da Ilha é estimular a vanguarda, a fim de que não se repita o erro do realismo socialista. E assim por diante.

Outra coisa. Li num escritor italiano, Ferfi, que *Povo* é uma noção romântica, liberal, típica do século XIX. Proletário é outra coisa, é povo organizado. *Povo* é alienação, servilismo etc. Brecht já pôs o *povo* em questão várias vezes. Apenas imitei Brecht. Quanto a atores, do povo ou não, creio que Cavalcanti, Flávio M. são todos povo. Os atores representam motivos reais do povo. Eu conheço bem camponeses, e nada é inventado. Eu sou da média rural, eu me criei junto com filhos de camponeses na fazenda do meu avô. Sobre povo eu tenho vivência profunda e posso lhe dizer que, pelo fato de meu avô ser protestante, não tínhamos problemas de classe. Se você abrir a TV, você vê mil *Povo* como Flávio M. Em *Maioria absoluta* tem um camponês igual, Cavalcanti. Lídio Silva, Pitanga, Luiza Maranhão, Maurício do Valle, Cavalcanti são *Povo*. Assim não nego contradições. Você está certíssimo em suas críticas e isto me deixa feliz principalmente por ver que você está tão lúcido a respeito de tudo. Esperava mesmo que você me esculhambasse.

1) *Em realidade, nos alimentamos em metáforas.*

2) *Terra em transe* é um *documentário sobre a metáfora.* Crítico, e mais do que isso, dialética da metáfora × realidade. Uma chave: ópera e metralhadora. Final: depois da música, que *aliena*, vêm as balas, que nos sugerem a realidade. Não *viu* nem *ouviu* quem não quis.

3) Quem me chama de *caótico* é louco. Quem pode *LER* um filme, pode ver que *Terra* é FRONTAL nos enquadramentos e direto, elíptico na montagem. As repetições, é uma *redundância* necessária, a reflexão dialética sobre a cena. O filme é SIMULTÂNEO e não PARALELO. Toda *simultaneidade* é complexa. A análise de Chamie é interessante. Apenas, *nunca* li Neruda, Jorge de Lima sim e M. Faustino. Mas *não há influência* de Jorge de Lima. Em Jorge de Lima há o culto da metáfora. Em *Terra* há sarcasmo, ironia, virulência. *Terra não é metafórico.* É um filme realista. É como se fosse um documentário de TV *sobre uma ópera.* Este "documento" em si, soa como METÁFORA, mas na medida em que toda obra de arte é uma *metáfora.*

Quando montava com Escorel, falávamos em "MONTAGEM PARABÓLICA", *Parábola* era o método de Cristo. É diferente da fábula, como *Deus e o Diabo*. A *parábola* aqui funciona como a dialética da fábula até a *extrapolação* final. Você tem razão: impossível chegar à realidade. *O desafio* abriu certa brecha da análise das Esquerdas e ninguém entendeu nada.

A nós somente deve interessar uma ESTÉTICA AGRESSIVA

1º) Violentar o gosto da classe média

2) Oferecer conteúdos/práxis arrasadores

3) A reflexão após o filme e não a *digestão* durante o filme

4) *Todas mulheres comunica.* M. comunica *o quê?*

5) C. Novo comunica? A educação vem depois da revolução. Antes da revolução há agitação e politização. Agitação e Cinema Novo. Politização é tarefa de filme *didático*, documentário científico em várias escalas que deve ser exibido *para as classes pobres* e não para a burguesia esquerdizada. E assim por diante.

6) Cinema Novo *é um processo* cultural e por conseqüência político.

7) A prova de que os filmes bem ou mal se pagam é que todo mundo continua a fazer filmes. Basta fazer hoje uma *estatística* da produção. *Terra* vendeu já para 6 países e tenho ganho lucros para desenvolver a Mapa. *Caótico* é quem não tem a tua (ou a minha) *lucidez* para analisar a situação.

8) Gostaram de *Deus e o Diabo* por causa da retórica tradicional. E *Deus e o Diabo* não é uma reflexão radical.

Eu prefiro *Terra em transe* e uma das minhas frustrações era ver a alienação aplaudindo *Deus e o Diabo*. *Terra* é uma volta a *Barravento*. Não é romântico. É amargo, sem reconciliação e assim por diante.

— Não vi ainda os *Naves*. Estou interessado nos teus projetos com Person e depois em você quando dirigir. Godard disse que hoje qualquer atividade cinematográfica é *fazer cinema*. Você vem fazendo cinema há muito tempo (e excelente!!!), agora chegou a hora de fazer filmes. Tua carta me fez bem. Gostei de te reencontrar lúcido e inteligente. Depois te escrevo mais dando meu novo endereço. Abrace o Person e a todos. P. Emilio me falou bem dos *Naves*. Felicidades para a Lígia e Lucila. Manda brasa e sucesso.

Glauber

Para Alfredo Guevara

Paris, 3 de novembro de 1967.

Querido Alfredo

Até hoje não recebi resposta da carta que te enviei de Roma através de Amado Blanco. Sobre, principalmente, os "preparativos" do Congresso.

Até hoje espero "instruções" suas, isto é: o que devo fazer para colaborar aos preparativos do Congresso. Continuo à sua completa disposição em Paris. Espero que você já tenha recebido o material de *Tierra en transes*. Desculpe-me o atraso, mas as complicações de exportação do Brasil são enormes. Os outros filmes também já seguiram, espero, segundo me disse Claude. O *desafio* não tinha banda internacional, daí o problema do atraso.

Estou enviando algum material de imprensa saído sobre *Terra em transe* por aqui que, talvez, possa ajudar para a publicidade do filme. O filme será exibido aqui na Semana dos *Cahiers*, entre 8 e 14 de novembro, e será lançado em janeiro, no Racine. *Deus e Diabo* está sendo exibido com grande sucesso de público, deve fazer *cerca de 300 mil entradas, o que é uma vitória de comunicação nossa e do cinema latino-americano*. Recebi as revistas CINE CUBANO e não estou de acordo com o excesso de publicidade dado a *Barravento* e *Deus e o Diabo*. Pessoalmente me emociono com a atenção e o carinho da revista, mas sinto que, para mim, não tem sentido qualquer publicidade pessoal... O número está muito bom. Soube que você publicou mais alguma coisa sobre cinema latino ou cinema brasileiro, em forma de livro. Se for verdade, envie-me uns exemplares. Continuo esperando os livros do Carpentier em espanhol... Será que a Casa de Las Americas se esqueceu? Estou trabalhando num artigo, que deve ter umas dez páginas, que pretendo enviar como colaboração pessoal ao Congresso. O "resumo" disto sairá publicado no próximo número do *Cahiers*. Usei como "temas" algumas citações do Che no livro *O socialismo e o homem em Cuba*, no que ele se refere à arte e cultura. É em suma uma análise sobre as alienações da arte latino-americana capitalista, sob seus sintomas de "estética do absurdo" ou de "populismo demagógico", analisando principalmente México, Argentina e Brasil, e chegando depois ao que chamo de uma arte "ÉPICO/DIDÁTICA", isto é, uma arte de agitação política e de propaganda, instrução política intimamente ligada às vanguardas revolucionárias. Em suma, afirma que o único caminho válido para o intelectual latino-americano é sua integração total à revolução, livre de qualquer compromisso com a estética e com a moral burguesa. Analiso também as relações do colonialismo cultural etc. O título deste trabalho é A REVOLUÇÃO É UMA ÉTICA E UMA ESTÉTICA. Se você estiver interessado, me avise o mais urgente possível, para que eu prepare este trabalho com todo o cuidado possível. Assim, mesmo que eu não esteja fisicamente presente ao Congresso, estarei intelectualmente.

Espero que você tenha compreendido por que não arrisco a ir a Cuba, agora, a não ser que você me conseguisse um esquema capaz de *me conseguir um passaporte cubano e outra identidade*. Eu preciso de TER O MÁXIMO DE MOBILIDADE para realizar meu próximo filme tanto no Brasil como no Peru e talvez na Bolívia. Aplicarei todos os meus recursos e riscos para fazer *America nuestra*. Finalmente já atingi a fase ideal do roteiro, que espera agora apenas os reparos finais. Resolvi dedicar o filme abertamente à memória de Che. O filme será *uma História Prática Ideológica Revolucionária da América Latina*. Começará por um documentário sobre os índios, a decadência histórica imposta pela "civilização", explicará os fenômenos das revoluções de Bolivar, a contradição da revolução mexicana, o fenômeno do imperialismo e das ditaduras, a verdadeira revolução cubana e as contradições atuais para o desenvolvimento e vitórias das guerrilhas. Todos os novos fenômenos da luta, como a tecnologia americana, a evolução da Igreja, o conflito entre romantismo, coragem, propaganda, estratégia comunista tradicional — enfim, todos estes temas serão abordados no filme. Já te disse que a estrutura será parecida à de *Outubro*, por exemplo, isto é, com documentos e personagens. Mas os personagens históricos, de Bolivar a Che, serão conservados *à distância legendária necessária* e só tratarei das contradições entre os personagens menores. Para mim este *é um novo filme, sem os vícios de esteticismo de Deus e o Diabo e Terra em transe, filmes, tenho convicção, ligados ainda aos vícios de uma estética burguesa*. Sinto-me muito mais objetivo, mais definido politicamente e sem nenhum interesse pelo mundo capitalista em que ainda vivo. Assim, antes de chegar a posições mais "avançadas", espero fazer este filme como minha "última tentativa com o cinema". Depois, creio, o caminho será o da luta aberta. Desculpe-me tomar seu tempo com estas confissões "pessoais", mas preciso muito dos teus conselhos e mesmo de uma orientação sua sobre o "*o que devo fazer*", *do ponto de vista prático*, pois não quero perder tempo em atividades inúteis ou pseudo-revolucionárias. Já estou com 29 anos, bastante maduro, para *escolher um caminho e para assumir compromissos*. Logo depois de fazer este filme, como lhe disse, num esquema com Achugar e com nossos recursos (à espera de uma possível e viável colaboração sua, mas para a qual você tem toda a liberdade *de não conceder se isto não for possível*, o que compreendo muito bem) — estarei definitivamente marginalizado do processo legal brasileiro, pois farei um filme radical, violento, pregando abertamente (e justificando) a criação de vários Viet-Nans.

Escreva-me por favor, urgente. Escreva através do Carpentier. Ficarei aqui em Paris até o dia 25 no máximo e por isto preciso uma carta urgente sua. Preciso resposta urgente.

Ruy Guerra, que está em Paris e tem passaporte de Portugal, está disposto a ir ao Congresso. O Ruy é um elemento de primeira ordem. Você poderia convidá-lo? Ele é o único que pode representar o cinema novo, pois seu passaporte não o impede de ir a Cuba. Comunique-se com ele através do Claude-Antoine. Você conhece o filme *Sem reconciliação*, do alemão Jean-Marie Straub? Procure comunicar-se com ele. É um filme político, experimental, muito bom. Ele mora em Munique, X, Schwantheler Str X.

Estou de pleno acordo em abolir a propriedade intelectual em Cuba. Em futuro próximo não mais "venderemos" filmes a vocês.

Abraços a todos os companheiros do ICAIC,

Abraço especial no amigo Espinoza, de cujo filme ouvi muito boas referências dos críticos franceses e italianos que estiveram em Moscou. Quando será mostrado em Paris? Creio que Claude, no momento, teria condições de fazer distribuir o filme em Paris, com o distribuidor que lançou *Terra em transe* e *Deus e o Diabo*. Aqui, de Paris, o filme poderia ser visto, na pior das hipóteses, pelos estudantes latino-americanos.

outro abraço,

Glauber Rocha

PS: — responda através do Carpentier e pede a ele para me avisar no meu endereço a chegada da carta, por um "pneumatique". Não tenho telefone. Meu endereço atual é X, Rue de Patures, Paris XVI.

Glauber

PS: Se for possível uma viagem dentro de um esquema de anonimato ou de outra identidade, me avise que poderei seguir depois do dia 25 de novembro, por 15 dias.

1968

Para Alfredo Guevara

Rio, 1968

querido Alfredo,

Recebi tua carta. discuti aqui com Pallero. Tenho ainda problemas com o roteiro, pois como o tema é de muita responsabilidade e está na dependência de muitas contradições políticas, torna-se difícil para mim chegar a uma síntese objetiva do problema latino-americano. O roteiro que escrevi em Paris e que eu pensava estar bom demonstrou estar errado em alguns aspectos, depois que cheguei ao Brasil. Assim, começo a reescrever tudo outra vez.

Creio, pois, que não poderei, também por problemas econômicos, começar o filme antes de setembro: até lá terei muito a fazer em nossa organização de cinema novo, que é, apesar de tudo, uma das raras coisas que ainda produz positivamente no Brasil, apesar de todas as dificuldades políticas de vários *fronts*. Por exemplo: o cinema novo *não apoiou* a Frente Ampla composta por Lacerda (agora líder antiimperialista!!!), Goulart e "oficiosamente" o PC... Assim sendo estamos sendo combatidos pelo PC, que nos tacha de "anarquistas e aventureiros que não lutam para consolidar a indústria cinematográfica brasileira!...". Mas, apesar disto, nosso grupo está se fortalecendo, Saraceni terminou seu último filme, *Capitu* (belíssimo), Gustavo Dahl terminou seu primeiro filme, *O bravo guerreiro*, fortíssimo, mostrando que é impossível conciliar com a burguesia para fazer revolução, Walter Lima Júnior está filmando *Brasil ano dois mil* e Paulo Gil Soares terminou *Proezas de Satanás*, Iberê Cavalcanti, *A virgem prometida* etc. Nossa distribuidora está ficando auto-suficiente e o público aumenta: mas a censura está feroz e estamos enfrentando guerras de todos os *fronts*. O Departamento de Polícia Política fez uma análise-processo do meu artigo "Estética da fome", publicaram a acusação, eu enfrentarei e agora já assumi *publicamente* minhas posições: é uma forma de se expor mais e encorajar outros. É uma pequena e insignificante revolução mas é mais positivo fazer estes filmes do que falar de revolução nos bares e nas praias.

Mais uma vez graças por toda atenção, mande-me as críticas locais de

Terra em transe, e te escrevo mais tarde te enviando o roteiro de *America nuestra*.

Saudações a todos os amigos,

glauber

Para Michel Ciment*

Rio, 1º de março de 1968

Caro Michel,

Enfim março, agora posso escrever, depois de dois meses de trabalho para viver, contra a onda de censura política do Instituto Nacional do Cinema, falta de dinheiro, produção de filmes etc. etc.

Te agradeço X vezes por toda atenção, tua e da bela Jannine, pelos jantares, brincadeiras etc. etc. Rosa também agradece a ti e à Jannine. Aqui, nós dizemos, temos "saudades" do amigo distante...

Recebi o número de *Positif*, obrigado, obrigado. Parece que os críticos franceses são loucos do ponto de vista da maior parte dos críticos brasileiros, que sempre fazem artigos contra o cinema novo. Agora, a tônica das críticas nos grandes jornais é: eis um filme comunista, homossexual, anti-semita etc. etc. É fantástico! Escreveram que *Positif*, por causa de *Terra em transe*, era uma revista pró-Cuba, a serviço do comunismo internacional, e eu, um agente eleito pelos críticos como bandeira da mistificação internacional...

Eu começo a filmar em quinze dias, um filme em cores,** um sangrento western político, uma espécie de terceiro episódio de *Deus e o Diabo*, em que retomo o personagem de Antônio das Mortes, dez anos mais tarde, num sertão modernizado e ainda bárbaro... Depois disso vou à Dinamarca para fazer um documentário sobre a construção naval (agosto... e aproveitarei para ir a Veneza, onde espero te ver e apresentar o filme de Walter Lima Jr., *Brasil ano 2 mil*...)

(*) Carta escrita em francês

(**) Referência a *O dragão da maldade contra o santo guerreiro*.

Parto para a Bahia. O Brasil vai de mal a pior. Falta de eletricidade, de água, de responsabilidade... A moda é o tropicalismo mundano, com uma libertinagem sexual digna de Sodoma e Gomorra... Para ser sério e fazer alguma coisa, é preciso, como Da Vinci, excluir a paixão. Um abraço em ti e Jannine.

Desculpe a "mise-en-français"

De José Guilherme Merquior

Paris, 13 de março de 1968.

Meu caro Glauber,

Desculpe a demora da minha resposta. Em compensação, escrevo a você no aniversário (4 anos!) da heróica e eficacíssima tomada da Central* pelo povo, em comício como Roma não via desde o tempo dos Gracos... *Mais où sont les neiges d'antan?*

Olhe, adiei esta carta, mas não deixei absolutamente de apertar o preclaro Dorizon pra ver se ele arrancava o dinheiro de *concierge*. Há mês e meio atrás, sempre protestando não ter largado o assunto, aquela conspícua figura consular me disse que era preciso aguardar uns tempos, dado que a pressão a exercer sobre o monstro gaulês teria como apoio as faturas de gás e luz (que, como você sabe, vêm de 2 em 2 meses). Há uma semana, tendo eu telefonado, me respondeu que as contas estavam quase chegando, que ele não saía de cima, que eu sossegasse etc.

Passando à realidade: continue a contar comigo, que não deixarei de chatear, mas tenha por improvável a recuperação da prata. Assim, quando e se ela vier, você será agradavelmente surpreendido em vez de previsivelmente decepcionado...

Veja só o Carlos Nelson. "Irracionalismo" é uma xingação muito fá-

(*) Central do Brasil, no Rio de Janeiro, onde em 13 de março de 1964 ocorreu um comício do presidente João Goulart, em favor das Reformas de Base, o que precipitou o Golpe de 1964.

cil mesmo... Você diz muito bem, é a "nostalgia da razão absoluta" — e, ela sim, é *irracional*. A razão fora de seus limites, como diria Kant. (Mas o Carlos Nelson acha Kant superado...) Enfim, é um grande sujeito, e se você o vir, depois de me fazer o obséquio de anunciar-lhe que eu "voltei" a Heidegger (ele rilhará os dentes!), dê-lhe um forte abraço meu.

Depositei hoje nas mãos do velho Lévi-Strauss o ensaio cujo índice mando em anexo. É a tal tese sobre a radicalidade (revolucionaridade total) do estruturalismo — naturalmente o do velho e não os ramos postiços, como Foucault, por exemplo, gostaria imensamente de que você lesse a última seção da quarta parte — *Vers l'anarchisme scientifique* —, que conclui o trabalho com uma caracterização (em 50 páginas) da visão social e até da perspectiva política a meu ver dedutíveis da obra do L-S, especialmente se vista: *a*) contra o fundo da inspiração rousseauniana; e *b*) em comparação com a filosofia antimetafísica de Heidegger, onde a crítica do imperialismo da técnica, de toda atitude positivista e de toda concepção "fechada" do homem atinge a maior intensidade. Se for possível, vou mandar para você essa parte. Imagine que, através do conceito de trans-social (do homem *além* de todo dado social: mas além, e não aquém), cheguei a propor uma revalorização em profundidade da idéia de *anarquismo*! Acho que a experiência e a reflexão teórica da nossa época reuniram vários elementos para que se comece a falar a sério de "anarquismo científico", do mesmo modo que o século XIX, ao superar o socialismo utópico, passou a falar de socialismo científico. Que tal?... Os nossos queridos marxianos, desconfio eu, vão pular... No fundo, eles estão pela Ordem, nós pela Abertura e pela Explosão.

Glauber, quero propor (em tese) a você uma idéia em que o mestre Lévi, em conversa recente, procurou me interessar. Trata-se da possibilidade de se fazer um filme sobre a aventura de Villegaignon no Rio. O mestre acha que é realizável, inclusive com a colaboração de órgãos de estudo no que se refere à presença dos índios. Histórica e esteticamente, ele pensa que é um dos episódios mais interessantes — e dramaticamente mais ricos — da nossa história colonial. Nisso concordo plenamente com ele. Será que você por acaso já "parou" diante do tema? Estou só esperando; o Lévi andou há pouco em contato com os realizadores de *Les pâtres du désordre* (Papatakis), que o Samuel Wainer financiou. Daí deu um acesso triste-tropíquico nele e ele cismou com a vida do calvinista-do-Pão-de-Açúcar... Como eu acho a idéia fértil, deixo-a com você.

Em tela, por aqui o Bertolucci: *Prima della Rivoluzione*, que me deixou bem contente sob vários pontos de vista. Livro, os franceses continuam a descobrir sistematicamente o que alemães, ingleses, americanos, italianos, etc. escreveram em 1910, 20, 30; antes tarde do que nunca. O chanceler Magalhas parece que me confirma por aqui por mais um ano. O chanceler sabe o que faz. Vamos meter a Grécia em maio/junho e, naturalmente, voltar à Itália.

Só com o tempo poderei discutir com você sobre *Terra em transe*, mas desde logo anoto duas idéias geniais: o aproveitamento do Faustino* e o "clima" operístico. Quanto à cena "lírica" Glauce-Jardel, acho ainda melhor do que a correspondente no *Deus e o Diabo*. Mas paro por aqui, porque a unidade do filme e o problema do estilo alegórico exigem conversa muito mais longa, para o mal e para o bem. Quanto à crítica e ao público locais, consagração absoluta, como você deve saber.

O que reclama apenas a sua volta breve!

Estou inteiramente a teu dispor pra qualquer coisa que você queira daqui. Hilda manda beijos a Rosinha. Transmita minhas enormes saudades a Marcílio e sua gente. Beije a insubstituível terra da Bahia, acaricie este Rio, esculhambe essa senzala (visualmente: você é o dono da imagem!), bombardeie a nossa esquerda à Pedro II, reze pela queda de Khe Sanh, e fique com abraço do seu constante amigo

J. G. Merquior

Para Claude-Antoine**

Meu caro Claude,

1- Aí está a sinopse. Espero que o negócio seja possível. Acho difícil saber as exigências da TV. Mas se eles querem a *idéia*, se eles pagam a idéia (ANTÔNIO), concordo em fazer novas histórias *segundo as exigências*. Eu te

(*) O poeta Mário Faustino, citado pelo personagem Paulo Martins.
(**) Carta enviada do Rio de Janeiro, em março.

dou a autorização para acertar as condições, mas antes de tudo escreva-me com as informações e eu enviarei um documento legal de autorização.

2- Tenho uma outra idéia que talvez você possa vender a um produtor europeu ou americano: é um roteiro de aventuras de espionagem no meio exótico da Amazônia. Estive na Amazônia e tenho um material fabuloso que poderia, REALMENTE, ser mais fascinante que James Bond. Se você acha que isso pode funcionar escreverei imediatamente o roteiro com os diálogos. Não quero a direção, não quero nem assinar o roteiro. Quero *vender*, porque tenho necessidade de dinheiro, por isso te dou uma boa comissão a estabelecer. Escreva-me sobre o assunto.

3- Estava com Jarbas e ele me disse que as faturas estão em ordem. Explico: o magnético é importado e isso custa caro no Brasil, cerca de 60 dólares cada rolo. O master, pode ficar tranqüilo, que ficará muito bom; já falei com a Líder e tudo será feito com muita atenção.

Acabo de fazer um acordo com Jarbas e Gugu e serei proprietário de *Deus e o Diabo*. Para isso quero fazer um novo contrato, direto, contigo; é impossível para mim agir com Jarbas. Logo, depois desse negócio com a Alemanha, quero um novo contrato somente para *Deus e o Diabo*, comigo, pessoalmente. Não quero mais ficar ao lado de *Os fuzis* e outros filmes. Assim te enviarei o NEGATIVO, a banda internacional, os negativos das fotos e você vai ter tudo em Paris para fazer os negócios. GIANNI Amico acaba de me escrever: MARIO GALLO, o diretor do novo Instituto Italiano de Cinema, quer comprar *Deus e o Diabo* por cerca de 8 mil dólares. Mas quero fazer isso com o novo contrato contigo, sem Jarbas. E os Russos, agora, pediram outra vez cópias de filmes brasileiros para verem... É a política... Sobre *Terra em transe* eu levarei comigo o negativo em abril próximo. Quero um outro favor: peça a Buñuel um pequeno artigo sobre *Deus e o Diabo* para publicar na imprensa quando o filme for lançado em Paris. Preciso disso por causa das histórias que [...] conta ao pessoal dos *Cahiers* etc. Se *Os fuzis* for lançado antes do meu filme, todo mundo vai dizer que eu sou influenciado pelo português... É muito importante ver isso porque Ruy Guerra, como Khoury, são muito perigosos, e fazem uma concorrência desagradável contra mim.

Escreva-me rápido.

Diga-me uma coisa: na França pode-se ampliar um filme em 16, cor, para 35 mm? É boa a qualidade?

Zelito irá a São Paulo esta semana para fazer a supervisão em 16 mm, cor, no Rex. Na próxima semana te direi alguma coisa.

Espero uma carta tua. Atenção com o problema do novo contrato.

Um abraço do seu,

Glauber

De Michel Ciment*

Megève, 9/4/1968

Caro Glauber,

Obrigado pela carta, suponho, efetivamente, que você esteja particularmente ocupado com a preparação de seu próximo filme. Tenho eu mesmo dificuldade de escrever, metade por preguiça, metade pela impressão de contar banalidades.

Seguimos com muito interesse os acontecimentos do Brasil, a oposição política posta na ilegalidade, as manifestações estudantis e antes de tudo o escândalo da destruição dos índios, sobre o que havia acompanhado a repercussão ano passado através de um explorador de volta da Amazônia, Paul Lambert, que passou pela *Paris-Match*. Assim, pensamos em vocês mais de uma vez e uma das grandes alegrias do ano passado foi conhecê-lo. Espero que Rosa e você possam vir à Europa como previsto este verão, e que possamos nos ver em Veneza. Talvez possamos ver também seu filme *Antônio das Mortes*, que estará, talvez, terminado.

Tive muito trabalho esses últimos tempos, o que explica em parte meu silêncio. *Paris-Match*, o ensino, *Positif* (Tailleur e eu acabamos de fazer uma entrevista com Richard Brooks, de passagem por Paris), e sobretudo selecionar os filmes para a Semana da Crítica de Cannes. Eu substituía Benojoun, que está sempre procurando produzir seu filme e abandonou temporariamente a crítica. Vimos perto de 60 filmes e acabamos a seleção.

(*) Original escrito em francês.

Não vimos *Cara a cara*, que deveria representar o Brasil. Todos os filmes falados em espanhol eram muito ruins, desde *Tute Cabrero*, de José Jusid (Argentina), a *Cada vez que*, de Carlos Duran, da Escola de Barcelona, *Ditirambo*, de Gonçalo Suares, igualmente espanhol, e *O ídolo das origens*, de Enrique Carreon (México), baseado num conto de Cortázar. *Tropici*, de Gianni Amico, que talvez você tenha visto, na minha opinião é uma homenagem tocante ao cinema novo, mas que não acrescenta estritamente nada, sem grandes defeitos, mas também sem grandes qualidades. Qual o interesse para um italiano, quatro anos depois de *Vidas secas*, em fantasiar Joel Barcelos de camponês do Nordeste e fazê-lo ir para a cidade? Alguém dizia a Amico que ele teria tantos temas apaixonantes para tratar na Itália, por exemplo, a Igreja; Amico respondia, caindo na armadilha, que era preciso ter muita coragem. Fazer um filme no Brasil para um europeu é, creio, uma espécie de atitude romântica, que parece muito com uma fuga.

A grande surpresa da seleção foram os filmes americanos que não vêm nem de Hollywood nem do *underground*, e que eram tão bons que três foram selecionados. *The edge*, de Robert Kramer, sobre um grupo de oponentes da política oficial, vivendo à margem da sociedade, e onde um dos membros prepara o assassinato do presidente, *The queen*, de Frank Sinon, documentário sobre a eleição do mais belo "travesti" americano, *Revolution*, de Jack O'Connell, sobre o movimento hippie. Quase todos os filmes americanos apresentados eram muito excitantes.

Por outro lado, os filmes franceses eram tão ruins que em 20 nós só pudemos escolher o média-metragem do canadense Michel Brault, filmado na Inglaterra! Isso resume muito bem o estado do "jovem" cinema francês.

A França é um país que se entedia, seu governo tem um mínimo de anticonformismo em matéria de política estrangeira porque a oposição não se escandaliza, o nível de vida é médio, as guerras coloniais terminaram, a esquerda está cada vez menos à esquerda e a evolução dos países do Leste parece lhe dar razão.

Tarefa, achar o número de *Temps Modernes* de maio de 1968. Há um estudo realmente longo sobre Godard, bastante crítico, onde você encontrará matéria para reflexão. Se sua "ligação" com Jean-Luc se compreende (eu mesmo, apesar da *Positif*, estou longe de achar seus filmes sem interesse), acho que falta a você realmente discriminação, há muito o que tirar dele, mas também muito o que dispensar.

Jeannine e eu estamos na montanha. Estamos descansando uns dez dias. Depois voltamos a Paris. Irei talvez uma semana a Cannes. Não espero uma resposta rápida, mas se você tiver um pouco de tempo, escreva algo, será um prazer.

Lembrancas à sua mulher. Ela pode escrever à Jeannine, pois os homens são muito preguiçosos para esse tipo de coisa.

Até breve

Michel

Para Claude-Antoine

Claude-Antoine
a/c Didier Gelluck
Progress Films
Rue Royale, 213
Bruxelles

Rio, 31 de maio 1968

meu caro Claude

Eu deveria ir a Paris, mas com a crise é impossível. Acho que meu último telegrama não chegou a Cannes. Espero que nessa crise você e tua família estejam fora de perigo. A situação aqui com o filme é um pouco confusa. Explico:

a) primeiro, na Bahia tive enorme dificuldade com as autoridades para obter certas coisas indispensáveis como carros etc. Quando todo esse problema foi normalizado, depois de 20 dias, os bancos que tinham prometido o dinheiro (Banco da Bahia e Banco Francês-Brasileiro) exigiram os contratos de TV.

b) sobretudo a alfândega AINDA não liberou o negativo* (liberaram dez latas), por causa da modificação na lei da importação.

(*) Referência aos negativos vindos da França para a filmagem de *O dragão da maldade contra o santo guerreiro*.

c) diante de todos esses problemas, com a equipe preparada e locações feitas, tomei um avião para vir ao Rio falar com o Ministro da Fazenda para facilitar a saída da alfândega. Nesse mesmo dia, Zelito me disse para telefonar, sobre tua carta para ele, sobre o contrato alemão. Realmente achei essa carta muito desagradável. Nós estamos com grandes problemas, você trabalha com a gente há 6 anos, mas procede, às vezes, com uma arrogância inadmissível. Essa história de contrato alemão me surpreendeu muito, por causa das contradições entre os contratos e as cartas etc. Eu não acho que você seja desonesto, ao contrário, nunca pedi verificação de contas contigo, mas os termos da tua carta dizem, "o contrato é COMIGO", Mapa não pode pegar um dólar.... eu poderia assinar com qualquer outro filme... tudo isso me surpreendeu muito, porque esse não é meu estilo, por isso enviei o telegrama.

Não toquei no negativo nem no dinheiro que está com Herbout... acho na presente situação (e mais a crise na França...) que sem os contratos de TV é difícil e inútil fazer o filme, mas estou disposto a fazê-lo desde que nós possamos estabelecer condições claras para os contratos. Por exemplo: existe ou não o contrato com a ORTF* (agora, acho que mesmo com o contrato será impossível para ORTF fazer qualquer coisa), qual é a situação do contrato alemão? Você pode dizer que nós não fizemos qualquer coisa, mas, de meu lado, eu não vi o contrato da ORTF, logo seria temerário fazer um filme tão caro sem um contrato. Eu tinha mesmo disposição de fazê-lo, mas os Bancos e outros interessados...

A situação atual é:

O negativo deve sair na próxima semana da alfândega, com uma ordem expressa do Ministro.

O filme pode ser retomado a partir do dia 10 de julho, porque alguns atores foram embora, para outros trabalhos, com razão.

Toda a cenografia está pronta.

Para rodar o filme é preciso 80 milhões de cruzeiros. Onde conseguir sem o contrato? Eu sou o produtor de *Brasil 2000* e todos os meus créditos nos bancos estão bloqueados. Idem Zelito com seu filme com a Columbia. Idem Luís Carlos com três filmes. TUDO ESTAVA FÁCIL ATÉ O MOMENTO COM OS CONTRATOS.. Sem os contratos será difícil durante alguns meses. Há pro-

(*) ORTF, Rádio e Televisão Francesa.

blemas internos que não falamos contigo porque você tem a mania desagradável de fazer críticas irônicas ao Brasil e ao cinema brasileiro. Eu levo isso com senso de humor, mas não aceito os termos de tua carta a Zelito. Se você acha tão desprezível o cinema brasileiro e o Brasil, não compreendo por que trabalha com o Brasil. Sempre te considerei como um de nós com toda confiança e intimidade, e é por isso, porque não te considero um estranho com o qual *tenho relações comerciais*, que fiquei tão irritado. Isso são problemas pessoais, mas não sou nem arrogante, nem besta, nem cretino, nem mais hábil que os outros. Se você não tivesse sido tão agressivo com o Brasil e contra o cinema brasileiro eu poderia te contar, *antes de tudo, as nossas dificuldades*. No fundo, tinha medo de provocar novas críticas tuas. Era ingênuo. Queria facilitar as coisas. Infelizmente, no Brasil as coisas não funcionam como queremos, e faço um esforço terrível para ser pelo menos responsável. Precisamos da tua palavra pois devemos tomar uma decisão. Se a TV francesa está fora do negócio tente com a RAI ou com a Italnolleggio. Se não, é melhor pensar em novas soluções. Desculpe certas confissões, mas sou muito sincero com você.

Um abraço,

Glauber

PS: — Para *Ganga Zumba* é preciso tornar a enviar o negativo de *Deus e o Diabo* para Jarbas, pois a alfândega não permite a exportação de *Ganga Zumba* sem a devolução de *Deus e o Diabo*, exportado em regime temporário...

Para Claude-Antonie*

Meu caro Claude

Acabo de receber tua "hieróglifa" carta. Pois bem! Sei que você pensa: Glauber está louco! Mas... é preciso que você pense que *eu sou honesto*.

(*) Carta enviada do Rio de Janeiro.

Se os preços de TV e documentário no Brasil são superiores aos preços da França, o Brasil é o verdadeiro El Dorado do cinema! E uma outra coisa: se Chris Marker quer pegar 2000 dólares por um documentário, Mapa filmes assinará um contrato com ele, sem brincadeira.

Mas acho que você também fala a verdade. Logo, vamos colocar os pingos nos *iii*.

Na tua primeira carta você não explicava as verdadeiras condições. Se você ainda quer, podemos, com a concordância de uma parte e de outra, estabelecer uma condição. Primeiro, há o problema dos Americanos: Columbia Pictures vai assinar um contrato para produzir três filmes. O primeiro é *O homem que comprou o mundo*, uma farsa sobre as relações do mundo imperialista com o terceiro mundo. Uma espécie de ficção científica. O segundo se chama *O doce esporte do sexo*, em cores. E o terceiro, atenção, suspense, é *Antônio das Mortes*.

Vamos acertar as coisas: estou de acordo em te dar os direitos de realizar e explorar *uma série* de 13 episódios, 26 minutos, no mercado da Europa, com as seguintes condições: 500 dólares para cada argumento, 1000 dólares pela direção de cada episódio e mais os direitos autorais, 1200 dólares. O diretor deve ser Diegues, com a supervisão, na França, tua e de outros. Eu te dou a permissão de assinar o roteiro para a TV com a seguinte condição:

Roteiro original: Glauber Rocha
Adaptação para a TV: Claude-Antoine
Glauber Rocha

Com isso te dou o direito de pegar, sobre os 1200 dólares dos direitos autorais, 400 dólares.

Mas há uma grande vantagem para os produtores. Como eu filmarei para a Columbia Pictures um filme de longa-metragem, cor, sobre Antônio das Mortes, um outro argumento, e como o filme será lançado nos Estados Unidos, a série será vendida aos Estados Unidos. Os americanos estão fascinados pelo projeto, é verdade. Eu mesmo posso vender a série nos Estados Unidos e também no Brasil.

Logo: Para os Estados Unidos eu quero 20% sobre as vendas para Cinema e TV. Para o Brasil eu quero 30% sobre a exploração na TV e Cinema. Para os outros mercados da Europa, exceto França, quero 10%, Cinema e TV.

Acho que sou razoável com as condições. Infelizmente não posso fazer por menos. Peço as condições que pede Pierre Kast, menos os percentuais de venda sobre o mundo, exceto Brasil. Mas isso é justo, sou o autor da idéia. [... você tem todos os motivos para refutar minhas propostas]. Você pode até vender roteiros originais sobre o cangaço para a TV. Mas, meu caro Claude, acho muito difícil conseguir filmar no Brasil com os orçamentos que você tem. O cinema brasileiro não é caro, mas não é ainda um mercado livre. E com o Instituto as produções estrangeiras serão disciplinadas: é o fascismo. E como fazer com um orçamento inferior ao que Pierre Kast, que vai gastar 25 mil dólares por episódio. Pense bem também, fale com os associados: nós podemos fazer um bom serviço, ganhar muito dinheiro e também o mercado americano, seria difícil vender uma série francesa à NBS ou CBS. Mas uma série brasileira será bem fácil. E com Mapa, que trabalha agora com Columbia. E Columbia vai fazer um longa-metragem *Antônio das Mortes*.

É pena que depois de três anos de boa colaboração a gente brigue. Mas pode acreditar que sou seu amigo.

PS: O master de *Deus e o Diabo*, banda sonora incluída, pode voltar da Alemanha para a França depois dos trabalhos? Você disse a Cacá que o material de *A grande cidade* poderá, não? Dê a ele o master e a banda de som da Alemanha. Mas... é preciso fazer o desconto disso nos resultados...

Um abraço forte do teu amigo,

Glauber Rocha

PS: Se você concorda com as condições atuais, passe um telegrama rápido, envie o contrato e 50% sobre o preço do argumento dialogado, a 500 dólares por episódio, o que dá 3 250 dólares.

Glauber Andrade Rocha
Produções Cinematográficas Mapa Ltda.
Rua Senador Dantas, 20, Sala 1104 —
Banco Nacional de Minas Gerais

cena.

Espero que você pense outra vez sobre as condições de tua proposição: no Brasil não se pode fazer assim. É muito, muito pouco! Nenhum diretor brasileiro rodaria um filme de 26 minutos por 300 dólares. Um jovem assistente de direção ganha, no Brasil, 200 dólares por semana! Um fotógrafo ganha 400 dólares por semana; Um diretor 1500 dólares por semana. Logo, se eu rodo um episódio em 15 dias quero apenas o preço do mercado brasileiro: 3000 dólares por episódio. O que está acontecendo? O cinema francês paga menos que o cinema brasileiro, por esse preço aí que você me propôs eu prefiro não trabalhar.

Desculpe, mas escrevi a sinopse com muito entusiasmo, mas esperava DEZ vezes mais.

Escreva-me. Vamos falar e acertar as coisas.

Um abraço do teu amigo,

Glauber Rocha

Para Claude-Antoine*

meu caro Claude

1. Herbout disse a você que podia exportar o material** sem licença. Mas é preciso licença. Para obter a licença será necessário um contrato teu ou da televisão com Mapa. Acho que será impossível obter essa licença antes de obter o certificado de censura "livre para exportação". É preciso que você fale rápido com Herbout.

2. Um outro problema, muito grave: nós não podemos mais exportar filmes sem ter aqui um contrato de cada filme com cada comprador. Há profundas modificações na lei. Barreto confunde certas coisas. Por exemplo: Nós não podemos fazer um contrato conjunto com Peter Strauss. É

(*) Carta escrita em francês.
(**) Cópia do filme O *dragão da maldade contra o santo guerreiro.*

PRECISO FAZER UM CONTRATO PARA CADA FILME, *Deus e o Diabo*, *Terra em transe*, *Grande cidade*, com Mapa; *Matraga* com Barreto. Isso é grave e complicado. Mesmo se você já fez o contrato com Strauss é preciso refazer. Para a fiscalização, se nós não temos os contratos estamos perdidos. É preciso que você também envie uma carta à Mapa dizendo que precisa de um master para exportação temporária de dois anos, pois é mais fácil para a burocracia da venda na Europa e EUA e que é preciso que as cópias sejam tiradas desse master. (Na verdade nós enviaremos o negativo no lugar do master, para dar boa qualidade, mas isso é uma outra história. É preciso, para riscar o passado, que você envie também para a Mapa uma carta dizendo que a exploração, do passado até a presente data, de *Terra em transe*, *Grande cidade*, *Deus e o Diabo*, é feita exclusivamente pelas cópias que saíram como exportação temporária e que essa exploração é uma distribuição e que será necessário ainda um ano para o acerto de contas de você, o distribuidor, conosco (ou você pode enviar uma fatura *pro forma* ou um contrato dizendo que você comprou os filmes para a Europa, OK?). Depois, acertamos uma forma de receber de você, pelo banco e com os documentos, a receita do filme. Espero que tenha entendido bem as sugestões. Se você não entendeu me escreva rápido que eu explico de novo. Mas é rápido!!!

Essas cartas deverão ser feitas rápido e em tom oficial. Acerto a situação da Mapa. O Barreto acerta como ele quiser. Ele assinou um contrato com Strauss em nome da DIFILM, ele não pode fazer isso, pois complica a situação da Mapa. Isso é muito grave. Falarei com Barreto dessa nova situação.

3. A situação continua difícil. Será muito difícil fazer o filme adaptado de *Quarup*. Não é viável. O autor está na prisão. Tenho um outro projeto, que não é caro, uma história de amor, violenta e mística, passada no Rio, com Norma Benguell e um ator que ainda não sei quem é. É a adaptação de um velho romance português, *Amor de perdição*. A cores o filme pode custar 90 mil dólares e posso acabar em 4 meses. É mais um filme de impacto que um filme de aventura. É político, mas de uma forma simbólica, que pode passar na censura. Se houver interesse telegrafe, eu envio rápido uma sinopse de 4 páginas. A tônica será uma tragédia de amor no mundo subdesenvolvido. Um homem deixa a vida social, não crê mais em qualquer sorte de ideologia. Depois ele encontra uma mulher que trabalha como assistente social numa favela, que também não crê mais na possibilidade de resolver a miséria do povo. Os dois vão morar numa vila primitiva,

entram em contato com pescadores negros, a macumba, tornam-se místicos, ele acaba (por amor) sacrificando a mulher a Yemanjá, num ritual sangrento. Ele é preso, julgado pela população fascista de classe média (é um julgamento público em que cada pequeno-burguês faz sua acusação), mas é considerado louco e vai para um asilo de loucos. Lá ele é torturado e seviciado pelos loucos e, mais tarde, ele torna-se, no asilo, um compositor. O filme acaba com um concerto de loucos, em que ele é o maestro. As autoridades escutam isso, choram, têm medo. Os loucos executam uma sinfonia bárbara, com os ritmos africanos e bárbaros. O final é uma apoteose de loucura e música e as últimas imagens são jardins tropicais com insetos e animais tropicais em fogo. É o incêndio simbólico dos trópicos. Pense sobre isso e peça também a opinião da bela Anabelle. Posso começar esse filme em um mês.

Claude, em 15 dias terei a primeira cópia do *Dragão*!

Abraço,

Glauber

Recebi o dinheiro. Obrigado!

Para Claude-Antoine*

Caro Claude

— Eis o argumento, um pouco improvisado, de *Amor e perdição*. Trabalhei toda a semana, mas trabalhei também no *Dragão*. Há algumas modificações: dois novos planos no rolo 5, com uma nova mixagem; uma transformação de dois planos do rolo 9 e um corte no 10. Enviarei rápido as três novas bandas internacionais. Eram três pequenos defeitos que era preciso corrigir. Nada grave.

— O argumento de *Amor e perdição*: a primeira parte e as partes finais são mais ou menos assim. Mais o MEIO, na vila de pescadores, com um

(*) Carta enviada do Rio, em novembro/dezembro de 1968. Original em francês.

personagem que chega etc. não funciona. É MUITO difícil resolver isso rápido. Mas com alguns diálogos você poderá ter uma idéia do filme, que já está ficando mais aberto e penso em fazer um filme completamente aberto, apesar da forte dose surrealista, sobretudo o fim.

Escrevi a João Gilberto, antes de falar com Baden Powell, porque João Gilberto é uma grande vedete nos Estados Unidos e isso poderá ajudar o filme enormemente no mercado americano. Se João não quiser eu falo com Baden. João pode cantar e Baden pode tocar. Mas um de cada vez pode fazer o filme. Penso em Ítala Nandi, uma grande atriz de teatro no Brasil (Oficina, que fez O *rei da vela*), para fazer a mulher. Ela é muito bonita e muito sensual. Os outros atores não são problemáticos.

Espero enviar a cópia rápido para apresentar em Cannes, mas sem subtítulo. Qual é o tempo para Cannes? Antes do dia 30 será impossível ter uma cópia. O laboratório continua parado. É enlouquecedor.

Um abraço, obrigado,

glauber

Para Claude-Antoine*

O REI DO BICHO**

Claude,

Já recebeste o material?

Já recebeu minha carta? Recebi teu telegrama. A situação aqui está melhor depois de uma semana de grande tensão. Você pensa que estou louco, mas não quero mais partir. Prefiro trabalhar aqui. Tento... você me pede o argumento de *Amor e perdição*. É talvez um belo filme, mas não de todo comercial. No momento retomo um velho projeto, bem atual. Um MUSICAL. É o momento do musical. Os americanos fazem musicais. Aqui,

(*) Carta enviada do Rio de Janeiro.
(**) Título de projeto de filme de Glauber datilografado no alto da página.

no Brasil, nós podemos fazê-lo muito bem, temos uma música muito bonita, grandes balés que são as escolas de samba e grande ritmo, o samba.

Tenho um argumento bem popular. É uma adaptação bem livre de uma comédia musical de Brecht, *A ópera dos 3 vinténs*, que é também uma adaptação de uma velha peça inglesa, de John Gay. Brecht roubou de Gay, eu roubo de Gay, não precisa escrever porque minha adaptação é bem livre, há dois ou três pontos de identidade. É a vida de um gângster, um REI DO JOGO DO BICHO. Sabe o jogo do bicho? Você lerá a sinopse. Pode ficar extraordinário, uma espécie de *Orfeu negro* mas um verdadeiro, forte, filme musical. Em scope? Você dirá.

Posso fazê-lo rápido, aqui no Rio, conheço as Escolas de Samba e todos os grandes sambistas e dançarinos. Aqui, para esse gênero de filme não é preciso as coreografias de Hollywood. Nós temos tudo. Com uma força extraordinária. O título é *O rei do bicho* ou *Ladrão que rouba ladrão tem cem anos de perdão* (é um provérbio popular, você conhece?).

Diga-me se você quer fazer esse filme. No quadro da mania musical do momento pode-se fazer um grande sucesso com isso. Há várias formas de propostas. Você pode fazer uma proposta. Se você me manda um telegrama com um de acordo sobre o projeto, eu começo rápido a fazer o argumento e o trabalho musical para filmar em 60 dias.

Nesse tempo estabeleceremos a forma de produção.

Pode-se filmar em 40 dias de trabalho e um mês a mais para o playback. Por causa dos direitos da música, custa um pouco mais caro, mas podemos ter uma espécie de *West side story* com somente US$ 150 000. Não é nada.

Um abraço. Você pode ver o *Dragão* com a banda internacional, sem diálogo, terá uma idéia do filme.

Estou firme, agora.

Um abraço,

Glauber

Para Elia Kazan

Rio, 10 de novembro de 1968

Caro Kazan*

Agradeço muito por toda sua atenção. Estou escrevendo agora o roteiro de *Wild palms* e irei mandar para Launders em cerca de um mês.

Estou acabando agora a mixagem de meu último filme.** Estarei livre no final de dezembro. Quando tiver tempo pode ver *Terra em transe*. A cópia está com meu amigo Dan Talbot, tel. EW2-1243, ele está à sua disposição para mostrá-lo a qualquer hora que queira.

Todos os filmes brasileiros mostrados no Museum serão distribuídos pela Allied Artist.

Espero que *The arrangement* seja um filme tão bonito quanto seus outros filmes.

Meus cumprimentos

De Harry Stone

Rio de Janeiro, de 11 de novembro de 1968

Sr. Glauber Rocha
Rio de Janeiro

Caro Glauber,

Fiquei muito feliz em saber do recente sucesso obtido por você e um grupo de outros diretores e produtores quando estiveram em New York. Também li com entusiasmo sobre o seu talento ter sido descoberto também por Elia Kazan.

(*) Carta escrita em inglês.
(**) *O dragão da maldade contra o santo guerreiro.*

Nesse sentido, estou certo de que sua opinião atual difere um tanto daquela publicada no *Jornal da Semana*, em Salvador, em 2 de dezembro de 1961.

Estando sempre às suas ordens e desejando-lhe sucesso contínuo, subscrevo-me

Atenciosamente,

Harry Stone

Para Michel Ciment*

Rio, 28 de novembro de 1968

Caro Michel,

Peço desculpas mil vezes, mas estou muito ocupado, por isso não posso escrever para os amigos como quero. Ainda estou na mixagem do meu filme *ANTÔNIO DAS MORTES* (*O dragão da maldade contra o santo guerreiro*), seis meses de trabalho no sertão, com uma interrupção para a semana do cinema novo em New Yorq, onde tudo andou muito bem, inclusive do ponto de vista comercial, pois Allied Artist** pegou os filmes para o circuito universitário. Em New Yorq vi nosso amigo Kazan, que foi muito gentil, vi algumas horas de filmagem de *The arrangement*, e Kazan me deu a oportunidade de escrever um argumento tirado de *WILD PALMS**** para o produtor que tem os direitos do livro. Talvez haja uma chance de fazer o filme, se o argumento funcionar, mas acho que com os americanos será muito difícil.

Aqui nós estamos acabando vários filmes importantes: o novo filme de Walter Lima (*Brasil ano 2000*), que é notável, e os dois novos filmes de Diegues e Joaquim Pedro,**** ainda em montagem, muito bonitos também. Há

(*) Original escrito em francês.

(**) Distribuidora de cinema americana.

(***) Livro de William Faulkner.

(****) Referência aos filmes *Os herdeiros*, de Cacá Diegues, e *Macunaíma*, de Joaquim Pedro de Andrade, ambos de 1969.

o primeiro longa-metragem de Gustavo Dahl,* um filme político, muito duro e muito seco (um bom filme para a Semana da Crítica! É preciso pedir para ver), há um exotérico *O Bandido da Luz Vermelha*, de um novato, Sganzerla, e também o primeiro filme de David Neves, *Memória de Helena*, em que Rosa faz sua estréia. Este ano o Brasil fez 60 filmes de cinema novo, logo uma batalha feroz contra as distribuidoras estrangeiras. O Instituto Nacional do Cinema organiza uma semana do Cinema Brasileiro em Paris, mas SEM CINEMA NOVO e acho que é preciso denunciar esse cinema fascista. É preciso evitar que o público confunda cinema fascista e cinema novo do Brasil. O Instituto também prepara o Festival do Filme, dentro de uma orientação fascista e contra o Cinema Novo. Nenhum cineasta dos nossos apresentará filmes se o Instituto não mudar sua política. A censura é sempre dura também. Talvez iremos precisar de uma ajuda internacional para evitar a realização desse Festival, isso depende das circunstâncias. A política está sempre em transe. Talvez, vá a Paris, não sei. Preparo um novo filme, *QUARUP*, sobre o massacre dos índios, pois vejo longe a possibilidade de filmar *WILD PALMS*. E também tenho problemas de dinheiro.

Li que Benayoun já tinha começado seu filme. Diga a ele da minha amizade e de meu desejo de ver um grande filme. Diga também aos amigos que agradeço sempre a gentileza do ano passado. Diga a Jeannine que eu e Rosa pensamos sempre nela. Em ti, enfim — a distância e o silêncio não são prova de infidelidade! toda minha amizade,

Glauber

Para Claude-Antoine**

Caro Claude,

A cópia de trabalho e a banda internacional partem hoje. Não somos responsáveis pelo atraso. Tudo estava certo para ser enviado por Herbout.

(*) *O bravo guerreiro*, filme de Gustavo Dahal, de 1969.
(*) Carta enviada do Rio de Janeiro.

Demos a primeira cópia, foi e perdeu. Demos a banda internacional e toda a situação aqui modificou as transações de Herbout. Era impossível para ele expedir o material, pois o país estava "fechado" durante vinte dias. Mas o material já está com ele. Depois de vinte dias, Herbout disse que não poderia expedir o material. Então começou o trabalho para nós. Em quatro dias Zelito obteve a licença para exportação. Se todo o trabalho desde o início estivesse conosco poderíamos exportar o material em tempo. Acho que da parte de Herbout os negócios não terão problema. Desculpe mas estou trabalhando árduo nesse problema.

Para ter a cópia final do filme devo esperar o laboratório. Pora azar, há uma transferência de máquinas no laboratório e telefono agora pedindo a cópia o mais rápido possível. 20 dias para a cópia, depois 20 dias na censura. Não haverá problema de censura. Depois o negative estará livre para exportação.

Eu me sinto muito mal se as coisas não funcionam como queremos. Por isso vou deixar o país. É impraticável, a crise é muito profunda. Devo ir a Paris. Talvez eu fique na Europa por longo tempo. Ainda pensei em tentar alguma coisa, mas é impossível. Eles querem impedir o meu direito de filmar durante três anos; existem músicos e escritores já proibidos e no cinema ainda não começou por causa do Festival Internacional do Filme, em março, para evitar repercussões. Depois, as punições. Quero partir antes do processo. Falaremos tudo de novo em Paris. Esqueça *Quarup*, esqueça sobre os negócios Strauss-Talbot-Barreto, ok — não te preocupe, acharei uma forma.

Carrilho me escreveu dizendo que os poloneses estão interessados agora em *Terra em transe* e *Deus e o Diabo*, por causa de Paris. *Film Polsky* perguntou várias vezes na Embaixada sobre os filmes. Você pode escrever a Carrilho. Ambassade Brazylii 2, Ulica Rudawska, Varsovie, e ele pode te dar as informações mais precisas. Ele me escreveu que *Os fuzis* fez sucesso e agora há uma grande publicidade em torno do cinema brasileiro... Sei que eles já recusaram, mas agora, é preciso tentar uma outra vez.

Deus e o Diabo para Portugal. Você não consegue mil dólares?

Aqui eu trabalho árduo para normalizar todos os problemas do *Dragão* e partir, não te inquietes. E Ruy Guerra? Onde ele está agora?

Entre os outros projetos que tenho em mente para rodar em qualquer parte da América Latina há bons temas tirados dos romances de Miguel Angel Asturias (eu o conheço e posso obter os direitos facilmente); há também o projeto de *Calígula*, de Camus, para ser rodado nas ruínas de Pompéia. Penso em Léaud, que tem uma idade e uma loucura típica do personagem de Camus. Não é um projeto caro. Há também um projeto de adaptação da peça *Galileu Galilei*, de Brecht, para uma época futura, de polêmica sobre a conquista do espaço, um projeto que pode também interessar Orson Welles. Penso que podemos fazer um filme na Europa, na Ásia, na África, não importa que projeto, pois eu quero trabalhar e não ponho grandes problemas para trabalhar. Os atrasos do Brasil são os atrasos da estrutura. Você pode ver que eu, eu rodo o filme em 25 dias, acabo a montagem em 60 dias. Foi a importação do negativo e a exportação os responsáveis pelo atraso; são coisas maiores que nós.

Escreva-me. A sinopse seguiu, você recebeu?

Abraço na família e em Anabelle.

Glauber

Para Claude-Antoine

Dezembro de 68

meu caro Claude

o material partiu daqui no dia previsto por Rapide Universal Transport — tenho certeza, pois eu mesmo escrevi o endereço. O problema, acho, é da KLM. É pena esse tipo de problema, pois eu trabalhava bem sobre esse negócio.

A situação aqui, como te digo, não é boa. Walter* estava em São Paulo, deveria fazer o trailer e ainda filmar um plano que se perdeu no laboratório etc. Além disso, faz quinze dias que nada funciona no Brasil, nós tiramos férias... você pode entender, estava muito quente!!!

Agora a temperatura está mais baixa, mas há ameaça de sol muito forte na primeira semana de janeiro.

(*) Walter Lima Jr.

A banda internacional está pronta, darei esta semana a Herbout. Falava agora com Herbout sobre o problema da KLM.

Como te disse na carta, o filme mudo é só 50%. Não tire uma opinião sobre o filme antes de ver com o som. Em princípio, esse filme e o filme de Walter não terão problema de censura.

Não se preocupe com o problema de dinheiro. Eu vou acertar meus problemas. A carta do *Matraga* foi. *Quarup*, também acho que será impossível fazê-lo agora. Devo ir a New Yorq ou Paris por fevereiro. Vamos partir. Se for a New Yorq diga a Talbot para guardar meu dinheiro lá. Se eu for a Paris você me dá em Paris. Te telegrafo vinte dias antes.

As gaiolas estão cheias de pássaros, mas como Corisco eu não sou passarinho para viver na prisão.

Sobre essa cópia que você recebeu, há um problema: o início do terceiro rolo mudou. Há Carvana e Odete numa rede. Mudou esse plano por um outro. É apenas a mudança de um plano no início do rolo. O terceiro rolo fica com o último plano do segundo, por causa da metragem. A banda internacional está com essa montagem definitiva. Foi um erro do laboratório. A banda de som, gravada com Nagra, partiu, e também a banda internacional. Assim que eu tenha uma cópia envio a outra cópia de trabalho.

Bom 69 para ti e para a família. Diz a Anabelle que para a tradução ela pode traduzir as canções e os diálogos em versos numa transposição para a poesia popular francesa, quer dizer a mesma coisa. Para a canção final, que é muito importante, sobre um longo travelling pelo sertão, é preciso manter a idéia de uma batalha de Lampião contra o diabo, mesmo se ela fizer uma síntese. É o mesmo problema do final, depois da batalha, é preciso manter o sentido da canção. Falta ainda essa canção do final, devo mandar ainda essa semana.

Um abraço,

glauber

1969

ACERVO TEMPO GLAUBER

Glauber e a mulher Rosa Maria Penna em Milagres, Bahia, cenário de O dragão da maldade contra o santo guerreiro.

Para Claude-Antoine*

Rio, 6 de Fevereiro de 1969

Caro Claude

1. Acabo de receber tua carta.

2. Para exportar o negativo é sempre a mesma situação. A primeira cópia em cor chegará na próxima semana e imediatamente para a censura. Depois a exportação, rápido. A tradução para o inglês está pronta e o filme será rapidamente subtitulado em inglês rápido.

3. Walter** teve problemas, pois foi obrigado a filmar uma outra vez o final do filme por causa de problemas de laboratório. Ele estava muito ocupado. Agora ele terá uma cópia final na próxima semana. Depois, censura e exportação. Para exportar é preciso fazer um contrato contigo, pois a Fiscalização exige isso. Você pode enviar o contrato para Walter (um contrato *pro forma*, pedindo uma cópia para fazer prospecção do mercado, de exportação temporária por um ano).

Ele vai mostrar o filme no INC para obter a classificação para Cannes, mas acho que o INC vai enviar um filme de Anselmo Duarte. Não quero enviar *Antônio* através do INC. Isso pede uma combinação impossível com Moniz Viana e Durval! A única chance é um convite do Festival. Você terá uma cópia em cor para projetar o filme para a Comissão.

4. Eu também penso que o filme *Amor e perdição* é mais bonito. O outro projeto é muito comercial. O final é o mesmo final da peça de Brecht. É uma ironia grotesca. Eu penso no filme como uma espécie de negócio especial. Mas posso mudar tudo se o filme puder andar. Meu problema é sempre saber rápido se podemos fazer algum filme. *Amor e perdição*, por exemplo, posso filmar entre 25 de março e 25 de abril, depois irei a Cannes, depois volto e o filme estará pronto em junho.

5. Falava com Zelito. É muito difícil para nós mudar a condição do contrato. Temos compromissos bancários com a garantia do mercado fran-

(*) Carta escrita em francês.

(**) Walter Lima Jr., que estava acabando de filmar *Brasil ano 2000*.

cês e alemão, que é o mercado mais seguro. Estabelecemos um trabalho sob esta perspectiva e torna-se difícil mudar agora. A América Latina não corresponde a uma parte da Europa. E França e Alemanha podem dar a mesma coisa (ou não, é o jogo) do mercado brasileiro.

Uma proposta que pode te ajudar: você pode investir os 50% de *Antônio* em *Amor e perdição*. Com isso você terá uma aplicação por conta (claro) de teu dinheiro no Brasil e poderá produzir um novo filme sem pegar num novo capital. E o dinheiro que você investiu em *Antônio*, poderá pegar no mercado internacional. Seria um bom negócio para você: investir *50% do mercado brasileiro* em um filme com o qual você terá *50% do mercado internacional, incluindo o brasileiro*. Para nós, podemos reinvestir rápido e fazer o filme imediatamente. Responda sobre esta proposta.

Enquanto isso teremos uma nova composição: saí da Difilm e organizo uma nova distribuidora minha mesmo. Organizo minha produção também. Trabalho no escritório da Mapa, mas com uma estrutura minha. Nos meus filmes, a Mapa entrará com o material e com a burocracia de produção: mas os negócios envolvendo dinheiro ficarão comigo. Logo, o próximo filme será uma produção entre você e eu diretamente. Eu deveria sair, mas o irmão de Rosa,* que é rico, me propôs um pequeno financiamento para organizar minha situação. Logo estou mais livre para me tornar um produtor. Acho que posso fazer com você um filme por ano, que não seja caro, barato, será uma situação ideal para nós. Com a distribuição terei um controle total sobre meus filmes e tenho com os grandes exibidores uma situação muito boa, de prestígio.

Sobre o Festival do INC, de minha parte, é muito difícil. Acho que somente o Aluizio Leite Garcia pode obter um convite para você. Luís Carlos também está em luta aberta com o INC para obter a reforma da lei de exibição. Moniz e Durval estão furiosos. Mas eles terão o mercado do filme. UNIFRANCE pode te indicar com Pascaux. Ou ainda a Embaixada em Paris pode te indicar. Pergunde a Gilda Guimarães. Diga a todos os amigos que não podemos fazer nada para convidar as pessoas. Eles vão convidar Elizabeth Taylor e Laurence Olivier! É a besteira por 500 mil dólares! Há um amigo de Anabelle, José Sanz, muito forte no Festival. Ele pode convidar pessoas. Mas eu não tenho boas relações com ele agora. Gostaria muito

(*) Rosa Maria Penna.

de ter Rochman, Ciment, Cervoni e outros amigos aqui. Talvez Anabelle possa convencer Sanz a convidá-los e a ti, claro.

Um abraço,

Glauber

De João Gilberto*

Mapa Glauber Rocha
Marechal Cantuária 94
Rio de Janeiro
GB Brasil

Topo entusiasmado achei filme lindo recebi carta atrasada México PT Faça possível começar filmagem segunda quinzena maio em diante segue carta abraços

João Gilberto

De João Gilberto**

Glauber Rocha Produções
Cinematográficas Mapa
Marechal Cantuária 94
Rio de Janeiro — GB — Brasil

Telegrafe Lonbeck México se foi possível adiar data filme quando exatamente resposta paga aqui abraços

João Gilberto

(*) Telegrama enviado da Cidade do México. Datado de 20 de março de 1969, faz referência à proposta para participar do filme *Amor e perdição*, inspirado no romance de Camilo Castelo Branco.

(**) Telegrama enviado da Cidade do México para Glauber. Datado de 3 de abril de 1969.

Para Daniel Talbot*

Meu caro Dan

Recebi tua carta. Acho que é melhor que vá a Cannes porque nós estaremos em Cannes para apresentar nossos filmes. Há uma chance de apresentarmos dois filmes a convite, o meu e *Brasil ano 2000*, de Walter.** Não tem importância a história de *Wild palms*. Estou certo que Landers utilizou Kazan para fazer contatos para o filme. Ele me escreveu uma carta hipócrita. Devo partir dentro de alguns dias para Paris. Depois devo ir a New Yorq. João Gilberto, o músico brasileiro que mora em New Yorq, quer fazer um filme comigo. Ele quer atuar e a música será de Jobim. Como todos os dois são muito conhecidos nos Estados Unidos, talvez eu possa conseguir dinheiro para fazer um filme. Gostaria de fazer uma tragédia musical, uma história de amor entre um músico latino-americano com uma americana: uma fuga de New Yorq para o México: um filme que seria uma visão de um cineasta latino-americano dos Estados Unidos. O músico quer fazer música, mas não quer vender sua música. É um tipo que não quer vender a arte. Ele torna-se quase louco, paralítico, é preso, torturado, e depois, já no México, descobre um outro estilo musical: ele organiza um concerto com pessoas bem marginais; também chegam pessoas importantes e sua música é tão forte que tudo queima: as cidades, os jardins e as pessoas também. Depois o músico torna-se um animal, uma coisa brutal, uma deformação física da miséria, como um homem primitivo. Depois ele vai parar num miserável circo na fronteira e é exposto como uma coisa muito rara, um tipo que desprezou o dinheiro. A mulher se tornará uma neurótica, sem ideologia, sem esperança, uma mulher devoradora, vulgar, que torna-se cada vez mais ninfomaníaca: ela busca alguma coisa ideal, um amor coletivo com a participação desse músico primitivo. Sabe, no fundo é o espírito de *Wild palms* retomado. Por isso não poderei mesmo filmar *Wild palms*. Já escrevi um argumento e se chama *Amor e perdição*, um título bem melodramático para um filme surrealista, acho. Tenho também um outro argumento para a

(*) Carta enviada do Rio de Janeiro, entre março e abril. Original em francês.
(**) Walter Lima Jr.

África: chama-se O *Paraíso perdido* (*Lost Paradise*, o título do poema). Se não puder fazer o filme com Gilberto nos Estados Unidos tentarei rodar na África, pois Claude-Antoine tem condição de produzir na África. Como estou infeliz aqui quero partir. Acabo de terminar meu filme, não quero mais viver aqui.

Você é sempre a pessoa mais delicada e generosa que conheço. Acho que és um homem feliz porque tens a qualidade muito rara da amizade. Te estimo cada vez mais.

Um abraço,

Glauber

De Daniel Talbot*

17 de Abril de 1969

Meu caro Glauber

Como sempre, é belo receber uma carta sua... Sua idéia para um filme aqui com João Gilberto é formidável, mas é muito difícil conseguir dinheiro para um estrangeiro trabalhar aqui; claro, é fácil para um cara tipo Antonioni etc. Você sabe que houve muita dificuldade com Jacques Demy no seu filme *Model shop*, por causa do problema da linguagem. Pessoalmente, para mim, sem problema — falo apenas da mentalidade financeira que trata de dar dinheiro aos cineastas. Em todo caso vamos ver. Acho que prefiro a idéia que você tem de fazer um filme na África... Até esse momento não tive sorte no nosso projeto de 10 cineastas mas continuo a procurar. A próxima semana tenho um encontro com Walter Reade, que diz ter interesse, mas vamos ver... Você sabe, estive em Roma com Gianni e Bernardo — uma semana impactante. Sempre falou-se em Glauber e Gustavo e todos os outros... Não vou a Cannes porque agora tenho muito trabalho... Penso em viajar para o Rio, depois de Cannes. Se você estiver na França,

(*) Carta enviada de Nova York. Original em francês.

envie-me seu endereço. Sempre reflito no problema da sua vida no Brasil; imagino ser tediosa... mas acho que você é um homem "internacional" — não um desenraizado — e por isso você pode viver com homens e mulheres de qualquer lugar; é um dom muito especial... Isso soa melhor para mim em inglês; desculpe a esquisitice do meu francês...

Um abraço

Para Cacá Diegues*

cacá darling

não escrevi antes porque as novidades interessantes você já deve ter sabido por aí. aqui, nada de novo, muitos filmes ruins, muita moda política de francês pra encher saco, muita mediocridade entufada. Zelito lhe contará dos detalhes do festival, a brincadeira que foi, as fofocas por trás da palma,** o ridículo da festa de premiação etc. de tudo sobrou pra mim uma boa amizade com o velho Luchino e a consciência de que todo o cinema está infestado do mais vulgar espírito de concorrência, de disputa, de prestígio pequeno-burguês, de demagogia-hipocrisia política, de uma enorme indescritível burrice da crítica, que é tão burra elogiando quanto esculhambando — eu e Zelito demos supremas gargalhadas dos elogios, todos a mesma coisa — *opéra brûlante*, *chant d'amour et d'espoir*, *poème flamboyante* —, todos uns babacas incapazes de perceber a estrutura de uma cultura diversa da cultura velha clássica européia etc. veja só: faço um filme de estrutura comercial, com o objetivo de ganhar dinheiro, e os caras que esculhambaram *Terra em transe* vêm me dizer que este é o meu melhor filme, e dizem absurdos desproporcionais. deste jeito eu acabo rico, o que no fundo está me interessando bastante, pois a pobreza me enche o saco de uma maneira boçal. larguei o filme, nunca larguei um filme com tanta rapidez. não tem cortes a fazer, Claude está vendendo como louco (o faturamento vai fácil a 200 mil dólares, mas NÃO DIGA ISTO PRA NINGUÉM), o que traduzindo pra cruzeiros e misturando com a renda

(*) Carta enviada de Paris em junho.

(**) Palma de Ouro do Festival de Cannes.

brasileira, que deve ir mais ou menos, vai dar pra eu ganhar uns 150 milhões no redondo e comprar o apartamento de minha mãe, ou seja, baixar a cortina de um ato da vida para poder começar outro menos trágico e mais dissonante, preparação do último, que deve ser cínico, cômico e alucinado. Godard, coitado, em processo de autodestruição, tem vindo chorar as mágoas do imperialismo mas no fundo é um solitário que não agüenta mais a França e vai terminar se matando. eu disse pra ele que ele tem de assumir seu destino, larguei a língua, ele entortou um pouco a cuca, esculhambei com o gauchismo babaca etc. dá pena, coitado, de tão indefeso e cercado de amigos babacas. vou falar com ele para ir passar uns tempos aí no Rio, talvez encontre uma certa ternura fraternal que pode ajudá-lo. é positivamente a maior fossa já vista na face da terra. Julinho bouleversou Paris com seu humor delirante, que foi pra mim um estímulo de juventude pelas fumaças liberadoras da vida, mas o meu descaso cresceu tanto que acho que cedo ou tarde me classificam de demissionário totalizado. se volto ou não volto, não sei, tenho de pairar um pouco neste limbo europeu. uns produtores espanhóis me fizeram uma proposta, estou topando, vou ver. o velho Luchino me disse que pode me arranjar trabalho na Itália, não sei. minha obsessão é fazer *Quarup*, contudo. *America nuestra* se afunda no inconsciente, está tudo embaralhado. espero que Rosinha chegue, vou escrever, pensar, me isolar, o país chamado Brasil está tão dentro da gente que é impossível sair. transmita a Affonso, Eduardo* e a Calmon (por tabela) meus parabéns pelo trabalho deles. mais uma vez (e desta vez mais que em *Terra em transe*) devo à imaginação sentimental de Antônio e ao racionalismo barroco de Eduardo os equilíbrios/exageros (dialéticos) do filme. e Afonsinho, na neurose de sua magreza, foi tido e havido como "o inventor do filme em cores" (babaquice dita por Pierre Billard e cia. mas que serve pra provar que *eastman* revelado na Rex dá tropicolor e que isto entorta a cuca também). o resto é pra dizer que as saudades são grandes, de vocês todos do cinema novo, família maldita a quem mando beijos e abraços fazendo de você emissário, uma vez que não tenho capacidade de fazer várias cartas, embora esta carta deva ficar confidencial contigo. um abraço forte e firme no Samuel, beijos apaixonados pra Narinha e Danuza, buru.

Glauber

(*) Eduardo Escorel.

De Pere Fages

Barcelona, 6 de junio de 1969.

Querido Glauber:

He recibido tu carta y la sinopsis. La he leido atentamente. El guión me parece espléndido, y además que has sabido dar en los puntos realmente claves para que el film, al tiempo que una obra muy personal, interprete muy certeramente ciertos aspectos de la realidad española. En cierto sentido el film puede vincularse con *Viridiana.* Tal vez — aparte de las ventajas comerciales — no me parezca muy acertada la elección de Welles para el personaje. Pienso que tal vez el mundo de tu film esté demasiado cerca de la segunda parte de *Citizen K*, de *Arkadin*, y sobretodo de *Une histoire immortelle*. Tal vez tú pretendes esto? En este caso me callo.

Hoy tengo una reunión con los presuntos productores. He traducido personalmente la sinopsis y te mando una copia en español. En principio a mi me parece que todo va a realizarse, y que la Censura, si no es por tu nombre y por nuestra participación que pueden asustarla, no puede poner reparos graves.

Tras la entrevista de hoy sigo en contacto contigo. Creo que una vez dados estos pasos lo más útil será que te envie un pasaje de avión para que te vengas unos dias y ir concretando los detalles.

Un abrazo,

Pere Fages

De Alfredo Guevara

La Habana, 6 de agosto de 1969

Querido Glauber:

Te busqué sin éxito en el Hôtel d'Albe, donde Claude-Antoine me dijo que residirías, y más tarde en Moscú. Lino me explicó la situación pero el resultado viene a ser el mismo, hemos perdido el contacto y nada sé de tus planes inmediatos, personales o fílmicos. De todas maneras estas líneas, aunque innecesarias — ya sabes que siempre te esperamos — ratifican nuestra conversación de Paris, y la invitación a visitarnos. No sé si planeas acudir al Festival de Venezia o si Pesaro será dedicado, como estaba planeado, al Nuevo Cine brasilero.

No me es fácil desde acá, sin usar apenas el teléfono — más o menos controlado, como todas las líneas internacionales, por la central de New York —, a miles de kilómetros, tener una idea de cómo y para cuándo organizar tu viaje, o saber si llegó tu esposa, o si te acompañará para el caso de que vengas. Espero puedas darme noticias concretas: fecha, tiempo de que dispones etc. Sé que esto es, contigo, la tarea más difícil, y que dependerá de tus reales posibilidades y compromisos. Pero si insisto en la necesidad de precisar la fecha y tus posibilidades de estancia, lo hago para adaptar nuestros propios planes de trabajo y porque, claro, como puedes suponer, quisiera atenderte personalmente.

Julio García Espinosa, a quien conoces, y Manuel Octavio Gómez (*Historia de una batalla*, y *La primera carga al machete*) nos representarán en Venezia, y probablemente ellos y Jorge Fraga (*Y me hice maestro*, *Año Nuevo*, *La odisea del general José*) en Pesaro. A ellos se unirá Miguel Torres (*5 de Mayo*), a quien conociste en Cannes y con quien estuvimos, juntos, en París.

En Moscú triunfó *Lucía*, obteniendo la Medalla de Oro del primer premio (por unanimidad) y el Premio FIPRESCI (por aplastante mayoría: 12 a 4). En Cuba ha sido una conmoción. Es en nuestro X Aniversario, y con la participación de *La primera carga al machete* en Venezia, un buen regalo. El lunes pasado fue presentado en el Cine de Arte ICAIC — que pronto conocerás — el Buró, los Núcleos o Grupos del Partido en el ICAIC, y sus nuevos militantes. Surge así, en Estudios Cinematográficos, el primer núcleo del Partido entre los artistas en general. 5 realizadores cinematográficos, 3 camarógrafos, 2 editores, y varios técnicos. Y con ellos un buen número de nuevos militantes para la Juventud, que comprende igualmente a varios creadores y técnicos.

Este es también un hecho importante. Tanto como el Premio de *Lucía*, los reconocimientos que recibe *La primera carga al machete*, el millón de espectadores de *Las aventuras de Juan Quinquín*, el éxito de crítica de *Memorias del subdesarrollo*, o la obra de conjunto de Santiago Alvarez, y en general la presencia del movimiento documentalista. Nos ayuda a romper, en un país en Revolución, el mito de los artistas "difíciles" o de la política como anti-arte, y la relación que resulta tan aparentemente difícil restablecer, la vida se encarga de anudarla, de re-anudarla.

Espero que pronto podamos conversar largo, y quiero mostrarte mi país y nuestra vida tal y cual es: un combate, de cierto modo distinto del vuestro pero *un combate* que no cesará cuando derrotemos al sub-desarrollo, porque créeme, para entonces inventaremos otras metas, incluso más difíciles.

Hasta entonces.

Un fuerte abrazo.

Glauber: Claude-Antoine tiene sus opiniones sobre la forma de enviar *Antônio das Mortes* según me expresa en un encuentro casual, en la calle. No importa. Lo que importa es que el film llegue pronto, y que pronto sea conocido por nuestro público que te conoce y admira.

Para Daniel Talbot*

Roma, 2 de agosto de 1969

Meu caro Dan

Desculpe-me responder com atraso tua última carta. Estava muito ocupado em escrever o roteiro (com Gianni) do filme que começarei a rodar na África no início de outubro, *O leão de sete cabeças*. Achei um produtor italiano (que é o mesmo distribuidor de *Antônio das Mortes* aqui) e ele fará o filme em co-produção com Claude.

Depois devo rodar um filme na Espanha,** se a censura permitir o tema. E depois devo fazer um filme no Brasil produzido por Luís Carlos e Lelouch. Espero poder fazer os três filmes em 10 meses! Espero, TAMBÉM, fazer pelo menos um dos três projetos, mas acho que será possível fazer todos os três.

Vincent Malles me disse em Paris que há a chance de colocar um projeto meu no programa que vocês têm. Gianni me disse que você deveria começar agora com Rivette, Bernardo, Renoir e o fantástico *Xica* (Eu acho que *Xica* será um grande sucesso comercial em todo o mundo!). Estou muito interessado em fazer um filme no programa, mas estarei livre apenas no mês de julho próximo. Tenho um projeto que acho extraordinário e que penso poder fazer por 200 mil dólares: é um filme que se chama *America nuestra* que quero rodar no Peru ou Bolívia ou México. Desde *Deus e o Diabo* quero fazer esse filme *e nunca falei desse filme com um produtor*. Queria propô-lo para teu programa. É um filme muito ambicioso, pois deve ser um grande épico sobre a América Latina: *a*) a destruição das civilizações índias pelos espanhóis; *b*) a formação de uma nova civilização pseudodemocrática colonizada pelo imperialismo e que acaba sob as ditaduras militares; *c*) as lutas de libertação políticas com todas as contradições atuais. O filme é dividido em três episódios dramáticos e o narrador é um aventureiro, Gaúcho, que está presente *em todos os lugares e em todas as épocas* e que poderia ser o espírito le-

(*) Carta escrita em francês.
(**) *Cabeças cortadas*.

gendário de Che. Para mim, o filme seria *Deus e o Diabo* multiplicado por *Terra em transe*. Tenho certeza que é o filme mais importante que eu poderia fazer. Mas fico sempre muito tímido para propor esse filme... Se você acha interessante, me escreva e eu lhe enviarei um argumento que já está escrito. *Mas não fale desse projeto com ninguém!!!*

Vi o último filme de Visconti, que é muito bonito. Haverá dois filmes brasileiros em Veneza. Você irá a Veneza? Estarei lá. Obrigado. Um abraço.

Tenho uma idéia agora:

Como Grove Press* comprou *Antônio* com um adiantamento de 50 mil dólares por 35 e 16 mm, pode ser que Vogel possa ficar também com *Terra em transe* e *Deus e o Diabo* para o mercado de 35 mm.

Acho que pode ser um bom negócio para eles, pois vão aproveitar a publicidade que será feita para *Antônio*. Assim ele faz a publicidade para três filmes. Evidentemente não terão o mercado de 16 mm, que já está com Schumann. Mas posso fazer um preço razoável pois quero me livrar de dois filmes. Concordo em vender os dois filmes para 35 mm por um preço entre 20 e 30 mil dólares. Se eles concordarem pode fechar o negócio diretamente pois Claude não tem os direitos de venda desses dois filmes para os Estados Unidos. Como eu sou o produtor majoritário do filme posso decidir sozinho esse negócio e você (faço questão absoluta) pode ficar com a comissão de venda. Sei que você não gosta de comissão, mas não aceito que trabalhe por amor pois assim ficarei com complexo de culpa diante de você. Se Grove não se interessar, pior. Os filmes serão lançados em New York aproveitando a publicidade que farão para *Antônio*.

Glauber

Desculpe essa carta suja**

(*) Distribuidora de cinema norte-americana.

(**) A carta, datilografada, está toda corrigida à mão e com trechos rabiscados na margem.

De Daniel Talbot*

20 de Agosto

Meu caro Glauber

Estou muito contente que você tenha tantos filmes para fazer. A idéia para o filme *Nuestra America* me parece excelente. É como, como não, é realmente, uma ópera. Envie-me, absolutamente, algumas páginas (10 ou 15 — não um roteiro, um "tratamento") do filme. Em francês, e eu faço a tradução para o inglês. Por enquanto, espero algumas informações de Roma e Paris para concluir o negócio com Walter Reade. Você sabe — ele quer, nesse momento, começar somente com três ou quatro filmes e se esses filmes forem interessantes ele dá o dinheiro para os outros. O negócio agora com ele não é 100% certo, mas pelo menos 90%. Em todo caso, se tiver um tempo, me envie o "tratamento".

Falei com Barney Rosset sobre o tema de *Terra em transe* e *Deus e o Diabo*. Estou de acordo em dar os direitos de 35 mm para ele. Ele quer pensar no assunto. Agora está de férias e em setembro terei uma resposta para te dar. Tenho certeza, entretanto, que Grove não dá 30 ou 20 mil dólares pelos direitos; o valor de mercado desses filmes está nas Universidades (ou seja, com Allied). Mas, vamos ver! Escute: eu dou esta carta a Gianni porque você disse que eu não devia falar do projeto *Nuestra America* com ninguém — e talvez Claude-Antoine abra a carta... Trabalhe bem, meu caro...

Um abraço

(*) Carta enviada de Nova York. Original em francês.

Para Alfredo Guevara*

Querido Alfredo,

Te mando carta rápida pelo Titón.

Como Saul deve lhe ter explicado, espero APENAS resolver um problema de dinheiro aqui para enviar à minha família no Brasil a fim de partir para Havana.

Sei que você ficou aborrecido por não ter me encontrado em Roma mas depois lhe explico pessoalmente. Aceite minhas desculpas, por favor. Quero muito ir conversar com você e com os cineastas cubanos e se demorei tanto para aceitar o convite que você me fez há quase dez anos é porque agora me sinto preparado para enfrentar uma experiência radical sem o menor traço de cultura pequeno-burguesa.

Como lhe considero um velho amigo, quero lhe dizer que o artista ou o intelectual desapareceram completamente e eu hoje sou uma pessoa disposta a trabalhar revolucionariamente, sendo revolucionariamente. Para mim isto é mais do que uma declaração ideológica — e por isto Cuba me atrai e eu achava que só poderia ir a Cuba depois que estivesse à altura de ir a Cuba, não como um turista revolucionário, mas como quem não acredita que sacrifícios sejam sacrifícios porque aceita as condições da revolução. Este é meu estado de espírito e lhe digo para você ficar tranqüilo sobre qualquer decisão que possa tomar diante de meu trabalho aí.

Gostei muito de conhecer Titón e acho que o cinema cubano foi a melhor ofensiva político-cultural de Pesaro, na vanguarda do cinema latinamericano.

O filme de Sanjinez é muito bom. Em Pesaro morreu a velha mentalidade elitista do autor de filmes, e eu e Gustavo Dahl falamos muito para que o funeral fosse rápido. Vi que a única possibilidade do cinema hoje, na revolução cultural, está na América Latina, mais uma vez.

Um abraço, até breve

Glauber.

(*) Carta enviada de Roma.

PS: — Te envio a *Manchete* pra você ver o Brasil moderno.

Caetano está em Londres. Gil também. Se quiser convidá-los para um show em Havana, posso conversar com eles. Farei o possível para te levar o último disco.

Para Alfredo Guevara

Roma, 1969 — Agosto

Querido Alfredo.

Não fui a Moscou porque M. Voltckenko foi muito indelicada comigo. Depois explico.

1) Voy a La Habana. 2 fechas:
A) despues de Venezia, imediatamente;
B) despues de 10 o 15 de noviembre.

2) Te explico: necessito hablar con usted para mi film in África: necessito filmar en la *Tanzânia* nel *mes de outubre*. É un film muito político. Impossível filmar em outro país! Preciso ser *introduzido* por você ao governo da Tanzânia. E pedir uma permissão para filmar e um *pequeno* apoio local.

Claude conseguiu algum dinheiro para fazer o filme e queremos começar logo. Tema do filme: luta anticolonialista,
luta antiimperialista
Personagens: latinos e africanos.
Mensagem: tricontinental.
Título: —?

Seria bom você me responder por carta a Veneza se será possível filmar na Tanzânia ou no Mali, mas prefiro Tanzânia. *Da sua resposta* por Júlio, dependerá minha viagem. O verdadeiro combate é o do cine cubano! Os novos triunfos serão maiores! Te reafirmo as condições de *Antônio*.

Desculpe a carta rápida.

O Brasil *desperta* com Marighella.
Gianni Amico precisa falar urgente com você.
Pátria ou muerte

Glauber.

De Alfredo Guevara

Agosto 18,1969

Querido Glauber:

Aunque Julio y Manuel Octavio te verán en Venecia y espero para entonces escribir nuevamente, prefiero adelantarme con estas líneas. Todo me hace pensar que debes dirigirte a las autoridades del país que sugieres de modo directo. Nosotros nos acercaremos a algunos amigos y trataremos de ayudarte. Ya estamos cursando instrucciones en esa dirección. Seguramente ese método será mas efectivo. De todas maneras, si tuvieras una necessidad muy concreta puedes conversar con nuestro representante en aquel lugar. Para entonces él tendrá conocimiento de nuestro interés.

El portador de estas líneas podrá ser más explícito.

En lo que respecta a tu viaje, insisto en que basta que precises una fecha, sea después del Festival o en noviembre, o cuando señales. Espero que para la llegada de Julio puedas enviarme noticias.

Sé que retificas tu oferta de *Antônio de las Muertes*, y tal vez Claude la haga suya. En tanto le hemos hecho una proposición que contempla los royalties a precio convencional, tomando en cuenta sus opiniones. Es un modo de evitar retrasos en la exhibición.

Con Julio te enviaré *de nuevo* (estoy seguro de haberlo hecho antes) los libros que pueda localizar de Alejo Carpentier y, desde luego, *El siglo de las luces*.

Saludos afectuosos,*

(*) Original sem assinatura.

De Alfredo Guevara

11 de septiembre de 1969

Querido Glauber:

Cada día, cuando leo nuestra prensa o los cables internacionales, recibo nuevas noticias de Brasil. Y el valor, la audacia, la combatividad de los patriotas brasileros llegan como si me tocara revivir los años de nuestra propia insurrección liberadora. Me siento orgulloso de conocerte, de haberme acercado a tu gente, y de sentirla tan mía, de haber hecho de Brasil, en poco más de una semana, una patria a cuya suerte me siento ligado.

Un abrazo.

ALFREDO GUEVARA

Para Claude-Antoine*

Caro Claude

Tudo vai muito bem.

Depois da chegada do genial Santini as coisas tomaram a forma. Estive duas vezes com NZE, um cara extraordinário. Maxime mudou completamente. Miguel está muito bem. Maxime é um tipo estranho. Foi duro e chato comigo, não sei por quê. Jean-Paul Chac me ajudou, me deu conselhos. Fiz Maxime saber através dele que estava pronto para ir embora, NZE me convidou para a casa dele, nos tornamos amigos, Maxime mudou.

DESCULPE OS TELEFONEMAS, mas eu estava com moral zero. Talvez uma crise com o roteiro, talvez medo de fazer um filme fora do Brasil, enfim, eu também sou humano...

Devo te dizer que senti aqui uma grande amizade por você e acho que

(*) Carta enviada de Brazzaville, Congo, em setembro.

nossa estadia aqui foi para mim uma experiência muito positiva. Não gostaria nunca de ter relações puramente profissionais contigo. Eu te considero um amigo, você deve me considerar também.

Problemas aqui:

Para pagar mercenários, carros, despesas extraordinárias completas: 4 mil dólares no máximo. Você me enviou 1000, faltam ainda 3 mil, mas envie 2 mil e se você vier pague diretamente. Não coloquei o dinheiro no banco. Tropo complicado. Anoto as despesas. Depois de tudo, fazemos o orçamento — discute-se a participação final. Sem problema. O filme vai dar certo, para termos alguns resultados positivos. Se a produção dá certo — um filme pode ser espetacular. Se não dá certo, um filme como *Antônio*.

Vá à Itália rever Escorel, porque ele não conhece Roma, se intalar etc. diga a ele para tomar as iniciativas, pedir um assistente de montagem, é preciso apenas me telegrafar ou telefonar à noite dizendo se os planos estão bons ou não. Envio a nova estrutura do roteiro. Não dê nenhuma informação à imprensa sobre o filme, vamos fazer um certo segredo agora para evitar os prognósticos.

Dan me escreveu. Ele me disse que Peter Strauss faz besteiras com os filmes, peça informações. Remeter Amos Vogel imprensa parisiense *Antônio*. Muito importante EUA. Como está indo na Inglaterra?

Envie estas cartas ao Brasil svp.

Lembranças para ti, Dedy, Julie e Anabelle

Acho que é melhor mostrar aqui também *Ganga Zumba*. Faça vir a velha cópia francesa que estava com Rochman. Não *Barravento*, que está ruim.

André está muito bem, e os atores também. [...] não poderia levar a sério uma crise histérica. Os congoleses, Miguel também, pensaram que era um ensaio para o filme em pleno cosmos! [...] Os problemas chegam com o filme, fique tranqüilo, Santini está aqui, um grande cara.

Obrigado, abraços.

Glauber

Quantas entradas *Antônio* fará? A versão francesa vai sair?

Para Lúcia Rocha, Ana Lúcia Mendes da Rocha, Paloma Rocha e Anecy Rocha*

mãe, Lu, Loma, Necy —

estou na África. aqui não tem tanto bicho assim. tem muito calor. é igual à Bahia. o pessoal é ótimo. o trabalho é difícil. vou trabalhar o mês inteiro.

Paloma nunca que escreve. me escreveu duas cartas em seis meses. só recebi uma carta de Lu. receberam os cartões da África?

se houver problema de dinheiro, fale com Rosinha, que sabe como fazer para dar o dinheiro aí. espero que Lu vá indo bem no tratamento.

vou ter de ficar ainda por aqui para montar o filme na Itália e ainda ir fazer outro filme na Espanha. só volto em maio para fazer o filme de Luís Carlos Barreto.

quero que Paloma venha passar o Natal comigo em Roma e ficar o mês de janeiro na Espanha. estou louco de saudades e quero que ela conheça a Itália, a Espanha. Lomina, venha com Rosinha em dezembro pois papai não pode ir lhe ver agora embora esteja morrendo de saudades. dificuldades para isto não há e tudo deve ser feito em tempo para você chegar aqui até o dia 20 de dezembro. em fevereiro você volta com Rosinha.

tem muito coisa bonita que quero lhe mostrar, parques de diversão fantásticos, a neve que a gente pode brincar jogando bola um no outro, as lojas de brinquedo, tem Valentina para você brincar, *sky*, mil coisas maravilhosas. e tem também um parque na Cinecittá igual o da Disneylândia.

recebi carta de meu pai — ele vai bem.

Lu, mande uma cartinha uma hora destas.

o problema do apartamento já está quase resolvido — até fevereiro estará compradíssimo!!!

a semana que vem vou sair de avião para filmar leão e elefante. se Paloma tivesse aqui podia vir também.

o pessoal aqui vive rindo, dando bom-dia e apertando a mão. é a melhor gente do mundo.

(*) Carta enviada da África, entre setembro e outubro.

beijocas e saudades — Buru

Glauber

PS: — precisa ir ajeitando logo o passaporte de Loma, fala com Rosinha que ela sabe como fazer.

Para Alfredo Guevara

Roma

querido Alfredo

estou aqui terminando a montagem do *Leão de 7 cabeças*, que terminei de filmar em Brazzaville depois de dois meses de grandes lutas e sacrifícios; estive mesmo quase escrevendo a você pedindo ajuda política, pois em Brazzaville os africanos não entenderam nada do interesse de fazer um filme político sobre a África e o terceiro mundo em geral;

você já recebeu a cópia de *Antônio das Mortes*? como combinei com você não precisa pagar nada a Claude, o filme é gratuito para você assim como o *Leão*; gostei muito do sucesso do cinema *cuban* [pula um parágrafo] cubano (esta máquina é elétrica) em vários países da Europa, o que demonstra o triunfo seu e dos repasses do ICAIC e que é um triunfo cubano — já é agora, creio, melhor cinema socialista; e creio que os jovens cineastas vão deixar os russos com mais inveja: afinal, *Lúcia* não ganhou o grande prêmio em Moscou apenas porque os russos estavam com medo de ver as velhas teses deles sobre cinema por água abaixo; bravo; apresento-lhe o *Hélio*, um amigo meu pessoa IMPORTANTÍSSIMA no Brasil; é o único brasileiro a quem lhe apresento e ele leva também uma recomendação do Gianni Amico através desta carta.

peço-lhe favor de ajudar o Hélio em todas as coisas que lhe for possível — pois ele lhe explicará seus problemas e eu sei que você compreende muito bem a situação;

obrigado pela intervenção sua favorável ao cinema brasileiro em

Viña del Mar; acho que o Solanas faz muita demagogia e sofre de vedetismo crônico; mal do *subdesarollo*; não se preocupe que não utilizarei o fotógrafo cubano exilado — me falaram nisto mas logo recusei; nem era preciso me avisar;

abrace o Júlio, o Gomez, o Saul e todos os amigos — o Brasil vai indo — um passo pra frente e outro pra trás; voltarei em breve ao meu país para trabalhar e cumprir todos os riscos;

não se esqueça de mostrar *Antônio* a Fidel; mas acho que ele gostará mesmo é do filme da África — o mais forte politicamente de todos; quando lhe verei? até fim de janeiro estou em Roma, via del Capellari, XXX, aos cuidados de Barcelloni, em fevereiro talvez em Barcelona — endereço de Muñoz Suay, mas este filme tem problemas com a censura — será uma violenta sátira a ditadores latinos exilados na Espanha — acho que não terei permissão de filmar mas quero fazer um escândalo político dentro da Espanha — não acha que vale a pena?

aqui está fazendo muito frio;
um abraço fraterno e
POR FAVOR trate Hélio como *su hermano*,
abrazos,

Glauber.

Para Lúcia Rocha*

Mãe

Recebeu minha última carta?
Estou esperando Paloma.
Como vai Lu?
Os presentinhos pro Natal:

1) *Óculos* é pra Lu!
2) Pente Psicodélico é pra Loma (Aqui tem mais!!!)

(*) Carta enviada de Roma em dezembro.

3) Pano africano é pra Necy. Diz pra ela fazer um *vestido comprido* como se usa agora. Chama-se "*pane*". Basta enrolar simplesmente no corpo. É apenas sugestão. Se quiser faz um vestido normal.

4) Tudo bem. Depois que a Rosinha e Loma viajarem, a senhora pode pedir dinheiro a Zelito. Ele já está avisado.

Lembranças a meu pai. Beijos.

Glauber

1970

CABEZAS
CORTADAS
GLAUBER ROCHA
PIERRE CLEMENTI
COLORIDO
FRANCISCO RABAL
ROSA MARIA PENNA LUIS CIGES EMMA COHEN MARTA MAY
COPRODUCÃO HISPANO BRAZYLEYRA BARCELONA 1970
PAULA GAITAN

Para Zelito Viana e Tácito*

Caríssimos Zelito e Tácito

já estou aqui nesta São Paulo espanhola, Barcelona. o *Leão* ficou pronto e quem viu gostou. Claude está muito entusiasmado e também Barcelloni. Claude acha que estoura fácil na Europa e que se o *Dragão* pega nos Estados Unidos o negócio vai ser ótimo. o *Dragão* entrou em décima oitava semana em Paris e já superou o adiantamento de Rochman. devo ir no fim de março a New Yorq pro lançamento e depois volto pra terminar a montagem aqui. os negócios da RAI com Barcelloni estão indo bem, lhe confirmo tudo o mais breve possível, pois há retardos burocráticos.

aqui começo no dia 3 de março. Cacá também acertou pra fazer um filme aqui também mas antes vai fazer o filme árabe, que começa em abril.

Tácito: quero que faça o favor de ver a minha declaração de imposto de renda. as minhas rendas são as seguintes neste ano.

Relatórios do *Dragão* no Brasil recebido da Mapa. 4 mil dólares de salário que o Claude me pagou pela direção do filme, dinheiro com o qual paguei a minha dívida no Banco Nacional de Minas Gerais.

para abatimento tem os aluguéis do apartamento da minha mãe, peça os recibos a ela e as passagens de Rosinha e Paloma.

se precisar de comprovante do recibo de Claude mande me avisar se é necessário. cuide disto pra mim pois você sabe da minha vida com o imposto de renda melhor do que eu e eu quero estar em dia, sem problemas.

Zelito: o negócio do material do Barcelloni vai demorar um pouco, um mês ainda.

não diga nada sobre o negócio do Jorge Amado.

desconte a passagem de Paloma aí dos meus relatórios.

mande brasa logo fazendo teu filme. quero ver e aposto no certo. a papelada espanhola chegou em dia.

Barcelloni vai lhe telegrafar lhe autorizando a vender o *Vento Leste* pro Valansi.

ele quer ver se negocia o filme da música, as três horas com a TVE. seria

(*) Carta enviada de Barcelona em fevereiro.

uma grande promoção. talvez a Olivetti tope o patrocínio. você pode inclusive comprar na mão dele por uns dez mil dólares e revender para TV pelo dobro com um patrocinador quente. Chico Anísio pode entrar neste negócio. a versão de uma hora e meia não funcionará pra cinema, a ampliação custa os tubos e a fotografia não resiste. várias TVs do mundo já compraram as três horas e se a TV brasileira não comprar é burra. escreve logo hoje pro Barcelloni pedindo pra mandar as três horas em 16 mm, não a cópia mas o master preto-e-branco sonorizado pois o filme [é] em português. qualquer diretor de TV vai babar vendo o filme e você pode comprar por 40 milhões na mão do Barcelloni e revender por cem. eu entrarei no circuito pra ele topar a parada e depois você me dá uma comissãozinha...

fale este troço com Chico, com Marcos Lázaro,...

acho ótimo filmar em 16 mm mas PENSANDO EM FILME PROFISSIONAL aí é que está o macete.

escreve urgente dando notícias pro endereço daqui de Barcelona que você já deve ter. vou mandar bala na publicidade pro Brasil pois quero lançar *Cabeças cortadas* aí entre junho e agosto. há dois negócios: distribuição ou venda, mas vender por menos de cem milhões não me interessa se o filme for brasileiro. responda-me se pelo acordo de co-produção o filme será Brasileiro mesmo embora falado espanhol. o *Leão* só depois de Cannes, pra ver o que se passa. depois lhe falo sobre isso.

dê um abraço forte no pessoal, na Vera, nas crianças, e diga a Leon pra botar a cabeça no juízo. diz a Walter* pra escrever. vai chegar o Alberto Felipe, cabra bom, atenda ele no possível. responda-me quando o INC paga os prêmios.

Tácito, responda-me sobre o imposto de renda.

beijos,

Buru.

(*) Walter Lima Jr.

Para Ricardo Cravo Albin*

Rio, 9 de fevereiro de 1970

Ilmo. Sr. Ricardo Cravo Albin
Presidente do Instituto Nacional de Cinema

Prezado Ricardo,

Como você tem conhecimento o filme *Cabezas cortadas* (Ex-*Macbeth 70*) foi realizado em regime de co-produção Brasil-Espanha (Mapa Films-Profilm). Encontrei até agora inúmeras dificuldades para desembaraçar o filme da alfândega, devido à falta de orientação reinante no INC, onde ninguém foi capaz de me informar corretamente o que deveria ou poderia ser feito para que o filme fosse liberado. Depois de dois meses e meio de lutas consegui liberar o filme, sem o INC, numa operação tipicamente comercial com a Cacex. Agora, lhe pergunto: de que valem as condições de liberdade alfandegária contidas no contrato de co-produção, se estas não são obedecidas? O INC deveria ter tido a sensibilidade de compreender que esta é a primeira co-produção Brasil e Espanha, que isto é um grande prestígio para o Brasil junto à Espanha, que a Espanha, através de seus órgãos de cinema, me tratou com a maior deferência e consideração e não me impôs a menor restrição política ou moral ou burocrática. Sei que você não é culpado direto destes absurdos, mas considero insuportável este tipo de tratamento. E me dirijo a você por carta, preferindo este método, àquele outro, escandaloso, que só iria favorecer os inimigos declarados do cinema brasileiro e seus. A minha situação, como você, sem preconceitos, pode ver, é difícil, honesta e incorruptível.

Vamos ao segundo problema: segundo uma definição imbecil de filme brasileiro feita por Moniz Viana, para as co-produções, o filme tem de ser dublado em português para obter o certificado de nacionalidade. Para filmes comerciais este artigo pode vigorar. No meu caso é diferente: *Cabezas cortadas* é uma obra de arte, sua banda sonora é parte integrante das

(*) Carta escrita em Barcelona

montagens visuais, é impossível dublar sem que metade do filme perca a sua personalidade verbal. Cinema, como você bem sabe, não é só indústria. Além do mais, entre muitos sons, o filme é cantado em espanhol, falado em catalão, espanhol e latim. Como dublar? Muitos diálogos são incompreensíveis mesmo para espanhóis, pois se trata apenas de efeitos verbais incongruentes de efeito puramente mágico ou poético.

Felizmente, para mim, você é um homem ligado à música e pode compreender que uma orquestração muda o sentido de uma melodia. É o caso dos diálogos de *Cabezas cortadas*. Logo, sem nenhuma falsa modéstia, solicito a você, baseado na minha argumentação, que declare o filme brasileiro, na forma de co-produção, sem a necessidade de dublagem. O Jacques Dehzhelin, analisando esta carta, verá que tenho razão. A exceção, num caso comprovado de experimento estético, é cabível. A razão do pretexto seria uma grita de exibidores: Livio Bruni é o distribuidor do filme e não tem o menor interesse em dublar. Os produtores brasileiros também não podem protestar porque nenhum teria a petulância de duvidar da seriedade do meu trabalho e, caso isto ocorra, será por manifestação de dois ou três sem a menor importância.

A não concessão do certificado de nacionalidade em tal caso repercute para mim como ato de flagrante ataque à minha personalidade artística. Estou, realmente, disposto a cobrar as dívidas que o cinema brasileiro tem para comigo. Você, como homem, e não como Presidente do INC, pode compreender isto. E, como Presidente do INC, sabe que o Ministro Passarinho não hesitaria em reconhecer, neste caso, as minhas razões. Logo, prezado Ricardo, creio que este problema poderá ser resolvido sem maiores problemas. Não estou mais do que cobrando direitos que tenho como produtor e cineasta.

Concluindo: até hoje o Sr. Antônio Olinto, irresponsavelmente, não enviou a cópia de *Deus e o Diabo na Terra do Sol* para Nova Yorque. É caso escandaloso. A carta que lhe fiz parou em mãos do Sr. Geraldo Queiroz. Nenhuma providência foi tomada. Há um visível caso de sabotagem. Não deve o Sr. Antônio Olinto (e Itamaraty) se esquecer de que não dependo deste tipo de organismo e que sou um profissional de trânsito livre em vários países. Por que este tipo de provocação gratuita? O que querem fazer? Será difícil me segurar com tamanhas burrices.

Como você vê, prezado Ricardo, estou puto da vida com todas estas coisas. Entenda que não é estar puto da vida com você, mas com o próprio emperramento burocrático do INC.

Solicito, pois, que você me atenda.

O tom de franqueza desta carta é muito mais honesto do que as verborragias hipócritas ou formais enviadas por esta imensa maioria de produtores canalhas.

Um abraço,

Glauber Rocha.

De Ricardo Cravo Albin

Confidencial

Rio, 4 de abril de 1970.

Glauber,

Escrevo-lhe manuscrito por várias razões, a principal das quais como desabafo. Uma outra — menor, com certeza —, porque sequer posso confiar ainda em meu gabinete aqui no INC, nem em todas as datilógrafas... A luta contra o cinema brasileiro é tal que os inimigos têm oiças e olhos em todos os lugares. Atrás de cada cortina aqui se esconde um Iago shakespeariano, prontinho para delatar e apunhalar. Em que fria vocês me meteram, seus filhos da puta! Bem que eu não queria aceitar este cargo que me pesa um milhão de toneladas. Em todo caso, o consolo é que eu vou fazer tudo que combinamos, doa a quem doer. Ninguém me tira da cabeça que o grande problema do filme brasileiro é o mercado. Se a gente obrigar o exibidor a mostrar o que a gente produz, o filme virá e a indústria se estabelecerá. Não tenha dúvida: minha idéia é passar a reserva de mercado pro produto brasileiro para 56, 72, 84 e, finalmente, para 120 dias/ano. Vão tentar me derrubar, conte com isso. Mas estou confiando no nosso pessoal. Nelson, Cacá, Jabor, Leon e, sobretudo, Davizinho me asseguram que erguem todas as espadas.

Outra coisa que quero te confidenciar: vou tentar abrir os festivais para o Brasil. A barra aí vai pesar, porque envolve liberdade de escolha, o que é difícil neste regime autoritário.

Fique certo: o que for bom vai ser escolhido, mesmo contra esta gentinha que vê em tudo um comunista perigoso atrás. E mais: conto com você — o único nome internacional que a gente dispõe para abrir as fronteiras e a unanimidade para a arte brasileira.

Quanto a *Cabeças cortadas*, você está coberto de razão. E, se o processo demora, atribuo à lerdeza desse serviço público de merda que nós temos. Concordo com você que uma obra de arte — sobretudo multilíngüe e plurisensitiva como *Cabeças* — jamais deve ser dublada para receber o certificado de filme brasileiro. Para seu conhecimento e orgulho, ontem telefonei para o poeta Drummond e conversei esse assunto. Comentário seco do poeta: seria como Mazzaropi dublar Chaplin.

Escreva, sacana. E pare de me tratar com tanta formalidade em suas cartas, que você me constrange e me entristece. O seu,

Ricardo Cravo Albin.

Para Zelito Viana*

dear Zé

você não tem idéia o quanto I have o saco cheio em Barcelona. conto os dias para acabar de montar os míseros setenta planos deste miúra, afinal nascido em seu habitat natural.

em New Yorq Barreto já deve ter lhe contado as novidades. o *New Yorq Times* caiu de pau em cima do filme,** fazendo dupla com Ely Azeredo... mas a crítica da *Time* será boa. compre esta semana. o rapazinho de lá ficou meu chapa. o filme vai dar pra pagar talvez o adiantamento. mas não sei se o homem compra o *Leão*. Barreto lhe narrará os esquemas todos.

(*) Carta enviada de Barcelona.
(**) *O dragão da maldade contra o santo guerreiro* (Antônio das Mortes).

o *Leão* é um novo *Terra em transe*. não irá a Cannes pois Fabre Lebret não gostou. não quis convidar. deixou pra Itália indicar mas a Itália naturalmente indicou os filmes dela, com razão. o filme não é miúra mas é *très avant-garde*!!! Barcelloni e Billard não gostaram também: vai demorar pra se afirmar. por que também ir a festival? minha sorte é que Claude e Barcelloni acreditam no filme. eu também, mas vai ser duro impô-lo. talvez o mande a Veneza, não sei também se os americanos o compraram até hoje.

o filme daqui* não sei, foi melhor negócio todavia. o *Leão*, porém, ainda pode surpreender no gramado.

para *Cabezas cortadas* alguns problemas...

mande-me urgente uma fatura *pro forma* de venda de *Máscara da traição* para Filmescontacto etc. depois te explico. a venda deve ser no valor de doze mil dólares, que serão depositados em conta da Mapa filmes em banco que você indicar.

outra coisa: quanto está custando uma cópia em cor de hora e quarenta no Brasil? é melhor importar o master ou importar quatro cópias? ver pelo preço das cópias, vamos ver o melhor. o INC pagou? como lhe disse deposite em minha conta no BEG. se Rosinha ou minha mãe precisarem de dinheiro, já sabe...

o barato aqui não existe.

sabe de uma coisa? acho que vou mixar com esta história de cinema novo. quem entrou pelos canos na história de Londres fui eu. pessoal está cada um pra seu lado, quando eu voltar vou propor pra turma um documento desfazendo o dito cujo. é preciso pra efeitos internacionais, pois muitos compromissos foram criados e agora é preciso ou mantê-los ou desfazê-los... tenho um grande papo sobre isto... como vão as coisas aí na cabana do pai Tácito? estou louco pra voltar e sentir o cheiro do beco. Cacá vai filmar aqui. estou me preparando para escrever o roteiro do filme do Luís Carlos. Assinei com Gianni *Amor de perdição*. o negócio é o seguinte: ele me dá o dinheiro e eu faço o filme aí. eu, isto é, dou o dinheiro a você e você produz o filme. meu negócio é o seguinte: eu lhe dou cem mil dólares e você produz o filme. o que for de menos é teu. vai custar caro apenas o ator central, que deve ser João Gilberto ou Baden, e tem filmagens no Rio e na Bahia. o Gianni me paga vinte mil pela direção, isto por fora dos cem

(*) *Cabeças cortadas*.

mil. você tem a distribuição aí mais uma percentagem a estudar no mercado brasileiro. dá pra você ganhar cinqüenta milhões, acho bom, não acha? agora vai preparando com Pallero e Achugar pra ser produção uruguaia ou chilena por motivos que nos interessam e você bem sabe. produção italiana não pode ser. quanto a *Terras do Sem-Fim* o negócio praticamente mixou. a crise do cinema no momento é enorme. estou *atrapando* o que posso por causa das chances, mas vai engrossar pois tudo está falindo pra todos os lados. a Metro foi a leilão. o filme de Antonioni custou oito milhões. é uma droga incrível e além do mais miúra metido a besta.

sabe da novidade? depois de *Amor de perdição* vou filmar definitivamente *America nuestra* e vou abandonar definitivamente o cinema, pois acho que não dá pé. viverei de biscates.

bom, velho marinheiro de tantas navegadas, abrace o Tácito e o povo da Mapa.

beijos na Vera e nas crianças,

Glauburu.

PS: mande urgente a fatura *pro forma* de *Máscara da traição*. ISTO É URGENTÍSSIMO. *Amor de perdição*, pretendo começar em novembro no Rio e dezembro na Bahia.

De Roberto Pires

Rio, 12/06/70

amigo Glauber.

Vários anos nos separaram. Várias coisas nos separaram. No entanto o amigo sempre esteve presente em minha cabeça. Acompanhei sempre como espectador a sua trajetória. Vibrava dentro de mim cada sucesso alcançado. Sua preocupação sobre as coisas sérias da vida sempre me fascinou. No princípio eu não compreendia bem o que estava acontecendo, sabia sim que você está querendo dizer umas coisas mais importantes do que eu, que na realidade não queria dizer nada. Você deve me conhecer muito mais do que eu a você. Chegou a hora de agradecer a sua preocupação comigo. Lembro-me de um dia na Bahia que você me disse: "Roberto você precisa ler", eu não li, mas percebi que estavam me dando um bom conselho. Hoje quero agradecer tudo o que você tentou fazer comigo. Hoje me arrependo de ter perdido tanto tempo. Mas não faz mal. A própria vida me ensinou os ensinamentos dos livros.

Decidi escrever para você, não só para fazer esse agradecimento como também para conversar um pouco.

A primeira notícia boa é que o Walter* já foi transferido para outro local, e que dentro de mais alguns dias estará em casa. Imagino a sua aflição a respeito. Sabe, o Walter se tornou meu amigo. Cada dia gosto mais dele. O Zelito não se fala. Somos quase como irmãos, talvez até sem o quase. Eu só sinto não ter condições para ajudar o Walter a sair desta (como Zelito está fazendo), pois como o amigo sabe sempre vivi dentro de mim, numa existência egoística e burguesa. Agora tudo mudou. Mas mudou mesmo. Descobri que nada valemos se não pudermos valer para as pessoas que nos cercam.

E você, quando vem? Senti sua aflição quando passavas telegrama para Zelito pedindo opinião dele. É duro, saber que existe uma barreira que nos separa da nossa liberdade. É mais duro saber que essa barreira é invisível, mas está aí. Não vou dar minha opinião a respeito. Acho que não tenho os dados necessários para dar esta opinião. Só estou começando a ver agora. Tenho certeza que você vai decidir o que é certo ou errado.

Vi alguns slides do seu filme rodado no Congo. Lindo. Estou louco para vê-lo. Quais são os projetos? Tens alguns? Acho que o seu próximo filme deve ser rodado no Brasil. Não sei por quê. Talvez seja porque sei que seus filmes terão valor independente do local a ser rodado, *o cinema brasileiro está precisando de você*. Vou ter de explicar este parágrafo: com a sua presença aqui emulam muitas idéias em muitas cabeças (não sei se estou conseguindo me expressar corretamente). Note que, desde o momento que você saiu daqui, quase nada de importante foi feito a não ser *Macunaíma*. Importante quero dizer: Cacá abandonou o filme dele, e o resultado você já deve saber, ninguém viu. 2 anos de trabalho jogados fora. Cacá escreveu

(*) Walter Lima Jr.

alguns artigos em jornais e revistas que li e tentei entender. Os artigos me pareceram como desculpas. Acho que ele está errado, quando abandona seu trabalho e vai em busca de outro. Todo trabalho tem que ser completo, e o principal trabalho no cinema (brasileiro) é o lançamento correto do filme. Outro desastre financeiro foi o filme do Walter.* Estou pra ver sacanagem maior do que a que fizeram com Walter. Não sei quem fez. Não quero melindrar ninguém. Mas a última e grande chance que o Walter teria com seu filme era o lançamento aqui no Rio. No entanto o filme foi lançado sem ninguém saber (nem mesmo a Necy). Glauber, essa é a falta que você faz aqui. Quando eu soube que o filme ia ser lançado, pedi a Zelito, que é amigo dele e tem ação sobre a Difilm, que não deixasse. Acho que o Zelito não pôde fazer nada. Pois bem. O filme foi lançado concorrendo com a Copa do Mundo sem sequer nenhuma nota no jornal. Essa não me entra. Sei que se você estivesse aqui isto não aconteceria. Esta é uma das pequenas razões que eu acho que o cinema brasileiro precisa de você. As outras você próprio pode ter idéia.

Talvez você ache tudo isto que disse uma bobagem infinita. Eu sei de algumas coisas agora, sei também que temos pouco tempo para agir.

Agora vou falar um pouco de mim para variar de assunto. Vou tentar fazer um filme nos States (estive lá em fevereiro), conheci uma pessoa da Columbia Pictures, e acho que dá pra tentar. O projeto é muito audacioso e difícil. Em resumo: até agora somente uma pessoa entendeu aonde eu quero chegar, Walter. Trata-se de uma história sobre Jesus Cristo vista de outro ângulo. Não é *Uma odisséia no espaço*, mas pode ser uma Odisséia da vida. Até agora não escrevi nada, está tudo em minha cabeça, no entanto sei que este é o único e definitivo filme para mim. Depois dele talvez até largue o cinema (direção). Antes de partir para a peregrinação pretendo fazer um filme na Bahia. Interrompendo a minha biografia futura quero lhe avisar que a Secretaria de Educação da Bahia liberou 300 milhões para financiamento de filmes, de um fundo de cultura que tinha lá. Pense que você levantaria este dinheiro sem a menor dificuldade. Tenho quase certeza que mais um filme sobre a Bahia vagueia em sua mente. E, se estou errado, sei que um pode surgir a qualquer instante.

Estou escrevendo, no entanto não sei nem onde você está. Vou pedir

(*) *Na boca da noite*, filme pouco conhecido de Walter Lima Jr., de 1970.

ao Zelito o endereço. Quero que você receba esta carta. Preciso receber uma carta sua, quero trocar idéias, enfim, quero um pouco de sua luz. Sei que é um pouco de egoísmo eu "querer" sempre, no entanto posso lhe garantir que eu quero para poder dar o certo. Por favor não me entenda mal. [...]

Sua mãe, continua santa como todas as boas mães. Estava agitadíssima com o que estava acontecendo com o Walter. Felizmente agora já sabemos que tudo correu bem, e todos estamos mais tranqüilos.

Acho que já falei muita coisa. Talvez muitas bobagens. É pena que você não esteja aqui para responder as coisas que quero saber. Não tem importância, algum dia nos encontraremos e então saberei como realmente está sua cabeça. Ela me preocupa muito nestes últimos dias.

Iberê está aqui na Mapa montando e manda um abraço para você. Vou acabar enviando um forte abraço e aguardando o que tiver que vir, uma resposta ou mesmo o silêncio.

Do amigo certo,

Roberto.

De Michel Ciment*

Paris, 14/9/70

Caro Glauber,

Esta carta eu já deveria ter escrito há 15 dias, depois de ter visto *O leão de 7 cabeças*, mas tive muito trabalho, muito cansaço e alguns problemas de saúde. Fiquei decepcionado com seus últimos filmes, *Cabeças cortadas* e *Der Leone Have Sept Cabeças*, que vi em San Sebastian e em Veneza. São dois filmes seus sem nenhuma dúvida. Ora, reconheço sua "griffe" de leão, e eles pertencem a um período de tua vida na Europa que não foi feito de certezas e felicidade. Bem, reconheço seu sofrimento e suas dúvidas. Se quisesse satisfazer teu ego diria que com seus defeitos *Cabeças cortadas* dominava o Festival

(*) Carta escrita em francês.

de San Sebastian com Losey e Chabrol. Você merecia um prêmio, é evidente, e o escândalo da premiação provocou as reações necessárias e não economizei vaias. Mas não foi lembrando San Sebastian que vi seu filme, mas lembrando de você, esse ano você nos deu pouco.

Devo lhe confessar que quero rever seu filme espanhol, pois não passou com legenda. Contrariando muita gente, creio, eu prefiro o filme africano. Nisso também devo confessar que durante a primeira semana de Veneza *O leão de 7 cabeças* era um dos raros filmes que justificava nossa presença no Lido, mas não era só isso que eu esperava. Não pense que eu faço como o Marcorreles, que começa a criticar os diretores quando eles fazem sucesso. Pensei em escrever essa carta com toda franqueza, sem nenhum preconceito.

Não gostei de *Partner* de Bertolucci e gosto muito de *A estratégia da aranha*. Detestei *Barrière* de Skolimowski e adoro *Deep end*, mostrado em Veneza. É versatilidade de minha parte ou estou tentando fazer honestamente meu trabalho? É essa honestidade que acho que deve existir entre artistas e críticos. Pode ser até que eu me engane e revendo esses filmes mais tarde eu descubra ter passado ao largo, quem sabe?

Mas nesse momento digo o que penso. Em Veneza foi um delírio sobretudo com a crítica italiana, unânime, os escandinavos, os alemães etc. A *Cahiers* adorou seu filme. Veja que me sinto um pouco isolado. Fico feliz por você, sinceramente, pois acho que o principal para um cineasta é poder filmar, mas espero que você não ouça muito esse coro de louvores. Para alguns seu cinema revolucionário é, hoje, inatacável (como há 20 anos era todo cinema social e realista). Para os mesmos todo cinema americano é ignóbil (como há 20 anos, em plena Guerra da Coréia). Para os outros que detestavam *Deus e o Diabo* e *Terra em transe* você é um cineasta íntegro que cita Straub e Godard, pode-se chegar a gostar de você principalmente se sentem que seus filmes não serão comerciais nem terão sucesso. Pela mesma razão se reprova Bernardo por ter feito um filme tão bonito e a Skolimowski um filme tão publicitário.

Por que fiquei decepcionado com *O leão de 7 cabeças?* Porque acho que você substituiu o lirismo, a inspiração de *Deus e o Diabo* ou a complexidade, também lírica, de *Terra em transe* por um verdadeiro didatismo.

Perdeu o que fazia sua verdadeira riqueza, mas não ganhou uma dimensão crítica, pedagógica. Não sou contra a moral simples, ao contrário, a de *Deus e o Diabo*, a de Brecht também são. Mas em *Deus e o Diabo* a moral era dada no fim. Em Brecht a moral final é simples, mas o caminho que conduz até lá é intrincado e cheio de desvios. No *Leão de 7 cabeças* você faz do cinema político uma sucessão de slogans ou de graffites e eu não sei mais a quem se endereçam seus filmes. Slogans muito simples para os intelectuais, muito intelectuais para um público popular. Talvez eu esteja errado. Acho Leaud ruim, *falso*. Acho a influência de Godard sobre você nefasta, pois acho que sua personalidade é grande e que as qualidades de Godard se acham no nível intimista da observação (*Femme mariée*, *Masculin feminin*), no nível da filmagem (improvisação, liberdade), mas não no nível teórico. O que é belo no seu filme são os planos simples, como o último, do homem subindo uma colina cantando, metralhadora no ombro. Acho que é simbolismo de primeiro grau. No cinema é sempre perigoso. Manuel era *um* camponês, depois ele torna-se *o* camponês. O cinema é a arte do concreto. A matéria mesma com a qual ele trabalha se concretiza. Por um longo processo pode-se chegar à abstração, mas não procurá-la diretamente. Sinto que intelectualmente a África o apaixona, que você a compreende, mas que lá, no terreno, você não a *sentiu*. E o cinema é antes de tudo o que Conrad dizia do romance "to make you hear, to make you *fell*, to make you see". Creio que em *Cabeças cortadas* você se sentia mais próximo dos personagens que em *Terra em transe*, mais alegórico. Mas aqui ainda creio que o símbolo é mais forte que a alegoria e que *Terra em transe* era mais concreto, logo mais eficaz, mais emotivo, mais rico. Sou muito desajeitado mesmo se sou muito duro nas minhas críticas. Pois não me agrada a crítica, todos esses anos a crítica sempre foi para mim um passatempo, e antes de aplicar uma rede estruturalista, marxista etc. eu sempre reagi muito diretamente aos filmes. Francamente, Glauber, não creio que *Othon* pertença ao terceiro mundo. Não acho que o filme de Straub seria compreendido e apreciado por camponeses do nordeste como Straub diz nos *Cahiers*. Acho que esse tipo de provocação deve parar. A busca de um cinema político não deve ser feita na confusão e no paradoxo. Acho que Che Guevara tinha razão de amar *Salvatore Giuliano* e tenho certeza que ele teria adorado *Deus e o Diabo*.

Acho que Eisenstein teria gostado do teu filme e do de Rosi muito mais do que de *Othon*. Não tenho nada contra Straub. É uma maneira corajosa, enfática, mas louca. Os filmes são impasses. Ele está convencido que trabalha para o povo. Um grupo de amigos (Apra, Roud, Commolli,

Engel) tenta convencer a ele e a nós que é verdadeiro, mas esta impostura já durou o bastante. Em Veneza falava-se de Straub como cineasta maldito. Ora, não houve uma só vaia depois da projeção de *Othon*. Todo mundo aplaudia e na sua entrevista com a imprensa todas as câmeras de televisão estavam lá, as emissoras de rádio etc.

Rosi foi vaiado por *Uomini Contro*, filme que incomodava a direita com seus preconceitos políticos e a esquerda com seus preconceitos estéticos.

Tudo isso, Glauber, você me dirá, não tem maior relação com seus filmes. Acho que sim. Acho que há na Europa um clima intelectual muito malsão, acho que, quando um cineasta tem, como você, inteligência, sensibilidade e um prodigioso talento, toda dificuldade é em seguida continuar ele mesmo se aprofundando na sua personalidade, seu estilo, sem se esclerosar, mas sem também querer mudar a todo custo. É preciso ser *você mesmo*, porque isso vale a pena para nós todos que o admiramos, e para você também sem dúvida!

Há dois anos Roger Tailler e eu, que admiramos muito *Prima della Revolutione*, dissemos a Bertolucci, depois de termos visto *Partner* em Veneza, o quanto estávamos decepcionados com seu filme e que ele merecia mais do que isso. Bernardo não gostou, nos olhou severamente e se voltou para a roda de louvores que o distinguia com algumas lisonjas. Vi Bernardo esse ano em Veneza, sereno, aceitando-se como é e voltando, com *A estratégia da aranha*, à sua inspiração profunda e pessoal, criticando o impasse de *Partner*.

Acho que *Cabeças cortadas* e *O leão de 7 cabeças* são filmes superiores a *Partner*. Sua personalidade aparece engrandecida e às preocupações que você mostra se juntam às dos seus outros filmes. Penso também que estes filmes pertencem a sua vida, a uma parte de sua vida, um pouco à margem talvez de sua *verdadeira* via? Será que me engano? Posso querer que não me olhe tão severamente por ter sido franco contigo?

Gostaria muito que você me respondesse e eu lhe enviaria uma outra carta que falaria de muitas outras coisas, uma carta mais relaxada, mas não menos amigável.

Michel

Para Michel Ciment*

Meu caro Michel,

Depois da tua carta eu enviei uma longa carta. Não entendo como a carta não chegou. Impossível dizer as mesmas coisas. Eu te dizia que não queria mais ser o cineasta barroco, épico etc. meus últimos filmes são de ruptura comigo mesmo, te dizia também que o *Leão* era um filme não integrado, mas era preciso para mim citar Godard, Straub, Brecht etc. para não esconder minhas obsessões, mas, ao mesmo tempo, penso que o *Leão* é um filme simples, primário, não culturalista, africano e africanista. E não é um filme comercial como *Antônio das Mortes*, filme utilizável pela esquerda e pela direita. Sobre *Cabezas* eu te dizia que era uma tragédia não shakespeariana, uma comédia não buñuelesca, um filme meu, livre, a política latino-americana vista segundo Borges, um filme que não é recuperável pela direita nem utilizável pela esquerda (o filme foi lançado em Barcelona e a polêmica da crítica é terrível entre os prós e os contras — todos radicais) e, como me escreveu Muñoz Suay, o filme já tem uma utilidade no cinema espanhol.

E então, meu caro, se você não gosta dos filmes** acho que você foi muito honesto quando me escreveu e isso é muito importante para as amizades sinceras. Eu te dizia, na carta, que você estava LIVRE para escrever tua opinião em *Positif* sem nenhum problema.

A outra carta era mais rica. Essa carta foi uma carta escrita num momento terrível. Perdemos todas as esperanças, a situação está fechada, o cinema novo acabou, somos vítimas das repressões, de um lado, e das intrigas entre os exilados em Paris. Os exilados acham indigno que eu ainda esteja livre, mas não sou culpado de estar livre. Nesse momento sou vítima de meu "prestígio", sobretudo por causa de ti e de outros amigos, você entendeu? E as pessoas não me perdoam. Outro dia um amigo que está na cadeia me disse: neste país você vai pagar pelo resto da vida o preço de ter feito

(*) Carta escrita em francês.

(**) Referência a carta de Michel Ciment de 14/9/1970, em que critica *O leão de sete cabeças* e *Cabezas cortadas*.

quatro filmes de sucesso antes dos 30 anos. Por isso, talvez, não quero mais fazer filmes de sucesso, estou completamente neurotizado por essa situação, entre uma direita fascista e uma esquerda fascista.

Desculpe-me, meu caro Michel, por essas confissões íntimas. Saudações com muitas lembranças para ti e para Jeannine também.

teu Glauber

PS: Fique atento com os novos cineastas brasileiros em férias pela Europa, Sganzerla e Bressane, que são jovens fascistas, duplo jogo etc. Carlos pode te explicar a situação.

G. Rocha

De Caetano Veloso

Londres, outubro de 70

Glauber,

recebi agora sua carta. gostaria de não precisar responder, mas sei que preciso: o ritmo inglês é completamente diferente do ritmo brasileiro e meu disco vai ainda demorar muito para sair: com o disco talvez a gente começasse uma possível conversa já em outro pé. eu quero me livrar o mais depressa possível do meu envolvimento nessa fofoca. eu apenas não gostei do *Dragão da maldade* quando o vi na Bahia: eu vinha da empolgação de *Terra em transe* (você sabe que foi esse filme que me deu todas as dicas) e disse a algumas pessoas, gozando o *Dragão*: é uma mistura de museu da imagem e do som com museu de arte popular (estou contando a piada para você sentir o nível e o tipo do desagrado). conversei com Rogério Duarte na Bahia sobre o filme, rapidamente. disse que achei o filme empostado mas que (você é um mito pra mim) havia sempre a sua presença. na verdade, eu tinha a desagradável sensação de que o *Dragão* iria emperrar o trabalho de vocês principalmente fora do Brasil. essa constatação fundamentava para mim a então aparecendo agressividade de Rogério Sganzerla contra o cinema novo; mais do que o próprio filme dele de que eu havia gostado muito: essa agressividade crítica, apesar das injustiças e das ingenuidades (pois essas coisas sempre acontecem assim), era a única coisa que, aos meus olhos, fazia as perguntas que o cinema novo deveria ouvir. daí pra Londres: eu estava fodido, com muito medo e com muito ódio: eu não sou forte bastante pra agüentar bem cadeia + exílios de qualquer tipo: o que eu detesto nas pessoas que têm pena de mim é exatamente o fato de elas terem razão. eu fiquei em Londres vendo fantasmas. sem notícias (nunca li jornal na minha vida e não pude aprender em um mês — *notícia* pra mim é sempre um "clima" geral, uma série de papos, de ondas), via uma realidade política irreal. eu tinha apenas horror aos militares brasileiros, horror absoluto, o que é justo mas (e aí estava meu engano) não é política. quando eu te escrevi aquela carta pra Espanha eu estava indignado com o fato de uma declaração sua poder servir de argumento em favor do governo brasileiro — mas o fato de eu tê-la escrito significa que eu *não* confundia você com isso: eu estava *realmente* perguntando. na mesma época escrevi uma carta ao Walter* onde a indignação é bem mais evidente, mas também onde a dúvida não se esconde. fui a Paris pra ver Cacá e à Espanha pra ver você. fui sem programa, sem nada a dizer, *mesmo*: queria apenas ver vocês e, assim, ter algumas notícias. eu começava a me inquietar com a possibilidade de ser confundido com uma onda fácil contra vocês e perder minha liberdade: se eu aceito os termos de uma "luta política" que não existe, eu me obrigo a escolher um dos lados e tudo que não seja isso fica sendo "média", "conchavo" etc. e não pode ser assim. quando Zé Celso deu aquela entrevista na *Última Hora* esculhambando com o Caetano Veloso do *Pasquim* eu escrevi a Capinam pedindo a ele pra dizer a Zé que eu apoiava o piche. ao mesmo tempo comentava com Dedé — esse pessoal está começando a ver fascismo em toda parte. você entende, eu cria que o papo de Zé Celso fosse tático e só me interessava enquanto tal, mas já temia um pouco que não fosse. essa desconfiança me levava a desconfiar também da minha posição: as esculhambações do Zé Celso de fato baseavam-se numa "política" que se resumia no mesmo horror físico aos militares que eu alimentava. você pode entender que, desse ponto de vista, tudo o mais se parece com conchavo

(*) Walter Lima Jr.

— fica tudo parecido com os papos de gauchistas versus p c f* mas eu já estava desconfiado da falsidade dessa colocação e minha carta a você + minha ida a Paris e à Espanha tinham mais de pergunta e mesmo de pedido de socorro do que de censura e reprovação. a entrevista de Rogério Sganzerla no *Pasquim* me interessava muito por todos os motivos que você já sabe (como a entrevista de Zé Celso) e mais porque primeiro ele colocava em discussão o projeto de fazer vingar no Brasil uma indústria de cinema apesar de tudo e, depois, porque ele paradoxalmente dizia que as pessoas do cinema novo eram as pessoas mais inteligentes que havia no Brasil e que ele na verdade estava no esquema do cinema novo (o que me fazia crer numa consciência que ele tinha de que toda aquela irresponsabilidade crítica era apenas tática, desde que eu não concordava com a visão dele de *Brasil ano 2000* e de *Terra em transe* etc.), de qualquer forma uma violenta provocação em cima de vocês me interessava. já que eu queria respostas. mas, depois de minha ida à Espanha e das "notícias" que consegui lá (e principalmente em Paris, onde é um pouco como ir ao Rio), escrevi uma carta nova pra Walter já num outro registro e resolvi não tocar mais nesse assunto. com ninguém. em Paris se confirmara que a onda contra o cinema novo estava fervendo no Brasil e eu corria mesmo o risco de ter de responder por ela. na verdade eu acho que a sua carta pede menos uma resposta pessoal do que uma ação qualquer — estou pensando isso agora —, alguma coisa que anule ou neutralize essa onda. mas eu não sei, não vejo o quê. na verdade há meses que nem o *Pasquim* eu recebo, desde julho. não estou sabendo de nada. me assustei quando li na sua carta que há uma entrevista ou lá o que seja de Capinam no *Pasquim*. não sei do que se trata. quando eu escrevi aquela carta pra você eu não o fiz imbuído da autoridade intelectual que eu tenho no Brasil e com a qual eu não sei o que fazer. na verdade eu nunca realizei essa autoridade e, depois de quatro meses na casa de meus pais na Bahia, de cabelo curto e sendo barrado em filmes impróprios até dezoito anos, eu me sentia anônimo e livre pra ter pequenas opiniões pessoais. eu sei que a essa altura estava acontecendo exatamente o contrário (as pessoas estavam me "respeitando" mil vezes mais e cada vez mais no Brasil), mas eu não realizava isso; ainda hoje dificilmente realizo: simplesmente me apavora ter que fazer alguma coisa com uma declaração de Capi-

(*) Partido Comunista Francês.

nam. soube essa semana que ele disse alguma coisa contra os poetas concretos (não sei o quê). você lembra que eu fiz uma piada sobre os concretos na Espanha com você, eu acho que disse que eles não tinham bossa, que eram muito paulistas etc., bem, se as pessoas começam a ligar os pontos podem chegar a dizer no Brasil que eu esculhambei a poesia concreta etc., quando não há nada que eu respeite mais nesse país. eu fico apavorado. há séculos que eu não escrevo pra Capinam. nem pra meus outros amigos. e, quando escrevo, evito já falar criticamente de qualquer coisa pois estou escaldado. não acho que Walter e muito menos Neci devam receber porrada de ninguém e não dou — em nenhum nível — o meu apoio a quem tentar fazê-lo. eu não estou sabendo de nada disso, fora os piches de Rogério Sganzerla que são parte de uma briga que eu tive muita dificuldade em provar a todo mundo que eu não tinha de comprar. nunca me constou que Gal tivesse dito nada sobre Walter (ela sempre gostou muito dele) e, de qualquer forma, estou seguro de que Gal não tem entrelinhas. mas mesmo sem saber de nada disso, eu tive, há duas semanas atrás, vontade de escrever um artigo sobre cinema no Brasil. é que eu tenho lido (alguém me trouxe o recorte) o seu artigo sobre a morte do cinema novo e eu não tinha gostado, achei que você facilitava os argumentos mais fáceis de quem ainda está interessado em provar que o pessoal do cinema novo é babaca. desisti, é claro. acho que as coisas que eu poderia dizer iriam desagradar menos a vocês do que à outra "ala". é claro que desisti de escrever esse artigo porque logo reconheci que, sem informação bastante pra fazê-lo num nível crítico razoável, ele iria ser apenas uma substituição das conversas que, por timidez, não pude ter com você nem com Rogério Sganzerla. não sei o que posso fazer pra destruir um trabalho negativo que eu *não* fiz "por trás". esta carta deve ser suficiente, mas talvez dê pra fazer você ver que eu não estou por trás de uma onda careca — e lembrar que, quando eu podia fazer "na frente", eu agia de um modo diferente do que posso parecer estar agindo agora. por isso que eu falei no início desta carta que seria melhor se eu já tivesse o meu disco gravado: assim eu estaria mais vulnerável e menos venerável — já que, fora do Brasil, nas condições em que estou, apenas com o brilho passado de um trabalho confuso de dois anos, eu me tornei uma espécie de oráculo e qualquer peido que eu dou é uma tomada de posição pela qual eu tenho que me responsabilizar. já foi sentindo essa barra que eu enfrentei a chegada a Londres de Rogério Sganzerla. e também de Julinho, o que, para mim, é outra história. meus diálogos com Rogério são ainda mais reservados e insinceros do que com você. eu sou tímido (desculpe, só posso mesmo escrever carta de bicha), o meu afastamento formal de você não facilita nada a ninguém: vem da mesma timidez que dificulta a aproximação de outras pessoas. se é isso que interessa esclarecer, eu não concordo com os argumentos de Rogério e Julinho. acho que o interesse que a tal agressividade crítica pôde ter já está datado. a insistência nos mesmos argumentos só mostra que eles foram formulados com menos consciência do que pareciam. gostei imensamente do *Bandido da Luz Vermelha*, você sabe. vi apenas mais um filme dele, chamado *Sem essa, Aranha*. confirmado para mim que o cinema de Rogério Sganzerla é uma das coisas que maior interesse pode despertar a quem quer que se meta com cultura no Brasil. acho que o cinema dele apresenta a mesma riqueza das coisas mais bacanas que apareceram depois de *Terra em transe* em música e teatro. só que eu não acho que a produção dessa fase encerre uma verdade contra as outras (sei que a minha atitude com relação à bossa-nova foi bem mais inteligente) e todos os meus (vãos) esforços em conversar com Rogério têm sido no sentido de fazê-lo encontrar-se onde realmente está: dentro da discussão do cinema novo. ele não pode se iludir pensando que ele é o "outro" do cinema novo. o cinema dele é parente de nossas músicas, de *Brasil ano 2000*, de *Macunaíma*, de *Roda viva* — e tudo isso é filho de *Terra em transe*. e, no caso de *Brasil ano 2000*, se *Terra em transe* decidiu o meu "tropicalismo", o trabalho de Gil com Walter (e também o de Capinam) trouxe alguns pontos de referência fundamentais para ele. se eu não gostei do seu artigo da morte do cinema novo é porque eu vi que você estava (não digo que sem razão) permitindo o mesmo obscurantismo com relação a essas coisas que a intolerância (esqueça a política de Griffith diante desta palavra) de Rogério propõe. isso porque lá você diz que Miguel Borges é o "verdadeiro inventor do cinema-lixo" (coisa que o Sganzerla já tinha dito na entrevista do *Pasquim*), e isso soa, a despeito de você querer ou não, como dizer "é Miguel Borges e não Rogério". ora, eu não conheço o cinema de Miguel Borges nem sequer sei que tipo de cara ele é. mas, de qualquer forma, o que eu acho é que o cinema de Rogério é antes um cinema sofisticado, literário, um desenvolvimento (e uma rediscussão) da literatura de *Deus e o Diabo* e, principalmente (Rogério odiaria ouvir isto), de *Terra em transe*. pra mim é como se um músico fizesse experiências de timbre, buscasse timbres diferentes. mas eu não confundo esse interesse que os filmes dele despertam com a pretensa "política" que eles encerrariam. estou cansado de frases gauchistas e não estou seguro de nada. e, se realmente interessa delimitar áreas de amizade, foi Jorge Mautner quem deu nome às minhas desconfianças, destruindo, com argumentos bem mais informados, a nova festividade e a empolgação gauchista circundante. Cacá me escreveu uma carta onde já fazia indiretamente algumas das perguntas que você me faz agora. como as perguntas eram indiretas e ele está aqui perto, resolvi deixar pra responder pessoalmente. vi pela carta dele que o fato de Rogério + Helena + Julinho + Mautner estarem juntos comigo na Catalunha e de terem (termos) todos conversado com Fages provocou uma impressão de que nós formamos um grupo concorde, uno e inimigo do cinema novo e suas suspeitas ligações com o poder. eu não vi as conversas de Mautner com Fages (sei que o Fages não gostou muito do que ele disse) nem as de Júlio nem as de Rogério. quanto a mim, tive uma péssima conversa com ele. eu não estava preparado pra falar (há muito tinha resolvido não me meter) e ele combina a inconveniência de estar tão envolvido emocionalmente nessa briga quanto as pessoas do Brasil com a de não ser mesmo uma pessoa do Brasil. achei muito bom tudo o que ele disse mas não consegui fazê-lo mudar a opinião sobre minha atuação neste caso: "*tu, como eres más puta que los otros, estás en el medio*". eu não tenho o menor interesse em que você goste do Mautner, quero te contar a atuação dele pra você entender a minha e pra você ver que, na latrina que você viu entre nós, todos não podem entrar juntos. eu me fiz mesmo amigo de Jorge e com ele realmente conversei com sinceridade e muito. ele traduziu pra mim que a minha inquietação com esse assunto nascia do fato das pessoas tomarem por ações políticas o que não é política. mostrou (tentou mostrar) a Júlio e a Rogério que é ingenuidade absurda substituir toda idéia de organização por algumas atitudes de dois ou três artistas da classe média; lembrando uma coisa que por acaso também está na carta de Cacá pra mim: que a tal tragédia brasileira só é assim pra nós etc., e me reconciliou tanto quanto pôde com o *Dragão*. repito que não há interesse em fazer você gostar dele ou coisa assim nem seja isso uma fofoca a mais — ele se dá muito bem com Rogério e Júlio e não me passou procuração pra "limpar a barra dele com você". entenda que é pra lhe dar uma idéia de como se passaram essas coisas comigo. eu sabia que esta carta só ia mesmo poder tentar me desvencilhar das ondas de grupo. eu estou sozinho *mesmo.* se já naquela entrevista que você citou eu já dizia isso (sem dúvida me desvencilhando de Capinam, Torquato, Gil e Gal enquanto grupo), imagine agora, depois de tanto tempo e com relação a pessoas que só agora conheço um pouco e que trabalham em outra área. realmente despi minhas opiniões do falso peso político que as pessoas no Brasil dão às suas (delas). isto não é (não me parece) em nenhum nível uma desistência, mas um reconhecimento das limitações da minha função. ou disfunção. não sei se esta carta é suficiente. eu também tenho muita vontade de ser seu amigo, de poder conversar normal com você. veja que eu não estou *pessoalmente* por trás das ondas nem das possíveis entrelinhas de ninguém. Caetano Veloso pode mesmo estar por trás de tudo, inclusive de mim. creio mesmo que ele está também por trás de vocês e de seus argumentos. você pediu via Cacá pra eu escrever alguma coisa sobre música popular no Brasil agora — acontece que eu não estou sabendo de nada. talvez um bom artigo sobre música esclarecesse tudo —, infelizmente eu estou por fora. lembre que eu escrevi alguns no *Pasquim* — um deles exatamente contra o desrespeito a Tom Jobim. outro contra um artigo mau caráter do Ferreira Gullar (pra fazer como ele fez é melhor calar — aquilo é o contrário do que se deve fazer pra neutralizar a empolgação subrocktropicágua-zebundista). meus dois artigos sobre música pop inglesa-americana também já colocam de leve os problemas que eu acho que devem ser colocados e que, me parece, você também acha. se eu vir que posso fazer mais e melhor, faço. eu estou me entregando pra você desarmado nesta carta. um abraço mesmo.

Caetano.

De Wilson Mendes de Andrade

Brasília, 14 de outubro de 1970.

Glauber:

Por muitas vezes tenho vontade de escrevê-lo. Falta-me coragem, você sabe que escrever para gênio não é mole.

De vez em quando eu uso seu nome como escudo, o Glauber é meu sobrinho!... e estamos conversado. Encho os peitos e vou embora. Outro dia um camarada disse: esse aí é tio do Glauber, ele que o diga. Tá bom, nem eu entendo de cinema nem o Glauber entende de política administrativa. Esta semana foi sua entrevista no *Pasquim*, gostei da parte que entendi, da outra parte gostei também pois foi você quem escreveu.

Vamos ao que quero de você; já fiz o meu conceito ao seu respeito, só não gostei de você não ter me procurado aqui da última vez.

Como é sabido eu estou vivo, Aleluia!... sem vintém e farinha na cuia.

O fato é o seguinte: Foi nomeado um amigo meu para chefe da Censura no Brasil; de qualquer forma ele já era chefe do departamento. O que quero de você é ser representante de sua companhia junto à Censura, na verdade, não só da sua como das que você indicar, assim como telenovelas, programas de televisão etc. Em outras palavras, fazer você fazer uma coisa que você não gosta. "Usar o prestígio" e me indicar. Tenho grandes possibilidades no assunto e foi sugerido por esse amigo que eu pleiteasse. Você sabe, mudar faixa de público 14 para 18 anos, acelerar liberação, manter textos, não é muito fácil. Dentro de certos padrões estou certo de que tenho argumentos para desempenhar a missão a contento. Só não prometo milagres, pois o rapaz é sério e só fará o que for possível. Espero que estas migalhas poderão ser me dadas pois serão o meu caviar. De qualquer forma você é o Glauber, e poderá esquecer de tudo caso queira, só não quero perder o direito de dizerem por aí "aquele é o tio do Glauber, ele que o diga".

Sem mais, recomendações à Rosinha, Paloma.

Do tio amigo,

Wilson

Nota: meu novo endereço é:
Super Quadra *xxx*, Bloco I, apto. *xxx*
Tel.: *xxx* — Brasília.

Qualquer contato poderá ser feito pelo meu telefone ou caso precise eu poderei ir aí.

De Luiz Rosemberg Filho*

Glauber

Fiquei realmente muito alegre com o seu parecer em relação ao nosso trabalho, a nossa história e a nossa gana em querer, com um Cinema Independente, torpedear um mercado envenenado pelos restos de uma falsa cultura voltada para a destruição do que não chegou a ser construído. A fome e as guerras dominam este tempo de grandes traições. Você mostrou isto maravilhosamente em *Terra em transe* que eu considero o seu melhor trabalho e deve ter ido mais longe nos teus novos trabalhos feitos em outros continentes. "É preciso dizer não." Não compactuar com quem quer que seja, nem mesmo com o espectador. O nosso Cinema é a única saída. Ele deve ser humano, político e sobretudo radical. Devemos estar mais ligados à fome do que preocupados em faturar "babacamente" em nome da grande indústria do futuro. Ainda somos fascistas, feudais, malditos e pobres. E, queiram ou não, o nosso Cinema deve refletir sobre esta miséria coberta de sangue e ouro. O que fiz não chega a representar nada em relação a sua obra. Mesmo assim, este nosso trabalho representa muitos anos de luta e tem por objetivo dar ao verdadeiro Cinema o sentido da luta. Esta luta iniciada por Eisenstein e edificada por Visconti, Godard, Welles, Buñuel, Resnais e obviamente a você que sustenta uma imagem sólida do verdadeiro Cinema, radicalmente voltado contra esta civilização do terror planificado. Está claro em meu (nosso) trabalho o ódio selvagem a esta civilização ocidental em que vivemos, da qual nossa geração é filha e, quem sabe, será coveira. Civilização cujos valores máximos são a conta bancária e a estatística. Anticivilização, na verdade

(*) Carta enviada do Rio de Janeiro.

porque anti-humana, aliás, inumana, psique alienada, e nisso posso compreender perfeitamente Fidel quando grita: "maldito diñero", eu o compreendo perfeitamente quando retira o incentivo material ao trabalho. Quando Carmichael afirma: "nós declaramos guerra total à civilização branca [...] 90% dos homens são pretos, o resto é branco", eu o compreendo perfeitamente. Essa civilização inumana, hoje americanizada, divide os homens em dois tipos: os que vencem na vida, os brancos, e os que perdem, que são os negros. É justamente esse incentivo à luta do homem contra o homem que me faz detestá-la. Nisso sou radical. E nem por isso intransigente. Há uma coisa maravilhosamente terrível e humana nesta porca civilização ocidental: o espírito da resistência, a vontade de dizer não. "Nenhum homem, na verdade, é aceito por nós como nosso dono", diz Xenofonte. É a tragédia de Prometeu, de Galileu, a tragédia dos guerrilheiros de todo o mundo, a tragédia dos loucos inventores e criadores; a ética dos demônios de todo tipo que se revoltam contra os deuses de todos os naipes. A grande, a verdadeira, a única aventura própria do homem, a invasão das trevas, na aventura do encontro do fogo, na luta contra os deuses, pelo homem, com o homem. "Uma vida de homem só se justifica pelo esforço, mesmo desafortunado, de melhor compreender. Quanto mais compreendo, mais amo, pois tudo aquilo que compreendo está certo." E está certo o nosso Cinema, está certo Zé Celso, estão certos todos que não acreditam em mais nada desta civilização. Os que restarem destas guerras edificarão uma história sem fome e sem guerras.

Fiquei realmente encantado por você ter compreendido as derrotas e vitórias deste filme intitulado *O jardim das espumas*. O Cinema precisa de homens como você. Só assim se faz História. Não importa que você venha a detestar o filme num futuro não muito distante, o que importa é que nós precisamos de você.

Abraços

Luiz Rosemberg Filho

PS: Te deixo umas fotos de nosso trabalho. Se você quiser, pode jogar no lixo, pois o que está sendo mostrado já está no passado.

Abraços

Ro

Para Gustavo Dahl

Rio, 6 de novembro de 1970.

Querido Gustavo

Realmente tenho de admitir a irresponsabilidade de Walter Achugar. Estou com problemas morais em relação a você. Creio que a única solução possível para você receber as cópias dos filmes subtituladas é pedi-las a Alfredo Guevara. Claude-Antoine vai telegrafar a Alfredo o autorizando a enviá-las.

Estou recebendo uma carta do Sr. Alejandro Lopez, dos Cineclubes Universitários, pedindo para exibir meus filmes no Festival Latino-Americano. Respondi dizendo que eles deveriam se dirigir a você para conseguir a autorização já que você é o proprietário dos direitos de *Terra em transe* no México.

Estou com muitos desejos de ir trabalhar no México. Você acredita que seria possível arranjar trabalho aí?

Tenho no momento dificuldades pessoais e econômicas.

Se você estiver interessado em distribuir *Cabezas cortadas* no México escreva para o Ricardo Muñoz Suay.

Um abraço do amigo e admirador,

Glauber.

PS: Me disse Garcia Riera que teus filmes são geniais!!!

Para Claude-Antoine*

Meu caro Claude,

Estou muito bem. Não te escrevi porque estava na Bahia resolvendo meus problemas. Agora as coisas funcionam bem. Devo partir essa se-

(*) Carta enviada do Rio de Janeiro.

mana para Buenos Aires. Assinei um contrato com Klauss como te disse e ele falou contigo. Quando você virá fazer teu filme? Como vai a saúde? Muitos acidentes, mortes, que merda, Cacá me disse que o *Leão* está bem. Espero que vá bem. Você, você foi formidável com o filme Maldito. Vi apenas o artigo de Bory. Sei que há críticas ruins também, mas o importante é esperar uma carreira do filme. Depois de ler o artigo do Bory tive uma idéia: mostrar o filme, numa sessão privada e sem barulho, para Cleaver. Cleaver pode ajudar o filme nos Estados Unidos? William Klein pode arranjar isso e acho que tem a importância de um Festival. Você deve enviar, junto com o filme, o melhor material de imprensa sobre o filme e pedir para Klein fazer a apresentação etc. se, por acaso, Cleaver gostar do filme, uma só palavra dele nos Estados Unidos pode dar um grande resultado. Eu, eu acredito no filme. Se Cleaver disser algo com o filme ainda em cartaz em Paris seria ainda mais interessante. A cópia ainda está com Rachedi? Acho que é preciso até enviar uma cópia para Klein, pagar a passagem dele, para essa transação.

De Buenos Aires te escrevo uma carta, com meu endereço. A primeira cópia de *Cabeças* foi perdida pela Varig. Pedirei uma outra cópia a Ricardo. É preciso pagar. Telefone para ele svp para saber se ele já mandou a cópia.

Aqui vai tudo bem, mais ou menos. Estou muito triste com a morte de André. Um abraço, meu amigo. Cuidado com a saúde e venha fazer teu filme.

Glauber

De Michel Ciment*

Paris 3/12/70
Michel Ciment
56 Rue de la Rochefoucauld
Paris 9

Caro Glauber,

É uma pena não ter *nunca* recebido sua longa carta em resposta à que lhe escrevi sobre seus dois últimos filmes.** Mas a carta que Cacá me deu me tocou muito. Você acreditou em minha sinceridade e em minha amizade, é o principal... Devo lhe dizer que escrevi esta carta depois do sucesso *unânime* que teve seu filme em Veneza *** (da *Cahiers du Cinéma* a Marcel Martin, passando pelos críticos suecos, alemães, espanhóis etc.). Eu era o único seu defensor de primeira hora que tinha reservas sobre sua evolução e lhe escrevi nesse sentido, pois não acho que a adoração entusiástica seja boa, mesmo se é sincera.

Estava lhe dando assim minha impressão, que não vinha se juntar a um ataque em regra contra você, mas, ao contrário, vinha se opor a uma aprovação geral.

O outro ponto: eu não acho que *Antônio das Mortes* seja o filme que cito como exemplo em oposição aos seus dois últimos filmes. *Antônio* perseguia uma reflexão e um cinema inaugurado com *Deus*, mas era uma conclusão de uma certa busca. Acho que o problema da *retomada*, do *sucesso*, é sem importância. Tudo é, será ou foi retomado. O que conta é perseguir seu caminho fora da influência dos críticos, dos manifestos etc. Se há 5 anos os *Cahiers* atacavam seus filmes e defendiam os de Ruy, hoje, talvez, seja o contrário. Há 2 anos, Solanas era um modelo para eles, hoje, o acusam, numa entrevista com Carlos, tudo isso é cozinha, de oportunismo, e se servem de cineastas como de bucha de canhão num massacre. Não conheço nada mais fútil que o mundo da crítica de cinema. Aprendi a julgar os filmes em função do que sinto, me engano sem dúvida, mas pelo menos sou *eu* que e me engano. Não se faz [—] no meu lugar.

(*) Original em francês.
(**) *O leão de sete cabeças* e *Cabeças cortadas*, filmes de 1970.
(***) *O leão de sete cabeças*, exibido na XXX! Mostra Internacional de Cinema de Veneza.

Acho que há um esnobismo intelectual a que cineastas de um talento imenso são *conduzidos*, e se quer fazer passar por *malditos* pessoas como Straub, que teve mais vantagens nas entrevistas, nas coberturas de revista, nas análises, do que William Wellman ou Raoul Walsh.

Não o acuso por não fazer mais filmes barrocos, épicos etc., mas penso que o cinema didático que você propõe não é uma solução. Dito isso, quero rever seus dois filmes, analisá-los mais detalhadamente e voltar a falar, um dia, com você, com calma.

Compreendo a hostilidade que você encontra no Brasil. Acho que é profundamente injusto, mas não é uma razão para não querer mais fazer filmes de sucesso. Faça os filmes que desejar fazer e tanto melhor se eles fizerem sucesso! Bem entendido, não posso confiar em pessoas como Bressane, e aliás eu nem o conheço. Acho que o [—] do cinema dos anos 70 sobre o cinema novo é um erro manifesto. As páginas de *Positif* estarão sempre abertas para você, Diegues, Guerra e outros. Mesmo que não digamos muito freqüentemente, sabemos que desde o primeiro momento nós defendemos o cinema novo, Solanas, De Antonio, os cineastas poloneses de 1956, os iugoslavos de hoje, Rosi, De Bosio ou ainda Marker e Resnais, porque nós não somos esquerdistas de salão.

Estamos a serviço de filmes e não os filmes a nosso serviço, para nos fazer brilhar. Marcorelles, no telefone, me disse ontem com muita gentileza e desprezo escondido que eu era um personagem maravilhoso, porque o mundo e o cinema mudavam à minha volta e eu continuava a gostar sempre dos mesmos filmes e a querer que 1 + 1 = 2. É verdade. Gosto de Kramer, Makavejev, Kubrick, Skolimowski, Rocha, Guerra, Bertolucci (menos *Partner*), Skolimowski (menos *Bariera*), iranianos, Kazan, Penn, Jerry Lewis, Buñuel, Bergman etc. tudo isso é talvez velho, pouco heteróclito. Sou sem dúvida um "coronel da armada dos índios", ultrapassado pelos acontecimentos, mas espero com confiança que o tempo faça a triagem de tudo isso. Se é difícil ter uma posição que recusa as vulgarizações, estilo cinema 70 e os esoterismos estilo *Cahiers*, não se está nem "na onda" nem na rotina. É uma adversidade que é necessário saber aceitar. Problema menos difícil que os que você traz. Te desejo muita coragem e não se desesperar. Pode contar comigo.

seu amigo

Michel

PS: O cinema novo não acabou! O cinema novo será sempre novo. Viva as palmeiras (mesmo se as palmas não estão sempre aí, um dias elas reaparecerão!).

De Nini van Prehn*

Sítio Uirapuru, 11/12/70

Glauber, um Viva especial para *você*, que teve a coragem de ir correndo pra O *Pasquim* para internar os gripados — concordo com você quando você diz que enquanto há um *Pasquim* tudo pode acontecer (será que os milicos não entendem quanta gente está revoltadíssima com o que acontece) mas vou mais longe — enquanto no Brasil há gente como você, que numa emergência se comporta com tanta fibra, nem tudo está perdido. Foi tão bacana quando apesar de tudo O *Pasquim* saiu e continuou saindo. O que está acontecendo é um *test case* ou sei lá como se diz isto em português (prova de fogo?). Se isso não vai ser resolvido logo logo e a patota volta para reassumir as funções, muita gente até agora +/– pacata vai se tornar contra-revolucionária. Contra a "revolução" de 64.

Toda a sorte e o mais feliz Natal possível para vocês todos — quem sabe — com muito *whisky*.

Nini.

PS: Gente como vocês representa o que há de melhor neste país (ou em qualquer outro) e se "eles" conseguem fazer vocês calarem-se então o negócio vai ficar preto mesmo. Aí muitos vão morrer *gritando*.

Uirapuru, 13/12/70

Não sei não — deve ser pura fantasia — mas morro de medo que o

(*) Carta de uma leitora do jornal O *Pasquim* ("Nini Van Prehn"), onde Glauber escrevia, sobre a prisão da equipe do *Pasquim* em 1970.

seqüestro do embaixador suíço* seja uma farsa encenada pelo próprio governo, visando, por exemplo, o exílio (ou prisão) de pessoas como o pessoal de O *Pasquim*.

Por que não publicaram nada? E se fosse mesmo uma farsa, podem "resgatar" o embaixador numa "caçada" espetacular. Viva as forças armadas! Como são eficientes. "Matar" os supostos subversivos, que antes de "morrer", convenientemente, acusam as pessoas (como a patota do *Pasca*) de todos os crimes possíveis. Ou podem achar documentos com as ditas acusações.

Por que o Médici que mandou soltar os que foram presos no Fundão não mandou soltar os redatores de O *Pasquim*? Apesar dos pedidos das esposas, advogados, Júlio Mesquita etc.?

Esse seqüestro tem um cheiro muito esquisito. Por que o enviado especial da Suíça entrou tenso e preocupado no gabinete de "um não sei quem" importante e saiu todo sorridente? E cadê os manifestos de costume dos seqüestradores? E *por que o governo não parece se preocupar com a vida do embaixador*? Ai *não*! Não quero pensar mais. Seria *horrível* se isso fosse verdade. Podem também "exigir" o exílio dos redatores — mas no exílio eles podem prejudicar bastante aquela famosa imagem. Glauber, por favor, diga que tudo isso é besteira minha. Rezo que seja! Mas morro de medo que haja algo de verdade nesta fantasia minha! Espero fervorosamente que não seja verdade que na vida real o lobo sempre acaba comendo o cordeiro. *Essa não!* Recuso de acreditar nisso!

Em todo caso um abraço para todos de O *Pasquim* presos e soltos e o meu apoio inabalável e irrestrito.

Nini

N. van Prehn,
Sítio Uirapuru,
Km 71 — BR 2 (Juquitiba)
Itapecerica da Serra
São Paulo.

(**) Ação armada da ALN (Aliança de Libertação Nacional), organização guerrilheira fundada por Carlos Marighella. A ALN seqüestra o embaixador suíço para trocá-lo por setenta presos políticos.

1971

Para Claude-Antoine*

Caro Claude,

Estou em New Yorq.
Foi difícil sair do Brasil.
Eu e Rosinha estamos separados agora.
Foi uma total mudança de vida.
Quero te dizer pra começar que me sinto muito bem e que te considero um dos meus verdadeiros amigos.
Sinto muito uma possível perda de dinheiro com *O leão*.
Você foi fantástico com esse filme.

Devo ser muito franco com você: o filme é muito bom. Eu o vi em New Yorq depois de um ano e estou seguro que é um verdadeiro filme revolucionário e... popular. Foi o reacionarismo racionalista da crítica francesa e a mentalidade reacionária do público. O filme contesta de uma maneira brutal e honesta a cultura européia, o cinema, a política. É um filme humilde e insolente. É um filme sujo, direto, irônico, dialético e não demagógico. É uma homenagem a Godard com independência e sinceridade.

É um filme sobre o mito. Um filme mágico, primitivo, inconsciente e panfletário. É uma profecia sobre o Terceiro Mundo, o cinema etc. É também uma montagem espacial, o tempo não existe, somente a ação dramática etc. É um filme vulgar etc.

Se as pessoas não viram isso peço desculpas. Mas, talvez seja uma ironia, o filme pode dar certo nos Estados Unidos. Alguns americanos são entusiastas, inclusive Stuart Miller, o produtor de *The little big man*, de Arthur Penn. Quero aqui uma cópia do artigo de Jean-Louis Bory. Quero lutar para impor esse filme na América como jamais lutei pelo filme. Não quero cair com esse filme. Estou farto dos críticos etc. Eu mesmo devo defender o filme. Envie-me as fotos, uma lista dos diálogos em inglês (também a lista dos diálogos em francês, *Barravento* e as fotos também).

Com *Cabeças cortadas* a mesma coisa. É o primeiro verdadeiro filme surrealista depois de *L'Âge d'Or*, um filme contra Shakeaspeare, contra a

(*) Carta enviada de Nova York em janeiro.

concepção clássica e imutável da tragédia, é um filme irônico no fundo em relação a tudo isso. Eu o vi pela primeira vez em New Yorq e me sentia na frente (*en avant*). Eu te conto meus verdadeiro sentimentos e a mais ninguém. Mesmo se as pessoas desprezam estou seguro de mim mesmo sem nenhuma loucura.

Aqui tenho alguns planos.

Não posso mais filmar *America nuestra* este ano. É preciso achar um país que não seja Congo Brazza. Tenho um outro argumento (para New Yorq), que acabo de tornar a propor a Klauss. E Hal Landers, da 20 Century Fox, me pede para filmar *Wild palms*, de Faulkner, com toda liberdade. Sexta-feira terei uma conversa definitiva com ele. Por acaso, esse cara telefonou para a Michelle Barbieri e perguntou por mim quando eu estava chegando há dois dias para uma conferência na Columbia University.

New Yorq é fantástica. Aluguei um enorme apartamento no Village. Eu me sinto bem livre. Muito encorajado para continuar o trabalho, apenas por amor ao cinema, à vida etc.

Bom Claude, escreva-me. Acho que você ficará bem agora. Envie-me as babaquices da crítica francesa, conte-me os detalhes desse lançamento fracassado.

Um abraço com toda a amizade e para Dedy também. E a bela menina?

Glauber

De Sylvie Pierre

Paris, 15 de janeiro de 1971

Querido Glauber,

Não tenho tempo para trabalhar. Não posso escrever em português.* *Pardon. Pardon.* Não escrevi antes porque realmente tem tido muito trabalho na *Cahiers*, muitas preocupações. A Revista está cada vez mais difícil de

(*) Carta escrita em francês a partir deste trecho.

escrever. Estamos cada vez mais exigentes com a qualidade teórica dos textos — o que significa que agora é preciso trabalhar sem cessar em todas as direções (marxismo, psicanálise, história do cinema, história dos povos, inteligência realmente pura, generosidade de espírito etc.). Não se trata mais de ser apenas cinéfilo. Tudo é mais difícil: alguns bons filmes, torna-se inútil defendê-los. Outros (mesmo alguns filmes "comerciais": o último filme de Jerry Lewis com Hitler pederasta), ao contrário, é preciso defendê-los ainda.

Espero que Claude-Antoine tenha te dado os últimos números: são difíceis de ler, eu sei — mas, Glauber, meu amor, é absolutamente necessário que você não nos abandone: nós devemos fazer esse trabalho, não outro. Qualquer outra coisa seria demagógico, demissão. Somos muito atacados na França — por imbecis, felizmente —, os amigos não nos deixam.

Você recebeu o último número com a entrevista do Cacá? Gostaria muito de saber o que você acha. Nós o consideramos, aqui, absolutamente *capital* como esclarecimento sobre os problemas do Brasil — o que você acha disso?

A política não vai muito bem aqui, não conto os detalhes, é muito complicado. Grosso modo, a burguesia francesa descobre que todos os valores em que acreditou, que tinha como os mais vivos, os mais úteis (por exemplo, a subvenção cultural), não são mais nada.

Gostaria de te dizer mil coisas, mas é preciso primeiro, absolutamente, que você escreva também: o que você está fazendo? Você parou completamente todos os projetos de filme? Como passa o tempo?

Peço, por favor, escreva, e desde que eu receba notícias eu escreverei também — longamente — explicando tudo.

Minha vida está sempre complicada — Pascal e Jacques... Devo filmar um curta-metragem no mês de abril, não tenho certeza, com Carlos no papel do pintor Pedro Américo em visita ao seu mestre Ingres (em 1867), que deve morrer alguns dias mais tarde.

Você poderia perguntar a David se ele pode me enviar informações (biográficas e outras) sobre Pedro Américo? É MUITO IMPORTANTE.

Mil beijos. Lembranças a Rosa
Você me faz falta e a Jacques também

Sylvie

GODARD RESTA NOSSO ÚNICO ORGULHO

Para Cacá Diegues*

Cacá darling,

recebi tua carta e de Antônio dois dias depois de meus trinta e dois anos e senti um estranho afastamento de tudo isso que você me contou sobre o carnaval, os filmes, alegria e travestis. a carta de Antônio localiza toda a doentia maldição dos mitos literários do Ocidente projetados sobre esta tribo luso-tupinambá e é o mal do romantismo, dos piores da colonização depois da cobiça e luxúria sado-masoquista, caindo em cima de nosso poeta amazonense-carioca-baiano que escolheu o misticismo literário por dúvida metafísica diante da revolução: é o idealismo, meu irmão, e Calmon falou do Raul de peito moreno, figura morena camponesa do mesmo jeito que Adonias fala de Cajango, *Memórias de Lázaro* desbundado nas águas de Jorge Amado — Antônio é intelectual barra-pesada da geração dele mas acontece que não se deixa impunemente o lado Lúcio Cardoso triunfar sobre Jorge Amado. Olho velho: a escandalosa merda de inexistência intelectual do brasileiro é que a coluna Prestes saiu em 24, dois anos depois da Semana, e ninguém viu: Oswald estava metido com os partidos liberais vigaristas e a única coisa política conseqüente que deu a Semana foi o integralismo: a direita organizada acaba a revolução sobretudo quando os intelectuais brigam estéticas pelo jornais, criticam a esquerda revolucionária, picham o Partido, se comem uns aos outros, fazem tráficos de prestígio, informação, concorrência social e cultural, traem as idéias do núcleo biológico fundamental e se amesquinham na transação complacente com o regime. este negócio deu sempre pela Europa e no Brasil, país mais desenvolvido, se manifesta com pobreza. vamos aos fatos, meu amor: a vacilação pelos movimentos cpcistas diante das provocações estéticas e políticas da direita cresceu depois do *Metropolitano* e *SDJB* — e assim como não assumimos teoricamente nossas idéias em 68 e 70 não assumimos agora e, o que é pior, parece que estamos topando compor se eles abrem as pernas (o governo e os intelectuais da direita). que porra é esta, lhe pergunto lembrando aqueles arreganhos judeus do Leon: que porra é esta de entrar

(*) Carta enviada em março de 1971.

numa felicidade que cada um sabe máscara primária de uma frustração provocada pela fratura da espinha dorsal da nossa História, geração — abnegados tipo Anchieta, salvando índios, ambicionando paraísos, sacrifícios, tristezas, organização da estética possível, e sobretudo não fazer a revolução —, as olas, a onda, o mar, a natureza, a raiz de Wagner desmistificada, desmistificação radical da metafísica, o conhecimento científico, o salto de civilização que destrói e o resto que nós todos sabemos aos 17 anos quando descobrimos e fazemos poesia. o lado Lúcio Cardoso de Paulo César é uma tendência de direita manifestada, complacente, que incorpora o revisionismo de direita da nouvelle vague, permite o popismo, mantém o criticismo colonizado, e nos cega pra ver que o quente foi o romance de 30 e não a Semana de 22, que o Clube* forma as linhas fundamentais da revolução do *País do Carnaval*, a passeata dos 100 mil, que a merda do *DI*, *Pasquim* etc. não passa da vitória fácil do imperialismo sobre intelectuais com leucemia mental, sem assumir a violência com o ódio de bárbaros adormecidos que somos originados da Bahia, Alagoas, Amazonas, Israel, Minas Gerais, Rio, São Paulo, gaúchos, argentinos, esta tribo histérica e irracional de caudilhos ibéricos debilitados em Eldorado onde os mitos afro-índios corroeram a Santa Inquisição e deixaram mais cega, ignorante e violenta.

sobre os músicos lhe digo o óbvio: são todos feras da Aerp.** Gil não disse que o povo tava bonito e não compôs? que história é esta de Caetano deixar circular (em *Manchete* o programa do show em Paris) que não fazia música revolucionária e sim refletia a cultura etc.? será que o pessedismo ainda se agüenta num momento em que os caudilhos de Bolívar estão virando os libertadores do outro lado de cá do Tratado de Tordesilhas, que a guerra está nas portas como no tempo em que Stalin confiava em Médici, só que agora os caudilhos dos Andes e dos trópicos estão a fim de acabar com os portugueses bugres gaúchos, árabes que chegaram em Brasília e resolveram negociar com nossas riquezas?

não tem metáfora nenhuma nessa fofoca: Paulo Gil trabalha na Globo, Capinam em empresa de publicidade, Rogério Duarte é impotente pra criar, Caetano é o Bob Dylan dos trópicos, Gil é um crioulo malandro que

(*) Como era chamado o Partido Comunista Brasileiro.

(**) Assessoria Especial de Relações Públicas, órgão de propaganda do governo durante a ditadura militar.

dá bom-dia em inglês, Maria Bethânia representa o fascismo em Cannes,[—] é do SNI, a direita ocupou o *Pasquim*, Maciel, Tite e cia. representam o revisionismo existencialismo de Sartre a Leary — ou quem era de direita em 60 não é a direita de agora? e nós nisto tudo não podemos ficar aí nessa curtição de polêmica provinciana sem abrir logo o jogo e denunciar toda esta canalha porque agora, antes de 74, é que tem de dividir as águas. não estou aqui por acaso e curti a merda do inferno e da impotência pra poder levantar o olho por cima do continente. a briga está aberta e acho, por tua carta, que continuamos com aquela vacinação que você criticava chamando de não se pode abrir o flanco, ou dar bandeira.

Os herdeiros é um filme-chave da política brasileira. estes canalhas atacam. Gustavo não fala, eu interferi duas vezes, em *Positif* e no *Pasquim*, você que defendeu o filme em Paris não o defende no Brasil e ao mesmo tempo deixamos todos passar em branco este disco de Gil que gritou em Pesaro que nossos filmes tinham de ser queimados. aí você se fode e permite o avanço da direita. Caetano não colou no pop internacional, voltou americanizado, deu show pra burguesia, foi desmistificado pela *Veja* e vai fazer o quê? Caymme em ritmo de baião? misturar coco com rumba? sambar Fernando Pessoa no balanço da bossa-nova? colar o dó no fá e sol na guitarra elétrica? contestação é a curtição? o maior músico do mundo é Gato terceiro mundo e os brasileiros de agora passaram e não viram assim como a Semana não viu 24, 26, 30, ou você não fez *Os herdeiros*! quem são os herdeiros da traição? nós ou eles? meu filme sai dos *Herdeiros* e *Terra em transe* — chuto pro alto, vamos resgatar tudo, não vai ficar nada por baixo, já não é mais sobre os pobres mestiços neurastênicos do litoral mas sobre a conquista de Eldorado, e com guerra porque a história se muda, o romantismo alegre é a última flor do Lácio, negócio é ser mesmo inculto e belo, mas não confundir cafuringa de hippie com barbudo de Sierra Maestra nem garotos Toddy com povo bonito à la Gal Costa com juventude fudida nacional. chega. não estou aqui por acaso, comprei a briga com a História e aquela seqüência da briga dos amigos em *Terra* e *Os herdeiros* é a previsão de tudo isto. nossos filmes são nossas vidas imaginadas. vamos aos filmes e à vida prática vamos lá, vale a pena morrer pelo triunfo da beleza na ilha do Bananal, mas ilha conquistada, porque não há liberdade sem conquista e a terra é nossa, não é dos capitães donatários. pra toda esta fraqueza intelectual da praça o negócio a fazer é jogar uma corda pra ela sair do poço, se quiser mas não se pode perder tempo. Perón já lançou a frente que fecha todo o Prata e Pampas.

estamos outra vez em 1930, isto também eu e Marcos* aprendemos com *Os herdeiros*. o artigo de Jabor no *Pasquim* sofre destas vacilações. até hoje somos os derrotados de 64. a única verdade é esta. o resto é a saída pela curva da praia. dos trinta aos quarenta a gente precisa tomar tenência pra não ser mais um desses ciclos agrários que se desmancham na areia como restos não significantes. o que dilui no pântano é o pecado das vãs contemplações (Buñuel, em *Simón del disierto*)

O tempo e o vento. os caminhos do sul. o continente.

esta carta é apenas sua. converse com Caetano muito seriamente sobre isto sobretudo pelo fato dele ser um ídolo de massas no Brasil. espero que o resto você deduza, pense em Gardel, nos farrapos, na igreja, na frente, peruanos etc. converse com Tarso. o panfleto — Pasquim dos Pampas. isto tudo porque precisamos nos encontrar em dezembro. também se lembre que passarinho canta e não escutamos. que o Presidente do Clube toma chá de menta com o cangaceiro nas arábias, que chimarrão do cunhado aprende nos pampas o que o velho curtiu. o retiro, que quando a primeira história é farsa, a segunda é tragédia e a terceira é a revolução.

aqui se ouve Wagner e Vila dentro dos ciclones que balançam o 1525 do Habana Libre diante de mar por todos os lados. traçamos todos os restos da cultura e cagamos no grande projeto. confirmado meu santo Oxósse, confirmado que Marcos reinacrana andró, caruca, não é falha, meu próprio espírito baixou num copo que dançou uma hora em cima de uma mesa, caminhou e falou. Isto é absoluta verdade. 1974. Para evitar o 1824 (sic) pra Isabel, Paloma, aquela coisa dos pais abrirem o paraíso dos filhos já era, mas pra que 1894 (sic) seja bananal mesmo.

beijocas em Nara e nos filhotes. Nara foi um amor determinante em muitas coisas. não abro mão de sua opinião. não vamos cair em outra inconfidência liberal.

um abraço do seu irmão buru.

estou muito apaixonado por Tereza e ela por mim. já era tempo, como esperava Gustavo.

(*) Marcos Medeiros.

Para Sylvie Pierre*

Sílvia,

Estou de partida, não sei onde vou.

Direi a David para enviar as informações sobre o pintor.** Irei procurar eu mesmo um livro para você. Espero encontrar.

A situação para mim não é boa. Meu filme *O leão* foi proibido na Itália. Não sei como os filmes serão recebidos na França. Escrevo alguma coisa para o *Le Monde* — uma ruptura com todo esse mundo idiota a que estou ligado. Não me interesso mais. Devo achar um outro país onde viver. Penso que me torno cada vez mais só, pois o cinema é qualquer coisa deslocada na Europa. Devo seguir meu caminho, mas fora de todos os modismos e culturalismos etc. para mim é muito angustiante saber que tão poucas pessoas vão compreender e amar *Cabezas cortadas* e é um filme que eu acho muito original... mas. A entrevista de Cacá é muito boa, é uma visão final sobre o cinema novo, um movimento acabado. Para mim, começa agora minha vida individual, não me interesso mais nem pelo cinema novo nem pelo cinema — fora os filmes que me interessam e meus filmes — e acho que até hoje estive metido nos negócios mais bestas de política e polêmica etc.

Amo os *Cahiers*. Sinto ser ignorante, incapaz de escrever alguma coisa para vocês. Escrevi uma teoria sobre o zoom no cinema italiano, a propósito do último Visconti. Interessante, cômico, mas não sou um crítico dotado. Onde vou? Não sei. Devo desaparecer lá pela metade de fevereiro. Te escreverei de algum lugar... Não estarei na Europa. Não fique triste, pois me sinto muito feliz com a nova vida que se abre para mim: é uma aventura mental, a busca da minha liberdade, desculpe-me...

Eu te mando e a Jacques todas as lembranças. Mesmo Godard é algo que não me interessa mais. Eu o acho genial etc. mas estou numa outra perspectiva. Estou muito chateado porque devo trabalhar só. Te amo, abraços, saúdes, saudades —

Glauber

(*) Carta enviada de Nova York em 29 de abril.
(**) O pintor Pedro Américo, sobre quem Sylvie Pierre queria fazer um filme.

Para Ricardo Cravo Albin

New Yorq, 12 de maio de 1971.

Prezado Ricardo

Desculpe lhe incomodar extra-oficialmente mas preciso de sua intervenção urgente para me resolver um problema. Desde o ano passado, como você sabe, seguiram as cópias de *Os fuzis* e *Deus e o Diabo* para Antônio Olinto em Londres e até agora não voltaram.

Deus e o Diabo tem o lançamento marcado aqui em New Yorq e, apesar dos pedidos que fiz no Rio, NADA ATÉ AGORA. Peço-lhe o favor de telefonar agora ao Olinto e pedir-lhe para enviar urgente a cópia a New Yorq para Dan Talbot, New Yorker Theater, Broadway 2409, New Yorq, USA.

Como você sabe, mesmo que isto pareça mentira, é IMPORTANTÍSSIMO para o futuro do cinema brasileiro aqui a exibição de *Deus e o Diabo*. Por favor, mande dizer alguma coisa urgente sobre esta cópia pois não tenho condições de fazer outra em inglês, que custa caro.

Espero que o filme de Arnaldo Jabor faça o sucesso merecido.

Lamento que a sua posição oficial junto a um Governo que eu combato não possa me permitir colaborar com você, de quem gosto pessoalmente.

Um abraço,

Glauber.

Endereço: *xxx* Rivington Street 4º Floor, N. Yorq
Telefone: 2603*xxx* (noite — chamar Fabiano)

Para Fabiano Canosa*

Dear Fabiano

as coisas dão mil voltas e então acontece que não volto aí tão cedo conforme sugeria na última vez. não posso no momento nem te explicar por quê: há outras viagens a fazer, muitas, e somente em dezembro, sei lá, poderei estar aí. você foi um cara muito legal naquele tempo.

o problema geral é o do *loft*, ou seja: Silviano deu ou não deu a grana? como se resolveram?

outro problema. agora o *loft* é teu: você poderia pegar alguns hóspedes, sublocar e pagar o aluguel: assim você mantém o *loft*, teremos sempre este maravilhoso lugar aí em Newyorq. senão largue o *loft* e não pague mais aluguel nenhum. o Jorge Emanuel poderá engrossar? não. devolva o *loft* pra ele, 170 dólares de luva em dois meses. ele não pode ficar puto. mas com alguns co-habitantes você poderá salvar o *loft*. outra coisa: pegue tudo meu: livros, roupas, coisas escritas (tem uns artigos que não posso perder), que estão nas pastas dentro das gavetas e meta dentro da mala de couro. as roupas, se quiser, fique pra você, à exceção de uma camisa vermelha de veludo e o robe de chambre vermelho que são *recuerdos* sentimentais (estes, guarde-os). se você tiver de viajar deixe a mala com Dan até o dia que eu voltar. quanto à programação de *Terra em transe*, se puder programe e deixe o tutu com Dan. um dia nos reencontramos, dá um abraço feroz no Afonso e no Naná. muito obrigado, *ciao*, Glauber.

PS — o meu endereço fica sendo *xxx*, Avenue Hoche, Paris,
c/o Claude-Antoine.
Mas não estou morando em Paris

→ Naná, o pessoal em Londres tá querendo te ver. Manda brasa, bicho!

(*) Carta enviada de Barcelona.

Para Alfredo Guevara

Santiago do Chile, Maio de 1971

Querido Alfredo

Estou doente no quarto 736 do Hotel Carrera-Sheraton, centro do contrabando de dólares e de agentes da CIA.

Os médicos me examinaram e meu estado físico é bom. Mas tenho congestões musculares, frios na espinha, braços, pernas, e momentos de alucinação.

Isto sempre acontece quando vou fazer ou termino um filme. Quando estava mixando *Terra em transe* fiquei paralisado da perna esquerda. É isto mesmo, meu caro Alfredo, sou um sujeito hipersensível.

Miguel Torres me deu três exemplares de *Cine Cubano* (66 a 68). Li com muita atenção vários artigos: a revista está muito boa. É uma revista franca, honesta, inteligente, revolucionária e popular. Um médico brasileiro passou toda a tarde de domingo lendo *Cine Cubano* e discutimos sobre a qualidade revolucionária do tema. Eu considero o cinema cubano a vanguarda do cinema socialista no mundo.

Querido Alfredo: quero que você publique esta carta em português porque as traduções me apavoram.

Na entrevista que te mandei pelo Miguel Torres dei um quadro geral do fascismo brasileiro e sua repercussão sobre o cinema. Falei francamente com Miguel o que sempre tinha evitado falar, mas falei de uma forma geral. Quero que aquela entrevista seja publicada mas esta carta pretende detalhar aspectos complicados do assunto "cinema novo" no Brasil. O que me alertou para isto foi o artigo de Pietro Domenico.

Este artigo faz parte de uma longa série de provocações indiretas que o "cinema novo" sofreu das esquerdas brasileiras e latinas nos últimos anos sem que nenhum de *nós nos* (eu, Hirszman, Andrade, Diegues, Guerra, Nelson etc.) respondêssemos.

Os ataques da esquerda brasileira ao "cinema novo" começaram em 1962/63, na época dos Centros de Cultura Popular, ligados à União Nacional dos Estudantes, quando *nós* nos recusamos a participar da visão cultural paternalista em moda e preferimos fazer um cinema político que não tivesse a ingenuidade demagógica de se justificar como "principal instrumento revolucionário". Desta época são as minhas polêmicas com Carlos Estevão, então teórico cultural do CPC que, num artigo tropical-stalinista, nos ameaçava de fuzilamento porque combatíamos a chanchada, *gênero preferido pelo povo*... É ridículo mas verdadeiro. Nesta época eu te escrevi algumas cartas nas quais fazia minhas críticas ao janguismo e, de certa forma, previa o golpe militar.

No auge daquela euforia esquerdizante, a censura *janguista* proibiu *Barravento* (um ano) por "subversão" e não houve nem protesto porque poderia comprometer a política revolucionária de Goulart. *Barravento* foi também proibido pelo Ministério das Relações Exteriores, 1962, para ir ao Festival de Karlov Vary, e todos os diplomatas "progressistas" lamentaram o fato de eu ter feito um filme "sobre negros, um tema que criava uma má imagem do Brasil". *Barravento* obteve um prêmio em Karlov Vary mas mesmo assim a imprensa liquidou o filme no Brasil.

Vidas secas, *Os fuzis*, *Ganga Zumba* e *Deus e o Diabo na Terra do Sol* foram realizados sob sabotagem cultural do janguismo. As esquerdas "revolucionárias" do momento defendiam a chanchada, o esclerosado neo-realismo, o populismo soviet-socialista e outras alienações provocadas pela colonização cultural.

O Centro Popular de Cultura queria nos obrigar a discutir nossos roteiros com um grupo de críticos, escritores, atores e jornalistas que nem entendiam de cinema e eram péssimos profissionais em suas atividades. Apenas Ruy Guerra cedeu a esta pressão e submeteu o roteiro de *Os fuzis* a uma discussão que não serviu para nada.

O primeiro destes filmes a ser exibido foi *Ganga Zumba*. Na sessão especial vi a direita e a esquerda se retirarem indignadas.

Os direitistas diziam que Diegues devia ser preso e que *Ganga Zumba* devia ser queimado por ser um filme subversivo sobre negros.

Os esquerdistas (falo sempre dos "líderes" intelectuais, dos censores ideológicos e *não do público*) acusavam Diegues de irresponsável, de artista, de fascista.

Vi estas cenas e participei das discussões: desde então estava claro que o movimento do "cinema novo" seria uma frente de cultura revolucionária isolada no Brasil pela direita e pela esquerda e que iria sobreviver apenas devido ao apoio político do cinema cubano e de algumas esquerdas européias.

O golpe de 1964, mês de Abril, encontrou prontos para serem exibidos *Deus e o Diabo*, *Os fuzis* e *Vidas secas*.

Em Março, o Ministério de Relações Exteriores janguista enviou, com "reservas", *Deus e o Diabo* e *Vidas secas* a Cannes. Os filmes já estavam na França quando estalou o golpe. Oficiais apreenderam as cópias e ameaçaram queimá-las. Os diplomatas encarregados da indicação para Cannes foram intimados. Na mesma época os filmes passaram em Cannes: grande sucesso para *Vidas secas* e grande polêmica para *Deus e o Diabo*. *Vidas secas* tinha sido liberado pela censura janguista.

Deus e o Diabo continuou proibido, nas seguintes circunstâncias: liberado para Rio de Janeiro (censura de Lacerda, então Governador, descentralizada) e proibido por Brasília. Paulo Emilio Salles Gomes promoveu uma sessão especial na Universidade de Brasília. Vieram dois *jeeps* militares e seqüestraram a cópia. Conseguimos permissão para esta exibição. No dia seguinte os censores, provavelmente impressionados pelo sucesso, liberaram o filme sem cortes.

Os fuzis, meses depois, foi premiado em Berlim. Uma comissão de militares opinou que o filme devia ser liberado porque mostrava os militares como machos (?).

Os fuzis foi atacadíssimo pela direita e pela esquerda. Embora eu tenha escrito um artigo (*O Jornal*, 1964) defendendo o filme, fui também envolvido pela onda anti-Guerra. A tese era absurda: setores irresponsáveis e provincianos criaram uma falsa concorrência entre *Deus e o Diabo* e *Os fuzis* e por isto tanto eu como Guerra fomos levados a contra-ataques individuais com a finalidade de defender a própria obra. Mais tarde compreendemos que a unidade do "cinema novo" estava acima de disputas pessoais e que, "sobretudo", ninguém que não estivesse no front da luta poderia opinar sobre esta luta.

O sucesso internacional de *Ganga Zumba*, *Vidas secas*, *Os fuzis* e *Deus e o Diabo* era uma contradição num momento em que a ditadura de Castelo Branco começava a destruir o Brasil.

Uma contradição? Estes filmes não eram uma resposta revolucionária? Não eram os primeiros filmes políticos do terceiro mundo, ao lado dos filmes cubanos? O sucesso mundial nascia desta novidade. O Brasil estava sendo conhecido por estes quatro filmes e logo por *Maioria absoluta*, o documentário-dinamite de Hirszman sobre os camponeses de Pernambuco. E a ditadura estava sendo contestada por estes filmes. E toda uma civilização oprimida estava sendo discutida e examinada por estes filmes em vários níveis de conhecimento sócio-político-antropológico.

O "cinema novo" não havia escolhido o caminho da demagogia política.

Buscava a verdade da cultura revolucionária.

Nesta época eu escrevi A *estética da violência.*

Era a ruptura com a cultura colonizadora.

Era uma afirmação muito radical para ser compreendida pelas classes intelectuais do Brasil, compostas de literatos decadentes, de colonizados perdidos em baixa política literária.

O "cinema novo" passou a ser odiado pela maioria dos intelectuais de esquerda do Brasil.

Estes levaram a vida negando o cinema. Não podiam admitir que um grupo de jovens cineastas pudesse desencadear uma revolução cultural no terceiro mundo, através da expressão mais moderna, o cinema.

Vi em Sestri Levante, 1965, as delegações africanas saírem emocionadas da exibição de *Ganga Zumba* e abraçarem Diegues. Era muito diferente da reação dos brasileiros esquerdistas, que tinham vergonha de admitir uma cultura negra que fosse *revolucionária e não folclórica.* Uma cultura negra que "cortava cabeças de brancos opressores" e afirmava sua superioridade cultural em gritos, música e danças.

Vi em vários lugares do mundo a comoção das platéias diante de *Maioria absoluta.*

E nós tivemos a sabedoria de não fazer nenhum manifesto teórico, nenhuma crítica moralista a outros cinemas, nenhuma "palavra de ordem" oportunista.

Apenas apresentamos A *estética da violência.*

Anos depois, em Viña del Mar (não me lembro o ano), fomos surpreendidos pela acusação de Solanas: para ele, e para um grupo de cineastas revolucionários apressados, *La hora de los hornos* era o verdadeiro cinema revolucionário e nós, os brasileiros, *que lutávamos contra uma ditadura implacável*, éramos "comprometidos com o sistema". *La hora de los hornos*, alardeando sua *novidade formal*, incluía, ironicamente, um trecho de *Maioria absoluta*, de Hirszman.

Nós não lançamos nenhum manifesto inventando o cinema verdade político, mesmo depois do êxito mundial de *Maioria absoluta* ou de *Viramundo*.

Nós, os cineastas do "cinema novo", queríamos a unidade do cinema latino-americano. Logo depois o "cinema do terceiro mundo", inspirado na *Tricontinental* de Che.

Publiquei nos *Cahiers du Cinema*, em 1967, o manifesto do cinema Tricontinental.

Foi um manifesto não moralista, não demagógico, não autopromocional.

Mas nesta época nós já sabíamos que os setores mais covardes e medíocres do cinema brasileiro se uniam a nossos "concorrentes" latino-americanos para nos combater.

É a triste característica da vida cultural latino-americana.

Li o discurso de Fidel no *Gramma*, onde ele se refere ao caso Padilla. Tem razão. Os intelectuais são um produto de uma concepção aristocrática-burguesa, herdada pelo academicismo cultural do Partido Comunista. Este conceito gera privilégios, vedetes, concursos, prêmios, festivais e mentiras traiçoeiras como a de Solanas contra o "cinema novo" no Festival de Viña del Mar.

Solanas mais tarde me confessou em Roma que tinha sido vítima de uma intriga feita por franceses e brasileiros.

Acredito na honestidade de Solanas, gosto de *La hora de los hornos*, mas devo esclarecer que ele, como um cineasta revolucionário, não tinha o direito de julgar o "cinema novo" baseado em informes de outros "brasileiros" ou "franceses".

Salto épocas mas quero lembrar outros episódios.

O desafio, de Saraceni, foi o primeiro ato artístico brasileiro a atacar diretamente a ditadura, em 1965. Realizado em 12 dias, montado em vinte dias, proibido mais de quatro meses pela censura, foi massacrado pela esquerda brasileira.

Terra em transe, realizado em condições semiclandestinas, com duas visitas de policiais na Mapa Filmes, em busca do roteiro, proibido pela censura, vetado pelo Ministério de Relações Exteriores para Cannes, enviado ilegalmente para o Festival, com apoio europeu e cubano (você e Saul foram os primeiros latinos a verem o filme), foi violentamente atacado por "todas as áreas" de esquerda do Brasil. Promoveu-se, inclusive, uma discussão no Museu da Imagem e do Som, Rio, onde fui acusado publicamente de fascista por um líder da esquerda radical porque o personagem Paulo Martins dizia que "tinha a fome do absoluto".

É triste relembrar estes episódios.

O artigo de Pietro Domenico, em *Cine Cubano*, nasce de informações falsas fornecidas pela Cinemateca do Rio de Janeiro e pela Escola de Comunicação de São Paulo.

Vamos aos fatos: os filmes da Escola de Comunicação de São Paulo são filmes péssimos (vocês já viram?) financiados pelo Governo fascista. A única forma de justificar o fracasso individual e de encobrir a conciliação em que estão metidos é criticar o "cinema novo", inventando teses falsas e teorias vazias. Questão medíocre: o "cinema novo" é a história da revolução cultural em permanente êxito, de *Vidas secas* (1963) a *Macunaíma* (1969). Por exemplo: o livro de Jean-Claude Bernardet, *Brasil em tempo de cinema*, é completamente falso. E foi apoiado pela esquerda justamente porque era falso e porque atacava o "cinema novo", veladamente, com informações mentirosas e conclusões absurdas. Tentava reduzir a *um fenômeno contestatório de classe média* uma revolução cultural que tinha retirado o Brasil da *inexistência cinematográfica*. O próprio livro era conseqüência disto. O rancor dos cineastas de São Paulo (que várias vezes fracassaram e continuam fracassando) contra o "cinema novo" (um fenômeno de Rio e Bahia) levava um crítico inteligente como Bernardet a nos trair da forma mais amigável possível.

E mais uma vez não respondemos.

Foi um erro?

Meu caro Alfredo: desde que surgiu o "cinema novo" saímos do provincianismo cultural.

Não podíamos cair em discussões *não políticas*.

Não podíamos atacar e denunciar companheiros de esquerda à ditadura da mesma forma que estes companheiros *nos denunciavam e nos desmoralizavam diante da direita*.

Só tínhamos uma resposta: filmes. E nossos filmes, por todos estes anos, estiveram *entre os melhores revolucionários do mundo*.

A falta de competência ideológica dos outros movimentos culturais brasileiros provocou o fracasso geral. O "cinema novo" resistiu. A Difilm não produziu filmes meus, de Nelson, de Diegues ou de qualquer outro. Produzimos filmes dos jovens cineastas. *Estes cineastas demonstraram alto índice de colonização cultural e de despolitização.* No momento em que lutávamos abertamente contra o imperialismo, procurando expulsar o imperialismo hollywoodiano e usando este argumento como das poucas possibilidades de se atacar diretamente o imperialismo (usando com rara eficácia o cinema como instrumento de agitação) — estes jovens realizaram filmes que significavam uma regressão no cinema brasileiro. Nunca, na História do Cinema, um grupo, como o nosso, compreendeu tão bem a necessidade de ampliar os quadros de produção, de ceder espaço às gerações mais novas sem fazer a menor exigência política.

Confiávamos, ingenuamente, na grandeza desta segunda geração.

Os filmes dos jovens fracassaram.

O êxito de 1969 continuou a ser do velho "cinema novo": *Antônio das Mortes*, *Macunaíma*, *Os herdeiros*.

O Ato Institucional de 1968 nos deu a consciência de que aqueles eram nossos últimos filmes.

Estávamos todos perseguidos, exilados, desorientados. A Cinemateca do Rio, a Escola de Comunicação de São Paulo, os jovens cineastas "vanguardistas", a imprensa de direita e os jornalistas de esquerda ali instalados desencadearam a mais violenta campanha contra o "cinema novo".

O *Pasquim*, um jornal onde trabalho, publicou uma entrevista de Sganzerla na qual o jovem cineasta classificava o "cinema novo" de um grupo de "Direita" e dizia que *Antônio das Mortes*, *Brasil ano 2000* e *Macunaíma eram os três piores filmes brasileiros.*

Estas declarações foram publicadas "com destaque".

Os jornalistas incentivaram o ataque. Pura vingança pessoal contra a independência do "cinema novo".

Um ano antes, durante o Festival de Cinema do Rio, 1969, o "cinema novo" protestava publicamente. Era o primeiro ato contra o Governo depois do Ato Institucional de 13 de Dezembro de 1968.

O mesmo Sganzerla não só tinha inscrito seu filme *O Bandido da Luz Vermelha* no Festival (o filme foi recusado) como se negou a protestar contra a prisão de Joaquim Pedro de Andrade durante o próprio Festival. Neste dia apenas uns dez integrantes do "cinema novo" rondavam a sede do Festival em busca de apoio das delegações internacionais para exigir a libertação de Joaquim Pedro, sob a fiscalização de mais de duzentos e cinqüenta policiais.

Disse textualmente Sganzerla à imprensa: "Não me solidarizo. Pedro, além de comunista, é um péssimo cineasta".

Num país fascista como o Brasil, estas frases de efeito fazem sucesso para uma imprensa irresponsável.

O *Pasquim*, um jornal de protesto, deu apoio a este tipo de ataque. A entrevista de Sganzerla é ridícula. Não possui a menor qualidade. Mas O *Pasquim* deu a esta entrevista um valor excepcional. Frases "*Antônio das Mortes* é um lixo porque o cangaceiro usa um lenço vermelho etc.".

Ninguém se lembrou de observar que *Macunaíma* era um êxito de público, descolonizador.

Quando os estudantes da Sorbonne apresentavam uma tese demonstrando que *Weekend*, *Prima della Rivoluzione* e *Terra em transe* tinham sido os filmes que mais influenciaram os estudantes no movimento de Maio 1968, a revista direitista *Fatos e Fotos* publicou a notícia em tom de denúncia política. Os poucos veículos de esquerda ainda existentes não só não noticiaram corretamente o fato como estavam publicando críticas virulentas contra *Macunaíma*, *Antônio das Mortes*, *Os herdeiros*.

A Cinemateca do Rio, dirigida por Cosme Alves Neto, que foi vítima de torturas pela ditadura, se converteu num centro irresponsável de ataques ao "cinema novo", distribuindo inclusive notícias mentirosas para revistas internacionais, entre as quais dizendo que *Macunaíma* tinha sido produzido por americanos quando *Macunaíma* foi produzido pela Condor Filmes, Joaquim Pedro e Eckstein, da TV alemã. Quando exigi de Cosme uma explicação desta mentira ele sorriu e me disse que reconhecia "o erro" e que iria preparar um outro informe corrigindo as mentiras.

Por que esta conspiração que se unia ao Instituto Nacional de Cinema, à Censura, ao Serviço Nacional de Informações, ao Ministério de Relações Exteriores para exterminar o "cinema novo"?

É uma explicação ao nível da mediocridade cultural dos países colonizados: o nível de liberação cultural do "cinema novo" e seu conseqüente êxito em filmes e não em manifestos e artigos protecionistas, sua independência política diante de formulações sentimentais e esquemáticas da situação brasileira, o colocaram numa inversão cômica, como bode expiatório de todas as deficiências da cultura brasileira.

Porque hoje, meu querido Alfredo, posso afirmar com serenidade que o "cinema novo", embora destruído, é ainda a vanguarda cultural do Brasil, explicando-se "cultural" não como "culturalismo" *mas como uma linguagem que expressou as linhas fundamentais de uma civilização colonizada.*

Um país subdesenvolvido e fascista não poderia suportar uma tal ambição lingüística.

Nossos filmes demonstram, provocam dialeticamente a prática criativa e a crítica repressiva.

Quando voltei ao Brasil, o ano passado, escrevi um curto e irônico artigo no *Pasquim* dissolvendo o "cinema novo".

Neste momento, sentindo que a esquerda nos atacava, o Instituto Nacional de Cinema tentava discretamente nos absorver. Denunciei a "oficialização" do "cinema novo" e deixava o futuro do cinema brasileiro entregue ao fascismo industrial e à decadência vanguardista.

Os fatos são graves: os filmes dos novos cineastas que se opuseram com grande publicidade aos filmes do "cinema novo" não passavam de minifilmes colonizados, burgueses, que anunciavam uma nova forma copiada do velho underground americano etc. Joaquim Pedro discretamente declarou que só compreendia cinema underground se fosse subversão política direta. Cinema underground confessional, de superfície psicanalítica, não passava de uma "vanguarda" ideal para países fascistas. Sobretudo quando se aliava indiretamente à ditadura para combater o "cinema novo".

Mas a despolitização e a corrupção brasileiras já tinham passado a qualificar tudo que "era político" de medíocre. A ruptura anti-"cinema novo" reduzia o cinema brasileiro à *condição cultural provinciana* do fascismo.

Acabou-se também a música e o teatro.

Triunfou uma contracultura decadente, americanizada, instrumento de autocolonização.

Como porta-voz dos meus companheiros resisti até o último round. Não respondemos a ataques pessoais porque não deveríamos desviar a questão política. Quando instauramos a "ordem no poético ou coisa semelhante" (crítica primária de Pietro Domenico), *estávamos avançando ainda mais na criação de uma linguagem cinematográfica nova, latina, explosiva.* Não "adotamos" um caminho para fugir à censura. Não somos cretinos nem conciliadores. Não somos partidários da simplificação cinematográfica em nome de uma falsa politização porque não somos culpados de sermos cineastas e sabemos que nós somos autênticos e corajosos reinventores do cinema no terceiro mundo. Falo claramente a *Cine Cubano* porque os companheiros de Havana foram os únicos latino-americanos que nos compreenderam: isto porque o cinema cubano é autenticamente revolucionário e por isto entendeu imediatamente a nossa linguagem.

Os cineastas do "cinema novo", no momento, estão ou espalhados pelo mundo ou fazendo filmes no Brasil ou pensando em abandonar o cinema definitivamente.

O cinema não será para nós uma defesa, porque o cinema não faz revolução — o cinema é apenas um instrumento revolucionário. Se fizermos cinema procuraremos criar uma linguagem latina, libertária, reveladora.

Joaquim Pedro falou a verdade na entrevista à *Cine Cubano*. Carlos Diegues falou a verdade nos *Cahiers du Cinema*.

Eu falo a verdade nesta carta. Não temos medo da verdade. Ainda no Brasil conspirei para salvar o cinema brasileiro da definitiva dominação americana. Usei meu prestígio pessoal para escrever uma carta de Roma ao Ministro da Educação Jarbas Passarinho, exigindo a demissão do grupo corrupto da direção do INC. Surtiu efeitos. Mas recusei o prêmio de "melhor diretor" que me conferiu o próprio INC, porque pensavam que minha carta *tinha um tom conciliatório*. A imprensa de direita noticiou que aceitei o prêmio. Apenas um jornal, *Última Hora*, coluna de Luís Carlos Maciel, noticiou que eu recusei o prêmio.

Para a ditadura não era conveniente noticiar que eu recusei o prêmio.

Durante a criação da Embrafilme (empresa estatal de produção de filmes com seqüestro de 40% sobre o imposto de renda das distribuidoras estrangeiras no Brasil) estive em várias sessões do Sindicato com Joaquim Pedro e Luís Carlos Barreto, defendendo, sob todos os riscos, uma regulamentação que concedesse financiamento sem "exigir roteiro". Fizemos pressão e conseguimos que um país fascista concedesse financiamento sem exigir roteiro. A minha visão era histórica, ampla, além das contigências.

Mas não pedi financiamento à Embrafilme.

Retirei meus filmes das apresentações semi-oficiais em Londres e Lisboa.

O Instituto Nacional de Cinema se negou, por medo, a facilitar a importação de *Cabezas cortadas* para o Brasil, quando era uma legítima co-produção.

Independente das qualidades artísticas meus filmes sempre foram politicamente radicais, mesmo que a linguagem surrealista de *Cabezas cortadas* tenha chocado o racionalismo da crítica e público.

Meu querido Alfredo: num momento em que abandono em definitivo o Brasil para iniciar um trabalho contra a ditadura brasileira, lhe envio esta carta onde somente a verdade é dita, sem que nenhum argumento seja truncado em função de minha defesa ou de qualquer outro companheiro.

Não poderia o cinema novo se dissolver sem que pelo menos os fatos verdadeiros fossem noticiados.

Não é uma defesa crítica.

É uma história sobre a insuficiência cultural de muitas facções das esquerdas latino-americanas.

É a declaração de quem teve a natural responsabilidade de liderança de um movimento e que não poderia se calar para não ofender às *partes agressivas mais fracas*.

Um trecho do discurso de Fidel sobre os problemas culturais me fez escrever este relatório: se nós, revolucionários, temos medo de dizer nossas idéias, por que somos então revolucionários?

Não estou de acordo com a neurótica demagogia de quantos pregam a destruição dos cineastas e pregam a santificação dos engenheiros construtores de pontes. Os cineastas, antes de pregarem sua autodestruição, que façam pelo menos filmes revolucionários. A vanguarda revolucionária é a descoberta permanente das novas qualidades do ser humano e sua relação com a sociedade. A História é uma projeção das idéias. Marx projetou a luta de classes e vivemos hoje em função do sonho socialista liberador. Todo um povo pode ser criador, artista — e este seria o sentido total de uma revolução pela qual minha ação se arrisca até a morte.

Mas não faço da morte o heroísmo autopunitivo.

A revolução, para mim, significa a vida, e a plenitude da existência é a liberação mental: esta, para os homens mais sensíveis, se expressa pela fantasia.

A minha fantasia é o cinema.

Pode ser uma iluminação surrealista na Espanha, em Cadaqués, onde Buñuel filmou o início de *L'Âge d'Or* (falo de *Cabeças cortadas*), ou pode ser este filme que realizo agora em Santiago (*Estrela do sol*), onde tento levantar um quadro humano dos revolucionários brasileiros.

Não estou preso nem à Panavision nem ao Videocassette.

Os filmes revolucionários *têm de ser melhores que os filmes reacionários em todos os níveis*.

A linguagem do cinema revolucionário não é a linguagem expositiva, *antidialética* de Costa Gavras ou Elio Petri.

Isto não quer dizer que Petri e Gavras, que são honestos comunistas, possam ser amanhã revolucionários comunistas. Eu gosto e apóio o *Newsreel* de Robert Kramer mas tenho certeza que Godard é o mais criador cineasta revolucionário do momento, com todos os erros teóricos que comete.

Isto porque o cinema de Godard traz sempre imagens iluminadas que nos revelam o homem além de um conceitualismo antidialético.

Quando Marx denunciou a escravidão econômica do homem, estava pregando uma sociedade onde o homem não existisse em função da economia.

Por isto os artistas são tão necessários à sociedade quanto os engenheiros.

Os artistas são engenheiros de uma ponte abstrata. E os engenheiros são artistas de uma comunicação sobre o abismo.

Meu querido Alfredo: espero que este documento possa ser lido com tranqüilidade pelos companheiros latino-americanos, porque pouco me importa os europeus.

Espero que seja divulgado em *Cine Cubano* e em muitas outras publicações.

Espero que a esquerda brasileira medite sob sua falta de compreensão sobre revolução cultural interrompida que foi o "cinema novo" e saiba que *nós*, em nenhum momento, guardamos rancor, ódio, espírito de revanche, porque somos de uma raça que sofre a pior das ditaduras já instaladas no mundo depois do nazismo e por isto necessitamos de uma unidade cultural que provoque uma ideologia revolucionária capaz de sacudir um país complexo e continental como o Brasil. Temos de encarar o Brasil como um monstro desafiante de potencialidades culturais inéditas e desconhecidas no mundo moderno.

As velhas interpretações econômicas, sociológicas e antropológicas pouco valem diante do desafio *tecnológico e místico* que o país nos impõe.

Macunaíma, com o *sentimento da verdade sem pudor*, tenta responder um pequeno capítulo deste misterioso questionário. *Antônio das Mortes*, por todos os Santos e Orixás, amém! — tenta responder outro capítulo, porque precisamos também dos santos e orixás para fazer nossa revolução, que há de ser sangrenta, messiânica, mística, apocalíptica e decisiva para a crise política do século XX.

A vitória do revolucionário brasileiro dependerá da sua ambição revolucionária.

Teremos, para isto, de negar a razão colonizadora e superar o moralismo dogmático que amesquinha os heróis.

Com um abraço do

Glauber Rocha

Para Cacá Diegues*

querido Cacá,

quanto tempo hein, bicho? você chegou eu ia partindo, te liguei mas era um sábado de aleluia e eu estava levantando para New Yorq. recebi uma carta sua muito boa como sempre, no limite da lógica e da loucura, e realmente existe um *limite que é o ponto da crise*. em Nova Yorque foi a experiência antiga revivida num campo de liberdade absoluta que era possível dentro das quatro paredes do meu grande *loft* dirigido por Fabiano. nesta época não lhe escrevi porque estava vivendo a experiência superficial no início do chamado ciclo de liberação: havia novidades e obviedades mas o interessante é a descoberta do próximo um pouco além das neuroses divisoras. Assim Fabiano é um ser humano tão fantástico quanto Norman Mailer, coisa que sabemos humanisticamente mas recusamos experimentar pelo natural egoísmo. Mas também há uma neurose *nos Fabianos* que os separam definitivamente de mim. O que me faz me aproximar de você cada vez é uma intimidade fraternal com um sintoma de tua neurose que se parece à minha: somos pessoas diferentes embora eu o sinta como um irmão, às vezes complacente, às vezes compreensivo, às vezes tolerante, mas nunca repressivo, e isto me faz sentir seu irmão, talvez, com estas mesmas tole-

(*) Carta enviada de Munique.

râncias que nos compensam das porradas diárias. Mas a verdade está nesta tolerância que não pode ser vista como liberalismo porque é rigorosa em torno do que entendemos de mais verdadeiro e é o que afinal nos une — e uniu mais, ao menos durante anos, esta mágica família chamada de cinema novo, comunidade cultural e outras bossas que grilou tanto a intelectualidade deste país e deu no que deu.

meu ciclo iniciado nas viagens de Suzana e nas marés da Bahia está acabando aqui. as primeiras temperaturas do parto: e foi genial saber que Martinha, conhecida na Bahia, está grávida com 17 anos. Paloma, em Londres, magnífica.

Estou em Munich, *chez* Fleischmann, neste clima germânico decadente que me faz pensar em Wagner quando os mitos (?) passeiam na minha cuca. Em Londres estive quinze dias na casa de Caetano e entendi tudo. Era realmente preciso ir a Londres e acho que não temos nada a pagar no balcão de trocas culturais. Somos gente melhor, ou mais experiente. Caetano é uma maravilha e argumentou desculpas sobre intolerâncias passadas. Eu fui claro e risonho. O diálogo, mais ou menos, na mesa, quatro da tarde:

C — quando vi o *Dragão* não gostei de muitas coisas mas hoje tinha certeza que ia adorar coisas que detestei. Vi o filme de Cacá na Bahia, que fez muito sucesso por aqui, e pude gostar contra a opinião de pessoas brasileiras... é que, no momento que estava todo mundo evoluindo num relaxamento, estavam vocês...

G — ...com um grilo, exatamente.

C — ...um grilo, falando de política, de um mundo que estas pessoas nem sabiam... isto porque as pessoas estavam com uma visão provinciana e vocês viajaram muito mais.

G — ...é outra vertente (queria dizer, a maior da chamada arte brasileira depois dos 20 ou talvez maior).

O diálogo acabou por aí. Depois eu disse que não falava no assunto cinema. Falei lições indiretas de política. Outras indiretas lições de Brasil. Na tolerância crítica está uma verdade mais interessante, que é o drama do artista brasileiro de nossa geração. Não poderíamos ser implacáveis com o disco do Gilberto Gil como ele foi implacável conosco. Ou cobrar pros meninos o sucesso dos filmes, que afinal chegaram atrasados à festa dos anos sessenta, segurando o caixão do defunto da contestação festiva, quando o cinema novo, único verdadeiro movimento revolucionário cultural do terceiro mundo *et ailleurs* (revolucionário, digo, na sua práxis e linguagem econômica/estética saídas do terceiro mundo), entrou em recesso porque não quis dobrar a espinha, ou seja, sair pelo revisionismo de direita da pop art. John Lennon, *par hasard*, vive Brasil 1964. Nós estamos em 1971. Caetano se reaproxima através de John Lennon mas não tenho o menor interesse em John Lennon, apesar de ter o maior interesse por Caetano. Mas seu último disco é um filme de cinema novo de 1968, depois que descobriram o cinema novo de tanto esculhambá-lo: um pouco de inglês pop e de nordeste faminto — mas, meu Deus, qual a novidade de *Asa branca* depois do plano inicial de *Vidas secas?* — é tudo *bonito!!!*

Caetano sabe disto, intuiu mais ou menos, ele está pesquisando uma música brasileira — voltarão a *Ganga Zumba*, *Barravento*, *Cinco vezes favela*. Em New Yorq, Hélio Oiticica, que só pensa no sucesso, me dizia, entre irônico e espantado: Poxa, aqui só se fala em cinema novo.

O cinema novo acabou, meu irmão (respondi). Mas vocês precisam aproveitar. Mas não queremos usar política pra fazer promoção artística.

Caetano depois fez elogios a tua entrevista no *Cahiers*. Nós sabemos o que são os *Cahiers*. A tua entrevista no *Cahiers* é uma *não*-resposta às provocações infantis de Sganzerla no *Pasquim*, que fizeram delirar a macacada provinciana do Rio e São Paulo: justamente Cosmes, Bernardets, Rudás, menos o Alex, até ele vacilou... todos estes impotentes que não conseguiram fazer nem uma carreirinha pessoal às custas da gente. No Chile, com malária, ou outras febres queijandas, escrevi um longa carta pro Alfredo dizendo tudo, mas não em termos pessoais. Como você disse em tua entrevista — o cinema novo foi a história de uma *réussite*. E depois o Quincas Pedro disse numa revista argentina: escuta, vamos cortar esta de alegoria, o negócio é que estamos entrando num cinema antropológico, não me lembro bem, mas era magistral sobretudo porque *Macunaíma* era um sucesso em terras de documentarismo educativo (o solanismo* legal e argentino).

O atraso de nossos intelectuais em relação ao cinema é uma tragédia, boneca. E de todos, ou da maioria, em relação ao nosso cinema, nem quero mais saber.

Pegue as dicas do que estou lhe dizendo pois Peter Fleischman está

(*) Referência ao cineasta argentino Fernando Solanas.

louco, tenho de ajudá-lo na montagem, o filme é muito bom, influenciado pelo cinema novo etc.

Minhas andanças pela América Latina, Santiago, filme interrompido com Norma, maravilhosa, Buenos Aires, Londres e agora Munich encerram um ciclo que me lança fora do circuito provinciano brasileiro. Estou integrado/dissolvido no sentimento do mundo, como diria Drummond, localizando certas raízes afetivas, buscando de dentro pra fora a grama do jardim, misturando rosinhas e helenas* em novos horizontes, desfazendo a literatura em busca do objeto, entrando na exaltação metafísica e distinguindo entre razão e inconsciente, que era o começo desta carta.

minha educação política, como num personagem de Stendhal que virasse Rimbaud, quer dizer, nosso lado burguês nos faz gostar de Visconti, Julien Sorel, e sempre dizendo Rimbaud é interessante, mas longe dele: isto agora mudou e acho que a única falha do cinema novo foi cultura e pouca loucura — nós fomos a geração dos jovens construtores revolucionários pois nem Juscelino nem Jango eram Lenin e Trotski. parece que os revisionistas da direita do barato ficarão se fudendo cada vez mais pois nós ainda podemos dizer que recusamos o imperialismo para viver enquanto que a geração pop ficou curtindo nas cordas de Jimi Hendrix, que tempos passados, será menos interessante do que Wagner, assim como Godard é menos interessante que Rosselini — porque, eis apenas o que queria te dizer, tudo o que houve na década de 60 foi o abalo europeu e americano provocado pelo despertar do terceiro mundo — Cuba, Lubumba, Che, Brasil etc. — e cinema novo, como criador do cinema político contemporâneo, foi a linguagem de tudo isto. na crista de uma revolução ninguém pegava. falei pro Caetano na mesa: revisionismo de direita, *gauchisme*, histeria de esquerda — tudo estava dito na *Estética da violência*, Gênova 1964, e ele me disse: nunca li. Azar, não devemos nada no guichê da História. Caetano, que é genial, já está fazendo o revisionismo de esquerda do revisionismo de 1969 e chegará a outras conclusões. por isto mesmo dedicou o disco à bossa-nova, cinema novo, concretismo. o texto foi vetado pela gravadora inglesa, mas ele me disse que vai lhe mandar uma cópia. realmente, do outro lado, a única vertente interessante é o Caetano e os irmãos Campos. [mas sabemos mais do que eles].**

(*) Referência a Rosa Maria Penna e Helena Ignez, duas mulheres de Glauber.

(**) Frase acrescentada à mão.

deduza o resto — esta polêmica acabou, um dia eu ou você explicamos e fica claro que este nosso *pensar*, *discutir*, *criar* é o que nos cabe por nascença brasileira. eu disse: escuta, agora esta é a primeira geração que pode conversar com o mundo. *a segunda, que pode*. a primeira, foi a nossa, CN, que *falou*. batidos pelo fascismo ficamos amedrontados na esquina.

os três últimos filmes do CN: *Herdeiros*, *Macunaíma*, *Dragão* — são a glória. Depois vieram outros, mastigando as flores morrendo em nossos jardins tropicais: *Índio*, *Deuses*, *Pindorama*, *Prata Palomares* (quando disse três, digo quatro, pois adoro *Brasil ano dois mil*), de uma fidelidade desesperada. Daí ter sido mais interessante as rupturas dos filhos rebeldes, Rogério e Julinho, mas apenas o vagido do nascimento, porque fora do cinema novo não tem salvação e cinema novo é prática econômica lingüística revolucionária — tudo que os *Cahiers* escrevem hoje, na teoria de um cinema materialista, é um saque, pegado por tabela neocolonialista, da teoria geral do cinema novo.

Quer dizer: temos de agüentar firme e dar os saltos. Só que os saltos hoje são integrais, totais, na identificação cósmica do homem com a arte.

Amo Nara Leão, Nara e Narinha.
Esta mulher sabe tudo do Brasil 1964.
Esta mulher é a primeira mulher brasileira.
Esta mulher não tem tempo a perder.
Atenção: ninguém pode com Nara Leão.
Com beijos de Buru.

e depois, meus queridos, Marrocos, Itália, Caribe, sei lá.
digam pros amigos que tudo vai.

uma coisa deve ficar clara: as forças mais profundas do nosso inconsciente não devem se abater diante das repressões. Devemos nos transformar a cada minuto enriquecendo os toques iluminados de nossa consciência sempre alimentados pela seiva do sonho que ultrapassa as paredes de nossa casa e beija as faces esquecidas do povo.
últimas palavras do meu exilado ser pequeno-burguês aos companheiros. Mostre isto a *Leon*, *Sarra*, *Jabor*, *Joaquim*, [—]). Leia por telefone. É simples.

Leiam, se não leram *Le cru et le cuit*, de Lévi-Strauss.
escrevam para Barcelloni, via delcorso, *xxx*. Roma.

se alguém perguntar por mim, digam que fui por aí.

Cacá: não vacile nem na porta da área, nem no meio do campo, nem nas laterais.

adeus por muito tempo. acho que só em dezembro posso lhe escrever pois quero agora entrar numa longa solidão em busca do meu sertão.

beijos pra Isabel, você e Nara.

Buru.

PS: *a carta é privada!*

Para Fabiano Canosa*

Dear Fabiano,

você realmente cara muito legal acho agora você pega seu caminho botando todo seu entusiasmo vida vitalidade trabalho isto mesmo malandro curtindo e agindo tudo que é possível para desarrumar arrumados.

vou muito bem com as quedas e batuques da vida — do Chile, Argentina, Londres, Paris, Munich, Roma, mandei ferro quente na bunda dos milicos e agora estão putos no Brasil. O *Globo* publicou que desta vez fui longe demais; ótimo; continuarei dando outras porradas.

Cathy *from* Buffalo está aqui; Letícia chega hoje; ia a Marrocos ver Mossa, mas você viu os tiroteios por lá. vou na próxima semana; estou *chez* Barcelloni escrevendo o roteiro de meu próximo filme sem título filme difícil o mais difícil de todos mas vai sair com um trabalho filho da puta que deve me consumir um ano; estou terminando o ciclo da longa curtição e já escrevi a primeira parte agora faltam mais duas — não é propriamente escrever o roteiro mas curtir as essências e tudo bem salvo as virações para manter o tutu em tasca mas tenho como viver mais três meses; *Estrela do sol* que comecei a filmar com Norma em Santiago em 16 mm, a cores, com foto de Serginho Sanz, vês como gira a vida, interrompi aos vinte minutos e como você pode adivinhar se é bom cinéfilo (Gusta-

(*) Carta enviada de Roma.

vo adivinhou) Chile interrompido em 71 se monta com Brasil interrompido em agosto de 68 ou seja com *Câncer qui ritorvatto*; vai ser um filme legal, estranho, diferente e dentro de uns três meses estarei mandando cópia pra vocês; não sei ainda o título.

sobre questões cinema brasileiro aí/NÃO quero me meter diretamente com programação de filmes brasileiros e SOBRETUDO com a sigla Cinema Novo. não quero ter nada direta ou indiretamente com EMBRAFILME etc.; muita gente que se aproveitou do Cinema Novo pode querer se reaproveitar agora. por favor não se meta em mesmas programações. quero estar de fora mesmo! sobretudo com meus filmes estrangeiros. importante aviso pra não se repetir o que se passou na França/melhor divulgar bons filmes que *filmes brasileiros* Dan deve tomar cuidado sobre adiantamentos e outras coisas pra não se foder e não quero servir de instrumento afetivo para explorar Dan. você saca todos estes problemas.

a cópia de *Deus e o Diabo* sifo mesmo sobretudo agora depois das FOFOCAS POLÍTICAS. como o 16 mm está neste já vendido, deixa cair por enquanto; mais tarde eu tiro uma nova cópia quando tiver gaita. o negócio agora é o *Leão*: vão seguir as três cópias 16 mm; esta cópia de 35 mm pode ser titulada aí. caso subtitule espere chegar as cópias de 16 mm para você ver como é o novo letreiro do filme que eu mudei; ainda vou; antes de subtitular aqui, fazer revisões no texto. dentro de um mês as cópias estarão aí pois começaram a ser feitas hoje em Roma e depois serão subtituladas na Itália.

Barravento — recebi uma cópia aqui creio que subtitulada em inglês mas só posso saber daqui uns dias. caso esteja telegrafo a fim de que se suspenda a subtitulagem daí e envio a daqui: telegrafo avisando urgente. para *Barravento* e todos meus outros filmes. explicar bem a data que cada filme foi feito; se o *Dragão* andar bem no Elgin* meta *Terra em transe*. faça o que quiser com a cópia; você sabe melhor que eu. vou mandar um texto para apresentação do *Leão*.

não pude ficar por aí porque politicamente o que vou fazer agora é mais importante; vi Paloma ela está legal, também Caetano, Gil e a moçada.

a vida é difícil, nós somos a geração que o fascismo expulsou pro mundo, isto é muito bom, vamos curtir na festa de luz e espumas.

(*) Cinema de Nova York.

Abraços do teu glauburu: [—]

Glauber

Segue carta pra Dan. Abraços Dan [—]
Via del Corso, xxx.

Para Zelito Viana*

Zelito brother,

Que saudades!
Recebi teu bilhete!
Estou nos desertos d'Oriente!
Meu coração é grande demais!

Viajando sem parar pelas rotas fantásticas de príncipes e ladrões e guerreiros: raptando princesas e negociando segredo ao sabor das fumaças e ao som dos tamborim. Não tem volta! É a felicidade que dói de tão boa.

Sinto muitas saudades da patota → curti muito em Roma com Gusta e Quincas → Barcelloni Genial → roda-viva de mulheres → farei um filme qualquer dia? → não sei, não sabemos.

As rotas infinitas de Alá

Beijos na Vera, na garotada, Nena, Marquinho.
Tacifaro Amigo — a bênção.
Salve Cleyde.

Beijos,

Buru.

(*) Carta enviada do Marrocos.

Para Fabiano Canosa*

querido Fabiano

estou voltando do Marrocos com Letícia depois de um mês de muito fumo, muito amor, muita alegria, um filme super-8 enorme e agora estou em ROMA muito lúcido preparando filmes a fazer que são dois/uma superprodução E UM FILME no meu jeito mesmo porque descurti esta de cinema dos pobres para entrar naquela dos grandes espetáculos ritualísticos capazes de fazer as massas rebolar na platéia.

quero te pedir urgente alguns favores:

A — telefonar Buffalo a Silviano Santiago depto. francês de Buffalo University; não tenho o telefone mas Afonso tem, Abdias Nascimento tem Buffalo (não chamar Cathy pois TUDO ESTÁ TERMINADO ENTRE NÓS de feia forma. depois eu conto) e dizer a Silviano que até hoje não recebi os 400 dólares e que me mande urgente a ROMA. talvez este cheque tenha chegado por correio a Rivington Street e aí fudeu-se. mas se isto ocorreu eles podem anular o cheque e me mandar outro. pode ver inclusive qual a correspondência que anda por lá.

2 — mande minha mala please mas não com tudo: quero *minhas coisas escritas*, minha máquina de escrever, meu robe de chambre vermelho, meu jaleco de couro, botina preta e livros e os *Interwiews* com minhas entrevistas e mande frete a pagar aqui por avião ou por Jabor se ele vier; e também A PASSAGEM.

preciso recuperar o endereço de Francis que perdi; e escreva dizendo as notícias.

te mando um abraço firme do teu Glauburu.

PS — Muitas lembranças e saudades para Dan família e Il Bravo José.
Gracias

Glauber

(*) Carta enviada de Roma.

Para Alfredo Guevara

Roma, 9 de setembro de 1971

Querido Alfredo

Em primeiro, desculpe não te esperar em Roma: não tinha certeza de sua chegada e fui ao Marrocos. Esperava te encontrar em Madrid. Cheguei dois dias depois que você tinha embarcado.

Sobre o nosso projeto, quero lhe explicar alguns pontos nascidos de uma conversa longa entre eu e Marcos Medeiros. O Marcos, como você sabe, tem um projeto preciso de fazer um filme sobre a situação política no Brasil e pretende realizá-lo no ICAIC. Mais de uma vez ele me convidou para participar mas eu francamente lhe expliquei que, embora considerando importante seu projeto, tinha uma idéia minha, cujo tema tratava da situação política da América Latina. Expliquei que, no meu caso particular, minha ação política nascia de minha visão cinematográfica e não de uma simples instrumentalização didática do meu trabalho e de uma possível comercialização. Como te mostrei na carta anterior, a situação entre o cinema novo e as esquerdas no Brasil foram difíceis, porque as esquerdas não puderam compreender a importância do cinema novo na luta de anticolonização cultural e, conseqüentemente, política.

Minha situação no momento é difícil: rompi agressivamente com a ditadura no Brasil — e pude fazer uma carga internacional contra a ditadura utilizando a minha própria condição de cineasta — e em seguida me vejo no difícil problema de continuar meus filmes políticos dentro da minha liberdade de expressão, temendo ser vítima de intolerâncias que, usando argumentos primariamente políticos, podem me destruir como cineasta.

O problema é claro e existe.

Você tem bastante discernimento para compreender esta situação e sabe que manifestei o desejo de fazer um filme em Cuba pois este seria o lugar onde meu ato político de cineasta contra a ditadura no Brasil teria mais significado.

Estou disposto a fazer um filme sobre a política latinamericana em Havana, pois o filme deve ser continental.

O projeto de Marcos Medeiros é importante e merece do ICAIC o maior interesse, mas deve ser considerado como um projeto independente do meu.

Creio também que os interesses políticos devem ser vistos de preferência sobre meus problemas políticos privados e, se for possível a realização do meu projeto, paralelo ao de Marcos, será muito bom. Caso for prioritário realizar o projeto de Marcos e não o meu, compreenderei perfeitamente a situação e isto não significará nenhum descontentamento de minha parte.

Mandarei por Saul minhas impressões mais atuais detalhadas sobre Renzo Rosselini. Devo saber uma resposta sua, provavelmente em Roma, enquanto Saul estiver aqui. Tenho problemas de dinheiro e há sempre uma possibilidade de fazer um filme para a TV, o que me deixa numa disponibilidade inútil. Não posso entrar na Argentina, onde existe ordem de prisão e recâmbio para o Brasil, pedido pelo DOPS.

Marcos é um dos revolucionários brasileiros mais inteligentes que conheço. Tenho por ele grande estima e confiança política. Ele está de acordo com meu ponto de vista sobre o problema dos filmes.

No caso do meu projeto há sempre a possibilidade de uma co-produção se for do interesse do ICAIC.

Verei os filme cubanos em Pesaro.

A revolução cultural na América Latina deve ser desencadeada em profundidade antes que toda a juventude se converta em filhos do *imperialismo de vanguarda*, o que será a vitória da estética de direita sobre a cultura revolucionária. Hoje na Europa se vê o triunfo da estética de direita que absorveu os códigos da estética de esquerda. Vejo o perigo de um retrocesso cultural no cinema latinamericano, motivado por uma teoria de cinema revolucionária que não tem correspondência na linguagem acadêmica e colonizada. Isto demonstra a fraqueza do artista latinamericano que se deixa neocolonizar. Uma revolução cinematográfica radical pode inclusive produzir filmes de ruptura absoluta com a linguagem tradicional como *Cabezas cortadas*, mas tenho disposição autocrítica para levar a fundo estes problemas.

O filme que pretendo fazer sobre a América Latina é a dimensão mais popular de *Terra em transe*.

Gosto de escrever cartas para você, porque é fácil falar a verdade com franqueza.

A crise mundial do cinema mais uma vez deixa seu futuro nas mãos do cinema latinamericano. E o cinema cubano é o único que pode liderar um novo movimento.

Um grande abraço e espero sua resposta.

Obrigado,

Glauber.

Endereço
c/o Barcelloni
Via del Corso, Roma
Tele: 640*xxx*

— estarei no Festival de Pesaro, Hotel President, e depois volto a Roma.

Para Miguel Arraes

Havana, 20 de novembro de 1971

A Miguel Arraes

Querido Mestre —

Vou fazer uma carta daqui de Havana, lhe explicando o que penso do Brasil hoje em dia no contexto interno e latinamericano. A viagem de Fidel ao Chile, a redefinição moderna do continente como força revolucionária determinante pra queda do imperialismo, da situação original do Brasil, tudo isto faz mexer a cuca por cima da cozinha cultural que é nosso país. Nosso estado é o pior do mundo. Li dois livros: *Os sertões*, de Euclides e *Retratos do Brasil*, de Paulo Prado. São duas das melhores coisas que escreveram, porque nos interpretam como formação racial decadente e politicamente inexpressiva. As interpretações econômicas que se fizeram do Brasil são umas merdas porque, com pose de marxistas, são todas reformistas tecnocráticas: os economistas de esquerda entregaram as melhores fórmulas de administração neocapitalista-colonial pra Delfim botar em prática com mesmos critérios e apenas sacaneando pelo esvaziamento ideológico. O que a burguesia nacional queria, Delfim entrega de mão aberta dando porrada no esquerdismo cultural armado. A burguesia nacional antes queria o esquerdismo cultural: MCP, ligas, CPC e outras siglas que podem ir da Bossa-Nova à ALN: isto quer dizer que a luta armada surgiu como conseqüência de uma circulação de idéias contestatárias internas e externas que unem o impacto emocional de *Opinião* à leitura de *Revolução na Revolução*, de Debray — curiosamente, no Brasil, graças a CPC e MCP, a esquerda cultural acaba na luta armada. Uma parte: a outra ou se integrou ao liberalismo sexual da burguesia nacional ou desbundou *hippie*, muito alienada e feliz, fumando maconha. Depois que o militarismo liquidou o esquerdismo cultural teórico e entrou de bala a tortura em cima do esquerdismo cultural prático — a burguesia aderiu porque agora podia avacalhar sem compromisso qualquer forma de esquerdismo. No Brasil, salvo a minoria de quem pegou em armas, todo mundo ficou nacional-fascista: os meios de comunicação tribalizam o país jogando com o seu inconsciente cotidiano, de baixo nível neurótico e de triste fantasia: imagens de Chacrinha, Flávio Cavalcanti ou da pseudo-elegância americana de *Veja*, ou do nosso udigrúdi inglês, onde tem mais *hippie* brasileiro que em Ipanema, ou o esquerdismo em crise de Paris, onde tem mais fossa estilo *Senhor*, que lembra também corredores internacionais do ISEB e da UNE — e ainda vagas notícias do Chile, da Argélia, de Cuba —, tudo isto — e futebol e carnaval e misticismo como modelos de coletivização espiritual — socializa a burrice, a ingenuidade e a ousadia do mestiço subdesenvolvido, neurastênico no litoral e forte no sertão, como deixa claro Euclides. Paulo Prado entra mais de sola: a colonização foi uma esculhambação do sexo, dinheiro e violência que explodiu com o romantismo politizante na figura de D. Pedro II, exemplo grotesco da decadência aristocrática portuguesa nos trópicos: ou seja, foi no Brasil que Portugal se fudeu, povo impotente, navegadores em busca de um sonho de cobiça e luxúria, encontrando tudo isto e aceitando a podridão maravilhosa. Com a República, já sem D. Pedro II, começou o ciclo da tristeza que deixou grandes explosões desaparecerem na impotência: ciclo de borracha, de cana, de cacau, de café, de petróleo, de modernismo, de prestismo, de trabalhismo, de bossa-nova, de cinema novo, de tropicália, de estudantismo, de festividade, de janguismo, de nacionalismo reformista aproveitado nas coxas pelos comunistas de classe média querendo virar burguesia nacional que era o ideal inconsciente do Partidão: pois a ditadura é a expressão da burguesia nacional.

O país é triste, burro, ignorante, tem pouco fôlego de improvisação. Lamarca falou em algumas cartas da necessidade de fazer A Revolução Cultural na esquerda, primeira medida para acabar com a incompetência intelectual, a presunção ignorante, a agressividade machista, o despreparo ideológico sob a medíocre tecnocracia de Delfim Netto.

É natural que o Exército produza guerrilheiros marxistas-leninistas e o Lamarca é o criador dessa onda anti-Caxias. O verdadeiro patrono das Forças Armadas é Tiradentes. Lamarca fugindo dum quartel com caminhões de armas e alguns cabos e sargentos deixou claro no inconsciente da cuca de seus ex-companheiros que o quente pra juventude militar deve ser Tiradentes e a caretice de Caxias só fica bem pra velharia de generais analfabetos e coronéis grilados que venderam a alma ao Diabo pra fazer do Brasil o maior campo de concentração nazista do mundo.

A ditadura reagiu na *Manchete* dizendo que Lamarca era agente da CIA. O autor destas burrices é Murilo Mello Filho, chantagista e delator que a Empresa Bloch utiliza como préstimo à ditadura.

Depois espalhou que Lamarca era fanático assassino, um fascista neurótico, um militarista ignorante. A ditadura deixava claro que das fileiras das Forças Armadas não podia sair um revolucionário moderno, porque o nível intelectual do meio era baixo. A ditadura, sem saber, decretou a morte de sua autoridade ideológica: o Capitão Lamarca demonstrava, em assaltos, seqüestros e ocupações, que o único caminho de sua geração humilhada por americanos marechais vendidos era passar de armas e bagagens pra os *fronts* populares de operários, camponeses, negros, marginais, classe média, burguesia liberal. Completava a jogada de Marighella, abrindo a coluna revolucionária na insegurança social e medo político de todas as classes oprimidas. Durante um tempo, Lamarca ficou invencível para a opinião pública.

A ditadura torturou sem parar na pista do Capitão.

Lamarca saiu das cidades pro sertão da Bahia.

Cresceu ideologicamente como nenhum outro revolucionário brasileiro. Era preciso começar a guerrilha sertaneja. Sabia dos riscos, que era um Capitão contra as tropas do Governo, mas precisava transformar o cangaço anarquista em cangaço revolucionário: entrou pela caatinga, iniciou as guerrilhas e foi morto por três mil soldados perto do lugar onde morreu Lampião.

O sertanejo agora deve reaprender que o quente é Lamarca e que Lampião é careta.

Lamarca, comendo "beiju e macaxeira", completou a Revolução Cultural, concretizou a idéia de Revolução Cultural dentro da esquerda brasileira, deixando certo que a revolução crescerá à medida que as guerrilhas encontrarem recepção libertadora nas massas.

Por isto, morreu no campo, dormindo debaixo de um marmeleiro, integrado à terra e convertido em mito.

Os três mil soldados de Caxias tiveram medo das balas certeiras do Capitão e não lhe deram tempo pra defesa.

Medo do guerrilheiro e medo de suas idéias.

Morre o homem e fica a fama. De Lamarca ficaram cartas de amor e política que David Nasser classifica de "marxismo ginasial". Nestas cartas o brasileiro começa a ler importantes textos políticos. Em Agosto de 1971, Lamarca escreveu ao MR-8 a seguinte carta. Está aberta para divulgação e discussão.

*A ESQUERDA REVOLUCIONÁRIA**

Ao assumir a posição das classes oprimidas também assumi a responsabilidade de travar a luta teórica e ideológica dentro da vanguarda: nisto devem se empenhar todos os revolucionários.

A minha tomada de posição foi entrar numa organização revolucionária, na concordância de uma linha política, e meu compromisso com a organização se relaciona com a dinâmica desta linha política que, na prática, se aperfeiçoa atuando e se transformando numa realidade.

A esquerda revolucionária enfrenta a mais dura fase da formação e da solidificação da vanguarda. Outros movimentos revolucionários viveram esta fase e a superação é o salto de qualidade que possibilita o aceleramento do processo. Para isto é necessário que algumas condições existam ou sejam criadas e, fundamentalmente, se constituir uma força política capaz de alterar a conjuntura.

Precisa a esquerda revolucionária formar sólida base social nas camadas revolucionárias da massa. Romper o isolamento político com as massas. Duas posições existem: a vinculação política e a vinculação or-

(*) Texto, segundo Glauber, de autoria de Carlos Lamarca, escrito ao MR-8.

gânica com as massas. A prática tem informado da justeza ou não dessas posições.

Enquanto a vinculação política com as massas tenta desenvolver a propaganda armada (agitação) isolada, como o foco debrayista urbano, o isolamento se aprofunda no desconhecimento dos interesses e expectativas das massas. A isto soma-se uma errônea análise de classes, em que os marginalizados do processo produtivo são considerados a camada principal da massa.

Esta posição desconhece que o marginalismo marcha à retaguarda da classe operária, reivindica assistência e facilmente se neutraliza pelo paternalismo populista.

Quando assume posição revolucionária tende para a destruição inadequada, a um longo processo de luta que temos de desenvolver para construir o Poder Alternativo fazendo a Revolução Cultural. A minha ex-organização, ao defender dogmaticamente a vinculação política com as massas, colocando o marginalizado como camada principal, fecha a possibilidade de ruptura do isolamento político.

Simplificando sua posição na tentativa de politizar por meio do que chama "propaganda armada", se fecha cada vez mais, esquecendo que é necessário o trabalho de organização e educação da base social.

Como toda prática forma e deforma, tal posição forma militantes isolados da massa, como uma casta política, e os deforma na defesa de posições pequeno-burguesas. Eis o motivo de minha ruptura.

Ingressei no MR-8 após um período de discussões em que me aprofundei nas posições políticas da organização, discussões internas, organização e estrutura orgânica.

Identifiquei minha posição com a do MR-8 quanto ao caráter socialista da revolução, luta popular prolongada com a integração e interdependência cidade/campo, vinculação política-orgânica com as massas por diversas formas de luta de acordo com a realidade brasileira. E quanto às tarefas imediatas de implantação social para criar condições de deflagração combinada de diversas formas de luta.

A burguesia tem procurado travar a luta de classes em todos os níveis, político, militar e, recentemente, dando ênfase ao plano superestrutural (ideológico).

Tenho como posição fechada não me defender da burguesia e sim atacá-la.

Tem a burguesia se utilizado de ex-companheiros que assumiram a posição da classe dominante e de alguns companheiros que fraquejaram sob torturas. No entanto, devo ressaltar que centenas de companheiros, mesmo sob as mais bárbaras torturas, continuam a travar a luta de classes nas masmorras do imperialismo.

E não foi o imperativo categórico kantiano do dever cumprido que os fez suportar os sofrimentos que ainda suportam, mas a correta militância marxista-leninista que possibilita a exata compreensão do estágio do processo e as necessidades revolucionárias para a formação e solidificação da vanguarda.

E o nível ideológico é tão mais elevado quanto mais estreita a militância junto às massas, quanto mais fizermos a Revolução Cultural até levar à prática o internacionalismo proletário.

Considero que está encerrado o fracionamento da esquerda e começa o processo de aglutinação política.

A *luta política para que isto se torne viável a curto prazo é das mais importantes, senão decisiva, para o processo revolucionário.*

Já existe o embrião desta vanguarda na Frente composta por cinco organizações revolucionárias.

O aprofundamento das discussões, a prática conjunta e o estreitamento das relações revolucionárias possibilitarão que a luta política interna (inicialmente com as polarizações da prática anterior e posteriormente com a interação política) nos conduza ao aperfeiçoamento da prática que a luta já nos exige em todos os níveis.

Os revolucionários brasileiros — no Brasil ou no exterior — têm de se dedicar a essa tarefa fundamental para o aceleramento do processo.

Todos podem e devem contribuir.

O sectarismo que até então existiu na esquerda brasileira tem de ser exterminado na prática.

Bem sabemos o preço elevado que a esquerda revolucionária pagou pelos sectarismos próprios da ideologia da classe dominante, cujos resquícios permanecem até hoje em militantes.

*Não se trata de apressar, como pensaria um pequeno-burguês, mas de lutar no dia-a-dia, para criar condições do fortalecimento das forças revolucionárias.**

Concretamente propomos a todas as organizações revolucionárias

(*) Trechos sublinhados por Glauber.

que iniciem o estreitamento das relações políticas, trocando documentos internos, formalizando em documento suas posições para que sejam discutidas por todos, aqui e no exterior, propondo temário conjunto nos pontos em comum e trocando suas experiências acumuladas até hoje.

Iniciemos a revolução interna na esquerda, criemos condições para isto. Procuremos, desde já, nos relacionar dentro dos padrões que construir no socialismo.

À vitória, sempre,

Carlos Lamarca, Agosto de 1971

1972

ACERVO TEMPO GLAUBER

*Glauber com a cubana Maria Tereza Sopeña,
com quem viveu em Havana e Paris. Na foto, em Roma.*

Para Cacá Diegues*

digo querido

tudo bem, carta ótima. vejo renascer velhas brigas com tristeza, nunca aprenderão, nunca aprenderão. a festa de medalhas continua, a festa do fogo acabou, e agora José? na casa de Alfredo me caso com Tereza que não entrou na história. de lá todos voltam enquanto vamos eu e Marcos** como dois últimos guerreiros em busca do paraíso. o continente é grande, surgem outros amigos que não *reamplacam* a saudade de vocês. com Tereza, palmeiras, mar, amigos cineastas muito parecidos com a gente, estou em casa são nove andares de moviolas, uma super Mapa Difilm sem problema de dinheiro, o filme você começa na hora que quiser, Júlio é nosso Zelito, Titón nosso Nelson, Alfredo gênio, Solás belo e bicha. Tereza é morena pescoço delgado, queixo Soledade, nariz fino de perfil velazquiano, doce, doce, doce, inteligente, fala português, cabelo grande preto, me ama eu amo ela, o sonho permanente diante de mar azul nesta terra de mitos, a crioulada me chama no ônibus de "*Leon de Siete Cabezas* ", os pais-de-santo curtem *Barravento* e *Ganga Zumba*, os filmes nossos todas as semanas na tela, nossas músicas o dia inteiro no rádio, estou em Recife muito feliz, estou na Bahia muito feliz e todo caminho dá no mar. não uso dinheiro, esqueci este grilo, ando de ônibus e a pé, como faço ginástica, trato da gastrite que involuiu para úlcera, leio antropologia e os babados dos alemães loucos que o pessoal aí devia curtir mais pra parar de dizer besteira revisionista. *Soy feliz y tengo saudades.*

aquela tua idéia do "Anjo em domingo" é boa: coisas a fazer urgente: uma reportagem fotográfica com o título "Leitura materialista da civilização": duas páginas com fotos em preto-e-branco de cada filme, sem legenda, apenas assim. uma foto de *Five times favela* e o título — *Cinco vezes* [*favela*], 1962.

Leitura materialista da civilização

5 vezes favela, 1962 → *Rio, 40 graus* 1955 → *Porto* → até *São Bernardo* (*Sacou?*)

(*) Carta enviada de Havana.
(**) Marcos Medeiros.

as duas páginas do centro com [...] fotos em preto-e-branco, com os títulos e as datas, sem comentários. página seguinte um artigo de Sylvie Pierre, didático, com o título "As práticas significantes", sem a menor referência ao cinema novo. na página das fotos assinatura: texto cinema novo. acho que com isto nossa intervenção na semana de arte moderna é definitiva. só devem ser selecionados os filmes RIGOROSAMENTE de cinema novo. no meio da montagem, uma homenagem: uma foto de Barreto, a única cara que deve aparecer. uma foto do tempo da filmagem de *Garrincha* ou *Vidas secas*. importante fazer isto, basta ir na Cinemateca e escolher as fotos.

outra reportagem: a estrutura da família brasileira: consiste em montagem de fotos em cores, cinemascópicas, que consiste em cenas das várias famílias brasileiras, selecionar dez famílias e fotografar todas relações internas de cada uma, objetos, ricos e pobres, comida etc. tudo em plano médio, sem close ou efeito e fazer a montagem dialética. assinado texto cinema novo. fotos de Pedro Moraes, Laurinho, Zé Ventura, só o pessoal quente.

com isto estará feita pela primeira vez no mundo uma reportagem estruturalista. não misturar fotos preto-e-branco com cores. ou tudo preto-e-branco ou tudo em cores. *please* dirija estes dois roteirinhos que dará muito prazer ao buru. vou filmar, enfim: título, por favor anuncie pra todo mundo:

MESTIÇOS NEURASTIENICOS DO LITORAL

sentiu a barra? mas só pega a frase de Euclides, o resto vai por minha conta. sai de baixo!!!

não tem nenhuma complacência com a falsa alegria. vamos ver a estrutura da neurose subtexto a ler, que é mais quente que Oswald: *Retrato do Brasil*, de Paulo Prado, 1928.

esculhambem bastante com os revisionistas. peguem os filmes dos meninos e façam a leitura materialista. vou mandar pro *pasca* um artigo assinado "O Baiano da Luz Vermelha".

espalhe que O Baiano da Luz Vermelha sou eu. cafajeste aqui não! minha entrevista que vai sair no *Nouvel*, sai de baixo! meu livro sai até junho, vou ter de fazer mais pesquisas para completar. o artigo de Jabor é ótimo mas dava pra materializar mais. diga à bicha que ele se culpou do CPC. temos de pensar no CPC. o concretismo deu uma grande contribuição à publicidade. em um dos seus artigos você pode citar O Baiano da Luz Vermelha que diz o seguinte: "quem curte concreto é otário. materialistas, praias do sertão. ou o Torquato pobre ah. quer dizer que os Campos brothers & Pignatari & Oiticica/ IBM USA são as pessoas mais importantes e inteligentes de São Paulo? eu tinha me esquecido que havia pessoas importantes e inteligentes nos tempos de contraculturalismo. O PSD deu um bom arquiteto, Niemeyer. Somente um ignorante pode comparar *Os herdeiros* com Visconti. Pignatari quis dar uma de Tarso de Castro, terminou nos limites de Sérgio Milliet. Ah, pinga caipira marvada! Concretinos. Insignificantes. Estão nas metas. Estou por fora. A ladraraza corre nas metas por dentro. Concretos desarmados. Vanguarda da geração de 45. Direita de 45. Prefiro os porres líricos de Paulinho Mendes Campos. Tenho saudades da maré de Mário Faustino. Revisionistas, oportunistas, anunciadores D'Annunzio. Tradutores. Impotentes. Funcionários da Tecnologia. Oswald de Andrade vomita na cova vendo estradas concretas por cima e verme cavando por baixo. Paz nas altas, pau nas baixas. Onde estão os ditanemas? Onde a leitura materialista de quem te vê? As teses da *Estética da* [*fome*] (Terzo Mondo, Gênova, 65) estão válidas até que se prove o contrário na prática. *Chez* Maspero leio no original Chomsky, Motor Oil, Coca-Cola? Informantes. Através do fígado se chega a Mondrian? contei esta pro Cleaver, o crioulo morreu de rir e disse que Pelé era o Rei da Senzala.) O Baiano da Luz Vermelha — se der publique, se Samuel não topar dê pra dica do *Pasquim*.

aliás, não divulgue, porque agora me veio a idéia de desenvolver um artigo grande a partir deste tema e mando direto pro *Pasquim*.

Letícia linda adorou sua carta. que Paulo César me desculpe mas estou curtindo muito Léa Massari. Julinho uma besta, matou a família e foi ao cinema. minha família está viva desbundada e eu *nel paradiso*.

aliás, publique a dica porque vou viajar e não tenho tempo de escrever artigo, tenho de concentrar no livro. o texto sobre o índio no *Dilustrado* é fraco. a crítica dos filmes tem de ser materialista, decompondo os planos e pulverizando os signos revisionistas. daí se pega e esculhamba, relacionando o plágio e entrando de sola. *O Bandido da Luz Vermelha*: "curta-metragem repetido trinta vezes dilui o cinema novo num desvio revisionista. absoluto insucesso mundial. Helena Ignez não tem nível ideológico para representar uma marginal porque gestos, roupas e voz comunicam sua natureza de classe pequeno-burguesa baiana". e por aí se vai.

chegou a hora de pulverizar os ratos. pau neles com Detefon. vocês estiveram muito frouxos durante anos. você e Gustavo, em dobradinha, são os melhores do país. esculhambar o livro de Flávio Moreira da Costa, trabalho pra Calmon. dizer pra Oiticica que ele chegou tarde com a favela no museu porque Nelson com *Rio Norte 40 graus* já tinha mostrado a favela ao mundo e achado uma merda. Oiticica deve ser acusado de explorador sexual de favelados. denunciar a Bel Air como uma empresa diletante que sabotou a luta pelo mercado vendendo filmes a Severiano Ribeiro. análise econômica da produção. análise do material filmado: plano Helena Ignez dançando com punhal no jardim, onde te vi Odete Lara de punhal e vestido violeta? fácil exterminar canalha.

e dizer que Sganzerla é moleque de boca mesquinha porque se fosse cafajeste mesmo e se tivesse coragem contaria no *Pasquim* que selecionou as más críticas de *Terra em transe* em Cannes pro *Estadão*, colaborando com Dr. Romero Lago. No dia seguinte, quando veio a consagração, disse que era conspiração comunista. entrar de sola. botou filme na tela, análise materialista: diálogos, foto, montagem, intencionalidade da banda sonora entrar de sola. chegou a hora. não deixar fotograma sobre fotograma.

underground tenho muitos: *A cruz na praça, Domingo, Caminhos, Passeatas de 68, Estrela do sol,* no Chile com Norma, o *Câncer* etc. ah, estou cansado, este é um papo careta. os contraculturalistas estão fazendo seu movimentinho cultural? pau neles. pau neles. dizer "pau neles": quer dizer intolerância e ódio. Apenas ritual [—] de exorcismo. chamar de contraculturalistas: todos os canalhas usam cabelo grande. prova que ácido e fumo não dá luz a cego é que Godard e Caetano não fumam nem tomam. Timothy Leary acabou na Suíça tirando uma de Miller nos anos 70. Jerry Rubin e John Lennon vieram pra ORTF dizer besteiras. são signos da culpa integralista. o melhor filme do momento é *Tudo legal* (*Tout va bien*) de Jean Luc e *A destruição*, de Peter Fleischmann. diga pros caras que em 62 em Porreta descurtimos o *udigrúdi* americano. Te lembra, Jabor, quando esculhambamos Anger em Paris 62? Gustavo: se lembras como esculhambamos [—], que pra falar em Dziga Vertov *ha que se praticar* pelo menos o solanismo. que Vertov era a extrema esquerda de Eiseinstein. que a montagem espacial começa em *5 times favela* e se der pé leitura materialista de *Five times*. esculhambar Ely, Grunewald, Ruy Castro — pega os textos, destaca os trechos e esculhamba. na época da clareza o neojoycianismo? quem vê claro fala claro. esta politicagem literária baiana devia confessar que tudo começou com as Jogralescas, que Paulo Gil, Ubaldo Ribeiro e Florisvaldo Mattos convidam concretos e revisionistas baianos prum desafio em prosa e poesia sentados na máquina na hora. e eu, que sou cantador, agüento uma noite de desafio na viola, tocando com a ponta do dedo. paro por aqui, não estou louco. vocês, de sua parte, façam bons filmes. tem de começar as discussões coletivas, temos de passar à criação coletiva, guardando a individualidade mas sem complacência. Paulo César precisa deixar de ser complacente com a intelectualidade da gôndola. ele é gênio mas precisa descurtir sessões especiais para inimigos de classe. o cinema moderno é antropologia, psicanálise, dialética, didática e mágica. quem não tem competência não se apresente. eu, você, filmaria agora e já *Invenção de Orfeu* em Alagoas, com Zumbi mito nos canaviais e as vacas depositando bostas nas mangas. com a malária dos come terras meninos calungas. Chico* é orfeu, Nara narciso. Nara é índia, mulata, mulher brasileira parideira. plantar pra dividir. prática antropológica. chegou o momento do nosso sonho coletivo da leitura em imagens e som de nosso inconsciente. Calmon deve filmar a *Rosa do Povo*, de Drummond de Andrade. pergunte pros canalhas onde estão os filmes negros. Jabor deve filmar *A MINHA OPINIÃO PÚBLICA* — psicanálise radical da família de classe média. Ruy deve filmar as *As capitanias hereditárias* em Ilhéus. Gustavo deve filmar *A tragédia burguesa*, leitura dialética da literatura direitista de Faria. Leon deve filmar a versão carioca de *Humilhados e ofendidos*. E vocês todos estão de acordo que eu filme *Mestiços neurastênicos do litoral*. E diga pro Waltinho** que ele filme *Maria Bonita*, com Necy, num filme onde não se vê Lampião e deve ser filmado na fazenda de Vitória da Conquista.***

David *et pour cause*, *A menina morta*, com Rosinha.

Nelson Pereira dos Santos, *Favela dos meus amores*.

Zelito Viana, *Em terra de rei quem tem um olho é cego*.

Escorel, um filme sobre a juventude brasileira, me esqueço do título. Santeiro, outro filme sobre a juventude do interior de Minas, chamado *Tutaméia*. O filme do Eduardo pode se chamar: *Juventude juventude* e seguir o resto com os versos do poema de Mário Faustino.

Geraldo Sarno — estrutura da família nordestina emigrada. Estes se-

(*) Chico Buarque de Holanda.
(**) Walter Lima Jr.
(***) Fazenda do avô de Glauber, em Vitória da Conquista, Bahia.

rão os melhores filmes do mundo. Falta um musical? Mas todos estes filmes são musicais, o cinema novo é musical, vamos parar de elogiar filmes imperialistas e retomar o vigor de 62. Agora é a grande virada. Mário Carneiro deve filmar a vida do Aleijadinho e daí todo um discurso sobre arquitetura no Brasil. Joaquim → Biografia de Oswald de Andrade, com roteiro de Antonio Candido e [—], com Jô Soares → deve ser feito URGENTE ou senão faz Gustavo, LOGO! Produção coletiva.

que Deus abençoe Francisco e Isabel.

Se eu morrer nos balanços da epopéia foi pelo triunfo da beleza. a justiça, não que não sei o que é isto. viajei e voltei lúcido. não escrevo no barato. não preciso de nada mais pois estou com tudo em cima. vocês me darão grande felicidade se executarem a canalha que se aproveitou de nossa dor pra meter tesouras nas feridas. definir: de um lado o cinema novo, do outro as estruturas paralelas. pau é pau.

outro abraço. vou ver Letícia. diga a Didi Barreto que o roteiro vai seguir, que a produção depende do paraense desde que ele não queira interpretar o papel principal que deve ser feito por um ator pernambucano que está tecnicamente preparado com dicção e movimento, sobre minha direção. consegui retirar um personagem novo em folha que adora comer receitas de Darwin. o sol nascerá no Peru mas ninguém deve anunciar o sol antes da hora. os gaúchos são bandidos no filme mas nas primeiras seqüências aparecerão como personagens positivos. é preciso fotografia de Barreto e alguns diálogos escritos por você. Solanas fará um grande filme em maio sobre o retorno do cadáver. outros cadáveres reaparecerão.

Torre Nilsson entra com o laboratório, mas a montagem [—], deve ser no Brasil. Quem diria que iremos co-produzir com a Argentina, hein? Pode ser que o filme saia uma merda mas o diretor é genial e o pai do Alfredo é o produtor, com tutu e mais experiência que [—]. Adoro superproduções!!! Tem cenas no Clube — OK? PS: Não espalhe o argumento porque nego rouba logo as idéias e corta as [—]

viva o pau-brasil. viva o Brasil. Viva a nossa pátria. nossa língua, coisas nossas — eis a tônica do movimento de arte moderna verde e amarelo. pra terminar Mário de Andrade, já citado na Bahia: "enquanto isto os sabichões discutem se doce de abóbora não dá chumbo pra canhão" — será o título do meu artigo no *pasca*, assinado o baiano da luz vermelha, que não agüento e vou escrever.

amores pra você e todos, esta carta *exclusivamente* pro cinema novo.
beijos, buru.
A carta continua na carta de Gustavo. EXCLUSIVA CN.

Para Fabiano Canosa e João Carlos Rodrigues*

Fabiano/Giovanni queridos

recebi as cartas com muito atraso também porque passei dois meses na Europa. Fabiano: não tem o menor grilo, o telegrama foi urgência e não implica em nenhuma crítica implícita ou explícita. contente de saber que vocês estão legais, trabalhando e firmes. eu vou bem, trabalhando, acabei o curioso *Câncer*, iniciado em 1968, e estou acabando um documento de duas ou três horas sobre a situação da terra. minha saúde vai bem. estou em ótimo ritmo de trabalho. João: se quiser escreva o livro sobre o cinema brasileiro, mas é importante VER TODOS OS FILMES, sem exceção, e fazer certas pesquisas históricas e econômicas a fim de que os filmes estejam situados dialeticamente no contexto — *hoje em dia não se pode fazer crítica subjetiva* e me parece que não se trata de dividir a coisa em bons e maus cineastas mas ver filme por filme, os resultados integrais. para ser um trabalho sério exige este nível de complexidade e acho que não se deve analisar somente CN mas o cinema comercial de São Paulo, o do Rio e o *underground*, a indústria de publicidade, tudo — os fenômenos não são isolados e a indústria e a cultura de cinema no Brasil são fenômenos novos em nossa civilização e por isto um livro não pode deixar os flancos abertos (como o de Jean-Claude) sob o risco de contribuir para aumentar a confusão. creio que aí tanto Fabiano como Elliot podem lhe ajudar bastante, mas seria bom você ler o máximo possível de artigos e entrevistas sobre o assunto para estar documentado: inclusive você pode conseguir um bolsa pra fazer este trabalho, que poderia lhe tomar um ano. há jeito de conseguir a bolsa por aí, Adrienne Mancia pode lhe ajudar. acho que o livro deve ser escrito mas que seja progressivo e conseqüente e não moralista ou "ideológico" no mau sentido.

(*) Carta enviada de Havana.

ando rápido na carta por causa do portador que está correndo. breve receberão aí os dois filmes recentes para divulgar!

quanto ao Brasil e suas fofocas ipanemenses isto já era, porque a minha é outra, que se chama revolução. em Paris muito brasileiro legal se escandalizou com o fato de eu estar "tão comunista"... como se eu alguma vez já tivesse enganado.

se perguntarem por mim estou por aí América Latina.

Um abraço firme até a próxima

Buru!

De Darcy Ribeiro

Santiago, 31 de maio de 1972.

Glauber, meu irmão:

Você me pede que escreva sobre um tema tão amplo e complicado que nem com todos os meus livros consegui ou tentei abarcá-lo. Pede, nada menos, que eu entre na alma do Jango para interpretar seus desígnios passados e futuros, para avaliar suas convicções e para captar sua visão do mundo. Imagine se alguém pedisse a um amigo que desse de você, Glauber, um retrato-diagnóstico desta natureza. Ou imagine simplesmente que você se propusesse traçar seu próprio perfil, com aquelas ambições. Não acha que seria impossível?

O máximo que se pode alcançar neste plano de prospecções biográficas são visões — mais ou menos informadas — de como as pessoas atuam em certas circunstâncias.

Quanto ao Jango, a primeira observação seria a de uma aparente dualidade entre o que ele é, pela vida que se construiu de fazendeiro-invernista bem-sucedido e rico, e seu desempenho de político reformista. Mas a simples suposição dessa dualidade traz implícita a idéia de que as personalidades são entidades inteiriças e coerentes, o que é muito duvidoso. Mais verdadeira é talvez a observação de que os homens atuam na vida social, e particularmente na arena política, muito mais de acordo com as circunstâncias que se apresentam — as conjunturas, como se diz — do que com o ideário que acaso tenham. Todos nós estamos permanentemente nos representando a nós mesmos, representando para platéias indiferentes ou coniventes, que tanto nos coagem com suas expectativas que interiorizamos como se projetam em nós.

É óbvio que há lugar para graus maiores ou menores de autenticidade nessas representações. O homem comum se constrói com as projeções externas interiorizadas, mas o faz de forma tão genuína que chega a convencer-se de que são suas todas as suas crenças. Um cínico gostaria de construir-se seletiva e racionalmente, escolhendo aqueles traços cuja exibição fosse mais vantajosa em cada situação. Mas nem mesmo o homem comum, ingênuo, escapa totalmente de si próprio, convertendo-se num reflexo mimético das expectativas alheias, porque a própria singularidade de sua experiência existencial acaba por tipificá-lo. Nem escapa o cínico, que tratando de intencionalizar sua imagem aos olhos dos outros, acaba por verse, a si próprio, com a visão alheia, como se ele realmente fosse o que pretende parecer.

Para que tanta confusão? O que quero dizer é tão-somente que um homem não exprime, no poder, a sua ideologia pessoal, mas a conjuntura política com que ascendeu. É claro que deve haver certa compatibilidade entre o papel representado e a personalidade que o encarna. Mas, via de regra, as personalidades são suficientemente flexíveis para se acomodarem aos papéis que ordinariamente são chamadas a viver.

Isso não se aplica, talvez, a Fidel, que teve de encontrar em si um estilo que correspondesse ao papel que ele inaugurara de um novo tipo de líder. Mas, ainda no caso de Fidel, de certo modo se aplica, no sentido de que vive e expressa a ideologia que a revolução cubana lhe dita, e não suas idiossincrasias. Se a revolução cubana se tivesse frustrado, por algum motivo, e Fidel sobrevivesse à derrota, ele seria, na conjuntura que se teria cristalizado, um produto dela, tão diferente do que ele é — ou parece ser agora — quanto difere, por exemplo, de Rafael Rodriguez ou de Kruschov, ou de Jango. Nenhum homem poderia ser reduzido a outro, bem sabemos — e aqui reside a singularidade que cada um de nós pode reivindicar —, mas cada um poderia haver sido muitos outros.

Outra vez a confusão quando quero falar de coisas simples. Em essência, que Jango foi, no poder, o que ele ou outro poderia ser numa conjuntura que lhe ditava, com detalhes, o papel que teria de representar. Para que você me compreenda, darei um exemplo. Em 1962, JK me pediu que fizesse para ele um plano de governo com vistas à campanha eleitoral de 1965, dizendo que escolhia a mim por minhas idéias e que desejava o plano mais avançado de reformas estruturais, a começar por uma reforma agrária. Que significa isso? Parece compatível com o JK que conhecemos — flor da politicagem profissional brasileira — a imagem de um reformador radical? Pois esse era o papel que ele se supunha chamado a representar. Isso porque, naquela conjuntura, aparentemente só uma política reformista lhe prometia o aspirado acesso ao poder. Era o mundo dos três JJJ (Jango, João XXIII e Kennedy) que se queria passar a limpo. Parecia.

Jango, com o carro do governo sob seu comando, não só estava sujeito às mesmas expectativas e pressões como talvez também estivesse mais capacitado a atendê-las, apesar de suas idéias e até de seus interesses pessoais e classistas. É certo que duvidou muito em encarnar o papel, mesmo porque, no caso dele, não se tratava de fazer discursos reformistas que granjeassem mais votos, mas sim de manter-se e consolidar-se no poder que já exercia, recuperando as atribuições que o golpe parlamentarista lhe havia usurpado. Lembro-me que estava ao seu lado quando, depois da maior vitória eleitoral jamais alcançada no Brasil — 10 milhões de votos contra um milhão, no plebiscito —, ele insistia em dividir com o PSD o poder que o povo lhe outorgara, dizendo: "Esta coroa eu não ponho na minha cabeça". Atrás dessa frase, o que havia era o temor de comandar a execução das reformas de base com os olhos nas quais o povo votou contra o parlamentarismo. Em outros casos, como por exemplo a regulamentação da lei referente ao capital estrangeiro, ele tardou um ano em decidir-se a implementá-la; o projeto de Reforma Agrária só chegou a ser efetivamente formulado no dia 15 de março de 1964, na Mensagem Presidencial daquele ano.

É possível imaginar que outro líder tivesse andado mais rapidamente e comandado melhor suas próprias forças. Mas esse tipo de raciocínio não leva a nada. O que a história nos colocou foi aquela conjuntura concreta, com as oportunidades de romper a velha ordenação social que ela ensejava e também com as limitações que impunha. Se olharmos não para os atores mas sim para a conjuntura — como o fato significativo —, veremos que a política do governo Jango, sendo encarada pelas classes dominantes como revolucionária (porque a execução da Reforma Agrária e da Lei de Remessa de Lucros parecia inevitável se Jango se mantivesse no poder), provocou a contra-revolução, por parte dos interessados em manter a velha ordem. Sendo reformista porque visava, fundamentalmente, fazer as reformas para evitar a revolução social, não pôde fazer frente à contra-revolução. Quando esta se desencadeou, os reformistas caíram na perplexidade e se paralisaram porque suas alternativas eram: ou bem aderir à direita através de um pacto e retroceder; ou bem avançar chamando o povo à revolução. E, nos dois casos, negar sua própria natureza de regime reformista.

Essa ambigüidade conjuntural é interpretada por muita gente como uma debilidade ou uma incapacidade de Jango. Na verdade, qualquer pessoa posta naquele papel dificilmente encontraria uma saída. Seja para voltar atrás — refazendo o pacto com a velha classe, tranqüilizando os temores da classe média às reformas e neutralizando o disciplinamento do capital estrangeiro —, porque disso resultaria um esvaziamento imediato do apoio popular no qual o governo se assentava. Seja para ir adiante, impulsionando a revolução sob a ameaça de um golpe militar anticomunista e aceitando a responsabilidade de desencadear uma guerra civil longa e sangrenta, travada contra uma aliança militar das classes dominantes internas com o governo norte-americano e seus *marines*.

Lyndon Johnson topou a parada. Seu embaixador, dirigido pelo adido militar, o coronel Walters, conspirou, subornou quanto foi necessário para articular a contra-revolução no plano político, ideológico e militar. A seu juízo, valia a pena arriscar um novo Vietnã no Brasil para evitar sua defecção da área de hegemonia imperialista.

Jango e uma parte da esquerda brasileira não admitiram correr esse risco. Ele porque, sendo reformista, talvez considerasse sua própria queda menos catastrófica que o desencadeamento e a condução de uma revolução social cujo caráter — supunha ele —, na reta final, seria provavelmente socialista. As esquerdas, porque nem sabiam o que estava sucedendo. Em sua imaturidade e alienação, não percebiam que alcançáramos a participação que tínhamos no poder, não por um esforço organizativo e combativo próprio, senão porque uma renúncia havia alçado à presidência um líder vinculado às massas assalariadas urbanas. Em lugar de utilizar a conjuntura eventual para nos estruturarmos como uma alternativa ao poder tradicional, entramos a nos dilacerar mutuamente. Muitos dos principais líderes, achando pouco o esquerdismo de Jango, queriam mais radicalismo. Outros estavam mais atentos ao suposto continuísmo dele que ao golpe em marcha.

Não avaliávamos, igualmente, que no Brasil se travava uma das principais batalhas do mundo, cuja vitória ou derrota seria decisiva na configuração da conjuntura internacional futura. Não nos compenetramos também de que mais do que Jango, seríamos nós as maiores vítimas, e por isso mesmo éramos os maiores interessados em consolidar aquela conjuntura institucional favorável que a história nos havia oferecido. Não percebemos, por fim, que a vitória da contra-revolução representaria uma era de tremendos sacrifícios para o povo e de provações terríveis para nossos próprios quadros.

Dentro desse contexto, obviamente não cabe falar de méritos ou de culpas atribuíveis a pessoas — inclusive a Jango —, mas de conjunturas sócio-econômicas onde os atores apenas encarnam forças sociais e políticas mais amplas que eles. Naquela instância, a história nos ofereceu algumas chances — parcas chances, talvez — de submeter nossa institucionalidade obsoleta ao reexame e de refazê-la sob lideranças — que lideranças! — fiéis aos interesses nacionais e às aspirações populares. Chances perdidas por culpas nossas. *Mea culpa.*

Você pergunta se Jango teria um projeto para o Brasil. Eu diria que sim, porque às forças políticas nas quais ele se sustentava correspondiam aspirações que ele expressava, gostasse ou não, como pré-requisito para manter-se e consolidar-se no poder. Essas aspirações (reforma agrária, contenção da exploração estrangeira, direito de greve, liberdade sindical, expansão da educação popular etc.) tiveram naqueles anos livre curso para manifestar-se de mil modos.

A vigência dessas liberdades deu lugar a milhares de greves nas cidades, à criação de milhares de ligas camponesas e de sindicatos rurais no campo e a uma pregação político-ideológica sem paralelo em nossa história. Lamentavelmente, só serviram para atiçar o velho inimigo, sem capacidade para contê-lo e menos ainda de liquidá-lo. O resultado foi o golpe contra-revolucionário para impedir uma revolução que não chegou a desencadear-se e a imposição de uma ditadura militar que consolidou os interesses das minorias privilegiadas (manutenção do latifúndio, submissão ao capital estrangeiro, arrocho salarial, erradicação de todo pensamento libertário etc.). Às milhares de greves do período anterior correspondem três a cinco greves nos dez anos seguintes. À proliferação de ligas e sindicatos no campo se seguiram o silêncio e o pavor, instalados em cada família camponesa. À agitação política irredentista (e às vezes irreverente e contraproducente) se seguiram o despotismo e a escalada opressiva num enfrentamento inverossímil entre forças superarmadas e seus únicos contendores, que foram os microgrupos insurgentes. Do nosso ponto de vista, essas armas apontavam contra a história. De fato, elas apenas repunham no poder a velha ordem e a velha classe vetustamente históricas.

O silêncio que se seguiu não significa que os operários, os camponeses e os quadros políticos foram ganhos pela ditadura militar. Significa tão-somente que, na conjuntura que se criou, não têm meios de se expressar e que estão sendo comprimidos como uma mola pronta a saltar amanhã.

Mas saltar como? Muitos pensaram que a guerrilha poderia ser o acionador do processo, funcionando como uma via rápida de ativação política e de conquista do poder. A experiência dos últimos anos veio demonstrar que isso não ocorreu em parte alguma. Elas não correspondem pois à estratégia de que necessitamos, embora tenham representado a única forma de contestação contra os regimes despóticos e de desmascaramento de suas tendências mais sinistras. Como tal, pôde dar muitos heróis, mas não foi uma prática eficaz dentro da história.

Tudo isso significa que Jango não foi o protagonista, nem a vítima. O ator e o mártir foi o povo, que perdeu uma rara oportunidade de libertação no seu esforço secular para romper com a rede constritora que o fez crescer deformado. Os derrotados fomos todos nós, como uma esquerda que não estava à altura do desafio histórico que enfrentava e que ainda hoje não o está porque continua dividida, perplexa, incapaz de formular um projeto de revolução que, infundindo confiança, nos permita operar no futuro como vanguarda de uma massa real e existente que é, afinal, quem fará a revolução necessária.

Você me pediu um perfil do Jango e eu saí com esta conversa longa e complicada. Para não frustrá-lo totalmente, tentarei agora traçar a imagem que tenho dele.

Entre os políticos que conheci, ele se destaca por uma combinação rara de modéstia pessoal que lhe dá um ar de singeleza rústica e de ambição de liderança popular e gosto pelo exercício do poder. O resultado dessas qualidades poderia dar um Gomez venezuelano, se se exagera a rusticidade;

ou um Cárdenas, se se exacerba a modéstia e a autenticidade. Na dose da fórmula de Jango, resulta uma personalidade de perfil oposto ao gosto jusceliniano pela pompa e à tendência histriônica de Jânio.

Bem sei que isso diz pouco, mas é difícil precisar mais. Talvez tentando outros contrastes se aclare o quadro. Comparado com os quadros da esquerda mais intelectualizada, ressaltam em Jango, por um lado, o profundo conhecimento prático da vida política brasileira e da máquina administrativa federal e seu realismo no trato com as correntes políticas conservadoras. E, por outro lado, a sua facilidade de comunicação com gente simples, o que lhe permite, seja no convívio diário, seja numa conversa em grupo, ganhar de imediato a simpatia de todos. Ele obtém esse efeito não prometendo ou perorando, mas conversando simplesmente e fazendo sentir sua predisposição natural de identificar-se com a visão e as aspirações populares numa linguagem que é acessível a qualquer pessoa.

Não sei que imagem se terá, no futuro, de meu amigo Jango. Aventuro-me, porém, a predizer que será mais generosa do que esta que se difundiu depois do golpe. Afinal, seu governo não caiu por seus defeitos. Foi derrubado por suas qualidades.

Suponho que, ainda agora, depois de tantas páginas, tenha dado muito pouco do que você pede e necessita. Pensando no filme-painel sobre o Brasil, me esforço por imaginar alguma coisa que seja útil e comunicável. Não sei. Acho, porém, que este filme é muito importante, Glauber. O que você fez até agora como cineasta assegura uma audiência internacional maciça, à qual você pode dizer coisas significativas sobre o que nós somos como povo, que nos ajudem a realizar nossas potencialidades. Confio em que você fará isso muito bem, arrancando outra vez do peito a imagem que quer transmitir: verdadeira, lúcida e motivadora. Gostaria muito de conversar sobre o filme e sobretudo de vê-lo durante a montagem para dar meus palpites de brasileiro que, como você, se esforça para entender o Brasil e expressá-lo.

Numa carta não poderia dar mais. Desculpe-me e me queira bem.

Para Cacá Diegues

Paris, 5 de julho de 1972

Cacá querido

recebi tua carta e não entendi o negócio do silêncio. andei muito longe, as comunicações às vezes são difíceis. recebeu minha última carta, artigo? tudo bem comigo, embora com certa tensão. soube das fofocas que a *Última Hora* andou fazendo aí comigo e acho um absurdo ridículo. é preciso desfazer esta imagem; ah dura vida. imagina que terminei o *Câncer* que está excepcional mas a alfândega francesa pegou cópia negativo tá dando um bolo filho da puta pra liberar. depois de quatro anos só me faltava esta. ou este filme vai estourar ou nunca deve ser visto. que urucubaca! parece que coordenadas fatalistas me cercam pra fuder. em agosto o *ABC* fica pronto, é uma espécie de *Alô, alô* televisivo, estilo rádio-TV, deve ter duas horas. ando, viajo; sofro de saudades; etc...

Leon me disse que meu artigo no *Pasquim* serviu de base pra fazer uma onda contra os baianos, não entendi nada disto. eu agora já estou por fora em outra e já até me esqueci das fofocas. expliquei pra Leon que meu artigo (pode me mandar o recorte?) era apenas pra precisar certas coisas; diga a Barreto que gostaria muito se ele viesse até o fim do mês pois preciso falar urgentíssimo com ele. não seria um sacrifício, seria uma necessidade que interessa muito a ele cinematograficamente em vários níveis.

que ele telegrafe a Claude dizendo quando chega; se eu tivesse dinheiro pagava a passagem dele. atualmente passo fome: durmo por aí, não tenho roupa e mal consigo beber uns copos de leite. minha esperança era o *Câncer*, aconteceu esta cagada; por aqui não tenho amigos e não gosto de pedir dinheiro: *mas não diga nada disto a ninguém para evitar fofocas e preocupar d. Lúcia.* porra — muita coisa se virou contra mim mas não curto esta de mártir — hoje estou vendo como me sacrifiquei e me acho ridiculamente reduzido a um pária em Paris e todos fogem de mim como se eu fosse o perigo, a doença, o pecado (nisto há um exagero protestante que só Ivan Ribeiro explicaria). como os brasileiros são frágeis, hipócritas e doentes! desprezo esta mistura de português com África, leucêmica, frágil, pusilânime, hipócrita. mas espero sobreviver; adorei *São Bernardo*, vi três vezes, é uma obra-prima, um filme épico moderno, o melhor dos últimos tempos. gostei muito da *Casa assassinada*, diga isto a Paulo se o vir. a Embrafilme fudeu o filme em Berlim; exibiu sem subtítulos, aquele débil mental do Kimon convidou uns imbecis, que tragédia, que burrice!

São Bernardo foi o sucesso de Berlim, crítica unânime de todo mundo positivo. o filme terá grande carreira.

difícil continuar esta carta sem chorar; a solidão é terrível e sinto todas as feridas do país estourando no meu corpo e alma, parece até o prenúncio da morte. eu não estou mentalmente fraco, estou sabendo de tudo mas as estruturas sociais se fecham. parece até que roubei o fogo; virei Prometeu; mas não tô a fim de curtir esta; por isto eu precisava muito de Luís Carlos, não escrevi pra ele porque não sei o endereço e prefiro que você fale com ele.

um beijo em Nara, Chico e Isabel e que o filme seja lindo.

do teu irmão,

buru.

Para Lúcia Rocha*

D. Lúcia

por aqui tudo bem. a saúde ótima — fazendo um tratamento mais rigoroso para o estômago. tirei novas radiografias e agora disseram que não era úlcera e hérnia mas gastrite. enfim, estou me sentindo melhor. estou hospedado na casa de um amigo, sem problemas de dinheiro, mas como passo o dia todo estudando sem trabalhar também não tenho dinheiro e vai ser difícil mandar. de todo jeito acho que a senhora pode ir se virando por aí. os últimos 500 dólares que disse que ia mandar pelo banco, acho que a pessoa que ia mandar não mandou. será que minha amiga Sylvie já apareceu por aí? ela, arranjando emprego, pode ajudar se resolver ficar morando aí.

(*) Carta enviada de Havana em dezembro.

é bom que a Pala vá para a Bahia ver as primas e também pra Conquista.

diga a Necy que até hoje espero carta dela em resposta a duas cartas que mandei. tenho saudades e também Lu deve mandar notícias. recebi as cartas da senhora e de Paloma. e também de Walter.* diga a Walter que aqui na casa de Alfredo é ótimo e pergunte se ele não gostaria de vir passar uns tempos aqui, fazer um filme. se ele quiser é só escrever que posso arrumar até passagens.

mandou a carta pra Adamastor?

peça a ele também pra me escrever.

feliz natal por aí, estou mandando logo porque talvez demore chegar outra carta.

beijos, abraços e saudades para toda a família.

diga a Paloma que gostei muito do riscado dela. pra mandar outro, pergunte também se recebeu a fotografia que mandei de Paris.

saudades,

Glauber.

(**) Walter Lima Jr.

1973

Para João Carlos Rodrigues

Roma 18-1-1973

Dear John

Sua carta é ótima. Preciso uns pontos enquanto tem uma suruba na casa:

1. Adoro *ripi*. Não engulo é o pessoal brasileiro que resolveu utilizar o ripismo pra consumir disco... ou os intelectuais idealistas que nunca leram *Das Kapital* e resolveram fazer o jogo da CIA no setor cultural... o resto você sabe. O que sempre chocou esta patota é que sempre fui comunista, o que levou a nossa Maria Gladys a gritar em Paris "O Glauber é careta porque é comunista".

2. Minha transa é a revolução brasileira socialista, além dos modelos históricos de URSS, China e Cuba — todos avançados e diferentes, grilados na hiperestrutura *mas além da propriedade privada*. A dica é o Brasil. Como chegaremos lá? Depende de nós todos: os sobreviventes do fumo e das bombas agora já sabem o que são eles os aliados do proletariado e sinto no ar a reintegração de uma tremenda força revolucionária.

3. Sobre o cinema novo um dia eu lhe conto o que SÓ EU SEI pro nosso livro! Acho que escreveremos juntos porque um livro quente sobre o assunto é uma trip que tem de começar em Lumière...

4. você tem razão! *História do Brasil* é o melhor filme sobre o assunto. Acaba em maio, faltam cem mil dólares mas já está na lata.

5. *Roman Empire*? Fica ao sabor das transas econômicas. Enquanto não terminar *História* não posso sentar a bunda. Sou um cineasta famoso e pobre e, depois de ver as últimas merdas (exceção a D. Luiz Sagrado Buñuel), acho que sou o melhor da praça, pelo menos enquanto os concorrentes forem Godard, Bernardo, Copolla, Polansky, Warhol e a Bel-Air...

6. O filme de P. C. Saraceni é ótimo e o último de Straub. Agüente firme e FAÇA UM FILME. Idem pra Fabiano. Beijos qualquer hora pinto aí. BURU

Segue (A SURUBA GRILOU mas vai indo) → eu não entrei porque me dói o fígado → eu desliguei o EU do centro de minhas atenções → Eu vou muito bem e Glauber trabalha pra caralho! Um dia vamos curtir muito na ilha de

Marajó e a linda Letícia terminará abrindo as pernas pra mim, que bem mereço. Ângela está em Londres levando a dela. O exílio não é mais um grilo porque o mundo é vasto mundo, como diria o mineiríssimo Drummond e mais: faça um filme, Fabiano outro: esta de curtir cinema e não fazer tem *de cortar*. Você estará na trip do *Roman Empire*. Vou gravar um disco com Gato → sou um cantor nordestino sensacional. Estou muito narciso porque somos todos maravilhosos brasileiros internacionais populares. Concentre suas energias para destruir a ditadura militar. Em 1974 tudo recomeça. Viva Marx, Lenin, Fidel (y Trotski!!!), Mao, Ho Chi Min y el moreno Che Guevara, belo de mi amores.

Beijos

BURU

→ Não seja intolerante com Cacá. Eu curto muito ele. Dizem as boas vozes que o filme de Jabor com D. Glória, *Toda nudez será castigada*, é ótimo. *São Bernardo*, vi e acho ótimo. *Os inconfidentes* é uma grande jogada mas Joaquim chutou na trave. A importância do filme é a transa histórica e seus defeitos são por *redução* não por *omissão*. *A casa assassinada* é ótima inclusive na transa psíquica: descurte o Édipo e a culpa católica e Paulo César é um "mestre" em formação. Vai filmar *Anchieta*, com o tutu que levantamos no Vaticano. O produtor francês quer meter a mão na montagem do último filme de Nelson *Who is Beta?* (*à propos*, *Fome de amor* é um grande filme. Revi *O desafio*, GENIAL). Adoro o Cinema Novo etc., etc. NÃO DIRIGI *Tatu-bola* nem participei em nada, além de atuar com a barriga pra fora 2 minutos... Blá, Blá, Blá...

KISSES

BURU

Não esqueça a viagem da Semana Santa!

Para Fabiano Canosa

Querido Fabiano*

não sei se recebeu minha última carta *from* Havana.

eu recebi a sua e de Joãozinho com grande atraso devido às peripécias do bloqueio. estou aqui em Roma terminando a montagem de *História do Brasil*, que tem sete horas e sete capítulos de uma hora contando a verdade sobre a terrinha. montei toda a iconografia existente, remontei filmes brasileiros, revelei fotos, desenhos, gravuras — o máximo possível. Como não temos nem mesmo uma História em livro, o filme tem a novidade de ser uma história fílmica que poderá infinitamente ser remontada com novos documentos.

o filme tem pretensões científicas... por isto o trabalho de escrever o texto é grande e só fica pronto em maio/antes dou um pulo aí pra transar umas coisas. estou transando com Ponti filmar *O Império Romano* porque estou com os métodos de revelar a estrutura da história. se o big César topa convidarei você e Joãozinho pra cena do carnaval quando César traz Cleópatra a Roma em Cinnecità...

espero que você mantenha guardados os papéis que deixei aí quando parti — pois sempre precisarei deles... Andres e Afonso estão terminando um documentário no Chile. vivo pobre e *very happy* com minha mulher Maria Tereza del Carmen.

abrace o Joãozinho. se não recebeu minha carta diga para ele que a única idéia que dei a ele pra fazer o livro era que fizesse de um ponto de vista científico e não subjetivo — e que para isto era preciso método etc. coisa que ele sabe melhor do que eu.

o ano foi muito bom, maravilhoso, liberador, produtivo. o *Câncer* está pronto e foi comprado pela RAI. a minha transa não é tanto cinema como a tomada do poder, mas isto fica entre nós, pra evitar as sabotagens do inimigo...

o suicídio do Torquato foi o clímax da babaquice *ripista* anarcovisionária, subproduto imperialista nos trópicos. espero que agora, depois da vitória de Nixon, as pessoas aprendam que sem método não se destrói o diabo.

(*) Carta enviada de Roma.

Um beijão amigo do Glauburu

PS → mande-me o endereço de Paulo Francis.

De Rogério Nunes

Brasília, 07 de fevereiro de 1973

À
Produções Cinematográficas MAPA Ltda.
Rua Marechal Cantuária nº 94.
Rio de Janeiro — GB — ZC 82

Em atenção ao requerimento datado de 29 de janeiro último, informo a Vv. Ss. que o filme intitulado *Cabeças cortadas*, submetido à censura em janeiro do ano passado, teve negada a autorização para ser exibido, por despacho do Diretor da DCDP, datado de 05 de fevereiro de 1972, de conformidade com o disposto no artigo 41, alínea "d" do Decreto nº 204 943, de 24 de janeiro de 1946, estando o respectivo processo arquivado.

Atenciosamente,

Rogério Nunes
Diretor da DCDP*

Por capas de provocar incitamento contra regime vigente, a ordem pública, suas autoridades e seus agentes**

(*) Divisão de Censura de Diversões Públicas da Polícia Federal.

(**) Observação manuscrita no pé da página. O censor escreve *capas* no lugar de *capaz*.

De Salvador Allende

Santiago, 4 de Abril de 1973.

Señor:
Glauber Rocha
Roma

Estimado compañero:

Deseo expresarle nuestro reconocido agradecimiento, por las expresiones de solidaridad con el proceso político chileno iniciado con el gobierno de la Unidad Popular que me ha tocado pra presidir y que Ud. tuviera la gentileza de brindarnos a través de una emisión televisiva.

El apoyo que Ud. nos transmite constituye un valioso aporte para nuestro pueblo, en su lucha denodada para asegurar la felicidad en democracia, pluralismo, y libertad. Confirma además la justica de nuestra lìnea política y fortifica nuestra fé para avanzar hacia la conquista de los postulados esenciales del Programa trazado por la Unidad Popular.

Con fraternales saludos,

SALVADOR ALLENDE GOSSENS
Presidente de la República de Chile.

Para Cacá Diegues

Paris, junho, 1973

Querido Cacá,

Terminei agora mesmo no céu meu roteiro.

Carrilho está chegando e vou lhe escrever. Aqui na *boutebrie* entre agitações gerais escrevi longe da paz que eu queria. Mas é no fogo da luta que se faz a melhor teoria da prática. A força mais poderosa da língua é a metáfora. O surrealismo não morreu — o que houve foi a repressão histórica — o surrealismo não é culturalista, ninguém sacou o que significou o surrealismo aqui. Paris me serviu para sacar o óbvio que só o cinema pode fazer: mudar a língua do homem. Aí está a significação determinante do cinema. Quando Buñuel disse: "no dia em que o inconsciente do homem se materializar na tela o mundo pega fogo", estava dizendo: o cinema destrói todas as linguagens. O cinema é a arte atômica por excelência, e quando se fala atômico, está se falando dialético, porque, como diria Einstein, "a energia é igual à massa multiplicada pela velocidade da luz ao quadrado", e isto quer dizer materialização dialética temporal (histórica). O pensamento idealista consiste em manter categorias dentro do materialismo, e é por isso que o óbvio se complica na retórica da metáfora idealista. Porque a luta de classes se manifesta mais radical na prática das metáforas. A diferença que Brecht plantou entre teatro idealista-história idealista e contrário épico etc. — o cinema novo botou em prática e o melhor resultado desse exercício da pura razão metafórica materialista dialética é *Os herdeiros* (numa leitura dos seus filmes, os mais excitantes para mim, porque corre numa veia paralela à minha). Vejo de cara uma ruptura irreconciliável entre a noção clara da História e uma noção sentimental, e às vezes passiva da história. Num raciocínio concreto de mestre Bazin, eu lhe diria que a grandeza de *Ganga Zumba* vem de sua concepção metafórica materialista dialética da História, e sua debilidade de aceitar sempre os personagens como eles são — escravos fracos. Você me responderia (e com razão) que os escravos são fracos. Mas eu acho que, no acho, os personagens devem se libertar do naturalismo histórico e assumir a teoria do homem revolucionário, o que move a História. Todos os gritos nos seus filmes são débeis? Por quê? Por que no momento do grito de André e do menino e Joana alguma coisa não funciona? Mas na cena do crime em *Joana* finalmente você consegue estruturar a violência com uma tranqüilidade que vem da prática.

Vou saltar muitas coisas porque senão vai ser uma complicação: citei estes exemplos porque a única maneira de criticar um filme é desmobilizar suas energias e entender suas relações verdadeiras com o desejo do inconsciente. Em *Os herdeiros*, existe a História [que] se dilui na história. É um filme surrealista como *Orfeu*... Getúlio é metáfora paralela, o filme omite dados e informa mal sobre a historicidade política do Brasil. Ao mesmo tempo reproduz a história audiovisual da História. É uma antropologia dialética, mas aí seria necessário que a História do imperialismo estivesse presente. Sociologicamente e Culturalmente, A *grande cidade* é um perfeito épico-populistão, o mais cinema-novista de todos os filmes do cinema novo, o mais rico de teorias e práticas. Esquadrão da morte nas barcas, desbunde lírico no Aterro, sem ilusões no carnaval, a consciência dos negros — você é o único que continuou filmando os negros na deles — mas o personagem que deveria ser o mais forte, Jasão (o mito já pelo nome), é o mais débil, um cowboy grotesco, interpretado sem muita convicção por Leonardo Vilar. O personagem de Necy, da linha *Rio, quarenta graus*, é o melhor personagem feminino do cinema novo. É a mulher inegociável do sertão pro mar, seduzida por bandidos, apaixonada por bandido, assassinada no meio da rua, sentimental, e lírica, tec... etc. tetc... etc. *Joana* é esplêndido, menos a cena do coqueiral, sobre se vai ou não vai no comício e uma repetição debilitada de planos no final (que Necy deve ter lhe falado), é O MELHOR TEXTO LITERÁRIO DO CINEMA BRASILEIRO e uma renovela do Nordeste, Zé Lins e de Lima, e você se revela um escritor absolutamente genial. A montagem é perfeita, *Os herdeiros* em ritmo de baião. Fantasmas: os três personagens masculinos Cardin, Carlão, Livinho são duros, extáticos, se movem como zumbis. São homens mortos em torno de Joana e os meninos, seres vivos. Se você remodela os excessos que falei, é uma obra-prima. Leitura completa audiovisual do Nordeste — o povo como classe ausente mais a escravidão presente: De Gaulle, cavalga em *Ganga Zumba. Casa-grande e senzala* na vertente, *Casa assassinada, São Bernardo.* Latifúndio e povo. Decadência da Casa etc. etc. Joana como Norma Benguell, como Othon Bastos, as transas da casa assassinada, as transas de *palameres* [palmares], as transas de san bernardo.

De tudo isso, ilustre Diegues, quero dizer que os ciclos se fecharam, que é necessário reabrir o arco além das primeiras matérias reveladas.

Vamos deixar de falar de cinema.

Pra mim uma grande fossa falar com Paloma distante, uma relação cada vez mais frágil.

Tenho maior desprezo por tudo que a civilização produz. Nossa geração não verá o comunismo em nenhuma parte do mundo. A história escorre, a morte nos corrói. A única coisa que nos revitaliza é a projeção onírica dos nossos desejos na tela, através dessa estrutura inventada por Lumière etc. Eis o surrealismo concreto, eis a explicação da mágica daquilo que é na realidade o cinema novo, daí o ódio dos concretistas, daí a burrice de falarem em metonímia a propósito de imagens, pois falam como os babacas de 68 na Europa direitista. Não sabem que o cinema-imagem é a carga de idéias concretizadas num signo audiovisual, e que por isso todo o cinema udigrúdi, que é idealista, veicula fenomenologia gestáltica nos cornos dos bestas. Como se o plano longo não fosse o apanágio da decadência em Antonioni, o *tempora mores*! O cinema novo, na medida em que é materialista histórico e dialético, produz imagens do inconsciente popular cuja acumulação resulta em versão do real histórico. Assim é que, sendo a linguagem o código da História, o cinema novo monta as verdadeiras imagens e sons (dialeticamente articulados, segundo a visão científica dos fatos), que se opõem à TV Globo, e vai tomar no *subilotório*. O texto de oposição nos dias atuais é reprimido mas seus dois filmes, *São Bernardo*, *Os inconfidentes*, *A casa*, *Beta* e alguns outros são excelentes demonstrações de como uma prática intelectual produz sob ditadura. Eu sou um apocalíptico que morrerei cedo embora não seja romântico. As vezes sinto-me louco e absolutamente feliz dentro de uma infinita solidão. Agora não tenho nem mais roupas. O novo filme é uma aventura que não sei em que vai dar... terra do sol, terra em transe, a idade da terra... nenhuma flor, apenas horror, nesse jardim fecundado pelo sangue das cabeças cortadas... o ritual do sangue me fascina e é a partir desta selvageria ancestral que me vem o prazer sexual e estético. Começo a entender a significação do sado-masoquismo, a infinita ternura que há no crime. Eu tinha um verdadeiro prazer em filmar Antônio das Mortes massacrando beatos, projetava meu inconsciente fascista em cima de miseráveis — *Deus e o Diabo* é uma razão histórica dialética para esconder o sádico de massas que sou. Paulo Martins faz o possível para destruir Diaz, mas quem triunfa é Diaz, o fascismo esplendoroso. Em *Terra em transe* a razão dialética intervém para criticar o fascismo, e Diaz vira um monstro abjeto. Continuo a destruição em *Cabeças cortadas*, mas novos monstros renascem, mais poderosos e mortais, que me devoram durante a noite. Tenho vibrações típicas daquilo que chamam loucura, muito acima dos baratos, por exemplo: estava dormindo de tarde e acordei gritando: Ivan Ivan e vi saindo o próprio Terrível, e depois vi que Antônio da Mortes é o Assassino através do qual eu me manifesto nesta mágica, o Assassino Fascista, que tocado pelo amor do povo deixa de ser milico da direita (mercenário) para ser de esquerda (justiceiro) → PROFECIA.

Teresa vai embora, preferi ficar sozinho, não me sinto feliz nem triste, apenas exaltado, deprimido e absolutamente desprovido do senso de moral. O que é a liberdade? Poder saber criar? Não tenho poder, tenho pouco saber...

E veja, meu querido Cacá, tudo isso é verdade, não tenho a menor vergonha de falar publicamente dos meus desejos, como você também e todos os cineastas que somente eles sabem o que mesmo significam estes fantasmas. Como é que você foi parir *Joana Francesa?* um livro proustiano que começa em Paris e desaba no sertão. Pois bem.

Muitas saudades. Já tirei os demônios do corpo durante a carta, o corisquismo por vezes me domina, e isto é transe místico, e logo volto à calma. Nesta tensão um dia o coração ou a alma explode. Mas é uma máquina que me dá sensação de Vida livre, fluem energias, isto é legal paca. Tudo vale a pena quando alma não é pequena. Love,

Buru.

Beijos para Nara e na garotada.
Caiu tinta no papel

Para Tom Jobim

Roma, ferragosto de 1973.

querido tom

dentro de mais um mês lhe faço uma carta porque tenho um projeto* genial que precisamos fazer juntos.

no momento, depois de ter chorado algumas vezes ouvindo matita perê, aqui vai meu agradecimento

(*) Referência ao projeto do filme *Amor de perdição*, cujo personagem principal seria um compositor.

Saudade

Nas horas tristes de exílio
Me consolo com Antônio Carlos Jobim
Norte Sul Leste Oeste
Eu pra você
Você pra mim
ave do paraíso
Tom Jobim

Os sonhos de Vila-Lobos
Deságuam do piano
Nas veredas do violão
Antão Carlos toca e canta
Mata a morte
Viva a paixão
Antônio Carlos Jobim
Meu companheiro de sertão

Nas horas tristes de exílio
Me consolo com Antônio Carlos Jobim
Norte Sul Leste Oeste
Eu pra você
Você pra mim
ave do paraíso
Tom Jobim

O sopro de Vinicius a voz de João
desintegram dissonâncias velhas estações
E renascem da floresta ao litoral
Gemidos pios assovios sons notas cantos
da bossa cada sempre cada vez mais nova
da marcha da valsa do samba da roda
do frevo do choro do coco do baião
do romanceiro do maracatu
do cantochão

das sinfonias das terras do sem-fim
do silêncio eterno dos espaços infinitos
do verso
da prosa
do amor
da flor
de Nara
de Norma
de Lara
d'eu pra você
de você pra mim
Sabiá do Brasil
Antônio Carlos
Tom Jobim.
Glauburu, Glauber.

(ps: o eu pra você/você pra mim é roubado de Oswald de Andrade, mas na natureza nada se perde, nada se cria, tudo se transforma na prática eterna do materialismo histórico e dialético.)

Para João Carlos Rodrigues*

Roma → NY 31-08-73

querido João

recebi sua carta agora mesmo que estou terminando de escrever pro Francis sobre as transas que você já deve saber mas lhe faço um resumo confidencial:

— Geisel subiu apoiado por albuquerquistas (que não estava morto, apenas transando na sombra com o General Euler Bentes Monteiro, seu

(*) Carta enviada de Roma para Nova York. Nesta carta, Glauber antecipa suas idéias polêmicas sobre os militares, que ele tornaria públicas em depoimento à revista *Visão* em março de 1974.

antigo homem na Sudene no tempo do Ministério do Interior, que renunciou com ele) e de castelistas ligados a Bulhões (que representa na contradição da Sorbonne a posição estatizante contra a entreguista do dr. Fields).

— desta aliança entre centro liberal entreguista (Geisel) e nacional-reformismo-khadafista-alvaradista (Lima), Médici, integralistas, Lyra Tavares (o homem de Watergate no Rio) caíram graças à própria desgraça de Vernon Walters.

— medicistas recompuseram botando Adalberto na vice-presidência pra tentar manter o programa neocolonial exportativo de Delfim.

— o general Euler que já ia ser presidente mas teve de recuar pra evitar uma guerra civil antes da hora esperou Geisel botar a cruz na sepultura de Médici.

— agora, sem direita para sustentá-lo, Geisel se vê quase em xeque-mate com a carta manifesto de Albuquerque no dia óbvio de 24 de agosto (publicada com repercussão no *Le Monde* de 25) pedindo reformas econômicas, sociais, estatização para libertar o povo da miséria, democracia e o caralho. Pela primeira vez um milico vem depois de 1930 de manifesto radical na cara da presidência. o general Euler é o Maurício de Nassau do norte e Amazonas e as tropas de construção da estrada estão rebeladas, auto-identificadas com Alvarado (na carta Albuquerque fecha claramente com o Peru), e se Geisel não der, desce. → Certo!!!

— é óbvio: a esquerda não sacou Albuquerque no Interior em 67, não sacou que graças a Albuquerque e Euler teve passeatas sem repressão e movimento cultural ascendente, que em 69 Albuquerque tentou transar com Marighella para uma aliança no sentido de evitar a subida de Médici e virar a mesa.

— Jango negou apoio a Magalhães Pinto para vice de Geisel, transa do arcaico PC, respondendo que não apoiava traidores nem transava com o mdb, partido que legitimava a ditadura. a manobra das aberturas democráticas é liderada por Júlio Mesquita, ou seja, lentarnistas ligados a Watergate. Jango viu a história com um dia de vantagem. é um tranqüilo man from the pampas, e apoiou as alas nacional-reformistas de suas tropas gaúchas, as quais controla como boiadas revolucionárias à espera do estouro.

aprendi duas coisas em política com Darcy Ribeiro em Paris:

eu — a guerrilha acabou, professor.

Darcy — não é nossa função desarmar ninguém.

com Jango em Punta del Este:

eu — estamos fodidos, presidente.

Jango — dez não quer dizer nada em política.

logo: sua carta está certa apesar de suas birras com Cacá. um dia lhe falo longamente sobre este personagem tão criticado. o manifesto: saiu, assinei, a revista vai sair. o manifesto saiu antes porque é preciso soltar certas coisas etc. depois as coisas na prática são difíceis, mas apesar de todas as crises o cinema novo se manteve como grupo político reorganizado. nesta situação de miséria cultural, o mínimo que se pode fazer é reorganizar as vanguardas para que a ação revolucionária interrompida possa ser retomada em saltos qualitativos. não é elitismo mas no terceiro mundo as vanguardas são as únicas que podem abrir as compressas pra massa mandar ver. sobre isto ler Isaac Deutscher. não mistifico povo pobre, doente, analfabeto e alienado. mas ao mesmo tempo temos que saber que somente a massa em ação muda a estrutura social. a falência do socialismo na Europa não significa o fracasso do materialismo histórico e dialético, que é uma ciência social, a única que explica o óbvio pelo capital, fetiche desta pobre e velha terra. não sou de utopias. ilhas *ripis* com escravos nos trópicos. no capitalismo, não sou do fenômeno, minha transa é com o objeto, a energia: LUZ × AÇÃO, e seremos felizes numa sociedade sem estados e sem classe. até chegar lá temos de seguir os caminhos inspirados em Lenin, Mao e os da pesada. os udigrúdi são os radicais pequeno-burgueses histéricos que saíram pro fumo enquanto seus símiles pra bala. caíram pelas esquinas mas, como diz Mao, um maoísta que fracassa não é um verdadeiro maoísta. ou, como Lenin, a única lei científica da política é aquela que leva à tomada do poder.

agora é matita perê, é pau, é pedra, são as águas de março fechando o verão festivo, é João nos sertões, é marcha amazônica, é a união das vanguardas militares (Lamarca é a síntese dialética desta contradição fundada no inconsciente rebelde desde o alferes enforcado até a tenentada de 30 novamente significada no radicalismo do General Euler e do visionário Albuquerque que, sacando o óbvio, sabe que libertando o Brasil liberta o terceiro mundo) — dizia das vanguardas militares com os operários, camponeses e intelectuais revolucionários naquele plano em cinemascope de *A conquista de Eldorado*, no new socialista realista histórico dialético Brasil 74 a dois mil. Até lá a série de detalhes irrelevantes, o Machadianismo de Assiz, origem psíquico-social de Helena Ignez, que deu o fora pensando que a jangada de *Barravento* ia afundar... espinho, corte no pé, um pouco sozinho, a lama, a lama, o nó na madeira, a marcha estradeira, matita perê. Tom virou a música brasileira na hora que o pop morreu e retransou Vila-Lobos com Guimarães em bossa-nova e nossa. viva Tom, já ouvi este Matita Perê melhor que Macunaíma.

li na *Manchete* que nosso poeta baiano Caetano declarou que desde a universidade acha política coisa enjoada.

quem quer pouco come a poeira da história.

todos erramos, diria conselheiro Acácio.

como você, saí do estabelecimento porque quero me restabelecer com as massas socialista tropical.

quarup.

afinal Antônio das Mortes, em pleno albuquerquismo, peruanismo e kadafismo, é um jagunço do latifúndio que se une à esquerda para matar o *dragão*.

a profecia se cumpre.

você vai curtir muito *câncer*. o filme, porque a doença JÁ ERA.

termino em versão duas horas *história do brasil* em novembro.

agora vivo com as famosas gêmeas do Paul Getty III, viu as fotos? Yuta e Martine, vou fazer um filme com elas, logo, pra curtir o amor, a mulher, o sexo e botar pra quebrar. abaixo os machos da burguesia, abaixo o machismo paternalista etc. etc. a bichice de direita fudeu também a tribo. agora, já que os cus estão livres, vamos curtir um pouco os oficiais bandeirantes da Tranzamazônica etc. PS→ Prefiro um belo soldado paranaense a um playboy do litoral...

estou apaixonado por Letícia. escreva. espero resposta.

Glauber.

Para Alfredo Guevara

Roma, setembro 1973.

Querido Alfredo

Aproveito o Titon para lhe enviar notícias. Como você já deve ter sabido deu-se a separação com Tereza e só não lhe comuniquei diretamente porque estas situações sentimentais não se resolvem rapidamente. Tereza ficou em Paris com dinheiro suficiente para viver e com dinheiro para comprar a passagem de volta. Também ficou com o apartamento e com muitos amigos, sobretudo a família de Miguel Arraes. Não houve nenhuma ruptura política entre eu e ela. As crises de inadaptação de temperamentos se agravam e a separação nestes casos é a melhor solução. Tereza é uma mulher muito inteligente, culta e de grande sensibilidade. É uma revolucionária e encerra as grandes contradições de uma mulher cubana de sua geração. Esta experiência comigo ampliou sua atividade intelectual para todos os setores da cultura. É uma mulher aterrorizada pelo machismo como a maioria das mulheres cubanas. Como é uma mulher forte preferiu viver sua experiência de cubana a viver a minha de brasileiro. Gosto dela mas acho que foi a forma dela ser independente. As mulheres não podem ser escravas dos homens mesmo que isso destrua a família, e você bem sabe que enquanto existir relações sexuais proibidas existirá a competição pela tomada do poder, que é a única maneira de se permitir a realização dos desejos. Hoje o amor romântico morreu e as relações materialistas não perdoam as fraquezas da neurose. A neurose só é superada pela revolução sexual liberatória: esta só pode ser produzida pela sociedade sem estado e sem classes. A organização é a ideologia que reprime o desejo. Existe uma luta entre as classes atravessada por outra entre os sexos. Enquanto a mulher for olhada como objeto sexual o homem continuará lutando pelo poder para fazer triunfar a ditadura do caralho. A mulher, tratada como animal, continua reprimindo principalmente os filhos machos e criando legiões de impotentes delirantes. É a esquizofrenia que destrói tragicamente o Ocidente. É o apocalipse da cultura burguesa.

Tereza lhe contará os detalhes das nossas relações se você quiser ouvi-la. E como devo a você ter ido a Cuba e a conhecido, é normal que ela lhe conheça através [de] nossas relações, quererá por isto lhe encontrar e conversar. Seria uma forma de você conhecer a pessoa que melhor me conhece.

Em Pesaro os debates foram fortes. Dentro do caos ideológico europeu aponta uma tendência de aprofundar o materialismo histórico dialético a um nível de abstração capaz de absorver as diferenças culturalistas.

É a morte definitiva do barroquismo. Um cinema materialista histórico e dialético é uma representação épica das articulações da natureza e da sociedade. Neste sentido é necessário radicalizar a necessidade de um cinema que sintetize revolucionariamente novas realidades. As teses gerais do cinema novo e do cinema latinamericano são as mais avançadas neste sentido mas é necessário que, em nosso cinema, o rigor científico substitua cada vez mais a fenomenologia metafórica idealista. A mágica histórica de Carpentier é a fonte mais rica da dramaturgia latinamericana. A discussão entre a ficção e o documentário, entre a metáfora idealista e a metáfora materialista, entre a ideologia e a língua, entre a cultura e o ego — e muitas outras oposições que surgem da estrutura bioquímica —, tudo isto fica maior que o cinema. Para que o cinema esteja à altura da mente é necessário que reaplique seus meios em função da verdade que liberta. O ICAIC é o único laboratório experimental de cinema do mundo, a usina de vanguarda. *O homem de Maisinicu* é um excelente novo filme cubano justamente pelos motivos que irritaram aos críticos da extrema esquerda européia: o filme de Manuel Perez é uma desconstrução e reconstrução do cinema americano estruturado nas contradições políticas da própria revolução, o que fica evidenciado nas palavras de Fidel no final do filme. O filme é um excelente modelo do neo-realismo socialista tropical e aí reside sua originalidade. Porque a experiência do cinema soviético fracassou, a crítica européia pensa que a de Cuba fracassará. Não contam com a diferença cultural: a Rússia é velha e tem o inconsciente ligado no modelo burguês: são asiáticos em busca da França. Cuba é nova, é uma civilização jovem, capaz de produzir a cultura mais desenvolvida do mundo. A China é velha, o modelo chinês é a formalização de um modo austero de tribalismo que tende à transcendência pela cordialidade. Os chineses sabem que as armas são instrumentos das idéias mas não reprimem a dialética, sem a qual o homem não pode se liberar da alienação produzida pela repressão do poder. O melhor filme cubano, e esta é a opinião mundial unânime, é *Memórias*, porque é a execução do intelectual burguês com o rigor antimoralista capaz de convencer os inimigos do comunismo à revolução. O êxito de *Memórias* nasce desta independência intelectual que permite, como Brecht, a destruição ideológica do inimigo pela superioridade cultural da comunicação. Os filmes de Santiago agitam mas não informam: a ideologia, sendo repetitiva, diminui o interesse dos filmes. Apesar disto Santiago é quem mais está perto de um cinema materialista. *Viva la Republica* tem os defeitos de Santiago superados pelo rigor intelectual. Abre uma perspectiva. Não vi *Giron*. O filme de Humberto Solás não é bom porque é reprimido. Humberto Solás é o único cineasta cubano que pode filmar mulheres, mas para isto é necessário que o moralismo jesuítico seja atacado de frente. O cinema é a materialização histórica e dialética das realidades e por isto não pode se desenvolver senão à vanguarda do pensamento. Manuel Perez é um cineasta que pode filmar o *Gramna*, em cores, cinemascope — um filme para o mercado internacional que poderia ser co-produzido com a Mosfilm. Neste sentido o ICAIC deve se afirmar exportando sobre os mercados possíveis um modelo que conteste Hollywood a partir do centro mais avançado do terceiro mundo.

História do Brasil, que reflete estas preocupações, ficará pronto nos próximos três meses, pois durante todo este tempo estive viajando em busca de produção para meu próximo filme e os problemas econômicos me deixaram em dificuldades que atrasam. Agora estou terminando o filme ajudado pelo Renzo, vivendo com pouco dinheiro, trabalhando dia e noite sem parar, graças à hospitalidade de Barcelloni. Ficarei na Itália trabalhando com Renzo e tentarei produzir meu próximo filme o mais rápido possível. O filme se chama *A Idade da Terra*, deve ser filmado na África, Ásia, América e Europa. É um projeto de grande ambição, o maior que já saiu da minha cabeça, mas custa um milhão de dólares, nem produtor daqui se arrisca. Tentarei uma co-produção com a Argélia, mais ou menos no esquema de Z, embora meu filme não seja comercial, porque é proposto como uma informação revolucionária. As dificuldades são grandes mas estou mais forte do que nunca. Marcos continua trabalhando comigo, separado parece definitivamente da mulher, e acompanhamos a História dia-a-dia ligados na questão chilena e suas repercussões para o Brasil. Como previmos aí a você [—] subiu o Geisel e o Albuquerque Lima soltou um manifesto nacionalista semiperuano no dia 24 de agosto. Como sabíamos, o cabo Anselmo era da CIA e foi responsável pela destruição da guerrilha no Brasil. Vocês deviam investigar Kátia Valadares. Em Pesaro como Titon lhe explicará ataquei as posições anticubanas dos esquerdistas europeus, o que provocou grande escândalo. Como a campanha anti-soviética é grande as pessoas ficam indecisas sobre as posições de Cuba. Evidentemente a situação do Chile radicalizou ainda mais posições no terceiro mundo e por isto estamos preparados para as guerras que hão de vir. Antes de morrer quero sempre voltar a Cuba e espero ser sempre digno de ser convidado. Quando o filme ficar pronto lhe mando uma cópia urgente. Quanto a *Cabeças* preciso de dinheiro para pagar ao produtor e pagar a cópia. Ainda estou atrasado e é difícil estudar e produzir sem dinheiro. No Brasil vamos lançar uma revista: *LUZ E AÇÃO*, que pretende reorganizar as idéias revolucionárias, isto se houver "liberalismo" no governo de Geisel, a partir do próximo março. Mas é difícil que se passem grandes coisas nos próximos meses. Estamos cada vez mais fodidos. Mas esta crise será superada. Temos de trabalhar para isto.

O artigo que lhe prometi virou o texto do filme. E um livro que será dedicado a você.

Abraços em Júlio e diga-lhe que recebi o livro. É necessário que Júlio escreva uma informação sobre o cinema cubano a fim de esclarecer coisas que não foram discutidas em Pesaro.

Um abraço fraternal do seu

Glauber.

Para Fabiano Canosa*

Fabiano

Recebi sua carta → seu novo teatro, ótimo texto, ótima idéia lançar *Navalha na carne*.

(*) Carta enviada de Roma.

O texto de apresentação do *Leão* no programa do NY* é idiota. Os críticos que me chamam de "IRRACIONAL" são idealistas, ignorantes do marxismo. O *Leão* tem de ser apresentado aí como "UM FILME MATERIALISTA HISTÓRICO E DIALÉTICO FROM EISENSTEIN BRECHT, GODARD AND CINEMA NOVO" — E Basta, porque é isto mesmo, não é uma coisa nem outra, é teatro da Escola de teatro de Martins Gonçalves e basta — Não se esqueça que o cinema também nasceu na Bahia.

Acho que *Barravento* e *Leão* deviam passar junto porque aí todo mundo entende o processo revolucionário negro através da transformação mítica de Aruan em Zumbi — Lubumba. Os demônios estão nas telas mas aqui os negros são marxistas-leninistas maoístas — a guerra está lá no 7 final.

A recusa do *Leão* equivale à de *Terra em transe* — e os americanos aí até hoje não sacaram um pouco o *Dragão* porque confundem Antônio das Mortes com Doc Hollyday. O *Leão* é o antiespetáculo didático. É uma articulação dialética (claro, simples, esquemático etc.) dos signos determinados pelas estruturas significantes das contradições revolucionárias do 3º Mundo, materialização e desmistificação dos mitos alienantes. Como a crítica está em decadência e a crítica de direita liderada por Richard Round e cia.... nunca sacou que o cinema novo é ideologia revolucionária e não estética cinematográfica — as coisas atingem limites absurdos da burrice — agonia fascista!!!

Acho que você devia fazer uma coletiva 35 mm com *Deus*, *Terra*, *Barravento*, *Leão e Antônio* programando assim:

1 → Revolução Camponesa no Brasil: *Deus* e *Antônio*

2 → Revolução Negra no 3º Mundo: *Barravento — Leão*

3 → Revolução na América Latina: *Terra em transe* (depois da queda de Allende continua *o único e melhor filme sobre o Golpe*. *É o* Kane *de esquerda, já está ficando melhor, e é hora de ser mostrado aí!!!* Tente um debate cultural mais sério com a crítica. Se for necessário posso escrever alguma coisa. Estou de saco cheio, mas sem desistências, de trabalhar quase só, na prática de um cinema revolucionário. É preciso [—] cada vez mais. Beijos, [—]

BURU — Responda.

(*) New Yorker, cinema de Nova York.

Para Marco Aurélio Marcondes

Rio, 13 de novembro de 1973

Sr. Marco Aurélio
Embrafilme

Prezado companheiro,

Formalizando nossas conversações coloco à disposição da Embrafilme meus filmes *Deus e o Diabo na Terra do Sol* e *Dragão da maldade contra o santo guerreiro* — para distribuição NACIONAL E INTERNACIONAL EM TODOS OS CANAIS E MEIOS, excluindo a propriedade literária do roteiro, romance e exploração fonográfica, da banda sonora.

Estas exclusões são motivadas pela inexistência de tais departamentos subexploratórios na Distribuição da Embrafilme.

Aceito a proposta de Cr$ 500000,00 de adiantamento de distribuição, por cada filme, segundo a legislação contratual da Embrafilme.

Informo que *Deus e o Diabo na Terra do Sol* é de minha propriedade cem por cento — no Brazyl e no mundo. Os negativos de imagem e som se encontram na Líder, idem *trailer*. Excetuando França e Itália, todos os contratos internacionais de exibição, firmados desde 1965, estão esgotados. O sr. Claude-Antoine não mais representa o filme no exterior. O filme nunca foi vendido para a URSS, CHINA, ÍNDIA, IRÃ, Payses Árabes e africanos. Na América Latina só é exclusivo de Cuba. Foi exibido comercialmente apenas no México, Uruguai e Argentina. Inédito nos demais países. No Brasil, não é exibido desde 1965, mesmo em 16 mm. Inédito na TV. Sugiro à Embrafilme exploração INTERNACIONAL DO FILME, certamente fonte de divisas. Nos EUA, o filme já tem seu contrato de distribuição, APENAS em 16 mm, *extinto* com a Allied Artists. Inédito em 35 mm e na TV — EUA. (Idem, *Terra em transe* — Allied.) Mandar recolher as cópias em 16 mm e 35 mm, velhas e possíveis de serem exploradas pelos piratas do cinema brasileiro em New Yorq. É necessário novas cópias subtituladas para prospecção de mercado. Tenho os negativos das fotos publicitárias e cinqüenta exemplares do velho cartaz. Se desejarem outro, quero decidir sobre o projeto gráfico. O *trailer* me parece atual, mas pode ser reformulado.

Dragão da maldade contra o santo guerreiro: sou proprietário no Brasil. No exterior sou co-produtor de Claude-Antoine, que possui 50%. O filme pertence à Rádio TV Francesa e à TV Baviera, apenas nestes mercados. Está livre para muitos países árabes, africanos e andinos. Nos Estados Unidos distribuído em 35 mm e 16 mm pela Grove Press. Livre para TV no Brazyl. Não é exibido no Brasil desde 1968. Negativo na França com sr. Claude-Antoine, que está disposto a ceder um internegativo para o Brasil. Existe um internegativo na Grove Press, nos Estados Unidos. Deve existir um internegativo em Portugal, com o sr. Antônio da Cunha Telles, da Animatógrafo, ou na Cinemateca Portuguesa.

Tenho cinco cópias de *O dragão* das quais, bem revistas e recuperadas, duas podem ser exploradas num lançamento de urgência, embora ache que esse filme deva ter grande lançamento, pois é inédito no Brasil apesar de ser sucesso mundial.

Quanto a *Barravento* e *Terra em transe*: o negativo de *Terra em transe* encontra-se num Laboratório da Alemanha, conforme pode informar o Departamento Externo da Embrafilme. Há complicações. Existe um internegativo na Líder, razoável. O negativo de *Barravento* (subtitular *Barravento*) está na Líder. Estes filmes são cem por cento meus. A Embrafilme já os tem, mediante adiantamento de Cr$ 100000,00. Estarão livres para todos os mercados do mundo, como *Deus e o Diabo*. Em alguns porque estão vencidos os contratos, noutros porque inéditos, como URSS, China, Países Árabes e América Latyna.

O lançamento destes 4 filmes, com cópias novas e novas publicidades, poderia ser rentável.

Quanto ao filme *Cabeças cortadas*, uma cópia em 35 mm, a original está comigo. O internegativo pode ser importado da Espanha. O produtor Ricardo Muñoz Suay, Calle Castañer, 6 — Barcelona (mandar cópia para Av. Generalíssimo Franco, 66 — Profilme, Barcelona), está interessado em vender o filme para a América Latina, EUA, África, Países Árabes. Considero importante transar esta, a [—] preço.

Quanto ao filme *História do Brasil*, embora o contrato deva ser feito comigo, designei o sr. Marcos Medeiros, co-autor e co-diretor do filme, para tratar com você e Dario sobre as dificuldades jurídicas do filme. Assim, logo que o caso seja resolvido, fecharemos o negócio. Devido às necessidades da minha empresa, rogo que os contratos de *Deus e o Diabo* e *O dragão* sejam feitos o mais rápido possível. Posteriormente conversaremos sobre *A Idade da Terra*, em princípio confirmado 1 de Maio em cadeia nacional.

Conte com minha colaboração para o lançamento dos filmes.

Um abraço,

Glauber Rocha.

Para João Carlos Teixeira Gomes

Roma, dezembro de 1973.

ILUSTRE JOCA
QUERIDO AMIGO
TENHO SAUDADES

Recebeu minha carta do ano passado? Se recebeu por que não respondeu? Como vai a belíssima e singela Yracy? E os filhos? E a vida? E a cuca? Você é um homem forte, corajoso, um cara do caralho, eu lhe amo muito, você é meu irmão.

A outra carta era pra me solidarizar.*

Vou bem. Estou na minha. Estudo, trabalho, vivo livre como queria. Um dia volto pra aí e vamos falar da vida. A Terra é um planeta pequeno e pobre. A minha viagem terminará. Escreva para mim urgente dando notícias pro amigo *exilado*.

Mande seu endereço privado porque quero me corresponder com você. Se não escrever é sacanagem.

Que Yracy escreva também.

Quero saber tudo sobre vocês.

(*) Referência a um problema de saúde sofrido por João Carlos Teixeira Gomes.

O endereço é
14, Via Stella,
c/o BARCELLONI, ROMA

Beijos, saudades do

Buru.
Glauber.

Love
Love
Love
Love
Love
Love
Love

1974

ACERVO TEMPO GLAUBER

Glauber e Letícia Maria Moreira, em Paris.

Para Zelito Viana

Roma, 6 de janeiro de 74

Ave Zelito!

Esta carta é confidencial. Se você está lembrando o Bregni agora é sócio do Ponti. Este tipo de fofoca circula no beco daqui. É o beco sem saída do cinema capitalista liberal nestes restos de democracias greco-saxônicas onde o povo sempre foi escravo e o poder repartido entre capitães-do-mato. Em Roma, capital do cinema europeu, existem cinco produtores fortes: Amati (que é o Ribeiro, dono de salas), Ponti (que é o testa-de-ferro do Watergate cinematográfico junto com Laurentiis e produz os filmes de *007 contra Mao...*), Grimaldi (que ganhou trinta milhões de dólares com o *Tango* e quinze com *Decameron*: Bernardinho faturou 4 milhões na percentagem sobre o faturamento líquido do bruto de 60 milhões de dólares *nos países em que passou*: MESMO ASSIM OS AMERICANOS NÃO QUEREM DAR OS 5 QUE BERNARDO PEDIU PRA FAZER *Il novecento* porque ele quer fazer um filme sobre a luta de classes e o pessoal está com medo: eis a força do cinema, única linguagem revolucionária capaz de valer mais que uma TV: Rosselini é a TV italiana, como Jean-Luc a francesa. Voltando aos produtores: Cristaldi, que é socialista, e produz os *miúras* populistas de Rossi e dos velhos comunas *humanistas* — e a Italnoleggio, que é a Embra local, onde Michiché tem forças porque representa o PSI na coligação com o DC. Restou-me a RAI, sob direção das esquerdas demo-cristianas nas melhores condições jamais imaginadas por mim, acaso e baianidades. Há um ano vim tentando meter algum projeto na RAI e saiu a finalização de *Câncer* e *Tatu-Bola*, onde os amigos faturam meu nome como diretor pra pegar o tutu, enganando o pessoal. Eu protestei, dei esporros pessoais nos responsáveis da RAI e mandei-lhes tomar no cu por incompetentes e reacionários. O tempo passou (73) entre me separar da Tereza (um bode neo-roseano com charme de D. Lúcia) e em viajar pela América Latina, onde vi o Jango e curti os melhores momentos de minha vida exilada, reencontrando a minha família e Jango em Punta del Este. Andei pelo Peru, Argentina, sobrevoei o belorizonte chileno que já tinha sacado em 71, aprendi um pouco de política latino-americana com Darcy e outros conhecimentos, entrei pela Colômbia, saí em Cartagena "criajando" na Semana Santa pra ir ver o túmulo de Bolívar em Barranquilla, terra onde Gabo escreveu *Macondo*. Passei dois dias no Panamá, cheguei a New Yorque, onde tive um concerto privado com João Gilberto, revi Francis, cheguei a Paris, montei um quarto studio com Tereza no estilo *Último tango* e escrevi o roteiro de *A Idade da Terra* sob pagamento prêmio de dez mil dos produtores árabes (Raman), sionistas (Braunsberg), debaixo do maior esporro de minha vida, culminando com a violentíssima separação de Tereza, morte de enciumada Regina, reaparição de Rosinha, aventura Paulo Martins com Margareth num barato *Wild palms* que terminou nos braços de Faye Dunaway, Ana Karina, Léa Massari, Boule Ogier, Martina Zaches, Milagros de las Mercedes — e ainda por cima tendo de escrever agosto, setembro e outubro com Marcos Medeiros o árduo texto de *História do Brasil*. Terminado o dinheiro, venceu o contrato da Italnoleggio de *Deus e o Diabo* e eu vendi o filme e as 15 cópias, cartazes de publicidade, tudo, por cinco mil dólares. Fui a Paris em novembro rever Jango, o Cacá deve ter lhe contado o resto.

Saindo do apartamento de Barcelloni fui para o Hotel Madrid, esperando Marcos que foi para a Argélia tentar descolar cinqüenta mil dólares pra acabar *História do Brasil* (esta história da humanidade é infinita...). A RAI me telefonou e propôs o seguinte: fazer um filme de seis horas sobre a obra de Xenofonte — *CIROPEDIA* e *ANÁBASIS* —, a primeira relatando CIRO I, criador do Império Persa, e o segundo a invasão que os espartanos fazem na Pérsia, anos depois, para conspirar com CIRO II, filho de Dario, neto de CIRO I, contra o seu irmão Artaxerxes, que lhe usurpara o trono. Artaxerxes ganha a guerra e os mercenários gregos, comandados pelo próprio Xenofonte que de Euclides da Cunha (era o Caminha de CIRO II) se transforma em Ulisses e faz uma viagem de volta para a Grécia, onde chega quando Sócrates estava sendo condenado por esquerdismo e a direita platônica tomando o poder.

A interpretação é de Engels e Antônio das Mortes. Um milhão de dólares ou mais!!! O tal *milhão* de Hollywood saiu pela RAI sem que eu pedisse! Como é o Setor Cultural quem produz, o filme não tem compromissos comerciais: logo um milhão de dólares e liberdade pra perpetrar um *miúra*. Neste ínterim Vincent Malle apareceu e disse que entrava na co-produção porque queria meter mais um milhão de dólares na produção de longa-metragem tirado do segundo e o do terceiro capítulo, a *CIROPEDIA* com o título de *CIRO DA PÉRSIA*, em Panaflex. A fim de vender o peixe já vendido à RAI, Vincent teve o cinismo de dizer ao Produtor Geral que eu era o único que ele conhecia capaz de filmar *CIRO DA PÉRSIA*, porque reunia as qualidades de GRIFFITH (*Intolerância*), David Lean (*Lawrence da Arábia*), Rosselini (teoria geral), naturalmente Eisenstein (*Ivans I e II*) e John Ford plus Cecil B. de Mille, *e que ele tinha dito isto ao Xá da Pérsia*, com apoio geral do cinema novo iraniano e do pessoal do cinema comercial (o Irã produz sessenta filmes por ano, o petróleo é nosso). Eis-me de volta ao cinema e ao sertão depois de longo afastamento começado com o exílio de 71. Terminei *Câncer*, estruturei a *História*, escrevi o roteiro de *A Idade da Terra*, sobrevivi com 37 mil dólares faturados a leves penas nesses três anos incluindo também os trocados de Claude — os tais *chequinhos*.

Estou aqui na casa de Barcelloni esperando alugar esta semana um apartamento e mandar buscar Paloma *finalmente*!!! Ontem assinei o contrato. Pagam 11 mil dólares pelo roteiro, que deve ser entregue até 30 de março. Três meses para escrever dois longa-metragens por este preço quando pagam o triplo a italianos. Mas me prometeram 60 mil pela direção caso o roteiro seja aprovado e mais 50 mil pelo longa-metragem, que daria 110 mil por 15 meses de trabalho intenso a partir de hoje. Diante destas circunstâncias — um filme sobre antigas civilizações do Ocidente (Grécia) e Oriente (Ásia Menor) — transferi a *Idade da Terra* (Paulo Martins das Mortes *rides again...*) por este novo *Deus e o Diabo nos desertos do Saara* — é um filme de cangaceiros, Paulo Martins é Xenofonte, CIRO I é Lampião e CIRO II *Barravento*, logo viajo à ancestralidade mais ou menos seguro dos resultados porque o que me interessa é desmistificar mitologias greco-orientais, mostrar que por baixo de Olympos e Templos reinava o patriarcalismo escravocrata, primeiras solidificações do capitalismo. O que a RAI não sabe é que vou com os alemães em cima do assunto, o que é para mim absolutamente fascinante na possibilidade de materializar as estruturas claras das civilizações de Oriente e Ocidente, levando à máxima radicalização lingüística a estética revolucionária popular televisada. Resisti à indústria e ao underground e caí nessa boca que só abriram aqui pro Rosselini. Será que o filme sai bom? O esquema é o seguinte mas não conte pra ninguém:

O NASCIMENTO DOS DEUSES
Como convém a um filme da MAPA

I — A origem da família, da propriedade e do Estado na Grécia, segundo Engels, narrado por Xenofonte exilado numa ilha sáfica em plena decadência grega. Xenofonte conta no estilo homérico a história de CIRO I.
II — CIRO I — A Infância e a Adolescência de CIRO I.
Antropologia histórica: a educação para o poder patriarcal identificado a Deus.
III — CIRO I — Maturidade, Velhice e Morte.
Consolidação por guerras econômicas do Império Persa que é o maior da Antiguidade.
Imperialismo, etapa superior do capitalismo. Tem mais!!!
A Conquista de Babilônia!!!
IV — HOMERO — A Grécia é o Império Ocidental. Oriente e Ocidente. Os grandes acordos de co-produções mitológicas. Édipo vem do Egito fazer teatro oficial repressivo antiincestuoso em Atenas. O modelo democrático emedebista, os intelectuais de direita (Platão), de esquerda (Sócrates), a fofoca subdesenvolvida, o acordo dos Deuses com o capital. Os bravos guerreiros de Esparta são jagunços. Clearco Antônio das Mortes contrata 10 mil mercenários e partem para a Pérsia, levando Xenofonte como cronista militar = *os sertões* no deserto ou no Cocorobó dá no mesmo: mas desta vez tem dez mil extras, todo o exército persa à minha disposição.
V — ÁSIA MENOR — CIRO II, de 22 anos, no auge do esquerdismo místico avança com os dez mil espartanos contra Artaxerxes e morre decapitado. Clearco é morto e Xenofonte toma o comando dos espartanos vencidos e volta guerreando pelos caminhos de Ulisses até a Grécia.
VI — DECADÊNCIA DA ANTIGUIDADE
RENASCIMENTO — Quando Xenofonte chega à Grécia, Sócrates está sendo condenado. Xenofonte, porque era sofista, foge e é perseguido de ilha em ilha até conseguir uma onde descansa, velho, e escreve os dois livros sobre os quais o filme se baseia. Prevê a decadência da Grécia e uma renascença no Imperialismo Romano. O filme termina com a primeira invasão Romana na Grécia.

Esta *trip* evidentemente pretensiosa me satisfaz plenamente dentro das circunstâncias regressivas do cinema mundial, porque se tiver engenho e arte posso fazer um filme revolucionário popular e meter nas TVS do mundo, o que é o máximo em matéria de comunicação. Acredito nesta transa, sem ingenuidades, mas é preciso entender a TV como *meio* e não como *estética*: O exame da história até hoje não vista e deturpada pelo cinema se presta politicamente à especulação televisiva que é aqui livre (1) a partir de uma modernidade informativa. O cinema me interessa como ciência do conhecimento. O cinema, como falou Sadoul, ainda não ultrapassou a aurora do seu futuro. O que está em decadência é a burguesia internacional e não o proletário que está se aproveitando da decadência para ascender. *It's a long way*. Quero que você me escreva achando de tudo isto porque minha intuição se dirigiu a você, meu co-autor de *Terra* e *Dragão* que exerceu forças altamente positivas em minha vida. Agora quero sua palavra.

Desculpe a longa-metragem.

Como vai *Os condenados*? Como já lhe disse Cacá me falou maravilhas e quero lhe ver aqui na Europa com este filme, rever você e Vera, matar saudades. A espera de sua resposta Urgente (sente na máquina e converse um pouco) — porra Zelito, a saudade é grande, um beijo na Vera, em Nena e Marquito, abraços em Tácito e diga pro Escorel que barra limpa, entendi, por acaso meu aniversário é 14 de março, esperamos que melhores dias iluminem nosso país, para onde pretendo voltar logo que completar a viagem.

Espero que Deus me proteja nos desertos da Pérsia.

Glauber

(1) — Li sobre o assunto, apresentei o projeto, os caras toparam porque nenhum deles tinha lido Xenofonte e eu apenas com Engels na ponta da língua rejeitei os historiadores italianos como incompetentes e dei uma aula baiana de antiguidade que deixou os caras convencidos. A língua materialista penetra como ácido nas estruturas e quanto mais lamina mais direta evitando veredas enganosas e penetrando a contradição principal, desmobiliza as estruturas repressivas pela liberação dialética: antes de propor *Anabases*, Luna, um dos produtores, me propôs um episódio para o programa de "Natal", *Cristo entre os doutores no templo*. Em matéria de expressionismo caboclo nem o José Mojica Marins. Meu professor de Teoria Geral do Estado na Faculdade de Direito da Bahia, Nélson Sampaio, me reco-

mendou assistir às aulas de "Direito Romano" porque se um dia eu fizesse um filme sobre Roma isto me seria valioso. Considerei que esta observação era uma cretinice de um professor provinciano bestificado por De Mille. Ele era um profeta. Não sei nada da Grécia nem da Pérsia mas, como estudei a fundo a História do Brasil pelo método materialista dialético estrutural psicolingüístico, tiro de letra em 2 meses.

Para Zuenir Ventura*

Querido Zu, beijos em Mary.

os amigos sempre presentes, é assim mesmo neste mundo sem outras coisas além da economia senão o afeto.

esta entrevista foi feita há tanto tempo que não sei se vale a pena sair depois que fiz outra com Araújo; esta, pelo que li, foi reescrita pelo Ivan Alves, mas acontece que eu escrevi nove páginas para *Manchete* e reduziram a quatro, cortando tudo que era político — o que interessava —, e além do mais não foi publicada pela típica canalhice do Bloch. veja como segue, apenas com a crítica de Zelito, minhas relações com a imprensa: o bom Zózimo, que conheço pessoalmente de rápidos encontros, faz um excelente trabalho de recuperar minha imagem (?) dando notícias falsas sopradas aí pelo *press-service* do pessoal... na entrevista que dei pro *JB*, saiu que eu disse algumas coisas de um ligeiro jeito que não foi exatamente como eu disse mas também a matéria que aprovei aqui com Araújo não foi a mesma publicada através das malhas do *copy-desk* etc. esta introdução é pra lhe repropor o seguinte: suprima-se esta entrevista e lhe escrevo um artigo, como aquele outro antes aí publicado e muito bem repercutido em várias publicações por aqui afora; num artigo, mantendo como escrito, asseguro meus pontos de vista e além do mais posso ganhar algum tutu da revista, se é possível, o que me salvaria a cara, pois ando duro e minha mãe precisa aí de matricular a Paloma... você faz o preço e eu topo, o pagamento faz à Dona Lúcia aí nas Palmeiras, *xxx*. telegrafe dizendo topo ou não e o

(*) Carta enviada de Roma em janeiro.

máximo de laudas e em que espaço e como mandar se por correio ou avião. outra coisa: posso também, por um pagamento mais especial, mandar pra *Visão*, com direitos mundiais, uma exclusiva com o Bertolucci, que foi capa de *Newsweek* e *Time*, que anda fugindo da imprensa aqui em casa onde passa o dia todo queimando suas coisas etc. logo, se vocês querem um furo, matéria melhor *all about Berno Barto*, eu faço mas aí queria, por direitos mundiais, um bom tutu, uns 2 mil dólares, que podem ser recobrados vendendo pras agências; como o *Tango* jamais passará aí e em nenhum país latino (porque Marlon Brando come o cu da moça em cena passando manteiga antes pra afrouxar e obrigando a dita, na hora do ianh, dizer abaixo a sagrada família — e em outra pede a ela pra meter dois dedos no rabo dele — e na outra ela bate uma siririca enquanto ele olha pela janela — não tem chupação de pau pois o negócio é sobre masturbação e cu) posso fazer uma matéria aproximativa pro público dos punheteiros; (além do mais o filme é bem dirigido paca, tem som do Gato, interpretações geniais mas é um superproduto luxuoso da cultura burguesa pós Viet-Nam, quer dizer: é uma restauração do neo-realismo e da *nouvelle vague*, uma síntese do udigrúdi erótico e um banho de cinema que dá prazer pois Berno aprendeu cinema com a gente, logo sabe enquadrar e montar muito bem e, como Marlon é muito melhor que Paulo José e Maria Schneider que a Marília Pera, o negócio vai etc. etc. etc.) Bom: Argentina se fudeu com o peronismo. *Cabeças cortadas* explica. o único modelo promissor, embora pobre, (de tutu) é o peruano. o Chile *go to* Moscou porque o clube já botou a mão no controle burocrático, logo virou uma mina moscovita seguindo os rastros da ilha. por aqui é na base do pau. na França vamos ver. por aí faço força na Petrobrás, porque afinal o petróleo pode ser nosso, mas acho que nossas forças progressistas estão tão por baixo, que quadro negro Zus. eu pobre me viro muito ligado aí na pátria: se tiver eleições me arranje um partido que me candidato a Presidente pelo único fato de não ter nada a perder e disposição a muito falar na tevê se campanha houver livre. cinematograficamente interesso-me na estatização no mercado — na distribuição – etc.; explicarei no artigo. descurti todas minhas neuroses familiares, o que é muito bom, e às vezes fico de saco cheio olhando o tempo, sem lembrar do passado e curtindo esta vida besta onde a ciência é ainda tão parca e o atraso tão grande. acabei o contrato sexual. sou abertamente pela suruba e não tenho preconceito contra cu (?) além de mandar qualquer coisa em cima mas seguro na hiléia que é o melhor pois o queimado é melhor que o químico. pra acabar *História do Brasil* preciso de 100 mil dólares — sete horas de história negríssima! —, que vai depender agora dos mecenatos extrapolíticos. Por aqui tenho muito prestígio mas com reservas dos produtores devido a meu radicalismo terceiro-mundista, papo indigesto depois da morte de De Gaulle. todavia ando cercando o Ponti e pode ser que de uma hora para outra eu possa descolar o tutu com liberdade. aqui produtor se mete em tudo, do título à publicidade, e eu não sou besta pra deixar me seduzir pelas luzes da Broadway. logo, esperar até armar pois os projetos são ótimos, e audaciosos, um dos quais *O capital*, com Orson Welles no papel de Karl e Dirk Bogarde no papel de Frederico na velha Londres proletária monárquica colonialista do século passado, quando as duas bichas escrevem o famoso livro muito citado e pouco lido, além de menos entendido, como *Ulisses* do Joyce.

esse negócio de descurtir a profissão e assumir mesmo só fazer o que quiser, pagando o preço da quase fome que passei este ano e meio, é bom porque, como diria um óbvio filósofo grego: do nada se chega ao tudo. apesar de tudo sou otimista, materialista, histórico e dialético porque acredito na ciência e no saque. por aí a burrice aumenta liderada pelos vanguardeiros idealistas de sempre mas isto nem joga mais nenhum papel no alto centro das decisões. por falar nisto, onde anda o Jânio? e o Dico? quando escrever conte tudo.

o resto você pode subentender: estou ligado nas transas daí, espero um outubro promissor mas não pretendo aí baixar antes de dois anos, porque há muita terra a correr — depois volto para por aí seguir.

beijos na Mary e nos teus filhos, que devem estar grandes. como devo ir ao Peru se você quiser entrevisto o Alvarado numa exclusiva.

outro abraço e saudades,

Buru

PS → Fico aqui ainda uns 15 dias — até fins de fevereiro. Logo, telegrafe logo sobre o Bernardo, que mandarei primeiro, mandando o artigo sobre cinema depois, da França. 14, Via de la Stelita, Roma — ou 15, Avenue Hoche, Paris, c/o Claude-Antoine. Paris.

Para Zuenir Ventura*

Roma 31 de janeiro de 1974.

querido Zus

Você me pede para responder alguma coisa, eu também estou procurando uma resposta, a rainha Tomíris que matou Ciro era de um povo que costumava sacrificar aos deuses mais potentes os mais velozes seres humanos. Quando saí do Brasil, em 71, deixei nas mãos do Tarso e do Maciel um artigo pra *JÁ*, onde anunciava que em 1974 baixava uma luz e as sete cabeças da besta se desintegrariam: depois, em outras ilhas, Marcos** berrou no meio da Viagem: Petróleo! e sabíamos que não era nosso na matéria mas Idéia; quem me encontrou nestes anos em vários continentes se lembra do que estava anunciando. Você me pede para responder sobre a Arte no Brasil de 64-74: são dez anos de Bode, daquele Demóz que crava fundo as patas no dorso da plebe. Reagimos, o sangue correu em Jardim das Piranhas, Antônio das Mortes falou ao terceiro mundo, esperamos agora, sobretudo Eu, que sou protestante, Luz e Ação.

Querido Zus: acho que Geisel tem tudo na mão para fazer do Brasil um país forte, justo, livre. Estou certo inclusive que os militares são legítimos representantes do povo. Chegou a hora de reconhecer sem mistificações, moralismos bobocas, a evidência: Costa era quente, frias eram as consciências em transe que não viram pintar as contradições no espelho da História. Em 68 eu era albuquerquista, pode publicar se quiser, e Antônio das Mortes é o profeta de Alvarado e Kadhafi. Vejam as coisas: agora a história recomeça. Os fatos de Geisel ser luterano e de meu aniversário ser a 14 de março, quando completo 35, me deixam absolutamente seguro de que cabe a Ele responder às perguntas do Brasil falando para o Mundo. Não existe arte revolucionária sem poder revolucionário. Não interessa discutir as flores do estilo: quero ver o tutano da raiz. Comecemos por Economia Política e vejamos

(*) Carta publicada como depoimento na revista *Visão* em março de 1974, provocando intensa polêmica e críticas, pela defesa de Glauber dos militares.

(**) Marcos Medeiros.

como se articula o desenvolvimento da superestrutura sobre o subdesenvolvimento da infra-estrutura etc. Acho Delfim Netto burro, idem Roberto Campos. Chega de mistificação. Para surpresa geral, li, entendi e acho o General Golbery um gênio — o mais alto da raça ao lado do professor Darcy. Que Celso Furtado é a metáfora do terceiro mundo dragado pela *Wall Street Scout*. Que Fernando Henrique é o príncipe de nossa Sociologia. Que leio e curto a revista *Argumento*. Que Chico Buarque é o nosso Errol Flynn. Que entre a burguesia nacionalinternacional e o militarismo nacionalista, eu fico, sem outra possibilidade de papo, com o segundo. De cinema novo? O novo é sempre viveterno e *São Bernardo* ainda surpreendeu incrédulos da geração 50. Não tenho nada de pessoal contra tropicanalhistas: detesto a finura sutil dos machadianos, o revisionismo *Time-Life* da moçada abrilhantada: sou um homem do povo, intermediário do cujo, e a serviço. Força Total pra Embrafilme. Ordem e Progresso.

Abraços do Buru. (Deduza o que quiser e publique.)

Beijos em Mary.

Para Fabiano Canosa

Paris, junho de 1974

Fabiano: tudo OK.
Sei o que DIGO e FAÇO*

Mudei de endereço:
15 Avenue Trudaine
c/o Berto, Paris.
Tele: 5260764.

Casei com *La chinoise* Juliet Berto.** Desta vez é para sempre. Entregue esta carta a FRANCIS, é urgente e importante, pois não sei mais o endereço dele. Depois lhe escrevo dando notícias. É preciso sustentar o Geisel até que Jango volte. A transa é difícil mas avança. TERRA EM TRANSA — EU ESTAVA CERTO EM 67, ESTOU CERTO EM 74 e Paulo Martins*** *rides again* — na vida, porque o cinema já era. Beijos, até Brasília mais cedo do que se espera.

A fé move montanhas e só o amor constrói para a eternidade. BURU.

Para Fabiano Canosa****

Querido FABIANO

Te apresento o Pepe Diniz,
um fotógrafo amigo e legal. É amigo da chinesa também.
A semana que vem lhe telefono

(*) Referência à repercussão das declarações de Glauber à revista *Visão*, apoiando o governo de Ernesto Geisel e os militares.

(**) Atriz de *A chinesa*, de Godard.

(***) Personagem de *Terra em transe*.

(****) Carta enviada de Roma.

dizendo quando vou. Tive de vir à
Roma para ver a RAI mas não
se preocupe, tudo bem.
Foi bom falar com o amigo,
os amigos são raros. De qualquer
forma se eu não for logo,
no caso do filme da RAI sair, você
conhecerá a chinesa no Festival de New York, Celine Julie etc.
MEMÓRIA DE HELENA Revi obra-prima.
O grande cineasta → a novidade
segundo penso → Syberberg → alemão *Ludwig* e *O cozinheiro de Ludwig*
→ lance aí → sucesso em Paris → Munique.

Um abraço, BURU

→ Cuide do Pepe até ele se ambientar.

Para Raquel Gerber

Paris, junho de 74

Querida Rachel

R. Conselheiro Botero, *xxx*/ apto. 91.

Recebi sua carta mas só agora posso responder. Sobre a escandalosa *Visão Brasil* 74: a tática é o OSSO da estratégia, Deus escreve certo por linhas tortas ou A. das Mortes não é um jagunço que passa do poder ao povo? Pobre do povo que precisa de heróis e eu não sou católico: Toynbee: exorcizar o demônio ocidental → o moralismo etc. Afinal é preciso repensar o Brasil a partir de Portugal.

O livro?* Faço questão que seja organizado por VOCÊ com assistência

(*) Referência ao livro *Glauber Rocha* (Paz e Terra, 1977), coletânea de textos de diversos autores, organizada por Raquel Gerber a pedido de Glauber.

de PE [...] A idéia seria um livro contendo as críticas de Gardies, as críticas do caderno *Études*, outros críticos nacionais e estrangeiros e trecho da nossa "CONVERSA", montado por você, mas *não precisa incluir meus artigos e velhas entrevistas porque isto vai para outro livro que estou preparando junto com meus roteiros*. Se você está de acordo escreva para que lhe mande mais material que recolhi de outros lugares. Quanto aos direitos de tradução eu quebro o galho aqui com os autores. Para mim o CN já era, agora estou tratando do PNP* (Partido Nacional Popular) e Geisel é tão importante para isto quanto Mauro foi pro CN. O Ênio Silveira publicará o livro e para isto procure em meu nome o Zuenir Ventura no Rio (*Visão*). Escreverei a ele se você estiver de acordo. Mande dizer quais as críticas brasileiras que você recolheu e se faltar alguma coisa lhe darei as indicações. Deixei *História do Brasil* → mais um filme inacabado: é o meu *Viva México*...

Terminei o roteiro da RAI e estou esperando por um mês a resposta. Se não sair vou para NY filmar outro projeto. Meu novo endereço é 15 Avenue Trudaine, Paris, telefone 526-0764. C/ o Juliet Berto: casei com *La chinoise*, de Godard, e desta vez forever!!!

Abrace os amigos e diga a eles que fiquem tranqüilos. Diga a PE que li e gozei o *Mauro*,** habitado por outro mundo. Como combinamos, as fitas*** devem circular apenas entre você e Paulo Emilio. Ariane guia Teseu no labirinto:

Saudades e abraços,

Glauber

(*) Partido político que Glauber pretendia criar.

(**) Referência ao livro *Humberto Mauro*, Cataguases, Cinearte, de Paulo Emilio Salles Gomes, lançado pela Editora Perspectiva em 1974.

(***) Fitas cassetes com a gravação da CONVERSA/entrevista com Raquel Gerber em Roma, em 1973.

De Paulo Emilio Salles Gomes

São Paulo, 29 de junho de 1974

Querido Glauber:

Você já deve ter recebido carta de Raquel. Penso que a Perspectiva (que ainda não recebeu da Seghers resposta ao pedido de opção no que concerne ao texto de Gardies) poderá editar um volume muito bom com o Gardies (que já remeteu para Jean-Claude a nova versão) e mais os complementos que acabarão tendo tanta ou maior importância — para nós aqui — que o texto inicial. A forma e a fisionomia final que a coisa tomará será de acordo com o que *você* desejar, isto está bem claro para todos nós. Não compreendo os motivos de algumas de suas reservas mas evidentemente as levo em consideração. Se você achar que é o caso poderá me esclarecer mas de qualquer maneira faço questão que este empreendimento editorial — ao qual dou muita importância cultural no sentido amplo e ao mesmo tempo atual — seja orientado de perto por você. A Raquel é ótima para ir tocando a coisa e está em permanente articulação comigo.

Suas idéias — que eu naturalmente conhecia — veiculadas por *Visão* provocaram discussão e perplexidade, mas pelo que pude observar foram recebidas com atenção e respeito como uma tentativa-aspiração de fazer com que coisas aconteçam. Eu pessoalmente talvez esteja obnubilado pela visão aqui das árvores que sangram mas posso imaginar que daí se delineie uma floresta mais verdejante. Os obsessivos têm de novo olhos, mãos e demais instrumental voltados para vida universitária, onde provoca fatos* (não sei se a imprensa daí tem se interessado por eles) e segundo prognósticos inverificavéis provocarão outros de forma metódica e gradual até o fim desse ano, quando, de acordo com a obsessão, a vida universitária discente e sobretudo docente estará finalmente limpa. Cabe notar que a atividade obsessiva talvez não seja necessariamente oficial mesmo quando obsessivos militantes ocupem cargos importantes. Isso leva alguns excelentes espíritos

(*) Paulo Emilio se refere de forma velada às denúncias e delações contra estudantes e professores universitários.

a procurar veículos adequados para informar Brasília, na esperança de que esteja desinformada. Trata-se em suma de querer ver se existe — no caso afirmativo tentar ver o delineamento — a famosa, sutil e sinuosa fronteira entre o sistema e o governo, trabalho útil que permitiria compor e enfocar a face da obsessão. Estaria nesse mecanismo já não digo a floresta, mas um bosque estimulante? De qualquer maneira contra fatos por hora continua não haver argumento e ninguém, pelo menos até o mais alto nível ministerial, pode fazer alguma coisa mesmo querendo. *Voilà*.

Contentíssimo com as notícias pessoais e beijo para ela. Nosso menino* está aí e deve voltar em setembro. Se der jeito convoque-o para uma boa prosa, para ele me contar depois: Monsieur Telles Neto. 6, Quai du Marché Neuf, Paris IVe.

No ano que vem talvez eu vá a Nova Iorque dar um curso sobre cinema brasileiro. Desde já preciso saber se todos os seus filmes têm cópias com letreiros em inglês e onde a New York University poderá localizá-los.

O abraço afetivo do velho

PE

Para Cacá Diegues

Paris julho 1974

Cacá querido, beijos Nara e na prole

Escrevo num dia melhor porque a semana passada foi duro. Juliet engravidou crise aborto. Tudo muito violento como acontece quando o amor come solto. Tudo entra em novas ondas nesta segunda-feira. Aqui entre Montmartre e Pigalle, quer dizer, cowboy e bailarina. Amanhã toco o burro pra Roma. Na sala do saloon tem um cartaz *das Mortes*. No quarto, um cartaz da *Chinesa*. O espelho passado do cinema. Conversei com Quincas e segundo as notícias estamos sentindo as mesmas sensações e deixando, não sem

(*) Godofredo Telles.

dores, o cinema pela política. Você não é Jorge Ramos, Paulo César não é Marcelo (que o paraíso tenha porquê brancas nuvens vermelhas). Eu não sou Paulo Martins, Quincas não é Macunaíma — somos, fomos, não somos mais os fantasmas Nelson Fabiano Sinhá Vitória Fabiano Gustavo suicida e a matriarca Joana. Incêndios. O teatro fede nas ruínas do castelo de *Cabeças* e outras besteiras: é preciso lutar pela materialização do projeto. É preciso evitar o oportunismo aventureirismo corrupção → acabou o macunaimismo — os heróis sem caráter (o capitalistacaráter) que festejam a antropofagia (exploração do animal pelo animal). LCB no INC — luz clara brasileira no Instituto Nacional de Cinema? O Senado aprova a usinaudiovisual?

Integrar — os melhores quadros:
P. E. Salles Gomes (cultura → a teoria do projeto →
A. Carrilho (o mercado externo)
Barreto (administração econômica → política)

Resolvido o problema do cinema→
1→ Materializar idéias em função do projeto nacionaluniversal
FILMES — PRÁTICA — OS ELEITORES DO PNP SÃO OS ESPECTADORES DO CN. LOGO EXITEM ALGUMAS INFRA-ESTRUTURAS.

UM BOM PROJETO DE TRÊS PARTIDOS PODERÁ CONSEGUIR REGISTRO. NÃO EXISTE MELHOR MISE EN SCÈNE NO MOMENTO QUE MONTAR O PNP → TRABALHO COLETIVO — REUNIFICAÇÃO — SÍNTESE HISTÓRICA — SALTO QUALITATIVO →

BRASILIVRE DAS IDEOLOGIAS OCIDENTAIS.
QUAL O PROJETO CULTURAL?
SUA RELAÇÃO COM A ECONOMIA.

A TRANSFORMAÇÃO INTEGRAL
DIALÉTICA
ANTROPOLÓGICA
OSWALD RESSURREIÇÃO DO MATRIARCADO
O EXTERMÍNIO DA FALOCRACIA COMO ARMA SECRETA DO SISTEMA
DIALÉTICA HOMEM MULHER
NÃO HÁ GOZO NO ESPAÇO CAPITALISTA
TRABALHO-SEXO-PRAZER

Todas estas palavras → sugestões → como elaborar um texto integral de nossa realidade e propor uma ruptura? Precisamos trabalhar muito. Esta semana em Roma decido o meu filme com a RAI! Se pifar irei para New Iorq tentar o filme que escrevi com Raman mas deixei com ele para tentar outro esquema. A crise é geral na Itália, regressiva na França, progressiva em Portugal, Espanha caindo, mas a Grécia pega fogo. É o caminho das Índias. Eu lhe sugiro sair amanhã com uma câmera de 16 mm cor sonora e filmar a *Grande cidade* dez anos depois — um ensaio antropológico do Rio, como *Le séjour*, mas revelando as estruturas econômicas-sociais-psíquicas e culturais da *Grande cidade*. Se estivesse no Brasil, faria isto na Bahia. É o único filme nosso a fazer — materialização antropológica. Rivette faz sucesso com quatro horas de chatice pseudocrítica da pequena burguesia. QUANTAS COISAS VOCÊ SABE DO RIO DE JANEIRO? Mas você tem mais cultura que Jean-Luc. Você é o diretor de O *Metropolitano*. Vi planos de estudantes no ICAIC. Por ali → TRISTES TRÓPICOS? POR QUÊ? QUANTOS ESQUIZODRAMAS EM QUANTOS ESPAÇODRAMAS? CARACU DESTA CIDADE. Um filme como um ensaio, crítica, teoria, estética.

- ESCOLA DE SAMBA → FAVELA
- GANGA ZUMBA → HISTÓRIA
- ESTUDANTES → CIDADE/FAVELA
- GRANDE CIDADE → CIDADE
- BIENAL → ESTÉTICA
- HERDEIROS → HISTÓRIA
- SÉJOUR → ANTROPOLOGIA? — APPROACHS?
- CARNAVAL → IDEOLOGIA
- JOANA → HISTÓRIA
  ARTE?/CIÊNCIA?

ESTA DIVISÃO NÃO EXISTE. O CINEMA É UMA CIÊNCIA ARTÍSTICA,
CUJO OBJETO É O CONHECIMENTO.

O DISCURSO FÍLMICO
FLUXO DESESTRUTURANTE [...]*

(*) Desenhos de esquemas não reproduzidos.

→ Materialização — desimpede dialeticamente um canal. Onde está você? Onde estou? Quem é Nara? Quem é Regina? Por que estas atrações, repulsões, junções, reproduções de um grupo em torno de um objetivo. Eu gosto muito de Nara. E sinto por vocês vibrações familiares profundas como a que sinto agora e que me leva a escrever, concentrar meu tempo, o meu ser em vocês durante o tempo em que escrevo. *Estatração* é resposta a emissões inconscientes que vocês me enviam e quando as recebo eu escrevo — este é o fluxo desestruturante que materializa na carta meu amor por vocês.

DAR é produtivo.
NEGAR é produtivo

A minha entrevista* foi UM FLUXO — um texto-desestruturante → a recusa de um texto oficial na Direita e na Esquerda.

Um texto novo → desestrutura uma mitologia — gera outra em movimento. Qual o limite vocal de Nara? Não existe limite para o crescimento. Nara materializa idéias no canto. Qualquer arte é um MÉTODO × ESTÉTICO. CINEMASÍNTESE mas não é um privilégio, é democrático, como a máquina de escrever. Se o pensamento dialético estiver errado o Ocidente se fudeu, mas porque não era dialético. EU + VOCÊ NÃO FAZEMOS UM FILHO MAS FAZEMOS UM FILME VOCÊ E NARA → FAZEM FILHOS E FILMES — LOGO A RELAÇÃO ENTRE QUALIDADES CONTRADITÓRIAS (HOMEM + MULHER) PRODUZ MAIS → MELHOR DO QUE AS RELAÇÕES ENTRE QUALIDADES SEMELHANTES. Mas somos IGUAIS: HOMENS, MESMA GERAÇÃO, MESMA ESTRUTURA FÍSICA, CLASSE-CULTURAL = HISTÓRIA IGUAL mas HISTÓRIAS diferentes: não sinto as mesmas sensações que você e vice-versa porque nossas histórias biopsíquicas são específicas — logo é desta diferença que nosso trabalho identificado pela igualdade Histórica, [—] X. Se estou errado contestem.

A "DIALÉTICA" MOSCOVITA É ESTRUTURANTE.
A PRÁTICA DIALÉTICA IMPLICA NA SUPRESSÃO DO NÚCLEO REPRESSIVO LOGO EM SUPERAÇÃO DAS FORÇAS TANÁTICAS QUE AS PULSAÇÕES PRODUZEM SIMULTANEAMENTE ÀS FORÇAS ERÓTICAS → JULIET SE APAIXONOU — EROS FICOU GRÁVIDA

(*) Referência ao depoimento à revista *Visão* de março de 1974.

SÁDICA — ME REJEITOU → TANATOS
SÁDICO — REAGI → TANATOS
MASO — ELA SOFRE
MASO — SOFRO MASO
SADO — ABORTO — MASO
RECONCILIAÇÃO
ELA SOFRE
REMORSO ETC.
RE... CON... CI... LI... A... ÇÃO

eu deixei o filme *História do Brasil* no meio porque a relação entre eu e Marcos* é desigual entre forças parecidas. É a contradição aparentemente não antagônica mas que se antagoniza à medida que a prática exige uma relação produtiva eqüiqualitativa das partes. Não se pretendendo Eu, a parte mais forte, por questões de desequilíbrio afetivo concedo à parte fraca os direitos absolutos da produção que ele não tem qualidades para obter. O capitalismo nasce dessas fraquezas exóticas. Eu rejeitei um produto de forças desiguais. Ele aceitou minha complacência. Baixo nível ideológico. A carência afetiva de profundidade é mais forte que a aparência ideológica. Fraqueza da geração 68. O aparelho ideológico é frágil. [—] pode recusar o Eros e o [—] — o Signo — a perda — o aborto [—] um filme e um filho. Rejeitei um filme → cedi a Marcos
Perdi um filho → condições psicossociais EU × JULIET.
Estas perdas me liberam, os abortos são produções mal estruturadas.
Filme → uma transa
Filho → uma transa
A Trança das transas

→ dois cadáveres neste exílio

Mas o ocidente não impede o fluxo de/sestruturante porque as pulsações são infinitas, desde que o corpo as estimule. A saúde, a idade, o corpo → o inconsciente produz seu corpo → esta máquina humana é [—], conhecemos seu funcionamento e ficamos civilizados. Bárbarie — as pulsações.

(*) Marcos Medeiros.

Civilização — a língua → a linguagem → o fluxo DE/SESTRUTURANTE. Psicanálise barata, sexo, vida, [—], poesia, criação, prazer [—]

ESQUIZOVITAL → AS DUAS

CARAS DA CARA

[desenho de um rosto/mapa do Brasil/mapa da América do Sul]

Bom meus queridos, fico por aqui.
Nara Naril
como cantam
os passarinhos
do Brasil?

Beijos BURU

Para Raquel Gerber*

P. 20/Julho 74

Raquel

recebi sua carta e estou de acordo com 2 itens do livro: *não quero publicar nada escrito por mim porque isto é matéria literária e estou reexaminando, desenvolvendo, e já foi publicado e pretendo remontar não sei ainda como.* O livro é o diálogo dos textos com os filmes — objeto são os filmes, não tenho de intervir. A minha conversa magnética** eu gostaria que você tirasse uma cópia e entregasse pro Dr. Ivan Ribeiro, no Rio de Janeiro [...] É um amigo meu que precisa ouvir esta conversa. Se por acaso você não o encontrar peça a Cacá pra lhe dar o novo endereço. Desta descarga primitiva [...], você pode sacar algumas coisas, MAS não deve ser

(*) Carta enviada de Paris.
(**) Conversa gravada entre Glauber e Raquel Gerber, em Roma, 1973.

publicada. Somente a PE eu falaria assim, em sua presença, valeu como uma carta, encerremos o assunto.

Estou mandando este artigo do Kavanah sobre *Antônio das Mortes* que me interessa por motivos óbvios — a partir do *Leão* — um filme MATERIALISTA DIALÉTICO → a crítica fundiu a cuca. O fluxo desestruturante de *Cabeças cortadas* rompeu o código cinematográfico → A negação produziu a imagem consciente da história: o leão das 7 cabeças cortadas e um câncer marginal. (Peça a Zelito da Mapa pra lhe mostrar *Cabeças* se você ainda não viu. Se viu reveja.)

O cinema novo é um movimento cultural estruturado por vínculos de amizade ao cinema, tribalista, patriarcalista, Historificado: → H. Mauro (o avô) — P. Emilio (o pai) → cinema novo = netos e filhos. A mãe rejeitada é Roliude → O cinema novo é uma tribo masculina sem competição fálica → Daí o "um por todos, todos por um" que é nossa força — Praticamos o cinema coletivo → da economia + tecnologia + ideologia + extésica. Cinema + política + do cinema novo ao PNP → Nosso objetivo é arte revolucionária popular. O nacional do PNP são contingências. Aprendemos com P. Emilio a praticar com. Um ensaio sobre CINEMA NOVO deve ser uma leitura do texto audiovisual CN:

— *Ganga bruta Limite?*
— *Agulha no palheiro*
— *O cangaceiro*
— *Rio 40 graus*
— *O grande momento*
— *Bahia de todos os santos*
— *Arraial do cabo*
— *Aruanda*
— *O poeta do castelo*
— *Caminhos*
— *Festa — Domingo*
— *Pátio*
— *O cavalo de Oxumaré*
— *O maquinista* — M. Farias
— *Administração* — M. Borges
— *Mandacaru vermelho*

Couro de gato — Os cafajestes — Boca de ouro — 5 vezes favela — Os mendigos — Cidade ameaçada — A grande feira — Tocaia no asfalto — O pagador de promessas — 3 cabras de Lampião — O grito da terra — O tropeiro — Ganga Zumba — Deus e o Diabo — Os fuzis — Desafio — O padre e a moça — Vidas secas — Garrincha — Matraga — Menino de engenho — Terra em transe, El justiciero — A grande cidade — Brasil ano 2000 — Cara a cara — O bravo guerreiro — Desesperato — Vida provisória — Copacabana me engana, Os herdeiros, Chico Diabo, Antônio das Mortes — Fome de amor — Jardim de guerra — O câncer — Macunaíma — O anjo nasceu — Bandido da Luz Vermelha — O alienista, Os deuses e os mortos, A casa assassinada, San Bernardo — Os inconfidentes, Amor, carnaval e sonhos, Quando o carnaval, Memória de Helena, Lúcia Mc Cartney, Bebel, O profeta da fome, São Paulo S. A. — Beta? — Joana francesa, Uirá, No país de San Saruê → THE FARKAS FILMS — que é com algumas omissões o CINEMA NOVO → quanto custou? Quantas pessoas trabalharam? Você precisa investigar a economia da Difilm → LUCY Barreto — D. ELIANA — podem lhe abrir os arquivos. O que foi a DIFILM em São Paulo. Pra explicar o produto cultural tem que levantar sua economia. O projeto político materializado no cinema? Que projeto? Qual é a ideologia (estética?) destes filmes? Um não pode ser muito fora do outro, por isto não quero ser examinado como um caso excepcional pois seria uma colaboração da crítica com o processo patriarcalista. A prática coletiva → Luís Carlos, Nelson, Joaquim, Leon, Cacá, Saraceni, Eu, David, Gustavo, Walter, Escorel, Calmon, Faria, Santeiro, Jabor, Zelito e mais alguns (outros como Ruy Guerra é VARIÁVEL) não elege líderes apenas reconhece e louva os méritos sem mistificações. Para mim a importância do livro → a descolonização cultural → em nome do C. Novo → A estética da fome → A resposta → [...] A crítica. O diálogo do Cinema Novo com a crítica → a teoria → historicamente → descolonização cultural → econômica → política → o processo dialético no labirinto → Brasil Terceiro Mundo — espaço civilizatório → prática popular dialética → metáfora síntese no signo... [...]

→ Acabo por aqui. Você é uma etnóloga paulista → psicolingüista — que visita a tribo

CINEMA

NOVO

PNP

— introduzida por P. E. Salles Gomes

— entrevista Glauberocha
e vai encontrar O FIO NO LABIRINTO
Quem conhece bem o Cinema Novo é Nara Leão [...] — é a matriarca —
uma família cinematográfica → uma família inter — aberta — dialética →
porque depois é o silêncio eterno dos espaços infinitos

Diga a P. Emilio que vou responder a carta. Que a Cinebrás vai sair. Que vamos entrar na transa conscientes dos riscos. Que a fissura pode começar pelo cinema. Que ele acredite que não estamos iludidos mas apenas tentando arrombar a porta por onde der.

Um abraço,

Glauber.

Vou para Roma. Não tenho o endereço lá. Se quiser escreva pra aqui mas não terei tempo de escrever agora.
Seguiu o artigo A. *Mortes* em envelope separado

Para Paulo Emilio Salles Gomes

Roma, agosto de 1974

Querido Paulo — aquele mergulho no mar da experiência cega onde nos integramos ao peixe redundante do inconsciente — sou Peixes, lembra-se do cartaz baiano de *Barravento* feito pelo Calazans Neto? isto porque segundo Gustavo você se psicanalisou em Paris com Lacan — a frase entrante é de Althusser a respeito do cujo. Estive na ilha, fui vi e voltei: gostei, me apaixonei, fiz um filme de montagem com Marcos Medeiros sob o título geral de *História do Brasil*, um ano e meio interrompido pelas vindas na Europa transar cinema, política, amor e dinheiro para sobreviver depois da Cura — *hay Eldorado, paradisos* — e por aí se vai até a caverna pré-platônica. O ano de 73 na Europa foi a luta contra a fome e acabar o filme, interrompido várias vezes para escrever roteiros pré-pagos por produtores (esta de escrever roteiro pago é o que tem me mantido embora os projetos sejam infilmavéis porque eu mesmo desisto: isto se passou umas quatro vezes etc.) e viagens gerais, inclusive na América Latina, onde conheci, e como era de se esperar em se tratando de Paulo Martins, fiquei amigo de Jango, confraternização de exilados e o mais que você possa deduzir. A lenta terminação de *História do Brasil*, graças à colaboração do Renzo Rosselini, quase me leva à loucura, porque me considerava imobilizado por um filme que era feito como uma tarefa que eu Marcos nos tínhamos imposto em condições adversas e naturalmente perigosas. Mas cinema é cachoeira e tendo ido à RAI pedi para fazer um documentário qualquer que me salvasse da fome, o produtor Alberto Luna, que foi o executivo da série latinamericana, me acenou com Xenofonte: *Anabasis* e *Ciropedia* em seis capítulos. o projeto do velho Roberto frutifica: *Sócrates*, *Pascal*, *Cartesius*, *Cosimo de Medicis* são ensaios audiovisuais de ciência política e, mesmo descontando o ambíguo liberalismo do mestre, é o que de melhor o cinematógrafo nos pode dar: segundo teu desafeto Langlois *il n'a pas changé depuis* 34. Não sei por que 34 porque acho que mudou no Brasil *depuis* 60. E a última frase do iluminado Sadoul é que *le cinéma n'a pas encore dépassé l'aurore de son avenir, devenir* etc. entre o capital depressivo controlado por vedetes tipo Brando [—] e o Estado Democrata Cristão Socialista — eu, que aliás quero filmar *O capital* com Orson Welles (Karl), Dirk Bogarde (Friedrich) etc. — aceitei o projeto e propus ao Fabiano Fabiani (o produtor do Depto. Cultural da RAI — Democracia Cristã [—]), um filme de seis horas das antigas civilizações Oriento-Ocidentais, quer dizer: *Ciro da Pérsia* — Oriente, *Alexandre da Macedônia* — Ocidente — ou seja, da Mesopotâmia ao incêndio de Corinto. Como a Pérsia está eqüidistante de Maomé e Jeová, você já viu: parti pra essa pra reencontrar Ciro Sebastião e Alexandre Corisco nos desertos do Oriente.

De que se trata exatamente tudo isto que lhe conto? pra mim trata-se de recomeçar o cinema nas paredes limpas da caverna iluminada e nada melhor do que começar do começo como se diria no sertão: recomeçar além da casca histórica e ir caçar os mitos nos seus currais — ninguém me escapa, Teseus ou Perseus, porque medusas e minotauros são barra leve para Antônio das Mortes. Vou nessa, um ano na Pérsia e na Grécia, televisão. Como diria o personagem de *Pickpocket*, que estranhos caminhos cruzei pra chegar até você. Mando a entrevista narrada com o máximo de cautela e precisão —

cautela quer dizer seriedade mais ou menos cronológica com seqüências adicionais que você poderá reintegrar no fluxo histórico do texto de forma a expor minha história que ao mesmo tempo é minha crítica do morto e sempre ressuscitado Cinema Novo. Escrever no momento é muito difícil: sempre fui crítico desorganizado e agora estou me preparando lentamente para tratar de certos assuntos sobre os quais não me sinto ainda seguro. Escrevo muita poesia, coisas de baiano. Alguma ficção, mas sobretudo passo o tempo estudando (já acabou o curso Brasil) e concentrado em escrever o roteiro do filme que lhe falei que terá o título geral de *O nascimento dos deuses*, comunicação auspiciosa depois do funeral que foi *Cabeças cortadas*.

Pena que você ainda não conheça o *Leão*. Se eu ganhar um dinheirinho aqui lhe mando de presente uma cópia 16 mm. É o melhor presente que eu poderia lhe dar, o meu inconsciente determinou que o filme seria dedicado a você. Será lançado agora nos Estados Unidos. Sobre o filme tem informe na entrevista. Pretendo voltar ao Brasil caso se cumpram algumas alternativas que possivelmente serão processadas pelo Geisel. Jango é otimista, ganhou várias paradas, está rejuvenescido e fortalecido, as transações de outubro em Paris foram excepcionais. Espero. Afinal política e poesia não são demais para um homem só. Ciro e Alexandre completarão meu curso de política. Deduza o que quiser, você sabe tudo. Quero logo ler o romance mauriano que todo mundo me diz genial. Afinal você é o melhor prosador da língua. Cérebro mais iluminado desta nação porque transa na luz do cinema. Um dia na minha análise carioca de 71 vi na cara do Ivan Ribeiro, o médico, sua cara. Meu pai está doente, velho, pobre, humilhado e saudoso na Bahia. Minha mãe voltou pra lá, abriu um hotel de turismo, está vivendo sem precisar de mim. Minha filha tem 13 anos e está morando comigo. Vivo solteiro com muitas amigas. Tanto *Beta*, quanto *Uirá*, *San Bernardo*, *Joana* e o *Índio*, além da *Casa*, *Carnaval*, são filmes excelentes e no panorama internacional é o que há de melhor e digo isto sem paixões: pois aqui vivemos de *tangos* e *bouffes*, de Fellinis e Bergmans, de chatíssimos udigrúdis etc. *Argumento* — excelente roteiro, melhor *mise en scène*. Este Ismail que criticou *San Bernardo* é quente. Gostei. Acho que crítica de cinema deve ser assim, gente séria. Transmita-lhe meus entusiasmadíssimos elogios a seu artigo, sem compromissos... gostaria que você publicasse aí a tradução do livro do René Gardies e do livro dos *Études Cinématographiques* que a Raquel tá levando num único livro: não preciso lhe explicar por que e gostaria que você tratasse desta edição. O Ênio publicará. A Raquel sabe como contatar o Gardies e o Esteves. Melhor do que eu escrever seria a publicação destes dois livros que contêm quase tudo *à propos de moi-même*. E a própria entrevista poderia servir para completar (evidentemente montada e revisada por você). Se a RAI aprova o roteiro passarei o ano na Pérsia. Provavelmente, se acaba até 15 de abril, apresentaremos *História* na Quinzena de Cannes. Que o inferno devore Médici. Você sabe que sou protestante como Geisel e meu aniversário, faço 35, é a 14 de março, dia da posse. Deduza o que quiser. O petróleo pode ser nosso. Se tem uma coisa que tou sabendo é desta transa. Faz dez anos, o ciclo fechou, eu recebi as mesmas comunicações da época do Monte Santo: o cinema é a máquina liberadora do sonho. A materialização audiovisual destes símbolos (do inconsciente não vêm signos, isto é produto da burocracia vigente...) é o verdadeiro espelho do mundo — mas para evitar a confusão um pouco de materialismo histórico *y dialetique* não faz mal a ninguém, é útil à revolução popular. Os revisionistas comeram a poeira da história. Os liberais também. Sou militarista terceiro-mundista e comprei uma capa verde numa *boutique* de Saint-Germain. Sou sobretudo florianista e acho que o exército é legítimo representante do povo. Ou não está na cara que Domingo Jorge Velho Antônio das Mortes é a metáfora profética inspirada por Alvarado e Kadhafi. Naquele tempo eu era albuquerquista. O resto você deduz. Antônio das Mortes é o primeiro herói revolucionário criado pela ideologia tricontinentalista. Primeiro e único até agora — e um herói de baixa extração porque não filho de deuses nem do povo — é apenas um jagunço, árbitro da luta de classes, que coloca suas armas a serviço do povo contra seus antigos patrões. Aliás o Golbery será um teórico da independência. Para pôr aqui e o que lhe digo me ensinou a viva experiência — luz + ação.

Beijos e saudações a Lígia. Me proteja na Pérsia e peça proteção a todas as forças circunstantes a começar pela mágica Lígia. Escreva. O endereço é Via Steleta, 14, Roma, c/o Barcelloni, onde fico até fim de março. Farei uma entrevista para *Argumento* com Rosselini, Antonioni, Pasolini, Bernardo, Ferrer e o máximo de diretores que puder ouvir. Inclusive vou encontrar o Orson Welles e o Kazan na Pérsia — Teerã é a nova Bahia do cinema. O Xá Juracy tem petróleo etc... e lhe mandarei as fitas nos próximos meses. Serão depoimentos de 1ª mão.

beijos do Glauber

Para Fabiano Canosa

Roma, 1 agosto de 1974

Querido Fabiano,

Contratempos, estou viajando pro Egito pra fazer locação pro filme da RAI — *Alexandre e Ciro* = 6 capítulos de 1 hora. Você deve achar tudo confuso mas lhe explico em confidência:
1) passei 2 anos entre Itália e Cuba (outubro 71 — outubro 73) montando o filme *História do Brasil*, que me obrigou a muita pesquisa e estudo. Foram as férias universitárias. Neste tempo, escrevi entre maio de 72 a julho de 72 o roteiro de *A Idade da Terra* para um produtor francês, Rassam, que me pagou a miséria de US$ 10 000,00 mas como o filme DEVE SER FEITO NOS *STATES* SURGIRAM AS CONTRADIÇÕES. O mesmo esquema me propôs fazer *Terras do sem-fim* com Ponti mas preferi continuar *História do Brasil*. Em outubro 73 a RAI me propôs este kolossal Oriente/Ocidente e eu topei porque retornava minha idéia inicial de *Império Romano*. Pagaram US$ 12 000,00 pelo roteiro que levei 5 meses — tive de virar arqueólogo, quer dizer, estudar a História Antiga. Deixei o Marcos terminando *História do Brasil* — eu apareço apenas como produtor — e retomei a RAI. Como tive de esperar um mês em Paris o produtor RAI, que foi ao Egito montar a co-produção, a paranóia bateu e resolvi partir para New Yorq pra fazer *A Idade da Terra*. Felizmente a RAI telefonou em tempo e eu não deixei cair uma produção segura. Os motivos dessa crise lhe conto pessoalmente.

A RAI me pagou a 2ª parte do roteiro e estou com tutu. Vou para o Egito com Juliet fazer as locações e orçamento e em setembro preparo aqui tudo pra filmar em outubro. Se, por imprevistos, o filme não sair vou logo pra N. Yorq com o outro roteiro, *A Idade da Terra*, e com dinheiro pra viver aí até montar a produção. Mas espero que saia o filme RAI — *O nascimento dos deuses* — porque assim eu faço o filme e ganho o suficiente, US$ 50 000,00 — pra poder preparar a *Idade da Terra* aí logo em março de 75.

De qualquer forma quero fazer *A Idade da Terra* da maneira mais livre possível. O filme se passa em:
— Nova Orleans = 20%

— Califórnia = 20%
— Chicago = 10%
— New Yorq = 50%
Um filme revolucionário
1975 → preciso de 4 atores:

JACK NICHOLSON, já falei com ele, está topando, é meu amigo.

JANE FONDA → pergunte a ela se ela toparia fazer um filme comigo → mostre *Terra em transe* e *Dragão* pra ela sentir qual é mais ou menos a onda embora este filme a fazer seja outra coisa. Se a Jane topar eu recontato Jack pra armar uma transa.

ORSON WELLES → vou falar com ele aqui —

ou George S. Scott — você poderia contatá-lo, sem agentes pelo meio, talvez através da própria Jane.

Juliet Berto → está no filme.

Tendo estes atores — sobretudo Jane e Jack — eu poderia conseguir o tutu aí. A Jane não arrumaria um produtor de esquerda? O filme custa UM MILHÃO DE DÓLARES mas posso fazer por menos. Mesmo que faça o filme RAI poderia ir 1 semana aí em setembro falar com Jane e com Jack. *É o melhor filme a se fazer* e quero você como Produtor Executivo. Claro.

Escreva para [—] BURU

PS → 1) se faço o filme RAI filmaria *A Idade da Terra* em New Yorq em abril, por isto já deve ter um produtor aí em outubro.
2) se não faço filme RAI viajo praí em outubro pra filmar em dezembro/janeiro. Claro? Em setembro confirmo e darei um pulo aí para arrumar a transa.

Não se preocupe com as fofocas políticas a meu respeito que estou numa transa firme. Ainda não entenderam *Terra em transe*! [—]

PS → Diga ao Afonso que quero fazer o filme em New Yorq com ele.
— Que vai surgir um Partido Nacional Popular no Brasil.
— Que as notícias de lá de baixo são promissoras!

Para Wilson Mendes de Andrade e Fabíola Coelho de Andrade

Roma, 1 de agosto de 1974

Queridos Wilson, Fabíola, família.

Fiquei feliz com sua carta e surpreso com a Paula. Pois é, envelhecemos e descobrimos as crianças gente grande.

Lembro daquelas cartas de antes e as recomendações dos livros (Érico Veríssimo e Álvares de Azevedo etc.) ou a recomendação de olhar a multidão que olha o equilibrista. Aliás, no momento, estou no papel do equilibrista e espero não cair. Não vivo seguro porque estou em movimento. São as energias do Carfanaum. Viajando e aprendendo o cinema. O cinema está perdendo o interesse pela política. Afinal, aprendi estas transações com o Cel. Deraldo...

As transformações de Portugal e Grécia poderão exercer influências positivas aí. Voltarei a qualquer momento no dia e hora necessários.

Agora vou pro Egito e devo filmar pra Televisão italiana a *História de Alexandre, o Grande*. Vivo da profissão, não dependo de ninguém, não sou rico porque cinema pra mim é Arte e não Comércio, mas meus filmes passam no mundo todo e tenho muito prestígio entre os produtores.

Assim, faço o que quero e posso até ganhar dinheiro com este *Alexandre*.

Para manter as idéias não faço concessões. Mas não sou artista trágico e pretendo ainda envelhecer nos Quatis*...

Diga pra Paula que só vou estar de volta à Europa em fevereiro 75. Agora vou passar este fim de ano filmando no Egito. Ela quer uma bolsa pra estudar o quê? Terei o maior prazer em ajudá-la aqui ou em qualquer lugar. Família é família.

Mando a carta por Necy porque perdi seu endereço. Como vai o resto da prole? Você é um homem inteligente e forte e devia escrever um livro sobre Vitória da Conquista — seria bom para sua psicanálise porque *libertar a memória* é fundamental para o rejuvenescimento das

(*) Fazenda do avô de Glauber em Vitória da Conquista.

células. Escreva seu romance, que é sua vida, e poderá se aproximar da felicidade.

beijos em Fabíola e na prole

Glauber

Para Fabiano Canosa

Paris, 28 de setembro de 74

Querido Fabiano,

Tome conta de Juju como se fosse sua irmã etc. Gente boa, gente da tribo, gente *libre*, gente etc. Ela lhe conta as novidades. Ela sabe o que faz.

Pra sua *surpresa* acabei *História do Brasil*. Pronto! 2:30 horas. Foi esta a razão destes 2 anos de trabalho interrompidos por outras transações pra ganhar a vida. Contra tudo e todos → mas ficou pronto e é sensacional → uma bomba política etc. Tou de saco cheio. Da extrema direita, é óbvio, da extrema esquerda, com seu infantilismo moralista oportunista, do centro liberal etc... É difícil. Todo mundo quer o sangue do meu coração, todo mundo pede tudo e não dá nada, estas coisas etc. Mas como não interpreto o papel esperado — NEVER! — vivo da minha Independência!!! ou Morte!!! → *LIFE* → O projeto *Alexandre, o Grande* (autobiografia precoce) ficou com a RAI pras calendas indeterminadas. Agora, livre da *História do Brasil* quero fazer, como já lhe disse, A *Idade da Terra*, aí! Como não quero deixar rabos por aqui só viajo quando terminar os problemas de lançamento de *História* — etc. Calculo que no começo de novembro estarei aí. Juju lhe conta.

Por via das dúvidas *não dê* notícias minhas a ninguém porque não quero caetetu na linha. Não se espante mas você é um dos meus últimos amigos... Arranjarei produtor aí?

Não se preocupe. Tudo vale a pena quando a alma não é pequena.

Bises,

Buru.

Para Lúcia Rocha

Paris, 28 de novembro

Mãe

Aqui tudo bem. Tem algumas coisas políticas que a senhora deve saber e que me impede de voltar ao Brasil. A senhora sabe o que aconteceu com os jornalistas. Era preciso me proteger, talvez ainda por muito tempo. Tem muitas pessoas nesta situação aí no Brasil.

Tudo bem com Juju. O que sai nos jornais a meu respeito a senhora não se preocupe. A melhor política *é não dizer nada a meu respeito*. Deixa correr a fofoca e ponto final. Se eu conseguir acertar minha vida aqui em Paris, ficarei aqui de forma mais fixa. Aí será possível que Paloma volte e assim a senhora e Adamastor poderão dar um pulo aqui. Para me fixar aqui preciso de dinheiro mas já estou providenciando agora de forma mais concreta. Logo, não se preocupe, agüente mais um pouco que vai chegar bastante dinheiro. Assim seus problemas e de Adamastor estarão resolvidos economicamente. Com a casa e uma rendinha poderão viver tranqüilos. Estou contente que Adamastor tenha voltado. Ele nunca teve casa, sempre foi um aventureiro como eu. Ele ganhou dinheiro mas foi acidentado e roubado. Se ele perder esta preocupação natural com o dinheiro, ele ficará mais feliz. Sabe o que Adamastor devia fazer pra passar o tempo? *Escrever um livro sobre a vida dele*. Ele compra uns cadernos e pode escrever umas duas ou três horas por dia no quarto. Ficará mais calmo. Dê a ele pra ler o livro *Cem anos de solidão*, de García Márquez. Se ele escreve um bom livro eu me encarrego de editá-lo e ele pode ganhar dinheiro. A senhora devia escrever uma novela pra Globo ou pra outra televisão. A História de Conquista — só que a senhora muda o nome da cidade e dos personagens. A senhora conhece gente que pode ajudar a vender a novela. A senhora pode ganhar dinheiro.

Paloma, vou escrever pra ela, deverá voltar pra morar comigo e Juju o mais breve possível. Foi precipitada a vinda dela em julho, mas foi boa a experiência. Se ela estiver triste diga a ela pra me escrever, diga a ela que logo ela volta, não quero que ela sofra. Qual a verdadeira situação econômica da senhora e de meu pai? Qual o endereço de Alice em Bagdá? Quero escrever pra ela porque talvez eu dê um pulo em Bagdá.

Se Necy não estiver interessada, a senhora pode falar com Cosme Alves Neto, na Cinemateca, ele pode fazer uma RETROSPECTIVA de meus filmes e lhe dar o dinheiro. *Aliás peça a Fabiano pra organizar isto.* São 4 filmes: *Barravento, Deus e o Diabo, Terra em transe* e *Dragão.* — Pode dar um bom tutu. E *fique em cima de Barreto* porque tem um bom tutu pra receber. Beijos, saudades, diga a Adamastor pra escrever.

Glauber

1975

ACERVO TEMPO GLAUBER

Glauber e Juliet Berto nas filmagens de Claro, *em Roma.*

Para Ferreira Gullar

Paris. Janeiro de 75

Querido Gullar

Foi um prazer receber sua carta, o seu poema* já está famoso [entre] muita gente. A situação editorial aqui é dura mas tem uma Editora Portuguesa com Livraria em Paris que está fazendo sucesso. Acho que esta Livraria poderia editar. Itoby Alves Correa, que Hildebrando conhece bem, coordena mais ou menos as atividades culturais e transa com esta Livraria. Logo, ele poderá fazer o *Poema* ser editado aqui em português e logo em seguida a tradução francesa. Outra solução, independente desta de Paris, seria o Fondo de Cultura Económica, no México, que está pagando caro por direitos autorais, isto pra versão espanhola. Talvez aí o Eduardo Galeano, por exemplo, pode lhe dar as dicas. Quanto ao caso aqui, vou falar hoje mesmo com Itoby e ele pode receber os originais através de Hildebrando, pois estou saindo de Paris não sei ainda pra onde, e pode ser que até passe aí. Agüente firme. Vi o velho** e ele gosta muito de você. Mas foi um encontro informal.

Na Itália creio que facilmente o Feltrinelli lhe editaria o poema. A professora Luciana Pichio que escreveu excelente história da literatura brasileira traduziu e editou na Itália o romance de Inácio de Loyola. Aí em Buenos Aires deve ter alguém que transa com Feltrinelli. E com certeza o Rafael Akberti, que mora em Roma, lhe quebraria este galho mesmo com outro editor. Dei-lhe todas estas dicas e recomendaria também traduzir e publicar os ensaios teóricos de estética e cultura que você publicou no Brasil. Este livro seguramente Fondo de Cultura, Seuil ou Maspero editarão. Não existe nenhum ensaio sobre a cultura revolucionária no Brasil nos anos 60, *from* concretismo e só seus livros falam disto. Logo atualize os livros e publique logo, porque será importantíssimo. Foi uma revelação reler em *Malazarte* a teoria do não-objeto.

(*) *Poema sujo*, lançado em livro no Brasil em 1976.
(**) Referência a Luís Carlos Prestes.

Tente a transa com o Fondo de Cultura Econômica que eles podem lhe avançar grana pros direitos...

É necessário reorganizar lentamente os movimentos culturais no Brasil, fazer outras coisas novas como sempre fizemos. Por isto a publicação internacional de seus livros é importante para retomar os problemas culturais do terceiro mundo que ressurgem na África, sobretudo a portuguesa. Você é um ideólogo fortíssimo, daí os combates que sofreu. Sempre fui seu admirador e concordo em geral com suas opiniões. Os textos de *Opinião* eram excelentes mas a *mise en scène* não era boa. A *mise en scène* de Boal é voluntariamente pobre. Meyerhold é afirmação, Brecht negação. Por isto o Oficina teve mais impacto, porque Zé Celso e Escheinbauer são grandes encenadores. E talvez o melhor diretor ou ator fosse você mesmo. E sua crítica ao tropicalismo? Estou esperando. Realmente a repressão cultural na Rússia existe. Mas tenho um visão dialética deste processo. Não estou filiado a nenhum ultra-esquerdismo. Nunca tive tempo de conversar muito com você no Brasil. Esta carta com impressões talvez arbitrárias, vale como resumo de alguns temas que discutiremos se um dia destes nos encontrarmos.

Até pelos próximos vinte dias estarei em Paris e talvez uma resposta sua ainda alcance.

Um abraço, lembranças aos amigos,

Glauber.

Para Claude-Antoine

México, 30 janeiro 1975

Caro Claude

Novidades:

1. Argumento proibido. Nada a fazer com Rodolfo.
2. Vejo Equador ou Venezuela
3. Montar um esquema parecido com O *leão*: Europa → Terceiro Mundo

4. Sem Rodolfo (2 meses perdidos...) é preciso uma outra solução.
5. Filmar toda a parte *indígena* no Equador ou Venezuela.
6. Filmar a parte civilização em New Yorq.
7. Budget produção independente sem vedetes: 200 000,00
8. É preciso produzir diretamente procurando obter qualquer ajuda, mas sem contar com uma co-produção.
9. O material filmado no Equador, Venezuela pode ser desenvolvido nos Estados Unidos com o material que será filmado lá. E a finalização pode ser na Europa, pois devo retornar de qualquer maneira para fazer *ANABASIS** em agosto → Luna me telefonou para confirmar!!!
10. Não te obrigo... Mas responda-me rápido se é possível ou não. Olivas/Godard são 2 [—]. Depois te conto a corrupção... Que força revolucionária → diria Paulo Martins em *Terra em transe*
11. Rodolfo é uma espécie de Jarbas Barbosa + Ricardo Cravo Albin!!!
12. Parto em 10 dias, volto e espero uma resposta. Marcos** acabou a versão francesa?

Tudo bem. Um abraço

Glauber

Se você pode conseguir o tutu, use o telefone para falar. *Eu posso fazer essa superprodução por 200 000,00*. Fale com Bregni. Tenho uma intuição. Fale com Muñoz Suay — falei com ele por telefone, mande uma cópia do roteiro mas peça para que não mostre a ninguém exceto o pessoal do dinheiro.

Trate de *Câncer* e do filme de Juliet com Jacques Robert. Darei notícias de *História* com Rochman e os alemães.

Um abraço Glauber

Fale com Silbermann, Salkin. Torne a falar com Seydoux. Fale com Cristaldi — Telefone: 69.13.15 Roma

(*) Parte do projeto do filme O *nascimento dos deuses*, não realizado.
(**) Marcos Medeiros.

PROPOSTA*

Depois da conversa preliminar exponho minhas necessidades a respeito do meu trabalho cinematográfico, para o qual solicito vossa colaboração.
I. Pretendo realizar um filme sobre as lutas de independência do Terceiro Mundo.
II. Creio que do ponto de vista político seria mais prático realizar o filme como produção italiana ou portuguesa.
III. Tenho como produzir o filme com a colaboração legal de um produtor italiano ou português, que todavia não teria condições de fazer investimento financeiro. Pretendo apenas utilizar o nome de um desses produtores para oficializar o projeto. Na verdade, eu devo ser o verdadeiro produtor e diretor, assumindo para isto todas as responsabilidades econômicas, técnicas, artísticas e políticas. Também me ocuparia da distribuição do referido filme.
IV. Poderia realizar o filme em Lisboa ou Roma, no que se refere às seqüências ambientadas no mundo capitalista; e em Guiné-Bissau, Angola ou Moçambique no que se refere às seqüências ambientadas no Terceiro Mundo.

V. Tenho para isto necessidade de 50 mil metros de negativos em cores, 35 milímetros, de fabricação soviética e US$ 100000,00 (cem mil dólares). Com este material e este dinheiro poderia pagar os técnicos, atores, as viagens, despesas gerais de produção, laboratório, montagem e sonorização.

SINOPSE DO FILME

Segundo meu método de trabalho não utilizo roteiro tradicional com determinações de posições de câmera e diálogos. Todos os meus filmes são realizados em som direto, trabalhando diretamente com os atores improvisando a partir dos temas propostos. Evidentemente, para que eu trabalhe por esse mé-

(*) Carta-proposta de Glauber para a produção do filme O *nascimento dos deuses*, projeto originalmente proposto à RAI e que sofreu várias modificações, servindo de base para algumas idéias que aparecem no filme *A Idade da Terra*. Essa proposta é encaminhada à Mosfilm (URSS), mas foi apresentada com algumas variações e enfoques para os mais diferentes produtores. Ver cartas para o produtor Claude-Antoine e para Fabiano Canosa do início de 1975, quando Glauber viajou entre Roma—Paris—Cuba—Bagdá—Nova York—México—URSS—EUA tentando levantar a produção desse filme.

todo, é necessário contar com a confiança dos produtores. Como realizei oito filmes de longa-metragem por este método, considero-me autorizado para pretender realizar este filme baseado neste método, que é o mais adequado à criação de um espetáculo Audiovisual, e não Literário, ou Teatral. A originalidade do meu trabalho cinematográfico é a conseqüência dialética desse método.

I. A Estrutura:

O filme deve ser um Espetáculo Épico/Didático, inspirado livremente no poema de Pablo Neruda, *Canto general*. Mas o poema de Pablo Neruda deve servir apenas de fonte de inspiração porque pretendo abordar não somente a América Latina, como Ásia e África. O filme não será um documentário, mas um filme de ficção. Mesmo que por questões econômicas da produção não seja necessário filmar no mundo árabe e na Ásia, posso reconstruir a realidade do Terceiro Mundo na Guiné-Bissau, em Angola ou Moçambique.

Do ponto de vista artístico pretendo utilizar a fonte de interpretação Épica, inspirada no teatro de Bertold Brecht, e a técnica de montagem dialética inspiradas nas teorias de S. M. Eisenstein. Todos os meus filmes são baseados neste método, que considero os únicos exemplos de estética marxista. Através da relação estética entre Brecht e Eisenstein é possível obter a síntese do espetáculo revolucionário que se opõe, pelo conteúdo e pela forma, ao espetáculo idealista do cinema imperialista.

II. O filme se chama O *nascimento da Terra*. O título significa que a "civilização nasce com a revolução socialista", considerando o "capitalismo como a época da barbárie".

O filme será dividido nos seguintes episódios:

A. O surgimento do capitalismo patriarcalista, demonstrando didaticamente o surgimento da Família, da Propriedade e do Estado; baseado no livro homônimo de Engels.

B. Do primeiro episódio, situado na Pré-História, desenvolver o segundo: a expansão do capitalismo e do imperialismo do Ocidente sobre os povos da Ásia, África e América Latina; baseado no livro de Lenin, *Imperialismo, estágio superior do capitalismo*.

C. A classe operária, a classe camponesa, o *lúmpen*/proletariado, demonstrando a tese *plus valia*, baseada em Marx, *O capital*.
D. A revolução do Terceiro Mundo, contradições revolucionárias dos últimos dez anos, discutindo os exemplos da América Latina, Ásia, África, do ponto de vista marxista-leninista.
E. A decadência do imperialismo multinacional (Estados Unidos e Europa capitalista), como conseqüência dialética da libertação do Terceiro Mundo e da radicalização da luta de classes.

Cada um desses episódios deve ser mostrado através de uma história de ficção, que deve ser integrada a elementos documentais da imprensa, da fotografia e da televisão. Posso conseguir gratuitamente algum desses materiais tanto em Portugal, quanto na Itália.

PROPOSTA ADICIONAL

Acrescento uma proposta adicional que me parece a mais forte politicamente.

Este filme poderia ser também realizado nos Estados Unidos, porque aí encontramos sociedades primitivas, Índios, sociedades africanas, o proletário negro (Mississippi) e o capitalismo/imperialismo. Se o filme fosse realizado nos Estados Unidos seria mais caro, necessitaria no caso, além dos 50 mil metros de filme, US$ 200000 (Duzentos mil dólares).

PROPOSTA ALTERNATIVA

No caso de não ser possível a realização desse projeto, o filme poderia ser realizado diretamente pela União Soviética. Poderia realizar as seqüências referentes ao imperialismo nos estúdios da URSS.

SEGUNDO PROJETO

Além do projeto *O nascimento da Terra*, tenho escrito o roteiro do filme histórico *Alexandre, o Grande*, que poderia realizar na República do Tajikztan. Considero um projeto de grande espetáculo épico, mas *O nascimento da Terra* me parece mais urgente do ponto de vista atual.

PROPOSTA PARALELA

Gostaria de vender para distribuição na URSS meus filmes, *Barravento, Deus e o Diabo na Terra do Sol, Terra em transe, Antônio das Mortes, História do Brasil.*

Gostaria de em todos esses casos contar com vosso apoio, que seria fundamental para minha sobrevivência política e profissional.

CONCLUSÃO

Posso ser localizado em Paris no endereço: Films Avenue, Ouche, nº 15, c/o M. Claude-Antoine, ou no endereço 15 Avenue Trudaine, c/o Berto, Paris. Meu telefone é 5260764.

Devido a minha situação econômica-política, solicito a V. Excias. a resposta negativa ou positiva o mais cedo possível, de acordo com vossas possibilidades.

Glauber Rocha

Para Fabiano Canosa

México — 1975 — 31 de janeiro

Fabiano

COISAS SÉRIAS:

1 → estou enviando uma cópia da sinopse de *A Idade da Terra*. O título tem a ver com *Deus e o Diabo na Terra do Sol* e *Terra em transe* → síntese!

2 → Faça duas cópias fotostáticas e entregue uma a Gertrud Miller & Peter Strauss e a outra a Rugoff. Guarde o original com você. Strauss lê francês, também Rugoff. Não trate de traduzir porque leva tempo. Não diga nada a ninguém nem *mostre* a sinopse porque o segredo é a alma do negócio. Temos de seguir um programa rigoroso. As condições são:

1 → Metade do filme rodado no *México* ou no *Equador* ou na *Venezuela* e metade nos Estados Unidos: San Francisco e Nova Yorq →

2 → Não usar vedetes. Pode ser usado algum ator mas não na condição de vedete. Explique a Strauss ou a Rugoff que no caso → é um filme de G. R. e Juliet Berto → chega de vedetes!!!

3 → O filme custa 300 000,00 → e eu mesmo serei o Produtor Executivo.

4 → Se Strauss ou Rugoff *topam* estou disposto a ir até aí discutir. *Para isto* é preciso que um dos dois esteja em *tese* embalado porque não quero perder a viagem.

Esta sinopse é a base teórica do filme. O roteiro desenvolve as idéias que aí estão expostas diretamente sem nenhuma mistificação.

5 → Passarei mais 2 semanas aqui fazendo locações e gestões com Echevarria e com os governos do Equador e Venezuela, para criar alternativas.

6 → Esqueça Simona. Ocupo-me dela diretamente.

7 → Independente de Strauss e Rugoff, dê um "toque" no Bob Shaye... de leve... mas não mostre a sinopse. Acho que ele tem dinheiro.

Outro cara a procurar é DAVID PICKER. Procure localizá-lo como solução caso os outros esquemas furem. Trabalhe rápido aí porque preciso ganhar tempo. É uma guerra!!!

Juju está bem, eu também. Ela te manda abraços.

O Brasil continua abrindo.

1975 será o ano da Iluminação

Rigor → objetividade → discrição → imaginação.

Quando voltar da viagem lhe telefono.

Estou enviando texto de *História do Brasil* para Dan mas lhe avise que a tradução francesa não está ainda perfeita. Peça a ele para me responder se ele topa pagar a versão inglesa. Teria de primeiro pagar uma cópia na Itália que custa 600 dólares e a versão nos Estados Unidos. Se ele achar que é mais barato na Itália → a versão lá custa 2000,00. Então que ele telegrafe ao Marcos Medeiros → San Diego Cinematográfica, 94 Via Cesare Becaria, Roma — pra que Marcos lhe telefone e ele acerte os ponteiros sobre o problema pois eu não tenho tempo. Entre todos daí o melhor é o Dan, no meu caso. Mas você tem a prioridade do filme. Quanto a *Câncer*, se Dan topar, que ele me envie o contrato através de você. Claude não tem nada a ver com estes dois filmes para os Estados Unidos. O *Câncer* deve ser programado com um curta-metragem que Dan deve escolher. A tradução em inglês devia ser feita pelo Jimmie Mac Bride que conhece a linguagem cafajeste de New Yorq. Ou pelo menos a revisão.

Um abraço e um queijo — BURU.

Beijocas no Paulo Lima

Para Claude-Antoine*

Meu caro Claude

agora posso te escrever pois tenho uma idéia precisa do trabalho. estava no México, mas Echevarria** é muito burocrático e paternalista. eu vejo meu trabalho claro. o filme se ele produz é para ter o controle artístico e comercial. gosto dele, é simpático, mas não quero. é duro, muito duro, mas devo insistir para continuar meu trabalho. há muitos aspectos do meu trabalho que são perigosos. estou certo que irei fazer um grande filme, já fiz, sem problema. mas é preciso ser livre. perdi três anos de minha vida com *História* para satisfazer necessidades políticas... Alfredo Guevara me expôs [...] mas não desisti de ir até o fim do mais fundo cinema underground. mesmos problemas para ser livre. enfim te conto meus projetos concretos e te pergunto em que medida você pode colaborar comigo, se é possível, se isso não te incomoda. primeiro te falo de Marcos.*** Ele não é meu sócio. é sócio apenas nesse negócio de *História do Brasil*, logo não é uma pessoa que deva estar a par de meus negócios. não quero nenhum contato com os brasileiros, exceto raros amigos.

(*) Carta enviada de Nova York em fevereiro.
(**) Glauber possivelmente se refere ao cineasta mexicano Nicolas Echevarria.
(***) Marcos Medeiros.

quero que mandes tirar uma cópia de *Câncer* do master que te dou, mesmo ruim e me ENVIE o mais cedo possível com uma lista de diálogos em português. pode mandar para Fabiano, vou perguntar como fazer para receber ou me escreva dizendo como fazer para receber.

quero que mande uma carta a Dan o autorizando a me dar, diretamente aqui, o cheque de *Barravento*, que vem menos tua comissão, e o cheque sobre os 50% do *Leão* — em três meses as cópias estarão pagas e você terá dinheiro. Com isso recebo meu dinheiro aqui diretamente. faça isso por favor o mais urgente possível, pois assim poderei fazer um empréstimo aqui pois estou sem dinheiro como sempre e mesmo isso não será suficiente.

sobre *Idade da Terra*: rompi por telefone com Braunsberg [...] Rassan não pode fazer nada pois o contrato que assinei com ele é chamado *A conquista de Eldorado*. se você ainda quiser se interessar por essa produção te autorizo a procurar Nicolas Seydoux e pedir um adiantamento sobre a distribuição na França ou Europa entre 100 e três mil dólares ou procurar quem você quiser na Europa. produzirei o filme eu mesmo entre New Yorq e Porto Rico, eis o segredo.

o filme poderá ser feito por trezentos mil dólares, um grande filme. aqui monto o negócio com o pessoal da Tricontinental,* logo te proponho um adiantamento de venda sobre o mercado europeu. aqui é como a Mapa, torno-me associado da Tricontinental, temos o mercado americano, do Canadá ao Brasil, e você vende para a Europa, África, Ásia — ok. você pode fazer uma compra adiantada do filme numa operação que você pode ganhar também. eu quero começar o mais tardar no mês de março. é preciso conseguir o dinheiro com o argumento e a sinopse que você tem. *sem vedete*. a vedete no caso sou eu. duração do filme? 2 horas, uma duração comercial. se tiver interesse me telefone, estou na casa de Fabiano Canosa ou você me acha através de Dan. Juliet deve vir entre os dias 10 ou 15. você pode enviar respostas concretas através dela. os contratos de venda deverão ser feitos com a Tricontinental. te digo que não haverá mudança de planos mesmo se eu mudar da Tricontinental para uma outra.

nesse caso a primeira soma de dinheiro deve ser posta até o fim de fevereiro, no máximo, melhor a metade, digamos 50 mil dólares para começar a filmagem e o resto num prazo a ser estabelecido. Enfim, eu simplifico: te

(*) Produtora cubana, co-produziu com o ICAIC o filme *História do Brasil*.

vendo o filme para a Europa, África, Ásia por 200000 dólares. com esse dinheiro faço o filme associado à Tricontinental e talvez com os mexicanos.

se a Gaumont entra no negócio você me dá uma comissão de 20% depois que os duzentos mil dólares sejam reembolsados. enfim escreva com tua opinião. desculpe os saltos desta máquina elétrica.

Te agradeço por tudo e te espero com boas notícias. sobre *História do Brasil*, não se chateie, faça os negócios possíveis. devo recomeçar do zero pois estou a zero. depois de tudo restam poucos amigos e necessidade de trabalhar. te desejo um bom ANO NOVO à tua família também. com toda amizade Glauber.

Glauber

De Paulo Emilio Salles Gomes

São Paulo, 30 de abril de 1975.

Meu querido Glauber.

A sugestão de Carlos Roberto (autor de *Um drama caipira*, dedicado a Caio Scheiby — filme sobre o cinema campineiro enrolado como aquelas parasitas enriquecedoras em torno do tronco do cinema campineiro que foi o *João da Mata* do Amilar Alves — o especialista de Humberto Mauro a partir de 1930 até 19..?) é que esta carta devia ser escrita dia 1 de maio. Acontece que apesar de especialista ele tinha esquecido que hoje o Humberto faz 78 anos e os jornais estão aproveitando para comemorar o seu cinqüentenário cinematográfico, já que o *Valadião* é, de acordo com os melhores autores, de 1925. Humberto, na sua vida, e o Vigo também e você na minha vida e eu na sua, tudo isso é ótimo. A inspiração desse enrolamento me foi inspirada por duas cartas suas de 1960, que Godofredo descobriu na Cinemateca e que acabamos de ler agora. Os documentos serão devidamente xerocados e caminharão para a Raquel. Ela então te escreveu, não foi? O trabalho dela como você vê é sério e a preocupação em ir de vez em quando soltando um fragmento de declarações suas me parece útil, oportuno, eficaz e isso numa multiplicidade de níveis. O tal curso em Nova

Iorque vai sair mesmo e afinal vou ver o *Der Leone* pois o incluí como ilustração. Você já está sabendo do Bodansky, vi a *Iracema* pela segunda vez e tudo ficou confirmado e aprofundado. Vai ver que nessa hora você também já viu ou está vendo. Muita gente acha que vão surgir problemas, de forma que antes de mandar reto para Brasília está se organizando um trabalho de aproximação com funcionários (eventualmente algum ministro) que vão vendo a fita, envolvidos por intelectuais e membros da corporação. A notícia sobre o *Leão* em Portugal confirmou a tese, você sabe que eu faço tranqüilamente tese sobre coisas que eu não vi, mas desenvolvo, elaboro e elas acabam me ajudando muito. Aliás não é para você que eu vou explicar que não saber e conhecer ou não conhecer e saber não tem nada uma coisa que ver com outra. Em suma, a minha tese é que o *Leão* era uma fita ótima — mas uma fita ótima para a qual faltava um elemento fundamental para uma fita ótima ser ótima, isto é, você já está vendo, o público. E aí entram as baleotas sorridentes dos milagres; porque que outro público poderia ser senão o português, de agora? Ou então precisaria esperar aqui, mas não agora. Ou Angola, Moçambique ou Haiti. Eu estou pensando só de público no espaço, que para mim importa muito. Me preocupa o *Outubro* só ter encontrado o seu público no tempo. Não é que seja mau sinal, mas é sinal de outra coisa. Eu vou ficar em Nova Iorque de fim de junho até fim de julho. Gostaria muito de ver (incluindo ou não no curso, isso você que julgaria, que sabe da convivência) *História do Brasil*, *Cabeças cortadas*, *Câncer* etc. Haveria meio de articular as coisas. Meu endereço lá será ·

aos cuidados de Ted Perry
New York University/Schooll of the Arts
Department of Cinema Studies/400 South Building
Washington Square/Washington NY 10003

Ao Rio não tenho ido. Estive com o Nelson há muitos meses em Recife, onde vi o *Ogum* pela primeira vez. Depois já vi outras, meu interesse e mesmo entusiasmo e encantamento é como o de toda elite, muito grande. Mas ainda não houve meio de satisfazer a minha curiosidade maior — a minha é a de todo o mundo ou pelo menos todo mundinho — que é a de saber como a fita funciona com o povo. Aqui em São Paulo está só no Belas Artes e ninguém consegue me explicar direito como as coisas se processaram no Rio. Gustavino pai, de vez em quando pelo telefone. Joaquim apareceu para nos mostrar a *Guerra*,* que impressionou muito. Tem outras coisas, inclusive aqui em São Paulo mas é preciso contar mais ou menos em ordem e não vai ser agora. A embrulhada mexicana pudemos seguir mais ou menos razoavelmente pelos jornais. E tem a P. que ultimamente você deve ter sabido embirrou de novo com o P. e com muita embrulhada como conseqüência, às vezes bastante sinistra.

O velho.

De Zelito Viana**

Gabiru,

Saudades grandes. Minha passagem por Roma foi rápida mas intensa. Não esqueci ainda nada. Todos os minutos vividos por mim foram de grande importância e estão frescos na memória. Walter me deu notícia do filme*** dizendo que tá um grande barato apesar da minha participação ter sido diminuída. Acho que minha carreira de ator está comprometida. Aliás, só você que acredita em mim como ator. Depois do *Câncer* minha única chance foi essa. Qual o título? Na imprensa aqui saiu como *Claro*!

A política cinematográfica ferve a 1500 graus. Nunca nos reunimos tanto. Os homens entregaram esta loucura que é o cinema brasileiro praticamente em nossas mãos. Grande responsa junto com uma grande perspectiva. Uma nova safra se anuncia, saída desta nova Difilm revista, madura e ampliada que está se tornando a Embrafilme. É incrível como as pessoas que trabalham e funcionam são exatamente as mesmas. A única "renovação" de quadros é ainda gente das velhas lutas como Calmon, Sarno, Fontoura etc.

Saiu finalmente a grana para Mário Carneiro fazer seu filme,****

(*) *Guerra conjugal*, filme de Joaquim Pedro de Andrade, de 1975.
(**) Carta enviada do Rio de Janeiro entre maio e junho.
(***) O filme referido é *Claro*.
(****) *Os gordos e os magros*, único filme do fotógrafo Mário Carneiro (1977).

mesmo com 10 anos de atraso ainda é uma boa notícia. Eu estou preparando *Morte e vida Severina* para filmar dentro de uns 2 meses e começando a pensar na pesquisa do "Villa-Lobos". A Embrafilme vai financiar roteiros (grande progresso). Leon vai fazer *Antônio Conselheiro* e Cacá, *Carmem Miranda*. O filme do Joaquim estourou todas as bilheterias. Bruno vai filmar *Dona Flor* e Nelson começa ainda este mês *Tenda dos milagres*. Jorge Amado portanto em grande moda. *Gabriela* na TV e ainda *Pastores da noite* com Camus.* Várias novas revistas na praça. A nossa parece que agora vai. Jabor na cabeça. Walter também filma ainda este ano. Ele tá a fim de acabar *A lira do delírio* [...] 112 dias, grande vitória. Geisel encampou a luta do mercado pessoalmente. O papo dele com o pessoal que foi lá — Luís Carlos, Nelson, Roberto** e Jece — foi do caralho. Falou inclusive em abertura da Censura. O portador é como se fosse meu irmão. Padre do Verbo Divino. Gente muito fina. Nosso candidato a Papa. Santo. Incapaz de fazer mal a alguém. Adora o cinema que se faz e o que se fez por nós neste país. Dá um beijo grande em Juliette e repita pra ela que foi um grande prazer conhecê-la. No mais, tudo em paz.

Um beijo do irmão

Zé.

Para Cacá Diegues***

22 ou 23 de agosto de 1975

Querido Cacá

Recebi sua carta por Pierre Kast. Morro de saudades de você e de Nara. Tenho vontade de conhecer seus filhos, que vi apenas Francisco pequeno ainda. A Europa é pequena, meu caro, mas vive suas transforma-

(*) Marcel Camus.
(**) Roberto Farias.
(***) Carta enviada de Paris.

ções, conseqüentes daquela revolução francesa da qual nosso Portugal é seu último teatro com seus diretórios e demais contradições. Stalin realmente fudeu tudo. Mas o sensacional é que no processo dialético materialista da história Portugal pulveriza as sagradas escrituras leninistas e se abre um novo debate, que Garaudy escreveu genialmente no *Le Monde* respondendo no momento justo às agressões da qual foi vítima quando o Clube o expulsou: Diz o velho Roger que de Portugal virá o socialismo dialético, ou seja, autogestional. Ao contrário do socialismortodoxo aristotélico no qual o estado leninista impõe de cima suas leis como o estado burguês, o estado leninista-stalinista-maoísta é reformista embora o último TENTE fazer avançar a dialética da contradição, processo que depende de uma subversão psíquica (cultural) coletiva e que é uma barra.

As contradições não antagônicas são idealistas. As antagônicas são materialistas. A verdadeira harmonia (mas seria harmonia conceito idealista?), digo a criatividade, nasce da contradição de um que não soma dois, mas se divide em dois. Nossa relação dialética com a vida = com o outro, a mulher ou o homem — com a sociedade, a revolução permanente com a arte, amor, estética. Tudo isso é um processo contraditório simultâneo, onde o homem pode superar a morte se monta bem a vida. O inconsciente joga sempre um papel de traidor ou amigo, depende como o consciente o interpreta. Eis aí o núcleo contraditório...

No Brasil germina a semente de uma nova civilização pela renascença do espaço afro-luso-brasileiro, que contém África, Ásia e Portugal. Ah! Que saudades! *But* eu devo seguir o meu processo e voltarei mesmo em 1977. Isto se um Otelo não apareça para mudar a *mise en scène*.

A luta aí é correta nesta Embrafilme. Manter o poder na Embrafilme, mas evitar que se crie o monstro tecnocrático que vai reprimir as novas gerações. Esta é minha última preocupação.

Volto a Roma para filmar *Revolução*. Queria fazer em Paris, mas não dá. *Claro* recebeu excepcional crítica da imprensa italiana no festival de Taormina, mas é um *miúra*. Aliás eu acredito em comunicação qualitativa com o público e o que importa é a teoria, ou seja, o discurso sobre o núcleo. O discurso sobre o fenômeno sem causalidade é o resultado idealista desta montagem antidialética do cinema contemporâneo, sendo que a montagem dialética materialista foi interrompida por Stalin e Ivan Nevski I e II. Em *Linha geral* foi o colapso. Escrevi um ensaio sobre Griffith, Chaplin e

Eisenstein, a melhor coisa que escrevi em matéria de teoria. Tem 35 páginas, onde se pode publicar aí? Gostaria que fosse em *Visão* se o Zuzu topar, ou em *Opinião*, mas aí tem o problema de espaço e não gostaria de publicá-lo interrompido, logo talvez *Visão* seja melhor.

FICO EM ROMA. Lá tenho possibilidades mais concretas. Sempre pobre, encontrarei produtores e devo acompanhar a produção de *Alexandre*,* para a RAI. Se faço este filme ganho o suficiente para me libertar da pobreza. Não posso abandonar o projeto na metade, depois tenho em Roma sempre a estrutura de Renzo Rosselini, que me ajuda. Você vem a Pesaro? Sei que é difícil para você por causa da montagem, mas bem que devia dar um pulo. Vai ser quente desta vez e serviria para recarregar as baterias no debate mais profundo, porque tudo agora é internacional.

Nosso projeto é um processo, vivemos a antítese, chegaremos às SIM TESE antes de 1980...

Lacerda está botando a cabeça de fora. Cuidado com o charme discreto do diabo...

Por que Paulo César se marginaliza? É preciso ajudá-lo a se reintegrar, sem ele falta *une certaine* poesia... quero seu endereço para escrevê-lo. Bom, queria que Nara, se possível, indicasse um bom professor de violão para Paloma. Ela tem bossa, compõe e canta legal... Um beijo e saudade. Espero que logo nos vejamos e sucesso para *Xica*. BURU

ainda por este 24 d'agosto paira
o trágico mortal varguista
onde o povo ficou sem pai
pra saber
que povo com pai não anda

Li no *Jornal do Brasil* um poema drummônico sobre a morte de Murilo
Mendes que cavalgava em pêlo seu mito poético
comunicante em literatura
metafórica o particular no geral vice-versa
estética
mas é preciso romper a fronteira da morte
superar pela montagem dialética materialista da vida

(*) *Alexandre, sol do Ocidente*, parte do projeto do filme *O nascimento dos deuses*.

o final idealista do melodrama tragicômico que faz o homem envelhecer
ou morrer não por destino ou acidente
mas pela traição do inconsciente mascarado tanático vampiresco
que chupa e devora o Eros
E matar a besta do EU NEURÓTICO
liberar a coletividaderótica criativa
não localizar a morte na vida mas
VIDA NA VIDA
sair desta trapaça destransação
do teatro neurótico pela razão e pelo sentimento quente dos incêndios
purificadores.
com dureza, pero com ternura siempre
la dura tendresse de la pratique dialectique M/H
da psicanálise *antifroidiana.*
da psicanálise materialista dialética contraditória revolucionária
da morte da tradição inconsciente da tragédia
a revolução do espetáculo histórico pelo cinema
miroir dialectique de notre história inconsciente
que a torna consciente e meta logos antimaterinfinita
que rejuvenesce a consciência o corpo a vida

O materialismo histórico e dialético não
é o misticismo ou idealismo stalinista ou mesmo
maoísta. Uma semente marxista apenas. Poeirato-
mica fecunda outros espaços... apenas isto, logo
tudo vale a pena quando a alma não é pequena como dizia Pessoa poeta de quatro cabeças título do filme que vou fazer em Lisboa em dezembro.

Encerrado o período antítese do Cinema Novo = revisão crítica de nossa história que começa com *O índio*, *Pindorama*, *Inconfidentes*, *História do Brasil*, *Joana*, e se encerra em festa com *Xica* é preciso começar a SIM TESE, o cinema que faz História. Por isso em 1976, porque ainda Leon filmará o passado no presente: *Antônio Conselheiro*, ultrapassaremos a literatura brasileira para estruturar um pensamento fílmico, o texto moderno. O CINEMA NÃO MORREU, O QUE MORREU FOI A CULTURA EUROCÊNTRICA COM GODARD. LUZ, MAIS LUZ, AÇÃO, MAIS AÇÃO. NÃO EXISTE *THE END*, existe *toujour* o *devenir*.

Cacá, gosto do teu filme Joana F... *A princípio bem. Depois muito e agora + quando li Jorge Amado e que conheço melhor os brasileiros. Mas é normal que o "caretismo" francês não compreenda bem, como tudo que está "Fora da França e Europa". Te direi por que se te ver 1 dia com Nara. Lembranças a você e Nara Lion.*

Juliet

— Qual é o endereço de Paulo César e de Joaquim e de Leon? Outra coisa: meu endereço em Roma é Via Montecarlo, 149. Paris morreu. Rever os velhos filmes de Godard é uma desmistificação. Nouvelle Vague é mesmo uma merda. Saí na metade de *Pierrot Le Fou*. Quá! Quá!

De João Carlos Rodrigues*

Glauber,

Saiu ontem, sexta-feira (a última de agosto), tudo que você mandou para *CRÍTICA*, não em forma de entrevista, mas como artigo e/ou manifesto. Eu mesmo bati as laudas, sem cortar uma vírgula. Saiu também a própria capa do jornal. A repercussão foi bombástica. Nelson Pereira, Cacá e Saraceni apoiaram na íntegra. Roberto Farias fundiu a cuca, até reuniões embrafilmescas aconteceram hoje em pleno sábado. Vários diretores (adivinha quem?) enfiaram a carapuça até o pescoço, achando-se diretamente atacados. O udigrúdi ainda não se manifestou mas, com a exceção do Júlio, deverão manter-se neutros ou simpatizantes (principalmente Neville e Tonacci). Ainda vai correr muita água por isso (hoje é apenas o segundo dia dos sete que o jornal ficará nas bancas). Em suma, tudo saiu o melhor possível. Mandarei o jornal caso o Inácio já não tenha mandado um. Continue a escrever, que sairá.

Este ano, de filmes brasileiros estreados ou por estrear, vi alguma coisa boa. Tirando a *Guerra conjugal* (que não gostei) e o *Amuleto de Ogum* (que adorei),

(*) Carta enviada do Rio de Janeiro em 30 de agosto de 1975.

Iracema, de Bodanski (& Orlando Senna), você deve ter visto em Taormina. É o melhor filme social feito no Brasil desde muito tempo, apesar de certas provocações (como dizer-se que pro governo o Brasil vai até o Pacífico, across Peru and Colombia). A ala revisionista-burocrática do Cinema Novo torce o nariz e diz que é "inoportuno". Seria a verdade inoportuna? O INC recusa dar o certificado de filme brasileiro (sem o qual não pode sequer ir à Censura); o Itamaraty escreveu carta indignada a Taormina* por causa do prêmio. Acho ótimo, oportuníssimo e poderia inclusive dar $$$$$.

Outro filme é *Passe livre*, de Osvaldo Caldeira, cinema verdade sobre futebol, ou melhor, sobre Afonsinho, o jogador que comprou seu próprio passe, subverteu o futebol até ser devidamente afastado pelos clubes reaças, não sem antes ter fundido a cuca de Pelé. Não foi lançado por nenhum cinema comercial, poucas exibições em cineclubes.

Sem essa, Aranha! chanchada de Sganzerla com Zé Bonitinho, Maria Gladys, Helena Ignez, Luiz Gonzaga e Moreira da Silva, feito em 70, nunca passará. É um filho direto seu, queira você ou não, poderia ser chamado de anti-*Dragão*, mas é tão anti que você adivinha o *Dragão* por trás de tudo. Poderia passar sem as duas últimas seqüências: mulata se masturbando com garrafa de cachaça gozando três vezes plano seqüência com Luiz Gonzaga atrás tocando "Siri jogando bola" na sanfona com coro de sobrinhos; e o plano final de alguém limpando o pé sujo na cara de um crucifixo. Mesmo muito bom, este filme pode ser incluído no gênero sadomasoquista (vide Elliot Stein & Kenneth Anger).

De resto aqui tudo bem, apesar de um retrocessozinho político esperamos passageiro com o mês de agosto. Rouba-se tanto quanto nos velhos tempos de JK e JG mas sem os direitos individuais. Geisel me parece incompetente, paternalista neogetulista, o Estado Nov(íssimo). Ninguém sabe que bicho vai dar. Pode dar bicha, também. Via Fabiano fiz a aproximação com Pereira, que estava puto porque eu tinha dito que o filme dele (*Tenda dos milagres*) era produzido pelo Delfim, o que era e é verdade, mas e daí? Pode-se usar o dinheiro deles (aliás nosso) contra eles (por nós mesmos). A população anda de saco cheio, quebra-quebra na Central, Copacabana e Manaus. Censura proibiu novela da Globo, era *O berço do herói* (proibida) em 64, disfarçada.**

(*) Festival de Cinema de Taormina.
(**) Novela lançada depois como *Roque Santeiro*.

Comigo tudo bem. Ouvi dizer que Letícia fez um filme sobre os porto-riquenhos de NYC em pé de guerra. Vi hoje dona Lúcia, Paloma e Lu — todas ótimas. Fabiano, David e Nélson batalhando as cópias para Pesaro. Mande abraços para Cachorro de mim, sou um puto — mas escreverei.

Tudo de bom, escreva.

João

Para Raquel Gerber

Roma, 9 de setembro de 1975.

Raquel,

Recebi sua carta, meu endereço continua o mesmo.

Saiu um livro na Itália de C. Bellumore, *Colezione Castoro cinema*. Se você não conhece, o Walter Lima tem um exemplar, talvez possa lhe ser útil na finalização do trabalho. O livro contém uma imprecisão porque diz que abandonei o filme *História do Brasil*. O filme ficou pronto com o seguinte acordo: Produção e Roteiro de GR e Marcos Medeiros. Pesquisa: MM e GR. Texto e Montagem: GR.

A cópia de *Cabeças cortadas* está na censura e somente Zelito pode lhe mostrar. Fale com ele, creio que não haverá dificuldades.

Tenho aqui dois artigos importantes: um de Robert Stam sobre *Terra em transe* e outro de Thomaz Kavanah sobre o *Dragão*. São dois estudantes americanos, o primeiro de Berkeley, o segundo de Buffalo, que apresentaram estes trabalhos em seus cursos.

Se você acha que pode entrar no livro, são oito a dez páginas cada um, escreva que lhe envio as cópias.

Se você não viu os filmes feitos fora o jeito é falar dos filmes feitos aí, à exceção de *História* e *Câncer*. Mas para lhe facilitar, o *Câncer* é um apêndice de *Terra em transe* e *História* um Cine Jornal estilo *Revisão crítica do cinema brasileiro*, que fecha o ciclo Terceiro Mundo.

Claro é um filme que pertence a outra fase.

Sobre os artigos de *Ângulos* e outras coisas que você achou, gostaria de receber cópias porque estou terminando de montar um livro sobre tudo que escrevi sobre cinema e arte em geral, entre publicado e inédito. O livro está quase pronto mas se ressente justamente de alguns artigos publicados na Bahia e que para mim é importante reler agora. Mande-me o que tiver neste sentido. [...]

Diga a Paulo Emilio pra me escrever.

Espero que você termine logo seu trabalho,

um abraço

Glauber

PS → Gostaria também de receber uma cópia do trabalho de Heloísa Buarque de Hollanda sobre *Terra em transe*, se é que é possível.

De Paulo César Saraceni*

Buru encantado

Vibrei com tua nova aparição. E cheio de planos, filmes prontos e o mesmo transe de sempre. O depoimento bomba para *Crítica* veio pegar o pessoal desprevenido e eu no momento de uma luta idiota mas quente para conseguir o tutu para o *Anchieta*. E fui o primeiro que tive que responder. Senti que apesar da paúra e do respeito do pessoal a tua bomba veio mexer em casa de moribundos e o pessoal chiou e eu fiquei gritando, que isso pessoal vocês não entenderam nada o Glauber quer é sacudir, botar chuva e sol na roseira, o que está faltando é tesão e coragem e o baiano tá mandando seus fluidos de lá, vamos aproveitar o embalo e mandar ver.

Talvez eu tenha torcido um pouco o teu pensamento mas é a mesma coisa de nossa viagem pelo caminhos dos cristãos perseguidos da Via Capellari onde Gianni mora, Piazza Navona, Campo dei Fiore, a visão de *Terra em transe*, *Santo Guerreiro*, *Casa assassinada*, *Carnaval* juntos. Conversa premonitória — quais os caminhos do Cinema Novo, quem na direção da Embra —, eu te dizia quero você. Só você tem a coragem, o culhão de trazer

(*) Carta enviada do Rio de Janeiro em setembro.

todo mundo de volta para a luta. As pessoas aqui estão ainda com muito medo, sacanagem, querendo deitar na sopinha, TVs Globos, pornôs etc., sem visão amada dos índios povo brasileiro, cinema de novo novo — coisa que o mundo precisa e espera como salvação. Te vejo em grande amor no coração em casa e com os olhos ainda voltados na gente e no Brasil. Babalaô demais, se amarrarem as mãos toca com os pés os atabaques divinos Barraventos.

Depois de muita luta *Anchieta* vai saindo, *são três anos desde a minha volta de Nova Iorque* onde houve de tudo comigo. Completamente marginalizado e já querendo me tornar um Rimbaud africano, quando a aeronáutica me pega diz que sou pombo-correio entre a conexão política esquizofrênica entre o Brasil e as passeatas contra o governo Médici e me dão porradas pra caralho, mas tudo bem, foram porradas redentoras que me trouxeram outra vez para a briga e querendo dizer como antes, já desde *Caminhos*, que milagre sim mas o dos homens amados amantes das energias mágicas e libertadoras. Não era para me segurar mesmo e me mandei mandando paca pra ter força para ir adiante e quebrar preconceitos... ah, sonho divino tudo começar de novo, um novo novo, com a mesma tesão e eu sonhei que o teu grito tinha partido pra transar num movimento que te trouxesse de volta mais quente do que nunca pra seduzir a moçada. Agora estou armando um esquema pra começar, antes que a verba e burocracia teimem em não me dar, já vou começando as locações e o preparativos da filmagem, enquanto os homens não soltam o tutu que eu ganhei porque saquei antes.

Não sei se você leu a minha resposta ao teu depoimento mas eu aproveitei para botar os outros no fogo e fazer eles abrirem a boca dizendo o que falam nos ouvidos ou nas ante-salas, evidentemente sendo um semanário comprometido com a autocrítica porque jogam no time emedebista não colocaram tudo que eu disse nem o final que eu acabava dizendo que Glauber falou tá falado.

Irmão tudo bem, te beijo muito e na tua mulherzinha que me dizem genial.

Diga a Metka que penso nela — nos amigos — Marcos, Gianni, Nino, todos — Sandro, Mauro, Bernardo.

PS — A primeira mexida nossa — Pesaro — VAMOS LÁ

Beijos

Paulo César

SARRA

De João Carlos Rodrigues*

Glauber,

o Inácio disse que mandava, mas talvez não mande, por isso mando eu. Como pode ver, trocaram a ordem de alguns parágrafos mas foi retificado depois. Não tive nada com isso, não transo pelas oficinas... Mando também as opiniões de Saraceni, a primeira de uma série que deve sair sobre seu artigo. O Nelson ficou de escrever, mas desapareceu, vamos ver. Eu sei que ele gostou porque eu ouvi isso dele na casa dele mesmo, ponto final.

Por aqui as coisas andam estranhíssimas. Mais uma vez, diante de enorme crise econômica e falta de dinheiro absoluta, defrontam-se as duas tendências brasileiras, o autoritarismo e o liberalismo. O sertanejo forte e o mestiço neurastênico do litoral. O frio jagunço e o mulato lato, democrático do litoral.** Floriano Peixoto versus Rui Barbosa. Em suma, os militares contra o poder civil.

O Juarez Távora morreu dizendo que não acreditava mais em Revoluções como forma de resolver os problemas nacionais. O brigadeiro Eduardo Gomes, numa recente entrevista ao Afonso Arinos que só será publicada depois da sua morte, faz penitência, amaldiçoa a Revolução de 64 e chega a dizer que tudo seria melhor sem ela. Os chamados "chefes históricos" da revolução de 30 — início do poder militar que já vinha se ensaiando desde 1889 com Floriano, até subir em 64 e eliminar toda oposição em 68. Nestes anos todos a direita, a centro-direita e a extrema-direita alcançaram posições importantes. Na minha opinião esta camarilha social só poderá ser eliminada através de alguma coisa radical, rápida e definitiva. Caso contrário caminhamos a passos largos para a Secessão antes do ano 2000. Os militares podem, mas não querem, senão já teriam feito. Eles estão confusos, sabem que deram um nó que vai ser difícil de desatar, mas sua formação é positivista (portanto hierárquica e autoritária) quando não integralista. Os tecnocratas devem ser eliminados. Não adianta tirar o Simonsen e botar Celso Furtado. Temos que nos livrar dos dois. Fechar as

(*) Carta enviada do Rio de Janeiro em 17 de setembro.

(**) Referência à distinção que Euclides da Cunha fez entre o sertanejo forte, e o neurastênico e mestiço do litoral, retomada por Glauber em artigo do *Pasquim*.

fronteiras por alguns anos e quebrar TUDO, como na Revolução Cultural chinesa. Madame Chang Ching.

Se pretende voltar, nem que seja para passear, espere seus filmes estrearem em outubro e dê uma sondada. Mas uma sondada em alto nível (Pereira é íntimo do Reis Veloso, eminência parda, pode dar o toque a não ser que tenha medo). Verão chegando, bamos ver, a não ser que tudo piore.

Vou levar amanhã "O fantasma de Lacerda" para o Inácio ver. Pode ser que saia, pode ser que não.

Abraços,

João Carlos Rodrigues

De Raquel Gerber

São Paulo, 25/setembro/75

Querido Glauber,

Recebi sua carta. Aí vão alguns dos textos que você pediu. Vai também uma cópia do trabalho que preparei para a coletânea. Ela é uma tentativa de sistematização de informações gerais sobre o cinema novo, Glauber Rocha e o seu pensamento desde as origens. É ainda um trabalho bastante sumário (também eu não dispunha de espaço maior) e se ressente de informações relativas a Vitória da Conquista (este período bastante importante) e de reflexões sobre as fitas estrangeiras. Mas acredito que funcione bem na coletânea como uma apresentação cronológica. Ele também está funcionando como um núcleo para discutir algumas questões que devo aprofundar na tese. Devo ter a dissertação para mestrado pronta até julho de 76 (data máxima). Paulo Emilio e Jean-Claude já fizeram suas críticas, o que me abriu perspectivas novas. Jean-Claude discorda do conceito de arte revolucionária, achando que ficou insistentemente teorizado. Concordo, pois esse é um dos temas principais que investigo e pretendo desenvolver mais. Acha que eu assumi pura e simplesmente a sua posição. Não concordo porque eu apenas iniciei uma investigação [...] sobre as origens do pensamento teórico de Glauber Rocha. Eu assumo a posição dele e a do Cinema Novo para tentar um outro caminho meu. Comecei o meu raciocínio usando algumas teorizações do Florestan (página 9), que foi meu professor e de quem herdei muitas idéias. Aliás a orientação que estou tendo na área de sociologia tem sido um pouco conturbadada. Gabriel Cohn (também aluno de Florestan) tem orientado o trabalho dentro de sua área, que é Teoria da Ideologia, me indicando leituras de filosofia (Merleau-Ponty — *Fenomenologia da percepção*), Bergson (pois ficou muito impressionado com as citações que eu faço de um texto seu sobre Faulkner, o processo da duração, do tempo vivido, da vivência, páginas 20 e 21). Quer também que eu reflita sobre a questão da subjetividade estética exacerbada do movimento cinema-novista; sobre o voluntarismo (ficou encafifado com sua citação sobre Fanon). Fanon que é psiquiatra e que tem uma visão do colonizador do ponto de vista *do sujeito*. Conversando com PE ele dizia que certamente Fanon foi uma leitura posterior. É claro que existem conexões mas elas não estão *na origem* do movimento. Gabriel considera como questão relevante para a sociologia estudar as relações dos vários tempos aí; quer dizer, do tempo subjetivo (tempo interno, tempo da vivência) com o tempo histórico. Inclusive ele considera que essa entidade do sujeito (sede da ação ou de um projeto de ação) possa ser o "terceiro-mundismo" ou a "descolonização cultural". Ele fala que o grande tema presente, sem dúvida, é o de articulação entre o tempo vivido (a duração para Bergson, o momento pleno plenamente particular também) e o tempo de realização da obra (histórico). Falamos em dialética entre o particular e o universal. Ele considera que o Cinema Novo tenha tido uma visão, uma concepção de história que praticamente *neutraliza* a história. A visão de tempo histórico é a do tempo subjetivo, é a vivência imediata, a duração. Ele quer que eu reflita como estas coisas se articulam com uma postura política.

Tanto Paulo Emilio como Maria Rita consideraram desapropriado esse caminho. [...] Paulo Emilio teve um verdadeiro entusiasmo com relação à segunda parte, quando falo da Bahia. Achou tudo absolutamente novo. Claro, Paulo Emilio sempre vê com os olhos e o coração do historiador, antes de mais nada. Eu pessoalmente tenho muitas dúvidas [...]. Estou no ponto de começar a redação final do trabalho. Me faltam ainda algumas leituras, mas já tenho todo o material fichado e sistematizado. A propósito mando também uma lista de textos de Glauber Rocha que tenho em meu arquivo. Você diz o que interessa e xeroco e mando.

Passei cópias do trabalho para Rogério Duarte, Escorel e Ismail, que acho que são no momento as pessoas fundamentais para mim discutir. Com Rogério quero continuar o papo sobre o mito, com Escorel sobre a questão da montagem (que Cohn considera como procedimento atemporal quando o autor realiza uma estrutura). Para Cohn a montagem é a construção de um sistema que é uma entidade a-temporal. A montagem seria então uma legitimação mítica da atividade construtiva do autor. A montagem seria o momento do mito.

Ismail foi a pessoa com quem comecei a estudar Cinema Brasileiro e que tem algumas reflexões fundamentais sobre você. Ele está em Nova York fazendo o doutoramento.

Recebi através de Paulo Emilio o livro de [...] Cinzia Bellumore. Dos artigos que você cita de estudantes americanos, conheço o de Robert Stam. Ele enviou cópia para Jean-Claude. O texto deverá ser publicado na revista da Faculdade de Filosofia (*Discurso*) e talvez também no *Cadernos de Opinião*, simultaneamente ao lançamento do livro pela Paz e Terra. O de Thomaz Kavanah sobre o *Dragão*, não conhecemos. Seria interessante mandar, apesar que acho que a composição do livro já está pronta. Quem está cuidando da diagramação e da parte gráfica é o Elifas, um cara muito bom. As traduções já estão prontas.

De Anecy Rocha

Meu irmão querido,

Já estou no meu apartamento, morando com Waltinho* e Pala que fica meio lá meio cá. Ela baratinou muito com essa transa daí que não deu certo, ficou sem ter o que fazer,** anda angustiada, não se interessa por nada, cheia de dores de estômago, febre que vai e vem, sem referências, 15

(*) Walter Lima Jr.
(**) Referência à viagem de Paloma Rocha a Paris em julho de 74, para morar com Glauber.

anos, atormentada, uma barra. Tem sido muito difícil mas nós somos mulheres fortes (nos esforçamos) e acho que quando ela entrar para o colégio tudo vai melhorar pro lado dela. Minha casa é bem pertinho da de minha mãe, para mim foi melhor ter uma vida limitada a menos pessoas, meu apartamento é bonito, tem vista empatada para o Corcovado e eu vou transando o Waltinho, Pala, a casa e o que pinta. Voltei agora da Bahia onde fui fazer um papel no filme de Nelson. Dessa vez não curti muito, fiquei superdeprimida e pedi que me liberasse o mais rápido possível. Não gostei de nada. Achei o papel desinteressante, me senti solitária e antes que a barra pesasse me piquei, que não sou boba e estava ligada na nova casa; enfim, foi mais uma experiência de vida e já estou em outra. Tudo bem.

Meu pai veio passar uns tempos com a família, ele é legal comigo mas está sempre em choque com a minha mãe e Lu. Pretende passar uns tempos com tio Agenor em Santo Antônio, depois em Conquista com Carlito e depois não sabe mais. Só quer saber de você, o que está fazendo, se tem grana, como é Juju, já repeti mil vezes e ele sempre querendo saber. Não tem dinheiro, roupa, porra nenhuma, mas vai curtindo a vida, observando e batendo um papinho com quem pinta. Mesmo sem entender, lê os livros sobre você que Pala trouxe e vai levando a vida assim, meio esquecido e planejando lugares para curtir. Minha mãe continua na Globo, mandando a maior brasa, já considerada uma funcionária competente, transando tudo que aparece, sai de manhã e só volta à noite. Ela descola todo o dinheiro da casa, sustenta Lu, João, transa de lá, de cá e vai metendo bronca. Está forte e bonita. Lu é uma supermãe, só pensa no filho e é absolutamente concentrada nele.

Estive com vários amigos seus na Bahia. Jorge Amado, Calá e Fernando* receberam cartas suas e ficaram muito contentes. Jorge comentou que você deve ter escrito numa máquina muito louca, essas daí que se troca tudo. Conversei muito com Joca pelo telefone, ele teve um problema seriíssimo nos ouvidos e só escuta por um (achei um bode para quem gosta tanto de música); é o chefe do *Jornal da Bahia* e pedi que ele me ajudasse na seleção de artigos escritos por você; todo mundo lá tem muita coisa escrita por você e prometeu nos ajudar mandando tudo diretamente para seus endereços (Roma e Paris). Tem até um cara que tem uma coleção particular de coisas escritas desde a década de 50; não sei o nome dele mas tenho

(*) Fernando da Rocha Peres.

quase certeza que você vai receber. Estão sempre publicando velhos artigos seus, o interesse por você e a amizade desse pessoal é uma coisa linda, não perca o contato com eles, Calá, Sante, colegas de colégios, todos lhe adoram. Fernando escreveu um livro com poema dedicado a você que mandarei assim que souber ao certo onde você está. É assim:

SONETO III

para Glauber Rocha

Engrenagem no estar irmão das horas
Viver sabendo olhado entre divisas
de renovadas castas corrompidas
na própria floração do imediato.

O homem — azul e terra dispersado
entre concreto e lodo, no sentido
de armar deixando dor e danação
composta de vitral em sangue diluído

deseja o tempo de reinar em território
algum, além do imaginado por flagelo
anterior ao sonho e madrugada.

Após aurora de nascimento breve,
no horizonte permanece nítida
postura de leão expectante.

Gostaria muito de fazer um filme na Bahia com você ou Waltinho; dessa vez saí muito sozinha, entrando descendo e saindo de muitos becos e ladeiras, aprendi a nadar com uns garotinhos de praia, não me senti integrada no filme, os copiões estão lindos, Nelson muito legal, tudo bem mas eu queria estar em outro filme, filmei o tempo todo dentro de salas, o papel era até legal mas eu não gostei nas horas que estava trabalhando, não me senti alegre. Na verdade eu estava pensando que ia filmar exterior, misturei com a *Lira*, não curtia muito o humor geral, foi tudo torto. Fiquei hospedada no auge do puteiro, numa das ladeiras do Pelourinho; isso foi legal, uma barra muito pesada mas que só faz acrescentar. Era uma loucura, Glauber; dia de domingo, sábado e sexta era uma festa só. Todas as portas abertas, todos os rádios em toda a altura e o povo todo na rua fazendo as maiores putarias e matando por um puta que pariu. *Acabei, agorinha, de ler seu artigo que saiu no* Pasquim,* achei *CLARO*. Li alto para Paloma, Jango e Waltinho. Para mim essa carta ficou linda.

Beijos

Necy

BEIJE JUJU.

Necy

PS — A repercussão do *Pasquim* foi a melhor. De todos os seus escritos últimos este último é um gol de tom e estilo. Esclarece os anteriores e é uma maravilhosa volta por cima. Comento sempre seu filme.

Pala está feliz. Saiu agora com Jango. Estamos todos felizes, o artigo chegou com Waltinho e foi um clima muito alto. Todo mundo subiu. Te amo, Buru, com muita força e esforço. Waltinho também; ele vai lhe escrever. Ele trouxe o artigo agora, passei o dia pensando em você e ele, Waltinho, sempre me dando quando preciso. Ele, você, Pala, pai, mãe, Lu, João, falei meus grandes amores, razão da minha vida. *Eu* a primeirona. Beijos. Você, Juju. Esteja feliz. Waltinho e eu lhe desejamos isso.

Rio, 31 de outubro de 1975

Fiz 33 anos no dia 26.

Necy

(*) Referência ao artigo "Vatapá no ventilador", publicado no *Pasquim* em outubro de 1975.

De Ivan Lessa

Rio 3/11/75
Ei, Glauber! Beijo na testa!
Jaguar.*

Meu caro Glauber

Ontem, fechamento do número (no sentido da mecânica jornalística apenas, espero), inclusão do "Amor de macho",** para deleite geral.

Tua primeira matéria, o "Vatapá",*** já pago direitinho. Tua mãe (desculpe a intimidade) esteve aqui e recebeu.

Jaguar me pediu que eu, na qualidade de editor — ó meu Deus, quanta formalidade —, te escrevesse dando umas dicas. Vamo lá.

Sim. Estamos livres da censura prévia. E dentro da autocensura. Não sei qual a pior. Mas a verdade pragmática, e taca pragmática nisso, é que moramos num país tropical que, sou capaz de jurar, não foi assim tão abençoado por Deus. As dificuldades financeiras continuam, não cessa, isto sim, nosso amor pelo jornaleco aqui. A gente vai na medida do possível, que também acho meio impossível, ou meio improvável. Maneirando, maneirando, mineirando.

Você notará, no "Amor de macho", duas pequenas (espero) copidescadas: distanciei os "fotogramas" da tortura daqueles onde vem o nome Wlado. Distanciei apenas. E tirei o nome do Tarso. Assim, sem mais nem menos. Explico: por mil confusões hereditárias, Tarso virou inefável no *PASQUIM*. A regra virou rígida. Principalmente porque a saída dele foi tempestuosa, desaforos no efêmero *JÁ* e, pelo menos comigo, problemas pessoais. Você tem o direito de se aborrecer. Se assim for, pode se aborrecer comigo diretamente. Mas espero — e muito — que isso não aconteça.

Outra coisa: dinheiro. Não sei se te adianta alguma coisa saber, mas, dos colaboradores, ninguém ganha mais que você. Dalton Trevisan, por conto inédito, recebe 400 pratas. Não temos condições econômicas, finan-

(*) Acrescentado à mão no alto da página.

(**) Artigo de Glauber sobre a morte do cineasta Pier Paolo Pasolini, assassinado em novembro de 1975.

(***) Artigo de Glauber publicado no *Pasquim* em outubro de 1975, que termina pedindo aos leitores que enviem dinheiro ou cheques para ajudá-lo a sair da penúria financeira no exílio.

ceiras, simonseanas, ou seja lá o que for, de mantê-lo a 4 vezes por mês. Inclusive porque, por outro lado, parece-me, parece-nos, mais interessante torná-lo (a ti, Glauber) mais "raro", se é que me entendes. Pra não entrar naquela de "a página do Francis, do Sérgio Augusto, do Ziraldo, do Glauber..." etc. Não há jogada nenhuma nisso tudo que estou dizendo: é apenas o que é, um ponto de vista editorial.

Sem problemas, certo?

Continue mandando — espero ardentemente — as matérias. Se possível mandando o "feijão tropeiro", ou seja o que for no ventilador. Crie casos, fofocas cinematográficas, o que lhe der na cuca.

Qualquer grilo, me (nos) escreva. Ou se precisar de qualquer cosita: livros, recados, esses troços.

Bilhete meio sérião esse, mas, infelizmente, nos conhecemos pouco, e fico meio sem graça no papel, este, que me cabe.

De resto vai tudo muito mal, eu acho. Como é que te parecem, ou perecem, as coisas aí. Escreva. Receba um abraço e o afeto que se encerra etc. etc.

Ivan Lessa.

Para Cacá Diegues

Paris, novembro de 1975

Querido Cacá

esta é a terceira carta que lhe escrevo sem resposta. sei que você tem grandes problemas com *Xica* e responder é difícil. aliás, recebi sua resposta sobre velha carta que falei do *affaire* Gustavo *Xica*, águas passadas. ontem revi *Os herdeiros* no Festival de Paris. os filmes selecionados entre os clássicos do cinema mundial: *Herdeiros*, *Barravento*, *Macunaíma* e *Toda nudez*. Ver *Os herdeiros* pela quarta vez foi uma redescoberta, quase uma descoberta do filme. é GENIAL. claro que não poderia ser entendido na época porque é claro demais. é a desmontagem da burguesia brasileira; Samuel e Jango. é sobretudo rigorosamente dialético e por isto novo, forte e bonito. vi *Macunaíma* em seguida e depois compreendi que nosso problema é que o cinema novo liquidou com a *velha cultura brasileira e por isto a falta de saída* revolucionária gera crise: e quando as flores não nascem, morrem. mas somos jovens, eis a vantagem.

meu exílio é uma experiência que demonstra a fragilidade da maioria das pessoas. meu último artigo "Vatapá" provocou ondas de ódio. a propósito recebi uma carta de ameaça de morte do EM e caso eu seja assassinado por aqui fique sabendo que recebi esta carta. *mantenha sigilo sobre isso.* muita fofoca dá em tragédia. no mais tudo bem. quero que você me escreva longamente pois tenho necessidade afetiva de receber suas notícias.

os herdeiros e *Joana* completam um texto sobre a revolução de 1930 como *Ganga* e *Xica* completam um texto sobre a escravidão, como *Escola de samba, Quando Carnaval* e *A grande cidade*, um texto sobre o Rio de Janeiro = a sociedade, a política, a cultura; tudo isto, mas e o novo Brasil? esta sociedade decadente ainda me angustia e me mataria não fosse meu impulso vital. O último filme de Pasô* é o processo sobre o intelectual burguês revolucionário que passou a vida explorando o cu do subproletariado, e acabou vítima de sua própria culpa. um bode, morte. a crítica francesa recebeu mal *Claro* no Festival de Paris. disseram que meu "desprezo pela linguagem burguesa me conduzia além do suportável"... e ainda me chamaram, xingando, de filho de Marx e Lautréamont... Michel Ciment [—]. Uff ah, *vieille* Paris... *Numéro Deux* un film triste, estéril, inteligente, radical, bicha. veja você, terminei passando uns tempos nos ninhos de *nouvelle vague*. vida dura.

beijos em Nara, escreva logo. diga quando vem por aqui.

beijo Buru

PS = Continuo pobre!

15, Avenue Trudaine
c/o Berto

(*) *Salò ou Os 120 dias de Sodoma*, de Pier Paolo Pasolini.

De Orson Welles*

6 de novembro de 1975

Caro Sr. Roche,

Infelizmente não falo português
desde 1942, assim não posso eu mesmo
responder sua carta nesta língua.
Quando for a Paris será um prazer
encontrar com você, mas como as coisas estão agora
não será antes da primavera.

Enquanto isso queira aceitar meus mais calorosos votos de felicidade para você e seu trabalho.

Sinceramente, seu

Orson Welles

Para Jacques Siclier**

Paris, 25/11/75

M. Jacques Siclier
/Glauber Rocha

Escrevo em francês porque sei que você não fala português. "Infelizmente o desprezo do autor pela linguagem 'burguesa' e seu gosto pela im-

(*) Para Glauber Rocha ("Roche"). Original escrito em inglês.
(**) Carta escrita em francês.

precação o conduzem dessa vez para além do suportável."* Não o agrido. Não me defendo. Também sou jornalista, pergunto: você concorda?

Desprezo pela linguagem "burguesa" desse filho da puta do Marx e Maldoror? Desse agitador terceiro-mundista que como o Cristo africano gosta de imprecação para representar todos os itens do catecismo revolucionário... tão interessante no temperamento de Rocha (?), mas *Claro* é um filme de ruptura (vermelho nasce o sangue novo...) como já era *Der Leone Has Sept Cabeças* — um filme materialista dialético e histórico é um filme que despreza a retórica idealista burguesa reacionária (o filme mais reacionário da nouvelle vague, *Adele H*... e ainda, exceção Vadim, nenhum cineasta nouvelle vague trepa), nessas metáforas de metafóras dessa NARRATIVA EM TRANSE se extrai um profundo tédio...

E ainda uma decepção maior...

Segundo *Le Monde* no festival de Paris 75: *Claro* é um filme ainda de ruptura de um filho de Marx e Maldoror que faz um discurso paroxista de todos os itens do catecismo revolucionário, mas com um tal desprezo pela linguagem burguesa e um tal gosto pela imprecação que o conduz desta vez para além do suportável. As proibições. Eis a Censura cultural que justifica a censura política e econômica: sem censura sem saída etc.

Não quero um artigo mais compreensivo... não reconheço a autoridade da crítica para julgar com uma linguagem burguesa meus filmes, que não falam segundo o sistema Lacan. *Claro* ou luz ação e seria preciso ainda olhos, ouvidos etc. etc.

Herzog ou Fassbinder, Godard ou Pasolini — política não é revolução. O sistema rejeita seus inimigos: a Gaumont sustenta Godard e o sistema... a nouvelle vague [sustenta] a mãe de Danon e Seydoux... Eis a miséria do seu cinema... *Claro* não é uma lua negra... O processo de descolonização chegará a destruir o novo idealismo gerado na cultura ocidental cristã... Espero que você... possa... suportar uma nova projeção dessa "tempestade interrompida do grande diabo brasileiro" (Michel Perez), subtitulada, para facilitar as lições de história,

um abraço

Glauber

(*) Trecho da crítica de Jacques Siclier sobre o filme *Claro*, de Glauber, publicada no *Le Monde*.

De Ênio Silveira

Rio, 25 de novembro de 1975

Glauber, mon cher:

Sua carta de 16/XI me inquietou bastante, pois revela uma grande aflição existencial e relata uma fase difícil de sua vida material.

Como seu amigo e admirador há tão longo tempo, é evidente que procurarei ajudá-lo. Não tenho condições, entretanto, de o fazer na medida de suas necessidades e com a urgência reclamada. Se você é um exilado, na Europa, lembre-se de que também o sou, aqui dentro. Preso e processado tantas vezes, sofro agora os reflexos econômicos que minha condição de pária me traz: o *establishment* não me topa e poucos são os banqueiros que querem financiar a CIVILIZAÇÃO, tida e havida por eles como permanentemente consorciada com "o inimigo"... Vivemos, pois, um dia-a-dia de riscos, e a simples sobrevivência já constitui feito heróico.

Mas passemos às suas propostas, que encaro com respeito e total franqueza ao mesmo tempo:

1) *HISTÓRIA DO BRASIL* — É impossível, nesta hora de brutal inflação industrial, pensarmos num romance de 750 páginas. O investimento seria proibitivo e o preço de venda ao público idem. Impossível, também, pensarmos num adiantamento de 5000 dólares. É só fazer as contas: se o livro tiver o preço de capa fixado em Cr$ 100,00 (digamos US$ 10, para facilitar as contas) o total que você pede corresponderia à venda de 5000 exemplares, a direitos autorais de 10%. Em outras palavras: você espera receber o total de direitos da primeira edição antes de ser publicada... Não me recuso, entretanto, a examinar o livro e, sendo ele editável *malgré tout*, mandar datilografá-lo aqui mesmo, pagando o custo disso e lhe adiantando US$ 1000,00 adicionais. Mexa-se!

2) *FILMES DE GLAUBER ROCHA* — Muito mais aceitável a coisa, editorialmente falando, mesmo porque sempre se poderá dividir os roteiros por dois volumes, se necessário, o que tornaria mais *palatable* o cometimento. Não entendo, porém, o que você quer dizer com "reproduzir literalmen-

te os filmes segundo as cópias definitivas". Você não tem os roteiros? E entendo menos ainda os 3500 dólares que diz ser o preço de tal trabalho. Veja que, a esse preço, a produção do livro se tornaria também caríssima.
3) *ALEXANDRE, O GRANDE* — Outro livro enorme, de 400 páginas. Você só escreve em proporções Cecil B. de Mille? Em todo caso, mande-me uma cópia do texto em italiano, para que o examinemos editorialmente.
4) *ROMANCE SEM TÍTULO, EM PREPARO* — Ao terminar de escrevê-lo, remeta-me os originais. Se não for outro elefante, daremos resposta urgente.

Aguardo essas providências para verificar como, quando e de que forma poderei ajudá-lo. Até lá, agüente as pontas, que a luta mal começou...

Seu, com um abraço amigo, o

Ênio

Para João Carlos Teixeira Gomes

Paris, 31 de novembro de 1975.

Alô Joca

Muito tempo sem notícias. Outro dia sonhei com você. Lembro-me dos tormentos adolescentes. Você é poeta. Você me sente. Com cada um dos meus amigos baianos eu tive um tipo de relação. Sou cósmico. Velho Joca: nem sei se esta carta vai lhe encontrar onde espero, na chefia de redação do *Jornal da Bahia*. Escrevo-lhe para lhe dar notícias sumárias: vou psicologicamente bem e economicamente mal. Você perguntaria por quê? Meu cinema não é comercial. Logo preciso viver como jornalista pra ser independente como cineasta. Um dia destes morro e acabou. Bom. O *Jornal da Bahia* pode me contratar como seu correspondente internacional? No mínimo seria uma curtição literária. Posso mandar matérias de todo o mundo. Será que o João Falcão estaria disposto a me pagar por isto, e quanto? Posso enviar matérias variadas, veja o cardápio: e quero ser bem pago. Fui um dos fundadores do *Jornal da Bahia*. Há quinze anos mandei a Falcão uma carta de demissão. Hoje peço emprego. Escreva-me sugerindo novidades ou resposta negativa. Hoje é um dia literário invernal parisiense e sinto me repetindo o drama dos escritores pobres... que merda... veja manifestações neuróticas do exílio. Explique pro João Falcão, se lhe for possível: o Glauber está na miséria, você pode ajudá-lo?

Não sei nada sobre você, Iracy, seus filhos, sua família. Escreva-me me contando coisas, falando de você, uma carta sua me ajudaria muito. Se voltar ao Brasil, voltaria à Bahia, onde quero ser Governador, conforme disse no *Pasquim*. Neste sentido quero que você articule minha candidatura, falando sério. E o João Falcão e o MDB devem me apoiar. Mas o primeiro passo é tirar o candidato da miséria. Converse com Guerrinha, pode até mostrar esta carta somente a ele, e se ele é rico bem que poderia me emprestar uma gaita, fazer correr uma vaquinha entre alguns amigos da Bahia, me mandar um tutu de base. Escrevi uma monumental obra literária *História do Brasil*, 750 PÁGINAS, um trabalho científico. Por exemplo: a UNIVERSIDADE AÍ NÃO PODERIA ME DAR UMA BOLSA PRA ESCREVER UMA TESE AQUI SOBRE COMUNICAÇÕES AUDIOVISUAIS? Ajude-me a me rearticular com a Bahia para que eu possa voltar ao Brasil sem aporrinhações políticas.

Estou escrevendo mais quatro livros. Preciso concluir a visão filosófica do processo humano. E não estou louco, grande poeta! Graças a você eu me transformei em Artes e Letras e vou morrer ou viver disto. Que saudades da Bahia. Que vontade de estar aí agora. Você saberá ler todos os detalhes desta carta. Chegou a hora do barravento.

Um abraço fraterno e profundo

Glauber

Meu endereço para cartas é 15 Avenue Trudaine — Paris
o telefone é 526-0764
não moro aqui mas recebo as cartas.

Para Alfredo Guevara

Paris, 31 de Novembro de 1975

Querido Alfredo,

Encontro-me em Paris. Realizei um filme em Roma, *Claro*, que obteve ótimas e péssimas críticas. Um filme novo. Quero que você veja. Filmei em 11 dias, por 50 mil dólares, 9 mil metros de filme. Foi a forma de me recuperar do fracasso no México, que foi uma excelente experiência.

Espero que você tenha lido minhas últimas declarações e artigos na imprensa brasileira, o que serve para corrigir os mal-entendidos. Gostaria muito de lhe ver e conversar. No México não houve diálogo. *Pero yo creo que la História no ha comezado, digo empezado... y como* Georges Sadoul: *El cine no ha pasado todavia el aurora de su futuro*. Formalmente quero retomar minhas relações com você e tenho disposição de vê-lo (encontrar-te) quando e onde você quiser.

um abraço,

GLAUBER

Endereço 15 Avenue Hoche Films 13 c/o Claude-Antoine — Paris.
Tel: 5260764.

Para Jean Louis Bory*

Paris, Dezembro de 75

Cher Bory

Como você pôde, eu tendo sido liberado, achar narcisismo confuso e sobretudo insuportável?** Siclier, *Le Monde*, também: "...o desprezo do au-

(*) Original em francês. Glauber escreve num francês singular, provocando estranheza de sentido.
(**) Referência à crítica de Jean Louis Bory do filme *Claro*, no jornal francês *Nouvel Observateur*.

tor pela linguagem burguesa, filho de Marx e Maldoror etc... insuportável". Para você eu sou um filme PERPETRADO em Roma, para Siclier um imprecador — como Pasolini ou os *danados da terra*.*

But: a periferia avança para o centro e Godard político (Sadoul) é um filho do Cinema Novo? Você entende italiano? Inglês? Você não entendeu *Cabeças cortadas* quando Franco ainda estava vivo. Frantz Fanon, eis a estética colonialista: Rocha para a crítica deve ficar confinado na tribo terceiro-mundista. Não aqui. E por que não proibir o filme? Você defende os interesses de quem? Meu filme será lançado, ele se chama *Claro* (Luz...) que desnaturaliza a mitologia... É preciso rever esse filme insuportável subtitulado para não cometer o crime da censura em nome do revisionismo acadêmico anticomunista profissional de Milos Forman e CIA... Em *Claro* há CATÓLICOS E COMUNISTAS EM ROMA. Tropicalismo mais neo-realismo mais nouvelle vague: *Claro*. O Cinema Novo, segundo ato, a periferia avança para o centro. Filme consagrado pela imprensa italiana de esquerda e de direita.

Teu artigo é paternalista, fraco, intimidado, agressivo, racista, colonialista e não pasoliniano. Aqui ninguém compreendeu Godard porque ninguém é Godard. Fora ele, revolucionário, o único diretor da nouvelle vague que trepou foi Vadim. Masturbação da crítica, público, cineastas, atores... *Salò* é o último filme italiano e *Claro* o primeiro filme ocidental — Cristo chegando a Roma entre os operários e o personagem é Pasô. Cego. Luz que cega. *Claro*. Literatura. Eis... Retórica ou dialética? Descartes off, não há artistas na França, o último romancista é Lévi-Strauss e Godard, o último crítico. Infelizmente Sartre ficou cego antes de ver *Claro*.

Os críticos de Paris que proclamaram Rocha gênio vão massacrar Rocha. Muito típico, de profundo reacionarismo. Siclier foi denúncia de Imprecação e você Perpetração. Filme perpetrado em Roma? Perpetrado? Juiz, polícia, tira, moralista etc.

Não dependo mais do seu jornal para assegurar o sucesso de meus filmes. *Claro* é meu primeiro filme. O primeiro filme da nouvelle vague... você não sabe nada... o cinema novo sai dos undergrounds... bem... falaremos amanhã.

um abraço Glauber

(*) Referência ao livro *Os condenados da terra* (1961), de Frantz Fanon.

De João Carlos Teixeira Gomes

Salvador, 12/12/75

GLAUBERÍSSIMO:

Recebi sua carta. Imediatamente falei com João Falcão, que disse ter obviamente interesse na sua colaboração... mas lembrou "a realidade financeira" do jornalismo baiano (que aliás melhorou um pouco, tem melhorado, mas sempre depois de verdadeiras batalhas). Gostaria, assim, que você fixasse um preço pelos artigos, pra que eu possa argumentar. Faça isso com urgência porque o *JBa* está passando por uma fase de reorganização e pode ser que João Falcão aceite o embalo.

Quanto a Guerra, é uma pessoa hoje meio difícil, andou tomando umas posições dúbias na minha luta contra ACM ([...] Antônio Carlos Magalhães, cujos atos [...] não o impediram de estar hoje na Eletrobrás) e raramente me encontro com ele. [...]

Aqui tudo na mesma aporrinhação de sempre. A Bahia cresce, mas é a província de merda habitual. Agüentar essa gente e suas hipocrisias não é brincadeira. Tudo gira em torno do tripé poder-imprensa-bajulação e subseqüentes equívocos. Todo mundo está afundando na mediocridade, inclusive eu, é óbvio. Para passar o tempo, de vez em quando publicamos um livro de má qualidade, que só tem saída na canalhice das noites de autógrafos... Há pouco lancei uma plaqueta que estou lhe remetendo. Pelo menos permaneço fiel a esse aspecto da minha vida. A necessidade poética.

Peres é diretor-executivo da Fundação Cultural do Estado e a contragosto me nomearam conselheiro. David Salles (um egoísta sem tamanho) e o bom Florisvaldo Matos fazem parte do Conselho, também. Vamos ver no que dá. Soube que o Roberto Santos tem planos de incrementar o cinema no Estado. Vou apurar melhor e lhe informo. [...]

Anecy esteve aqui numas filmagens e conversamos pelo telefone. Jorge Amado está entupindo o rabo com os direitos cedidos pras novelas de TV, filmes, o diabo, e permite às escâncaras a deformação de suas obras [...]. A grande perda foi do Érico Veríssimo, que sem nunca ter posado de comuna e engajado foi um homem de coragem moral e fibra. [...]

Enfim, escreva sem demora porque senti pela sua carta que suas dificuldades exigem solução imediata. Mas aqui as coisas não andam sem fatos concretos. Quero chegar para João Falcão e dizer: "Glauber vai escrever artigos, reportagens sobre isto, aquilo, é um nome internacional, quer *x* ou *y*". Ele então se definirá.

Julgue com indulgência essa zorra de plaqueta que estou lhe enviando. Como você verá, não dediquei a ninguém. A secura é o melhor caminho para quem se desencanta e procura viver só. As porradas que levei nos últimos quatro anos, inclusive com um problema de saúde grave, me ensinaram muito sobre a natureza humana. Não há por que ter ilusões.

Um imenso abraço pra você e sua mulher e a expectativa de uma resposta urgente. Escreva para *Jornal da Bahia*, Rua Dr. Seabra, 22 — Salvador/Bahia — Brésil — 40000. Agora o correio aqui tá cheio de requintes. E você, quando espera voltar? Que há de concreto em torno da sua situação?

Um abraço em dó sustenido maior do velho

Joca

Para Raquel Gerber

Paris, 13 dezembro 1975

Rachel,

Obrigado pela carta e pelos discos. Escrevi há meses dizendo que tinha recebido o trabalho. Li, gostei, enfim... minha posição é sempre subjetiva.

Espero que você publique logo o livro, entre numa outra. Se você trabalhar muito nunca acaba. Dê o corte final com o material que tiver e mande mixar.

Aliás, o "Vatapá no ventilador" foi inspirado pelo seu trabalho. Morri de rir lendo sua evocação da crítica à Bahia província e provoquei o ventilador na província Rio. Recebi alguns cheques, muitas cartas e uma ameaça de morte. Assim esta história se encerra, o livro sai e ponto final.

Aqui acontece com *Claro* o que aconteceu com *Terra* no Rio.

Mandei uma entrevista para o *Jornal do Brasil*, não sei se sai ou não, peça a Miriam Alencar pra ouvir a fita ou ler a cópia, caso não saia, pode ser sua última informação.

Quando o livro sair mande-me alguns exemplares. Se por acaso você tiver outros artigos preciosos da Bahia ou do Rio mande-me as fotocópias o mais urgente possível, pois foi um prazer redescobrir coisas que eu já tinha me esquecido que tinha escrito.

Rocha

De Peter Schumann*

27.12.75

Meu caro Glauber

Não te esqueci, nunca, mas não estava em Berlim o tempo todo: acabei uma série de documentários sobre o cinema proletário alemão dos anos da República de Weimar. Estava em Hamburgo dezembro inteiro para me concentrar totalmente nesse trabalho complicado politicamente.
Sua carta me tocou muito: a situação inacreditável de um dos maiores cineastas do mundo. No Brasil — onde estive em setembro, antes de Pesaro, para visitar a Jornada do Cinema de Curta-Metragem em Salvador — li uma entrevista tua muito otimista, muitos projetos sendo realizados, muitos filmes vendidos. E queria falar com você em Pesaro sobre essa nova carreira, mas infelizmente você não estava lá. Vi seu filme *História do Brasil*, que foi um grande choque para mim — exemplo de uma crise total — para discutir uma noite. Sei de algumas razões para toda sua situação, mas não posso compreender tudo isso inteiramente. Apesar de tudo — o que fazer? — Sobre seu filme *Claro* falei com Alexander/WDR Koln — ele está muito interessado em conhecê-lo, E as pessoas do Fórum Internacional aqui em Berlin (Gregor) também. Os dois vão entrar em contato com você em breve. — Seu livro sobre o CINEMA NOVO me interessa muito. Você sabe que estou

(*) Carta enviada de Berlim. Escrita em francês.

preparando para esse ano (1976) a publicação do meu sobre o cinema latino-americano, onde você poderá publicar algumas teses, alguns pontos centrais do seu livro. E poderei falar com a editora do meu livro (a única que faz uma série de livros sobre o cinema), depois de ter lido o seu. Há algumas possibilidades. Não podemos pagar muito, 2000 MD talvez, porque teremos que traduzir. E posso examinar as chances para a América Latina, onde estarei no mês de fevereiro. Em todo caso, devo conhecê-lo. Peço que me envie todo o manuscrito imediatamente.
— Eu já preparava para minha bibliografia a lista com os títulos de todos os seus artigos no meu arquivo. Você os terá em torno do dia 15 de janeiro.
— O ponto mais difícil da sua carta me parece a possibilidade de trabalho aqui — onde temos alguns cineastas chilenos em circunstâncias muito precárias. Na Alemanha Oriental é totalmente impossível para você — um homem muito independente ideologicamente — realizar qualquer coisa aceitável. A RDA não é Cuba: é a disciplina burocrata, antiintelectual. Mas poderia ser possível na TV Mainz (2º canal, para onde Raul Ruiz já fez um filme. Kamerafilm, chama-se a série — um programa experimental) por uma soma fixa de 60000 DM. É pouco, mas para um filme de uma hora e de pequeno orçamento basta. Se você tem um projeto concreto e possível de realizar com esse orçamento, eu poderei fazer o contato com a ZDF.
— Para o ano de 1977, haverá uma outra possibilidade para você — para viver um semestre ou um ano sem problemas econômicos com todo o silêncio necessário algumas vezes: um convite do DAAD (uma bolsa) — programa de troca de artistas, bem oficial (Deutscher Akademischer Austauschdienst — Kunstlerprogramm Berlin). Você receberia isso: 800 dólares para viver e dinheiro, 10 000 DM mais ou menos, para fazer um curta-metragem. Nesse momento Douglas Hubner, do Chile, está aqui com sua família, no próximo ano virá Carlos Alvarez e alguns outros, mas tudo está acertado para 1976. Estou no júri para selecionar os cineastas possíveis para 1977 ou fim de 1976. O que você acha?
Espero que possa ajudá-lo um pouco com essas informações e que você me escreva logo — e especialmente envie o manuscrito do seu livro.
Boa sorte para 1976
e saudações as mais cordiais
de Christel, Guido Glauber, Sascha e seu

Peter.

De Orlando Senna*

Glauburu, meu santo: não sei há quanto tempo não lhe vejo, não lhe escrevo, não tenho notícias diretas suas. Mas preciso muito, neste momento, conversar com você. O Claude-Antoine esteve aqui em casa para ver *Iracema*, um filme que fiz em co-direção com o Jorge Bodanzky, que você conhece. O filme está seguindo pra Cannes e o Claude assegura que será exibido na Quinzena. O Bodanzky também está seguindo para a Quinzena e, com certeza, fará contato com você. Nestes anos todos em que nos perdemos de vista o cinema ficara em segundo plano nas minhas atividades. No início de 74 o Bodanzky me propôs a realização deste filme e eu topei. No início deste ano o filme estava pronto e agora estou tentando exibi-lo no Brasil, consciente de que *Iracema* só começará a ter vida real se for visto aqui. Apesar da "abertura" (necessariamente com aspas) poucas pessoas acreditam que será liberado — a não ser, e mesmo assim duvidosamente, que chegue à Censura de Brasília escudado pela opinião de algum costas-largas do regime. Nossa intenção era mostrá-lo, antes de enviá-lo aos censores, a um dos ministros mais "abertos" (Reis Veloso ou Nei Braga). O caminho até Reis Veloso seria o Nelson Pereira dos Santos, que por várias razões ainda não viu o filme. Desta forma, vou esperar o resultado da Quinzena e o retorno de Nelson e Bodanzky ao Brasil pra ver como se faz. Veja o filme, fale com Claude-Antoine, que gostou muito. Fizemos algumas exibições e o pessoal aqui assumiu o filme, tá querendo levar a coisa pra frente, transformar *Iracema* em uma espécie de teste para a mesma abertura da qual tiro agora as aspas. Leon, Barreto, Alex, Geraldo Sarno, Guido Araújo, Nelson Xavier, Norma Benguell, Zanini, Cacá, David Neves, Neville de Almeida, Fontoura, Sérgio Muniz, Farkas, Shatovski, Zelito e um bom número de cineastas e críticos jovens (aparecendo agora, meio perdidos com a carga de dez anos de porrada) gostaram paca do filme, que se transformou, no meio, em motivação para debates, revisões pessoais de trabalho e tomadas de posição frente ao que está ocorrendo, hoje, no Brasil. O filme foi feito em co-produção com o Canal 2 da Alemanha (ZDF), e será exibido pela TV alemã no próximo dia 21, numa versão ligeiramente reduzida.

(*) Carta enviada do Rio de Janeiro.

Aqui o Shatovski está querendo lançá-lo no seu circuito (Cinema 1) e a turma tá preparada pra fazer um movimento grande de cobertura, quer seja liberado quer não seja. O importante é que você veja *Iracema*, cujo título está muito mais ligado ao fato de ser um anagrama da palavra América do que à explicação de que se trata daquela mesma *Iracema* de José de Alencar, 400 anos depois. Paulo Emilio e Jean-Claude gostaram pacas. Desse nosso último contato até *Iracema* fiz jornalismo sem parar, com alguma coisa de teatro no Rio e em São Paulo. Nos últimos três anos fiz coberturas na América Latina para a *Última Hora* e mantive uma coluna diária sobre política internacional. Agora parei tudo e estou tentando um esquema relacionado com o semanário *Crítica* (seguem recortes), editado pelo Geraldo Mello Mourão e o nosso Inácio Alencar, que se recuperou de todos seus medos e frustrações e voltou a trabalhar pra valer. *Crítica* tá pegando bem, conseguindo uma penetração sensacional em várias áreas, principalmente entre os universitários. Politicamente corajoso, muitas vezes panfletário, está se firmando como uma opção com relação ao *Opinião* e pagando sua impressão com a vendagem nas bancas. Até o fim do mês devem ser solucionados problemas de grana (para pagamento da redação, colaboradores etc.) e devo assumir a editoria cultural. Com esta reorganização, que ocorre no 40º número, vou tentar uma política cultural mais conseqüente e tentar colocar a *Crítica* como um veículo da reorganização das bases culturais, que começa a ocorrer. O Capinan deve embarcar comigo nessa canoa. Desde já lhe peço alguma coisa — um artigo, um depoimento, uma entrevista, o que você quiser mandar, se achar conveniente. Eu acho que você deve escrever, eu acho que é importante que você escreva coisas no Brasil, agora. E *Ciro*? E o filme sobre o Brasil? E seus planos na América Latina?

Raquel Gerber, sua biógrafa, está montando uma entrevista sua, que me será entregue e que devo publicar depois de sua autorização. Ela deve lhe escrever sobre isso. A Raquel é nossa amiga, fins-de-semana juntos em Angra dos Reis, longos papos em São Paulo e essas coisas todas. Parece-me que ela juntou quase tudo que você escreveu ou que escreveram sobre você e está muito a fim de publicar um livro. Outro amigo comum, o Rex Schindler, apareceu-me esta semana com livro embaixo do braço, de sua autoria (*Há muito não tenho relações com o Leitão*, romance histórico, guerra da independência da Bahia), pedindo-me para ler e propondo que eu fizesse um roteiro em conjunto com o Jean-Claude Bernardet. Disse-me ele que está armando um esquema com o Roberto "Embrafilme" Farias para uma superprodução histórica. Disse-me também que propusera ao Farias "chamar o Glauber pra dirigir" e que Roberto respondera — "pra chamar o Glauber temos de conversar com o Ministro". Disse-lhe que, caso o esquema-Glauber não desse certo, convidasse o Roberto Pires, que está morando na Bahia e, parece-me, anda meio atrapalhado com a vida e com as drogas. Por falar em Roberto Pires, Tia Lúcia me conversou sobre umas desavenças havidas entre eles: fui à Bahia e conversei com ela, a Conceição e eu, demos uma força. Logo depois ela voltou ao Rio. Ontem vi Paloma: tá linda. Notícias, notícias, mas o que eu queria mesmo era aprofundar um papo. Tô forçando a barra pra fazer um novo filme, no mesmo esquema e com o mesmo processo utilizado em *Iracema*: agora é em cima do cordel, filmagem direta no Nordeste. Antes preparo um roteiro para o Bodanzky e a ZDF — um filme sobre acontecimentos místicos e de violência social ocorridos com colonos alemães no Rio Grande do Sul, há cem anos atrás.

No fundo, meu trabalho aqui é de resistência — às vezes a coisa é tranqüila, às vezes engrossa. As eleições de novembro acrescentaram um dado novo a esta resistência mas muita coisa ainda tem de ser feita. Pessoalmente sou tentado, muitas vezes, a abandonar tudo e me transformar em bucólico fazendeiro no interior baiano ou viver aventurosamente pelo mundo, utilizando minhas habilidades intelectuais. Mas a resistência me fascina ao ponto de superar o cansaço e os momentos de desencanto. E tem Conceição, a mais extraordinária mulher de todas que já viveram e vivem neste mundo.

Escreva-me, fale-me de você, de sua mulher, fale-me do homem, fale-me de deus, fale-me da guerra (diga-me em que momento da história o homem voltou-se contra si mesmo), fale-me de Cirus e de Cristo, diga-me como, quando e se a humanidade se reencontrará com o deus perdido da paz. Meu bom e querido Glauber, ouça o Egito. Preciso saber se o seu endereço (c/o Gianni Barcelloni — via Stelleta, 14 — Roma) está correto e válido. A Conceição acaba de entrar e diz que também vai lhe escrever. Ela desempenhou um papel decisivo na concepção e feitura de *Iracema* e vai partir firme pra novos projetos. Aliás, tem muita gente se movimentando (você precisa ver o filme brasileiro, *Passe livre*, de Osnaldo Caldeira) e, pelo menos no que se refere a cinema, deve acontecer alguma coisa no

Brasil. Mas o ensaio e o manifesto ficam pra outra vez, quando você me responder. Um grande abraço, um beijo do

Orlando

Juliette: *je t'aime*.

Orlando Senna
Rua Antônio Parreiras, *xxx* — Ipanema
Rio de Janeiro.

Para Lúcia Rocha*

Mãe

estou em Roma para ir levando o trabalho; tudo está melhor agora financeiramente depois de um grande baque, mas Paris é uma cidade que não gosto. falam que vou voltar, a senhora, como já lhe disse, não ligue pra fofocas de imprensa e estas fofocas algumas me prejudicam. fale sempre o mínimo possível a meu respeito sobretudo na televisão que é um lugar muito infiltrado. vou deixar claro para a senhora que eu voltar ao Brasil é perigoso não só para mim como para minha família. é uma situação dura que a senhora e toda família têm de enfrentar com calma, desbunde a falar de mim em casa mas ter reserva porque tenho muitos falsos amigos.

são problemas políticos que talvez sejam difíceis para a senhora sacar, apenas eu sou acusado de muitas coisas muitas fofocas, não existe condições de defesa não posso me arriscar. quero que não pense que eu seja alma cristã pois sou ateu. é uma questão de responsabilidade mais geral etc. explico esta situação para que a senhora fique na sua, tranqüila, fazendo seu trabalho. pra mim é duro estar longe mas não lamento. as coisas se resolvem com o tempo. agora em Roma vou fazer um trabalho concentrado pra ganhar um dinheiro mais forte. viajando muito não pude me concentrar e

(*) Carta enviada de Roma.

ganhar um pouco. agora é necessário. aí eu não teria possibilidade de ganhar o que ganho aqui e aqui tenho mais liberdade.

se eu ganhar um dinheiro mando uma passagem pra senhora e Adamastor virem até aqui; será mais fácil.

não tenha velhos problemas nem grilos comigo. fique desgrilada. a vida não é como a gente quer mas curta a sua na tranqüilidade sem angústias e sem pensar obsessivamente em mim que já estou longe há cinco anos. não viva drama de mãe.

eu saberei o momento oportuno de voltar.

quanto aos meus recortes, se a senhora não os mandou por Claude, eu indicarei por quem mandar mais tarde, para Roma. pois vou ficar morando aqui pelos próximos tempos.

abraços e beijos em todos, estou esperando a carta de Adamastor.

Glauber

Via Montserrato 149 — Roma
Tele: 6543758

escreva.

1976

ACERVO TEMPO GLAUBER

Glauber e Paloma

Para Juliet Berto*

Juju

Sem cartas. Flores. Penso sorriso de Juju escrevo Flores. Acordo e abraço tua saudade. Me sinto próximo de ti, sem angústia. Encontro outras sensações de ti: estou estilhaçado. Sou exaltado na vida, na arte, no amor. Meu inconsciente é vulcânico eu transbordo eu te firo, mas não aceito minha mistificação eu vejo o ridículo eu me destruo para me reconstituir num processo delirante de prazer e sofrimento — divisão revolucionária — esquizofrenia — estraçalhamento êxtase. Uma neurose típica dos artistas ocidentais mesmo (e ainda mais) os revolucionários poetas que não são compreendidos. Eis nossa solidão. Nossa? Porque você é parecida e por isso meu inconsciente é invadido pelo teu e produz o amor — mas nossa "consciência neurótica" ataca essa onda de criatividade e vivemos as crises. Agora sem *estar ainda* separados. Nossa amizade é profunda, sincera, e te amo. Era absolutista contigo. Idealismo? O amor produz o transcendental para além do metafórico da realidade, poesia, beleza, prazer eterno. Movimento de amor, amoroso. Paz. Imortalidade. Mas é um ritual difícil e a esperança de felicidade tornou-se uma obsessão: *tenho medo* de não ser sempre amado e a consciência trágica me possui até o "suicídio": *ciúme, provocações, agressão, partida, remorsos, desespero, penitência, calma, renúncia* → contigo o processo chegou ao clímax, porque você está mais próxima de mim: nossa *trip* estética é parecida (com diferenças, mas...). A cada fase de minha vida há uma relação com uma mulher que explode *na violência.*

A) Helena Ignez (Bahia)
B) Rosa Maria (Rio)
C) Tereza (Cuba)
D) Juju (Europa)

Mas não quero *explodir* contigo. É uma peça da velha psicologia. Com Helena: parti da Bahia e Rio — ela ficou... A História se repete... prefiro par-

(*) Carta escrita do Convento Saint-Jacques, ordem dos dominicanos em Paris, onde Glauber se refugia na virada de 1975 para 1976, depois de se separar de Juliet e por sugestão do amigo Itoby Alves Correa, temeroso que as perseguições ao terrorista Chacal levassem a polícia francesa aos guerrilheiros latino-americanos sediados em Paris. Carta escrita em francês.

tir a ficar. Mas partir para mim é um movimento vital e "eu queria partir com". Partir *contigo* numa *mesma trip*. Tenho prazer de estar *contigo perfeita*. A tua *incitação*, *inquieta*, me desespera. É terrível, fico vermelho, alimento fantasias pequeno-burguesas, explodo. Fomos felizes *fora de Paris*. *Em Paris, a crise!* Gosto da tua casa, acho bela, mas me sinto prisioneiro — me chateio, tenho vontade de partir, talvez o *fantasma* de nosso filho abortado — talvez — esse filho abortado é o símbolo de nosso amor abortado — gosto da tua família, mas sinto que sou "demais" na tua casa, fico deprimido,* parto.

Tento ver minhas forças. Penso:

A) Não quero enervar Juju

B) Quando vejo que você está nervosa, fico deprimido porque acho que não sou capaz de não te irritar: Frustração. Penso: se você não me ama eu te odeio — assim não sofro porque te odeio. Mas eu te amo e por isso é uma falsa resposta. Se eu te amo e penso que você não me ama fico deprimido: suicídio. Eu diria que é um mecanismo infantil, mas o fato é que ele existe. É lúdico. Por se manifestar ele não pede desculpas, ele é violento. Nossa relação: ternura e violência. Mas nunca eu te senti *ruim*. A contradição entre nós não é no nível de "asqueroso", "asquerosa".** Ela, eu acho, existe no nível da atração e repulsão — mas a repulsão como forma de renúncia ao perigo que uma parte procurava provocar na outra.

Queremos viver juntos, fazer filmes, escrever, política.

Poderíamos ter um programa comum. Temos dificuldades econômicas:

Glauber ← VOCÊ → Moon → Você é o centro da tribo.
Jimmie É uma carga forte para ti se
[—] Fred bem que você goste.
René

Eu me retiro por ser *MENOS* para ti. Não é uma atitude moral. É uma reação contra a dependência. Não podemos viver com outras pessoas, mesmo da família. É por isso que mandei Paloma de volta. Você não é responsável por isso. Mas se a crise explode é porque existem contradições. Em Roma estávamos felizes. Era uma boa mise en scène. Em Paris mise en scène ruim... As relações absolutistas são frustrantes. Mas as relações realis-

(*) "Je flippe", em francês.
(**) Em francês Glauber escreve *salo* (*salaud*) e *salope*.

tas são pobres de exaltação poética. Cada pessoa tem uma história. Quero me mudar para a América, mesmo sem dinheiro, porque quero viver ainda mais — o projeto de vida europeu, mesmo o *comunismo ocidental*, não me interessa mais. Com o fracasso Português, a Europa entra na *fase final de seu ajuste histórico* e sua *renascença virá do terceiro mundo* daqui a alguns *séculos*. Ou seja: *a cena da vanguarda histórica é os Estados Unidos e depois o Brasil*. Eu sou sul-americano. Na mitologia eu sou o Santo Guerreiro do Sul contra Dragão da Maldade do Norte. Você é visionária. Inteligente. Revolucionária. *Eu me adivinhei em ti*. Quero saltar essa 6ª barreira da minha vida contigo porque não quero perder as amizades nesta viagem para o desconhecido.

Realmente nossa relação está além de qualquer burocracia neurótica — ou ela não existiria — ela é muito bela para se permitir um jogo convencional.

Os golpes que te dei são manifestações violentas de uma fúria selvagem — ou seja, a solução clássica da neurose capitalista. O ciúme é uma fantasia incontrolável mas entendi que é também uma reação neurótica ao sentimento de propriedade ameaçado. É a loucura que pode provocar tragédias. Nunca tive tanto ciúme de uma mulher, exceto de Helena. E isso me conduz a ações destrutivas. Por isso estou só, triste, se bem que estou calmo.

Aqui tive mesmo discussões filosóficas com os padres. Mas não quero ser padre nem sou místico. Quero resolver alguns problemas práticos — dinheiro, trabalho, projetos e criar condições para partir para os Estados Unidos. Temos ainda outros atos para representar. Como dizia Sadoul sobre o cinema, "NOSSO AMOR AINDA NÃO ULTRAPASSOU A AURORA DO SEU FUTURO".

Glauber
BURU

Para Juliet Berto*

Juju → Depois da experiência vivida quero tentar escrever o que vou fazer. Meu afetivo → a revolução comunista → por uma sociedade sem

(*) Carta enviada de Paris. Original em francês.

classes e sem Estado →

"Objetivo localizado": o Brasil porque é uma terra bela e fértil

Tática → Nas circunstâncias atuais as forças revolucionárias estão a zero. É preciso começar praticamente do zero.

Minha contribuição ao processo: através da agitação feita pela: imprensa
cinema
a militância...

Conseqüência disso: o exílio. Meus "companheiros de rota" são os brasileiros do mesmo lado, se bem que EXISTEM ou EXISTIRÃO outros que estão "do outro lado" — ainda: o cinema novo.

Ao mesmo tempo devo desenvolver e colocar em prática uma teoria do cinema revolucionário. Inventei um *CINEMA NOVO*: ÉPICO/DIDÁTICO.

Sou um legítimo "herdeiro" de Eisenstein e Brecht. Não devo nada a GODARD. Quando filmava *Barravento* em 1960 não tinha visto *Acossado* e escrevia na Bahia contra a Nouvelle Vague.

CINEMA NOVO	CONTRA	A NOUVELLE VAGUE
TERCEIRO MUNDO	"	COLONIZAÇÃO
MATERIALISMO	"	IDEALISMO
etc.	"	etc.

Mas o Cinema Novo estava infectado de neuroses "pequeno-burguesas" produzidas pelo sistema.

Fiquei só → como um artista revolucionário. A morte do cinema novo foi anunciada metaforicamente como a morte de Glauber. Eis a revelação da conspiração. Sem base econômica e política, investi tudo na afetividade. Eu me depositei na tua casa. Não somente o esperma. Eu com minha beleza e meu inferno. A ressurreição: → é preciso achar um lugar para produzir. Agora sei o que vou fazer. O país possível é os Estados Unidos porque há:

a) Hollywood

b) as Universidades

c) o cinema independente

Acho que Los Angeles (e por isso São Francisco) é o ideal. Não quero renunciar à aventura Hollywoodiana. Ainda uma *trip* [—] do Cinema Novo. Sinto que é o momento. Fazer ainda um ou dois filmes aqui para ganhar dinheiro é inútil. Não quero dividir as energias. *Claro* é um ato de amor, é um poema produzido pela nossa relação, é a materialização de um modelo cinematográfico revolucionário que produzimos juntos pois você é mulher e eu sou homem com forças produtivas capazes de revolucionar o cinema, a vida, a sociedade. Esse impulso é a verdade. Se eu quero viver contigo é porque eu te vejo como o outro eu — ou seja, a relação dialética possível no ritual amoroso, êxtase estético. Êxtase etc.

Claro! Som e Luz! Amor. Não sou um realista. Quero sempre o paraíso, às vezes nós somos o paraíso.

Tomo a decisão de partir para Los Angeles, salvo por uma absoluta impossibilidade econômica e tudo isso vai se decidir nos próximos 15 dias.

Eu precisava partir para os Estados Unidos em novembro, me instalar em Los Angeles e começar a trabalhar. Mesmo se eu não conseguir uma produção grande imediatamente produzirei pequenos filmes estilo *Claro* que terão mais sucesso lá e é mais fácil a distribuição mundial. Você poderá atuar, escrever, fazer a mise en scène — poderíamos fazer trabalhos juntos ou separados, mas estaríamos juntos numa *trip* integrada. Estou certo que poderia funcionar, que poderemos ser independentes até podermos voltar à Europa ou voltar ao Brasil. Eu me angustio na Europa porque minha *trip* aqui já está acabada há 1 ano — minha primeira partida para o México — e depois de *Claro* não tenho nenhum interesse em continuar meu cinema aqui, pois posso realizar as mesmas idéias melhor nos Estados Unidos.

Tenho 36 anos — a idade de começar a passar da guerrilha (*Claros* — Carlos*) ao Exército (*A Grande Marcha***) — o superespetáculo audiovisual revolucionário não pode ser criado senão nos Estados Unidos. Luz. Ação. Fora tua beleza e talento, a graça da vida para mim é te ver, te sentir, te tocar, te amar. Há um forte amor entre nós. É uma pena deixar o amor cair na armadilha neurótica. Um longo processo. Eu te proponho vir viver a *trip* americana sem nenhuma caretice.***

Te adoro,

Buru →

(*) Referência ao terrorista Carlos "Chacal", cujos atentados em Paris levaram a polícia francesa a apertar o cerco contra os guerrilheiros latino-americanos na França.

(**) Referência à "Longa Marcha" empreendida por Mao Tsé-tung, em 1934, e que marcou o início da Revolução Chinesa.

(***) Glauber escreve "caretice" em português.

Para João Carlos Teixeira Gomes

*Paris, 2 de janeiro de 1976**

Querido Joca,

Esta carta é capítulo de um romance chamado *Mapa da Bahia*, dividido em duas partes, "Sertão" (Vitória da Conquista) e "Mar" (Salvador), onde nasci e vivi a primeira parte de minha vida finita com Helena *Barravento*, sexo/estética.

Quando eu morrer escreva no *Jornal da Bahia* que, como Álvares de Azevedo, foi poeta/sonhou/amou na vida.

De 1939 a 1947 viveu em Vitória da Conquista com estágio em Urandyr.

De 48 a 61 viveu em Salvador.

"Sertão no Mapa" foi escrito pequenintrodução há anos no Rio, "Jardim das Piranhas" e "Angelus mortis", em Salvador; "As aventuras de Antônio das Mortes para TV Itapoan", em Paris; "Mataria brava", não sei onde.

Do "Mar" escrevi em Salvador "Sebastião Navegante". O resto foram memórias do exílio. Esta carta, inspirada por documentos secretos do professor Heron de Alencar, pretende com bala de ouro ressuscitar Júlia Feital daquele casarão onde viveu o infante Castro Alves que era Judeu, Cristão, além de Comunista. Mas era o Cristo de São Mateus que o incendiava: e detestava frades/jesuítas compondo, em obscura estrofe em "O vidente", a mais potente carga poética proletária dos realismos socialistas ou dialéticos do futuro neste presente fim de século que faz Paris tão parecida à Bahia.

José de Alencar vivia no Paraíso da Tijuca. Apresentou Castro Alves a Machado de Assis que morava no inferno do Rio. Castro Alves foi teatralmente consagrado com Eugênia Câmara na política revolucionária de "Gonzaga...", tinha 22 anos e era de Peixes como eu, separou-se de Eugênia e romanticamente se suicidou com um tiro no pé que lhe valeu dolorosa amputação crua da menor matéria universal pra morrer apaixonado pu-

(*) No original, 1975. Glauber erra o ano. A carta é uma resposta à correspondência de João Carlos Teixeira Gomes, de 12 de dezembro de 1975.

nheteiramente de uma operística florentina ou de ingênuas provincianas, como Leonidia Agnés, nenhuma delas o mesmo fogo de buceta de Helena Câmara. Eugênia era o triunfo sexual de Castro Alves. Pra comediante o poeta deu a vida. Ela era a mulher mais forte da época, portuguesa independente que entre capitalistas colonialistas escravocratas e poetas românticos revolucionários se deu ao luxo de amar o maior homem do mundo no momento, Antônio Castro Alves, bonito, gênio e gostoso até que seu esperma secou na sua voracidaduterina camarástica Eugênia. Morrer por amor, inda mais suicidado, é máxima humilhação. Eis que a Musa não é que a feitichização da mulher objeto, prática machista/capitalista que faz de São Jorge, herói por ter matado o Dragão, digno de receber como mercadoria erótica a Donzela. Como o Romantismo é reacionário com as mulheres, como Castro Alves vê Eugênia virgem até mesmo inconsciente que nada saber fazer que falar eu te amo meu Gonzaga e por ti sou capaz até mesmo de trepar com um Fascista Ignóbil! Vês, meu caro Vate, como fomos aí na Bahia formados santificando ou putificando a mulher! Santas são nossas mães e irmãs, putas nossas mulheres e filhas. E quando você se apaixonou por Neuza no puteiro de Nair, tá lembrado como ela te amava e foi até o Central,* e você gamadíssimo, até lhe fez poema, mas a Puta não ganhou o coração do Poeta, as putas ficam no puteiro as Santas a gente leva pra casa pra comer com pudor porque quem goza mesmo é puta e sendo paga é falsa logo não vale, melhor mesmo é amor reprimido numa sexualidade dor/prazer, afinal a gente conhece senão a literatura machista ou o cinema machista onde mulher é sempre puta ou santa?

Mulheres realistas. No Central eu tarei por Milze, você por Eliete, Lina por você, Célia por mim, Iracy por você, você por Iracy, Guerra por Elcy, Elcy por Júlia, Júlia por Wilma, eu por Maria Meron, ela por Herval, muitos por ela, o puteiro de Nair, Jaiminho por Rosa, Gil por Maria, Calá por Maria, Ruy Simões, Machado Neto, Zaidé, Barrinhos, Helena Parente e todos aqueles professores caquéticos decadentes que nos ensinavam a Cultura da Civilização Ocidental e Cristã como em qualquer colônia ou metrópole mundial.

Completarei minhas reminiscências desprezando as mitologias e falando coisas particulares: soube que ficou surdo de um ouvido e isto muito

(*) Colégio Central da Bahia, onde Glauber e João Carlos Teixeira Gomes estudaram.

me preocupa. Na sua carta você não disse nada. Mas indica que esteve muito doente e vive só. Separou-se de Iracy? Ano passado recebi carta dela em Roma, respondi abstratamente, ela me respondeu mais abstrata ainda. Senti que havia uma crise, que eu era tido um amigo do casal, pressupus mas preferi ser discreto pelo fato de que o tenho em alta estima mas sempre o vi atormentado por uma carga desesperada de romantismo desarticuladamente na miserável sociedade realista. De nossa turma você era o último romântico filho de um comerciante português com uma mulher da burguesia baiana liberal, afinal Célia, Ivone e Wanda eram mulheres independentes nesta Bahia provinciana. Eram até famosas por isto. Seu primo Miltinho era tido como louco. Sua prima Rosa Maria era uma das moças mais lindas e inteligentes do Brasil. Grande potência sexual em sua família. A loucura poética da mãe e o rigor moral do pai, eis como eu falaria de um personagem baiano contemporâneo, homem de poder pois dirige jornal de oposição, *Jornal da Bahia*, é professor literário universitário e intelectual crítico e poeta da vanguarda baiana. Honesto, corajoso, enfrentou batalha violenta com o governador Antônio Carlos Magalhães. Nesta época vi uma fotografia sua na revista *Veja*, abraçado com Iracy, que estava linda.

Quantos filhos você têm?

Sua resposta me transpôs à Bahia de minha juventude e por isto escrevo esta carta confidencial.

Saí da Bahia e anos depois lhe escrevo à Bahia, pedindo emprego. Aconteceram fenômenos estranhos. Vivo absolutamente renascente graças ao miraculoso materialismo dialético e histórico. Recuso qualquer explicação idealista pro meu caso excepcional. Sou o fruto síntese do Central, da turma "Mapa/Jogralesca", metáfora de 1922, eis a teatralização poética interpretada mundialmente por Glauber Rocha. "Há muitas arquiteturas corrompidas..." Você se casou com uma Jogralesca, a que recitava "Blasfêmia" que produziu o escândalo Dalva Mattos da proibição* e ela romântica índia como personagem de Alencar, Deusa, era poetisa. Peres apaixonado por Rute Leite Mendes, por Yeda. Eu por Milze Maria Santhiago Soares. Paulo Gil por Anecy. Raquel Angélica, Sônia Pereira, Sônia Noronha, Joselyce, aquelas lindas Jogralescas como donzelas medievais nos

(*) Glauber refere-se à reação da professora Dalva Mattos e da Igreja católica baiana à declamação do poema, que foi considerado ofensivo à Virgem Maria.

mapas de nossos corações sem calendários... Florisvaldo Mattos se casou com Sônia Coutinho, João Ubaldo com Beatriz Moreira Caldas, eu com Helena Ignez, casamentos fodidos por corneação, sendo que eu e Flori pegamos chifres e Ubaldo nos vingou na belíssima e maravilhosa Bilê.

Eu quero que você viva feliz com sua mulher, seus filhos e humanidade.

Li *Ciclo Imaginário*. Bonitos 12 sonetos. Cada mês aventura. Amor, sexo, desespero. De quem são as tranças algumas vezes repetidas? Não localizo o reino da palavra, do desejo, da verdade, da imaginação. Forte. Horóscopo poético. Você deve estar entrando nos 40 anos. Escreveu muito todo este tempo. Quantos artigos publicados? Por que não escreve um *romance jornalístico* sobre sua luta com Antônio Carlos Magalhães? Um livro modernista? Os artigos contra ACM, as respostas pagas, o processo, seu depoimento, suas memórias, uma Biografia Psiquestórica de ACM, um romance neo-Amadiano? E Peres já terminou a biografia de Gregório? Adorei o livro de Flori, mas por que ele não publica as "Obras completas" numa editora nacional? Precisamos industrializar a Editora Macunaíma, reviver a revista *Mapa*, manter o mesmo ritmo daqueles anos aos quais é necessário voltar a fim de ajudar rasgando o véu da [...] vislumbrar o infiniterno. Veja as proporções do Romantismo! São máximas! Realistas por tática e românticos por estratégia.

Agora vou terminar a tecelagem metafórica porque espero lhe ter dado prazer no decifrar esta literatura primeira de 76 que lhe envio com extensivas saudades a nossos amigos, mesmo Guerra.

Na entrevista que mando pelo Viana lanço minha candidatura a Governador do Estado, pelo MDB, em 1978.

Desde já, se as eleições forem diretas, autorizo você, Flori, Peres, Calá, Sante, João Ubaldo, mesmo Guerrinha e Bananeira, em nome dos dialéticos fundamentos tribais revolucionários do Grupo Mapa/Jogralesca — os venerandos membros do Terreiro, a transarem minha candidatura e com Carlos Anísio Melhor, Paulo Gil Soares, desconfiando sempre do A.

Não quero ser correspondente de João Falcão. Quando lhe escrevi queria mas lembrei que lhe mandei carta de demissão, o acusando de ter traído a Revolução. Era verdade. Mas conte sempre comigo sobretudo pra que João Falcão te aumente o salário ou senão entre pro MDB e lidere a ala anti-ACM na política baiana. Você vai deputado federal de enfiada porque sendo o anti-ACM é o único que pode concorrer contra. Jornalista/Político, já venceu as provas! Neste sentido pode se candidatar a Governador. Eu retiro minha candidatura, lhe apóio. Todas estas transações literárias foram pra chegar a estas conclusões e acredite em mim pois vejo as coisas claras, prevejo: *entre pro MDB e candidate-se a Governador*. Use meu nome pra isto. Este uso tem função revolucionária e não pessoal. Como você nunca foi oficialmente ligado às esquerdas, o SNI não pode vetar seu nome. Convença João Falcão a lhe apoiar. Lidere, politicamente, as forças anti-ACM. Mesmo Juracy e Luiz Viana podem lhe apoiar. Conte com minha família em Vitória da Conquista e cobertura nacional, pois meus amigos do Rio e Paris te apóiam.

Tô falando sério.

Você, Ubaldo, Peres, Bananeira, Guerrinha, Flori, Sante e Calá deviam entrar pro MDB. Você candidato a Governador. O Grupo Mapa/Jogralesca tem força. Veja: você no *JB*, Ubaldo na *TB*, Bananeira na *Tarde*, Peres na Fundação Cultural.

Terminei dois livros: *Cinema Novo* e *Hestória dialética da matéria*. Estou terminando outro *Mapa da Bahia*. Outro em preparo *Exílio*. Um romance em progresso, *Terceiro Mundo*... Nestes anos escrevi muito: ficção, poesia, crítica, jornalismo... Porque somos todos literatos, apenas eu entrei por audiovisual.

O mundo é pequeno: quem diria que Walter da Silveira cozinharia o cinema pra dar-me na boca? Foi o poema *Pantagruélico* de Flori que revelou o instante sagrado da transmissão dialética de Walter da Silveira, não Cardeal Arcebispo ou Papa, mas Walter, que era marxista único na Bahia, barroco tropical. O PC local, através Gorender, atacou *Barravento*. Isto explica minha frase no *Jornal do Brasil*: "...não acreditaram que a jangada de *Barravento* furasse certas ondas... a onda vai e vem... marinheiro olá lá lá...".

Ciclo Imaginário: o vejeleito Governador do Estado da Bahia, o Santo Guerreiro Joca contra o Dragão da Maldade Toninho Bacalhau!

Debaixo do Boca do Inferno, Joca, exímio manipulador dos metros sonoros do verso, esconde-se o satírico sensual, pornográfico ainda não revelado. Despreza o épico, por isto atacou Toninho: morro de vontade de ler seus editoriais contra Toninho. Mande-me os xeroques!

Ciclo Imaginário: quando Necy escreveu-me noticiando a surdez me disse... pena pra quem gosta tanto de música. Creio que você tem mil e oito discos de música sacra. O que se passou no seu ouvido? Quanta música impressa a ser poética no caos da memória? A literatura nasce, e todas as Artes, quando a Memória e Imaginação se transformam em Forma Histórica ou Dialética.

É o conceito em Transe.

Se sou o emissário do Grupo e a Mensagem foi Mundial temos razão. O estilo barroco/tropical/dialético do Cinema Novo nasceu da *mise en scène* jogralesca. *O dragão da maldade contra o santo guerreiro* é uma jogralesca cinematográfica, eis a razão do sucesso. Quem viu nossa Jogralesca na Bahia, e sacou, proclamou entusiasticamente a revolução.

Intransigentes chegamos aos postos possíveis. Eu, com Gregório, no exílio, como Jorjamado.

Se voltasse hoje à Bahia pobre como sou viveria marginal porque não me adaptaria ao trabalho. Meus amigos me dariam biscates nos jornais. Pra sobreviver necessito do Rio. Na Bahia a Utopia. Mas vejo um núcleo político novo nascer deste pântano. Aliás Machado respondia a Alencar: "o Sr. vive no Paraíso, eu vivo no Pântano". Paris é o Pântano? Bahia? Neste momento, como José Martí que morreu desembarcando numas guerrilhas antespanholas em Cuba, e é maior poeta/escritor/intelectual das Américas, pai de Fidel, eu diria que sem povo revolucionário não existe literatura, pois sim... consciência literária, sendo consciência a materialista dialética e *histórica*.

Idéias novas/formas novas disse Bertoldo Brechete. Se você quiser fazer do *Jornal da Bahia* o melhor jornal do Brasil como foi na época de sua criação, bote a nova geração dentro. Revolucione os quadros. Quantos jovens escritores baianos esperam uma chance? Balance o coreto. Movimente o jornal com gente nova, como Ari e Ignácio fizeram com a gente. Renascença cultural baiana.

Lembro quando lhe conheci bonito bem vestido elegante de óculos *Ray-Ban* e íamos passear nas matinês dominicais até que ampliei com a turma do Central a quem você sempre reagia mas integrava na transação poética. Você de voz tão bonita esteve ausente das Jogralescas e se apaixonou por Iracy. Você foi o único que se casou com uma jogralesca. E no CEPA,* aquela transação secreta no Dique pra fundar o CEPA de Germano Machado com o

(*) Centro de Estudos Pensamento e Ação, grupo nacionalista de debates e estudos freqüentado por Glauber nos anos 50 e liderado por Germano Machado.

Movimento Brasileiro Cristão, transacionada fascista que você esculhambou, destruiu defendendo a teoria do conteúdo sujo no copo claro, tá lembrado de Germano assoviando sinfonias nazistas? Às vezes me retirei com Sante e Peres pra Cachoeira de São Felix, para passar Semana Santa ou Carnaval e lá enrolado em lençóis na janela do Hotel Colonial conclamei o Povo de Roma à Revolução. Na beira do Paraguassu Sante me abraçou e reagi pensando que ele queria me cumê. Pedreira falava em dentes dragônicos com gelo nos fios. Você virava porrada com Vivaldo da Costa Lima num bar português sábado de madrugada. Ofensa era ser Filho da Puta! Na Faculdade de Direito, entre a cantina e o diretório, aulas incompreensíveis. Disse-lhe que Helena Ignez confessara paixão por mim e você recomendou cautela. Joca entrou furioso no *Jornal da Bahia*, hoje é seu Redator-Chefe.

Conversar com você é libertar a Juventude.

Um abraço fraterno,
até a vista, escreva,

Glauber.

15, Avenue Trudaine.

PS: Peres não poderia encarregar alguém da Fundação Cultural, recolher todos *meus artigos, crônicas, entrevistas, reportagens, publicados na imprensa baiana oficial e marginal?* → (Entre 1956 e 1961 — no *JB* e *DN* — um artigo no *Momento*, *7 dias*... jornais da FUB etc.). Seria o maior presente que os amigos poderiam me dar. Envie-me o xeroque de tudo isto. Não é difícil localizar nos arquivos dos jornais. Algum aluno de literatura poderia ser destacado pra isto e teria já material pra uma tese universitária sobre Cinema na Bahia. Conto com isto.

PS: → Mesmo que eu não pudesse voltar ao Brasil pra ser Governador eu poderia *REALISTICAMENTE* voltar por exemplo pra criar o *CENTRO AUDIOVISUAL* — pra Universidade ou Estado. Fale com Roberto Santos. Preciso de cobertura oficial da Bahia pra poder entrar no Brasil. Mais tranqüilamente. Escreva.

MDB — PARA GOVERNADOR DA BAHIA VOTE EM JOCA → UM NOME POPULAR PODEROSO SUCESSO → .

Para Peter Schumann*

3 de janeiro de 76

Meu caro Schumann,

Eu recebi tua carta e agradeço pela atenção. Desde que tenha cópia definitiva te envio meu livro.** Também escrevo um outro de filosofia, *Hestória dialética da matéria*, que será publicado no México este ano.

Não estou numa situação *psicológica* ruim, mas numa situação *política* ruim. Demonstro na prática a contradição mais radical de um cinema revolucionário no ocidente capitalista: a crítica não compreendeu *O leão de sete cabeças*, *Cabeças cortadas*, *História*, *Claro*, porque são filmes para além da teoria idealista do cinema em prática, cujos únicos exemplos são os soviéticos dos anos 20... depois de 1917, *o resto é silêncio...*

Griffith ou Méliès, e por isso mesmo, tiveram problemas. Não mudei, desenvolvo a estética da fome. *História do Brasil* é a constatação de uma crise, a brasileira, não a minha... o materialismo em prática destrói as flores "estéticas"... quando eu estava no terceiro mundo era curioso... mas perigoso, a partir do *Leão*.

Não sou um artista romântico, sou um revolucionário brasileiro num momento grave para as forças revolucionárias de nosso país... mas a história avança num ritmo que os ocidentais neuróticos e pequeno-burgueses não podem compreender... o futuro da civilização é certamente o paraíso tropicalista, América do Sul e África...

Não fui nunca um cineasta de consumo e não tenho nada a ver com Godard, como Marx é anti-Nietzsche, porque eu sou um comedor de mitos antropófago dialético. Minhas posições políticas em relação ao Brasil têm uma grande influência hoje e não devo nada à esquerda internacional. Eis minha ruptura com a crítica francesa e italiana e em geral. Não há teoria, há críticos reformistas. Não gosto do novo cinema alemão, financiado pela social-democracia. Isso é neo-expressionismo. O Cinema Novo nasceu contra Hollywood,

(*) Original em francês.

(**) Glauber refere-se ao livro *Revolução do Cinema Novo*, lançado em 1981 pela Editora Alhambra e Embrafilme.

Nouvelle Vague e underground revisionista. Nós fomos vítimas do ato V de 1968, mas nos organizamos para resistir. A crítica decretou a morte do cinema novo sem compreender que eles estavam mortos, aqui, em 68... enfim... eis por que eu um dos maiores cineastas do mundo estou nessa situação de desemprego, mas estou livre e vejo claro. Na prática eu vejo as possibilidades que eu posso ter. Mas quero trabalhar num país socialista porque tenho pesquisas importantes a fazer e novidades criativas para o cinema. Não posso aceitar a bolsa, é muito longe. Irei ao Canadá ou talvez a Moscou, mas gostaria de ter um convite oficial do Cinema alemão oriental para ir conhecer seus estúdios etc. quanto à Televisão não tenho um projeto para a Alemanha, mas tenho um tema para Paris: um documentário sobre os desempregados do terceiro mundo em Paris: eu, os negros, os árabes, os sul-americanos... é um filme verdade, improvisado. *Eu, cineasta desempregado, faço entrevistas com outros terceiro-mundistas desempregados.* Se quiserem me dar o dinheiro sem pedir o argumento eu posso fazer o filme em uma semana e montar em duas. *Claro* tem problema com o produtor italiano e continuará assim por certo tempo. Se a TV quer fazer o filme e se é possível imediatamente, muito bem.

abraços para Guido Glauber, Sacha,
teu

Glauber

"A TELEVISÃO ALEMÃ PODE DAR TRABALHO A UM DOS MAIORES CINEASTAS DO MUNDO QUE ESTÁ DESEMPREGADO"

→ Aí está: dizer isso na TV. É a realidade.
No filme, eu contarei a chegada dos *condenados da terra* de Frantz Fanon no cu Lumière...*

Escrevi 2 grandes argumentos:

Alexandre, o Grande → seis horas para TV!
a primeira marcha Imperialista para o
Terceiro Mundo

(*) Glauber ironiza o título do célebre filme dos irmãos Lumière, A *chegada do trem à estação*.

O nascimento da Terra → para o cinema → a revolução
do Terceiro Mundo

2 filmes muito caros que não são comerciais
nesses filmes: Montagem dialética da matéria

do H (eu, I, io)storico*

Eisenstein?

$$MD = \frac{MI}{MI} = \frac{H}{E}$$

esta fórmula resume o segredo da Teoria da Montagem Nuclear
— criada por Eisenstein e desenvolvida por mim.

Eis o segredo dos meus filmes.
Tenho a fórmula revolucionária.
Muito importante!!! é por isso
que quero ir trabalhar nos
países socialistas

Sou contra o cinema sociológico pois a sociologia é parte da frondosa dialética. Marx ainda não foi entendido. Brecht + Eisenstein = Eis o início de uma estética marxista. Eis minha via, desde *Barravento*.

(*) A fórmula faz referência à proposta de Glauber de sintetizar a História com a "estória" pessoal.

Para Cacá Diegues*

3 janeiro 1976

Cacá

Saquei tudo. CARTA GENIAL

Mas ainda não posso voltar. Mandarei breve pra Ênio o livro *Cinema Novo*. Afinal pronto. Terminei também *Hestória dialética da matéria*, agora sou escritor filósofo. Cinco anos de curtição funda.

Volto em 1978, ficamos acertados, *caso* nada ocorra antes.

Vou tentar filmar *Alexandre* ou *Nascimento da Terra*. Mas tranqüilo como nunca. Terminar os livros, *Claro*, a polêmica aí, tudo me libertou de mil grilos. Já saí do convento, estou ótimo. Foi um ano duro. O filho pródigo dá trabalho aos irmãos.

Acaba logo esta *Xica* e venha por aqui com Nara. Posso lhe hospedar talvez em Moscou, talvez no Irak, sei lá... neste momento de liberdade a vontade é recomeçar. Como dizia Antô o negócio é: precisamos fazer alguma coisa... *façamos um Cinema Novo, é assim que se vive...*

A arte rompe com os processos políticos reacionários, ruptura metafórica mas anuncia caminhos.

Arte e ciência.

Beijos pra Nara e pros garotos.

Se ver Zelito, diga que ainda não recebi a gaita.

Insiste com Barreto, Faria abrir escritório Embra em Paris com Claude. Estarei transando por fora. Importante pra fixar um Forte Apache nos Campos Elísios. Pra este ano.

Não recebi a revista *antropofágica* nem a revista *Luz & Ação*.

A crítica francesa esculhambou *Claro*, ao contrário da italiana...

Mas estamos tão longe deles, tudo morto por aqui, mesmo... reencontrei Sylvie Pierre...

O último de Godard, *blufff*

Fins de caso...

(*) Carta enviada de Paris.

Ah, que bom 76 pra minha cuca!!!

Felicidades pra vocês, será que se vê *Xica* em Cannes?

Venha com Nara dar uma volta turística na *primavererão*, que é sempre legal...

Aqui é um terceiro mundo olê olê, olá olá...

Mande o disco Nara,

beijoca, Glauburu

Eisenstein? *Decifrei a teoria do* CINEMA NUCLEAR →

Mandei pro Sarra a fórmula decifrada. *Top Secret!!!*

EIS A FÓRMULA:

$$MD = \frac{MI}{ME} = \frac{H}{E} =$$ Segredo de Estado

O *vatapá* arejou minha cuca. Sacudi poeiras. Rebolado baiano. Melhor assim. É preciso falar — fazer jornalismo corporal.

Mas tudo bem. H(EU)STÓRIA

É daqui que saímos.

O resto stória é coletivo!

Nada de linguagem ou língua. O que interessa é a estrutura clara do *tutano!*

queria escrever um poema barroco tropical dialético que nos descodificasse a neurose deixasse fluir a luz inconsciente: sexo, prazer, glória

Recebi hoje segunda carta sua, cobrando a primeira. Pierre me deu com atraso. Vou citar Godard pela última vez: "Acabou o tempo da Reflexão, vai começar o tempo da AÇÃO" — afinal a vida começa aos 40 (veja a chance dos homens, quando se diz que a mulher acaba aos 40: isto é pura sacanagem machista!!!) → hoje estou bem. Posso escolher filmar entre Mosfilm e Columbia? Vago ao sabor da *détente*? Tudo é poesia. Escrevi livros, escrevi 2 roteiros (*Alexandre* e *O nascimento da Terra*). Quero filmá-los! Tenho de descolar a produção. Como na Bahia. Entendi por que as obras geniais nascem da juventude! O jovem não tem nada a perder e o mundo a ganhar (Marx). Discuti Castro Alves e o mártir CRISTÃO. Não sou católico. Sou de formação PROTESTÁRIA. Encerrei o ciclo. Mudo de tática já que se acabou o tempo dos cangaceiros (guerrilheiros). Freqüento ante-salas do Clube...* Faz bem... grande cinema, *Cinema Novo*, filho rebelde do *Estado Novo*, viva BRASIL NOVO.

Com um abraço de Paulo Martins a Jorge Ramos!

VAMOS COMEÇAR OUTRA VEZ!

BURU.

Tente mandar *Xica* a Cannes. Se precisar é só falar!

[—] CACHOEIRAS MONUMENTAIS: CINEMA

De Tom Luddy**

15 de janeiro 1976

Caro Glauber:

Você está vindo! Já anunciei sua primeira aparição no dia 25 de fevereiro! E para ter dinheiro suficiente para mandar sua passagem, arranjei para você ir também às Universidades de Stanford e Fresno poucos dias depois. Os russos nunca irão produzir *A Idade da Terra*. Aliás, eles são bastante puritanos.
Bem, anunciamos você com *Antônio das Mortes* e *Claro*.
Para evitar problemas na alfândega você tem que ter alguém para pegar as cópias 35 mm ou 16 mm na TWA ou PAN AM, e despachar como A COBRAR (pagamos as taxas) para:

PACIFIC FILM ARCHIVES
UNIVERSITY ART MUSEUM

(*) Partido Comunista Brasileiro.
(**) Carta enviada de Berkeley e acompanhada de um bilhete manuscrito do cineasta Francis Ford Coppola. Original em inglês.

c/o W. J. BYRNES AND CO.
Customs Brokers
San Francisco International Airport.

Também:
1) Você pode me mandar algum material escrito sobre esses filmes e os créditos, assim posso avisar a alfândega e deixar tudo acertado, sem problema?
2) Envie-me o texto de *Claro*, se ele existe, assim podemos preparar uma tradução para a platéia.
3) Envie-me algumas fotos dos filmes.
Espero que Fabiano esteja aqui quando você chegar.
Agora começarei a trabalhar para trazer Juliet também.
Quando estiver aqui, acho que posso lhe dar alguma ajuda para editar/publicar seus livros.
Irei perguntar a Francis sobre as possibilidades do seu roteiro para CITY.* Vou pedir a ele que dê um SIM ou NÃO para o seu roteiro. Ele está tendo problemas com seu novo filme, que começará a ser rodado muito em breve, logo acho que a resposta é NÃO. Mas vou pedir a ele para escrever para você.
Até breve,

TOM LUDDY

DE FRANCIS

Caro Glauber,

Sinto muito, não posso produzir ou
ajudá-lo com seu projeto. Tenho que
*ir para as Filipinas***
fazer algum dinheiro para preservar
*minha empresa****

Francis

(*) Revista de São Francisco, comprada por Coppola.
(**)Coppola começava a produzir *Apocalipse now*, que seria lançado em 1979.
(***) Referência à American Zoetrope.

Para Paulo Emilio Salles Gomes*

Mosca, 15 janeiro de 1976

Querido Paulemílio

Escrevo daqui mesmo. Ontem vi o filme *Espelho*, de Tarkovsky → *Infância de Ivan, Andréi Roublev, Solaris* → "*que é a psicanálise de sua mãe*" do stalinismo a hoje. Tarkovsky é o melhor cineasta soviético "russo" — sem contar os georgianos, que são como os baianos. O resto é o reflexo da crise. Praça Vermelha, Lenin, balé, agricultura em crise, indústria em progresso. O que era a aristocracia? *Guerra e paz*: foi a resistência a Bonaparte que forjou a consciência revolucionária do russo. Sem Tolstoi não haveria a prática leninista: *OCTOBRE!!!* Soljenitsyn é o resto do Rasputinismo. E o 25º Congresso falará de *détente plus* liberdades. Os dissidentes existem e isto é bom sinal! Pois ao menos puderam falar! A cultura burguesa está morta. E a cultura proletária? Hospital, casa, comida, roupa pra 225 milhões — isto existe.

Jamais os "civilizados" do Oesteuropeu poderiam suportar a "grossura" soviética; e no entanto o que há de mais "fino" que a justiça social? Mulheres iguais a homens trabalham. E todo mundo (menos os renitentes burgueses) está rindo. À noite bebem vodca, cantam e dançam. Com grande esporro. Degelos catastróficos. DEGELO. Ópera no rádio e TV é a música popular. Altos sons! E o folklore proletário das repúblicas asiáticas. A comida não é boa — mas é pra todo mundo — e farta. Os cigarros são deliciosos, mais fracos e menos intoxicantes. Há mais ou menos umas 450 putas em Mosca. Tendem a desaparecer. Mas a maioria trabalha durante o dia em outras coisas. Putear é esporte... Aqui não conhecem um só filme de CN — salvo *Rio, 40 graus*. Vim abrir as cortinas, organizar uma semana ou quinzena, a *détente* necessária — novos mercados. Tocam "A banda", "A Garota de Ipanema", "Saudades de Itapoan". Imprensa germina gráfica e literariamente. *Tudo isto pra tentar uma análise objetiva das contradições* — ANTAGÔNICAS — *soviéticas independentemente dos preconceitos pequeno-burgueses.***

(*) Carta enviada de Moscou.
(**) Original sem assinatura. A carta pode estar incompleta.

De Paulo Emilio Salles Gomes

Águas de São Pedro, 19 de janeiro de 76

Querido Glauber, estou aqui convalescendo, não andei bem mas agora estou quase. Escrevo para você em finalidade múltipla: 1) como conservador da Cinemateca que sou de fato de novo, não sei se você sabia; 2) como professor da Universidade; 3) como seu companheiro nas lutas culturais brasileiras; 4) como seu amigo.

A impossibilidade de trabalhar com sua obra está prejudicando e deformando muita coisa, muito. É claro que você está sempre presente nas aulas, tanto as da Faculdade como as da Escola, cada vez mais, porém exclusivamente através de texto e do mito. Uns e outro são vivos e utilissíssimos, mas a ausência dos filmes os expõe a metamorfose de toda sorte, e que também acolho bem, mas que, sem a presença encarnadora de suas imagens, sons e falas escutadas, tendem para a gratuidade do jogo. Fora da Universidade, onde apesar de tudo estão seus textos e estamos nós, então, a crise é mais aflitiva. Reuniões e seminários em clubes e paróquias que adquirem, tanto num nível intelectual como no popular, uma agudeza que me parece extremamente promissora sofrem um baque com a ausência de seus filmes naqueles momentos cruciais em que estão apontadas todas as condições para a fulgurante cristalização profética e animadora. Posso acrescentar que nestas perdas não há *fuzis* ou *maioria** que compense, para você ver. Pois bem. Até agora não ousei pedir a você mais um sacrifício, o de me arranjar suas fitas, as do Brasil e as daí. Mas agora as coisas mudaram e há possibilidade de combinar a sua ajuda para o nosso trabalho com a reunião de alguns recursos para você, que talvez tenham alguma utilidade no momento em que vive. Está finalmente chegando bom dinheiro para a Cinemateca se aparelhar e é possível dedicar uma parcela para obtenção de novo material para o acervo. É para nós primordial, por todos os motivos expostos e que não vêm a pêlo detalhar exaustivamente, obter cópias em 16 e 35 mm de cada um de seus filmes, se possível de todos. A soma de

(*) Referência aos filmes *Os fuzis*, de Ruy Guerra (1964), e *Maioria absoluta*, de Leon Hirszman (1964).

que disporíamos cobriria a tiragem de cópias novas e penso que a margem de produtor e/ou de autor que lhe seria destinada poderia ser razoavelmente alta. As normas de utilização desse material seria definida por nós da forma que lhe parecer melhor, contrato ou intercâmbio de cartas e de acordo com suas conveniências e as da Cinemateca. O convênio que assinamos com o poder público estadual nos obriga a prestar contas de nossos gastos daqui a aproximadamente 60 dias e como tudo é sempre laborioso gostaria de ter uma resposta sua sem tardar. Espero suas condições e, como estou convencido de que vou aceitá-las todas, mande também minutas e todas as informações práticas que forem úteis, como com quem devo tratar aqui e se aí você mesmo cuida de tudo. O abraço afetuoso do seu velho

Paulo Emilio

PS: Imagine em torno de 40 ou 50 mil, talvez.

De Ferreira Gullar

Buenos Aires, 19/1/76.

Glauber, meu querido:

recebi pela Marta do Vinícius teu endereço e o recado para te escrever a propósito do meu *Poema sujo*.

Antes de tudo quero te enviar meu abraço saudoso pois já faz uma porrada de tempo que não nos vemos, embora vivamos os dois a rodar pelo mundo. Agora parei aqui e aqui vou ficar até que me expulsem, se for o caso. Espero que não seja.

Quanto ao poema, trata-se de um troço de 90 páginas que escrevi bastante tocado pela chamada emoção mas de cuca acesa. O pessoal que lê gosta muito e eu gosto também porque me parece verdadeiro e muito nordestino — sujo da fome, da poeira, dos mendigos, da lama, da marginalidade, da solidão nordestinas. Mas se passa dentro de minha casa, na minha rua, na quitanda de meu pai, na cidade de São Luís.

Me disse Marta que crês haver possibilidade de traduzi-lo e editá-lo aí em Paris. Será mesmo possível? Não sei que interesse pode despertar aí um poema de um desconhecido como eu. Como o poema é longo e só tem uma cópia terei de tirar outra e isso me dá no saco. Responda-me enquanto providencio a cópia. E manda-me notícias tuas e de teu trabalho. É preciso que teus filmes venham até Buenos Aires, ao menos para que eu os veja!... Abraça os amigos (Hildebrando e os demais) e aceita o meu abraço fraterno.

Teu Gullar

Para Paulo Emilio Salles Gomes

Paris, 26 de janeiro de 1976

Querido Paulo Emilio

Estou chegando da terra de Lili Brik, onde passei duas semanas vendo perto o que o Tzar da Georgia fez. Estive três vezes na casa de Sergei Michailovitch, examinei seus arquivos, vi desenhos, projetos de livros, enfim, tudo isso que você imagina que possa existir na casa de Pera Atacheva. Imagine que existem manuscritos que compõem mais ou menos vinte novos livros a publicar. Levará alguns anos, pois ele escreveu em quase todas as línguas e nem todos os documentos chegaram de outros países. Mas tudo de *Que viva México!* chegou dos Estados Unidos e Alexandrov e Yusccvitich vão tentar montar o filme completo, e inclusive, para minha surpresa, me convidaram para colaborar. Mas eu dei apenas uma sugestão, que o texto fosse escrito pelo Alejo Carpentier. Jantei com a mulher de Kulechov, Oholova (?),* esta célebre atriz que você conhece bem. E por coincidência estive na festa de aniversário de SM** que todos os anos se comemora e conheci o ator que faz um dos marinheiros de *Potemkin*. O ne-

(*) Glauber refere-se a Alexandra Khokholova.

(**) Sergei M. Eisenstein. A data a que Glauber se refere, do aniversário de Eisenstein, foi o dia 23 de janeiro.

gativo de *Potemkin*, que estava na Alemanha, voltou e agora sairá versão completa com três minutos e meio a mais. O resto é gelo, estive com os sobreviventes do LEF e vi um excepcional balé, *Spartacus*.

Chegando a Paris encontrei tua carta, estou de acordo e sou responsável por todos os filmes, como *todos os negativos se encontram na Europa* eu proponho o seguinte:
A) que a Cinemateca faça vir para o Brasil os negativos de *Barravento*, *Deus e o Diabo*, *Terra em transe*, que são de minha propriedade. Aí eu concedo à Cinemateca os direitos de exploração, distribuição permanente destes filmes, sendo que eu receberei as comissões a serem estabelecidas. Neste caso incluo também o *Câncer*. Quanto à *História do Brasil* não considero o filme terminado por motivos difíceis de explicar neste momento. *O leão*, *Cabeças cortadas* e *Claro*, eis a situação, também como *Antônio das Mortes*:

Leão de 7 cabeças, não sou proprietário mas tenho os direitos para o Brasil. A Cinemateca poderia pagar o master na Itália, onde se encontra o negativo. O mesmo caso com *Claro*, quer dizer, proponho à Cinemateca distribuição doravante de todos os meus filmes. Nem *Claro*, nem *Leão*, nem *Câncer*, nem o inacabado *História* seriam exibidos aí por questão de censura. Quanto a *Cabeças cortadas*, existe uma cópia no Brasil, cujos direitos pertencem a Lívio Bruni, que pagou 50 milhões. Como o filme até hoje está proibido, Lívio nunca lançou. Creio que o Lívio toparia ceder os direitos para a Cinemateca pelos 50 milhões. Creio que escreverei a Zelito Viana para resolver este problema se você estiver de acordo. Assim meus filmes ficam à Distribuição da Cinemateca e eu não mais estarei submetido a ladrões. Sei que não renderam grande coisa para mim, mas pelo menos terão melhor serventia.

Uma notícia que lhe parecerá talvez contraditória. Estou disposto a voltar ao Brasil mesmo que seja para enfrentar um processo. O que poderão fazer além de me prender uns dias e me dar umas porradas? Não quero continuar nesta ambígua situação de exílio, minha experiência foi rica durante esse tempo, mas tremendamente sofrida. Acabou o ciclo com esta última viagem. Não quero ir para a ÁSIA? VOLTO PARA CASA. Não quero também repetir o destino de Cavalcanti, chega de sofrimento. Não encontrei nem uma solidariedade profissional, sobretudo na França vi de perto a sordidez destas sociedades pequeno-burguesas e decadentes e conheci o profundo reacionarismo dos colonizadores. O exílio foi o exílio: isto é, para me desconsolar até o fundo, inclusive com sofrimentos sentimentais e sexuais. A crise econômica foi resultado de minha resistência ao cinema comercial. Mas seu *Vigo** me ajudou a não morrer.

Fui obrigado a me esclarecer muitas vezes e perdi amigos no correr da vida, ficando apenas aqueles que puderam me compreender melhor. Todavia não há nenhuma lamentação martirizante nessa história. Escrevi muito: um livro sobre cinema, outro de ficção, poesia etc. quero publicar tudo isso no Brasil, mesmo com os riscos. Bom que tinha sido criada a Cinebrás, é uma luta longa.

O mundo está violento, triste, desesperado. A doença é geral, mas sou naturalmente otimista, pessimista são muitas pessoas que conheci.

Vou fazer 37 anos no próximo 14 de março. Tenho projeto de fazer um filme, *Nascimento da Terra*, e até hoje depois de três anos ninguém quis produzir, vou voltar pra tentar fazer no Brasil. E tenho também o roteiro de *Alexandre/Ciro*. Mas como é coisa histórica pode ser feito no futuro se tiver esta chance. Me disseram que Eisenstein teve uma síncope quando soube que Joseph estava vendo *Ivan* no Kremlim, segunda parte. Eis aí quem matou SM.

Não lhe faço carta triste ou alegre. Se voltar ao Brasil e escapar da repressão será possível continuar.

Uma vez disse pro meu psicanalista Ivan Ribeiro que ele se parecia com você. E segundo minhas próprias idéias sobre a materialização foi o mito Eisenstein que me fez ser cineasta. Simples. A complexidade foi não entender isto. Primeiro quando era jovem me identificava fisicamente com suas fotos. Depois os filmes. E os livros que li e reli durante a vida sem nunca entender bem. Conscientemente. E a revolução. Foi lendo seus artigos sobre o Cinema Soviético naquela célebre retrospectiva que eu tomei conhecimento da Revolução. E o primeiro livro de cinema que li foi Sadoul, sua arte etc. e o Tratado de Kulechov. Não conheço bem nem gosto de Dziga Vertov. Mas creio que entendi a montagem dialética de Eisenstein à minha maneira. Da reflexão semiconsciente à prática. Futurismo pictórico *plus* Meyerhold. Meyerhold é mais adiantado que Brecht porque é afirmação e Brecht é negação. Mas a estrutura de montagem de quadros de Brecht, montagem dialética, se *rapproche* das teorias de Eisenstein. Acontece que o audiovisual é mais dialético que o literário — daí a montagem

(*) Referência ao livro de Paulo Emilio sobre o cineasta Jean Vigo.

dialética em quarta dimensão, como falava SM, da qual *Outubro* é o exemplo.

A montagem interna, que Bazin analisou idealisticamente, é retardada pelo psicologismo. A psicanálise não entrou ainda no cinema. Por isto tudo que se vê é retórica fenomenológica. A perspectiva eiseinsteiniana é projetiva, pra frente, e não regressiva, pra trás, como Welles. Esse negócio está nos ícones russos onde foi sacado o *Ivan* e o plano dos padres com a caveira ou o camponês enterrado de [—] isto. Influência cubista, logo o elemento novo da montagem é essa inversão dialética da perspectiva, o que produz novas contradições na montagem. Agora imagine em terceira dimensão, por este processo polaroyde!

A novidade do cinema é que além de arte é ciência.

Quanto à questão dos filmes responda-me urgente qual é a melhor solução para a Cinemateca, se as minhas ou senão exponha as suas. Entro em qualquer acordo e isto me facilita reunir meus filmes num lugar seguro, que é a Cinemateca. Apenas gostaria que, tendo os filmes aí, o pessoal pudesse reconstituir literariamente os roteiros [com os diálogos]* que eu gostaria de publicar com fotogramas. É um trabalho duro mas poderia fazer parte da tarefa dos seus alunos que quisessem curtir este trabalho.

Se sua carta não me alcançar aqui eu estarei no Brasil, logo o problema será resolvido. Gostaria também que estas cópias fossem tiradas em 8 mm e poderiam ser vendidas. Falo desta coisa porque desejo resgatar economicamente alguma coisa destes filmes devido minha pobreza atual.

Não ligue pra confusão da carta. Sei que você me entende melhor do que meu psicanalista. O cavaleiro da esperança é muito inteligente, bem-humorado, forte, ativo e cultíssimo apesar de seus 78 anos. Causou-me excelente impressão, foi uma entrevista informal que algum dia publicarei. Vou acabar por aqui. Saudades para você e Lígia. Glauber.

PS: ainda lhe faço um paralelo arbitrário mas penso isto
Greve — *Barravento*
Potemkin — *Deus e o Diabo*
Outubro — *Terra em transe*
Antônio das Mortes — *Alexandre Nevski*

(*) Original parcialmente ilegível.

Cabeças cortadas — Ivan
Que viva México — História do Brasil
Linha geral — O leão de 7 cabeças

(Uma piada: depois de *Linha geral* Joseph mandou chamar SM ao Kremlim. Quando ele chegou Molotov disse: porque você fez um filme pior que *Potemkim*? E Joseph: existem filmes piores que *Linha geral*. O que você deseja, SM? E SM: viajar pra estudar o som. Segundo encontro depois de Joseph ver a segunda parte de *Ivan*. Tchercassoy falou com Joseph pra não deixar publicar crítica contra porque SM estava no hospital por causa da primeira síncope.* Depois do restabelecimento SM foi ver Joseph: Joseph perguntou: você estudou bem a História? SM respondeu: mais ou menos. Joseph fechou a cara e continuou a conversa apenas com Tchercassoy. Tanto *Nevski* como *Ivan* foram encomendados diretamente por Stalin. Alexandrov traiu Eisenstein no México e foi quem fez a fofoca que provocou o telegrama de Joseph** a Upton Sinclair. Quanto à virgindade de SM é pura lenda: trepou no México com uma prostituta chamada Matildona, teve uma grande paixão quando filmava *Ivan* em Almata mas a moça morreu na guerra e trepou dois anos com Pera Atacheva, além de ter tido um caso com Villasenor, aquela mexicana linda deitada junto do índio enterrado.*** Logo a teoria do leite da Marie Seton está por fora. Não comeu Marie Seton. Porque me mostraram fragmentos da memória e conversei com o homem que por último conversou com ele antes de morrer.

O problema com Alexandrov: Alexandrov comeu a mulher por quem ele tinha se apaixonado. A relação homossexual foi com Meyerhold que era caso de Alexandrov. Daí a briga com Meyerhold quando começou o caso Alexandrov. Pra quem é cinéfilo estas histórias, algumas delas você já deve conhecer, são divertidas. Mas confidenciais porque não quero comprometer quem contou. Mas ele morreu triste, envelheceu rapidamente, só não foi morto por Stalin, como os outros, por causa do prestígio que tinha. Seu único período de alegria foi na época dos cursos, porque se comunicava profundamente com os alunos e estimulava a imaginação. Ao contrário de Alexandrov, Tisse foi seu amigo fiel. Quem cuida de tudo isto do Museu

(*) Eisenstein morreu em 11 de fevereiro de 1948 de um ataque cardíaco. A segunda parte do filme *Ivan, o Terrível*, estava proibida por Stalin.

(**) Telegrama de Stalin pedindo que Eisenstein parasse as filmagens em janeiro de 1932.

(***) Cena do filme *Que viva México!*.

e dos filmes é Nahum Klieman, uma pessoa excepcional que me deu várias dicas. Outra coisa importante é o efeito Koulechov que você conhece bem. Explica *Brakage*, *underground* e outras coisas. Lá está as bases dessa ciência. A situação econômica dá pra comer e morar mas a situação cultural é zero... Enfim... Não sou membro de nenhum clube pequeno ou grande e nem quero ser. Acho que aí devemos ir fazendo o possível...)

Resumindo a questão dos filmes:

Os preços dos *masters* no caso de *Leão*, *Claro*, *Antônio* deve ser mais ou menos três mil dólares. É caro. *Três mil cada master*. Quanto aos negativos de minha propriedade eu cedo à Cinemateca o direito de conservação perpétua, de exploração, de exibição em todos os formatos e TV etc. Mas não a Propriedade dos negativos porque pode assumir algum valor no futuro... Acho que você já montou e entendeu tudo. Sobre *História do Brasil* me ocorre uma idéia agora. A versão atual dura 2 horas, 46 minutos, em preto-e-branco, com um texto dito a palo seco e no fim um comentário musical. O texto que escrevi sozinho auxiliado por um estudante não foi submetido à aprovação de ninguém embora eu passasse dois anos pesquisando. Mas deve conter alguns erros e falhas que ninguém apontou por aqui. Os problemas psicológicos com este filme — uma história complicadíssima me leva desejar mantê-lo inédito. Mas este filme poderia ser completado aí pelos seus alunos sob sua orientação. Neste caso eu *mandaria uma cópia* com uma péssima versão em francês e o som ruim. Considero a montagem muito boa e como a estrutura é dialética permite elastecer, abrir parênteses, notas etc. Acrescentar várias coisas. Sei que aí em São Paulo tem gente capaz de corrigir o texto. Assim me livro do filme e a Cinemateca fica com o material montado que contém coisas interessantíssimas e raras. Muita coisa em preto-e-branco pode ser substituída em cor. Vendo o filme você poderia considerá-lo um roteiro pra um filme sobre a história do Brasil. Não tenho texto em português. Perdeu-se na confusão que o filme foi feito. Mas o texto da cópia francesa pode ser traduzido.

Como esta carta foi escrita em dois dias eis outras soluções, agora definitivas:

I – Quero voltar ao Brasil. Mas discretamente. Se for possível, isto não será antes da primeira semana de março.*

(*) Glauber voltaria ao Brasil em junho de 1976.

II – Logo escreva-me (de preferência à máquina porque me foi difícil entender sua letra) com as propostas possíveis da Cinemateca em resposta a tudo que propus antes. Mande-me em ordem o que lhe propus desordenadamente e que esta proposta possa me ajudar financeiramente o mínimo para que, quando eu chegue ao Brasil, tenha do que viver uns meses antes de fazer rapidamente um filme independente de compromissos. Compreendi uma coisa ÓBVIA. O cinema novo existiu porque era no Brasil. Aqui é *o Velho. Linha geral.* Lendo com atenção tudo que escreveram sobre meus filmes pude desenvolver minhas concepções. O filme *O nascimento da Terra* parte de Engels. Tem relação com *Alexandre, o Grande*, mas são duas águas. *Alexandre* eu pretendo fazer em co-produção do Brasil com um país árabe, Egito (já estive por lá e localizei tudo em Luxor). A TV italiana pagou o roteiro mas eu liberei o roteiro porque quero fazer em grande formato e a televisão embora aprovasse historicamente queria meter publicidade. O roteiro agora é meu. *Alexandre* é um filme histórico, *O nascimento da Terra*, a-histórico. Quero fazer antes *Nascimento da Terra*, no Brasil (o primeiro título era *A Idade da Terra*, mas depois virou *Nascimento*). O filme custa caro. Vou tentar levantar o dinheiro das co-produções a partir do Brasil. Vários produtores recusaram *O nascimento da Terra*. E produtores importantes de Moscou a Hollywood. O roteiro se compõe de cinco atos — a tal patética eisensteiniana — e seria a partir de *Que viva México!*. Mas incorporando tudo de LEF — e voltando pra Meyerhold, o que dá em Busbey Berkeley. Ainda não vi *Limite*. O método do roteiro pro *Capital* era montado segundo Joyce. Gostaria que você me ajudasse no esclarecimento destas questões porque não tenho conhecimento de muitos aspectos. Poderei inclusive realizar este filme na Bahia. O governo mexicano proibiu. Talvez recomeçar como nos tempos de *Barravento*. Por aqui nada de novo no cinema. Bagaços fenomenológicos... Godard *the last* retórica... Existencialismos e estruturalismos, misérias filosóficas... E gostaria de fazer no Brasil uma novela de TV *Os miseráveis* de Vitor Hugo, em co-produção com a ORTF — este seria o único filme a filmar na França para a TV brasileira... Acho que vou acabar a carta embora tenha vontade de conversar mais com você. Inclua nas propostas *Pátio*, *Amazonas*, *Amazonas* e *Maranhão*. *Cruz na praça* se perdeu definitivamente com *Caminhos* e *Festa* porque o Carrilho deixou as cópias [na duana de Paris],* depois daquele congresso

(*) Trecho pouco legível no original.

do III mundo. Estes artigos no *Pasquim* foram feitos porque algumas pessoas me sacanearam muito. A vida é difícil, contraditória, mas sou independente. A turma do Cinema Novo é toda honesta e independente. Não tenho nenhuma briga séria com Gustavo. Discordo porém das posições críticas de Jean-Claude, que não me parece honesto com o Cinema Novo ou peca por ambigüidade. Apesar de todas as contradições da Cinebrás é preciso que exista. E minhas discussões com Gustavo foram na verdade um apoio político indireto. Mas será difícil que a Cinebrás cometa grandes erros porque o Roberto Faria é na verdade um homem que evolui. *Na sua carta explique-me também os trâmites burocráticos quanto à exportação dos negativos e masters.* Todavia o dinheiro que deve ser pago a mim eu receberei no Brasil. Se não puder ir, pode ser pago a minha mãe.

Sua carta me deu soluções concretas para este problema destes filmes espalhados pelo mundo, das exibições que são feitas no Brasil sem que eu receba nada, da exploração que a TV fez me pagando uma miséria. O livro cinema novo, tem umas trezentas páginas e quero editar aí com o material fotográfico inédito que tenho. Gostaria que você lesse os originais porque [não remeteria],* é a opinião que me interessa.

Diga-me também na sua carta o que você acha. Se eu devo voltar ou não. Apesar de pedir a opinião eu dei a volta ao mundo e quero voltar. Pode ser um erro que me mate? Criou-se em torno de mim uma mitologia que me estrangula. Pobre, exilado, com raríssimos amigos, com uma relação sentimental forte mas crítica: por causa das miseráveis infra-estruturas, não vejo outra saída e não tenho. Então devo arriscar.

Deixei-me utilizar por muita gente, conscientemente ou não, e somente agora vejo um palmo diante do nariz. Esta coisa de udigrúdi me sacaneou profundamente, porque o movimento não foi contra o CN, mas contra mim, batendo no Cinema Novo... uma sacanagem desonesta sem seriedade cultural e com misérias afetivas... um dia eu lhe conto como este filho da puta do André Malraux quis ser um novo Victor Hugues... e Godard chegou mesmo a me chamar de "cineasta progressista"... Mas onde é que foi feito discurso dialético da história africana — *O Leão*. E aí os brancos não engoliram e foi de Vertov contra Eisenstein, quer dizer de maoístas rípis da Cia etc. contra os danados da terra. Com *Claro*, o pau comeu. Na

(*) Trecho pouco legível no original.

Itália a crítica foi excelente. Na França trataram como fizeram com *Terra em transe* aí. Agora escrevo um artigo "Autocrítica de um danado da terra" que vou publicar no *Le Monde*, vou esculhambar a Nouvelle Vague a partir de Bazin. Vai ser a briga teórica aqui. Vai ser o pau em Godard. Estética da Fome. Em 1968, Godard veio me chamar para destruir o cinema... Veja você, se *Le Monde* não quiser publicar, publico como matéria paga, nas páginas de anúncios cinematográficos. Acho que tenho razão.

E a vida é assim mesmo.

O que não quero é cometer, inconscientemente ou não, algum erro que mate romanticamente. Escreva-me falando disto... pode lhe parecer difícil, mas acho que você pode me ajudar a sacar alguma coisa. Não lhe peço psicanálise por carta. Uma palavra amiga de sua clarividência. Tenho sua carta aberta aqui diante de mim. Aguardo outra.

Glauber

Para Paulo Emilio Salles Gomes

L. Angeles, 15 de março de 1976

Paulo Emilio

Não sei se você recebeu minha carta. Escrevi desesperado. Estava na última seqüência de meu último samba em Paris. Viverei aqui até poder voltar pro Brasil.

Por que não tentar a vida em Hollywood se a Mosfilm rejeitou meus projetos? Meu endereço é, até segunda ordem,

ROCHA c/o LUDY
MUSEUM OF MODERN ART
UNIVERSITY OF CALIFORNIA
BERKELEY — EUA

dê este endereço a Rachel.

MEU AMIGO ITOBY ALVES CORREA → 35-37 RUE GLACIÈRE — PARIS TEL.: 337 5825 OU 587 0533

tem a ÚNICA CÓPIA de *O pátio* em 16 mm = *quero que você mande buscar por portador esta ÚNICA CÓPIA e a guarde*. É necessário fazer um MASTER, pois o negativo sumiu.

Ele está avisado e autorizado a entregar a cópia a um *portador* de sua confiança. Comunique-se com ele. Escreva-me porque minha correspondência se extraviou. Mantenho as propostas da última carta.

Saudades, Glauber.

Itoby tem também a única cópia 16 mm de *Maranhão*. Manda buscar também.

Para Luís Carlos e Lucy Barreto*

Luís Carlos, Lucy

estive tocado pela morte do Dr. Villela e procurei transferir o máximo de afeto. Lucy tocou o samba clássico no piano e acho que o Dr. Villela estaria feliz em ver que vocês não curtiram tragicamente sua desmaterialização. ele morreu voando vindo do fundo do Brasil, grande existência. um dia, na fazenda do Didimo, lembro-me que Bruno tomava banho de cachoeira e Lucy me falava dele, do Mário Faustino, de outros que não me lembro, do homossexualismo etc.

depois como tudo se passou entre vocês de Humaitá a Botafogo e de lá pra Laranjeiras, uma velha amizade.

gostei de *a estrela sóbria subindo*.** o filme sobe. tem a tradição fotográfica da família, o rigor, equilíbrio, segurança, criatividade. aliás já tinha gostado encantado de *Tati* e de garota de psicanálise, mas não é ainda a hora de falar dos filmes de Bruno, isto virá depois de *dona flor*. gosto muito de Paula, de Fábio, de vocês todos.

(*) Sem data ou procedência no original.
(**) Jogo de palavras com o título do filme *A estrela sobe*, de Bruno Barreto, de 1974.

vocês têm a estima de todo mundo. entre todos existiram divergências naturais do processo neurótico que nos ajudou a mudar de vida por causa do cinema novo ou vidanova política, revolução, transas novas na cultura audiovisual.

no fundo tentamos todos nos compreender ou tolerar, as brigas são sempre de raspão.

excetuado *terra em transe* onde a maior contribuição do Luís Carlos foi mais artística que financeira — mesmo caso com *vidas secas*, onde a presença de Luís Carlos, idem *garrincha* ou *trem pagador*, fez possível um processo criativo revolucionado por todos nós, que, no caos ideológico, tendia do centro pra esquerda. No naguismo do Simonsen* sem Rosemburgo, *terra em transe*, Paulo Gracindo era Xatobriando dentro do *Cruzeiro*. Wallinho na torre de televisão. E tudo o mais.

você era mais ou menos personagem e fotógrafo do seu personagem encarnado em Jardel e em todas duas gerações: a sua e a minha. Você é coautor deste filme, como Paulo Gil, como Dib, Zelito e Escorel, o autor e os músicos. Sempre incorporei este processo. Luís Carlos é generoso, dá muito, dá bem e erra pouco a quem dá. Quem dá bem recebe bem.

esta carta é resultado de nossos papos. houve crises. encontrei um clima dividido, Roberto,** Nelson, você, polêmicas que me deixaram irritado, fiz desabafos e reequilibrei as situações. Agora precisamos definir ou redefinir muitas posições diante das novas realidades, ou seja, uma reunião tipo aquelas que fazíamos antigamente, Nelson, Cacá, eu, vocês, Bruno, Joaquim, Walter,*** Paulo César, David, Mário Carneiro, Escorel, Walter*** — pra tentar reavaliar o que foi feito e o que podemos extrair daí pra desenvolver o trabalho numa perspectiva etc. Nossos filmes são parecidos mas também diferentes, existem bons, regulares, ótimos. No dia em que se fizer uma retrospectiva completa de curtos e longos você tem a história do Brasil contada do descobrimento do Brasil até hoje. Talvez nem nós tenhamos ainda a consciência deste processo cinematográfico. necessário fazer esta retrospectiva integrada num cinema aqui, pra rodar todo o Brasil, basta um cinema, grande exposição volante. são os filmes da Difilm/ Embrafilme, os filmes estão aí, é só alguém pra programar a montagem da

(*) Wallinho Simonsen.
(**) Roberto Farias.
(***) Glauber se refere a Walter Lima Jr.

retrospectiva, preparar cópias e lançar em todo o Brasil. o mundo já conhece, bem ou mal, conhece melhor e avalia mais que os brasileiros. tem mais, depois de rodar os cinemas, saí na televisão, porque na televisão passa e fica na massa... e aí repassa etc. o arquivo áudio vizual.

Embrafilme, hora de mudar. democraticamente. função cultural. Realmente, diante da crise socialista, não se pode arriscar num cinema completamente estatal. Embrafilme: desenvolver na medida do possível o mercado interno pela compra ou construção de cinemas. Construções modernas, novas concepções de salas de espetáculo. O cinema marchará para isto. Como estádio de futebol. O cinema do futuro. Repensar a estrutura das salas. Salas novas pra cinema novo. Desenvolver a distribuição dos filmes que produzir integralmente como empresa de estado e distribuir aqueles das empresas privadas que lhe interessem. Não impedindo esse tipo de produção a Embrafilme, no entanto, se reserva o direito de produzir filmes que sejam investimentos criativos na cultura de nossa sociedade — uma democrática política cinematográfica. E aplicar na produção de áudio vizuais didático-científicos, atendendo aos circuitos televisivos das universidades e das escolas. E a Embrafilme pode ter seu próprio canal televisivo para divulgar seus filmes e os que distribuir.

Investir na cultura. Cinematecas. Cineclubes. Congressos. Festivais. Universidades. Escolas. Acima dos interesses políticos. Editar, livros, revistas, informações técnicas sobre o cinema, criar bases de uma cultura cinematográfica do público.

A competição no setor privado será entre os produtores revolucionários e os conservadores. Queiram ou não queiram é a velha guerra entre cinema novo e chanchada, primeiro tempo, ou cinema novo e pornochanchada, segundo tempo. Existem lições na Vera Cruz, outras na chanchada. Não precisamos de Hollywood, teoricamente sabemos mais. Pra um país subdesenvolvido, nosso cinema é novíssimo no mundo. A competição internacional já foi teoricamente descolonizada. *Xica da Silva* é como o resultado desse passo, *Dona Flor* será outro, *Tenda dos milagres*, *Anchieta*, *Gordos e magros*, o processo se desenvolve naturalmente.

Acho que Paulo Emilio e Alex deviam entrar pro Concine. Gustavo tem capacidade fantástica pra estruturar o projeto e acho legal o Leandro Tocantins. Ele é um grande escritor do Amazonas.

Vou terminar. Acho que formalizei certas coisas que pra mim resultam de nossos papos.

De Gustavo Dahl

Glauber,

Noite de insônia. Joguei um *I ching* depois de ter relido tua carta. Sabe o que saiu? Revolução, 49. Dá uma sacada. A situação política está confusa. Geisel fez um discurso em Feira de Santana, atacando o comunismo e elogiando o aperfeiçoamento político. A idéia é institucionalizar a revolução. Falando nisso: sempre correm rumores de que alguém está vendo para você sua situação, a fim de que você possa voltar. O último que eu ouvi falar era Barreto. O que você sabe a respeito? Cacá já utilizou o esquema Professor Diegues-Amália-Lucy? Nelson já fez o mesmo com Reis Veloso-Golbery? Me diga você, já que é chato eu perguntar, cobrar deles. Os nomes que você citou: Luiz Vianna, Juracy, Passarinho, Sarney, Gugu. Podem ser procurados. Discretamente. Sem falar com ninguém da área cinematográfica. É necessário porém uma carta tua para cada um destes personagens para eu poder entregar pessoalmente. Mesmo para o Gugu. Não só dá credibilidade como traz o calor afetivo da comunicação direta. O filho de José Américo de Almeida, o general Reynaldo Pais de Almeida, é o comandante do 1º Exército (Rio), seria um bom contato. Zé Américo é sugestão da Ana,* velha raposa petebista. Eu poderia tentar atingi-lo. O contato é cinematográfico, logo pouco sólido. É através de Paulo Thiago, para quem montei *Soledad*, adaptação livre do romance *A bagaceira*. O que você acha? *Tenentes* é um projeto sobre as relações das revoluções militares com os políticos civis com projeto. Termina com a posse de Getúlio no Palácio do Catete. Farda cáqui de campanha sobre motivos arcádicos – gobelínicos, de móveis franceses. A situação política está confusa. Este cinema está precisando de um projeto político. O país também. Segundo o *ching*, revolução acontece quando uma situação já deu o que tinha que dar.

A situação na Embrafilme se estende. Já passam dois anos da gestão Farias sem que o panorama esteja definido. A distribuidora está viva mas não vai bem. É uma longa história. Ela é mais importante para a produção independente que para a produção industrial, é óbvio. Mas como a produ-

(*) Ana Maria Nascimento e Silva.

ção necessita dos recursos governamentais, lá teremos, brevemente, *Dona Flor, Tenda dos milagres, Xica da Silva.* Para mim é uma situação desgastante, fico no fogo cruzado dos produtores contra os exibidores e no idem, idem dos produtores contra a Empresa. Como ela é o momento da realidade da produção Embrafilme, feita dentro de critérios de fomento industrial e artístico muito ecumênicos, conferindo ou questionando a produção, as autoridades superiores evitam ou adiam os problemas da quitanda. É difícil ser preciso e discreto. A Empresa não deixa que ela se transforme em subsidiária nem lhe concede maior autonomia dentro dos canais existentes. É como ter uma firma de compra e venda de ações numa repartição pública. É fogo! Mas é uma estrutura que pode ser dinamizada, por isso eu permaneço. Nos momento de ceticismo acho que a rigidez da estrutura misturada com as deficiências da linha de ataque (ninguém chuta em gol, coisa que mal ou bem nos velhos tempos do CN se fazia) terminarão sendo mais fortes. Tudo muito complicado. Os caciques (Barreto, Nelson e Cacá = pessoas com aporte político) armaram a jogada e entregaram ao Roberto para executar. Aquele velho problema de diretor de cinema que quer fazer o filme mas não quer lidar com dinheiro... É mas fácil cantar do que comer, agitar do que administrar, conspirar que governar, projetar que executar. Roberto por sua vez tende à centralização, ele sabe que eu estou segurando um rabo de foguete para ele, mas não me sente como pessoa de sua inteira confiança. Com problemas de diretoria, a distribuidora não é a primeira de suas prioridades, ele prefere a política federal e exterior. Resultado: não há condições de trabalho. A distribuidora me obceca, falo porque você pediu. É foda, um pouco deprimente o malbaratamento por inércia, medo ou incompetência de uma ocasião histórica. Falei com Cacá. Promete ação para o final do mês. Roberto também promete ação. Nomeou para o Concine Riva como representante dos produtores e (pasme) Paulo Porto como representante dos diretores. Como diziam os antigos: que fazer?

Manhã de segunda-feira, antes de ir para o trabalho. Já li o jornal, na pracinha com o João,* comprei a carne. Vou tomar banho, análise e distribuidora. Segunda é dia de regime e organização. Gostaria que a carta fosse mais longa, mas ela tem uma função prática. Logo vou concluir. Saiu entrevista do Célio Borja no *JB* de ontem. A inflação come solta (50% ao ano, 40

(*) Filho de Gustavo Dahl.

oficialmente). Aumentos de alimentos até 300% em um ano. Sílvio Santos abre o seu canal em fase experimental. TV JB só em 1978 ou 80. Delfim Netto vem aí. Walter Clark já está transando. São Paulo parece vir a ser o centro de decisões políticas. Os estadistas do ministério estão falando mal da estatização. Tempo de mudança, tempo de ação. Não se trata de rejuntar o esquizofrênico Cinema Novo, mas de administrar suas energias. Ainda não sei como. É preciso reformular inclusive o balanço das forças políticas cinematográficas. Preparar-se para a próxima administração. Com um pouco de precipitação a era Geisel-Farias, Golbery-Veloso começa a passar. Ou seja aproxima-se do seu fim, a ponte já foi percorrida até a metade.

Gustavo

Segunda, 17/5/76

De João Carlos Rodrigues*

Fui ao Festival de Cannes e pintou pouca coisa boa. *Novecento* eu adorei, as pessoas torceram um pouco o nariz... O Bergman como sempre, é chato. *O império dos sentidos* de Nagisa Oshima é ótimo: vinte trepadas diferentes do mesmo casal. *Saló* eu achei ótimo. Vi ainda *A independência de Moçambique*, do Zé Celso — e achei ótimo. É uma pena que eu não consiga ver os teus três: *Câncer*, *História do Brasil* e *Claro*!

Estavam em Cannes Roberto e Reginaldo Farias, Paulo Porto, Ítala Nandi, Miguel Borges, Fabiano Canosa, Scarlet Moon, David Neves — gastando dinheiro do Estado ninguém sabe pra que se o Brasil não tinha nem candidato oficial. Tirando o Roberto, o Fabiano, e o Paulo Porto — o resto veio só badalar, embora eu se tivesse a mesma chance fizesse o mesmo.

Acho que você *não* deve ir ao Brasil agora, se é que você anda pensando nisso como ouvi falar. Anda muito ruim por lá — o fato do Boal ter ganhado no Supremo contra o Silveirinha é um fato isolado, utilizado pela direita (que odeia o Silveira por causa de Angola). A distensão acabou e o

(*) Carta enviada de Paris em 3 de junho.

pau vai rolar até 1978. O país está na falência. Toda semelhança com a economia do tempo de Jango não é mera coincidência.

Faça filme por aí ou onde pintar. Aliás, acho que talvez pinte por aí no segundo semestre — se o $$ der, se receber um visa de entrada.

Conheci um cara chamado Itoby que disse ser seu amigo. Parece legal.

Vê se me escreve: Rue de Saintonge, 63.
Paris IIIème.

João

Para Cacá Diegues*

Cacá — hoje recebi carta sua e de Gustavo. Estou sem passaporte, tem um mês. Brasília não responde. O cônsul aqui é gentil, Consulado de Los Angeles, mas nada... se não lhe encher o saco, ligue para o Carrilho o mais urgente possível, em Brasília, e pergunte a ele, se pode fazer alguma coisa...

Não é uma situação grave..., mas sem passaporte vou ser obrigado a me exilar oficialmente no México... estou cansado desta odisséia... por que estou nesta situação? o que é que há comigo? Tenho planos de filmar aqui, *but* aqui se pode ganhar facilmente muito dinheiro, *but* não dá pé... é deserto... é triste... o mundo todo triste... a China morta... Rússia morta... Europa morta... Ásia morta... África pré-histórica... América Latina subdesenvolvida... ah, a única solução é fundar no Brasil um Estado Novo com Cinema Novo... uf, ah.

Já falei com Tom, tá tudo arrumado. Basta você escrever pro PACIFIC FILM ARCHIVE, DURANTE STREET, BERKELEY, CALIFÓRNIA, TOM LUDDY — dizendo quantos filmes você pode trazer em inglês e quando... ele lhe responderá imediatamente lhe dizendo o programa e quanto paga. Berkeley é a uma hora de avião de Hollywood... escreva logo, ele está esperando. Já mostrou retrospectiva Nelson, *Guerra conjugal*, meus filmes, e *Ubirajara*... eu quero muito a retrospectiva, eu adoro seus filmes. Gostaria de vê-los todos juntos: *Ganga*, *Cidade*, *Herdeiros*, *Carnaval*, *Joana*, e *Xica* — século XVI —,

(*) Carta enviada de Los Angeles em junho.

Ganga — século XVII —, *Xica* — anos 30 a 60 —, *Herdeiros* — anos 60 —, *Cidade* — anos 70 —, *Carnaval*. Com esta montagem, eis seu discurso audiovisual sobre o Brasil e *Escola de samba* e estudantes podem ser montados no começo escola de samba e estudantes bienal no fim de *A grande cidade*. Cada um de nós e nosso cinema novo... e todos juntos cinemas novos. Somos irmãos. Que as brigas não nos dividam... somos jovens... ainda vai começar o segundo ato... além da arena ou do MDB, Cinema Novo terceiro partido... um pedacinho do poder... cuidado para não ser cassado... quero voltar... será possível? tenho medo do processo kafkaniano... Voltarei no momento justo... beije NARA e as crianças — escreva pro TOM e acho que o melhor é tentar o mercado aqui... traga uma cópia bem subtitulada de *Xica*, que posso mostrar a alguns distribuidores que conheço... o mesmo com *Joana*... por isto a retrospectiva é importante... Consiga todos os filmes... San Francisco... bom, a Califórnia é bonita, mas a Bahia é mais.

beijos, buru... ah, que saudades...

Glauber

Realmente o cinema está uma merda, mas reflete o declínio do marxismo, do stalinismo, e do capitalismo... já escrevi o livro: reuni artigos e acrescentei muitas coisas. Acho que devemos publicar... mesmo incompleto... acho que temos muito o que fazer, uma segunda revolução cinematográfica, se é que não fizeram... o cinema dos anos 70, 78 — 80 — tomar o destino nas próximas mãos... nas próprias mãos, diria, nas próximas futuras... não podemos nos entediar da juventude... Nelson vai fazer 50, e é tão jovem... enfim vejo tudo limpo... fui ao fundo do poço só tinha lama... no presente e no futuro sol... aqui estou no sertão...

V. Pirajá, xxx/apto. xxx, Rio.

De Jorge Amado

Londres, 14 de junho de 1976

Querido Glauber,

sua carta chegou hoje e, cinco minutos depois que eu a havia lido, o Luiz Viana, que chegou a Londres ontem tarde da noite, me telefonou — ele demorou em Paris e, em lugar de chegar aqui como havia marcado, no dia 6, atrasou e só hoje eu tive notícias. Imediatamente te telegrafei, espero que o telegrama tenha chegado às tuas mãos.

Agora te escrevo depois de ter estado pessoalmente com o Luiz, que estava aliás em companhia de um amigo teu, o Melchior, que me pede enviar-te um abraço. Em resumo, o Luiz, pelo telefone e pessoalmente, me disse: logo que voltou a Brasília, após nossa conversa na Bahia, a 13 de maio, procurou o Golbery e colocou o teu problema. O Golbery lhe disse que vinha de ser procurado, sobre o mesmo assunto, pelo Ely de Azeredo, do *Jornal do Brasil*. Sabia que tu estavas em Los Angeles e pediu ao Luiz uns dias para dar uma resposta concreta.

Não tardou e mandou chamar Luiz, tendo-lhe dito que já havia dado ordens ao Itamaraty para liberar teu passaporte e te avisar que podias voltar etc., pois não havia processo contra você. O mesmo dizia a Luiz, que você pode voltar pois não tem processo. Luiz considerou então que o fato de não ter processo não significa que o sujeito não seja, por vezes, chateado ao voltar, tendo ele respondido que você não seria chateado, incomodado de maneira nenhuma, que Luiz podia te transmitir isso de parte dele. O que ele me transmitiu e eu te transmito. O que eu te transmito, certo de que os diálogos se passaram como o Luiz conta pois eu o conheço e não é pessoa de mentir em casos como esse. Se a garantia do Golbery significa uma garantia total, isso não sei, outros amigos nossos, como por exemplo o Luís Carlos Barreto, poderão te dizer com mais segurança. Conheço pouco ou quase nada os homens do *regime* e nem sei até onde vai a influência real de cada um. Mas, de qualquer maneira, a palavra que afirma que tua barra está limpa vem da casa militar da Presidência. E se afirma de modo concreto, através do Itamaraty.

Seria muito bom realmente se voltasses, sobretudo penso que para fazer cinema, ensaio, romance, teatro, que sei eu, para viver Brasil e ajudar nossa gente, criando as coisas que só tu podes criar em nossa terra, nenhum outro.

Tua carta me comoveu muito e também comoveu Zélia — sem falar no teu cartão para ela. Ainda há poucos dias, tirando um trecho para mandar ao meu editor, a Record, reli teu antigo artigo sobre o *mise en scène*.

Gostaria muito que você acusasse o recebimento do telegrama e desta carta para que eu saiba que você ficou a par das *démarches* do Luiz. Gostaria também de saber mais alguma coisa sobre teu romance. O plano para o ensaio sobre literatura e cinema é ótimo mas estou muito interessado no romance. Creio que você poderá fazer romance tão bem quanto faz cinema, o que não é dizer pouco. Raramente me engano.

Estou batucando o livro, está saindo pouco a pouco. Fico aqui certamente até 15 de julho (vou de 22 a 26 a Paris para um programa de TV e um coquetel na Stock, que vem de lançar a tradução do *Tenda — La boutique aux miracles*, mas a 26 pela manhã já estou de volta). Escreva. Saudades, muitas, do velho amigo

Jorge

Glauber: adorei tudo. As notícias que o Luiz trouxe — coisa boa você voltar ao Brasil!

— tua carta que é linda, meu cartão também.

Um beijo da Zélia.

Para Jorge Amado*

Querido Jorge

Recebi sua carta. Obrigado. A coisa funcionou. O Cônsul aqui me telefonou, me deu o passaporte e disse que tinha recebido telegrama dizen-

(*) Carta enviada de Los Angeles em junho.

do que eu poderia voltar, que não tinha nada contra mim, "sejam declarações, sejam atividades até agora de nosso conhecimento"... que poderiam me implicar... mas que eu deveria me conter etc.

Assim, o fantasma desaparece temporariamente. Deste jeito poderei voltar a qualquer momento durante este ano dependendo de concluir outras transas. No caso, aqui, dinheiro para fazer filme que é aquela história.

Pensei muito em você e na sua obra durante estes dias e concluí que seu romance e o teatro de Brecht são as duas obras de arte literária mais importantes no sentido de uma arte revolucionária e popular...

O cinema é uma tecnologia poderosa mas o nível ideológico é baixo por causa do controle econômico e político. Varar esta estrutura é como fazer um *goal*... E tudo isto exige a profundidade ficcional e poética que, em qualquer processo criador, é catártica e depende de sua própria vida...

Estou terminando meu livro escrito nestes cinco anos de exílio: chama *Universo*, deve ficar com quatrocentas páginas e acho que está muito bom... foi uma transação literária com você, com Rosa, Zé Lins, Graciliano — que é realmente meu universo literário de onde fui nascendo...

Estive na Rússia, conversei muito com Prestes. Você já deve ter visto o livro do Oscar.

Feliz viagem pra você e Zélia,
um abraço,

Glauber.

Continuo no mesmo endereço.

Para Gustavo Dahl*

Gustavo — Sua carta chegou junto com uma carta de Jorge Amado. Continuo lhe dizendo que a primeira condição para o teu *I ching* 49 é a discrição. A lingüística é revolucionária. A fofoca é o macunaimismo. O *vatapá* na verdade mexe com você, com Ruy, com Caetano, com Sarra, ou seja,

(*) Carta enviada de Los Angeles em junho.

com pessoas mais ou menos sagradas. Foi para desmoralizar a fofoca que é uma das coisas que mais me aterroriza no Brasil. Oswald fala que a antropofagia em alto-astral produz sexo, amor, arte. E, baixo as neuroses de catecismo como o ciúme, inveja, orgulho etc. e outros vícios do patriarcalismo. Sua carta é um primor de análise político-cultural. Considero-lhe um grande escritor da nova geração e este negócio de escrever bem é apenas ser culto, sensível e pensar bem. Como gosto muito do cinema do Ruy Guerra que é muito cinema novo, eu diria que o cinema novo tem os barrocos e os clássicos, entre os barrocos estou eu, Ruy, Cacá entre os clássicos você e Sarra, Leon, Zuquincas — e um lírico David Neves mas apesar das imperfeições técnicas quem melhor atingiu o equilíbrio é Nelson Pereira dos Santos. O inventário Nelson: texto audiovisual sobre a história e a sociedade brasileira de como era gostosa, manifesto antropológico O *amuleto de Ogum*... prática insignificante materialista dialética... o modelo desenvolvido pelo cinema novo...

I. Os filmes LH.2. GD.3 PCS.5 RG.6 GR* etc... de cada diretor... misturando as gerações o Cinema Novo abrange do patriarcalismo de HM** e Paulo Emilio, Alex, Barreto — nós — os meninos do udigrúdi até Bruno Barreto que propõe uma síntese industrial do processo — projeção de Luís Carlos Barreto... A situação econômica nos levou a uma unidade não competitiva e coletivamente produtiva (que é o [que o] antropólogo vai estudar, as estruturas de atividade entre os membros, do Cinema Novo e qual a verdadeira representação do projeto). Nossa estética é composta pelos filmes, mais de 40, que se intercomunicam com poderosos discursos que sintetizam bibliotecas... e há uma antropofagia interna. Daí as dívidas. Daí o *vatapá* que foi um elixir interno. De certa forma, desmoralizei o moralismo criticando meus melhores amigos, superando aquela fase de gostar do porque é filme do amigo... desmistificando a mentalidade boçal do luxo: do pobre e manifestando a megalomania do intelectual pequeno-burguês: sou candidato à presidência. O *vatapá* (palavra que remete a um sentido não expresso por causa da censura) concluiu meu exílio... Um problema de consciência política. Traiu não traiu? Quem? O erro fundamental de nossa crise QUE NOS LEVOU A UMA FALSA CRISE foi ter incorporado sem resistências

(*) LH (Leon Hirszman), GD (Gustavo Dahl), PCS (Paulo César Saraceni), RG (Ruy Guerra) e GR (Glauber Rocha)

(**) HM (Humberto Mauro).

racionais a ideologia de 68, guerrilha e udigrúdi o que nos deixou uma falsa dependência ideológica por uma análise concreta veremos que estas ideologias não nasceriam sem o CINEMA NOVO e o fato de o CINEMA NOVO ter mesmo se autoflagelado [publicamente sem por isso ter se destruído e aprovado]* foi útil tomada de poder da EMBRA foi um gol do cinema que impediu os gols do filme... Bem, então nós éramos mais fortes, teórica e prática porque o nosso projeto conquistara o mundo e foi o desbloqueio da revolução cultural da Europa. Minha separação com Juliet explica por que o CN é melhor que a NV.

Como foi *O bravo guerreiro* um discurso mais profundo que o livro de Debray, precisaríamos publicar o roteiro com as críticas de *O desafio*, *Terra em transe*, *Fome de amor*. *O bravo guerreiro*. E teríamos a história política do moderno em boa fotonovela. E que outro movimento cultural aí ou no Terceiro Mundo [trata] com tanta potência este tema... Para não falar dos índios em *Uirá*, *Como era gostoso*, *Ubirajara*, o gênero se estruturando... o da casa-grande & senzala: *Joana Francesa*, *Casa assassinada*, *Who is Betha?... São Bernardo*... ou no sertão... ou nas cidades... enfim toda uma catedral foi construída, enfeitada com documentário e as bandeirinhas udigrúdi, nos corredores do fundo... projetaríamos todos os filmes do Cinema Novo num estádio... E seria muito bonito ver o que fizemos em 17 anos desde que começaram as transas... Não temos 40 anos e podemos dizer como Cacá disse no *Cahiers* o Cinema Novo é a história de um sucesso. Somos fortes demais. Tudo caiu em 64 quando estávamos nascendo no embalo que superou o castelismo. E no medicismo fomos vitimados. Tragédia das vanguardas *but* nas vanguardas realmente vencidas e outras triunfantes. A nossa estava nesse ponto mas eu fui seqüestrado. As conspirações inconscientes por mim levaram-me a uma investigação do mundo exterior. Mercado externo. Mercado interno. Meu sertanejismo resiste a qualquer porrada. Tentaram me humilhar ou me glorificar. Estive impassível diante das duas tentativas. O estado de pobreza lhe desmoraliza. Isto é bom. Ficar sem moral que está codificada pelo Cristianismo Leninista, o bode fedorento. O problema é filosófico. Dialético? É hipotético. Daí o seu I CHING.

A determinados momentos da história o homem precisa ser universal para sobreviver... Não acredito na morte que a vida é uma questão de pro-

(*) Trecho pouco legível no original.

dução como o filé... vivi 5 anos a trabalhar... estudando... escrevendo roteiros... bolsa de estudos... fodas... literatura... estudo a necessidade de fazer psiquestória... o fluxo contra o materialismo dialético. veredas no grande sertão. Faltam fazer ainda alguns filmes sobre o Brasil como os teus Tenentes, como o sensacional romance Paulo Francis escreveu em 1964 (vai sair no ano que vem), como *Quarup*, como *O tempo e o vento* (poderia a Embrafilme produzir pra mim)... Afinal eu sou um tecnólogo do western. Talvez apenas isso "THE PORTINARI'S STORY" (DESENHO ANIMADO dirigido por Mário Carneiro) e outras tragicomédias de nosso repertório nacional, mas o salto é passar a fazer filmes sobre a fantasia da contemporaneidade e conduzir o discurso... o corpo verbal do ator dentro de um espelho rigoroso. Tudo se formou com atores entusiasmados mas sem cultura, com direitos complicados com economia política estética com fotógrafos e sonoplastas, arriscando como renascentistas etc. — mas o resultado é este...

A EMBRAFILME. O Estado. Importantes Distribuidoras estatais. Temos o poder e ninguém vai nos tirar. Mas, por exemplo, você é um quadro administrativo e criativo. Seu filme passa a ser o cinema nacional. Mas você não é econômico. Como resolver... Política... Essas nossas contradições. Daí o negócio de armar a jogada e entregar o negócio para o Roberto.* Ele chuta na trave ou faz pênalti com alguns cavalos de batalha comercial... Mas pare de mistério: há o modelo *cangaceiro*, *pagador, trem pagador*.

Há o modelo chanchada
Há o modelo cinema novo
Há o modelo udigrúdi...

O melhor é o cinema novo... Não tem mistério... pra mim tem 37 cineastas no Brasil. Mas ainda indisciplinados... quer dizer que aquela fala de liberalismo autoral deve ser convertida em dialética autoral o que exige repor vários problemas teóricos, começando pela situação psíquica de cada pessoa interessada em fazer o I CHING. Porque é fácil a escalada pela montagem dialética do audiovisual. O poder, eu diria, hipnótico, mas cale a boca. Risque essa palavra de tua correspondência privada... não há nenhuma profunda dissensão em nosso grupo, em nossa briga pública me deixa confortavelmente na oposição e você na posição... ora, foi realmente um negócio muito bem transado... nosso sistema publicitário... eu não confio em

(*) Roberto Farias.

gente off cinema novo... você saca... nós temos aliados... eu penso em fazer o jornal, eis meu lado Samuel com Tarso de Castro, evidentemente e Maciel e aquela turma que você conhece que é a nossa reserva literária e carioca e adjacências e compõe uns 30 caras da pesada... e um jornal semanal com *PASQUIM* PLUS *JB*... porque você sacou? rejuntar as últimas pérolas de nossa inteligência numa tentativa de forjar o projeto. O porquê ainda Oswald nos livra do marxismo, do pé de Stalin, de tudo que a história comeu... que liberdade... eu seria por uma política na DI* EMBRAFILME de produzir 5 SUPERFILMES ano que vem pra descomplexar definitivamente. DEPOIS DE *DONA FLOR* E *XICA, OS SERTÕES, TENENTES, O TEMPO E O VENTO, O GUARANY, QUARUP* etc... filmes pra rachar... depois de *XICA, ANCHIETA, DONA FLOR*... veja o que vai sair. Não FALE COM NINGUÉM DISTO PORQUE TEMOS POUCAS RESERVAS. Mas é preciso internacionalizar como diria um produtor Roliudiano, O ACTING vai mal os atores brasileiros estão aquém do que se pode fazer. É preciso que os diretores se descomplexem neste sentido de um desbunde geral. Gosto dos filmes mas acho todas as interpretações de *Guerra conjugal* e *Amuleto* péssimas, não por culpa dos atores... por desleixo dos diretores. Interpretar e expressar é preciso que o ator brasileiro seja um artista. Não se esqueça que toda [*mise en scène* da frente Hippie... O corte Hip... O som bom... A palavra concreta].** Meu protestantismo ajudou o meu cinema. A falta de pudor diante das imagens. Só isto...

O cinema narrativo que você fala é o mesmo cinema épico que eu proponho. A contradição: dialética é um progresso por contradições como um filme/*Claro*. Descrever seria o cinema verdade que se encaracala no mundo humanista rosselista — o humanismo corrompido do Pasolini, Gianni, Bernardo e dos *nouvelle vaguistas*... Narrar dialeticamente seria produzir aqueles planos iluminantes como as formas esculturais nascendo do amor ou marmórea grega... Imagem, teu nome é música... é palavra... O discurso crítico da alienação produzido pela economia política e fluência lúdica da poesia intraduzível, sonoroada, trepada... Então o cinema brasileiro precisa produzir pra se internacionalizar. Seria possível ter o mercado hispânico e português mediante acordos e também o árabe. Tenho este

(*) Direção da Embrafilme.
(**) Trecho pouco legível no original.

projeto pronto. Estou disposto a partir pra prática se vocês toparem. No meio desta ponte, a próxima. Discutiremos a sucessão na Embrafilme, assim como Luiz Viana está transando a sucessão lá. Vejamos a situação. Posso voltar. Secretamente absolutamente lhe informo que Jorge Amado me escreveu dizendo que Luís Gama falou com Geisel e que eu posso voltar, mas não lhe digo a data porque não sei. Transo um filme aqui, posso ir fazêlo aí. Estaria disposto a começar a trabalhar o possível pra que a Embrafilme ande, mas não quero de preferência nem dinheiro, nem trabalho aí. Para fazer uma oposição oficiosa necessária a profilaxia e chamar os produtores e diretores à responsabilidade. E estatização até onde pode. O que se precisa é encontrar um estilo de produção capaz de seduzir o público. Agora você morre de rir: o modelo industrial de Hollywood, com a ideologia da contribuição milionária de todos os erros sintetizado historicamente no Cinema Novo. Porque formado dos vanguardismos europeus, do expressionismo, a *nouvelle cague*, o cinema novo se fez ANTETEXTO DE HOLLYWOOD. E na segunda fase consolidada sua estrutura inferior, pode reaplicar as leis de Hollywood na superprodução — metáfora da Utopia que nasce neste Brasil fim de século. Intuição de *Brasil ano dois mil*, *Os herdeiros*, *O dragão*, *Macunaíma* — quando estavam partindo para competir mesmo na Arte, na Técnica, na Economia — levou uma porrada... uma porrada de Thanatos, de nosso interior, atiçada pela direita e pelas esquerdas... agora é botar os cavalos de Tróia na arena... vamos lá meu amigo.

Mas quero chegar discretamente... dediquei cinco anos da vida a mim mesmo. Se não buscasse minha individualidade, sucumbiria aos trinta anos. Foi um exílio no sentido cósmico... do útero, da família, da nação, da tribo, do gens... a desmistificação do socialismo patriarcalista, pré-história da utopia (Cuba), a desmistificação do ocidente — os longos e profundos estudos sobre a antiguidade para escrever o roteiro de *Alexandre* — e minha automarginalização, do hippismo pobre até o esgoto de Juliet e o Convento do Vatapá — eis a cobrança da dívida. Tinha uma frase no artigo que cortei: me dei ao luxo de perder dinheiro com o *Bravo guerreiro*, uma mania de ser mecenas, eu não quis aceitar esta imagem paternalista... então cobrei... irmão cobra... a proposta de minha candidatura nasce como direito natural... obsessão jurassista... toda essa lengalenga é pra lhe dizer que não curto o poder, que o cinema novo, filho de Nelson, Paulo Emilio, Trigueirinho, Mauro, Alex, Walter da Silveira etc., era marginal, que nem conhecia Oswald de Andrade... e éramos quem fazia filmes Pau Brasil pra exportação... sem dívida externa... com uma dívida interna... você foi radical na crítica ao udigrúdi? não na crítica escrita, onde você faz sempre justiça, mas na crítica psico-secreta? Eu não reagi como devia. Helena Ignez me travou com seus asseclas Rogério/Julinho.* Reação matriarcal. Eu chafurdei neste núcleo. Com mais o outro, Rogério Duarte/Anecy/Caetano. Como mais The Rosas Story — entre *Buriti* e *Menina morta*. E de dona Lúcia etc. formando outros mundos... A desmistificação de tudo isso me reconduz a uma serena e lírica lucidez apreendida aqui da pura significação nascente do melhor Hawks e outros esplendores. Viva Jack Nicholson, um grandessíssimo ator. Começou sua vida privada, revolução em *Easy rider* e subverteu no que pôde o cinema americano. Gente nossa como Monty Helman, Dennis Hopper, Bob Kramer, Jimmie Mac Bride, Henry Jaglom etc. O cinema novo daqui. E até o Coppola, Scorsese, hoje fariam negócios com o cinema novo daqui. E até o Coppola poderia meter nossos filmes aqui... mas filmes melhores do que *TAXI DRIVER*, quer dizer, *Os cafajestes* é melhor... então por que a EMBRAFILME não mete dois ou três milhões nas mãos de Ruy e manda ele filmar Copacabana outra vez?... você sabe que filmes bons conquistam os espectadores... e a censura, é aquela velha questão brasileira entre a arte e a política, ou não foi no costismo que houve tanta jamais arte subversiva? Por que nosso Pereira dos Santos precisa filmar com o conforto de *Vidas secas*? Ele esteve guerrilheiro durante os anos 60, desperdiçando energia, ele devia ser mandado pela Embrafilme com Darcy Ribeiro filmar os índios e a civilização como Flaherty. Nisso ele será o maior do mundo... Falo como produtor, e Leon filmar *Os sertões*, mas sem roteiro da turma dele... por exemplo, botar Capinam, Geraldo Sarno, pra escrever o roteiro dos *Sertões*. Somente Capinam e Geraldo Sarno podem escrever o melhor roteiro de *Os sertões*. Mas somente Leon pode dirigir, porque precisamos de um *Alexandre Nevsky* clássico. Eu preferiria que você dirigisse *O GUARANY* e Trigueirinho estaria de acordo em fazer um filme sobre o BARROCO TROPICAL situado no clímax do Segundo Império...

Dom Pedro II chega a Milão pra assistir à estréia do *Guarany*. Dá entrevista à imprensa sobre o Garibaldismo, e começa a Ópera de Carlos Gomes e a viagem vai à la *Busby Berkeley*. Por que não reabrir as produções

(*) Rogério Sganzerla e Júlio Bressane.

Atlântida, a Vera Cruz? Embrafilme compra a Vera Cruz... gosto muito do cinema do Cacá. Ele se referiu à história brasileira melhor que todos nós, seu cinema tem mel de cana etnológico e maurianíssimo nos planos, nas coisas todas dum jeito decorativo muito elegante, como a mãe dele fazia nas festas lá da rua da Matriz, e dizer que *Ganga Zumba* é influenciado por *Barravento* é Maldade.... é burrice. Tenho dois artigos, cortes epistemológicos do CN: *O bravo* e *Uirá*, GD, I, GD, II. Cacá, além do mais, demonstrou em *Joana* um esplendor narrativo total..., o mais incorporado do cinema brasileiro com um texto literário que sintetiza em açúcar fino a literatura nordestina. Eu disse nordestina com o balanço desta palavra, além de sobre Jeanne Moreau um filme sobre a rebelião matriarcalista. Além de ser antropofágico com discrição e violência da feijoada... e *Quando o Carnaval* é a crítica estruturalista *cpcista* da ideologia participante — um privado cantando na chuva que é um primor — felizmente nossas mulheres, Isa, Maria Lúcia, Rosinha, Nara, Laurita, Anecy, desbundaram de formas violentas ou ternas nosso patriarcalismo já descompensado pela amizade em torno da religião cinematográfica-revolucionária que a todos une em torno do *Câncer*. Teve o seu episódio canceroso que foi vencido pela força coletiva de nossa fé, e sobretudo pela sua força individual resgatando a vida do caos. Perdeste um pedaço do pé e um culhão no comando da distribuidora. O gabinete de Roberto Farias, está certa a nomeação de Paulo Porto e Riva. Roberto nunca nos trairá, é o máximo denominador comum na burguesia nacional progressista brasileira. E viva o PMDB (ou Arena) com os militares. Sua carta explica — Paulo Tiago, Cacá, Nelson, todo mundo com ligações, gente honesta. Esta reserva brasileira de integridade tutanal e poder em função da utilidade. Está limpeza Barreto com Walter Clark. E eu com o *JB* (tenho diploma de ser cria da casa...) e com os caciques baianos. Então posso me associar com o Gugu para filmar a *Conquista da Amazônia...*, *Anchieta*, *Dona Flor*, *Xica* — lance *Anchieta* com missa jesuítica, presença e toda Igreja, faço uma missa. Pra isto é preciso que o filme seja bom. Exerça seu poder crítico junto a Paulo César para que a Obra seja perfeita. Paulo César se deixa consumir por ambigüidades. Mande ele ler a *Teoria do patriarcado*, de Oswald de Andrade...

Não há nenhuma culpabilidade em transar com o regime, porque Mosfilm não tem moral pra criticar. Nem ninguém. Este zero ideológico nos deixa limpos, mas a distribuidora tem que ter um programa. Você deve então programar a distribuição segundo avanços aos distribuidores, fazer como Hollywood. Os filmes SUPER, OS MÉDIOS, OS *SMALLS*.

EMBRAFILME PRODUÇÃO A
EMBRAFILME PRODUÇÃO B
EMBRAFILME PRODUÇÃO C.

A - Superproduções: *Os sertões*, *O tempo e o vento*, *O Guarany*, *As minas de prata*, na linha *Anchieta*, *Dona Flor* e *Xica da Silva*.

B - Produção B: CINEMA NOVO RIDES AGAIN. Walter Lima, David Neves, todo mundo filmando. Bodansky e Orlando Senna estão dando as dicas.

C - Produção C: Udigrúdi, novos primeiros filmes, desenhos animados, filmes científicos, tudo que revela experimentalismo isentado de culpabilidade política. A usina.

Aprendi com Alfredo como distribuir o produtor... a quem mostrar e como jogar as cartas dos filmes na mesa do pôquer político cultural... Será a produção B que vai estruturar o consumo.

Eu botaria para trabalhar Anselmo Duarte, Roberto Santos, mesmo ainda Lima Barreto, Mário Peixoto. Para isto é preciso criar duas classes de produtores no Brasil. O montador do complexo: tema, roteiro, diretor, ator. O montador do complexo econômico. A Embrafilme deve planificar sua distribuição prioritária. Vinte e quatro filmes, dois por mês, numa proporção de seis superfilmes, seis filmes fluxo, seis experimentais... competir qualitativamente nos três setores... Você sabe que o cinema acabou mesmo em Cannes, ano passado. Losey, Polansky, Bernardo [é de restauração]*... não há luz... aqui por exemplo me propõem a fazer filmes no Brasil. Claro, com milhões de dólares eu posso ir e fazer um filme aí... é aquela história... abria as portas... Fabiano botou aquele anúncio no *Variety* agradecendo o Bicentennial... Jimmy Carter vai vencer como nos filmes *Os herdeiros*. E *O bravo guerreiro* não precisa se suicidar, pode ficar mesmo na Arena. Eu diria que o *know how* do cinema brasileiro vale ouro... por isto é necessário uma *Revista de Crítica* — ou um jornal cultural que atinja a crítica em todos os setores — a fim de que o movimento teórico melhore a prática e é assim mesmo que as coisas se passam... como se estivéssemos nascendo... acabo

(*) Trecho pouco legível no original.

por aqui... nosso único problema é que nunca chegamos a sair de uma discussão com a cabeça fria... sempre vence ou deixa pra lá... precisamos acabar com isto e fazer alguma coisa diria então... é preciso reorganizar o time e entrar no segundo tempo... com as mulheres.

um abraço para você, Ana, João e sua mãe.

Glauber

Para João Carlos Rodrigues

Rio, fins de julho de 1976

Querido Jango — somente agora respondo suas duas últimas cartas, isto porque não tinha o que dizer ontem. muitas coisas aconteceram, sempre pra melhor. aqui, tudo bem. cheguei mais ou menos discretamente, depois a imprensa falou, depois eu vi as pessoas etc. — tudo num ritmo descontraidamente sexy. agora vai começar a vida por aqui. ontem anunciou-se outra vez a redemocratização... enquanto isto Gil continua em cana mas sai esta semana... *Xica da Silva*, embora você não goste do Cacá, é genial, um dos melhores filmes brasileiros... aliás a opinião é mais ou menos geral, assim não fico suspeito... mas isto são outras conversas... foi realmente um grande prazer ver o filme e trepar com a Xica... mulheres por aqui bem desenvolvidas... agora sempre solteiro... vou morar num apto. com Paloma no Castelinho... e vou filmar: *A Idade da Terra* e *O Guarany* — mas somente a partir de setembro começo a trabalhar nisto porque agora tenho as mudanças, as mulheres, as dívidas e os livros pra terminar e dar pro Ênio: *Cinema Novo* e um livro *politique*...

quando vem? realmente o Rio está diverso... bom lugar... deserto... em 1978 pretendo ir *to* Bahia *forever*... até então... *please*: tenho em Roma, em casa de Gianni Barcelloni, Via Monteserrat, *xxx* tel. *xxx* — uma mala contendo importante material literário. o mesmo material poderia você trazê-lo? tenho medo que venha como bagagem. não há xerox. tem que ser colocado em envelopes e transado pra vir com segurança. posso pagar qualquer despesa sobre isto mas somente uma pessoa de confiança poderia se encarregar... se for possível escreva-me pra eu autorizar Gianni lhe dar o material... você deve ter ouvido fofocas minhas por aí mas espero que você saque como algumas pessoas fantasiam para foder... Lívio Bruni vai lançar *Cabeças cortadas*...

claro, havendo chance, tempo e tudo o mais — além de minha vontade —, você poderá trabalhar comigo. Letícia ok. nos vemos pouco mas com a velha amizade. Angela ho ho como sempre a mil. mas estou mesmo na trepação das gatinhas... aqui queria fazer uma revista de cinema... São Paulo é o centro cultural do país... *Rioliude*, um balneário, mas lindo... em suma, otimista apesar da tragédia...

escreve, um abraço amigo do buru.

Glauber

De Jards Macalé*

17/08/76

De: J. Macalé
Para: Glauber.

Não deixe de ir lá no Teatro João Caetano ver o trabalho da gente = eu e Moreira da Silva — o horário é 6:30hs da tarde, hora em que o pessoal, em vez de enfrentar o trânsito, entra no teatro pra curtir o papo. *boys*, enfermeiras, executivos paranóides cansados, secretárias de batom borrado vermelho, anões, empregadas domésticas etc.

não deixe de ir mesmo. é de 2ª até 6ª, nesta semana. estão sendo projetados filmes de Moreira da Silva e um meu Super 8 na porta do teatro.

foram projetados por uma UNIDADE MÓVEL do INECOM (nas Barcas da Cantareira, na Central, nas praças públicas) — você vai gostar do trabalho, tenho certeza.

Vá,
um beijo,

Macalé.

(*) Bilhete enviado do Rio de Janeiro.

PS: — gostei do pau pelo *Pasquim*. lhe apoio quanto ao Tinhorão, mas cá pra nós, conhecendo pessoalmente este filho da puta, dói... gostei do estilo Duartiano.

De João Carlos Rodrigues*

Só agora estou respondendo, porque só agora voltei de Lisboa. Aliás, adorei Portugal: tem praia, fumo angolano, liberdade de imprensa, come-se bem e barato, e outras vantagens. Como cidade, é a melhor que curti fora do Brasil, junto com San Francisco. É claro que as maiores, como Paris ou Velha York, oferecem outras vantagens — mas como VIDA sou + Lisboa e San Francisco.

O Rio mudou mesmo muito. Urbanisticamente, por exemplo, está bem pior. E ficou provinciana, o que para um balneário é imperdoável. Mas há claramente duas cidades: *Miami Beach*, ou seja, a orla da praia capitalista, ex-liberal, charmosa, decadente etc. etc., e o *Velho Rio*, que começa da Lapa pra lá, com ramificações sobreviventes em Botafogo/Catete. Lá vive uma classe ascendente, com crioulos e mulatos, e lá é o centro cultural da megalópolis: o samba, a prostituição e outras bossas, são nossas coisas, são coisas nossas — já cantou Noel Rosa. Eu sou + esta última. Aprendi a simpatizar + com forças ascendentes que decadentes. No *Velho Rio* ainda imperam os cariocas (eu sou um) enquanto que em *Miami* viraram minoria entre mineiros e curitibanos.

Quanto à tal mala romana do Gianni Barcelloni, topo ir buscar, mas tou curto de grana — e é preciso ver bem como mandar as coisas. Mas carta tá aí pra isso mesmo... como já disse, *topo a parada*.

Escreva sempre.

Abraços,

João (Jango)

(*) Carta enviada de Paris em 23 de agosto.

Para Raquel Gerber

Rio, 1 de setembro de 1976

RACHEL — respondo hoje mesmo sua carta e como Orlando* deve lhe contar você deve saber mais ou menos minha vida aqui, pelo menos em relação a certas contradições em nossas relações. na tribo aliás você entrou porque o Paulo Emilio abriu as portas, daí a franqueza com a qual lhe dei a entrevista de Roma, num momento em que estava escrevendo a *Anabasis*, reencontrando Paloma, e certo que a católica esquerda brasileira não sabia que Geisel ia, por luterano e logo reformista, desencarnar o Getúlio suicida. tudo isto está em *História do Brasil* que você não viu, que estreou sob promoção da esquerda exilada no convento dos beneditinos em Paris e todo mundo saiu puto porque o filme era apenas um grande *Maranhão* 66 sem a menor complacência com a situação colonial. estética da fome enche o saco de uma geração que não teve resistência filosófica ao fidelismo debraysta, enfim às histórias de 68. olha Rachel: o crítico come o artista, eu sou seu objeto de estudo, você pequisa minha vida, meus textos, precisa ter acesso a todos meus arquivos reais e *in* pra escrever *o mito da cultura atlântica.* gênio. *but* eu não sou artista objeto de crítica. ao mesmo tempo você vai ou não vai escrever o romance Glauber Rocha como Marie Seaton escreveu a biografia Eisenstein. mas acontece que você não ouviu Helena Ignez, nem Rosinha, não ouviu Juliet Berto nem Maria Tereza, quer dizer você sabe muito pouco do personagem do seu romance que não quer ser personagem de ninguém. daí você ter de fazer tese cinema novo e não Glauber Rocha. olha aqui: eu fui o cara que mais me desmistifiquei mesmo. eu joguei pro ar dinheiro, títulos, honrarias, todas as coisas bestas pelas quais se luta na sociedade capitalista ou socialista. eu não compito. eu existo. eu não desuno ou reúno as pessoas mas os meus movimentos provocam opinião. nossos movimentos. eu propus o cinema novo a Minas e São Paulo e eles não acreditaram. de São Paulo só Gustavo e Paulo Emilio toparam. então ficaram os ressentimentos... a Difilm se fundou com escritório mais luxuoso em São Paulo... aí a mentalidade pequeno/burguesa do cinema ou o dogmatismo careta da esquerda arenista ou do ripismo oficinista ou do entreguismo concretista

(*) Orlando Senna.

ou Ue/São Paulo e colonizada. o modernismo veio frutificar foi no cinema novo, do encontro da cultura baiana com a cultura carioca Alex/Nelson e todos os rapazes à esquerda do concretismo e do cepecismo [...] ninguém soube ver *Casa-Grande-Senzala* em *São Bernardo* e *Janga Francesa*. ou seja, os intelectuais que criticam o cinema novo, salvo Paulo Emilio, Alex e os de praxe, não conhecem a história e a cultura brasileira. quem conhece a cultura brasileira são os modernistas, os luzo-tropicalistas, os romancistas e poetas comunistas que morrem com Graciliano e sobrevivem com Jorjamado. Machado é uma merda. e a academia. e o realismo pessimista. eu não tou pra discutir flor de estilo. revolucionários são os românticos. não são imitadores dos franceses que nunca ocuparam nada por aqui. a *Utopia* é nossa, o primeiro poeta revolucionário do terceiro mundo é Castro Alves, que inclusive Oswald esculhambou como fez com José de Alencar. o estilo é a imaginação. o realismo pessimista, o criticismo decadente que fique com Machado. tomar pela raiz, cortar com machado este caretismo de copideskar matéria em *Opinião* e *Movimento*. livre é o *Pasquim* que não respeita a censura porque faz o que quer e a censura desbunda porque o *Pasquim* fez uma revolução lingüística neste país enquanto apenas o *Jornal do Brasil* sustenta os troncos de nossa cultura, sendo tudo o mais merda. basta ver que na *Folha de S. Paulo* não tem crítico de cinema. Por ali algo começaria. outra coisa: vou publicar meu livro com todos meus textos e que são o dobro do que você recolheu. este é um direito meu. por isto não quero meus textos publicados dispersamente porque montados como estou montando estrutura a teoria do cinema novo, primeira dentição [...]. saiba que o que os jornais publicam quase todo dia sobre mim é cascata. saiba que tenho ao todo treze livros pra publicar entre o de cinema (500 páginas), um romance (*Universo*), um *Romanceiro do sertão* (300 páginas), um *Fantástico folhetim* (1968) e o diário do exílio, além dos poemas e do *Mapa da Bahia*, que são todos meus poemas e contos e peças que não publiquei [...] que meus cinco filmes europeus andam dispersos em vários países da Europa, que metade dos meus livros está num apartamento de um amigo aventureiro em Roma e pode sumir a qualquer momento, que o resto de meu livro de cinema ainda está em Nova Yorque, que talvez Juliet Berto tenha destruído o *Pátio*, que afinal de contas a luta na Embrafilme é uma operação política muito mais complexa e difícil e projetiva do que podem pensar críticos alienados ou intelectuais oportunistas que não viveram a tempestade janguista. eu não assinei pra missa do Juscelino. o Brasil será dois continentes num mesmo. o São Paulo ocidental e o norte oriental. terá linha direta Roma, Bahia, Angola, Lisboa. vou para o Rio. [...] agora no momento pra ganhar minha vida, depois de duas semanas de hospital, sem dinheiro e ainda tendo de brigar com esta esquerdalha de *Movimento*, vou filmar um *Globo repórter* chamado INTRODUÇÃO A VILA-LOBOS, pra ser lançado no dia quinze de novembro. pedi 5 mil dólares por meia hora e liberdade total. pagaram sem pedir roteiro. e ainda vou mudar a montagem do comercial dentro. será deste pouco dinheiro que poderei pagar as dívidas e mudar pra Bahia onde editarei meus livros pela Macunaíma e produzirei *A Idade da Terra* lá mesmo e no teatro Castro Alves montarei as óperas *O Guarani* e a *Yerma* de Vila-Lobos-Lorca. e ficarei morando na Bahia. quando sai o livro da Paz e Terra? [...] acho que sua tese deve já me diluir e me deixar livre pra ser julgado depois da morte. afinal tenho 37 anos. finalmente *você pensa que somos fechados*. somos abertos. eu sempre disse que nosso sonho fora o cinema novo brasileiro. [...] faça-me o favor de dizer ao Paulo Emilio que eu vou vê-lo mas só ia poder no fim do ano, depois do filme de Vila-Lobos que começo filmar no dia 15 de setembro e vai terminar justo pra 15 de novembro. é a única forma de pagar o aluguel, médico, mas é também uma curtição profunda, um filme que no fundo vai servir pra *abrir A Idade da Terra*. como foi *Amazonas Amazonas*. pode ser que *Antônio das Mortes* vá também pra tevê mas não serei o diretor... nem quero. enfim, eis a minha vida...

Cabeças cortadas tem cópia disponível no Rio *mas continua* proibido. *depois das eleições* tratarei da liberação. surgirão novos partidos. novo 3º. novos tempos. novas coisas [...] *outra coisa*: diga por favor a Paulo Emilio que a crise na Embrafilme é dura mas que coisas importantes se passarão depois das eleições. Gustavo está firme. o caso *Anchieta* é o *Ivan, o Terrível. e mais*: da Bahia sairá a revista de cinema brasileiro. e todo mundo terá e lerá a revista.

bom acabo por aqui. [...] *não use esta carta em sua tese. descurta essa* e entenda que *a tribo é o núcleo e que somos todos comunistas, pelo menos eu*. e que China ou Rússia e outros leninismos se fuderam. e que a segunda geração do cinema novo não pode ter as mesmas chances *porque foi massacrada pela ditadura*. nós demos força a eles. daí ser desonesto dizer que somos fechados. somos democráticos.

[...]

abraço,

Glauber.

De Raquel Gerber

São Paulo, 22 de setembro de 1976

Glauber

Aí vão os textos que você pediu. Tinha esses textos aí sobre Vila-Lobos. Achei que podia interessar. Não tenho a carta a Alfredo Guevara. Eu preciso muito de um texto teu que já tive aqui e alguém passou a mão. É o estudo "*Western* (*introdução ao estudo do gênero e do herói*)" *que saiu na Revista* Mapa *nº 1* (*acho que 57*). Rex Schindler me havia então enviado da Bahia. Tentei pedir de novo. Pedi também ao Guido e ninguém conseguiu. O exemplar que tinha era dedicado a David Salles. *Quem sabe você consegue e me manda*. Me interessa o texto, porque lá você concentra o herói nacional americano (o *cowboy*) e você o toma então como exemplo. E isto está um pouco em *Deus e o Diabo* (recriado!).

Queria saber também se seria possível de tua parte, a gente se encontrar um dia, no Rio, para conversar um pouco sobre o que estou fazendo, poderia complementar algumas informações, que necessito precisar: educação que recebeu em Vitória da Conquista, por exemplo. Data do nascimento (ainda não sei se é 37, 38, ou 39). Sobre o centro de estudo Afro-Ásia. Sobre o Bazarte (?). Sobre a Atlântida (?). E eu te conto como estou trabalhando com a questão do cinema de autor.

Para mim seria bom daqui a umas duas ou 3 semanas.

Escreva se for possível, respondendo. Ou telefone (*xxx*).

Abração da

Raquel.

Ra*que*l, na forma nacional com *que*, não *ch*, e GER*B*ER com *B*
Olha a revolução lingüística!

Para Marcos Medeiros

Rio, Setembro 1976

Marcos,

gostei de receber sua carta. Acho que serviu pra finalizar, bem, a tumultuosa questão autoral do filme.*

aí na circulação européia, não interessa agora assinar o filme... este filme, aliás, terá conseqüências futuras... caso você queira vendê-lo, venda — mas evite Paris por enquanto. melhor que não vá meu nome. se vender, a grana, sim, esta interessa.

a cópia que está com Claude, ok, vou tentar, mas acho que se perdeu. melhor que você transe por aí, com a cópia brasileira... ou, o que seria melhor, desista disto por enquanto... faça como quiser.

a necessidade que tenho do texto vem do fato de necessitar para consultá-lo. não para publicá-lo logo. mas é urgente, inclusive porque pode me ajudar a interpretar certos fatos agora que influenciarão na conclusão do filme em 1978.** Pois é, acho que 1978, quando você deverá estar por aqui, será tempo de terminar o filme... filme longo.

MAS MANDE O TEXTO, DESCOLE O XEROX DA EMBAIXADA, DA RAI ETC. agora, o que lhe interessa. a situação aqui é teoricamente boa e economicamente péssima. Geisel deu entrevistas importantes no Japão onde confirmou o que dele se esperava. no mais, o marasmo, a pobreza cultural. uma coisa pra você entender: o Rio acabou. não tem mais aquele ouriço de antes. o centro do país é São Paulo, Brasília. no norte, a Bahia. o Rio é um balneário, escroto... não existe mais motivação coletiva... jornais ruins, vida cultural pobre, etc. acho que você não suportaria viver aqui, e não se tem o que fazer, e o dinheiro é pouco e o desinteresse geral é grande. miséria espantosa nas ruas... logo que possa voltarei... talvez o mais cedo que você pense... virá anistia. Geisel falou nisto, mas pra 78... até lá a única coisa mais ou menos viva é o cinema, *Xica da Silva*, grande filme *hestórico*, grande sucesso popular, grande

(*) Glauber hesitou em assumir *História do Brasil* como um filme de sua autoria, mas acabou dividindo a co-direção com Marcos Medeiros.

(**) Referência ao filme A *Idade da Terra*, que Glauber começava a produzir.

filme enfim... como não devia deixar de ser a esquerdinha paulista atacou. respondi. a polêmica continua... estão cobrando tudo... incrível... isto até que é estimulante mas resolvi levar este processo até o fim... estranho mas tudo bem. Maria Lúcia, que vi algumas vezes, vai bem. vi sua filha, linda. vi também sua mãe, bem. vejo aqui Cacá e Joaquim, não muito, porque o Rio é uma cidade parada, não tenho telefone nem carro, nem dinheiro, a imprensa paga mal. sou malvisto politicamente pelo poder, meus contatos são limitados a alguns circuitos de imprensa. na Europa se olha de cima. aqui se cai embaixo. o Arena rachou, o mad Mdb está mais medíocre que o Arena. o que movimenta o país são apenas as declarações de Geisel que se populariza cada vez mais ao passo que o Arena se impopulariza... *but* o MDB é um partideco... logo, o novo partido? Seria preciso aquela autocrítica publicada aqui para se facilitar a transa de anistia... mas, enfim... a direita botou bombas, até Roberto Marinho é considerado esquerdista...

comenta-se: um dia ainda leremos O *Globo* detrás da porta do banheiro... bom, tenho saudades da Europa. o povo destes trópicos está doente, esfaimado, terrível tragédia.... a burguesia sub e servil aos imperialismos. dependerá de alguns militares, alguns padres e alguns intelectuais a ressurreição desta raça... e tudo isto parece tardio, qualquer cruzada messiânica perde o sentido diante do desânimo geral, do caos, do conformismo, uma série de fatores católicos... mas a vida continua... não leve em consideração minhas agressões... foram motivadas pelo horror à desonestidade... você é um cara honesto... você é um amigo.

espero sinceramente que seus projetos se realizem. digo-lhe que se pensa em vir aqui *projete pra 1979*... até lá o mundo por aí é mais interessante... mande-me os endereços de MILAGROS E MARTINE... vivo num apartamento em Ipanema, Rua Xavier Leal, *xxx*... escreva, dê um fortíssimo abraço em todos os amigos de Roma, diga ao Turco pra escrever... de todas as pessoas que convivi neste exílio a única verdadeiramente escrota foi Juliet ... Gerard e Gianni Barcelloni, assim como Alfredo, pessoas legais. se puder mande dizer a Alfredo que ele trate de bem observar todas as polêmicas sobre minha chegada, que não se preocupe com preconceitos... realmente é foda ainda ter que me explicar pras pessoas que continuam me pedindo satisfações políticas. creio que desejam minha vida... aqui a vida intelectual é medíocre. insuportável... a utopia tropicalista? na projeção estética, em alguns momentos. diante disto, creio que, sem dúvidas, no próximo maio ou junho estarei por aí. aí, com as informações e documentos que levarei, terminaremos o filme... quer dizer, o filme será recurtido ano que vem... é isso aí... estive com Sérgio Buarque... examinei historiadores locais... nosso texto é o melhor, apesar de certos *furos* sobre a escravidão, *é preciso rever a questão jesuíta e aprofundar a análise do modelo Médici para melhor preparar a explicação dos tempos de Geisel. quem faz sucesso é Skidmore...*

mande-me também na próxima carta o endereço de Itoby, de Luna. —

Apresse mandar o texto...

um abração,

Glauburu

Os amigos de Milagros devem ter o telefone dela. Martine
Mackay deve ter ou algum *rip* da zona.
Ah que saudades de Roma...
Não tenha *MESMO SAUDADES DAQUI.*

De João Carlos Rodrigues*

Devido a desagradáveis imprevistos, como cagada geral no Segundo Caderno da *UH*, minhas fontes de $ secaram, por isso voltarei ao Rio antes de 3 meses. Portanto se ainda quer aquela transa da mala de Roma, apite o quanto antes. Tenho pra lá uma passagem de ida de avião, mas não terei puto$ ao chegar lá. Me avise que avisou o Barcelloni e poderei ir. Depois diga o que fazer com ela.

ABB que pinta bispos de mercúrio cromo em Nova Iguaçu** é apenas o começo de uma nova fase. De Castelo Branco a Pinochet há um caminho de 12 anos. De Pinochet a Tram Vam Dong outros tantos, porém + gloriosos: dias de glória e noites de paixão.

Xica da Silva é filme que me interessa particularmente, por causa do meu velho trabalho do *Negro no cinema* que hoje, 4 anos depois, está bem mais maduro, informativo e que vou tentar publicar este verão.

O resto é que *Barry Lyndom* do Kubrick é chatérrimo. *Ici et ailleurs*,

(*) Carta enviada de Paris em 4 de outubro.

(**) Referência ao seqüestro, por uma organização de direita, do bispo progressista dom Adriano Hipólito, de Nova Iguaçu, deixado nu e pintado de vermelho numa estrada.

do Godard, seu melhor desde *Gai savoir*, *Novecento* é o *Vento levou* do PCI — salvam-se Nagisa Oshima, Satyajit Ray e Francesco Rosi. Escreva logo. Lembranças e até breve.

João.

Para João Carlos Rodrigues*

Querido Jango (João Carlos Rodrigues, em caso de mal-entendidos...)

escrevo nesta cinzenta manhã de outubro triste com a morte do nosso grande barroco sensual tropical erótico barroco e humaníssimo Di Cavalcanti. o enterro foi pobre, filmei tudo com Mário Carneiro, Pudim, Nonato e ainda com pequena transa entre Joel Barcelos e Marina Montini — e é a primeira seqüência do filme que comecei ontem, *O TEMPO QUE O VENTO LEVOU*, em co-produção com Nelson, sem dinheiro e com pontas de filmes... tudo legal! hoje a filmagem prossegue, não sei quando acaba pois o roteiro nasce dia-a-dia e vou filmando aqui no Rio em preto-e-branco e cor, com o fotógrafo, o ator e o filme que pinta no escritório do Nelson... estive três vezes em hospital por problemas psico/gástricos. Bahia, uma semana *it was man*... Rio de Janeiro, agora... barra-pesada, dando para ir... escrevendo muito e ganhando pouco... moro aqui no Castelinho com Paloma e a Cuca, Maria Braga, legal aérea... Connie Rivermalli pode e deve chegar de Berkeley a qualquer instante... o país cada vez mais pobre e passo o tempo com longos telefonemas com Drummond, a quem nunca vi... Antônio's, Aurora** etc. não fui a São Paulo... a *Idade da Terra* custa Cr$ 5 milhões, 500 mil dólares... a transa continua com a United... vou esperar, enquanto isto filmo... o tempo... que vai ser meu primeiro filme COLAGEM (*História* é um filme de Montagem) DIALÉTICA... Geisel cada vez melhor, arena cada vez pior, idem mdb... hoje a censura proibiu Ibrahim... tudo que Geisel diz contra tortura, denuncia a fome, dependência, tudo isto chegou a provocar manchete no *JB*:

(*) Carta enviada do Rio de Janeiro em 28 de outubro.
(**) Bar e restaurante cariocas.

LEI FALCÃO ENQUADRA GEISEL

MANCHETE DO DIA: GEISEL PROÍBE TORTURA
etc.

objetivamente; se você voltar seria bom, porque poderíamos não só trabalhar juntos em cinema (quero reabrir aqui no Rio a Yemanjá Filmes, que foi a primeira produtora baiana) e existem transações no sentido de se fazer uma REVISTA CINEMA, mas não se conta com Editor/Chefe e você poderia exercer este cargo... estou lhe falando no *Poderia* porque grana é difícil mas acho que com concentração e esforço poderia... sair... e se tem sucesso... uma revista entre CENA MUDA

E *CAHIERS DU CINÉMA*
ENTRE *CINELÂNDIA* DE ZENAIDE ANDRÉIA
E *VARIETY*
ENTRE *SIGTH AND SOUND*
E *REVISTA DE CINEMA DE MINAS GERAIS* ETC.:

qualquer coisa internacional, descolonizada e que pode falar de tudo a partir do cinema... acho que mensal, com fotos etc. poderia vender muito, inclusive pra fora... e reunindo o que resta da crítica brasileira da velha à nova geração, revista democrática mas antifascista e antiliberal... em suma, coisa fina... vontades, desejos, você aqui estas coisas poderiam andar mesmo... grana, quando o desejo é forte, surge... quanto ao teu ensaio sobre o negro acho que deve publicar aí numa revista francesa (*Cahiers*, pode telefonar a Pascal Bonitzer em meu nome, é um cara legal e meu *very friend...*), pros *Cahiers*, tente que tem chance de dar certo ou *Positif*... procure Marcorelles, também em meu nome, pode ser que ele descole *Le Monde*... aqui, tem a revista de vanguarda *Versus*, de São Paulo, que poderia publicar, ou mesmo *Status*. em suma, por aqui posso lhe ajudar. *Xica* maior sucesso popular de filme brasileiro... delírio... vi três vezes, gosto muito, sou amante da Zezé Mota... os anti-Cacá ficaram surpresos... o filme é de um rigor histórico/dialético a ponto de chocar Barroco Branco contra Batuque Negro e o Batuque dá um banho como dia de vitória do mengo... coisa fina, nossa... dizem que a crítica americana estranhou... difícil racistas entenderem a escravidão brasileira, com racismo, violência e ao mesmo tempo a infratransação sexual, cultural — o mito sexo, Angela Davis ou Pantera do Próximo Carnaval... mas *veja* pra dar *sua* opinião, todavia recomendo duas vezes, porque a segunda é mais enriquecedora embora o filme em geral agrade de cara, mas acho ainda mais profundo... ótimo, genial, melhor filme dele. *E Tenda dos milagres*, vi ainda em copião mas Nelson outra vez nos surpreende com outro estilo e desta vez pra lá de John Ford ou Fellini...

Em Paris, com Claude-Antoine existem:

I. NEGATIVOS DE *DEUS E O DIABO, TERRA EM TRANSE, DRAGÃO DA MALDADE...*
II. A ÚNICA CÓPIA DE *CLARO*.
III. UM MASTER DE *CÂNCER*.
IV. UMA CÓPIA DE *HISTÓRIA DO BRAZIL* COM PÉSSIMA GRAVAÇÃO EM FRANCÊS.
V. EXISTE COM GERARD LECLERY (*XXX* VILLA SAIDE) OU COM ITOBY, CONVENTO DOMINICANO, BIBLIOTECA DE SALCHOIR AVENUE DE LA GLACIÈRE *XXX*? por aí... *duas malas contendo revistas, jornais, livros e literatura privada...*

Existe em Roma:

1. texto em português de *História*, com Marcos Medeiros e o negativo está com Renzo Rossellini...
2. negativo de *Leão de sete cabeças* e *Claro*...
3. uma mala com Barcelloni, contendo o melhor que escrevi na vida...

endereço Claude: FILMES 13 (15 ou 18) Avenue Hoche Lelouche... (lá secretária lhe dá telefone privado Claude...)
Gerard: *xxx*
Barcelloni Roma, via Montserrat o *xxx tele: xxx*

veja minha *vida ficou metade* por aí. *preciso trazer...*
produção Roma/Paris que envolve Itamaraty pra *trazer os filmes e nova* arrumação para trazer os papéis...

em Roma o *Arnaldo Carrilho*, diplomata junto à Santa Sé, cara GENIAL, PODE LHE AJUDAR A BOTAR AS CÓPIAS ITALIANAS NA VALISE DIPLOMÁTICA

(*HISTÓRIA DO BRASIL* VOCÊ ESCREVE NA LATA QUE É *DEUS E O DIABO*) e... escreverei ao Barcelloni quanto ao *problema da cópia Leão*... botando as cópias dentro da embaixada...; em Paris não conheço, *no Itamaraty*, ninguém... todavia Nelita, mulher de Gerard, conhece e pode conseguir isto... aí os filmes chegam em Brasília no *Departamento Cultural* mas tudo precisa ser *coordenado*... eu *preciso saber quando os filmes sairão de Paris e Roma, quando decolam para ir esperá-los em Brazylya... não se pode confiar na burocracia, Embrafilme não vai cuidar disto, Paulo César bateu em Roberto e a crise explode e quanto aos papéis reempacotar tudo. vir pouco a pouco por portadores pois não pode vir por correio mesmo com xerox prefiro que várias pessoas tragam aos poucos nas mãos... daria uns trinta pacotes (livros podem ficar por aí, salvo os que você achar indispensáveis)*... coordenaremos por telefone antes de *deslanchar* a expedição... *MAS VOCÊ PRECISARIA GANHAR MIL DÓLARES POR ESTE TRABALHO*... primeiro preciso consegui-lo... MAS LUTAREI...!!! *enquanto você pensa e me responde se topa esta quase superprodução... eu vejo como lhe enviar esta grana* (1)... responda logo dizendo se topa, será mais *que favor porque senão eu terei de ir fazer isto aí. significaria uma viagem aí. aqui sem estas coisas não posso funcionar...*

não confie em ninguém além do Claude, do Gerard, do Itoby, do Barcelloni e do Turco, cara genial de Roma... os outros por aí são falsos amigos, não quero que nada saibam destas transas fora o Carrilho de Roma é claro... — gente fina!!!

Meu endereço: rua Xavier Leal, xxx, 1º andar...
um abraço do teu

Glauber

(1) Primeiro preciso consegui-la... MAS LUTAREI!!!

De João Carlos Rodrigues*

Acho ótimo você estar filmando.** Marina Montini é a mulher + bonita do Brasil e o Joel — bem, um dia eu conto o resto. O *tempo que o vento*

(*) Carta enviada de Paris em 2 de novembro.
(**) Referência ao filme *Di*, de Glauber, sobre a morte do pintor Di Cavalcanti.

levou não deve esquecer a destruição da linda cidade afro-brasileira Rio de Janeiro pelos sionistas imobiliários Sérgio Dourado, Ribenboim, Bogorocin etc. e sua transformação numa auto-estrada tipo Los Angeles — nem do fato que o carioca hoje é minoria (eu) na sua terra. Mais vale um mulatinho na mão que três louros (pintados) pegando surf e dizendo "podes crer".

Simpatizo a priori com *Xica da Silva* e conheço Zezé Motta desde 68 (tempos de Zé Celso e *Roda Viva*). *Tenda dos milagres* deve ser bom. Minhas relações com Pereira são poucas, tempestuosas e boicotadas. Explico: por informação de um amigo dele (Luiz Carlos Bigode) publiquei há tempos no *Crítica* que a *Tenda* era produzida pelo Delfim Netto. Parece que não é e deu uma *confa* danada, até Zelito Viana me ameaçou de porrada através de Orlando Senna e acabei de brigar com Fabiano que veio me repreender anos depois. Se o filme é do Delfim, não retiro o que disse — mas se não é, sinto muito, a culpa toda é do Bigode (aliás, *Lacerda* de Freitas). E que eu não ouça jamais falar deste assunto!!!

Revista de Cinema acho bem interessante, sobre o resto veremos. Impossível procurar o Marcorelles ou Bonitzer sobre artigo Negro, pois *não* tenho cópia aqui — olha a touca...

Quanto às transas de malas, filmes etc., a coisa fica no seguinte: não poderei ir a Roma que não vai dar tempo, nem $$$. Agitarei Paris no que eu puder, sem essa de US$ 1000 nem nada, mas tudo depende + de Leclery e Claude-Antoine (se não estiver aqui etc.) do que de mim próprio. Estou voltando o + rápido do que quem furta etc. e tal, para o Rio de Janeiro.

PS: Continuo achando Geisel incompetente, embora melhor que Médici. Pode me chamar de Jango desde que não seja perto da polícia — pois sou o último janguista (eu e Maria Teresa).

João

1977

ACERVO TEMPO GLAUBER

Glauber, Norma Benguell e figurantes nas filmagens de A Idade da Terra, *em Salvador.*

De Carlos Drummond de Andrade*

Rio, 2 de março de 1977.

Glauber Rocha:

Obrigado pelo oferecimento do belo livro sobre a sua obra cinematográfica. É todo um mundo que se desvenda a meus olhos.

O abraço do

Drummond

De Raquel Gerber

São Paulo, 29 de março de 1977

Querido Glauber

Eu vi Anecy na Cinemateca do MAM quando fui ao Rio para ver "o enterro de tua última quimera" (e que mais???).** Eu achei ela linda. Eu estava sentada duas carreiras atrás da fileira dela e via ela o tempo todo de perfil, com um "pega-rapaz" grande sobre o rosto. Eu estava muito contente, como quando a gente vê de perto um grande astro ou atriz de cinema que a gente se habitua a ver nas telas. E eu me sentia próxima a ela, tinha o privilégio, porque ela é tua irmã e você tem estado próximo a mim. Foi necessário pra mim te conhecer, o trabalho que fiz para compreender tua obra, marca um momento importante em minha vida. Te sou muito grata. Sinto muito o desaparecimento de Anecy.*** Como é possível, assim. E

(*) Bilhete de Carlos Drummond de Andrade para Glauber, manuscrito em cartão timbrado do poeta.

(**) Referência ao título quilométrico do filme *Di Cavalcanti*, de Glauber: "Ninguém assistiu ao formidável enterro de tua última quimera; somente a ingratidão, essa pantera, foi tua companheira inseparável" (trecho de poema de Augusto dos Anjos).

(***) Anecy Rocha acabara de morrer num trágico acidente no dia 27 de março de 1977.

tenho uma imagem dela tão viva, tão linda, ela estava tão risonha, em uma blusinha vermelha que mostrava seu bronzeado de verão. Para mim, foi como chegar ao Rio de Janeiro no verão para ver um filme teu, que o último que vi foi O *dragão*. [...]

Tenho acompanhado teus "*scritos*". Teus "*filmescritos*" (1). A síntese. Que síntese? Estou lendo Fanon e Irene Gendzier, *sur* "Frantz Fanon", em busca de afinidades entre o teu pensamento e o dele, considerando os dois passados pessoais e a necessidade de ultrapassar uma situação individual.

"Geismar au début de la biographie de Fanon dit: 'en termes que n'aurait pas désavoués Zarathoustra, Fanon dit de son horreur de la faiblesse et son admiration pour l'homme qui, refusant la vie *facile*, *place sa grandeur* "*non pas* dans ses actes, mais dans son style" '. Geismar note que, dans *Ainsi parlait Zarathoustra* Fanon voyait ainsi le surhomme: celui qui se dresse au dessus de la masse par son aptitude à rejeter les chaînes des conventions morales et religieuses. Celui qui a des idées et la volonté de les executer.

"C'est aussi un passage du livre de Nietzsche qui fait penser à un autre aspect de Fanon. C'est celui qui évoque la création de nouvelles valeurs: 'Créer des nouvelles valeurs, le lion lui-même n'y est pas encore apte, mais s'affranchir afin de devenir apte à créer des valeurs nouvelles voilà ce que peut la force du lion. Pour conquérir sa liberté et le droit sacré de dire non, même au devoir, pour cela, mes frères, il faut être lion!

"'Conquérir le droit à des valeurs nouvelles, c'est pour un esprit patient et laborieux l'entreprise la plus redoutable'."*

As idéias de Fanon chegam ao Brasil. Não sei *quando, nem como. Nem como você pela primeira vez toma contato com o trabalho do "psychiatre" Fanon.*

(*) "Geismar no início da biografia de Fanon diz: 'em termos que não teriam desagradado Zaratustra, Fanon fala do seu horror à fraqueza e sua admiração pelo homem que, recusando a vida fácil, coloca sua grandeza "não nos seus atos, mas no seu estilo"'. Geismar nota que em *Assim falou Zaratustra*, Fanon via assim o super-homem: aquele que se conduz acima da massa por sua aptidão a rejeitar as amarras das convenções morais e reliogiosas. Aquele que tem idéias e a vontade para executá-las.

"É também uma passagem do livro de Nietzsche que faz pensar num outro aspecto de Fanon. É ele que evoca a criação de novos valores: 'Criar novos valores, o leão mesmo ainda não está apto, mas liberta-se a fim de tornar-se apto a criar novos valores, eis o que pode a força do leão. Para conquistar sua liberdade e o direito sagrado de dizer não, mesmo ao dever, para isso, meus irmãos, é preciso ser leão!

" 'Conquistar o direito aos valores novos, é para um espírito paciente e laborioso a empresa mais temível'."

Como está passando a Cuca? Um grande abraço nela.
Para você e sua família todo o meu carinho.

Raquel

(1) Neologismo a partir de novas experimentações.

De Randall Johnson*

31 de maio de 1977
Sr. Glauber Rocha
Rua Xavier Leal xxx, 1º andar
20000 Rio de Janeiro, RJ
Brasil

Prezado Glauber,

Sou professor de literatura brasileira na Universidade do Texas em Austin, onde acabei de defender minha tese de doutoramento sobre o livro e o filme *Macunaíma*. A partir de setembro deste ano, serei professor de literatura brasileira em Rutgers University (New Brunswick, New Jersey), onde terei a oportunidade de desenvolver um curso sobre o cinema brasileiro. Neste sentido, e como parte de um programa geral de divulgação do cinema brasileiro nos Estados Unidos, estou atualmente preparando uma coletânea de artigos sobre o cinema brasileiro a ser publicada aqui. Escrevo esta carta para pedir sua permissão para traduzir e usar na coletânea vários escritos seus:

"Carta de Glauber Rocha", *Cine Cubano* nº 71-72 (1971).
"De la sécheresse aux palmiers", *Positif* nº 114 (março de 1970).
"Uma estética da fome", Revista *Civilização Brasileira*, I, nº 3 (1965).

Também gostaria de publicar o artigo que você escreveu para *Visão* em 1974 sobre o problema da estatização.

(*) Original em inglês.

A idéia principal da coletânea é mostrar a evolução do cinema novo desde o começo até hoje, examinando não somente os filmes produzidos, mas também os problemas econômicos enfrentados pelos cineastas brasileiros (por exemplo, dominação estrangeira — i. é, norte-americana — do mercado brasileiro). Um artigo introdutório, escrito por mim em colaboração com um amigo especialista em história brasileira, examinará o problema das relações de dependência que existem entre os Estados Unidos e o Brasil (i. é, em termos da teoria da dependência desenvolvida nos últimos anos por Fernando Henrique Cardoso, Theotônio dos Santos e outros), enfocando especificamente o papel da ideologia e cultura na manutenção destas relações. O artigo terminará com uma discussão breve sobre a maneira como o cinema novo lutou (e luta) contra tais relações numa tentativa de descolonizar a cultura brasileira e o Brasil.

A coletânea incluirá artigos como "Cinema: uma trajetória no subdesenvolvimento", de Paulo Emilio (foi ele que me deu seu endereço), e outros artigos tratando de problemas econômicos do cinema brasileiro (por exemplo, estatização).

Mando, separadamente, umas notas feitas por um colega meu sobre *Antônio das Mortes*. As notas são o resultado de uma análise preliminar que o autor (Burnes Hollyman) e eu fizemos numa moviola. Burnes está atualmente fazendo uma tese de mestrado sobre *Deus e o Diabo* e *Antônio das Mortes* e tenho certeza que será um trabalho excelente.

Agradeço antecipadamente a sua permissão para usar os artigos citados. A seleção final dos artigos a serem usados acontecerá dentro de poucos meses. Também agradeço quaisquer sugestões que você teria a respeito da coletânea.

Atenciosamente,

Randall Johnson

PS: A partir do 1º de agosto, o meu endereço será: *Department of Spanish and Portuguese, Rutgers College, New Brunswick, New Jersey 08903, USA.*

De Norma Benguell*

Buru,

Como não quero incomodá-lo porque sei que estás trabalhando, deixo esta cartinha com o Cacá para que você resolva este problema quando estiveres com ele.

Combinamos o meu preço como atriz do nosso filme de 100 mil cruzeiros, certo? Bem, a primeira parcela eu recebi: $ 40 410 por causa do imposto de renda. Na segunda parcela, virão os descontos e não ganharei o equivalente a 100 mil por causa dos descontos todos. Como eu tinha organizado tudo para pagar a letra do banco e guardar 50 para viver até organizar um próximo trabalho depois do filme, balançou a minha estrutura. Lembra que você tinha me prometido 10 mil no mês de outubro para que eu pudesse ficar descansada, me preparando para o filme, estudando etc.? Pois bem, fiquei. Já li *Marco Antônio e Cleópatra*, já li sobre algumas rainhas loucas, inclusive uma que levantou o Império Egípcio e que se vestia de homem, barba e bigodes para ser respeitada. Não sei se o nome dela se escreve assim, mas é Rachipsu. Li sobre maquiagem, enfim estou estudando como manda o figurino, estou lendo *A história da civilização*, de W. Durant.

E aproveitando para reler Engels, Keller, e tudo o mais.

Acho gênio eu poder me dar o direito de estudar para fazer um filme, digo estudar fora do texto roteiro que é o óbvio, e você me dá esta chance como grande cineasta que é e grande amigo, este filme seu terá todo o apoio de energias positivas que existe no meu ser, estou com você e não abro. Estava relembrando os teus filmes e te entendendo cada vez mais.

Te entendo da maneira realista e de maneira cósmica, pois nós os piscianos somos cósmicos.

Às vezes tenho vontade de conversar contigo de outras coisas que não sejam só política, é por isto que me alongo nesta carta... comecei para falar de uma coisa e saí para outra.

Você sabe que estou tão emocionada de fazer o seu filme que chorei muito ontem, era uma sensação de amor, alegria, tristeza, amizade, porra,

(*) Carta enviada do Rio de Janeiro em setembro.

uma coisa que só poderia ser traduzida com uma palavra. Amor, amigo companheiro. Mas agora chega de elogios.

Se você puder e quiser me convidar para ver umas locações com você um dia, se você não se incomodar eu gostaria de ir, para começar a sentir as coisas, mas se não for bom para você, tudo bem, ficarei aqui numa boa também. Somos amigos e somos francos.

Bem, agora quero te pedir que em vez de me dar 10 mil no mês de outubro, se você puder me dar vinte seria de grande ajuda e me quebraria o maior galho da paróquia, pois só assim chegaria a 100 mil e eu ficaria descansada. Se puder tudo bem, ficarei muito contente, pois estou com problemas financeiros, que não vou contá-los pois não quero aborrecê-lo.

Aqui fico, com o maior amor e carinho, torcendo por você e que tudo corra bem, com muito axé. Um beijo, até sempre,

Norma

PS: Tem um livro — *O drama da raça humana, do homem das cavernas à bomba atômica*, E. Menall Burns —

De Ana Maria Magalhães*

1977

Glauber,

Não agüentei e vim ver as cenas do Aterro e Leme. Tudo lindo demais. Novas imagens para velhas formas. Ainda o cinema. Às vezes é moderno demais de repente parece Cinema antigo. Não sei te explicar. Mas fiquei emocionada. A dança acabou ficando hindu e não chinesa. Mas ficou tudo harmônico. Os defeitos de atriz persistem mas bastante minimiza-

(*) Bilhete sobre as cenas de *A Idade da Terra*, filmadas no Aterro do Flamengo e na praia do Leme, no Rio de Janeiro. No filme, Ana Maria Magalhães faz a personagem Aurora Madalena.

dos. Estou linda! Adorei mesmo e fico feliz de enfim fazer algo grande, gratificante, BELO e de você ter me usado como atriz e não modelo, ou alcatra.

O bilhete é rápido que o Raul tem análise.

Um grande abraço,

Ana Maria Magalhães

1978

ACERVO TEMPO GLAUBER

Glauber em Congonhas do Campo, Minas Gerais.

De Carlos Castello Branco*

Você me pediu que escrevesse algumas impressões da entrevista que dei a Glauber Rocha para o seu filme *A Idade da Terra*. Inicialmente, quando me telefonaram que Glauber queria uma entrevista minha para o seu filme, não entendi bem, mas como era o Glauber topei.

Quando a equipe começou a desembarcar na minha porta os equipamentos de filmagem e seus simpáticos rapazes, moças e auxiliares e, entre eles, alguns artistas da minha admiração, vi que estava envolvido numa coisa diferente.

Afinal, chegou o Glauber. Rapidamente pôs-se a conversar comigo sobre política, sobre a revolução, sobre o processo, sobre o governo. Foi uma ampla, inteligente e insinuante sondagem sobre o que eu poderia dizer e o que lhe interessava gravar. Seguro do que queria e do que poderia obter, Glauber dispôs equipamentos e equipe e, com sua notável criatividade, distribuiu esses elementos numa aparente improvisação. Na verdade percebi que quando ele se depara com o ambiente logo identifica a melhor maneira de utilizá-lo e aproveitá-lo para os fins que tem em vista.

Coube-me dialogar (um diálogo produzido pelo Glauber) com o simpático Pitanga, cujo riso limpo e branco ajudou a quebrar constrangimentos. Na verdade, máquinas e gente não me intimidam muito. Mas desde os primeiros takes percebi que só iria dizer, do que poderia dizer, o que o Glauber queria. Ele interrompia meu discurso no momento em que ele percebia que dali por diante iam seguir por rumos que fugiam ao seu objetivo. Reiniciava a tomada, mudava a câmera, o cenário etc., mas sempre com o objetivo de juntar ao efeito cênico o controle da autonomia do ator improvisado. O que eu disse era, em parte, o que queria dizer, mas Glauber só me deixou dizer o que ele também queria que eu dissesse. Não mais.

Pela primeira vez, me senti dirigido. É a força do talento e da experiência de Glauber e o preço da minha total inocência diante dos dons maquiavélicos de um extraordinário criador.

Abraços do

Castello.

Brasília, 31/01/78.

(*) Depoimento de Carlos Castello Branco a respeito de sua participação no filme *A Idade da Terra*. No cabeçalho da lauda está escrito: "Para o Glauber".

Para Jorge Amado*

Querido Jorge

20 ou 21 de março — sonhei com você e lhe escrevo para contar. As coisas misteriosas devem ser contadas: minha filha, Paloma, sonhou que eu tentava escalar um edifício, o nosso de 7 andares, e caía. Ela descia e eu não tinha morrido. Sonhei que fui visitar com você um editor, Jorge Iléli, da Entrelivros (ontem pela manhã estive na Record), e que você teve um enfarte. Mas *não* lhe vi morto. Depois vi o Nelson de Araújo solitário num gabinete secreto cobrindo uma mesa com um pano. Eu gritava Meu Deus, meu Deus. Acordei com malas prontas para a Bahia, preocupado com você. Mas sonhos são máscaras falsas e morte pode significar vida. Você se sentia mal nos meus braços, eu previa um enfarte, mas agora escrevendo vejo que aquele Jorge era Glauber e não Jorge: o Jorge enfartado era o Glauber cansado das perseguições, o enfarte era meu. Hoje está fazendo mais ou menos um ano que minha Necy foi assassinada e até hoje a 10ª delegacia da Bambina não mandou o laudo. Meu livro *Riverão Sussuarana* que a Record publica em quinze dias trata do assunto. Não quero lhe contar este livro (que seria — romance, memória...?) para que você o descubra lendo. Mas ele contém algumas revelações.

Gosto muito de você, como gostava muito de Paulo Emilio Salles Gomes.** Também acho que a morte é uma fatalidade aceita pelo Sistema e que nós devemos lutar contra ela. Você não viu *Di* — a vida saindo da morte. Nosso filme se chama *GLAUBER FILMA JORGE AMADO*:*** são quase 40 minutos de verdades. Ainda não lhe mandei porque a TVE durante o tempo que eu filmava não tirou a cópia. Esta coisa da gente se escrever sobre câncer e morte é luta contra ela: estive no enterro de Balleiro e lá estava toda a UDN golpista. Sinistro e cômico. Foi a vitória do tempo contra a reação. Quero lhe agradecer dois momentos puros na Bahia:

(*) Carta enviada do Rio de Janeiro em março. O original é escrito de forma corrida, sem correção, provocando estranhamento em certas passagens.

(**) Paulo Emilio Salles Gomes morreu em 1977.

(***) O filme, média-metragem, feito em 1977 para o setor de TV da Embrafilme, ficaria com o título de *Jorjamado no cinema*.

quando você me avalizou junto a Camafeu (que ainda não precisei por motivos subjetivos) e quando você foi me levar solidariedade no dia do conflito com a igreja. Descobri um grande baiano em Dom Avelar, grande figura. Briguei sem ódio, mas com tristeza* [...]

Você viu que Veloso, o Ministro Veloso, solta uma citação dos *Velhos marinheiros* no livro *Brasil, a solução positiva*, livro ótimo. Aliás, o Luiz Viana, que me recebeu com Peres na casa dele logo que voltei de Paris, me tratou bem. Mas no encontro com Ney Braga na Bahia e no enterro do Aliomar me tratou polidamente. Já Juracy foi efusivo e paternal, com Dona Lavínia no mesmo enterro. Amigo de Figueiredo, Antônio Carlos é o homem forte da Nova Republyka, e poderá ser o sucessor. Aliás, tenho certeza. Quanto a *Idade da Terra* não tem nada a ver com o roteiro. Jorge, tenho certeza de que conheço melhor sua obra do que você a minha. Gostaria de um dia lhe prender num cinema, e lhe mostrar encarrilhado *Barravento, Terra em transe, Deus e o Diabo*, e o *Dragão*. Tem muito de você, de Zé Lins, de Rosa, de Vila-Lobos e Portinari. Nunca filmei romance seu, nem de ninguém. Mas roubei de vocês as pedras que vocês deixaram de herança para qualquer um: Foi da síntese de Eisenstein com *Mar morto*, de Caymmi com Jorge de Lima, que nasceu *Barravento*. Você só viu, acho, o copião com o Heron. *Deus e o Diabo* não existiria sem cangaceiros e *Pedra Bonita*, sem *Seara*. Mas de você eu roubei a estrutura épica, de Brecht e dos artistas revolucionários. E *Terras do Sem-Fim* é minha bíblia dramática. É o meu *E o vento levou*. Quem deu a idéia a Luís Carlos e Newton Rique, para filmar *Dona Flor* foi eu. Por causa de uma crítica do Esdras Nascimento. Eu li Boccaccio e Rabelais no exílio. Aliás isto Luís Carlos confessa no press book. Nunca vi *Dona Flor*, nem *Tenda*, um por não aceitar o assalto cínico de Barreto, outro para não rever minha irmã. Aliás rompi com a Embrafilme, com o cinema novo, com tudo no Rio. São todos lacerdistas. O *Jornal do Brasil* veta cada três artigos meus por [cada um] que publica. O Clube me declarou guerra, Alex vive recolhendo assinaturas contra mim. Guido censura *Di* aí. Em Paris não mandam meus negativos de *Deus, Dragão, Terra*. Roberto Farias se nega a soltar a grana para *Idade* que tive de arrancar com Velso em Brasília, digo com Veloso. O filme custou 8 000,00, mas como Buñuel, ainda me sobraram 10 horas de negativos para

(*) Referência à interdição pela Igreja das filmagens da procissão de Conceição da Praia, em *A Idade da Terra*. O padre alegava que o ator Jece Valadão não podia interpretar Cristo. A carta está incompleta nos trechos indicados por [...].

fazer outro. Este filme é o filme mais moderno e revolucionário dos anos 70 no mundo. É novo em enquadramento, em som, interpretação, montagem — uma novidade Barroca-épica. Quer dizer, o épico de Brecht, no brabo barroco de Jorge.

Segui o romance da bíblia — mas não Cristo mortis. Começa com a ressurreição na Bahia, até o batysmo, o índio Jece. Depois vira o negro Pitanga em Brasilya — Pitanga Jango — depois em RIO, Carter, contra Baader Meinhof Napoleão Figueiredo, vários Cristos e o povo. Disse pros franceses que estiveram na minha casa, uns caras do *Le Monde* e do *Cahiers* que aqui o cinema tava mais pra John Ford do que pra Eisenstein. Por quê? Porque aqui é a cavalaria que fará, está fazendo a revolução. MDB, CIA, CARTER, coronéis lacerdistas e toda direita centro para contra o governo, contra a "estatização" e a "sindicalização" (284 sutileza de Vargas, Geisel). Tanto que Geisel chamou Tancredo e Amaral ao Palácio, a UDN e o corrupto MDB dançaram. Com Tancredo e Amaral será possível alguma coisa; olha, o PC continua vendo errado, mesmo fraco. NÃO ACREDITO MAIS NA INTELECTUALIDADE BURGUESA DE TRÊS GERAÇÕES. Foderam-se no liberalismo. Fiz 39 anos no último dia 14. Você sabia que nasci neste dia de Castro Alves? Daí a ruptura minha com essa gente, com a bossa-nova, o cinema novo,.o mdb, cebrap, igreja católica, daí o meu enfarto, sentindo-me como você na época que lhe mandaram o pau, a mesma coisa, daí meu enfarte e essa carta. como a morte de Berro D'água. [...]

[...] tenho ambições políticas: ser Ministro das Relações Exteriores ou da Educação e Cultura (acho que esse ministério deve ser dividido — quero ser ministro da Cultura) e ou governador da Bahia, suceder o próximo e, naturalmente, Presidente, mas com eleições diretas, mesmo que seja um processo revolucionário, isto porque não aceito a violência do Estado nem dos Partidos, sou democrático mesmo, psicocorporal, economicamente, artisticamente. [...]

Para Daniel Talbot*

Rio, 6 de agosto de 1978

Meu caro Dan

Estou acabando *A Idade da Terra*. A cópia ficará pronta em novembro. O filme terá duas horas e meia, mais ou menos. Scope, cores, direto. É uma vida de Cristo através das cidades da Bahia, Brasylya e Rio. Mas a vida de Cristo segundo o Apokalypze, logo é uma versão política dos *4 Cavaleiros do Apokalypze*: um marginal (Jece Valadão, a Bahia), um profeta negro (Antônio Pitanga em Brazylya), um bandido nas favelas do Rio (Geraldo del Rey) e um militar (Tarcísio Meira) no carnaval do Rio...

Penso que esse filme é uma revolução na história do cinema. Há uma montagem nuclear (você viu *Di Cavalcanti* meu curta-metragem que ganhou o prêmio do Júri de Cannes em 1977?) — que produz uma nova *mise en scène*. Na verdade eu já tinha solucionado o impasse de Godard com *O leão* em 1970. Você viu a África com Castro? O *Leão* era um filme profético, como *Cabeças cortadas* em relação a Franco e Perón, e por isso foram mal recebidos em 1970-1971... Bom, sou feliz, pois tenho 39 anos. Há uma regressão mundial nas artes nos anos 70... o resultado da repressão... mas ainda é preciso ir adiante. Aqui, acho que recebi o espírito da teoria científica de Eisenstein. O segredo de meus filmes é a prática da montagem dialética. Um método científico. Mas as pessoas dizem que sou louco. É muito fácil. Sobre *A Idade da Terra*, acho que o filme vai provocar uma grande polêmica, não no nível pornô, mas no nível filosófico-formal. O filme é produzido pela Embrafilme e custou 500 mil dólares.

Acabo de publicar um romance** e vou te enviar pelo correio. Você não vai poder ler, mas poderá olhá-lo...

Em janeiro irei a New Iorq com o filme. Quero dublar em inglês, pois não tem muitos diálogos. Quero também ficar nos Estados Unidos para tentar enfim realizar meu antigo sonho, que é filmar *THE WILD PALMS*

(*) Carta escrita em francês.
(**) *Riverão Sussuarana*, editado pela Record em 1978.

de Faulkner... Espero que um outro não faça isso antes de mim. Os direitos pertenciam a Hal Landers mas ele me disse que não tem mais. Gostaria de receber notícias de ti e de tua família. Te envio meu último artigo na *Folha de S. Paulo* (é hoje o jornal mais importante do Brasil) para que você veja minhas posições políticas e minhas relações com os cineastas brasileiros. Ontem era alguém como Sakharov. É duro.*

Escreva-me... um abraço para você, Toby e as garotas. Desculpe o meu francês. Saúde e lembranças a Adrienne Mancia e aos amigos. Por favor envie a Tom** um xerox do artigo. Fabiano ou outra pessoa pode traduzir para você.

um beijo

Glauber
Rua das Palmeiras, xxx.

Para Zelito Viana***

Zelito: Aí estão os diálogos. Que sejam bem traduzidos, SEM REDUÇÃO → integralmente, mesmo que a tela fique cheia de letras. Como deve ocorrer no primeiro close-up → mas é importante a tradução.

As canções "espanholas"—"Rancho grande", Tangos, não precisam ser traduzidas. O bolero "Fallaste corazon"**** deve ser traduzido até a parte marcada. A canção do penúltimo plano deve ser traduzida com estas linhas:

Eu perdi a fé
Que enfermidade mais terrível.

Esta legenda deve ficar fixa o tempo todo do plano → integral (IMPORTANTÍSSIMO)

(*) Glauber mistura aqui francês com inglês e os tempos verbais. A frase é: Hier I'm somebody like Sakharov. Cést dure".

(**) Tom Luddy.

(***) Carta escrita provavelmente em 1978, quando o filme *Cabeças cortadas* foi liberado pela Censura e seria exibido no Brasil e em festivais.

(****) "Alla en el rancho grande", de Castello; "Cuesta abajo", de Gardel e La Pera, e o bolero "Fallaste corazon", de Sanchez.

Para Fabiano Canosa

Rio, 14 de novembro de 1978.

Querido Fabiano

Topo a retrospectiva *but* nas seguintes condições:

I. Só posso no mês de junho — o ideal seria a *segunda metade de junho em New Yorq, Washington e Los Angeles* — para terminar aí por metade de julho = 3 *semanas* — 1 em NY, 1 em W. e 1 em LOS ANGELES.

II. Vou a Cannes com *A Idade da Terra*. Maio. Depois, junto da retrospectiva, gostaria já de lançar o filme aí em New Yorq, Washington, Los Angeles — NA MESMA ÉPOCA — quer dizer: NUM CINEMA A RETROSPECTIVA E NO OUTRO *A IDADE DA TERRA*.

III. Quanto à retrospectiva: DAN TEM CÓPIAS 35 mm de *LEÃO E BARRAVENTO* EM BOM ESTADO. Novas? As cópias de *Deus* e *Terra* que estão aí, em 35 mm, são velhas e mal traduzydas. Quero enviar novas cópias subtituladas. *Dragão* pode ter cópia nova com a Grove. A CINEASPANAN TEM CÓPIA EM INGLÊS DE *CABEÇAS*. Lembra-se que a vimos com Dan? Acontece que sumiu. O negócio é pedir da Espanha, com os produtores, RICARDO MUÑOZ SUAY, AV. GENERALÍSSIMO FRANCO, 600 — Barcelona, Pró-Filme. Em caso de dificuldade, falar com Claude, que ele te apresenta.

IV. Quanto a *Claro*, seria o caso de ir a Roma, porque é complicado. O filme pertence ao produtor Marco Tamburella — amigo de Gianni Barcelloni. *Tropo complicato*. Vou tentar quebrar o galho do meu lado.

V. Assim a retrospectiva seria: *barravento, deus e o diabo, terra em transe, o dragão, o leão, cabeças* e *claro*. Exatamente SETE FILMES, ou as 7 CABEÇAS DO LEÃO: *A IDADE DA TERRA* (O LEÃO) DOS SETE FILMES (CABEÇAS). Trata-se do mesmo Longo Filme barrocoko que se desdobra entre negros, camponeses, políticos, revolucionários — os filhos do terceiro mundo — a Eztetyka da Fome. Por isto é necessário que a Retrospectiva e lançamento de *A Idade da Terra* sejam realizados FORA DE TODOS OS PATROCÍNIOS HABITUAIS. Quero chegar às massas, aí, não me interessam mais Cineclubistas, críticos, estas frescuras todas, nem os personagens habituais da transa Kyno-Rio-New Yorq. Bom, creio que você conhece bem minhas posições. Quero mandar daqui, logo que tudo se confirme, algum material para fazer o catálogo. Aliás — POR QUE VOCÊ NÃO VEM AQUI PARA RESOLVER ESTE CASO — assim organizamos também CANNES — talvez. Seria bom que você pudesse ficar metido neste assunto, exclusivo. Porque vivo hoje afastado de grupos — e não quero estar no "cinema brasileiro".

VI. Gostaria de ter um informe geral da situação de meus filmes, aí, contratos, vencidos ou não etc.: Dan, Allied, Grove Press.

Reafirmo que o ideal seria você vir aqui, não só para ver o caso da retrospectiva e lançamento da *Idade* — o filme é todo da Embrafilme — Logo o único produtor sou eu, logo poderemos nos entender. O filme é em CINEMASCOPE — CORES — filmado na Bahia, Brazylya e Rio.

Elenco: TARCÍSIO MEIRA, JECE VALADÃO, MAURÍCIO DO VALLE, ANA MARIA MAGALHÃES, NORMA BENGUELL, DANUZA LEÃO, GERALDO DEL REY, ANTÔNIO PYTANGA.

História?

Duração: entre três e quatro horas, ainda não sei, porque estou ainda na primeira montagem. De qualquer forma o filme terá o tempo natural que a montagem determinar — sem forçar...

Como se trata de uma "absoluta novidade" há que ser lançado fora das regras: e outra, não quero agradar os críticos yankz nem quero que eles me agradem. Trata-se de fechar esta miserável década — ou seja, o filme começa onde acabam *Noveccento* e *Apokalypze*.*

Um abraço e escreva urgente — se lembre do velho Loft no Bowery, antes de tudo começar??? Quero daí, ainda o endereço da Mossa, o da Fundação Guggenheim e o formulário das bolsas (passe lá). Não se espante com as fofocas do jornalismo marrom.

Rua das Palmeiras, xxx — Rio.

Glauber

Gostaria que a retrospectiva e lançamento se localizassem em pontos

(*) *Apocalypse now*, de Francis Ford Coppola.

Novos, Cinemas fora do habitual Getho do Village... e quanto à publicidade, tenho idéias que discutiremos aqui.

Pense no que é preciso fazer e no que será necessário investir sem pensar nas normas do mercado daí. Agora, posso dar as cartas.

Para Roberto Farias

Rio de Janeiro, 15 de novembro de 1978.

Ilmo. Sr. Roberto F. Farias
Diretor-Geral da EMBRAFILME — Rio

Prezado Roberto,

Estou na fase final da montagem de *A Idade da Terra*. O filme terá uma duração de 3 ou quatro horas, a decisão ficará no corte final.

Pretendo ter a primeira cópia entre fevereiro e março.

Você conhece as dificuldades técnicas de acabamento no Brazyl: todavia estou nos prazos industriais, pois o filme começou a 8 de dezembro de 1977.

Quero apresentá-lo em Cannes, no mês de maio.

Acredito, com mais segurança, agora que me aproximo do final, que o filme contribuirá para o desenvolvimento do nosso Cinema.

Desejo que você atenda, dentro dos orçamentos técnicos e tabelas sindicais vigentes, as necessidades da Produção de prosseguir os trabalhos até 30 de janeiro, quando o filme estará devidamente mixado — considerando ainda que, dispensados os montadores, pelo menos o Diretor, o Diretor de Produção e um Assistente-Geral ficarão ocupados até a primeira cópia — prevista para fim de fevereiro.

Há necessidade de se dilatar a verba de Música de mais 100 000,00 — uma vez que os problemas de som no Brazyl são graves.

Gostaria de dublar o filme em inglês para apresentá-lo nos Estados Unidos — mas isto será discutido posteriormente.

Quanto à retrospectiva de New Yorq, estou de acordo, mas para junho, quando estarei voltando de Cannes.

Escrevi a Fabiano neste sentido: gostaria que a retrospectiva fosse em New Yorq, Los Angeles e Washington e também incluísse meus filmes estrangeiros *O leão de 7 cabeças*, *Cabeças cortadas* e *Claro*. E que em seguida ou paralela à Semana fosse lançado *A IDADE DA TERRA*.

Prefiro lhe mostrar o filme pronto mas se você quiser ver algumas seqüências na moviola, será um prazer.

Reafirmo minha solidariedade a sua gestão e lhe declaro que em 20 anos de Cinema, pela primeira vez pude realizar um filme com liberdade econômica e artística.

Um abraço

Glauber Andrade Rocha — Diretor de *A Idade da Terra*.

1979

Glauber com os filhos Pedro Paulo e Erik Aruak.

De João Ubaldo Ribeiro

Salvador, 14 de março de 1979

Meu querido amigo Rocha,

escrevo-lhe hoje, no dia de seu aniversário, porque suponho que todo homem tem o direito de receber a carta de um amigo, no dia em que faz 40 anos. Claro que não é mais hoje, porque a carta leva tempo, mas estou escrevendo hoje. Na realidade, não tenho coisa alguma a dizer-lhe. Gostaria de construir uma frase esperta a respeito dos 40 anos, mas não sai nada. Dentro de dois anos, em janeiro de 81, também entrarei para os enta e, veja você, somente agora Rogério Duarte resolve ser Hare Krishna. Rogério Duarte é um pouco culpa nossa, não acha você? Deixe ele, que ele sai dessa. Outro dia ele ficou puto com você, porque disse que você fez como o diabo no deserto com Jesus Cristo, você ofereceu conforto, grana e gatas. Esqueça, depois ele melhora. E o pior é que, como eu estava conversando outro dia com Caetano, ele mudou de nome e a gente não sabe mais o nome dele.

Meu querido amigo, tenha um feliz aniversário, uma digna existência, uma cabeça bem leve. Telefone para Caetano Veloso, *xxx*, telefone novo dele, e peça que ele lhe cante uma canção de aniversário, tendo você direito a isso por ser baiano, um grande homem, e porque todos nós, seus poucos amigos, lhe temos incendiado amor fraterno. Daqui, não o esquecemos. Beijos para Paula* e para todos, principalmente Paloma, Lúcia e Adamastor, e continuamos a ser *homens familiais*, nordestinos e religiosos.

Com saudades espessas,

JU

(*) Paula Gaitán, mulher de Glauber.

Para José Guilherme Merquior

Rio, 23 de julho de 1979.

Querido Merquior.

Preciso de um favor.

Desejo uma Bolsa do Governo.

Gostaria que você sondasse: British Film Institute? Departamento de Comunicações de Oxford? Alguma Fundação Cultural? Organismos?

Os meios cinematográficos conhecem o trabalho que realizei nos últimos vinte anos daí não parecer difícil uma boa receptividade.

Meu projeto é uma Tese sobre Dramaturgia de Oscar Wilde e possivelmente a montagem de uma de suas peças e conseqüente filmagem TV etc.

Por incrível que pareça foram realizados raríssimos e maus filmes sobre a obra de Wilde e estou superexcitado com a minha descoberta navegando no tempo da Vieira Souto entre a tropicanalha e a Rainha da Inglaterra...

Para ler, analisar etc. preciso de uma *Bolsa* — GORDA, porque tenho mulher e dois filhos — porque não sou rico e nenhum produtor cinematográfico financia Cineastas inventores.

Caso seja difícil conseguir bolsa para um brasileiro que transa Wilde — creio que posso ser contratado para dar aulas de Kynema (*prática e não História do A — Cinema Brazyleyro: o precedente é o Alberto Cavalcanti que ensinou o pessoal a filmar Dickens etc.*).

Como estou cansado do Brazyl, escrevo cansado. Responda-me se é possível me colocar em contato com estas entidades (nomes dos Chefes, Endereços etc.).

Estou terminando a montagem de meu novo filme A *Idade da Terra.*

Viu o *Di Cavalcanti*?

Tanto as revistas *Film and Filming* quanto *Sight and Sound* podem dar uma ficha completa, biocrítica, de GR.

O distribuidor de quase todos meus filmes na Inglaterra é Mr. *Andy Engel*, cujo endereço não sei mas ele deve ser conhecido no Setor Cultural da Embaixada.

Gostaria que você visse ou revisse estes filmes porque acho que não os conhece a fundo e sua crítica seria fecunda.

Preciso do endereço de um Produtor, meu amigo, Mr. *Andrew Braunsberg*. Ele é conhecidíssimo no meio: produziu *Macbeth*, Polanski e outros filmes famosos.

Além do projeto sobre Oscar Wilde, há um roteiro embrionário sobre Marx e Engels... *um filme sobre as relações da Economia com a Filosofia e uma montagem do Fauzto de Marlowe... além do mais, minhas macumbas me levaram do terreiro da Umbanda às feitiçarias de Blake.*

Aí vai o *RIVERÃO SUSSUARANA*

Meu endereço: Rua Vieira Souto, *xxx*/AP. 202.

Aqui tudo é ruim inclusive as máquinas datilográficas.

Abraços

Glauber Rocha.

Para Celso Amorim

Rio, 29 de agosto de 1979

Ilmo Sr. Diretor-Geral da EMBRAFILME.
Meu caro Celso Amorim

Formalizando nossa última conversa:

I. GLAUBER ROCHA COMUNICAÇÕES ARTÍSTICAS é proprietária de:

I. *BARRAVENTO*, cuja distribuição nacional pertence à EMBRAFILME, mediante adiantamento de Cr$ 100 000,00.

II. *DEUS E O DIABO NA TERRA DO SOL*, cuja distribuição internacional pertence à GLAUBER ROCHA PRODUÇÕES ARTÍSTICAS.

III. *TERRA EM TRANSE*, cuja distribuição nacional pertence à EMBRAFILME, mediante adiantamento de Cr$ 100 000,00.

IV. *O DRAGÃO DA MALDADE CONTRA O SANTO GUERREI-*

RO, cuja distribuição internacional pertence à GLAUBER ROCHA PRODUÇÕES ARTÍSTICAS.

V. *CÂNCER*, 16 mm, preto-e-branco, inédito no Brazyl (estréia em 1972 no CANAL EXPERIMENTAL DA RAI, que pagou U$ 20 000,00 — Vinte mil dólares).

VI. *DOCUMENTÁRIOS: PÁTIO*, 16 mm — *MARANHÃO 66*, 35 mm — *AMAZONAS AMAZONAS*, 35 mm — *DI CAVALCANTI* e *JORGE AMADO* (estes de propriedade da EMBRAFILME).

VII. *CABEÇAS CORTADAS*, cuja distribuição nacional é da EMBRAFILME mediante adiantamento de Cr$ 500 000,00 a Lívio Bruni que era o antigo distribuidor.

VIII. *O LEÃO DE 7 CABEÇAS*, produção italiana, a GLAUBER ROCHA COMUNICAÇÕES ARTÍSTICAS tem direitos para o Brazyl e é sócia na exploração internacional.

IX. *CLARO*, produção italiana, a GLAUBER ROCHA COMUNICAÇÕES ARTÍSTICAS detém 50% da distribuição mundial e 100% da nacional.

Devido aos problemas políticos, obrigado ao exílio durante 6 anos, retirei a maioria dos negativos brasileiros da Líder Cinematográfica, Rio.

Eis a situação, atual, dos negativos:

— *BARRAVENTO* está na Líder.

— *DEUS E O DIABO NA TERRA DO SOL* está na Líder.

— *TERRA EM TRANSE* está "seqüestrado" em um Laboratório Alemão, pois foi roubado e o assunto precisa ser esclarecido com o Sr. Claude-Antoine, meu ex-agente de vendas mundiais. Mas não o acuso de roubo. (O protocolo sobre o caso existe no Depto. Externo.)

— *O DRAGÃO DA MALDADE CONTRA O SANTO GUERREIRO* — este filme foi produzido pela ORTF, pela TV BAVIERA, MAPA FILMES, CLAUDE-ANTOINE e GR. O negativo pertence à ORTF e à TV BAVIERA, que são sócias através do Sr. Claude Antoine, em 50%. Os outros 50% (direitos internacionais, incluindo o Brazyl) pertencem à GLAUBER ROCHA COMUNICAÇÕES ARTÍSTICAS depois do meu desligamento da MAPA.

O negativo está em Paris e existe um internegativo em New Yorq, à disposição do Mr. Barnett Rosset, da GROVE PRESS, que é o distribuidor norte-americano. O contrato já venceu.

— *CABEÇAS CORTADAS*, existem 4 cópias no Brazyl, sendo três contratipadas e apenas uma original, o que dificulta a exploração maciça do filme, devido à má qualidade das cópias. Tenho direitos 100% para o Brazyl. O negativo pode ser importado, o internegativo, digo, de Barcelona, da Profilme, com despesas pagas pela GRPA.*

— *O LEÃO DE 7 CABEÇAS* — negativo na Itália. Devo importá-lo, pagando as despesas técnicas e ainda regulamentar o contrato pois desejo comprar 50% sobre o mercado brasileiro.

— *CLARO* — problema idêntico ao *O LEÃO DE 7 CABEÇAS.*

Considerando-se que os filmes brasileiros estão fora de circulação há mais de dez anos e que o atual momento cultural indica grande revalorização crítica e popular — tanto nas salas como nas TVs e nos mercados em 16 e vídeo;

considerando-se que os contratos de exploração na maioria dos países em que foram vendidos os referidos filmes estão em extinção e que os seguintes mercados: URSS, AMÉRICA LATINA — à exceção de Cuba —, África extraportuguesa, Mundo Árabe (até o Irã?), ÍNDIA e vários países socialistas nunca compraram estes filmes que foram basicamente explorados na Europa Capitalista em cinemas de Arte e TV;

considerando-se que apenas o *DRAGÃO DA MALDADE CONTRA O SANTO GUERREIRO* foi lançado nos EUA, em 16 mm, sendo os outros exibidos apenas no mercado 16 mm e NENHUM FOI EXIBIDO NA TV, mesmo os contratos em 16 mm, com a ALLIED ARTISTS e a NEWS YORQUERS, estão esgotados;

considerando-se o valor artístico destes filmes que conquistaram 13 PRÊMIOS INTERNACIONAIS (oficiais e marginais) em vários festivais; e sua volumosa bibliografia crítica internacional — (como sair de tantos considerandos no julgamento de um Patrimônio?, escreveria Obra mas detesto as influências de Antônio Houaiss).

Solicito à EMBRAFILME que coloque à disposição de *GLAUBER ROCHA COMUNICAÇÕES ARTÍSTICAS meios de salvar estes filmes.*

Trata-se de um Pacote que deve ser Reeditado, com novas cópias nacionais e internacionais, novo material publicitário, reprodução em vídeo, edição de algumas trilhas sonoras e a edição de alguns roteiros que possuem valor ficcional (literário no sentido didático para uma teoria de roteiros?) — etc.

(*) Glauber Rocha Produções Artísticas.

Duas propostas:

A) A EMBRAFILME financia a GRPA para realizar toda a operação de importação e a reedição internacional ou

B) A EMBRAFILME toma a si (o português, influenciado pelo árabe, até hora recluso, tende a uma revolução) o encargo de produzir o Pacote.

Caso dificuldades financeiras impeçam a edição do PACOTE GLAUBER ROCHA, solicito à EMBRAFILME que salve pelo menos os negativos dos filmes brasileiros.

Devido à exaustiva produção e direção e montagem de *A Idade da Terra*, cujo produtor máximo e absoluto é a EMBRAFILME, não tenho muito tempo para cuidar dos filmes passados, mas você pode avaliar a angústia de ver Obra (dá-lhe Houaiss) tão tragicamente construída se perder... pouco a pouco. Não se trata da cultura oficial. Mas de cultura revolucionária. Todos estes contratipos estão no Instituto Cubano de Arte e Indústria Cinematográfica. Mas, se por acaso eu *morrer*, digo logo — por sentimentos nacionalistas, eu gostaria que fosse a Embrafilme e não o ICAIC — o editor (ou editora) do PACOTE ROCHA.

Aceito a solução da EMBRAFILME, mas quero uma resposta porque o Roberto Farias, durante três anos, sabotou a minha vida aqui e no mundo — com a colaboração silenciosa do CINEMA NOVO, que me traiu como traíram Jango. *Terra em transe* explica, e agora, relançar *Terra* com Vieira — Arraes e Júlio — Brizola, seria radiografar a alma nacional que vai de quatro ver O CASO CLÁUDIA (crepúsculo de um cinema) pelo nosso forte candidato ao CONCINE...

Hoje, o Cinema Novo, ala CPC, está na Cooperativa e queimaram GR porque alguém precisava ir ao Gulag... De outro lado, a direita do Cinema Novo entrou nas neochanchadas (até com adesões do udigrúdi), ficando apenas um Vértice — Glauber Rocha, Paulo Saraceni e Gustavo Dahl —, execrados à sanha das piranhas.

Quanto a Ruy Guerra, ele sabotou depois de beber no prato do Cinema Novo, mais deixemo-lo com o Departamento Internacional que deveria cuidar de Ruy Guerra, Franco Zefirelli, Harry Stone, Mário Vargas Llosa, Terry della Khava, Pierre Kast etc.

Esta rápida e clara definição de por que acabou o CINEMA NOVO levaria Glauber Rocha à condição de Trotzky, ou Kryzto e, grotescamente, é a situação de um Maiacovsky.

Na
da
disto!

Preferia receber um financiamento para recuperar meu Pacote, lançar internacionalmente *A Idade da Terra*, fica pronto em dezembro, mas o *material montado em banda dupla já está à sua disposição*, a partir de quando quiser vê-lo e ouvi-lo, e ainda preparar o meu próximo filme.

Acho que o Ministério deveria tomar conhecimento da situação EMPRESARIAL CULTURAL DE GLAUBER ROCHA, e decidir, segundo seus critérios, o que fazer comigo, porque tem duas soluções:

A) Ou a EMBRAFILME banca meu Pacote passado, ou o pacote presente, *A Idade da Terra*, e o pacote futuro — o próximo ou os próximos filmes, a rigor tenho 10 ROTEIROS INTERNACIONAIS PRONTOS, o que significa no mínimo 10 milhões de dólares em abertura de co-produções,

B) ou... tenho de partir para outro país (Estados Unidos, claro, como Goudonov) a fim de financiar meus projetos e salvar os filmes passados.

Hoje, começo de Primavera do último ano da década do terror e sentindo que o cinema brasileiro se sairá da crise internacionalmente, tenho certeza que *A Idade da Terra* vai derrubar o APOCALYPZE e outras chantagens telectrônicas imperialistas, com a mesma força com que *Deus e o Diabo* derrotou o marxismo recuperado pelo existencialismo in FRANCISCO GIULIANO ou *Salvatore*? De Rosi — aliás, em 1963, você me disse ali pela Siqueira Campos com a Barata Ribeiro: que *Deus e o Diabo* é melhor que *Salvatore Giuliano*...

São três problemas:

— RECUPERAR, REEDITAR O PACOTE GLAUBER ROCHA, BRASIL EUROPA ÁFRICA

— FINALIZAR E LANÇAR INTERNACIONALMENTE EM CINEMA E TV A IDADE DA TERRA: este será o filme que iniciará a década: 1980 é A IDADE DA TERRA: não quero Cannes em maio, quero New Yorq em janeiro. Se for a Cannes em maio, o filme só será lançado no fim do ano. Se sair em janeiro cortamos o efeito do *Apokalipze* e abrimos a nova onda, antes de Cannes. Em Cannes vai aparecer o último Kurosawa e o último Kubrick. Favre Le Bret recusou o *Leão de sete cabeças* em 1970 e nunca me convidou pro Júri. Certo que premiou *Di*. Mas *Di* foi o último e prefiro que a Europa espere até ver o que acontece... digo ver o que acontece com o filme em NY.

Minha nova geopolítica:

de 1962 a 1978 operei na Europa...

quero operar agora nos EUA, na América Latina, África, Brazyl e Ásia. (Europa, onde sou já "consagrado", pode consumir sem problemas *A Idade da Terra*.)

Assim gostaria de lançar o filme no Brazyl, na América Latina e nos EUA até julho de 1980. Assim:

— Brazyl

— New Yorq

— México e etc. em três etapas... quero que CANNES não veja *A IDADE*...

se o filme emplacar nos EUA, aí GAUMONT e KNOSTANTIN vão ter que pagar caro e vão ter que lançar como eles lançam Coppola... ou mesmo uma major yank pode comprá-lo para o mundo...

você já deve ter observado a contradição entre distribuir filme e fazer filme...

O TERCEIRO PROBLEMA (prefiro Mallarmé a Houaiss, daí a fragmentação eisensteiniana da carta, que deveria ser oficial, mas eu a desburocratizei...) — é o meu próximo filme.

Fiquei 10 ANOS SEM FILMAR no Brasil. Na década de 70 realizei apenas *CLARO* (Itália/1974), *A IDADE DA TERRA* começando em 1977 (8 de dezembro, na Bahia) só ficará pronto para janeiro de 1980.

Claro que em 10 anos sem filmar escrevi 10 roteiros que foram recusados por Havana, Moscou, Paris, México, Hollywood.

Seriam, não foram... não são os mesmos... mas para mim o Cinema, como disse Sadoul morrendo, ainda não ultrapassou a aurora do seu futuro (Sadoul era um dos poucos franceses marxistas barrocos e eu o conheci na Bahya. Aliás eu gostaria de fazer um curta *SADOUL NA BAHIA*).

Com o patrimônio bloqueado, vivo pobre do salário de *A IDADE DA TERRA* (inferior ao de Cacá Diegues em *BY BY BRAZYL*) e vejo o desemprego em janeiro. Sustento 10 pessoas, tenho seis filhos e recebo de *ABERTURA* apenas Cr$ 17 500,00 — é uma colaboração que presto à coletividade, de graça. Por ordem da KGB e da CIA sou vetado nos maiores e menores jornais do país. Não sou um jornalista ativo estou no ÍNDEX. Seria ridículo e humilhante apelar para uma bolsa da Ford, mas já pedi a Merquior para me arrumar uma bolsa em Oxford, onde eu poderia teorizar sobre o teatro socialista gay de Oscar Wilde.

Esta carta não será o capítulo final de *A EXTETYKA DA FOME*, que devo escrever para completar o livro de 300 páginas sobre teoria e práxis do Cinema Novo, isto para cortar de vez com as burrices de um Jean-Claude Bernardet.

Além da *ESTETYKA DA FOME* tenho a *REVISÃO CRÍTICA DO CINEMA BRASILEIRO*, com toda a história tin tin por tin tintim, inclusive sexual, do Cinema Novo (*best-seller* sem dúvida talvez o único *best-seller* da minha vida). *KYNORAMA*, mais de 500 páginas sobre o Cinema Mundial — um ensaio esclarecedor sobre Eisenstein e a REVOLUÇÃO SOVYETYKA, e o melhor estudo sobre VISCONTI falta um capítulo chamado *SENSO*, que saiu no SDJB mas agora que microfilmaram os SDJBs, parece que o meu artigo dançou: aliás, por causa desse artigo o Nelson Pereira dos Santos me chamou de formalista porque eu escrevia sobre aquele travelling sobre aquela árvore em PP, enquanto no fundo se desenvolvia a batalha standhaliana...

Existe ainda Super 8, dos tempos riipies, *chez* madame Juliet Berto, em Paris e nos meus arquivos pessoais, assim como no espólio da poeta Letícia Maria Moreira de Souza.

Como lhe escrevo depois de sair do analista, que é um lakanyano bravo, acho justo fechar a análise informando ao Estado qual é meu patrimônio teórico e prático. Que o valor seja dado. O Estado então compra o meu PASSADO, meu Presente e meu Futuro? Evidentemente gostaria de dar, e não vender a vida ao Estado. Sendo o Estado sem juros.

Minha vida é inconfundivelmente revolucionária. O Estado tem o direito de rejeitar minha Teoria e minha Prática, quer dizer, meus livros de cinema (sobre cinema) e meus filmes. Acho que minha Obra está contra o Estado atual, por um novo Estado, um anti-Estado, o Reino do Inconsciente que gera novas estruturas...

Necessito de uma rejeição teórica do Estado, para que a aceitação seja valorizada em termos metacomerciais.

Por isso tenho uma Empresa falida financeiramente, mas com patrimônio econômico e cultural, para cuidar dos filmes passados. São 7 longas e 7 curtas, de *A Idade da Terra* e dos próximos dez filmes. O futuro do Cinema é a TV. O FILMVÍDEO. O KINOTEV. Então o intelectual usará o cinema, até agora feito por diretores de rádio, de teatro e de literatos etc. A montagem ainda não chegou...

Bref: entre ver *A IDADE DA TERRA* e conversar tudo isto, você precisa passar um dia estudando o caso de GLAUBER ROCHA PRODUÇÕES ARTÍSTICAS.

Não tenho tempo nem vontade para ser consultor no caso dos roteiros. Julgaria sob suspeita porque a maioria dos cineastas são meus inimigos. Até hoje o caso da morte de Anecy não foi resolvido na 10ª Delegacia da rua Bambina, de Botafogo. No livro *Riverão Sussuarana* (que poderá ser meu próximo filme, neste caso apresentá-lo-ei como candidato a receber 200 000,00 cruzeiros, para dele fazer o roteiro), trata do assunto.

A Embrafilme pagou o enterro da musa do Cinema Brasileiro. Oitenta mil.

Quando da grana pra *A Idade da Terra*, descontou-se o dinheiro do túmulo.

O assunto circulou nas folhas da *TRIBUNA*.

Roberto Farias é sócio de *Lira do delírio*...

O Cinema Novo acabou no MDB e na pornochanchada...

Quando eu disse o Cinema Novo sou Eu — eu estava dizendo aos traidores que Eu continuava fazendo Cinema Novo. Quando o udigrúdi liderado pelo tropicalismo, pela CIA, pelo *Oficina*, pelo PC e pelo Ribeiro, pelo INC do Moniz Viana, deu o golpe no Cinema Novo usando o *Pasquim*, o golpe era contra Glauber e Jango. Todos traíram. Fiquei seis anos no exílio praticando a extetika da fome. Faturaram minhas posições políticas, enganaram Ney Braga e assassinaram culturalmente minha irmã e me picharam de louco. E além do mais levei 1 ano e seis meses para filmar, digo conseguir financiamento de *A Idade da Terra*, e não teve ninguém para produzir, todos se recusaram, acabei na mão de um produtor amador que me roubou e por isso levei dois anos fazendo o filme, sozinho, sem produtor, apenas com técnicos, todos inexperientes, porque aqui ninguém tem preparo para um filme revolucionário e o nível é baixo etc.

Claro que não há lugar para mim no cinema brasileiro.

Gostaria que a Embrafilme desse 200 000,00 a LIMA BARRETO, mas que seu projeto não seja julgado. Que você o convide para vir ao Rio, que você o hospede num Hotel da Vieira Souto, que dê entrevista, que receba 200 000,00, que vá a Brazylya, que Eduardo* o leve a Figueiredo numa exibição de *O CANGACEIRO*, e que Figueiredo o condecore. Depois que ele

(*) Eduardo Portela.

volte para o Rio para filmar *A TRISTE VIDA DE POLICARPO QUARESMA*, com todos os meios e toda cobertura. Aí renascerá o cinema brasileiro. O filme de Cavalcanti, *DR. JUDEU*, precisa de uma injeção — dobrar o orçamento. O produtor geral do Veloso deve ser militarizado, o filme deve sair logo, Cavalcanti está com 82 anos e não deve trabalhar com orçamento de amadores. Se o filme custar 10, deve ser dobrado para 20. Deve ser produzido como A *Idade da Terra*. A Embrafilme paga na boca. Nada de grana nas mãos dos produtores porque estão viciados no roubo, na inflação.

Acho que tanto *Dr. Judeu*, como o próximo de Lima como de Mário Peixoto deveriam ser englobados no mesmo pacote:

PRODUÇÃO DE ALBERTO CAVALCANTI — *DR. JUDEU*, em andamento, Embrafilmizar a produção, dobrar o custo, determinar o prazo de acabamento. Cavalcanti está cercado de amadores, é necessário uma cobertura de produtor internacional — este cargo não existe no Brazyl, creio que Geraldo Veloso pode cumprir a tarefa: divulgar o último filme de Cavalcanti na TV.

MÁRIO PEIXOTO mesma coisa: arranjar um produtor executivo, um diretor de fotografia, João Carlos Horta seria ótimo, para levar Mário a filmar — basta lhe dar 50 mil metros de filme virgem em scope e som direto, e deixar ele lá na ilha onde mora... levar duas moviolas e dar um ano e meio de prazo para estabelecer uma verba racionada de produção...

LIMA BARRETO — Filmar no Rio — um grande projeto. A única pessoa que pode fazer um grande filme histórico no Rio, digo, no Brazyl, é o Lima. Acho que Lima Barreto poderia fazer um filme sobre o "15 de Novembro de 1889: a Proclamação da Republyka". ROTEIRO DE OTÁVIO FARIA → POR 200 000,00 Otávio escreveria um roteiro em um mês. Lima pode filmar aqui em co-produção com a Globo. BONI + LIMA.

Gostaria inclusive de, na Prática, cuidar desses 3 filmes, desses três grandes diretores para que eles não morram frustrados, tudo foi dado a Mauro. Cavalcanti precisa fazer seu grande filme brasileiro etc. Além do mais, o filme de Alex precisa de ser lançado logo, em cinema ou TV (ficaria ótimo em TV) e Alex precisa ser lançado logo em outro filme de forma menos comprometida por produtores irresponsáveis. E Humberto Mauro poderia fazer um filme em Tape, suas memórias contadas a David E. Neves, em Tape. Seria melhor que a autobiografia videoteipada de Sartre.

Façamos uma reunião, um *dinner*, no Rio, com Mário, com Cavalcanti, com Lima Barreto. Seria uma coisa fantástica para reerguer o cinema brasileiro. Este jantar deve ser no Copacabana Palace. Figueiredo condecoraria Mário, Lima e Cavalcanti.

Quanto aos jovens ele precisam de godardização. Seria bom um NÚCLEO KYNONUCLEO — com Godard, com Rouch, Antonioni, Welles, que viria para [—] sem concursos e que se aqui pudesse se criaria um KYNORAMA dois mil, para criar aqui a luz e ser o futuro...

O fato de Humberto Mauro já ter sido muito homenageado não o excluiria da homenagem, isto é, da condecoração.

Reunindo-se estes caciques é possível reerguer culturalmente o cinema brasileiro. DEVERÃO SER EXIBIDOS NA TV QUATRO FILMES, PRECEDIDOS DE ENTREVISTAS, (QUERO FAZÊ-LAS): *GANGA BRUTA*, *LIMITE*, *CANGACEIRO*, E *SIMÃO, O CAOLHO*.

Um abraço,

Glauber Rocha

PS → não se esqueça que o *Trigueirinho Netto* poderia organizar e dirigir a MELHOR KYNESCOLA DO MUNDO!

De Moacyr Félix

Rio de Janeiro, 30 de agosto de 1979

Glauber:

Salve!

Sua carta já serviu de base a entendimentos com Ênio Silveira, que ficou de lhe escrever, como diretor da empresa, sobre as propostas que você então fez. Minha opinião pessoal é que você deveria também propor o seu romance inédito* a esta Editora, já consagradamente alicerçante de cami-

(*) Provável referência ao romance *Jango*, cujos originais estão no Acervo Tempo Glauber.

nhos para o autor brasileiro. Isso, é óbvio, caso não tenha firmado compromisso com a Record.*

Envio-lhe, em xerox, uma cópia do seu "Fogo na Kultura", que já está em provas, pois sairá em *Encontros* nº 15 (onde sairá também uma elogiosa resenha sobre o *Riverão*).

Estou também lhe enviando o nº 14, em que fiz constar aquele poema que você assistiu nascer, num dos domingos em que foi à minha casa. É todo em versos longos, cesurados em três ritmos, sem as quebras tão em voga hoje (a "turma" fala como afogados, em borbulhas), e para serem lidos, portanto, como um coro grego andando descalço em chão de pedras pontiagudas. Ali, pude dizer, para quem sabe entender, uma série de pensamentos políticos como *fundamento* de ações, pois chego a irritar-me com as baboseiras que se despencam em nossa imprensa como gritarias de crianças mimadas ou — o que é pior — sujas emocionalidades de oportunistas.

Fizemos aniversário, a *ABERTURA* não quis dizer o que foi *Encontros* em nossa existência cultural... Por que não costura os quadros noticiosos ou de comentários da *Abertura* com trechos do poema que lhe envio (assinalei os suscetíveis ou indicáveis, e eu próprio, se você quiser, poderei ser o seu melhor leitor)?

Com abraços para Paula poeta e para você,

Moacyr Félix
Editor-Chefe

De Ênio Silveira

Rio, 30 de agosto de 1979

Meu caro Glauber:

nosso Moacyr Félix, que é uma espécie de Toto, el Buono (do filme *Miracolo a Milano)*, me deu seu recado sobre a *Opera inédita*.

Confirmo, por escrito, o que já lhe havia dito antes, também por inter-

(*) Editora que lançou *Riverão Sussuarana* (1978).

médio dele: a CIVILIZAÇÃO BRASILEIRA, ao contrário do que você talvez pense, terá prazer e orgulho em publicar seus livros, como já fez no passado.

Devo dizer-lhe, no entanto, com a mais fraterna franqueza, que você deverá primeiro organizar seus originais, para que não se repita o *maledetto imbroglio* ocorrido quando da entrega de seu livro sobre Jango,* que era um verdadeiro caos. Economizaremos tempo se você nos der originais bem revistos e datilografados, que venham acompanhados de todo o material de ilustração necessário.

Note, também, que não poderemos lançar *de uma vez* os quatro títulos de ensaios. Começaremos com o que você primeiro nos entregue, ou com aquele que prefira, caso os originais nos sejam entregues ao mesmo tempo. Haverá um intervalo de aproximadamente dois meses entre um lançamento e outro, pois os livros não são pequenos, terão preço mais ou menos elevado e seria desvantajoso para o autor e editor superestimar o poder aquisitivo do mercado.

Estamos às suas ordens, pois. Se você nos entregar os originais em setembro, digamos, iniciaremos a publicação até o dia 30 de janeiro de 1980, saindo em março, maio e junho os volumes seguintes.

Com um abraço, aguardo suas notícias *diretas* (use o telefone *xxx*).

Ênio Silveira.

Para Ana Marcelina e Anecy Rocha**

Carta às Deusas Ana e Necy

Não devo correr.

Outubro, Novembro, Dezembro, Janeiro, Fevereiro. Tempo pra mudar a cara, terminar livros e filmes. E cuidar da saúde. Dentes. Pulmões.

(*) Romance inédito ficcionando a vida e idéias do presidente deposto pelo Golpe de 64, João Goulart, personagem que fascinou Glauber.

(**) Carta de outubro de 1979 às irmãs Ana Marcelina, que morreu aos 13 anos, em 1952, em Vitória da Conquista, e Anecy Rocha, que morreu aos 35 anos, em 1977, no Rio de Janeiro.

Dis-tensões. Destinos. Não pensar em velhos filmes e roteiros — o que é mitológico pertence a Hiztorya — criarei novas coisas mundiais. Os velhos roteiros que serão reabsorvidos ficam para publicação no teztamento vindouro espero jamayz. Nunca se deve aceitar a Morte, sobretudo no eztylo.

Curtir o tempero veraneio.
Relaxar, trabalhar, amar, cantar, dançar,
eis a vyda
SAÚDE
tempeztade fynda —
PAZ

Outubro, 1979.

PS → Viajar e PARYR-IZ — Love Land!

Para Alfredo Guevara

Rio, 28 de novembro de 1979.

Querido Alfredo

Finalmente tenho portador de confiança — Geraldo Sarno — e posso lhe escrever, matando saudades e dando notícias... soube da morte de Sara Gomez e de Saul Yellin, o que me deixou triste. Você deve ter sabido da morte de minha irmã, Anecy Rocha, fato que serviu para que eu me afastasse del antigo grupo Cinema Novo e de certa maneira do Cinema e da Intelectualidade Brasileira. Anecy representava a arte brasileira moderna; era uma Musa, inspiradora de Filmes e Músicas. Suspeito que foi assassinada, segundo relato no romance que lhe envio, *Riverão Sussuarana*, publicado em 1978.

Falemos da vida.

Apesar do meu longo exílio, voltei ileso. O filme *História do Brasil*, cuja versão definitiva tem 2 horas, já chegou ao Brasil, com Marcos.* E

(*) Marcos Medeiros.

será distribuído pela Embrafilme. Uma vitória. Logo que tudo esteja regularizado com este filme, lhe mandarei uma cópia, um contratipo.

Terminei meu filme *A IDADE DA TERRA*, que filmei em Scope, cor, na Bahia, Brasília, Rio, tem quatro horas de duração. Quero mostrá-lo em Cannes 80. Eis um filme que não consegui fazer no exterior, somente no Brasil. Custou apenas 500 mil dólares, é produção exclusiva da Embrafilme.

Viu meu documentário *Di Cavalcanti*, que ganhou Prêmio Especial do Júri em Cannes, 1977?

Além do romance e do filme *A Idade da Terra*, escrevi um grande romance chamado *JANGO*, que está pra ser editado pela Civilização Brasileira. Trabalho em jornais e na TV, onde participei durante 8 meses no maior programa de TV do Brasil, *ABERTURA TV TUPY* — com 20 milhões de espectadores aos domingos. Curioso: não sou cineasta comercial, não sou um escritor popular, mas como Comentarista de [TV] CHEGUEI A CONSEGUIR 67% de audiência durante 5 a 10 minutos por semana. Depois de 8 meses resolvi abandonar porque não podia sair nas ruas, abordado pelas multidões.

Estou mantendo um tape com estas intervenções que deverá dar um tape de 3 horas sobre os 8 meses. Você receberá um. Foi uma grande experiência que ajudou fundamentalmente o programa de Abertura e anistia. Aqui, confirmando minhas previsões de 1974, houve as Aberturas e agora vivemos numa democracia à la portuguesa mas que é a mais livre da América Capitalista. Geraldo lhe dirá que a censura praticamente acabou e agora Figueiredo anistiou mais de 30 000 presos comuns e os últimos 4 presos políticos.

Sou otimista quanto ao futuro político do país, mas não creio nas velhas esquerdas de 64 e 68. Todos superados. Por isto, sou um homem que vive outras realidades no Brasil, longe destes intelectuais acadêmicos e destes cineastas corrompidos na pornochanchada, nos filmes históricos etc.

Estou com 40 anos, idade ótima. Vivo finalmente com o amor de minha vida, uma poeta colombiana, Paula Gaitán, e tenho dois filhos. Tenho mais dois filhos, além de Paloma, que tem 18 anos, e é atriz e diretora de teatro e cinema.

Estarei em Cannes. Pretendo em seguida filmar, na Espanha, *CAR-*

MEN — porque a ópera de Mozart Losey é uma mierda e quero viver *unos tiempos* em Sevilha. Creio que *A Idade da Terra* é meu melhor filme.

Quero vê-lo e abraçá-lo.

Fraternalmente,

Glauber Rocha

RUA VIEIRA SOUTO, *xxx*, AP. 202 — Rio de Janeiro.

Hoy es una fecha historica porque voy → a el inicio mixage de *La Edad de la Tierra*.

El actual Ministro d Educación y Cultura, Eduardo Portela, *45 anos, baiano*, é a maior figura intelectual do país.

PS → Después de 6 años de prohibición, estreio, con *sucesso*, *CABEÇAS CORTADAS*. Nadie la comprendió em 1970: era como la estoria de *X*.

De Carlos Alberto Loffler

Glauber, velho amigo:

Tenho vindo aqui em tua casa por carência de conversarmos. Precisamos da compreensão do amigo. O ano passado entraste de férias.* Por necessidade nossa — crise financeira e redução do tempo do programa — somos obrigados, no *Abertura*, a pedir férias por 2 meses ao nosso Glauber. Podes imaginar nesse ano de relação amizade-profissional, como nos deixa triste essa resolução.

Teus amigos de sempre

(Fernando e Carlos Alberto)
Carlos Alberto Loffler **

(*) Loffler provavelmente se refere a novembro de 1979, quando Glauber já tinha saído do programa *Abertura*.

(**) Os jornalistas Fernando Barbosa Lima e Carlos Alberto Loffler, diretores de programação da TV Tupi. A carta é assinada por Carlos Alberto Loffler.

De Michelangelo Antonioni*

Caro Glauber,

Obrigado pelo livro (que o Turco não me deu ainda). O lerei logo.
Espero ver-te no outono no Brasil.
Te abraço,

Michelangelo
Roma. junho...

(*) Bilhete sem data no original.

1980

CATHERINE FAUX/ ACERVO TEMPO GLAUBER

Glauber com a mulher, Paula Gaitán, e a atriz Ana Maria Magalhães, de A Idade da Terra, *no Festival de Veneza.*

Para Celso Amorim

Rio, carnaval, 1980

Meu caro Celso

Infelizmente *A Idade da Terra* não será pronto para Cannes. Nos anos 60 participei em 1965, 1967, 1969 e nos anos 70 em 1977. Ali ganhei o Fipresci* de *Terra em transe* 67 (*ex aequo* com um filme iugoslavo), o *prix* de la mise en scène 1969, com *O dragão* (*ex aequo* com um filme tcheco), e o *special júri court metrage* pelo *DI*. *Fabre Le Bret* [recusou]** o *Leão de 7 cabeças* em 1970, motivo pelo qual o critiquei em entrevistas etc.

Comecei a filmar *A Idade da Terra* em 8 de Dezembro de 1978. Esperei um ano e seis meses pelo financiamento, vetado por Roberto*** e Leandro. Tive de falar com Ney Braga e [—] duas vezes pedi intervenção de Veloso. O dinheiro só saiu em Outubro de 1978. Zelito Viana, meu ex-sócio da Mapa Films, se recusou a produzi-lo dizendo discordar de minhas idéias políticas. Este foi o mesmo que me excluiu da Cooperativa e declarou ao Sérgio Augusto, na *Isto É*, que eu não fora convidado porque estava de castigo ideológico. [—] avalizou a piada e eu tive motivos para me afastar de vez do que restava do grupo do Cinema Novo. Quando a casa cai, alguém segura a cumieira mesmo podre. 1968: *O dragão*. 1978: *A Idade da Terra*. Este filme foi recusado pelos produtores iniciais, Jean Byrnes, Rassam e Andrew Braunsberg, que pagaram 10 000 dólares pelo roteiro. No México foi proibido pela Censura, escândalo mundial, 1975. Recusado por Serge Silbermann, por Coppola, por Franco Cristaldi, pela Mosfilm, antes, no embrião fora recusado por Allende e por Cuba-ICAIC — e recusado pela United Artists — entre 1970 e 1974, eu e Marcos Medeiros montamos *História do Brasil*, em Havana e Roma. Em 1975, realizei *Claro*, em Roma, logo depois de voltar do México e Venezuela sem poder realizar o filme. Este processo começou em 1972, quando voltei de Havana. Filmei

(*) Prêmio dado pela Federação Internacional dos críticos de cinema.
(**) Trecho pouco legível.
(***) Roberto Farias.

de Dezembro de 1978 a Março de 1979. A montagem terminando em Março de 1980. Quase 10 anos. Filmei na Bahia, em Brasília, no Rio.

O filme se compõe de sete abstratos movimentos dialeticamente imbricados nas sínteses de cada movimento triangular, ternário — a primeira capital Bahya, a segunda Rio e a terceira Brazylia. Montagem nuclear, o filme gerado inconsciente (filmagem) consciente (montagem) metafísico (projeção). Esta sinfonia neo-eisensteiniana dura quatro horas e meia, o equivalente a três longas. Montei três turnos, três moviolas, mas apenas meio turno a cada hora e quinze, o que multiplicou o tempo de produção porque minha capacidade não suportava mais de três turnos, embora cada montador trabalhasse os turnos normais. Daí o tempo. Estourei os nervos nesta produção. Na última crise, quase morri. Hipersensibilidade, não posso apressar-me. A montagem terminará no decorrer do mês de Março, lenta e gradualmente poderá penetrar Abril: no máximo até o dia 21. A cópia não ficará pronta antes de 13 de Maio. São 35 horas de negativo para extrair 4 e meia. Depois da marcação da luz com Vitor. O destino deste filme não é Cannes. Ele deverá circular nova new geopolítica. Começar pelo Terceiro Mundo. Pelo Brasil, América Latina, África, Mundo Árabe, China, [—], no fim do ano próximo [—], entrar comercialmente na Europa e nos Estados Unidos. Para mim [—] descolonização definitiva. *Di Cavalcanti* foi o meu [—] de Cannes. Quero primeiro importar o filme no Terceiro Mundo e depois exportá-lo.

O lançamento no Brasil quero fazer em Agosto, talvez no dia [—] — porque ficando o filme com cópia definitiva, trailer, publicidade, censura pronto lá para fins de Maio, preciso de Junho e Julho para programá-lo no Brasil e durante este tempo tirar as cópias legendadas em inglês, espanhol, francês, provavelmente em árabe e em chinês (ou [—] narrativa). Estes países afro-asiáticos falam português, francês e inglês. Tenho inclusive uma proposta de venda global de meus filmes para o Irã. As Olimpíadas Soviéticas deveriam estar no programa, isto porque o Brasil estaria apresentando, sem blague, um filme Olímpico. A Embaixada poderia apresentar em Moscou durante uma Sessão Especial. Esta idéia poderia ser estudada na programação. Quanto aos Festivais deverá ser algum do Terceiro Mundo. O resto dependerá de você ver o filme.

Assim:

a) o filme só terá cópia definitiva em Maio.

b) trabalhar junho e julho para lançar em Agosto, possivelmente lançamento nacional — 50 cópias no Brasil todo com publicidade Global.

c) a partir de Outubro lançamentos no Terceiro Mundo — afro árabe asiático.

d) Dezembro, na virada, Europa e Estados Unidos

— são dois planos de venda internacional que merecem tratamento diverso.

Tenho profunda experiência destes mercados e quero orientar todo o processo e para isso quero desvincular o filme dos vendedores habituais da Embrafilme, pois não quero misturá-lo com o resto do produto que está, na maioria, desmoralizando o espaço cultural conquistado pelo Cinema Novo. O filme custou até agora 13 000 000,00 (treze milhões), o que é pouco quanto às proporções da produção. Pronto fica em 16 000,00 e com as cópias e a publicidade para o lançamento nacional ficará em 25 000,00.

Para o lançamento internacional será necessário investir no mínimo 50 mil dólares — que será mais três milhões. O filme, no final das contas, o preço real com publicidade internacional e cópias: Cr$ 30 000,00.

Precisará render o mínimo de 100 000 000,00 (cem milhões para se pagar). 600 000,00 dólares. Espero que a dívida esteja paga, com lucros daqui a um ano. Deverá render bruto dez milhões de dólares, calculando por baixo. Quero que você considere:

a) o filme para se realizar deverá cumprir seu destino internacional, uma distribuição rigorosa. Assim este trabalho, que faz parte do filme. Para isso é necessário orçamentar o lançamento e preparar a operação.

b) Minha doença e problemas específicos atrasaram o trabalho mais 45 dias. O dinheiro já acabou outra vez mas a Embrafilme deverá complementar [pois] não há outra produção.

c) ficarei ocupado com o lançamento do filme e para isto é necessário pagamento porque não tinha outra fonte de renda e não deverei nem poderei abandonar o filme, o que seria prejuízo.

d) como terei de viajar para vender e projetar o filme, a partir de Outubro até Fevereiro de 1981, é provável que não esteja no Brasil em 1981, pois deverei realizar um filme fora.

e) gostaria de entregar à *distribuição e conservação da Embrafilme todos meus filmes*. Até agora a Embrafilme só tem os direitos de *Barravento* (adiantamento de cem mil cruzeiros em 1977, idem *Terra em transe*). *Cabeças cortadas*, em distribuição. *Di Cavalcanti*.

Jorjamado, produção TVE. Estou negociando com Marco Aurélio *Deus e o Diabo*, o negativo está aqui, e *O dragão*, cujo negativo está em Paris, pois Claude-Antoine é o produtor em 50% mas concorda em enviar um internegativo que custa mais de três [mil] dólares. Aqui só tem também um contratipo de *Terra em transe*, pois o negativo ainda se encontra complicado na Alemanha, graças a uma transa malfeita entre Claude-Antoine e Walter Kirschner. Vai ser preciso movimentar Bonn pra que o alemão que tem o negativo entregue.

O Dep. Externo tem o telegrama explicando o caos, pois o Claude só agirá com muita vaselina, não posso apertá-lo porque aí ele desaparece com o negativo. Trata-se de um seqüestro cultural pois Claude nem nenhum agente pode vender um negativo e sim direitos de cópias sobre internegativos. No meu contrato com ele não tem o direito de vender negativo. Ele o exportou da França para a Alemanha. O Walter tirou porque comprou o filme, o recebeu para fazer cópias e depois o vendeu ou depositou em outro laboratório. O Claude, se não apresentar o negativo, deverá ser processado. Mas é um recurso complicado. É necessário levá-lo a resolver o problema e procurar saber o que se passa, mesmo, com este negativo. Trata-se de um filme meu, mas trata-se, independente disto, de um filme cujo negativo não pode ser roubado pelos alemães que, aliás, amam e veneram este filme, matriz do jovem cinema alemão.

E existe o filme *História do Brasil*, que está na minha casa e quero que você veja. Acho que *Bye Bye Brasil* representará bem o cinema nacional em Cannes e poderá ser palmeado. *Bye Bye* e *A Idade* em Cannes seria dose para elefante. Concentração desgastante. Em Agosto lançaremos o foguete. Além de uma *odizzzeya no espaço*.

Quando quiser ver o filme *A Idade da Terra* estarei mixando a partir de 3 de Março no Nelson [durante] 15 dias. E também na moviola, a partir de hoje, na Sky Light. *Faço questão Absoluta que você o veja logo porque assim adianta a programação do lançamento com o qual, [para] o primeiro impulso, você deverá atuar, claro, caso o filme justifique*.

Um abraço, uma carta é melhor que um telefonema ou um papo pessoal. Assim quando você vier ver o filme já terá a idéia de quanto custou e como foi a produção.

A partir da visão do filme, planejaremos o lançamento.

Apóio todas as iniciativas do cinema brasileiro e da Embrafilme — mas não quero participar de nada. Depois do filme pode ser que as coisas mudem.

Glauber

De Jorge Amado

Bahia 20 de junho de 1980

Querido Glauber — quando eu soube da morte de seu pai, mandei um telegrama para você no Rio, foi-me devolvido dias depois, erro no endereço ao que parece. Agora, com sua carta de 15, dou-me conta da figura que ele foi e da importância que ele teve para você — antes eu valorizava sobretudo a figura inconfundível de dona Lúcia. Vejo agora que também ele marcou você e sua criação, o *Riverão*. Bem, aqui vai o meu abraço solidário que foi e voltou com o telegrama.

O projeto de temporada na Europa, parece-me bom — você neste último tempo brasileiro desempenhou um papel de cuja enorme importância creio que nem você próprio se dá conta —, os inimigos, esses sim, entenderam todo o significado de sua presença e atuação e tentaram destruir o artista e o homem usando para isso de todas as armas. Mas você sobreviveu, fez seu filme, ou melhor, seus filmes, não podendo esquecer o *Di*, tão importante, publicou o romance, e pelo que vejo, reuniu e colocou em ordem material que vai nos dar dois livros sobre cinema. Quero porém valorizar o fato de sua presença no Brasil num período tão crítico e decisivo: você foi a medida desse tempo, colocou sempre o acento sobre a sílaba justa. Tinha que tomar muita porrada por isso — você, como eu cansei de repetir, era aquele que chegava antes dos demais, o que via e dizia a palavra exata e mostrava o caminho certo. É claro que ninguém poderia esperar que essa intelectualidadezinha pequeno-burguesa, limitada, contida, ignorante, patrulheira, dogmática, meio século de atraso etc. etc. fosse aceitar você e sua clareza de visão — continuam aí no seu círculo de peru arrotando teorias lidas em más traduções e não digeridas. Mas de qualquer maneira foi extremamente estimulante e benéfica a presença de alguém como você em meio à disparatada e ao mesmo tempo bela realidade brasileira.

Para você, Paula e as crianças boa viagem. Em Paris nos veremos mais dia menos dia, com certeza, e então voltaremos a conversar e a sonhar.

Beijos de Zélia para todo o clã. Todo carinho do velho

Jorge

PS: Vou ver se encontro os artigos, ótimos, sobre *Gabriela*. Creio que estão nos *30 anos de Literatura*, mandarei os xeroxs.

PS 2: Nosso João Ubaldo está indo para aí com a mulherzinha dele, encantadora. Enquanto você não viajar cuide do João, ele está precisando de braço e coração amigos. Estou futucando para conseguir uma bolsa para ele em Lisboa, assim ficará perto de Paris e de você.

Para Carlos Augusto Calil

Paris, 2 de dezembro de 1980

Querido Kalyl!

Aí vão os restos do livro.*

Desculpe a demora!

O Campello sabe o que fazer!

Espero que ele *me telefone* para discutirmos os detalhes. (Tele: *xxx* — Paris XIV ème — *xxx*, Rue de l'Abbée Carton 3 ème étage: Fico *2 meses* aqui neste endereço.)

A batalha aqui é dura mas vou levando. Como A EMBRAFILME é distribuidora e depositária dos negativos de *Barra* e *Deus* — e do lavander de *Terra* — é o Marco Aurélio (SUCOM) quem deve autorizar a transferência para os laboratórios da Cinemateca. Seria bom que isso se fizesse logo pois

(*) Referência ao livro O *século do cinema*, de Glauber, que foi publicado pela Editora Alhambra em 1983.

temo pelos destinos dos filmes. Está chegando cópia nova de *O dragão* na SUCOM (feita aqui). Seria bom que isto se *fizesse logo*, pois temo pelos destinos dos filmes. Seria bom que se fizesse um *contratipo* logo, para a Cinemateca, antes que a cópia se estrague! Isto porque o negativo pertence à ORTOF e a Claude-Antoine e é de difícil transferência para o Brazyl. Agradeço-lhe pela fantástica colaboração da Cinemateca em receber meu material. Gostaria que alguém lá se interessasse em preparar os roteiros para que fossem editados. Poderiam ser editados num só volume, pois cada roteiro não tem mais de 30 páginas:

Barravento .... — 40 páginas mais ou menos
Deus e o Diabo .... — 35 + –
Terra em transe .... — 30 + –
O dragão .... — 30 + –
O leão .... — 20 + –
Cabeças .... — 20 + –
Claro .... — 20 + –
A Idade da Terra .... — 40 + –
(é preciso tirar este na moviola)

Gostaria de publicar estes roteiros num só volume — de umas 300 páginas — sob o título geral de *Roteiros do Terceyro Mundo** porque estes 8 filmes são referentes ao III Mundo e marcam uma fase do meu trabalho. Se isto for possível — depois acertaremos por *carta* ou *telefone* detalhes da edição.

A edição seria bom para preservar a base literária dos filmes — pois estes roteiros podem ser refilmados + televizados + montados em teatro e ainda funcionam como romances ou novelas etc.

Não sei quanto tempo fico pela Europa mas quero me demorar. *Telefone-me quando receber esta carta* para eu saber se este material chegou. Abração!

Glauber

(*) O livro *Roteiros do Terceyro Mundo* foi lançado pela Embrafilme/Alhambra em 1985, com organização de Orlando Senna.

Para Carlos Augusto Calil

Paris, 28 de Dezembro de 1980

Querido *Kalil*

Escrevo-lhe para *precisar* minhas idéias quanto à *preservação* de meus filmes e meus documentos pela Cinemateca de São Paulo e à *difusão* no Brazyl pela *Embrafilme*.

Gostaria que os filmes fossem classificados e divulgados da seguinte forma.

A — Em caso de Semanas, Retrospectivas etc.:

1) *Deus e o Diabo*, *Terra em transe*, *O dragão*, *Cabeças cortadas* (negativos em Barcelona, só existe uma *cópia boa* na Distribuidora da Embrafilme e mais 4 cópias ruins, contratipadas. Seria o caso de levar a *cópia boa* da Distribuidora da Embra para a Cinemateca) — e *A Idade da Terra*.

— Estes 5 filmes estruturam um *discurso* estético-político sobre o III Mundo. Gostaria que este *PROGRAMA* — fosse estabelecido pela Cinemateca e que você falasse sobre isto com *Marco Aurélio* para seguir o mesmo programa nas semanas comerciais e o mesmo com Pellegrino para as semanas internacionais: Assim qualquer *semana* eu *retrospectiva cultural*, *comercial*, ou internacional deveria

(ser) 1. *Deus e o Dyabo na Terra do Sol* (negativos no Brasil).

2. *Terra em transe* (negativos na Alemanha — Glauce Camargos tem o dossiê).

3. *O dragão da maldade contra santo guerreiro* (só tem uma cópia boa no Brazyl, que Claude mandou para Marco Aurélio. O filme é co-produzido por Claude ORT, mas se a Embrafilme pagar um internegativo, Claude está de acordo).

4. *Cabeças cortadas* — (pode ser o mesmo caso de *O dragão*, os produtores espanhóis cederão um internegativo).

5. A *Idade da Terra* (negativos no Brazyl).

O *segundo bloco* é de difícil reconstituição e deverá ser montado no seguinte programa:

1 — *Barravento* (negativo no Brazyl)

2 — *Câncer* (cópia única no Brazyl na Cinemateca e negativos na RAI) — *ainda devo tocar na* montagem — logo não está *pronto* e não pode ser divulgado mas deveria se fazer um (cassete da cópia. Assim é melhor do que contratipar, o que estragaria o som. *Videocassete Câncer* (quando voltar ao Brazyl poderei dar a forma definitiva — ou posso, recebendo o cassete, dar a versão definitiva por aqui).

3 — *O leão de 7 cabeças* (negativo na Itália, o nome do produtor é ETTORE ROSBUCK. Está disposto a ceder internegativos com direitos *nossos* por toda Ameryka Latina, desde que a Embrafilme esteja de acordo em pagar.

4 — *Claro* — negativos na Itália. O nome do produtor é Marco Tamburella e os negativos estão num laboratório *TELECOLOR*. Também o produtor cede internegativo com direitos nossos para Brazyl, A. Latina e Estados Unidos. Dependeria pagamento internegativo pela Embrafilme.

5 — *Historia do Brazyl*. Negativos na RAI. A única cópia no Brazyl é a de Marcos Medeiros. A primeira medida seria a Cinemateca contratipar ou *videotepar* esta cópia antes que Marcos a modifique depois de mostrar montagem final em 1979 ou se estrague em projeções.

Como este programa B é mais difícil de ser reconstituído — inclusive porque os internegativos custam caro (Pellegrino sabe os preços), o bom é não divulgar *Barravento*, cujos negativos precisam ser revistos, *videotepar*. *Câncer*, *videotepar* ou contratipar *História do Brazyl* — e esperar o momento de divulgá-lo.

Quanto ao programa A — gostaria que fosse *urgentemente* — nos tempos do nosso ritmo — é claro — via *cinema*, cineclubes e TV. Com a cópia nova do *Dragão* e o master de *Terra em transe* — o programa pode ser acionado. Para isto deveria ter um programa — *um press-book-didático-*

O Grupo C são os "documentários":

Pátio — Cópia única em 16 mm na Cinemateca. *Videotepar*.

Amazonas, Amazonas. Negativos na Líder, o produtor é Luiz Augusto Mendes, cujo endereço tem o Jece Valadão, que cederia *uma* cópia à Cinemateca. Tenho *medo* que Victor perca os negativos.

Maranhão 66 — Cópia única em 16 mm na Cinemateca. *Videotepar*.

*1968** — Copiões mudos em 35 mm na Cinemateca. Contratipar. O

(*) Registro das manifestações estudantis contra a repressão e a ditadura militar em 1968, filmado na Cinelândia e Centro do Rio de Janeiro. Direção de Glauber e Afonso Beato, que também faz a fotografia.

filme está pronto. É mudo. Segue o curso das filmagens. Só precisa botar um título: *1968* — de Glauber Rocha e Affonso Beatto.

Di Cavalcanti — Negativos no Brazil, Embrafilme, Líder. Guardar na Cinemateca.

Jorjamado no cinema — Negativo reversível na Líder, produção Embrafilme. Como o negativo é reversível, seria bom levar para a Cinemateca. Para retirar uma cópia seria bom fazer testes porque [—] uma cópia que está na TVE ou no antigo Departamento de Rádio e TV da Embra.

Organizando *assim* — estão estabelecidas as *didáticas* dos programas.

Repito:

A — *Deus e o Diabo*
Terra em transe
Dragão
Cabeças cortadas
A Idade da Terra

B — Barravento
Câncer
O leão de 7 cabeças
História do Brasil
Claro

C — *Pátio*
Amazonas
Maranhão
1968
Di

Programado no cinema
— ao todo *16 filmes*.

Este programa — montagem do trabalho — deverá ser o *retorno* para a edição dos roteiros em *3 tomos* sob o título geral de *Roteiros do III Mundo*:

Grupo A
Grupo B
Grupo C

Se conseguirmos, no curso de 1981, colocar em movimento internacional o grupo A assim como a edição dos roteiros que poderiam ser editados em 1982 — eu já dormiria com a esperança de ter salvo a vida, ou os filmes.

Orlando Senna lhe entregará os originais de um livro meu O *século do cinema*. Gostaria que você mandasse fazer um xerox — guardasse as cópias com você (não na Cinemateca) e me enviasse os originais o mais rápido possível. O livro só será concluído em 1981 e como só *trata de cinema estrangeiro* — talvez eu o edite em Lisboa, ou numa tradução francesa para visitar o Paulo Emilio, publicando em francês.

Peça ao Campello pra me telefonar dando notícias do *Revolução do Cinema Novo*. Urgente. Recebeu os últimos 3 capítulos... Rozemberg, Benguell e Velloso.* Preciso falar com Campello.

Talvez fosse o caso de você conseguir um *Produtor Executivo* (no sentido cultural) para se ocupar desta trabalheira que é *preservar* e *divulgar* estes filmes.

No caso de *alguma semana* nos Estados Unidos ou na URSS ou na China — é fundamental seguir este programa.

Um abraço, depois te mando uma carta sem problemas.

Obrigado,

Glauber Rocha

Para Celso Amorim

Paris, 29-30/dezembro de 1980

Querido Celso,

Grato pela sua extraordinária participação na batalha *A Idade da Terra*. Lamento o *des-sucexo* comercial brazyleyro — pois fiz o filme para as massas — espero que um dia chegue pela TV. Enfim, Marco Aurélio fez o possível

(*) Títulos dos capítulos do livro, que remetem a nomes de cineastas, atores, amigos de Glauber: Luiz Rosenberg Filho, Norma Benguell, Caetano Veloso.

pelo filme, também o Pellegrino — e a todos reconheço positivos neste acontecimento, cujo melhor comentário foi o de Gustavo Dahl no *JB*.

Escrevi longamente a Kalil sobre a *preservação*, *salvação* e *divulgação* dos meus filmes.

Ele poderá lhe informar da situação geral sobre os filmes do *passado*, *presente* e *futuro*: a necessidade *didática* de classificar e divulgar *inter-nacionalmente* estes filmes.

Os contratos com Claude-Antoine venceram e os filmes *Barravento*, *Deus e o Diabo*, *Terra em transe* e *A Idade da Terra* são da Embrafilme. Estão livres para Rússia, China, USA e vários países latino-americanos.

Os outros filmes, o Kalil te explica.

Gostaria que nos EUA *A Idade da Terra* fosse inscrito no *Festival de Los Angeles*, usando a cópia em inglês que esteve na Bélgica. Já falei com Pellegrino pelo telefone, mas relembro, porque é fundamental *A Idade* neste Festival. Acho que o filme será "*descoberto*" em 1981 como o Brazyl foi descoberto em 1500...

Em Paris, a estréia *cultural* será a *18 de Março de 1981*, na abertura do II Festival do III Mundo. A badalação vai ser grande, conforme carta anexa. Gostaria de exibir também o *Di* neste dia. Há uma cópia em francês, que esteve em Cannes, que está com Pellegrino e gostaria de receber.

Quanto à distribuição comercial, estou transando através do Claude-Antoine (*que comigo se comporta bem*), com o KARMITZMULTICINE, que distribuiu e bem o *SAVE TOI QUI PEUT (LA VIE)** de Godard.

A crítica na França é *boa* — e a expectativa é boa porque estamos em pleno deserto cultural.

A "época" de Jimmie Carter não poderia engolir *A Idade*. Agora:

— poderemos ceder mais 3 cópias subtituladas em francês — o que serve de economia para os distribuidores e evita trazer internegativos para fazer cópias aqui;

— Karmitz investiria até U$ 30000 (trinta mil dólares de Publicidade);

— ele fica com 30% de comissão da distribuição, dentro das normas.

Mas o que tem de *certo* até agora é o lançamento na *Ouverture* do *Festival du III Monde*.

(*) *Salve-se quem puder — a vida*, filme de Jean-Luc Godard de 1979, título original: *Sauve qui peut — la vie*.

IMPORTANTE: LOS ANGELES FILM FESTIVAL (Março)
FESTIVAL III MONDE PARIS (Março)

Como já estou com a cópia em francês aqui e já existe a cópia em inglês (que esteve na Bélgica), acho que o único problema é o Pellegrino INSCREVER O FILME em Los Angeles. Não pretendo ir a Los Angeles, mas o lançamento lá é importante. Não permita o envio de cassetes de filmes meus para o Rodolf Bronillon porque desconfio das *piratarias* com vídeos de meus filmes.

Só na França circulam ilegais 18 cassetes vídeo (?) de *O dragão* e mais de 4 cópias 16 mm de *Deus e o Diabo*. Nos *Estados Unidos*, prefiro transar meus filmes com DAN TALBOT, que dirige a *Gaumont americana*, é muito MEU AMIGO, e distribui *O leão* e *Barravento*.

Depois do lançamento de *A Idade da Terra* em *Los Angeles Film Festival*, o filme deveria ser cedido a TOM LUDDY para exibi-lo no BERKELEY FILM INSTITUTE e depois a cópia seguiria para que Dan Talbot a visse e certamente ele distribuirá os filmes. Repito-lhe o fato de *não querer cassetes* ou *direitos* meus em nome do Rodolf Bronillon. Inclusive porque Dan Talbot poderá lançar *A Idade* melhor, e em cassetes, assim como meus outros filmes que estão livres para os Estados Unidos. O Dan é quem cuida dos filmes do Godard nos USA.

Também não quero, por motivos que você *adivinha*, estar no mesmo bloco do Rodolf Bronillon, embora ache que ele pode trabalhar muito bem com a linha *comercial* do Cinema Brasileiro. Mas tenho um espaço com Dan Talbot que é *SÓ MEU* e que não quero desperdiçá-lo. Dan entende meu trabalho e hoje tem meios de fazer rendê-los.

O Cinema *Denfert* realizou uma semana de meus filmes o mês passado, com *grande influência e afluência*. Os filmes estão atuais, *Terra em transe* (inédito nos USA ou *Deus e o Diabo* etc.) pode render nos cassetes tanto quanto *Cidadão Kane* ou *Potemkin*.

Quanto aos problemas e projetos atuais:

A) Espero em Paris, até fins de Março, para esperar o lançamento de *A Idade* no Festival do III Mundo (18 de Março) e decido-me com Claude-Antoine e outros produtores sobre o roteiro atual: *O IMPÉRIO DE NAPOLEÃO*, cuja primeira versão escrevi no Brasil e estou fazendo a segunda para se passar na PARIS DE HOJE.

Este é o filme que vou fazer este *ano*, embora não saiba como.

Mandarei até o fim do mês a sinopse.

Espero publicação pela ERI (edições da RAI) do roteiro *O nascimento dos deuses* (Março). Existem fortes possibilidades da produção, mas apenas para o fim do ano ou no ano que vem.

Assim, quero ficar em Paris para filmar *O Império de Napoleão*, e esperar a produção da RAI.

Se eu voltasse ao Brasyl, filmaria também *O Império de Napoleão* com o título de *O Império de D. Pedro II*. Mas este painel que monta *Flaubert-Stendhal-Picasso-Hitchcock* é uma descoberta nova e "*special*" para a França. Custa *UM MILHÃO DE DÓLARES*. Posso transar Antenne 2 + TV Alemã, DISTRIBUIDOR FRANCÊS (Gaumont, Karmitz, UGC etc.) e "*l'avance sur la recette*" com o Centre National du Cinéma. Evidentemente, alguns atores de prestígio, para fazer este ano, lançar em Novembro. Acho que este filme se eu o fizer em Paris 1981, vai estourar, pagando o "*fracasso*" de *A Idade da Terra.*

É minha única saída:

Filmar *O Império de Napoleão*, Paris 1981, e esperar as transações da RAI com *O nascimento dos deuses*, cujo produtor, Alberto Luna, está interessadíssimo, é o Diretor da ERI e amigo de [Emanceli] Milani, Diretor do Canal I da RAI, um dos financiadores do roteiro em 1975, quando me pagaram U$ 15000 e agora me pagaram U$ 2000 de adiantamento pela edição.

Além destes 2 projetos, devo terminar de escrever meu livro *O século do cinema*, que deverá seguir a edição de *Revolução do Cinema Novo*, que deve estar saindo pela Embrafilme no mês que vem. Mas só pretendo concluir *O século do cinema* no fim do ano. Se quiser, dá uma olhada no projeto do livro, os originais devem estar com Kalil, pois ele deve m'os remeter para a finalização.

Estou lhe falando dos projetos cinematográficos para não falar dos literários + teatrais. Existem uns 5 a 6 livros (romances, peças, poesias, entrevistas, críticas de "artes", "letras" e "políticas") para serem publicados, quase todos *mais ou menos* prontos, cujos originais se encontram *com a minha mãe na Bahia*. Além disto, cerca de 20 roteiros "*esboçados*" para cinema e TV. Estive aqui com Aluyzio Magalhães, de quem sou velho amigo, e deilhe 8 laudas relatando todos meus *filmes*, *livros* e *projetos*. Manifestei-lhe o desejo de fundar uma Empresa de Comunicações em Paris (com ramal em Lisboa) e dar início à minha produção.

Solicitei-lhe um empréstimo pelo *Banco do Brasil* de 10 Milhões de *cruzeiros*.

Com este dinheiro, eu poderia SOBREVIVER, independente para investir uma parte no início da produção de O *Império de Napoleão*, U$ 50000 no *Império de Napoleão*. Roteiro, contatos com TV, SNC, atores, TVs internacionais: ou seja, BANCAR a produção. Investir *50 mil* dólares para levantar *1 MILHÃO*.

Tenho possibilidade de transar grandes atores como Montand, Delon, Truffaut, Deneuve etc., mas acontece que vivo *pobremente* e *angustiado* pela pobreza e por isto *doente*: passei 15 dias vomitando com dores terríveis e Aluyzio Magalhães encontrou-me bastante abalado. Gostaria que você o visse e discutisse com ele apenas *30 MINUTOS* — o caso Glauber Rocha.

Não quero, não posso, não devo voltar ao Brazyl antes de 2 anos. Creio que se você der um toque no Aluyzio será fácil o Banco do Brasil emprestar este dinheiro. Dou como garantia meus direitos dos filmes na *Embrafilme*, os direitos de 8 *livros* inéditos e participação nas minhas rendas advindas dos meus percentuais nos próximos filmes.

A não ser você e o Aluyzio, não tenho a quem recorrer. Embora não considere uma *IMAGEM TRÁGICA* — aos 42 anos encontro-me pobre, doente, perseguido e em grande FASE CRIATIVA → daí ao enfarte, ao câncer, ao assassinato (*see* John Lennon). Mas como o velho Cavalcanti está aqui aos 83 anos, eu espero RESISTIR.

Godard se associou ao Coppola. Virou o Xerife do dono do *Saloon*.

Pensando como "*il Corso*", chegou a hora do Cinema Brazyleiro ocupar Paris.

Fechar o diretório...

O 18 BRUMÁRIO...

Embrafilme nos Champs Élysées.

E depois, se você der um telefonema daí a MONSIEUR NICOLAS SEYDOUX, que me conhece (é o chefe da Gaumont), ele seria "râvi" de *faciliter les choses*... através Embrafilme, *ce payer* uma co-produção EMBRAFILME-GAUMONT: *L'EMPIRE DE NAPOLEÓN*.

Afinal, Buñuel é espanhol e fez os melhores filmes franceses para a Gaumont, como Losey.

Mas o fundamental será sua *conversa com o Aluyzio*.

Para que eu tenha certeza da chegada desta carta, *telegrafe-me* dizendo se a recebeu.

Abraços de Paula para você e Ana.
Do seu amigo,

Glauber Rocha

xxx Rue de l'Abbée Carton — 3 étage
Paris XIV. *Telefone: 542-5xxx*

Para Lúcia Rocha

Paris, 29 de dezembro de 1980

Querida mãe

Só hoje pude escrever porque a viagem incerta não me permitia lhe dar notícias precisas.

Agora, eu, Paula, Aruak e Ava estamos num apartamento em *Paris* até o fim de janeiro.

Quero ficar aqui em *Paris* este ano todo porque tenho um roteiro para filmar aqui, O *Império de Napoleão*.

Não sei se conseguirei armar a produção com facilidade mas eu e Paula temos dinheiro para ficar aqui até março.

Mas em fevereiro iremos para outro apartamento porque este de agora foi alugado só até o fim de janeiro.

Assim, só no fim de março, decidirei: A) se fico aqui para fazer outro filme; B) se vou tentar fazer outro filme em outro país; C) se volto para o Brasil.

PEÇO-LHE O MÁXIMO CUIDADO COM AS MALAS QUE LHE DEIXEI NO RIO. Somente *Paloma* e *Lu* podem tomar conta destas malas que contêm os originais de vários livros. Também não *revele* o conteúdo das malas a ninguém.

Se eu ficar em Paris para fazer o filme a senhora pode vir até aqui em *abril ou maio*, quando começa a primavera e Paris estará bonita.

Escreva contando sua vida, o que fez com suas jóias (cuidado para não perdê-las), como aplicou o dinheiro que lhe dei, quais os rendimentos e se a saúde está boa.

Mande também notícias de Lu, de Joãozinho* e Paloma e de todos da família que possam interessar.

Paula e seus netos vão bem e mandam beijos.

De vez em quando mande um presente para o Pedrinho.**

Saudades de seu filho —

Glauber

Escreva URGENTE.
Tele: 545*xxx* — pode telefonar a pagar aqui
Endereço: *xxx* Rue de l'Abbée
CARTON — PARIS XIV

(*) Filho de Ana Lúcia Rocha.

(**) Pedro Paulo de Araújo Rocha, filho de Glauber com Maria Aparecida de Araújo Braga (Cuca).

1981

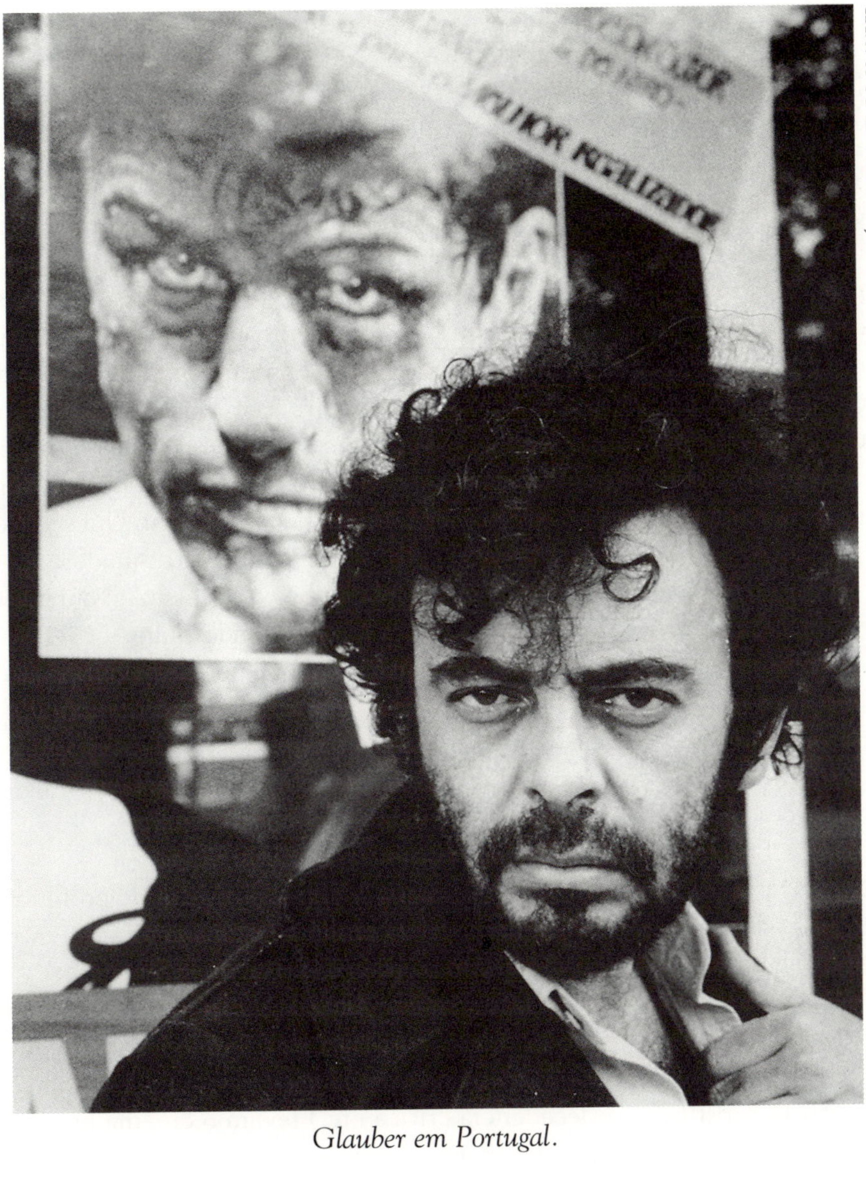

PAULA GAITÁN/ACERVO TEMPO GLAUBER

Glauber em Portugal.

Para Cacá Diegues

Sintra, 23 de março de 1981.

Cacá,

Só hoje escrevo uma carta ao Brasil. Estou bem, numa casa ótima com Paula e as crianças, também a mãe de Paula veio passar uns dias. Estou me curando de uma sinusite que provocou uma pericardite, estive mal, poderia morrer. Mas já estou em franca recuperação, espero me curar. Assinei um contrato para escrever um roteiro e tenho como viver até junho, meados de julho, quando espero concretizar a produção. Aqui há condições, o ambiente é tranqüilo, tenho alguns amigos e Claude está disposto a transar — e há boas perspectivas. Se nada der certo, verei onde posso fazer este filme que estou criando, ou outro, em outro país, sem excluir o Brasil.

Vivo um intervalo. Fim de um ciclo psíquico e corporal. Um segundo exílio, de futuro incerto, mas caminhos mais ou menos estruturados.

(Um exílio que começou em 1970 — minha volta em 76 foi um parêntese e as tragédias que me cercaram provocaram o segundo exílio.)

No meu livro *Revolução do Cinema* digo o que penso (quase tudo) do Cinema Brasileiro.

Problemas políticos e psicológicos desagregaram nosso grupo, embora a velha paixão continue subterrânea, esperando o momento de novas explosões.

A Embrafilme é uma concretização estratégica.

O país vai mal. O mundo pior. Somente uma consciência profunda e épica poderia nos libertar das misérias neuróticas que separaram o movimento e tudo enfraqueceu.

O liberalismo gerou a Cooperativa, o desvio comercialista, a punheta udigrúdi. Outros se apossaram de fatias do território com a conveniência dos barões. A miséria ideológica do Cinema Brasileiro (falta de ambições criativas, prostituição, decadência crítica etc.) levará o cinema brasileiro ao zero, à possível morte da Embrafilme. Não sei o que fazer pois os responsáveis estão fechados, sem diálogo. Ilhas de egoísmo reacionário. Isto depende da situação nacional. Melhor seria no tempo da iniciativa privada do Zé Luiz, quando nosso cinema era mais revolucionário, hoje ainda fulguram exceções mas acontece que não existe um movimento como antes, imagem multicoletiva de uma sociedade.

Não lamento nada. Este túnel chegará ao fim e nos encontraremos mesmo que seja no deserto, onde encontraremos novas soluções.

O que acontecerá no Brasil?

Alguma coisa até 19841.

O número de cima saiu além de 1984, espero que não seja.

Preciso que o Celso Amorim me ajude fazer o filme aqui. É fundamental para minha saúde. Ele facilitou as coisas aqui em Portugal mas é bom você apoiar. Felizmente fofocas não nos separaram.

Gostaria também que *A Idade da Terra* fosse distribuído com as mesmas condições dos outros filmes, dê um toque no Marco Aurélio porque é uma censura inconsciente não exibir o filme em cinemas populares, o confinando em cinema de arte. Por que *Gaijin* no Guarany da Bahya, ou *Lira do delírio*, não *A Idade da Terra*? Que é necessário lançar o filme urgente no Guarany e por aí. É preciso que Marco Aurélio veja o outro lado e lute pelo filme contra as correntes que interferem na exibição.

Conte sempre comigo. Fraternalmente,

Glauber

De Celso Amorim

DE: MINISTRO CELSO AMORIM
DIRETOR-GERAL DA EMBRAFILME
PARA: BRASEMB LISBOA
A/C CONSELHEIRO CARLOS GARCIA
LISBOA — PORTUGAL

DG/041/81 Peço ao caro amigo e a essa Embaixada o especial obséquio de transmitir, oportunamente, a Glauber Rocha a mensagem a seguir transcrita:

"Para seu conhecimento, adianto com prazer que, durante os contactos mantidos por mim recentemente em Londres, o diretor do National Film Theatre, Ken Wlashin, pediu-me apoio para realizar em agosto próximo, naquela entidade ligada ao British Film Institute, uma mostra retrospectiva de sua cinematografia. Segundo Ken Wlashin, eles dispõem de cópias em inglês de todos os seus longas, salvo *Idade da Terra*, e *Cabeças cortadas*, que teríamos de mandar oportunamente. Estou confirmando através do Itamaraty o interesse da EMBRAFILME apoiar a iniciativa, e manterei você informado do andamento do assunto. Afetuoso abraço." (Finda a transcrição.)

Obrigado. Afetuoso abraço,

Celso Amorim.
Recebido em 03/04/81

Para Celso Amorim

Sintra 9 de abril de 1981

Querido Celso

Aqui tudo mais ou menos. Estou me recuperando da pericardite e escrevendo o roteiro. Conversei com Claude-Antoine e ele está interessado pois tem contatos com produtores. Levou uma sinopse mas só poderá obter respostas durante o Festival de Cannes.

A Cinemateca Portuguesa organiza a partir do dia 21 uma *Perspectyva* com meus filmes, incluindo *Di* e *A Idade*. Aloísio me ligou de Londres, tudo ok no dia 24 de Agosto. *A Idade* participará no Festival de Dyne (Nice) entre 28 e 2d [sic] de Maio onde será apresentado ao lado de filmes de Rivette e Duras (é um Festival de 3 diretores). Também foi escolhido para a Semana dos *Cahiers*, fim de Abril. O filme se afirma lenta e gradualmente neste mar de merda cultural. Creio que a partir de Outubro começará a ser exibido comercialmente.

Sei que a Embrafilme deve estar em transe. Ainda não li jornais mas recebo alguns avisos inconscientes. Você sabe que até hoje, desde que você entrou, nunca opinei sobre a Embra, primeiro porque lhe considero capaz de dirigi-la, segundo porque o Parlamento Cinematográfico não te ouve.

Queiram ou não — sou um marginalizado do Cinema Brasileiro. Há explicações políticas e psicológicas. Por causa deste terrorismo — a classe se afunda. Meu livro *REVOLUÇÃO DO CINEMA NOVO* é, no entanto, um gesto de grandeza em relação aos ex-companheiros. Trata-se do caos cultural nacional — são 20 anos de luta teórica e prática culminadas num segundo exílio. Não me lamento *but* lamento a incapacidade da classe de revolucionar a cultura através do cinema. Preocupo-me porque país sem cinema significa cultura morta, povo morto. Mas todos amam a contra-informação da TV. A crítica acabou. A Cinemateca é um antro de espionagem. A Cooperativa* é uma cova de ladrões. Prostituição... daí a campanha contra *A Idade da Terra*, que acabou com o cineminha corte e costura que fazem, malfeito.

Creio que a Embrafilme não se justifica como Empresa do MEC apoiando o tipo de cinema que se faz. Na verdade... Figueiredo tinha razão quando falou das ligações da Embra com a pornochanchada porque, à luz da crítica..., 90 por cento é pornô mesmo, no sentido definido por Straub: DEGRADAÇÃO ESTÉTICA. Enquanto Leon e seu bando se masturbam com realismo crítico, Lukács e outras besteiras... Jabor desde há muito tempo faz pornochicks... *Delmiro Gouveia* é tão pornográfico quanto *Gaijin* e *Sete gatinhos* ou *Pixote*. Os cineastas e críticos que atacaram *A Idade* não têm capacidade intelectual para uma verdadeira discussão e comparação sobre arte e revolução. O problema só me interessa deste ponto de vista e qualquer outro é falso. Esta burrice e desonestidade me exilam. Nelson entrou em decadência há muito tempo... é por aí...**

Como, depois do livro, não quero me bater com traidores, corruptos e canalhas irrecuperáveis (caso Miguel Borges, Cosme Alves Neto, Jack London [...] etc.), prefiro sair do barco antes que ele afunde. E afundará. Comparo a situação ao Diretório Francês... Nada a fazer senão fechá-lo para evitar que o Estado continue jogando dinheiro fora em nome de um Projeto Cultural estruturado sobre o mito Glauber Rocha. A verdade é esta: foram ao Geisel usando-me e depois traíram mas continuaram usando. Nenhum deles, salvo Geisel, entendeu meu pensamento político. Ousaram considerar-me oportunista como eles. Não possuem senso de respon-

(*) Cooperativa Brasileira de Cinema, formada por parte do grupo do Cinema Novo.

(**) As imprecações contra os amigos e companheiros se explicam pelas circunstâncias de vida de Glauber então, não constituindo um juízo de valor definitivo sobre seus filmes.

sabilidade nacional. Eduardo Portela, que usou meu apoio, não me ouviu como devia e se fudeu. Levando em consideração que o Governo não entende de Cinema... a coisa se complica. Para não ser consumido com a malta, precisei me exilar e não aceito soluções conciliadoras. Várias forças políticas extracinematográficas desejam o meu exílio e mesmo morte. Traíram Jango em 64 e 74. A ideologia ficou no esqueleto do Gabeira, é o fim de um projeto de Nação... O cinema não é mais a vanguarda do pensamento nacional... eis por que o Estado já cumpriu sua missão.

Sou francamente favorável à redução da Embrafilme a um órgão puramente cultural, à desativação lenta e gradual da distribuidora, À SUPRESSÃO DO DECRETO DE EXIBIÇÃO OBRIGATÓRIA que é uma chantagem. *A Idade da Terra* não foi beneficiado por este decreto e sim *Pixote*. Então o decreto não tem sentido para o cinema revolucionário e não vejo pra que apoiá-lo. É uma chantagem da impotência. A Embrafilme não pode avalizar esta Cooperativa que é um puteiro político que oculta a impotência criativa. Ruy Guerra me denuncia como fascista em Moçambique e vai buscar vantagens no Brasil... na tela é um cineasta de Direita... e por aí...

Agrediu-me profundamente o ato do Marco Aurélio ter lançado *A Idade da Terra* do jeito que lançou... ele não foi honesto nem comigo nem com você... por que deixar o filme *só um dia no Guarany*? Por que lançar *Sete gatinhos*, pornochanchada, em todo território nacional e jogar *A Idade* em cinemas de arte? Por causa da politicagem com a Cooperativa, pela falta de fé no grande cinema, pelos interesses políticos em atender ao PC* para perseguir Glauber... e por incompetência em gerir democraticamente os bens do Estado... Se ele deixou o filme na prateleira — este é o fato — ele trabalhou contra mim. Não acredito em boas intenções frustradas. Mas não se trata de agredir pessoalmente ao Marco Aurélio... apenas responsabilizá-lo pela maneira reacionária como tratou o filme... houve um erro em se mostrar a Figueiredo *A estrada da vida* e não *A Idade da Terra*... por isto é que estou exilado e por mais dificuldades que tenha não voltarei enquanto não me for permitido atuar para resolver o problema pois tenho conhecimento da causa.

Você interveio na Embrafilme no momento das aberturas, mas en-

(*) Parlamento Cinematográfico, alusão de Glauber ao grupo de cineastas dominante na Embrafilme.

controu o câncer com metástase. Sei que fez o melhor mas somente a transformação da Empresa em alguma coisa mais DEFINIDA pode remover o lixo que a destrói. Fora daí não tem solução... Da minha parte não considero a guerra perdida e sei que tenho razão. O primeiro passo seria transferir a Embra para Brasília a fim de descongestionar o Rio que é hoje o maior prostíbulo do III Mundo. Reduzir o decreto de obrigatoriedade apenas a filmes de classe A, considerados pelo CONCINE, e reduzir o número de dias a 40 por ano em cada cinema. Assim o decreto desobrigará as pornochanchadas que os exibidores já produzem e estimulará a qualidade. Já que existe o decreto, hoje estimulante da pornochanchada, que seja para estimular a qualidade. O Departamento externo deveria se ocupar apenas de Festivais e promoções culturais. A venda deve ser feita pelos produtores. A distribuidora deveria passar a um Grupo privado ou à Cooperativa (excluindo os filmes importantes artisticamente do patrimônio). E o financiamento à indústria concedido pelo Banco do Brasil numa Carteira a criar. Proponho medidas Reagueanas* de desestatização lenta e gradual. Em Brasília, deveria ser construída uma sede moderna para a Embra, com um estúdio audiovisual de técnica moderna. Aí deveria funcionar uma Escola de Cineastas, um centro de pesquisas audiovisuais, e se produzir alguns filmes criativos. Manter uma distribuição qualitativa etc. Sou favorável, aliás, à desestatização relativa de todo aparato cultural: Funarte, INL, STN etc.

Não vou me manifestar publicamente sobre isto nem estou escrevendo a ninguém. Comunico-lhe minhas idéias — porque é um voto e você sabe o que penso e poderá comparar minha posição com a dos outros Parlamentares...

Você vem a Cannes?

De qualquer forma me escreva ou me telefone para falarmos.

Em Maio começarão novas dificuldades financeiras. Não poderei armar logo o filme, deverei trabalhar em qualquer coisa para sobreviver. Uma solução, aliás JUSTA, seria a Embrafilme me comprar definitivamente os direitos mundiais de *Barravento*, *Deus e o Diabo* e *Terra em transe*, cujos contratos estão vencidos em quase todos países. Como são três clássicos e ainda inéditos na TV Bras e nos países socialistas e muitos latino-americanos, também USA, podem ser lucrativos. A Embra deu 500 mil adiantados

(*) Referência ao presidente dos EUA, Ronald Reagan.

por *Deus* e 100 mil por *Barravento* e *Terra em transe*. SE A EMBRAFILME COMPRAR ESTES FILMES, considerando seu VALOR CULTURAL (indiscutível e creio que o MEC compreenderá este investimento) — eu estaria definitivamente *pago*. Porque, ironicamente, eu estou na merda enquanto os outros estão na cama. Não quero mais depender da Embrafilme uma vez que defendo a *desestatização*. Se a Embra compra meu patrimônio seria como o MEC comprar três quadros do Portinari. Trata-se de preservar um produto que não posso conservar nem comercializar. Com isto eu poderia ter o mínimo de independência para tentar sobreviver até me estruturar como empresário. Minha falência é de origem política. Exilei-me e meus sócios do PC me roubaram. Expliquei esta situação ao Aluísio Magalhães mas até hoje não obtive resposta. Não quero *solicitar à Embrafilme novo financiamento*. Abrirei mão de possíveis vantagens em nome da História... Caso a Embrafilme não queira comprar, tentarei vender a uma Fundação Cultural Internacional, a Gulbenkian* talvez ou a algum colecionador exótico... Escrevo-lhe sem delírios, ansioso por superar uma fase e iniciar outra. Agradeço-lhe sua atenção, espero notícias [—]... no dia 21 na Cinemateca Portuguesa, dia do início da *Perspectyva*. Miguel Sá da Bandeira trata-me muito bem.

A RAI edita o roteiro de *O nascimento dos deuses* no fim do mês.

Não poderei ir a Cannes porque estarei trabalhando e não há dinheiro para isto.

O que lhe falei nesta carta é confidencial pois no momento não estou me comunicando com ninguém mais no cinema brasileiro.

Trata-se de um momento difícil e caso não sejam tomadas medidas DRÁSTICAS (bonapartistas...) o cinema brasileiro acaba de vez.

Creia na minha sinceridade, abraços na Ana e família, Paula manda lembranças,

Glauber

endereço deve ser via Carlos Garcia.

O telefone você deve ter: 2932*xxx*

PS

não existe, segundo a burrice local, incompatibilidade entre indústria e cultura. O problema é que não existem projetos industriais nem culturais. O atual modelo cinematográfico é influenciado pela Globo e está

(*) Fundação Calouste Gulbenkian, de Portugal.

aquém de Hollywood. O destino da Embrafilme seria flamejar a cultura nacional. O problema é que ninguém assume uma posição cultural. Todos temem tomar decisões. Você reúne condições para operar algumas das reformas necessárias antes que seja tarde. AINDA NÃO LI SUA ENTREVISTA NO *CADERNO B*, antes de me manifestar sobre tudo isto gostaria de OUVI-LO.

Outro abraço,

glauber

Para Cacá Diegues

Sintra, 26 de abril de 1981

Querido Cacá

gostei muito de sua carta, Paula também. que bom encontrar pessoas que tenham personalidade e compreendam a nossa... é um princípio democrático vital, tão sufocado pela neurose global... todos somos iguais e muito diferentes, o difícil é aceitar ou recusar diferenças... cinematograficamente somos irmãos de sangue negro por causa de *Barravento*, *Ganga Zumba*, *O leão de sete cabeças*, *Xica da Silva* e agora o *Quilombo dos Palmares* e estou esboçando um roteiro para mais tarde, A(*fryk*)*a*. em tudo isso entra naturalmente Pitanga Firmino Antão Krysto Negro Luiza Maranhão... você é um negro... seus negros são os melhores do cinema nacional... o negro para você é um poeta, para mim é um guerreiro, você é mais para Orfeu, eu sou mais para Tezeu... somos unidos também pelo sangue mestiço, modernismo, janguismo, Regina, Brasil, cinema e... revolução. um crítico português disse que você era a "face serena do cinema novo"... e eu, isto o crítico não disse... sou a "face violenta"... a violência da serenidade, a serenidade da violência... um pólo igual diferente e outro diferente igual...

sempre gostei de seus filmes, já escrevi sobre isto, espero ainda voltar ao assunto porque no livro *Revolução do Cinema Novo* falta a crítica de *Bye Bye Brasil*, não houve tempo para revê-lo mas o identifiquei à família de

Quando o Carnaval chegar... as diferenças, sou baiano você é alagoano mas você é carioca... sempre fui um pau-de-arara aí, a história de Anecy está em *A grande cidade*, o erro, talvez, foi que ela não se casou com você como eu desejava secretamente. como carioca você me recebeu muito bem, foi excelente *hostess*, como Luís Carlos, mas sou pau-de-arara, minhas raízes estão na Bahia, não estudei no Santo Inácio, na PUC, não freqüentei o baile do Municipal, nem Maracanã, nem o Arpoador, nem o Yatch, nem o MAM etc. minha relação com o Rio foi o assalto à casa-grande mineira da Rua da Matriz, ajudado por você e David... ou seja, na Rua da Matriz, perto da Rua das Palmeiras perto de onde Necy morreu... bota... fogo nas botas... botei fogo, sou botafoguense fã de Heleno de Freitas daí o radicalismo de botar fogo e o cinema brasileiro nunca deu um galã tão bonito elegante e genial como Heleno...

meus filmes foram realizados na Bahia ou na Europa, apenas *Terra em transe* é carioca mas muito mais cubano que carioca, inspirado em *La fièvre monte a El Pao* de Alejo Carpentier, se passava em eldorado latino, não se vê o Rio no filme, apenas Lacerda Diaz... você criou a CAIC com Sérgio e foi perseguido por Carlos... de Rio no meu cinema apenas o DI (morte) e um trecho de *A Idade da Terra* — o carnaval — a suruba — a conspiração — o terrorismo na favela e o Maracanã vazio... a Bahia da Guanabara poluída e apocalíptica, não me interesso em filmar o Corcovado... e suponho que Dieguez seja espanhol enquanto Rocha é português... o jesuitismo e o protestantismo... Anchieta e Geisel... diferenças e você fala inglês muito melhor do que eu... Carlos é espanhol e algo de holandês... talvez sejamos judeus, outra igualdade... aqui é bonito. escrevo diante de uma panavisão sobre o Atlântico camoniano e sebastianista do alto de uma montanha antes habitada por Byron numa linda casa onde viveu Ferreira de Castro... o romancista João Ubaldo Ribeiro está hospedado aqui com a Berenice grávida... semana que vem Gerard e Nelita aparecem... Claude passou... as coisas vão bem, estou feliz no meu feudo à beira-mar plantado vendo todos os dias naves partindo na construção do IV Império de Sebastião Ressuscitado... imagine que no meio de minha Kynoperzctyva 81 a Cinemateca Portuguesa pegou fogo na sede nova, destruiu todas as minhas coisas, grande esporro em Lisboa... foi um filme de Hitchcock em nitrato de 1933, *A desaparecida*, título português em contato explosivo com o clássico *Douro faina fluvial*, de Manoel de Oliveira... fantástico. vou fazer com a RAI aqui em co-produção com os portugueses o *NASCIMENTO DOS DEUSES* — Ciro e Alexandre... você sabe que um dos motivos de minha ausência do Brasil é que não tenho planos para filmar aí... com a *Idade da Terra* eu estraçalhei meus últimos painéis brazyleiros... o último filme eu o escrevi no *Riverão Sussuarana* (já leu?) que será filmado por um outro... escrevi a peça *Jango*, deixei os originais com Luiz Carlos Maciel, está ainda incompleta, mas é Teatro e não cinema.

Cinema é Ciro e Alexandre... oriente e ocidente... novos Lampiões... você e Zumbi... eu e Lampião... e estou trabalhando na adaptação de um livro de Stendhal *O IMPÉRIO DE NAPOLEÃO*... iniciarei esta fase lusiatlântica... é possível realizar o Ciro e o Alexandre aqui [—], há muita cultura árabe castelos etc. Griffith, que nunca vi, salvo *Intolerância*... John Ford... Cecil B. de Mille... Eisenstein... fantasmas que forjaram novas almas, então eu me sinto reprojetado nas origens... feliz como você em busca da identidade nos quilombos só que me faltam as cassetes mas Gerard vai trazer a dele, enfim... Paula e os meninos florescem... Paloma e minha mãe na Bahia... e tenho dois filhos cariocas, Pedro e Daniel...* deixei dois filhos no Rio... o cinema novo foi uma revolução cultural feita por garotos... é difícil aos quarenta anos viver depois da revolução... eis o que nos difere de Bernardo que vive antes da revolução... não importa que o clube não se reúna, que ninguém mais se encontre... afinal a Embrafilme é a instituição do cinema novo e todos os filmes importantes são realizados por membros do movimento... quer se queira ou não... o movimento cresce por outras vias determinadas pela complexidade da produção cinematográfica nacional e etc. acho que vocês brigaram... Joaquim com você e Luís Carlos... Paulo César com você... eu com Nelson e Zelito... etc. esta suruba de intrigas que outra coisa não é senão paixões reprimidas e desafios psicanalíticos que nos escapam... não entendo a cultura carioca, não entendo estas brigas, creio que o individualismo é uma expressão burguesa parafascista, que os intelectuais precisam romper com as determinações positivistas da história, acredito na explosão da força nuclear produzida pelo desencadeamento das energias contraditórias liberadas, creio que revolução é vida e creio na imortalidade embora não creia em deus...

lembrei-me de sua gargalhada diante desta frase e o associei a Platão. serei Sócrates, bebendo cicuta na pólis? Não. quero estar no banquete de-

(*) Pedro Paulo de Araújo Rocha e Daniel Jardim Rocha.

mocrático da república, na voracidade e serenidade do diálogo revelador fazendo do Verbo... Arte... Luz... Revolução.

gosto muito dos diálogos de *Os herdeiros*, lembro-me do impacto que sofri ao ler o roteiro em Paris... o conflito entre Jorge Ramos e Paulo Porto... você matou Jorge Ramos... ontem falei com Paula sobre *Joana Francesa*... tão fantástico como García Márquez... briguei com Jabor em Paris, dizia horrores de você e do filme... não faço fofocas... são memórias... no México adoraram, revi na cinemateca mexicana, era tão "comercial" como a Gaumont nunca fez. e no entanto foi pixado e não deu dinheiro... estranho... o público... achei que *A Idade da Terra* seria popularíssimo... Marco Aurélio deveria me telefonar urgente. quero falar com ele, propor uma nova saída... aqui o filme se afirma lenta e gradualmente... muitos artigos consagradores... e nada disto vale a pena se a alma não é pequena como diria Fernando Pessoa... com *Quilombo*, com *Ciro* tudo recomeça... um novo *Ganga Zumba* um novo *Deus e o Diabo*... novo Zumbi novo Lampião novo Tiradentes a heuztorya avança... quanto ao *copyright* de *Terra em transe* escrevi a Celso propondo liquidar meus negócios com a Embrafilme porque não volto antes de 1984. seguinte: em lugar de pedir novo financiamento proponho que a Embra me compre os direitos definitivos de *Barravento*, *Deus e o Diabo* e *Terra em transe*. são inéditos na TV brasileira, nos Estados Unidos (salvo em 16 mm) para 35 TV e Cassete, inéditos na maioria dos países latino-americanos (salvo Cuba, Argentina e México) em muitos países árabes, na União Soviética, China e vários países árabes. além do mais os contratos de distribuição e venda terminaram em todos os países salvo Itália e França. o negativo de *Barra* e *Deus* estão na Líder ou Cinemateca de São Paulo (Marco Aurélio deve saber) o negativo de *Terra em transe* está na Alemanha e o master no Brasil.

sou proprietário cem por cento destes filmes e posso vendê-los... encarados como obras de arte... ou seja são filmes sempre consumíveis, principalmente *Terra em transe* (é hora de pagar o *copyright*...) e *Deus e o Diabo* podem vender muito em cassete... a questão da tecnologia na difusão da arte revolucionária... em suma, esta operação além de preservar três clássicos cinematográficos, porque os negativos podem se fuder como pegaram fogo as cópias de Lisboa, poderia me retirar de sérias dificuldades econômicas e terceiro seria um ato culturalmente justificado e quarto estes filmes bem explorados renderão lucros à Embrafilme.

falei com Aluizyo Magalhães em Paris mas não pude abordar concretamente o assunto... Aluizyo é meu amigo, creio que estimularia o projeto... se puder dê um toque no Celso, peça o apoio de Barreto... para minha vida esta operação é fundamental... eu poderia sincronizar melhor o meu trabalho, teria a tranqüilidade de salvar os filmes, e poderia preparar com calma O *nascimento dos deuses* sem o corre-corre dos salários que sempre complicam com os produtores. meu roteiro está pronto, decupado e dialogado, e o plano de filmagem e as locações... mas a RAI é lenta, não filmarei antes de outubro, preciso viajar a Roma e Berlim para transar a produção é uma conquista da Babilônia... vender estes filmes à Embrafilme ou em último caso a algum produtor privado (quem se interessaria?) é um ato comercial e a mercadoria vale alguma coisa além dos juros culturais... vender ao Banco do Brasil! à Petrobrás... à Fundação Ford... sei lá, mas é vital. gostaria que você tivesse *Terra em transe* em sua bibliocassete...

sua carta trouxe-me bom humor... escreva... são capítulos de um outro romance transatlântico...

abraços fraternos para você Isabel e Francisco

Glauber

Telefone 293-2*xxx*

CASA DAS MINAS — LARGO DO VITOR (LARGO FERREIRA DE CASTRO)

CAMINHO DO PARQUE DAS MERENDAS — SINTRA — PORTUGAL (título barroco manuelino de endereço é isso aí...)

PS — o cinema português está prometendo... sinto-me mais ou menos em casa, boa cama, boa mesa, bom clima, transromantismo... Se responder escreva para o Hotel Central.

Para Celso Amorim

Sintra, 8 de Junho de 1981

Querido Celso

Caro amigo, desculpe-me os problemas. Como Diretor da Embrafilme, sou obrigado a relatar-lhes.

A situação atingiu o clímax. Meu "exílio" deve ser interpretado como resultado das contradições do Cinema Brasileiro que se refletem na Embrafilme. Você sabe os motivos que determinaram minha falência empresarial. Resumindo, foi o preço da liberdade artística. Da sobrevivência cultural. Não vai nada de personalista nisto. Dei o máximo ao Cinema Brasileiro e depois fui "expulso". E falido. Minha *OBRA* vale dinheiro. Nunca foi devidamente *distribuída*. É *famosa* mas não *conhecida*. Não é justo que eu esteja na MISÉRIA e meus filmes continuem paralisados. A *Embrafilme*, por ser do MEC, tem o dever de *SALVAR OS FILMES* e *ME SALVAR*. É uma situação dramática natural para quem viveu dedicado 20 anos ao Cinema Brasileiro. Não estou pedindo, nem reclamando, nem lamentando. Parece-me justa a reivindicação.

O preço que pedi por *Barravento*, *Deus e o Diabo* e *Terra em transe* (negativo ainda na Alemanha sob responsabilidade de Claude) é razoável: DEZ MILHÕES (80 mil dólares, mais ou menos): a ver: 2 por *Barravento*, 4 por *Deus* e 4 por *Terra*. São direitos mundiais, conforme relatei em carta ao Kalil, que podem render muito mais.

Os direitos seriam por *10 ANOS* e eu receberia, além disto, os direitos de autor, segundo as normas, e 20% das possíveis explorações em cassetes. (*Deus e o Diabo, Vidas secas, Macunaíma, Dona Flor, Xica da Silva deveriam ser os primeiros 5 filmes em cassete jogados pela Embra no mercado internacional. Em várias línguas, com legendas. Anote isto e faça a experiência rapidamente.*)

O pagamento deverá ser efetuado aqui porque não posso ir ao Brasil. Você pode transferir algum crédito externo da Embra, porque se trata de uma importação. Enfim, espero que a solução seja encontrada. Prefiro receber o mais rápido possível por causa da desvalorização do cruzeiro.

Não posso ir ao Brasil porque, além de problemas privados, quero fazer meu próximo filme na Europa. Já realizei 3 filmes aqui e quero re-investir esta experiência. Recebendo este dinheiro, pela primeira vez poderei projetar o filme em condições industriais internacionais sem *depender* de um produtor nas questões de sobrevivência. *O destino da humanidade* já foi escrito, mas necessito de mais 2 meses para dar o tratamento final. É um filme caro, que transcende Portugal. É mais possível na Espanha, França e Itália.

Além do mais, estou esperando a edição do roteiro de *O nascimento dos deuses* pela RAI — e o filme pode sair em 1982.

Não tenho projetos para o Brazyl, a não ser o romance *Riverão Sussua-*

rana, mas que por estar "escrito" não quero "filmar". Espero que algum dia algum cineasta se interesse... Meu projeto de O *Guarany* se diluiu em *A Idade da Terra*. Não me interesso em filmar peças ou romances.

Após a *fragmentação* de *A Idade da Terra* (será entendido em 1991 mas a receptividade é ótima na França e espero lançá-lo no fim do ano. É como o *Uirapuru*...), após *A Idade da Terra*, *O destino da humanidade* será um filme TRANS-REALISTA, reintegrando as grandes linhas do realismo.

Por isto o roteiro assume proporções romanescas e a primeira versão gerou a necessidade de escrever a segunda. Um roteiro é um romance e a preparação literária é árdua. O filme é caro, exige elenco de primeira, não posso sacrificá-lo numa produção improvisada. Por isto preciso de tempo. Cheguei aqui [—] em Fevereiro e trabalhei mal, pois precisei me tratar seriamente. Por isto a venda dos filmes solucionaria meus problemas com a Embrafilme. Terei tempo e calma para armar o filme. Não estando no Brasil, não concorrerei a financiamentos. Quero superar uma fase de conflitos no Cinema Brasileiro. Minha ausência é útil a todos e a mim. Compreendendo isto, me retirei e creio que o destino leva cada pessoa por caminhos diferentes que um dia, talvez, se reencontrem.

Isto foi o que disse no livro *Revolução do Cinema Novo*.

A Cooperativa é nova fase. Enviaram-me o número de *Luz & Ação*. Foi um feito cordial. Resolvi colaborar, superar os problemas dos anos 70. O Cinema Novo se reunirá forte nos próximos 2 anos. É a saída histórica.

Telegrafe-me direto *Hotel Central* ou via Carlos Garcia qual a solução e *se recebeu esta carta*. Preciso saber de tudo rapidamente porque restam-me *50 dólares*. Sá da Bandeira não me procura, o verão começa, a vida só recomeça em Setembro. Claude está interessado, mas Sá da Bandeira ainda não se decidiu.

PRECISO DINHEIRO URGENTÍSSIMO — adiante-me sobre o contrato *2 MILHÕES* e depois vamos acertar o resto até o fim do ano. Caso a Embrafilme não resolva meu problema, estarei definitivamente proletarizado, em suma, será difícil...

Certo de que você defenderá esta causa, lhe escrevo.

Um abraço fraterno,

Glauber

Para Tom Luddy*

Sintra, 16 de julho de 1981

Caro Tom

Estou escrevendo um novo roteiro: O *destino da humanidade*. Vou acabar no dia 20 de agosto. Meu produtor francês, Claude-Antoine, quer fazer o filme aqui. Portugal é bonito e poderei ter dinheiro em setembro *do Instituto de Cinema Português*. Embrafilme co-produz. Acho que posso fazer o filme em outubro. Aqui, no Sul, tenho sol durante Novembro e Dezembro. Preciso de dois milhões de dólares e acho que Toscan du Plantier está interessado. Se não for possível aqui irei para Paris. O cenário do filme é *uma* grande cidade. Posso fazer também em Paris ou EUA, Roma. Elenco? Não sei... Com um grande elenco o filme fica "*cher*".** Em setembro vou pensar no elenco...

Em setembro ERI (Edizione Radio Televisione Italiana) vai publicar meu roteiro O *nascimento dos deuses* sobre Cyruz e Alexander. A RAI adorou o roteiro, talvez a RAI queira fazer o filme. Mas antes, O *destino da humanidade*.

Estou bem — ok. Posso trabalhar. Portugal é o Paraíso... A *Idade da Terra*: Tenho uma cópia na *Embaixada de Londres* com o Sr. Joaquim Salles. O filme será mostrado numa "Semana Rocha" — de 24 a 28 de agosto no National Film Theatre. Se você quiser *ver* o *monstro* peça ao Sr. Celso Amorim uma cópia. Quero mostrar esse filme para você, Francis,*** Scorsese, Gorin, Dan e outros amigos. *Cahiers du Cinéma* gostou "beaucoup" do filme. Marcorelles, Bob Kramer, Antonioni, Moravia, gostaram. Acho que esse filme é uma revolução na idéia e forma. Se você gostar do filme — acho que vai gostar — talvez seja possível mostrá-lo para um distribuidor.

O produtor de 95% do filme é a Embrafilme. Orçamento: U$ 500 000,00. Scope. 35 mm. Cor. 2h30. Tenho muitos *artigos* de críticos internacionais (*amam* ou *odeiam*... ninguém considera o filme *NORMAL*...).

(*) Carta escrita em inglês.
(**) "Caro", escrito em francês no original. Glauber erra a grafia, escrevendo "chair".
(***) Francis Ford Coppola.

Não quero mostrar esse filme em Festivais. Talvez no Museu de Arte Moderna. Muitas pessoas comparam *A Idade da Terra* com *Guernica*. Acho que o *mercado cultural* dos festivais está decadente. O filme é o *Verdadeiro Espelho* do Brazyl, é *popular* ou *elitista*? Veja o filme e me escreva...

Voilà... dois livros.

1) Romance *Riverão Sussuarana*. É o último *discour* sobre o sertão... depois de *Deus e o Diabo na Terra do Sol* e *Antônio das Mortes*. Mas é um romance, "literature", não som & imagem. É uma linguagem "sertaneja" particular, pessoal. Acho que *Gregory Rabassa*, que traduziu para Alfred KNOPF os romances de Guimarães Rosa, pode traduzir *Riverão* para o inglês. O *equivalente em inglês para uma tradução é Faulkner, Joyce e Burroughs*. O livro é um *western surrealista*. Se um grande editor quiser o livro pode *ganhar dinheiro*.

O outro livro: *Revolução do Cinema Novo* é 20 anos do Cinema Novo Brasileiro. É meu "bag out"... Bob Stan pode traduzir e acho que é possível publicar nos EUA.

Quero mostrar meus filmes nos EUA.

Agora tenho os direitos (100%) de *Barravento*, *Deus e o Diabo* e *Terra em transe* e tenho 50% de *Antônio das Mortes*.

Quero organizar um *Programa* para Cineclubes; Cinemas de Arte e experimental, Universidades, vídeo, TV a cabo etc.

"A Trilogia da Terra de Glauber Rocha" com:

— *Deus e o Diabo na Terra do Sol* — 1964

— *Terra em transe* — 1966

— *A Idade da Terra* — 1980

Essa é uma trilogia, um "discours" sobre o Brazyl e o mundo... novas idéias... novas formas...

3 Filmes → Exposição → Museus... etc. Agora, quando a trilogia está acabada, o "discours" pode ser *compreendido*. Acho que essa trilogia pode ser distribuída como *NAPOLÉON*.

Os contratos de *Deus e o Diabo* e *Terra em transe* com a Allied Artists acabaram. *Esses filmes em 35 mm são inéditos no cinema e na TV dos EUA*. Penso apresentar a trilogia no Museu de Arte Moderna de New York. A Trilogia é um "*Especial Rocha*", *3 Grandes Filmes* é um *bom* programa. Pense nisso e me escreva.

No catálogo você pode ler um grande artigo de Eduardo Mascarenhas sobre *A Idade da Terra*. Este artigo pode ser usado nos EUA? Eduardo Mascarenhas é um dos mais famosos psicanalistas brasileiros e crítico de arte.

Meu endereço para correio é *Hotel Central. Sintra, Portugal.*

Estou agora na Villa das Magnólias, nas montanhas. O número do telefone é *xxx* (Sintra). Em 15 de agosto eu irei para Quinta dos Lobos. O telefone é: *xxx* em Sintra. Estarei aqui → 30 de setembro. Se o filme for possível eu fico. Se não...? Posso ir para a França ou San Francisco...

Lembranças para você, Monique e nossos amigos,

de Glauber Rocha

PS → As cópias em inglês de *Deus e o Diabo* e *Terra em transe* são ruins... Se você quiser apresentar a *Trilogia da Terra* posso pedir *cópias novas* com subtítulos em inglês... O verdadeiro título de *Deus e o Diabo* não é *Black God and White Devil*, mas *God and Devil in the Land of the Sun* e *Terra em transe* é *Transi's Earth* e não *Land in Anguish...*

Agora é 17 de Julho. O Presidente do Instituto Português de Cinema, Sr. Sá da Bandeira, *saiu*! Crise com a Secretaria de Cultura. Minha produção está parada... Mas eu escrevo o roteiro. Talvez a crise esteja acabada em setembro...

Glauber

CRONOLOGIA

1939 – Nasce no dia 14 de março, às 3h40, em Vitória da Conquista, Bahia, Glauber de Andrade Rocha, primeiro filho de Adamastor Bráulio Silva Rocha e Lúcia Mendes de Andrade Rocha. O nome Glauber, dado pela mãe, foi inspirado no do cientista alemão Johann Rudolf Glauber (1603-68), que descobriu o sulfato de sódio ou "sal de Glauber". É batizado na Igreja presbiteriana, tendo como padrinhos a própria mãe e o pastor. O pai vinha de família católica.

• *Torna-se obrigatória a exibição de um longa-metragem brasileiro por ano em cada sala de cinema. Cria-se o DIP (Departamento de Imprensa e Propaganda), órgão governamental encarregado da censura. A Cinédia e a Sonofilmes produzem comédias musicais; Cármen Miranda lança o compositor Dorival Caymmi no filme* O que é que a baiana tem?. *Raul Roulien filma* Aves sem ninho. *Com o crescimento da colônia nipônica, filmes japoneses são exibidos regularmente em São Paulo. Getúlio Vargas é o presidente da República desde 1934, tendo assegurado sua permanência no governo com o golpe que instaurou o Estado Novo em 1937.*

1940 – Em 27 de agosto, nasce Ana Marcelina de Andrade Rocha, irmã de Glauber.

• *A Cinédia lança* Pureza, *adaptação de José Lins do Rego. O INCE (Instituto Nacional de Cinema Educativo) produz* Bandeirantes, *de Humberto Mauro, com Carmem Santos. A Companhia Americana de Filmes, em São Paulo, produz* Eterna esperança, *de Leo Marten. Paulo Emilio Salles Gomes anima o primeiro Clube de Cinema de São Paulo, na Faculdade de Filosofia.*

1941 – *A guerra impede a importação de filme virgem. É fundada, no Rio, a Atlântida Cinematográfica S. A. A Cinédia leva vedetes do teatro, Dulcina e Odilon, para o cinema, em* 24 horas de sonho.

1942 – Em 26 de outubro, nasce a segunda irmã de Glauber, Anecy de Andrade Rocha.

Foram usados como fontes desta cronologia, depois de terem sido devidamente confrontados, os dados biográficos publicados no Catálogo da Retrospectiva Glauber Rocha, realizada pela Embrafilme e Ministério da Cultura em 1987, pesquisa de João Luís Vieira; o quadro sinóptico: "Cinema, cultura e sociedade no Brasil", de Paulo Antônio Paranaguá, publicado em *Le Cinéma Brésilien* (Centre Georges Pompidou, 1987); a correspondência de Glauber, textos e documentos inéditos do Acervo e Home Page do Tempo Glauber, além de informações publicadas em jornais, revistas e livros, e do depoimento de Lúcia Rocha.

• *Orson Welles filma* It's all true *no Brasil. Fim da revista* Cinearte, *publicada desde 1926. Vinicius de Moraes, crítico de cinema, inicia polêmica sobre o cinema mudo e o falado. O Brasil declara guerra aos países do Eixo durante a II Guerra Mundial.*

1943 – *A Atlântida produz seu primeiro longa-metragem,* Moleque Tião, *de José Carlos Burle, sucesso com Grande Otelo. A Cinédia lança* Samba em Berlim, *de Luís de Barros, sátira musical de Hitler e do nazismo.*

1944 – *Oscarito e Grande Otelo são reunidos pela Atlântida em* Tristezas não pagam dívidas, *de J. C. Burle e R. Costa. A Cinédia produz* Berlim na batucada, *de Luís de Barros, com Procópio Ferreira, sátira das relações de amizade entre o Brasil e os EUA.*

1945 – Glauber, aos seis anos, viaja para o Rio de Janeiro com os pais.

• *A Cinédia produz* O cortiço, *de Luís de Barros, adaptado de Aluísio de Azevedo, e investe em adaptações literárias. A dupla Oscarito e Grande Otelo estréia* Não adianta chorar, *de Watson Macedo (Atlântida). Humberto Mauro inicia a série Brasilianas no INCE com* Chuá-Chuá *e* Casinha pequenina. *Getúlio Vargas é deposto pelo exército. Eurico Gaspar Dutra torna-se presidente da República.*

1946 – Alfabetizado pela mãe, Glauber entra para a escola, aos sete anos. Cursa o primário num colégio católico em Vitória da Conquista. Morre a avó de Glauber, d. Marcelina.

• *Torna-se obrigatória a exibição de três longa-metragens brasileiros por ano em cada sala. Jorge Amado, deputado em São Paulo, pelo Partido Comunista, propõe uma nova legislação cinematográfica.* O ébrio, *de Gilda de Abreu, com Vicente Celestino, é o grande sucesso da Cinédia. É criado o Clube de Cinema da Faculdade de Filosofia do Rio de Janeiro.*

1947 – Glauber acompanha o pai nas viagens pelo sertão da Bahia.

• *Luiz Severiano Ribeiro torna-se acionista majoritário da Atlântida. A chanchada domina o cinema brasileiro com filmes populares e distribuição garantida.*

1948 – Em agosto, a família de Glauber muda-se para Salvador. O pai abre no centro da cidade a loja O Adamastor. Engenheiro de estradas de rodagem, o pai sofre um acidente que deixa graves seqüelas. A mãe, aos 29 anos, assume os negócios e a chefia da família.

• *Carmem Santos realiza* Inconfidência Mineira; *a Atlântida realiza* Terra violenta, *adaptação de Jorge Amado. No Rio é criado o Círculo de Estudos Cinematográficos. Surgem os cineclubes de Porto Alegre, Santos e Fortaleza.*

1949 – Em março, Glauber vai para o internato do colégio presbiteriano 2 de Julho, em Salvador, conhecido pela disciplina e rigor. Lá recebe educação religiosa e participa das festas e do coro do colégio. Escreve a peça de teatro *El Hilito de Oro*, encenada no colégio pelo professor Josué de Castro. Na peça, Glauber faz o papel principal, o de um príncipe espanhol.

• *Comemorações do IV centenário da fundação da cidade de Salvador em 29 de março. Fundação da Companhia Vera Cruz em São Paulo. A Atlântida produz* Carnaval no fogo, *de Watson Macedo, e* Também somos irmãos, *de José Carlos Burle. Carmem Santos produz* Inocência, *adaptação de Taunay. O Clube de Cinema torna-se a Cinemateca do Museu de Arte Moderna de São Paulo.*

1950 – Glauber pede para ser transferido do internato para o externato do Colégio 2 de Julho.

• *Início da televisão no Brasil com a primeira emissão pública, da TV Tupi, em São Paulo. A Vera Cruz produz* Caiçara, *de Adolfo Celi. Em Salvador, Walter da Silveira cria o Clube de Cinema da Bahia. Getúlio Vargas é eleito para um novo mandato como presidente da República.*

1951 – *Torna-se obrigatória a exibição de um filme brasileiro a cada oito filmes estrangeiros distribuídos. A Vera Cruz produz* Terra é sempre terra *e* Ângela. *A Cinédia lança* Lucíola, *baseado em José de Alencar, e* Anjo do lodo, *com Virgínia Lane. Cria-se o Círculo de Estudos Cinematográficos de Minas Gerais.*

1952 – Aos treze anos, Glauber participa, como crítico de cinema, do programa *Cinema em close-up*, na Rádio Sociedade da Bahia. A irmã de Glauber, Ana Marcelina, morre de leucemia, o que causa grande impacto em toda a família. A mãe, Lúcia Rocha, monta um pensionato na rua General Labatut, 14 — o 14. Os pais de Glauber adotam uma menina, Ana Lúcia Mendes da Rocha, e a registram como filha do casal.

• *A Multifilmes é fundada em São Paulo. A Vera Cruz produz* Tico-Tico no fubá *e* Sai da frente, *estréia do cômico Mazzaropi. Alberto Cavalcanti dirige* Simão, o Caolho, *seu primeiro filme no Brasil. A Atlântida produz* Carnaval Atlântida *e* Barnabé tu és meu, *de José Carlos Burle. Humberto Mauro filma* O canto da saudade. *Surge a revista* Cinelândia.

1953 – Glauber escreve ao tio, Wilson Mendes de Andrade, falando do desejo de ser escritor. Lê Jorge Amado, Érico Veríssimo, clássicos da literatura juvenil, filosofia (Nietzsche e Schopenhauer). Freqüenta o cinema e lê histórias em quadrinhos.

• *Grande seca no Nordeste. Em Salvador, o pioneiro do cinema baiano, Alexandre Robatto Filho, lança o curta-metragem* Entre o mar e o tendal, *documentário sobre a pesca do xaréu que marca o cinema baiano dos anos 50 e o Glauber de* Barravento. *A Vera Cruz produz* O cangaceiro, *de Lima Barreto,* Sinhá Moça, *filme de época, e a comédia* Uma pulga na balança. *A Atlântida lança uma* Dupla do barulho, *de Carlos Manga, e* Amei um bicheiro, *de Jorge Ileli e Paulo Wanderley. A Multifilmes produz o primeiro longa-metragem em cores,* Destino em apuros. *Alex Viany dirige* Agulha no palheiro. *Alberto Cavalcanti propõe a criação do Instituto Nacional do Cinema (INC).*

1954 – No Colégio Central da Bahia, Glauber cursa o clássico. Torna-se membro do Círculo de Estudo, Pensamento e Ação (CEPA), dirigido pelo professor Germano Machado, católico, nacionalista e anticomunista. Glauber escreve o balé *Sefanu*, "criticado pelos líderes intelectuais do 3º ano Klassyko como Exoteryko e Homossexual". Passa a freqüentar o Clube de Cinema, animado pelo crítico Walter da Silveira.

• *Suicídio do presidente Getúlio Vargas, comoção nacional. Falência da Vera Cruz, depois de produzir* Floradas na serra, *com Cacilda Becker e Jardel Filho. Alberto Cavalcanti filma* O canto do mar *e* Mulher de verdade. *Alex Viany dirige* Rua sem sol. *Carlos Manga dirige* Nem Sansão nem Dalila *e* Matar ou correr. *Watson Macedo dirige* O petróleo é nosso. *Surge a* Revista de Cinema *de Belo Horizonte.*

1955 – É criado o grupo Jogralescas Teatralizações Poéticas, a partir de uma idéia de Fernando da Rocha Peres combinando poesia e teatro. Glauber dirige as encenações.

• *Nelson Pereira dos Santos realiza* Rio, 40 graus. *A baiana Marta Rocha é recebida com festa em Salvador depois de ficar em segundo lugar no concurso de Miss Universo, por duas polegadas. A morte de Carmem Miranda leva multidões ao seu enterro, no Rio.*

1956 – Fundação da Sociedade Cooperativa de Cultura Cinematográfica Yemanjá. Primeira apresentação do grupo Jogralescas Teatralizações Poéticas, em setembro, no aniversário do Colégio Central da Bahia. Glauber participa do grupo, que encena poesias brasileiras, a maioria de poetas modernistas. Conhece Milze Maria Soares. Colabora no filme *Um dia na rampa*, curta-metragem de Luiz Paulino dos Santos filmado no Mercado Modelo de Salvador.

• *Juscelino Kubitschek é o presidente da República, tendo como vice João Goulart. A cultura na Bahia ganha novo impulso com a criação da Escola de Teatro da Universidade da Bahia, dirigida por Martim Gonçalves, o curso de música, dirigido pelo maestro Hans Koellreuter, a Escola de Dança, dirigida por Janka Rudzka. Criação da Cinemateca Brasileira em São Paulo. Lançado* Colégio de brotos, *de Carlos Manga.*

1957 – Glauber viaja para Minas Gerais, Rio de Janeiro e São Paulo. Em Belo Horizonte encontra Adolfo Celi, Paulo Autran e Tonia Carrero. Visita o Centro de Estudos Cinematográficos (CEC) e entra em contato com Frederico de Moraes, Maurício Gomes Leite, Flávio Pinto Vieira, Fritz Teixeira Salles, Geraldo Fonseca, responsáveis pelas edições da *Revista de Cinema* e revista *Complemento.*

No Rio, tenta financiamento para uma série de filmes da Sociedade Cooperativa de Cultura Cinematográfica Yemanjá, da qual participam Glauber, Luiz Paulino dos Santos, Paulo Gil Soares, Fernando da Rocha Peres, José Teles, Alberico Motta, Fred Souza Castro, Jaime Cardoso Tarcísio Araújo, Newton Rocha, José Azulay. Entre os projetos, o curta *Senhor dos Navegantes.* Visita as filmagens de *Rio, Zona Norte*, de Nelson Pereira dos Santos e conhece Alex Viany. Em São Paulo inteira-se do movimento concretista.

Volta a Salvador e inicia o curso de direito da Universidade Federal da Bahia, que cursaria até o terceiro ano. Chamado por Ariovaldo Matos, participa do jornal de esquerda *O Momento*. Colabora nas revistas culturais *Mapa* e *Ângulos* e no semanário *Sete Dias.*

Filma *Pátio*, com Solon Barreto e Helena Ignez, um filme formalista, influenciado pelo concretismo. Utiliza as sobras de material do longa-metragem *Redenção*, de Roberto Pires.

• *Criação da Cinemateca do Museu de Arte Moderna do Rio de Janeiro. Nelson Pereira dos Santos filma* Rio, Zona Norte. *São lançadas as comédias* Osso, amor e papagaios, *de Carlos Alberto de Souza Barros e César Mêmolo Jr.*, A baronesa transviada, *de Watson Macedo, com Dercy Gonçalves. Anselmo Duarte dirige* Absolutamente certo; *aparece a* Revista de Cultura Cinematográfica. *Surgem os cineclubes católicos.*

1958 – Glauber inicia sua carreira jornalística como repórter de polícia do *Jornal da Bahia*, onde trabalha ao lado de Inácio de Alencar, Ariovaldo Matos, Paulo Gil Soares, Fernando da Rocha Peres e Calasans Neto. Posteriormente, começa a publicar artigos sobre cinema e assume a direção do *Suplemento Literário*. Passa a escrever para a página "Artes e Letras", do suplemento dominical do *Diário de Notícias*, de Salvador, e para o *Suplemento Dominical do Jornal do Brasil* (*SDJB*). Nessa época também trabalha como funcionário público da Prefeitura de Salvador.

• *Desenvolvimento do cinema paulista. Roberto Santos filma* O grande momento; *Walter Hugo Khoury dirige* Estranho encontro; *são lançados* Cara de fogo, *de Galileu Garcia, e* Rebelião em Vila Rica, *de Geraldo e Renato Santos Pereira. No Rio de Janeiro surge a Federação dos Cineclubes.*

1959 – Glauber viaja a São Paulo para participar com Walter da Silveira do Congresso dos Cineclubes. Mostra o copião de *Pátio* a Walter Hugo Khoury. Conhece, em São Paulo, Paulo Emilio Salles Gomes, Almeida Salles, Rudá de Andrade, Jean-Claude Bernardet, Gustavo Dahl. Viaja para o Rio, onde monta e conclui *Pátio*. Lança *Pátio* em Salvador e promove sessões no Rio.
Em 30 de junho, Glauber casa-se em Salvador com a colega de universidade e atriz de *Pátio*, Helena Ignez. Por exigência do padre, Glauber recebe batismo católico e acrescenta Pedro ao seu nome, assinando Glauber Pedro de Andrade Rocha. Passa a lua-de-mel no Hotel Quitandinha, no Rio de Janeiro, e compra uma câmera Aryflex 35 mm "por sessenta contos com tripé e sem zoom".
Inicia, logo após o casamento, as filmagens, no Terreiro de Jesus, em Salvador, de seu segundo curta-metragem, o inacabado *Cruz na praça*, baseado num conto de sua autoria, "A retreta na praça", publicado no *Panorama do conto baiano*. O filme não foi terminado, "pois quando vi o material montado, compreendi que essas idéias não funcionavam mais, que a minha concepção estética já não era a mesma". Publica artigos sobre cinema no *Jornal do Brasil* e no *Diário de Notícias*.

• *Torna-se obrigatória a exibição de filmes brasileiros 42 dias por ano.* Aruanda, *de Linduarte, é filmado na Paraíba; no Rio,* Arraial do Cabo, *de Paulo César Saraceni e Mário Carneiro; lançamento de* Redenção, *de Roberto Pires, o primeiro longa-metragem baiano. Floresce a produção dos jovens cineastas cariocas, baianos e paulistas. No Rio,* O Homem do Sputinik, *de Carlos Manga, lança Norma Benguell, em São Paulo Rubem Biáfora produz* Ravina. Orfeu Negro, *dirigido pelo francês Marcel Camus, filmado no Rio e adaptado de uma peça de Vinicius de Moraes, ganha a Palma de Ouro em Cannes e o Oscar de melhor filme estrangeiro. Criado o Museu de Arte Moderna da Bahia, dirigido por Lina Bo Bardi. Na América Latina, vitória da Revolução Cubana.*

1960 – Nasce a primeira filha de Glauber, Paloma de Melo Silva Rocha, em 12 de junho. Glauber trabalha como produtor executivo de *A grande feira*, longa-metragem de Roberto Pires, produzido por Rex Schindler. Iniciadas as filmagens de *Barravento* por Luiz Paulino dos Santos, Glauber trabalha na produção executiva. Após um conturbado início de filmagem, Glauber assume a direção de *Barravento*, aproveitando alguns copiões de Luiz Paulino, mas refazendo o roteiro. Em carta de 2 de novembro conta a Paulo Emilio Salles Gomes como tornou-se diretor. Começa a corresponder-se com o cubano Alfredo Guevara.

• *Joaquim Pedro de Andrade realiza o curta-metragem* Couro de gato. *Carlos Coimbra lança* A morte comanda o cangaço, *explorando o filão dos filmes de cangaceiros. Nelson Pereira dos Santos vai para a Bahia filmar* Vidas secas, *mas com as chuvas filma* Mandacaru vermelho. *A equipe hospeda-se na pensão de Lúcia Rocha. Inauguração de Brasília. Sartre e Simone de Beauvoir visitam a Bahia e dão conferência em Salvador.*

1961 – Glauber e Helena Ignez separam-se. Glauber finaliza *Barravento* no Rio de Janeiro, com montagem de Nelson Pereira dos Santos. Conhece Edla van Steen, Regina Rosemburgo e Rosa Maria Penna.

• *O cinema baiano destaca-se com* Bahia de Todos os Santos, *de Trigueirinho Neto,* A grande feira, *de Roberto Pires, e* Barravento, *de Glauber. É criado o Geicine (Grupo Executivo da Indústria Cinematográfica). Jânio Quadros deixa a presidência da República. João Goulart assume em meio a crise política.*

1962 – Primeira viagem de Glauber à Europa. *Barravento* recebe o prêmio Opera Prima no Festival Internacional de Cinema de Karlovy Vary, na Tchecoslováquia. No mesmo ano, o filme também é apresentado no

Festival de Sestri Levanti, Itália. Glauber participa do festival de Santa Margherita, na Itália. Conhece Praga, Roma, Paris, Lisboa. Produz o curta-metragem *Imagens da terra e do povo*, de Orlando Senna. Conhece o crítico francês Georges Sadoul numa viagem deste à Bahia e o reencontra em Karlovy Vary.
Projetos: em carta para Alfredo Guevara de 21 de novembro, fala pela primeira vez em realizar *America nuestra*, um épico sobre a América Latina que não seria realizado. Paulo Emilio Salles Gomes propõe a Glauber dirigir, na Bahia, o filme *Dina do Cavalo Branco*, roteiro de Paulo Emilio não realizado. Glauber responde à proposta em carta de Salvador, sem data, provavelmente de 1962.

• *Início do Cinema Novo com a explosão da produção cinematográfica a partir do Rio.* Cinco vezes favela *é produzido pelo Centro Popular de Cultura (CPC) da UNE, reunindo cinco curtas de Leon Hirszman, Joaquim Pedro de Andrade, Cacá Diegues, Miguel Borges e Marcos Farias. Ruy Guerra lança* Os cafajestes. O pagador de promessas, *de Anselmo Duarte, ganha a Palma de Ouro em Cannes. São lançados:* Boca de Ouro, *de Nelson Pereira dos Santos,* O assalto ao trem pagador, *de Roberto Farias,* Romeiros da Guia, *de João Ramiro Mello e Vladimir Carvalho. É organizado o Conselho Nacional dos Cineclubes.*

1963 – No dia 18 de junho Glauber inicia as filmagens de *Deus e o Diabo na Terra do Sol* no sertão da Bahia, concluídas em 2 de setembro. Publica *Revisão crítica do cinema brasileiro* pela Editora Civilização Brasileira. Começa a colaborar com a revista *Cine Cubano*. Em 16 de junho, o escritor Alberto Moravia faz, no *L'Espresso*, crítica elogiosa de *Barravento*. Segundo Moravia, trata-se de "um dos mais belos filmes que temos visto atualmente". Em agosto, *Barravento* é selecionado para o Festival de Cinema de Londres e, em setembro, incluído entre os dez filmes escolhidos para o Festival de Cinema de Nova York, que inaugura o Lincoln Center for the Performing Arts. Em carta para Paulo César Saraceni de abril/maio propõe adaptar o romance *Menina morta*, de Cornélio Penna, para o cinema.

• *O Cinema Novo ganha visibilidade com três grandes filmes sobre o Nordeste:* Vidas secas, *de Nelson Pereira dos Santos,* Deus e o Diabo na Terra do Sol, *de Glauber, lançado em 64, e* Os fuzis, *de Ruy Guerra. Outros filmes se destacam:* Ganga Zumba, *de Cacá Diegues,* Garrincha: alegria do povo, *de Joaquim Pedro de Andrade,* Porto das Caixas, *de Paulo César Saraceni,* A ilha, *de Walter Hugo Khoury. Torna-se obrigatória a exibição de filmes brasileiros 56 dias por ano. Cerca de trezentos cineclubes participam da reunião nacional em Porto Alegre. No Rio, Carlos Lacerda cria a Comissão de Ajuda à Indústria Cinematográfica (CAIC). Crise na política, com greves, manifestações e comícios pedindo reformas de base.*

1964 – Quando ocorre o golpe militar Glauber está fora do país, na sua segunda viagem à Europa para levar *Deus e o Diabo na Terra do Sol* ao Festival de Cannes. O filme concorre à Palma de Ouro, é exibido em 11 de maio, mas não é premiado. Os amigos e a família escrevem a Glauber pedindo que não volte imediatamente ao Brasil devido à crise política. Glauber vai a Paris e viaja pela Itália. Exibe seu filme no México, viaja pelos Estados Unidos, vai a Nova York e Los Angeles, conhece Hollywood. Recebe o prêmio da crítica mexicana no Festival Internacional de Acapulco, o Grande Prêmio do Festival de Cinema Livre, na Itália, e o Náiade de Ouro do Festival Internacional de Porreta Terme, também na Itália. Maurício do Valle, como Antônio das Mortes, recebe o prêmio Saci de melhor ator coadjuvante dado pelo jornal *O Estado de S. Paulo*. No dia 19 de junho, *Deus e o Diabo* estréia no Rio de Janeiro nos cinemas Caruso, Bruni-Flamengo e Ópera, entre outros do circuito Lívio Bruni. Em 26 de junho, devido ao sucesso de *Deus e o Diabo*, *Barravento* é lançado no Rio, nos cinemas Plaza, Riviera, Olinda e Mascote, anunciado como um filme de "violência, sexo, suspense e fetichismo", apresentando "a beleza satânica de uma mulher no mais excitante nu do cinema!".

• *João Goulart é deposto pelo golpe militar. O marechal Humberto Castelo Branco é nomeado presidente da República. É criado o SNI (Serviço Nacional de Informação). O Brasil rompe relações com Cuba. O Golpe interrompe as filmagens de* Cabra marcado para morrer, *de Eduardo Coutinho. São feitos os documentários* Maioria absoluta, *de Leon Hirszman,* Integração racial, *de Paulo César Saraceni,* Meninos do Tietê, *de Maurício Capovilla e os filmes* Noite vazia, *de Walter Hugo Khoury, e* Selva trágica, *de Roberto Farias.*

1965 – Ainda fora do Brasil, Glauber lança o texto-manifesto "A estética da fome", apresentado em janeiro na Resenha do Cinema Latino-Americano, em Gênova. O texto, escrito no avião entre Los Angeles e Milão, traz as bases estéticas e políticas do Cinema Novo e critica o paternalismo europeu em relação ao Terceiro Mundo. Surge a Mapa Filmes que tem como sócios Glauber, Zelito Viana, Walter Lima Jr., Paulo César Saraceni e Raymundo ("Dico") Wanderley Reis. Glauber co-produz *Menino de engenho*, de Walter Lima Jr. Em novembro, é preso num protesto contra o regime militar em frente ao Hotel

Glória, no Rio de Janeiro, durante reunião da OEA (Organização dos Estados Americanos). São presos com Glauber: Joaquim Pedro de Andrade, Mário Carneiro, Flávio Rangel, Antonio Callado, Carlos Heitor Cony, Jaime Rodrigues, Márcio Moreira Alves. A prisão tem repercussão internacional e um telegrama de protesto assinado por Truffaut, Godard, Alain Resnais, Joris Ivens e Abel Gance é enviado ao presidente Castelo Branco e apressa a saída da prisão. No final do ano, Glauber viaja para o Amazonas, onde passa o Natal de 65 filmando, em Manaus e Parintins, em meio a problemas de produção, o curta *Amazonas Amazonas*, seu primeiro filme colorido. A Editora Civilização Brasileira publica *Deus e o Diabo na Terra do Sol*, com textos e entrevistas de diferentes autores sobre o filme.

• *A política, o cenário urbano e o mundo rural marcam as produções do Cinema Novo:* O desafio, *de Paulo César Saraceni*, São Paulo S. A., *de Luiz Sérgio Person*, A falecida, *de Leon Hirszman*, Menino de engenho, *de Walter Lima Jr.*, O circo, *de Arnaldo Jabor. São realizados os documentários:* Viramundo, *de Geraldo Sarno*, Memória do cangaço, *de Paulo Gil Soares*, Nossa escola de samba, *de Manuel Jimenez. Surge a Difilm, cooperativa de distribuição dos filmes do Cinema Novo. É criado o curso de cinema da Universidade de Brasília. Acontece o 1º Festival do Filme, no Rio, e o 1º Festival do Curta-Metragem Jornal do Brasil. Nos EUA, na Califórnia, surgem as primeiras comunidades hippies.*

1966 – Filma, no início do ano, o curta *Maranhão 66*, documentando a posse do governador do Maranhão, José Sarney. A experiência servirá na concepção de seqüências de campanhas políticas em *Terra em transe*. *Deus e o Diabo na Terra do Sol* recebe o Grande Prêmio Latino-Americano no Festival Internacional de Mar del Plata. O roteiro do filme é publicado na coleção italiana Cineforum. *Deus e o Diabo* é capa da revista francesa *Positif* nº 73, de fevereiro, que inclui o manifesto "A estética da violência" e o artigo "Cangaço 65, cris du Brésil". Glauber co-produz *A grande cidade*, de Cacá Diegues.

• *O Cinema Novo diversifica seus caminhos com* O padre e a moça, *de Joaquim Pedro de Andrade*, A grande cidade, *de Cacá Diegues*, A hora e a vez de Augusto Matraga, *de Roberto Santos*, Os subterrâneos do futebol, *de Maurício Capovilla. Leila Diniz faz* Todas as mulheres do mundo, *comédia de Domingos de Oliveira de grande sucesso. É criado o Instituto Nacional do Cinema, presidido por Flávio Tambellini. Paulo Emilio Salles Gomes e Adhemar Gonzaga publicam* 70 anos de cinema brasileiro.

1967 – Terceira viagem de Glauber a Europa para levar *Terra em transe* ao Festival de Cannes. O filme é proibido em todo o território nacional em abril, considerado subversivo e ofensivo à Igreja. A proibição é manchete de todos os jornais. O filme é liberado no dia 3 de maio, sua exibição causa polêmica no Rio. Editorial da *Tribuna da Imprensa* taxa o filme de "antipúblico". Exibido no Festival de Cannes, *Terra em transe* ganha os prêmios Luis Buñuel, conferido pela crítica espanhola, e o da FIPRESCI — Federação Internacional de Imprensa Cinematográfica. No Rio, o filme fica em cartaz durante quatro semanas em dez cinemas. Em São Paulo é recebido com entusiasmo por Paulo Emilio Salles Gomes, Almeida Salles, Rudá de Andrade, Roberto Santos, entre outros. Em sessão para estudantes organizada pelo Teatro Universitário de São Paulo (TUSP) o filme é interrompido por aplausos ao longo de sua exibição. A repercussão do filme no Brasil é relatada nas cartas que Glauber recebe dos amigos.

De Cannes, Glauber viaja para Paris. Participa do Festival de Veneza, onde encontra Luis Buñuel. No final de julho exibe *Terra em transe* em Locarno, na Suíça e Montreal, no Canadá, onde encontra Jean Renoir. No Festival Internacional do Filme de Locarno, *Terra em transe* recebe o Grande Prêmio e o Prêmio da Crítica. Em Havana, é considerado pela crítica cubana o melhor filme do ano. No Rio, recebe do Museu da Imagem e do Som o Prêmio Golfinho de Ouro de melhor filme. No Festival de Cinema de Juiz de Fora ganha quatro prêmios: melhor filme, menção honrosa de melhor roteiro, melhor ator coadjuvante para Modesto de Sousa, prêmio especial para Luís Carlos Barreto, pela fotografia e produção do filme. No mesmo ano, Glauber participa como co-roteirista de *Garota de Ipanema*, de Leon Hirszman. Escreve os textos: "A Revolução é uma Eztetyka"; "Teoria e prática do cinema latino-americano"; "Revolução cinematográfica e Tricontinental" (inspirado na Conferência Tricontinental em Havana).

• *O marechal Artur da Costa e Silva é nomeado presidente. Carlos Marighella vai para Cuba como representante da OLAS (Organização Latino-Americana de Solidariedade) e cria a ALN (Aliança Libertadora Nacional), organização clandestina de extrema esquerda. Morre Che Guevara, na Bolívia. Régis Debray lança sua teoria do foco.*

O Rei da Vela, *peça de Oswald de Andrade encenada por José Celso Martinez Corrêa, e "Alegria, Alegria", música de Caetano Veloso, marcam o início do tropicalismo. Zé Celso dedica seu espetáculo a Glauber. Antonio Callado publica* Quarup, *romance que Glauber pretendia adaptar e cujo projeto aparece ao longo de sua correspondência. São lançados:* Opinião pública, *documentário de Arnaldo Jabor,* Garota de Ipanema, *de Leon*

Hirszman, O caso dos irmãos Naves, *de Luiz Sérgio Person. O moderno cinema brasileiro experimenta novos caminhos com* A margem, *de Ozualdo Candeias,* Esta noite encarnarei no teu cadáver, *de José Mojica Marins,* Cara a cara, *de Júlio Bressane. Jean-Claude Bernardet publica* Brasil em tempo de cinema, *análise sobre o Cinema Novo. Joaquim Pedro de Andrade realiza o documentário* Cinema Novo *para a televisão alemã, com trechos da filmagem de* Terra em transe.

1968 – O roteiro de *Terra em transe* é publicado na revista *L'Avant-scène du Cinéma* de janeiro e na revista alemã *Film*. Em março, Glauber começa os preparativos para filmar *O dragão da maldade contra o santo guerreiro (Antônio das Mortes)*, "um sangrento western político [...] em que retomo o personagem de Antônio das Mortes, dez anos mais tarde, num sertão modernizado e ainda bárbaro". Problemas de produção e financiamento atrasam as filmagens em Milagres, na Bahia. Glauber desiste de ir a Paris encontrar o produtor de *O dragão*, Claude-Antoine, devido as manifestações de maio de 68. Enquanto aguarda as filmagens na Bahia, roda em agosto, no Rio, com uma câmera Éclair 16 mm, *Câncer*, um filme experimental, com situações improvisadas em torno de violência, racismo e sexualidade. Registra as passeatas estudantis contra a ditadura no curta *1968*.

Glauber interrompe as filmagens de *O dragão* para participar da semana do Cinema Novo em Nova York. Lá, encontra Elia Kazan, assiste as filmagens de *The arrangement* e tenta obter com Kazan os direitos para o cinema de *Wild palms*, "romance de William Faulkner que coloca o Heroy entre a Dor e o Nada [...] Faulkner prefere a Vidorida (sobrevivência na luta!)". O projeto não seria realizado, mas é retomado por Glauber ao longo da sua trajetória. No Brasil, participa de um seminário sobre cinema e televisão na América Latina, organizado pela UNESCO, na Universidade de São Paulo. O encontro traz ao Brasil Roberto Rosselini, Edgar Morin e o cubano Alfredo Guevara. Co-produz *Brasil ano 2000*, longa-metragem de Walter Lima Jr. estrelado por Anecy Rocha, irmã de Glauber e mulher do diretor.

Nas cartas, começa a falar em sair definitivamente do Brasil. *Projetos*: em carta ao produtor Claude-Antoine propõe realizar uma série de televisão tendo o personagem Antônio das Mortes como protagonista. Escreve os argumentos de treze episódios e a apresentação da série. Glauber propõe nesse período os mais diferentes projetos, ainda pensando em filmar alguns deles no Brasil:

a) um musical chamado O *rei do bicho*, "uma adaptação bem livre de uma comédia musical de Brecht, *A ópera dos 3 vinténs*", sobre a vida de um gângster. "Conheço as Escolas de Samba e todos os grandes sambistas e dançarinos. Aqui, para esse gênero de filme não é preciso as coreografias de Hollywood. Nós temos tudo."

b) "Um roteiro de aventuras de espionagem no meio exótico da Amazônia. Estive na Amazônia e tenho um material fabuloso que poderia, REALMENTE, ser mais fascinante que James Bond [...] Não quero a direção, não quero nem assinar o roteiro. Quero vender porque tenho necessidade de dinheiro."

c) "Temas tirados dos romances de Miguel Angel Asturias."

d) "O projeto de *Calígula*, de Camus, para ser rodado nas ruínas de Pompéia", com o ator Jean-Pierre Léaud.

e) Projeto de "adaptação da peça *Galileu Galilei*, de Brecht, para uma época futura de polêmica sobre a conquista do espaço, um projeto que pode também interessar Orson Welles".

• *Passeata dos 100 Mil no Rio, com estudantes e intelectuais protestando contra a ditadura. O ato institucional nº 5 fecha o Congresso. Explodem as guerrilhas urbanas. Gilberto Gil lança o disco* Tropicália *e Caetano, a música "É proibido proibir". Cria-se o Conselho Superior de Censura. O cinema underground faz um clássico,* O Bandido da Luz Vermelha, *de Rogério Sganzerla, e* Jardim de guerra, *de Neville d'Almeida. O Cinema Novo lança* Fome de amor, *de Nelson Pereira dos Santos,* O bravo guerreiro, *de Gustavo Dahl. Surge o cinema da "Boca do Lixo" paulista, com Carlos Reichenbach, João Callegaro, Antonio Lima. Manifestações estudantis no Maio de 68 na França.*

1969 – Glauber propõe ao produtor americano Daniel Talbot adaptar *Amor de perdição*, romance do português Camilo Castelo Branco, transformando-o numa "tragédia de amor no mundo subdesenvolvido", com João Gilberto ou Baden Powell no papel principal e música de Tom Jobim.

Viagem à Europa para exibir *O dragão da maldade contra o santo guerreiro* no Festival de Cannes de 1969, que daria a Glauber o prêmio de melhor diretor, além do prêmio da FIPRESCI, o Luis Buñuel, e o da Confederação Internacional de Cinema de Arte e Ensaio. Glauber atribui a premiação ao entusiasmo de Luchino Visconti, no júri, pelo filme. Na Bélgica, o filme ganha o Primeiro Prêmio do Festival de Cinema de Plovaine. No Brasil, recebe o Troféu Coruja de Ouro e o Prêmio Adicional de Qualidade do Instituto Nacional de Cinema. A revista peruana *Hablemos de Cine* publica entrevista de Glauber em abril, sob o título "Glauber: o Transe da América Latina". A revista francesa *Cahiers du Cinéma* publica entrevista de Glauber no número de julho-agosto.

Em Cannes, antes da premiação do *Dragão*, Glauber recebe a proposta de Pere Fages, produtor de cinema de Barcelona, para realizar um filme de 100 mil dólares a ser rodado na Espanha, com total liberdade criativa. O filme seria *Cabezas cortadas*, e Glauber propõe Orson Welles no papel do ditador latino-americano que seria feito por Francisco Rabal.
Viaja a Paris, onde o produtor Claude-Antoine o convida para fazer um filme na África, que seria *O leão de 7 cabeças*. Viaja a Roma e participa do Festival de Veneza. Na Itália, em Roma, participa de *Vent d'Est*, filme de Jean-Luc Godard sobre o cinema político. Glauber faz o papel de um cineasta revolucionário que aponta o caminho do cinema do Terceiro Mundo.
Viaja para Brazzaville, no Congo, em setembro, para filmar *O leão de 7 cabeças*. De lá escreve para a mãe dizendo "estou na África. aqui não tem tanto bicho assim. tem muito calor. é igual à Bahia. o pessoal é ótimo. o trabalho é difícil". Roda o filme em 22 dias. No meio das filmagens o ator francês Jean-Pierre Léaud tem um ataque histérico, os congoleses acham que faz parte do filme.
Em carta para o cubano Alfredo Guevara, do ICAIC, pede que mostre *O dragão* a Fidel Castro e recomenda o guerrilheiro Itoby Alves Correa, "o Hélio", na estadia dele em Cuba.

• *Médici assume a presidência. É criada a Embrafilme. A repressão leva ao fechamento dos cineclubes.* Macunaíma, *de Joaquim Pedro de Andrade, é o grande sucesso do Cinema Novo. São lançados* Os herdeiros, *de Cacá Diegues,* Brasil ano 2000, *de Walter Lima Jr.,* Memória de Helena, *de David Neves,* Copacabana me engana, *de Antônio Carlos Fontoura. O cinema underground marca presença com* O anjo nasceu *e* Matou a família e foi ao cinema, *de Júlio Bressane,* Meteorango Kid, *de André Luís Oliveira,* Meu nome é Tonho, *de Ozualdo Candeias. Reginaldo Farias faz* Os paqueras. *O Cinema Novo se recusa a participar do Festival de Cinema do Rio de 1969 como protesto político. Durante o festival o cineasta Joaquim Pedro de Andrade é preso e solto por pressão das personalidades internacionais presentes ao evento. A ALN e o MR-8 seqüestram o embaixador americano em troca da libertação de quinze presos políticos. Carlos Marighella lança o* Minimanual do guerrilheiro urbano. *O capitão Lamarca passa à luta armada.*

1970 – Glauber viaja para a Catalunha, na Espanha, onde filma *Cabezas cortadas*, entre fevereiro e março. Vai a Nova York acompanhar a estréia de *O dragão*. Volta para a Espanha, onde conclui a montagem de *Cabezas cortadas*. No Brasil, a censura exige que o filme, falado em espanhol e catalão, seja dublado em português para receber certificado de filme brasileiro.

O leão de 7 cabeças é recusado pela Comissão de Seleção do Festival de Cannes. Em julho, *Cabezas cortadas* é exibido pela primeira vez no Festival de San Sebastian e em agosto é lançado no Festival de Veneza. Os dois filmes geram polêmicas e críticas entusiasmadas e indignadas. Glauber não vai aos festivais. Lançados na França, os filmes não são bem recebidos.
Volta ao Brasil e, em novembro, passa a escrever para o semanário O *Pasquim*. Viaja para Petrópolis, Cabo Frio e Bahia. Rompe seu relacionamento como Rosa Maria Penna. Conhece Letícia Maria Moreira de Souza. O crescimento da repressão e a prisão de Walter Lima Jr. o levam a desistir de trabalhar no Brasil. Entre os *projetos* não realizados está um filme adaptado do romance *Terras do sem-fim*, de Jorge Amado para a RAI, e uma adaptação do romance *Menina morta*, de Cornélio Penna. Passa o Natal no Rio. Numa carta do Rio, de agosto de 1970, a produtora Mapa Ltda. propõe um filme baseado em A *morte e a morte de Quincas Berro d'Água*, de Jorge Amado, com direção de Glauber e orçamento de 150 mil dólares.

• *Torna-se obrigatória a exibição de filmes brasileiros 112 dias por ano, depois 98 dias. Guerrilheiros seqüestram os embaixadores da Alemanha Federal, Suíça e Japão em troca da libertação de presos políticos. O Brasil ganha a Copa de 70, a euforia é capitalizada pela ditadura. Os filmes do Cinema Novo são marcadamente alegóricos:* Azyllo muito louco, *de Nelson Pereira dos Santos,* Os deuses e os mortos, *de Gustavo Dahl,* Pindorama, *de Arnaldo Jabor. Os cineastas Júlio Bressane e Rogério Sganzerla criam a produtora Bel-Air, vão para o exílio. O cinema underground produz* O pornógrafo, *de Callegaro,* Orgia ou O homem que deu cria, *de Silvério Trevisan,* Jardim de espumas, *de Luiz Rosemberg Filho. Walter Lima Jr. faz* Na boca da noite, *que, mal lançado no Rio, é pouco visto. A censura proíbe* Prata Palomares, *de André Faria, e* O país de São Saruê, *documentário de Vladimir de Carvalho.*

1971 – Viaja para Nova York em janeiro e inicia um exílio que duraria cinco anos, no momento em que a repressão e perseguição políticas tornam-se mais duras. Instala-se num apartamento do Village, de Fabiano Canosa. Ainda em janeiro, é convidado para uma conferência na Columbia University. É publicada a edição espanhola de *Revisão crítica do cinema brasileiro*.
Em maio, Glauber vai para Santiago do Chile, onde inicia, com Norma Benguell e Zózimo Bulbul, um documentário com o título provisório de *Definição ou Estrela do Sol*, sobre os exilados brasileiros. O filme começava com Glauber assoviando uma versão desafinada do Hino

Nacional. Não foi concluído e o material filmado foi perdido. O filme era produzido por Renzo Rosselini e pela TV Nacional do Chile.
Glauber viaja para Buenos Aires e Londres, onde se encontra com Caetano Veloso e outros exilados e segue para Paris.
Vai a Munique, onde encontra o cineasta alemão Peter Fleischmann.
Viaja para Roma. Atua no filme *O Rei dos Milagres* ou *Tatu Bola*, longa-metragem de Joel Barcelos e Gianni Barceloni em que faz o papel de um governador.
Viaja pelo Marrocos com Letícia Moreira de Souza e Mossa (Flora Bildner). Filma a viagem em super-8 (*Letícia e Mossa no Marrocos*).
Volta a Roma, vai a Paris e viaja para Cuba em novembro, propondo filmar *America nuestra* com o apoio do ICAIC. Recomenda o projeto de Marcos Medeiros, *História do Brasil*. *America Nuestra* não é realizado e Glauber se engaja na produção de *História*, do qual seria co-diretor.
Em Cuba, casa-se com a jornalista Maria Tereza Sopeña. É publicado em Madri, pela Editorial Fundamentos, *Revisión critica del cine brasileño*, versão em espanhol do livro de Glauber.

• *O ex-capitão e guerrilheiro Carlos Lamarca é morto na Bahia. São lançados* Como era gostoso o meu francês, *de Nelson Pereira dos Santos, e* A casa assassinada, *de Paulo César Saraceni. O cinema underground ou marginal ganha uma retrospectiva na Cinemateca do MAM (RJ). A disputa Cinema Novo × cinema marginal se acirra. São lançados* O capitão Bandeira contra o dr. Moura Brasil, *de Antonio Calmon, e* Bang Bang, *de Andrea Tonacci.*

1972 – Em Cuba, com a impossibilidade de filmar *America nuestra*, Glauber se dedica ao projeto *História do Brasil*, uma montagem com trechos de 47 filmes brasileiros arquivados no ICAIC. Consegue autorização para viajar a Roma e Paris para comprar cerca de 2 mil livros para a pesquisa e texto do filme, que só viria a ser concluído dois anos mais tarde, em Roma. Em Cuba entrevista e acompanha o treinamento de guerrilheiros. Encontra exilados e lideranças da esquerda: Vladimir Palmeira, Lizt Vieira, José Dirceu, Fernando Gabeira, Onofre Pinto. Encontra-se com Régis Debray e Miguel Arraes, que visitam Havana. Escreve o prólogo de *Grande Sertão Veredas* para a edição cubana. Permanece em Cuba até dezembro de 72.
Viaja pela América Latina: Buenos Aires e Montevidéu, na Argentina; Punta del Este, no Uruguai, onde encontra-se com o ex-presidente João Goulart e com a família (a mãe Lúcia Rocha, a irmã Anecy, o cunhado, Walter Lima Jr., e a filha Paloma). Vai a Lima e Machu Picchu, no Peru, viaja a Bogotá, Cartagena, Barranquilla e Panamá. Na viagem pela Colômbia, Glauber conhece, em Bogotá, Paula Gaitán,

ainda adolescente, com quem iria se reencontrar no Brasil em 1976 e com quem viveria até sua morte, em 1981.
Glauber vive em Paris com a cubana Maria Tereza. Em carta para Zelito Viana de 1974, retraça o roteiro dessa época: "curti os melhores momentos de minha vida exilada, reencontrando a minha família e Jango em Punta del Este. Andei pelo Peru, Argentina, sobrevoei o belorizonte chileno que já tinha sacado em 71, aprendi um pouco de política latino-americana com Darcy e outros conhecimentos, entrei pela Colômbia, saí em Cartagena 'criajando' na Semana Santa pra ir ver o túmulo de Bolívar em Barranquilla, terra onde Gabo escreveu *Macondo*. Passei dois dias no Panamá, cheguei a New Yorque onde tive um concerto privado com João Gilberto, revi Francis, cheguei a Paris, montei um quarto studio com Tereza no estilo *Último tango* e escrevi o roteiro de *A Idade da Terra* sob pagamento prêmio de dez mil dos produtores árabes (Raman), sionistas (Braunsberg), debaixo do maior esporro de minha vida, culminando com a violentíssima separação de Tereza, morte de enciumada Regina [Rosemburgo], reaparição de Rosinha [Rosa Maria Penna]".
Em carta de julho para Cacá Diegues comunica que montou *Câncer*, filmado em 68: "imagina que terminei o *Câncer* que está excepcional mas a alfândega francesa pegou cópia negativo tá dando um bolo filho da puta pra liberar. Depois de quatro anos só me faltava esta. ou este filme vai estourar ou nunca deve ser visto. que urucubaca!".

• *A ditadura organiza as comemorações do 150º aniversário da Independência do Brasil. O poeta Torquato Neto, um dos porta-vozes do tropicalismo, se suicida. Morre Leila Diniz. A obrigatoriedade de exibição dos filmes brasileiros cai para 84 dias por ano. Acontece o I Congresso da Indústria Cinematográfica Brasileira, no Rio de Janeiro. São lançados:* Independência ou morte, *de Carlos Coimbra, filme histórico-ufanista;* A viúva virgem, *pornochanchada de Pedro Rovai;* Os inconfidentes, *de Joaquim Pedro de Andrade,* São Bernardo, *de Leon Hirszman; o documentário* Migrantes, *de João Batista de Andrade. Acontece a primeira Jornada do Curta-Metragem em Salvador.*

1973 – Glauber vive entre Paris e Roma. Em 7 de fevereiro, a produtora Mapa é informada de que "o filme intitulado *CABEÇAS CORTADAS*, submetido à censura em janeiro do ano passado, teve negada a autorização para ser exibido, por despacho do Diretor da DCDP [Divisão de Censura de Diversões Públicas] [...] por capas [sic] de provocar incitamento contra regime vigente, a ordem pública, suas autoridades e seus agentes".
Recebe em abril carta do presidente do Chile, Salvador Allende, cum-

primentando-o pelo apoio público ao seu governo. Os negativos de *O dragão* e *Terra em transe* são queimados em um incêndio nos laboratórios GTC na França, na noite de 25 para 26 de junho.
Em setembro, escreve de Roma a Alfredo Guevara, explicando que se separou de Tereza: "Não houve nenhuma ruptura política entre eu e ela. As crises de inadaptação de temperamentos se agravam e a separação nestes casos é melhor solução. Tereza é uma mulher muito inteligente, culta e de grande sensibilidade. É uma revolucionária e encerra as grandes contradições de uma mulher cubana de sua geração".
Na Itália, participa do Festival de Pesaro e se estabelece em Roma, na casa do produtor Gianni Barcelloni, para montar *História do Brasil*, com ajuda do produtor Renzo Rosselini e participação da Radiotelevisione Italiana (RAI).
Em carta de agosto, para João Carlos Rodrigues, Glauber escreve sobre os bastidores da política brasileira, informações que explicam seu apoio à política de abertura do presidente Geisel em 74. Encontra-se com a pesquisadora Raquel Gerber em Roma e sugere uma coletânea sobre sua obra a partir de textos publicados na Europa e EUA.
Escreve para a RAI o roteiro de *O nascimento dos deuses* (*La nascita degli dei*), "um filme de seis horas sobre as civilizações oriento-ocidentais", dividido em duas partes: *Ciro, lua do Oriente* e *Alexandre, sol do Ocidente*. O filme não seria realizado. Em carta para Paulo Emilio, resume assim o período: "O ano de 73 na Europa foi a luta contra a fome e acabar o filme [*História do Brasil*], interrompido várias vezes para escrever roteiros pré-pagos por produtores (esta de escrever roteiro pago é o que tem me mantido embora os projetos sejam infilmáveis porque eu mesmo desisto: isto se passou umas quatro vezes etc.)". Em novembro revê o ex-presidente João Goulart em Paris.
É publicado na França o livro *Le Cinéma Novo nº 2/Glauber Rocha*, coletânea de ensaios sobre Glauber lançado na coleção Études Cinématographiques, nº 97/99. Ed. Minard.

• *Primeiro Festival de Cinema de Gramado, no Rio Grande do Sul. Paulo Emilio Salles Gomes publica o ensaio* Cinema: trajetória no subdesenvolvimento. *Os cineclubes brasileiros voltam a se organizar. Forma-se a ABD (Associação Brasileria de Documentaristas). São lançados:* Uirá, um índio em busca de Deus, *de Gustavo Dahl;* Toda nudez será castigada, *de Arnaldo Jabor;* Joana Francesa, *de Cacá Diegues;* Os condenados, *de Zelito Viana. No Chile, o presidente Salvador Allende é morto durante o golpe militar de setembro.*

1974 – Em março, a revista *Visão* publica carta em que Glauber define o general Golbery do Couto e Silva como "gênio da raça", e afirma sua crença no processo de abertura política conduzido pelo novo presidente Ernesto Geisel e pelos militares. A carta provoca polêmica e acusações. Em carta anterior, do mesmo período, de Roma, para Zuenir Ventura, diz: "eu pobre me viro muito ligado aí na pátria: se tiver eleições me arranje um partido que me candidato a Presidente". René Gardies publica na França, pelas Éditions Serghers, o livro *Glauber Rocha*, tirado da sua tese de doutorado defendida em Paris.

Glauber se apaixona pela atriz francesa Juliet Berto. Vai a Lisboa, Cannes, Capri. Em junho de 74, escreve, de Roma: "Casei com *La Chinoise* Juliet Berto. Desta vez é para sempre".

Em Roma, conclui *História do Brasil*. O ICAIC (Instituto Cubano de Arte e Indústria) retira seu apoio e nome dos créditos do filme por discordâncias estéticas e políticas. Começa a preparar a produção de *O nascimento dos deuses*, com locações previstas para o Egito e Grégia. Em julho recebe a visita da filha Paloma Rocha em Paris. Filma uma viagem em super-8 com Juliet Berto.

Em agosto de 74, escreve: "vou para o Egito com Juliet fazer as locações e orçamento e em setembro preparo aqui tudo pra filmar em outubro. Se, por imprevistos, o filme não sair vou logo pra N. Yorq com o outro roteiro, *A Idade da Terra*, e com dinheiro pra viver aí até montar a produção". Viaja para o Egito e Grécia. Do Egito, manda um cartão-postal para a família que diz: "Estou aqui com Juju [Juliet Berto] fazendo locações. O Egito é um Nordeste. Tudo bem. Agora vou pegar o avião para Babilônia. Voltarei no final de 75". Retorna a Roma e a Paris ainda em 74. Sob o impacto do assassinato do cineasta Pier Paolo Pasolini, no dia 2 de novembro, escreve para *O Pasquim* o artigo "Amor de macho".

Outros projetos: filmar "*O capital*, com Orson Welles no papel de Karl [Marx] e Dirk Bogarde no papel de Frederico [Engels] na velha Londres proletária monárquica colonialista do século passado".

• *O general Ernesto Geisel assume a presidência da República. Roberto Farias assume a direção da Embrafilme. São lançados:* O amuleto de Ogum, *de Nelson Pereira dos Santos;* Guerra conjugal, *de Joaquim Pedro de Andrade;* Rainha Diaba, *de Antônio Carlos Fontoura. O filme* Iracema, *de Jorge Bodansky e Orlando Senna, é proibido. O cinema experimental ressurge com* Triste trópico, *de Arthur Omar, e* O rei do baralho, *de Júlio Bressane. Paulo Emilio Salles Gomes publica* Humberto Mauro, Cataguases, Cinearte.

1975 – Em janeiro viaja para o México para levantar co-produção para *A Idade da Terra*. Negocia também uma co-produção com Equador e Venezuela.

Glauber pretendia rodar A *Idade da Terra* "metade no México ou no Equador ou na Venezuela e metade nos Estados Unidos: San Francisco e Nova Yorq". Não consegue o financiamento pretendido. Em Roma, filma *Claro*, com Juliet Berto, Carmelo Bene e intervenções do próprio Glauber, entre abril e maio. *Claro* estréia em Roma em outubro e gera polêmica. É bem recebido no Festival de Taormina. Exibido no Festival de Paris, em novembro, o filme recebe críticas violentas. O crítico francês Jacques Scliar, do *Le Monde*, escreve: "Infelizmente o desprezo do autor pela linguagem 'burguesa' e seu gosto pela imprecação o conduzem dessa vez para além do suportável". Jean-Louis Bory, do *Nouvel Observateur*, fala em "narcisismo confuso e sobretudo insuportável". Em carta para Alfredo Guevara de novembro desse ano, escreve: "Realizei um filme em Roma, *Claro*, que obteve ótimas e péssimas críticas. Um filme novo. Quero que você veja. Filmei em 11 dias, por 50 mil dólares, 9 mil metros de filme".

Na coleção Il Castoro Cinema, da editora La Nuova Italia, de Florença, o número 13 é dedicado a um estudo da obra de Glauber Rocha, de autoria de Cinzia Bellumori.

Em novembro recebe um bilhete de Orson Welles dispondo-se a encontrá-lo em Paris.

Projetos: em carta para Cacá Diegues, de agosto, escreve: "Volto a Roma para filmar *Revolução*. Queria fazer em Paris, mas não dá". Não há outras referências ao projeto. *Escritos*: de acordo com carta do editor Ênio da Silveira, de novembro, Glauber preparava um romance de 750 páginas chamado *História do Brasil* (provavelmente fruto das pesquisas para o filme de mesmo nome); e um volume intitulado *Filmes de Glauber Rocha*, livro com os roteiros de seus filmes; e mais *Alexandre, o Grande*, livro de quatrocentas páginas (provavelmente parte da pesquisa ou do roteiro de *O nascimento dos deuses*, escrito para a TV italiana).

Glauber começa a articular sua volta ao Brasil. Nas cartas aos amigos menciona sempre as dificuldades financeiras. Escreve a João Carlos Teixeira Gomes, em novembro, sobre a possibilidade de tornar-se correspondente internacional do *Jornal da Bahia* e anuncia: "Se voltar ao Brasil, voltaria à Bahia, onde quero ser Governador, conforme disse no *Pasquim*". Em dezembro escreve para Peter B. Schumann sobre a possibilidade de trabalhar na Alemanha. Prepara seu livro sobre o Cinema Novo (*A revolução do Cinema Novo*).

Separa-se de Juliet Berto, na virada de 1975 para 1976. Vai para o Convento Saint-Jacques, da ordem dos dominicanos, em Paris, por sugestão do amigo Itoby Alves Correa, temeroso de que as perseguições ao terrorista Chacal levassem a polícia francesa aos guerrilheiros e militantes latino-americanos sediados em Paris. Propõe a Juliet Berto que vá com ele para os EUA.

• *Torna-se obrigatória a exibição de filmes brasileiros 112 dias por ano. O Brasil chega a 3276 salas de cinema. Filmes:* O rei da noite, *de Hector Babenco,* Lição de amor, *de Eduardo Escorel. Documentários:* Tarumã, *de Aloysio Raulino,* Trem fantasma, *de Alain Fresnot. Retomada do Festival de Brasília depois de três anos. O Festival de Pesaro dedica uma mostra ao cinema brasileiro. Assassinato do jornalista Wladimir Herzog. Crescem as publicações da imprensa alternativa. É publicado* Crônica do cinema paulistano, *de Maria Rita Galvão.*

1976 – Glauber viaja para Moscou em janeiro, onde fica duas semanas. De lá escreve para Paulo Emilio contando sua passagem pela Georgia, sua visita ao acervo de Eisenstein, em Moscou, e um encontro com Luís Carlos Prestes: "O Cavaleiro da Esperança é muito inteligente, bem-humorado, forte, ativo e cultíssimo apesar de seus 78 anos. Causou-me excelente impressão, foi uma entrevista informal que algum dia publicarei". Em Moscou tenta financiamento para um filme intitulado *O nascimento da Terra* (com elementos de projetos anteriores: *America nuestra*, *O nascimento dos deuses* e *A Idade da Terra*). Escreve: "Estou disposto a voltar ao Brasil mesmo que seja para enfrentar um processo".
Recebe convite do produtor Daniel Talbot para ir para a Califórnia apresentar seus filmes em universidades. Na carta de Talbot, de 15 de janeiro, há um bilhete manuscrito de Francis Ford Coppola para Glauber respondendo que não poderia produzir *A Idade da Terra* nem ajudá-lo nos EUA, pois iria filmar nas Filipinas (*Apocalipse Now*).
Projeto: em carta a Peter B. Schumann, de janeiro de 1976, diz: "Tenho um tema para Paris: um documentário sobre os desempregados do terceiro mundo em Paris: eu, os negros, os árabes, os sul-americanos... é um filme-verdade, improvisado. *Eu, cineasta desempregado, faço entrevistas com outros terceiromundistas desempregados*". Em carta para Cacá Diegues, de janeiro, diz: "Terminei também *Hestória dialética da matéria*, agora sou escritor filósofo".
Glauber vai para a Califórnia, onde apresenta seus filmes nas Universidades de Berkeley, Stanford e Fresno. Nos EUA, tenta levantar financiamento para os projetos: *A Idade da Terra*, *O nascimento dos deuses*, e para a adaptação de *The wild palms*, de William Faulkner.
Em Los Angeles, Glauber tem o passaporte liberado pelo Itamaraty para voltar ao Brasil, por intervenção do general Golbery do Couto e Silva. De Los Angeles escreve para Jorge Amado: "Estou terminando meu livro escrito nestes cinco anos de exílio: chama *Universo*, deve fi-

car com quatrocentas páginas e acho que está muito bom... foi uma transação literária com você, com Rosa, Zé Lins, Graciliano".

Volta ao Brasil em 23 de junho, depois de cinco anos de exílio.

Em setembro, do Rio, escreve para Raquel Gerber: "saiba que tenho ao todo treze livros pra publicar, entre o de cinema (500 páginas), um romance (*Universo*), um *Romanceiro do sertão* (300 páginas), um *Fantástico folhetim* (1968) e o diário do exílio, além dos poemas e do *Mapa da Bahia*, que são todos meus poemas e contos e peças que não publiquei. [...] vou filmar um *Globo repórter* chamado *INTRODUÇÃO A VILA-LOBOS*, pra ser lançado no dia quinze de novembro. pedi 5 mil dólares por meia hora e liberdade total. Pagaram sem pedir roteiro. [...] montarei as óperas *O Guarani* e a *Yerma* de Vila-Lobos-Lorca e ficarei morando na Bahia".

Conhece, no Rio, Maria Aparecida Braga (Cuca). Filma o velório do pintor Di Cavalcanti, em 27 de outubro, no Museu de Arte Moderna. As filmagens do enterro causam polêmica e levariam mais tarde à interdição do filme pela Justiça a pedido da filha adotiva do pintor, Elizabeth Di Cavalcanti. Escreve em 28 de outubro para João Carlos Rodrigues contando sobre as filmagens e informa problemas de saúde: "estive três vezes em hospital por problemas psico/gástricos".

• *João Goulart morre no exílio. Juscelino Kubitschek morre num acidente de carro. O bispo de Nova Iguaçu, no Rio, é seqüestrado. A Ordem dos Advogados do Brasil (OAB), no Rio e o Cebrap, em São Paulo, sofrem atentados. É criado o Conselho Nacional do Cinema (Concine).* Dona Flor e seus dois maridos, *de Bruno Barreto, faz 10 milhões de espectadores,* Xica da Silva, *de Cacá Diegues, chega aos 3 milhões de espectadores. São lançados:* A queda, *de Ruy Guerra e Nelson Xavier,* Aleluia Gretchen, *de Sylvio Back, os documentários* Iaô, *de Geraldo Sarno,* A pedra da riqueza, *de Vladimir de Carvalho,* A independência de Moçambique, *de José Celso Martinez Corrêa. É publicado* A Bela Época do cinema brasileiro, *de Vicente de Paula Araújo.*

1977 – Morre Anecy Rocha, em 27 de março, no Rio de Janeiro, ao cair no poço de um elevador. A morte da irmã deixa Glauber profundamente abalado. Interrompe o romance *Riverão Sussuarana* e incorpora a tragédia ao texto do livro. O curta-metragem *Di Cavalcanti* ganha o prêmio especial do júri no Festival de Cannes. Glauber escreve: "é o filme mais moderno e revolucionário dos anos 70 no mundo. É novo em enquadramento, em som, interpretação, montagem — uma novidade Barroca-épica". Realiza o média-metragem

Jorjamado no cinema, produzido pela Embrafilme para ser exibido na TV. Nasce, no dia 4 de agosto, Pedro Paulo de Araújo Rocha, filho de Glauber e Maria Aparecida de Araújo Braga. Glauber reencontra a colombiana Paula Gaitán em férias no Brasil e os dois passam a viver juntos. Viaja para Brasília e começa a colaborar com o jornal *Correio Braziliense*. Torna-se amigo dos jornalistas Fernando Lemos e Oliveira Bastos. É lançada a coletânea *Glauber Rocha*, organizada por Raquel Gerber para a Editora Paz e Terra, com ensaios de autores brasileiros e estrangeiros sobre Glauber. Cinzia Bellumori lança na Itália *Glauber Rocha* (Florença, La Nuova Italia). Glauber passa a utilizar uma ortografia própria nos seus textos, substituindo as letras *c*, *i* e *s* por K, Y, Z e X. Textos antigos são "corrigidos" pela nova ortografia.

• *Cresce a campanha pela anistia política. São lançados:* A dama do lotação, *de Neville d'Almeida (6,5 milhões de espectadores)*, Lúcio Flávio, o passageiro da agonia, *de Hector Babenco (5 milhões de espectadores)*, Os Trapalhões nas minas do rei Salomão *(5,7 milhões de pagantes). Outros filmes:* Tudo bem, *de Arnaldo Jabor*, Chuvas de verão, *de Cacá Diegues*, Mar de rosas, *de Ana Carolina*, Ladrões de cinema, *de Fernando Cony Campos*, Tenda dos milagres, *de Nelson Pereira dos Santos*, Coronel Delmiro Gouveia, *de Geraldo Sarno*, Gordos e magros, *de Mário Carneiro*, Vereda tropical, *de Joaquim Pedro de Andrade*, Vida Severina, *de Zelito Viana. Morre, em setembro, Paulo Emilio Salles Gomes.*

1978 – Glauber filma *A Idade da Terra* em Salvador, Brasília e Rio de Janeiro. Em Salvador, as filmagens provocam polêmicas e sofrem interdições. Durante as filmagens da procissão de Conceição da Praia, um padre católico alega que Jece Valadão, ator de chanchadas, não podia fazer o papel de Cristo; o diretor cultural do Museu de Arte Sacra da Bahia, Valentim Calderóm, proíbe que Glauber filme com atores dentro do museu. Em 19 de janeiro, nasce Erik Aruak Gaitán Rocha, filho de Glauber e Paula Gaitán, durante as filmagens de *A Idade da Terra*, em Brasília. Glauber lança-se candidato. Em carta para Jorge Amado, escreve: "tenho ambições políticas: ser Ministro das Relações Exteriores ou da Educação e Cultura (acho que esse ministério deve ser dividido — quero ser ministro da Cultura) e/ou governador da Bahia, suceder o próximo e, naturalmente, Presidente, mas com eleições diretas". O romance *Riverão Sussuarana*, de Glauber, é publicado pela Editora Record. *Cabezas cortadas* é liberado sem cortes pela Censura Federal, em outubro.

• *Greve dos metalúrgicos no ABC de São Paulo. Torna-se obrigatória a exibição de filmes brasileiros 133 dias por ano e a exibição de um curta-metragem brasileiro como complemento dos filmes estrangeiros. São lançados:* Anchieta, José do Brasil, *de Paulo César Saraceni,* A lira do delírio, *de Walter Lima Jr.,* A Batalha dos Guararapes, *de Paulo Thiago,* Crônica de um industrial, *de Luiz Rosemberg Filho. A Embrafilme produz uma série de filmes para televisão, entre eles* Joana Angélica, *de Walter Lima Jr. Os filmes não são exibidos na TV.*

1979 – Nasce, em 19 de março, Ava Pátria Yndia Yracema Gaitán Rocha, filha de Glauber e Paula Gaitán. Glauber edita um suplemento sobre a Paixão de Cristo no *Correio Braziliense*, na sexta-feira da Paixão. *Cabezas cortadas* estréia em junho no Rio de Janeiro, precedido pelo curta-metragem *Di Cavalcanti.* A filha do pintor, Elizabeth Di Cavalcanti, proíbe a exibição do curta. Glauber passa a colaborar em diferentes jornais. Além do *Pasquim* e do *Correio Braziliense*, escreve regularmente para a *Folha de S. Paulo* e *Jornal do Brasil.* Tenta obter uma bolsa de estudo na Inglaterra para "uma Tese sobre a Dramaturgia de Oscar Wilde e possivelmente a montagem de uma de suas peças e conseqüente filmagem TV etc.". Escreve em julho para José Guilherme Merquior: "Além do projeto sobre Oscar Wilde, há um roteiro embrionário sobre Marx e Engels... um filme sobre as relações da Economia com a Filosofia e uma montagem do *Fausto* de Marlowe... além do mais, minhas macumbas me levaram do terreiro da Umbanda às feitiçarias de [William] Blake".

É convidado por Fernando Barbosa Lima para participar do programa *Abertura*, na TV Tupi, em que entrevista intelectuais, políticos e artistas, com grande repercussão.

Em carta de agosto, o editor Ênio Silveira se propõe a publicar os livros inéditos de Glauber e menciona a entrega do romance *Jango*, com cerca de quatrocentas páginas, ficcionando a vida e idéias do presidente João Goulart.

Em setembro, Glauber protesta por não ter sido convidado para o Festival de Brasília. Acusando o convidado francês Jean Rouch (cineasta que admirava) de "colonizador" e "agente de Quai d'Orsay", o escândalo acontece na sede do festival.

Em dezembro escreve para Alfredo Guevara: "Estou com 40 anos, idade ótima. Vivo finalmente com o amor de minha vida, uma poeta colombiana, Paula Gaitán, e tenho dois filhos, além de Paloma que tem 18 anos, e é atriz e diretora de teatro e cinema". "Estarei em Cannes. Pretendo em seguida filmar na Espanha, CARMEN — porque a ópera de Mozart Losey é uma *mierda* e quero viver *unos tiempos* em Sevilha".

• *O general João Batista Figueiredo torna-se presidente da República. Fim do AI-5. Repressão às greves operárias. Miguel Arraes, Leonel Brizola e Luís Carlos Prestes, entre outros, voltam do exílio. Celso Amorim torna-se diretor da Embrafilme. Surge a Cooperativa Brasileira de Cinema, no Rio. São lançados:* Bye bye Brasil, *de Cacá Diegues,* República dos assassinos, *de Miguel Faria Jr.,* Muito prazer, *de David Neves. O cinema reflete o momento político com* Braços cruzados, máquinas paradas, *de Roberto Gervitz e Sérgio Tolledo Segall;* Greve!, *de João Batista de Andrade;* Greve de março, *de Renato Tapajós. Documentários:* Terra dos índios, *de Zelito Viana;* Mito e metamorfose das mães Nagô, *de Juana Elbein;* Em nome da razão, *de Helvécio Ratton.* Limite, *clássico de Mário Peixoto, é recuperado e lançado. Jean-Claude Bernardet publica* Cinema brasileiro: propostas para uma história.

1980 – Morre Adamastor Bráulio Silva Rocha, pai de Glauber, em 6 de junho. Glauber participa da Mostra Internacional de Cinema de Veneza, onde a *A Idade da Terra* é exibido em 2 de setembro. O filme gera polêmica e é mal recebido pela crítica. Louis Malle recebe o Leão de Veneza com *Atlantic City*, e Glauber acusa o cineasta e a direção do festival de fascistas e, por sua vez, é acusado por suas posições políticas no Brasil. O escândalo em Veneza leva à retirada de *A Idade da Terra* do Festival de Cinema Ibérico e Latino-Americano de Biarritz. Em entrevista ao jornalista Pedro del Picchia, de setembro/outubro, Glauber desabafa: "Saí de Veneza vomitando. Passei dois dias em Florença com uma febre alta. Estou doente em Roma. Roma está fedendo, a cidade está cheia de marginais, está suja. [...] Minha relação com o cinema acabou em Veneza. Aproveito para dar um adeus definitivo à vida cultural brasileira. Vocês não me verão mais. Nunca".

Em dezembro, Glauber viaja para Paris para acompanhar uma mostra dos seus filmes num festival de cinema latino-americano.

Projetos: Em carta para Celso Amorim, de 30 dezembro, de Paris, escreve: "decido-me com Claude-Antoine e outros produtores sobre o roteiro atual: *O IMPÉRIO DE NAPOLEÃO*, cuja primeira versão escrevi no Brasil e estou fazendo a segunda para se passar na PARIS DE HOJE. Este é o filme que vou fazer este *ano*, embora não saiba como [...] Se eu voltasse ao Brasyl, filmaria também *O Império de Napoleão* com o título de *O Império de D. Pedro II*. Mas este painel que monta Flaubert-Stendhal-Picasso-Hitchcock é uma descoberta nova e 'special' para a França". O filme, *O Império de Napoleão*, seria uma livre adaptação de um livro de Stendhal.

Livros: "Existem uns 5 a 6 livros (romances, peças, poesias, entrevistas, críticas de 'artes', 'letras' e 'políticas') para serem publicados, quase to-

dos *mais ou menos* prontos, cujos originais se encontram *com a minha mãe na Bahia*. Além disto, cerca de 20 roteiros '*esboçados*' para cinema e TV. Estive aqui com Aluísio Magalhães, de quem sou velho amigo, e dei-lhe 8 laudas relatando todos meus *filmes*, *livros* e *projetos*. Manifestei-lhe o desejo de fundar uma Empresa de Comunicações em Paris (com ramal em Lisboa) e dar início à minha produção".
Ainda nesta carta, Glauber escreve: "vivo *pobremente* e *angustiado* pela pobreza e por isto *doente*: passei 15 dias vomitando com dores terríveis e Aluísio Magalhães encontrou-me bastante abalado".
Passa o Ano-Novo em Vincennes com amigos parisienses, na casa da crítica de cinema e amiga francesa Sylvie Pierre.

• *São produzidos 103 longa-metragens brasileiros. Os filmes* Eu te amo, *de Arnaldo Jabor;* Pixote, *de Hector Babenco;* Gaijin, *de Tizuka Yamasaki, e* Os anos JK, *de Sílvio Tendler, fazem sucesso. São lançados:* Cabaret mineiro, *de Carlos Augusto Prates Correia,* O homem que virou suco, *de João Batista de Andrade,* Brasília segundo Feldman, *de Vladimir de Carvalho. Nova greve dos metalúgicos do ABC paulista.*

1981 – Em janeiro, Glauber organiza, em Paris, uma exibição de *A Idade da Terra* para cerca de cinqüenta pessoas na sala Gaumont-Gare de Lyon. Em fevereiro, viaja para Portugal, onde é recebido pelo cineasta português Manuel Carvalheiro, diretor do documentário *Abecedário*, que inclui longo depoimento de Glauber gravado em Paris. Vai para Sintra, onde cruza com o presidente João Batista Figueiredo. Em abril, a Cinemateca Portuguesa exibe uma mostra de seus filmes, interrompida por um incêndio que destrói cópias dos filmes.
Em Sintra, Glauber recebe alguns amigos, mas se mantém isolado com a família. De Sintra, em abril, escreve para Cacá Diegues: "Paula e os meninos florescem... Paloma e minha mãe na Bahia... e tenho dois filhos cariocas, Pedro e Daniel [Pedro Paulo de Araújo Rocha, filho de Glauber com Maria Aparecida de Araújo Braga e Daniel Jardim Rocha, filho de Glauber e Marta Jardim, cuja paternidade foi ganhada na Justiça]. [...] sinto-me mais ou menos em casa, boa cama, boa mesa, bom clima, trans-romantismo...". Nesta carta, refere-se à peça sobre João Goulart: "escrevi a peça *Jango*, deixei os originais com Luiz Carlos Maciel, está ainda incompleta, mas é Teatro e não cinema".
Em abril, Glauber dá um longo depoimento em vídeo ao ator Patrick Bauchau, que filmava com Wim Wenders em Portugal, intitulado "Sintra é um belo lugar para morrer". Encontra-se com Wim Wenders e Samuel Fuller. Dá entrevista ao cineasta Manuel Carvalheiro. Com

a saúde abalada há alguns meses, Glauber tem como diagnóstico uma pericardite viral. Em carta para Celso Amorim, de abril, escreve: "Aqui tudo mais ou menos. Estou me recuperando da pericardite e escrevendo o roteiro [*O Império de Napoleão*]". Em carta de 16 de junho para o produtor americano Tom Luddy, Glauber registra: "Estou escrevendo um novo roteiro: *O destino da humanidade*. Vou acabar no dia 20 de agosto".

Em 6 de agosto seu estado se agrava e é internado num hospital próximo a Lisboa por complicações broncopulmonares. Em estado de extrema gravidade é trazido de volta ao Brasil na noite do dia 20, sem acompanhamento médico ou soro. Chega ao Rio de Janeiro no dia 21 e recebe soro ainda na enfermaria do Aeroporto do Galeão. É levado para a Clínica Bambina, em Botafogo. Morre às 4 horas da manhã do dia 22 de agosto. Glauber é velado no Parque Lage, cenário de *Terra em transe*, em meio a grande emoção e exaltação.

Em 27 de agosto, a TV Globo exibe *Glauber Rocha-Morto/Vivo*, *Globo repórter* dirigido por Paulo Gil Soares. A TV Bandeirantes exibe, em 29 de agosto, *Glauber na TV*, com trechos do Programa *Abertura*.

Em 31 de agosto, *A Idade da Terra* é relançado no Rio de Janeiro no cinema Rian e em Salvador no cine Glauber Rocha (ex-Guarany). Em setembro, Luiz Carlos Maciel monta um show no Canecão em homenagem a Glauber, com a participação de atores e artistas.

Mostras e retrospectivas de sua obra acontecem no Brasil (Salvador, São Paulo, Brasília) e em vários países. Na Inglaterra, o National Film Institute dá prosseguimento a uma retrospectiva de seus filmes. Outras mostras acontecem na França (Institut National d'Études Cinematographiques) e Estados Unidos (American Film Institute). Em setembro, Glauber é homenageado no Festival Internacional de Figueira da Foz, em Portugal, e no Encuentro de Intelectuales por la Soberania de los Pueblos de Nuestra America, em Havana, Cuba.

História do Brasil é exibido pela primeira vez no Brasil, em dezembro, no Cine Arte UFF, em Niterói.

É publicado, no Brasil, *Revolução do Cinema Novo*, coletânea de artigos e entrevistas de Glauber, pela Embrafilme e Alhambra. Na Itália, a IRAI (editora da RAI) publica *La nascita degli dei*, o roteiro de *O nascimento dos deuses*, de Glauber, nunca filmado, com desenhos de Paula Gaitán.

Projetos: Em texto inédito (série Produção Intelectual, Acervo Tempo Glauber) intitulado "A conquista de Eldorado" (sem data, provavelmente escrito em Sintra em 1981), Glauber passa em revista toda sua vida, numa espécie de balanço e roteiro de atividades e viagens realizadas, onde encontramos o seguinte registro:

Filmes a fazer: *O destino da humanidade*
O nascimento dos deuses
Os imortais
Infinito
Ilyada e Odisseya

Livros: O GYGANTE ADAMAZTOR — romance
JANGO — O PREZYDENTE QUE O POVO KOMEU — teatro e romance
O PROFETA DO ATLÂNTICO — contos e novelas
ANANECY — poemas
JORNAL DA VYDA (entrevistas, política e literatura etc.)
textamento *EXKORPYÃO* (papéis avulsos sobrados de jornal *vyda*)
ROTEYROS DO TERCEYRO MUNDO (de *pátio* a *idade da terra*)
REVISÃO CRÍTICA DO CINEMA BRASILEIRO (Revisão, atualizar)
O SEKULO DO KYNEMA (finalyzar)
O NASCIMENTO DOS DEUSES (ok, reeditar com o filme)
REVOLUÇÃO DO CINEMA NOVO (reeditar corrigido)
RIVERÃO SUSSUARANA (reeditar edição completa)
BIOGRAFYA ÉPIKA E DIDÁTICA DE LEON H. (texto foto monta[gem])
kryação do parayzo (texto de sintra)
O destino da humanidade
[...]
montagem de O *Guarany*
VILA-LOBOS — O ROMANTYZMO BRAZYLEYRO (ensaios e teatro) e *a*(*FRYK*)*a* [roteiro sobre escravos]

• *A explosão de uma bomba do Rio Centro fere dois militares envolvidos no atentado contra os participantes da festa do 1º de Maio.* Eles não usam black tie, *de Leon Hirszman, é premiado no Festival de Veneza, em Havana e outros festivais. São lançados os documentários:* Terceiro milênio, *de Jorge Bodansky e Wolf Gauer;* Jânio a 24 Quadros, *de Luiz Alberto Pereira (Gal).*

DIFUSÃO DA OBRA

1982 – Raquel Gerber publica *O mito da Civilização Atlântica: Glauber Rocha, cinema, política e a estética do inconsciente* pela Editora Vozes. Pedro del Picchia e Virgínia Murano publicam *Glauber, o Leão de Veneza*, pela editora Escrita, uma entrevista com Glauber sobre a polêmica participação de *A Idade da Terra* no Festival de Veneza. Jean-Claude Bernardet e Teixeira Coelho lançam *"Terra em transe", "Os herdeiros": espaços e poderes*, pela Com-arte.

No primeiro ano da morte de Glauber, ocorrem várias homenagens: em fevereiro, *Barravento* e *A Idade da Terra* são exibidos durante o Festival de Berlim. No Festival Internacional do Curta-Metragem e Documentário, em Lille, França, são exibidos *Pátio*; *Amazonas, Amazonas*; *Maranhão 66*; *Di Cavalcanti* e *História do Brasil*. Em março, acontece o Ciclo Glauber Rocha, em Florianópolis. Em agosto, a mostra É Tempo Glauber acontece em Salvador. No Centro Cultural São Paulo ocorre uma retrospectiva de seus filmes. No Rio, é feita a mostra Glauber Presente, no Colégio Jacobina, organizada pelos alunos da Universidade Federal Fluminense e RioArte. No dia 22 de agosto, a TV Bandeirantes exibe um especial sobre Glauber dirigido por Paula Gaitán. É exibido, no dia 23 de agosto, no Cinema Veneza, o curta-metragem *Abecedário*, sobre Glauber, dirigido pelo português Manuel Carvalheiro. Também no dia 23, o programa *Noites cariocas*, da TV Record, promove uma mesa-redonda sobre o cineasta. Em setembro, uma retrospectiva de seus filmes acontece no Centro de Estudos Cinematográficos de Belo Horizonte, e Glauber é homenageado pelo Tuca (Teatro da Universidade Católica), em São Paulo.

1983 – No Carnaval carioca, Glauber é homenageado pela Escola de Samba Lins Imperial com o samba-enredo "Glauber Presente". É lançado *O século do cinema*, coletânea de artigos de Glauber sobre o cinema americano, o neo-realismo e a Nouvelle Vague, pela Editora Alhambra. Ismail Xavier lança *Sertão Mar: Glauber Rocha e a estética da fome*, pela Editora Brasiliense. Em 28 de agosto, a TV Bandeirantes exibe o filme *Di Cavalcanti*. Em Recife acontece a mostra Passem Glauber, no Teatro do Parque. Em dezembro, o acervo da obra de Glauber Rocha, reunido por sua mãe, Lúcia Rocha, ganha uma sala no Museu da Imagem e do Som do Rio de Janeiro. O acervo recebe o nome de Tempo Glauber.

1984 – *Câncer* é exibido pela primeira vez, no dia 22 de agosto, no Rio de Janeiro, na Universidade Santa Úrsula, em sessão especial promovida pela Embrafilme e pelos amigos de Glauber. Randal Johnson publica

Cinema Novo × *5*, estudo sobre cinco diretores do Cinema Novo, incluindo Glauber.

1985 – *Roteiros do Terceyro Mundo*, livro projetado por Glauber com os roteiros e diálogos de seus longa-metragens, é publicado pela Embrafilme/ Alhambra, organizado pelo cineasta Orlando Senna. Em março acontece no cine São Luiz 1, no Rio de Janeiro, a mostra Glauber por Glauber, a primeira retrospectiva completa dos seus filmes, exibida em onze estados brasileiros.

1986 – O Festival de Veneza faz uma homenagem especial a Glauber Rocha com uma retrospectiva completa de seus filmes. O crítico Lino Micciché organiza, na Itália, os livros *Scritti sul cinema* e *Rocha: saggi & invettive sul Nuovo Cinema*. Em agosto, é inaugurada em São Paulo a mostra Tempo Glauber, promovida pelo SESC, que percorreria vinte estados do país e pequenas cidades, inclusive Rio Branco, no Acre, onde chegou em outubro de 1989. É publicado *O ideário de Glauber Rocha*, de Sidney Rezende, pela Editora Philobiblion, com citações de entrevistas e artigos de Glauber na imprensa. Roque Araújo, colaborador de Glauber, realiza *No tempo de Glauber*, uma montagem de seqüências ("sobras") não incluídas em *A Idade da Terra*, com trechos das polêmicas filmagens de Glauber em Salvador.

1987 – A crítica francesa Sylvie Pierre publica, na França, *Glauber Rocha*, na coleção Auteurs, da Cahiers du Cinéma. É publicado *"Barravento", a estréia de Glauber*, de José Gatti, da Editora da Universidade de Santa Catarina.

1989 – É organizado o livro *poemas eskolhydos de Glauber Rocha*, seleção de 28 poemas de Glauber escritos entre 1965 e 1981, pela Editora Alhambra. O livro não é lançado comercialmente. É realizado *O homem dos cabelos azuis*, documentário de Sylvie Pierre e Georges Ullman sobre a relação de Glauber com a crítica européia. No dia 22 de março é inaugurado o Tempo Glauber, acervo com cerca de 60 mil documentos, entre filmes, correspondência, escritos, publicações, poesias, desenhos e entrevistas de Glauber, dirigido por Lúcia Rocha, na rua Sorocaba, em Botafogo.

1991 – Em outubro, em Los Angeles, é exibida pela primeira vez a cópia nova de *Terra em transe* feita por iniciativa do cineasta americano Martin Scorcese. *Que viva Glauber*, documentário de Aurélio Michilis, é exibido no dia 27 de outubro, na TV Educativa.

1994 – Em março e abril, é realizada no Centro Cultural Banco do Brasil, no Rio de Janeiro, a mostra Glauber Rocha, um Leão ao Meio-dia, com palestras, filmes, vídeos e exposição de desenhos de Glauber, além de fotos e documentos da época. Em 26 de setembro, é outorgado a Glauber Rocha o título de doutor *honoris causa*, pela Universidade Federal da Bahia.

1995 – Em outubro, é relançado, com cópia nova da RioFilme, *Deus e o Diabo na Terra do Sol*, no cineclube Estação Botafogo, no Rio de Janeiro. O livro *Glauber Rocha*, de Sylvie Pierre, é lançado no Brasil pela Editora Papirus. José Carlos Avellar publica *"Deus e o Diabo na Terra do Sol": a linha reta, o melaço de cana e o retrato do artista quando jovem*, pela Editora Rocco. É publicado o livro *Glauber, a conquista de um sonho — Os anos verdes*, de Ayêska Paulafreitas e Júlio César Lobo, Editora Dimensão. Geraldo Sarno publica *Glauber Rocha e o cinema latino-americano* (CIEC, e RioFilme). São descobertas na PUC de Belo Horizonte 52 latas, contendo negativos e copiões com seqüências não utilizadas de *Terra em transe*. É realizado *Glauber Rocha, quando o cinema virou samba*, documentário em vídeo com depoimentos sobre o cineasta, realizado por José Roberto Torero.

1996 – Em julho, o Tempo Glauber inaugura sua página na Internet. No mesmo mês, a Universidade Federal do Sudoeste da Bahia promove em Vitória da Conquista, cidade em que Glauber nasceu, o evento Glauber Rocha e o Século do Cinema, e outorga a Glauber o título de doutor *honoris causa*. No Rio, Lúcia Rocha lança a Associação dos Amigos do Tempo Glauber. Luiz Carlos Maciel encena a peça *Jango*, de Glauber. É publicado o livro *Anabasis Glauber: da Idade dos Homens à Idade dos Deuses*, de Martim Cezar Feijó, Edição Anabasis e Fundação Álvares Penteado. O acervo Tempo Glauber recebe convite do governo da Bahia para transferir-se para Salvador. Depois de uma pesquisa de três anos, a correspondência de Glauber é selecionada e organizada para publicação.

FILMOGRAFIA

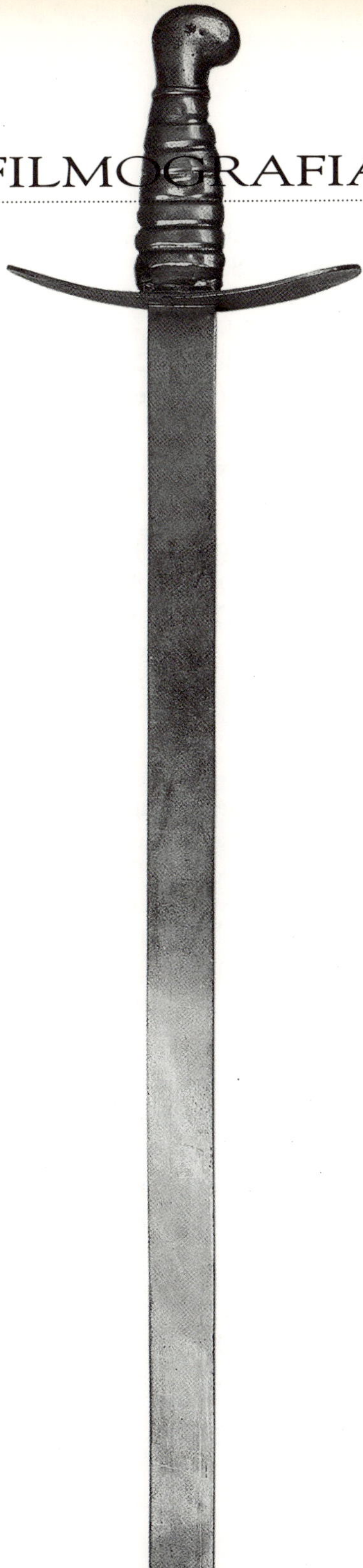

PÁTIO

Ficção, curta-metragem, 35 mm, preto-e-branco, 120 metros, 11 minutos. Salvador, Bahia, 1959. Lançamento: Salvador, Cine Liceu. Diretor, argumentista e roteirista: Glauber Rocha. Fotógrafos: José Ribamar de Almeida e Luiz Paulino dos Santos. Editor: Souza Jr. Música: Concreta. Locações: Salvador, Bahia. Elenco: Solon Barreto e Helena Ignez.

CRUZ NA PRAÇA

Ficção, curta-metragem, 35 mm, preto-e-branco. Salvador, Bahia, 1959. Produtor, diretor, argumentista e roteirista: Glauber Rocha. Diretor de fotografia e câmera: Waldemar Lima. Montador: Glauber Rocha. Locações: Pelourinho, Cruzeiro de São Francisco, igreja do Paço (Salvador, Bahia). Elenco: Luís Carlos Maciel e Anatólio de Oliveira.

BARRAVENTO

Ficção, longa-metragem, 35 mm, preto-e-branco, 2195 metros, 80 minutos. Salvador, Bahia, 1961. Companhia produtora: Iglu Filmes. Distribuição: Horus Filmes. Produtores: Rex Schindler e Braga Neto. Produtor associado: David Singe. Diretor de produção: José Telles de Magalhães. Produtor executivo: Roberto Pires. Diretor: Glauber Rocha. Assistentes de direção: Álvaro Guimarães e Waldemar Lima. Argumentista: Glauber Rocha. Idéia original: Luiz Paulino dos Santos. Roteiristas: Glauber Rocha e José Telles de Magalhães. Diálogos: Glauber Rocha e Luiz Paulino dos Santos. Diretor de fotografia: Tony Rabatony. Editor: Nelson Pereira dos Santos. Letreiros: Calazans Neto. Música: Washington Bruno (Canjiquinha): samba de roda e capoeira; Batatinha: samba. Locações: praia do Buraquinho, Itapoã, Vila Flamengo (Salvador, Bahia). Prêmios: Opera Prima (XIII Festival Internacional de Cinema de Karlovy Vary, Tchecoslováquia, 1962). Elenco: Antônio Sampaio (Pitanga), Luiza Maranhão, Lucy Carvalho, Aldo Teixeira, Lídio Cirillo dos Santos, Rosalvo Plínio, Alair Liguori, Antonio Carlos dos Santos, d. Zezé, Flora Vasconcelos, Jota Luna, Hélio Moreno Lima, Francisco dos Santos Brito.

DEUS E O DIABO NA TERRA DO SOL

Ficção, longa-metragem, 35 mm, preto-e-branco, 3400 metros, 125 minutos. Rio de Janeiro, 1964. Companhia produtora: Copacabana Filmes. Distribuição: Copacabana Filmes. Lançamento: 10 de julho de 1964, Rio de Janeiro, Caruso, Bruni-Flamengo e Ópera. Produtor: Luiz Augusto Mendes. Produtores associados: Jarbas Barbosa e Glauber Rocha. Diretor de produção: Agnaldo Azevedo. Diretor: Glauber Rocha. Assistentes de direção: Paulo Gil Soares e Walter Lima Jr. Argumentista: Glauber Rocha. Roteiristas: Glauber Rocha e Walter Lima Jr. Diálogos: Glauber Rocha e Paulo Gil Soares. Diretor de fotografia e câmera: Waldemar Lima. Cenógrafo e figurinista: Paulo Gil Soares. Letreiros: Lygia Pape. Gravuras: Calazans Neto. Cartaz: Rogério Duarte. Música: Heitor Vila-Lobos. Canções: Sérgio Ricardo (melodia) e Glauber Rocha (letra). Violão e voz: Sérgio Ricardo. Continuísta: Walter Lima Jr. Locações: Monte Santo, Feira de Santana, Salvador, Canché (Cocorobó), Canudos (Bahia). Prêmios: Prêmio da Crítica Mexicana (Festival Internacional de Acapulco, México, 1964), Grande Prêmio (Festival de Cinema Livre, Itália, 1964), Náiade de Ouro (Festival Internacional de Porreta Terme, Itália, 1964), Troféu Saci (Melhor Ator Coadjuvante: Maurício do Valle, 1965), Grande Prêmio Latino-Americano (I Festival Internacional de Mar del Plata, Argentina, 1966). Elenco: Geraldo del Rey, Yoná Magalhães, Maurício do Valle, Othon Bastos, Lídio Silva, Sônia dos Humildes, Marrom, Antônio Pinto, João Gama, Milton Roda, Roque e moradores de Monte Santo.

AMAZONAS AMAZONAS

Documentário, curta-metragem, 35 mm, colorido, 420 metros, 15 minutos. Manaus, Amazonas, 1966. Companhia produtora: Departamento de Turismo e Promoções do Estado do Amazonas. Lançamento: 17 de março de 1966, Manaus, Cine Avenida. Produtor: Luiz Augusto Mendes. Assistente de produção: Edmilson Rosas. Diretor: Glauber Rocha. Assistente de direção: Rubens Azevedo. Diretor de fotografia: Fernando Duarte. Som: Hélio Barrozo Neto. Música: Heitor Vila-Lobos. Estúdio de som: Hélio Barroso Neto.

MARANHÃO 66

Documentário, curta-metragem, 35 mm, preto-e-branco, 302 metros, 11 minutos. Rio de Janeiro, 1966. Companhia produtora: Mapa Filmes. Produtores: Luís Carlos Barreto e Zelito Viana. Diretor: Glauber Rocha. Diretor de fotografia e câmera: Fernando Duarte. Som direto: Eduardo Escorel. Montador: João Ramiro Melo. Laboratório de imagem: Líder Cine Laboratório.

TERRA EM TRANSE

Ficção, longa-metragem, 35 mm, preto-e-branco, 3100 metros, 115 minutos. Rio de Janeiro, 1967. Companhias produtoras: Mapa Filmes e Difilm. Distribuição: Difilm. Lançamento: 8 de maio de 1967, Rio de Janeiro, Bruni-Flamengo, Coral, Caruso, Festival e outros cinemas do circuito Lívio Bruni. Produtor executivo: Zelito Viana. Produtores associados: Luís Carlos Barreto, Carlos Diegues, Raymundo Wanderley e Glauber Rocha. Gerente administrativo: Tácito Val Quintas. Diretor: Glauber Rocha. Assistentes de direção: Antônio Calmon e Moisés Kendler. Argumentista e roteirista: Glauber Rocha. Diretor de fotografia: Luís Carlos Barreto. Câmera: Dib Lufti. Assistente de câmera: José Ventura. Fotógrafos de cena: Luís Carlos Barreto e Lauro Escorel Filho. Trabalhos fotográficos: José Medeiros. Eletricistas: Sandoval Dória e Vitaliano Muratori. Engenheiro de som: Aluizio Viana. Montador: Eduardo Escorel. Assistente de montagem: Mair Tavares. Montadora de negativo: Paula Cracel. Cenógrafo e figurinista: Paulo Gil Soares. Trajes de Danuza Leão: Guilherme Guimarães. Letreiros: Mair Tavares. Música original: Sérgio Ricardo. Regente: Carlos Monteiro de Sousa. Quarteto: Edson Machado. Vozes: Maria da Graça (Gal Costa) e Sérgio Ricardo. Música: Carlos Gomes, Heitor Vila-Lobos, Verdi, canto negro Aluê do candomblé da Bahia, samba de favela do Rio de Janeiro. Locações: Rio de Janeiro e Duque de Caxias (RJ). Laboratório de imagem: Líder Cine Laboratórios. Estúdio de som: Herbert Richers. Prêmios: Prêmio da FIPRESCI (Federação Internacional de Imprensa Cinematográfica) e Prêmio Luis Buñuel (XX Festival Internacional do Filme, Cannes, 1967), Golfinho de Ouro (Melhor Filme, Rio de Janeiro, 1967), Coruja de Ouro (Melhor Ator Coadjuvante: José Lewgoy, Rio de Janeiro, 1967), Prêmio Air France de Cinema (Melhor Filme e Melhor Diretor, Rio de Janeiro,

1967), Prêmio da Crítica, Grande Prêmio Cinema e Juventude (Locarno, Itália), Prêmio da Crítica (Melhor Filme, Havana, Cuba), Menção Honrosa (Melhor Roteiro), Melhor Ator Coadjuvante (Modesto de Sousa) e Prêmio Especial (a Luís Carlos Barreto, pela fotografia e produção) (Juiz de Fora, Minas Gerais). Elenco: Jardel Filho, Paulo Autran, José Lewgoy, Glauce Rocha, Paulo Gracindo, Hugo Carvana, Danuza Leão, Jofre Soares, Modesto de Sousa, Mário Lago, Flávio Migliaccio, Telma Reston, José Marinho, Francisco Milani, Paulo César Pereio, Emanuel Cavalcanti, Zózimo Bulbul, Antonio Câmera, Echio Reis, Maurício do Valle, Rafael de Carvalho, Ivan de Souza. Participações especiais: Darlene Glória, Elizabeth Gasper, Irma Álvares, Sônia Clara, Guide Vasconcelos. Figuração de época: Clóvis Bornay.

1968

Não-ficção, 35 mm, preto-e-branco, 600 metros, 22 minutos. Rio de Janeiro, 1968. Diretores: Glauber Rocha e Afonso Beato. Fotógrafo: Afonso Beato. Locação: centro da cidade do Rio de Janeiro.

O DRAGÃO DA MALDADE
CONTRA O SANTO GUERREIRO

Ficção, longa-metragem, 35 mm, colorido (Eastmancolor), 2600 metros, 95 minutos. Rio de Janeiro, 1969. Companhia produtora: Mapa Filmes. Distribuição: Mapa Filmes. Lançamento: 9 de junho de 1969, Rio de Janeiro, Bruni-Flamengo, Bruni-Copacabana, Bruni-Ipanema e outros cinemas do circuito Lívio Bruni. Produtores: Glauber Rocha, Zelito Viana, Luís Carlos Barreto, Claude-Antoine. Diretores de produção: Demerval Novais de Carvalho e Agnaldo Azevedo. Produtor executivo: Zelito Viana. Administrador: Tácito Val Quintas. Diretor: Glauber Rocha. Diretor de fotografia: Afonso Beato. Câmera: Ricardo Stein. Assistente de câmera: André Faria. Maquinistas: Pintinho, Eutímio e Daniel. Eletricistas: Roque Araújo e Chiquinho Messias. Som direto: Walter Goulart. Operador de microfone: Diego Arruda. Mixagem: Carlos della Riva. Efeitos sonoros: Paulo Lima. Montador: Eduardo Escorel. Assistente de montagem: Amauri Alves. Cenógrafo: Glauber Rocha. Assistentes de cenografia: Paulo Lima e Paulo Gil Soares. Figurinistas: Glauber Rocha, Paulo Lima

e Paulo Gil Soares. Trajes de Odete Lara: Hélio Eichbauer. Letreiros: Robert Lunari. Cartaz: Jânio de Freitas. Música: "Unkrimakrimkrim", "Ritmetrom" (Marlos Nobre), "Coirana" (Walter Queirós), "Antônio das Mortes" (Sérgio Ricardo), "Macumba de milagres" (anônimo) e "Chegada de Lampião no Inferno" (Cego de Feira). Locação: Milagres, Bahia. Laboratório de imagem: Rex Filmes. Estúdio de som: Rivaton. Prêmios: Melhor Direção, Prêmio da FIPRESCI, Prêmio Luis Buñuel, Prêmio da Confederação Internacional de Cinema de Arte e Ensaio (XXI Festival de Cannes, 1969), Primeiro Prêmio (Festival de Cinema de Plovaine, Bélgica), Troféu Coruja de Ouro (Prêmio Adicional de Qualidade, INC, 1969), Prêmio do Público (Semana Internacional de Cinema de Autor, Banalmadena, Espanha, 1969). Elenco: Maurício do Valle, Odete Lara, Othon Bastos, Hugo Carvana, Jofre Soares, Lorival Pariz, Rosa Maria Penna, Emanuel Cavalcanti, Mário Gusmão, Vinícius Salvatori, Sante Scaldaferri.

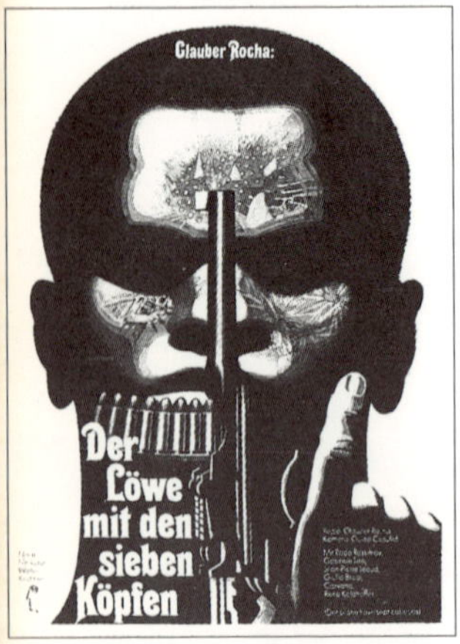

O LEÃO DE SETE CABEÇAS

Título original: *Der Leone Have Sept Cabeças*. Ficção, longa-metragem, 35 mm, colorido (Eastmancolor), 2600 metros, 95 minutos. Roma, Itália, 1970. Companhia produtora: Polifilm. Produtores: Gianni Barcelloni e Claude-Antoine. Diretor de produção: Giancarlo Santi. Gerente de produção: Marco Ferreri. Diretor: Glauber Rocha. Assistente de direção: André Gouveia. Argumentistas e roteiristas: Gianni Amico e Glauber Rocha. Diretor de fotografia: Guido Cosulich. Som direto: José Antônio Ventura. Montadores: Eduardo Escorel e Glauber Rocha. Letreiros: Francesco Altan. Música: folclore africano, Baden Powell e uma versão do hino nacional francês cantada por Clementina de Jesus. Locações: Brazzaville, Congo. Elenco: Rada Rassimov, Jean-Pierre Léaud, Giulio Brogi, Hugo Carvana, Gabrielle Tinti, René Koldhoffer, Baiack, Miguel Samba, André Segolo, Aldo Bixio, povo e dançarinos do Congo. Dedicatória: a Paulo Emilio Salles Gomes.

CABEÇAS CORTADAS

Título original: *Cabezas cortadas*. Ficção, longa-metragem, 35 mm, colorido (Eastmancolor), 2600 metros, 95 minutos. Barcelona, Espanha, 1970. Companhias produtoras: Barcelona Profilmes S. A. (Espanha), Barcelona Films Contacto

(Espanha) e Mapa Filmes (Brasil). Distribuição: Embrafilme. Lançamento: 11 de junho de 1979, Rio de Janeiro, Roma-Bruni, Rio Sul, Bruni-Copacabana, Bruni-Tijuca. Diretores de produção: José Antônio Perez Giner e Modesto Perez Redondo. Produtores executivos: Ricardo Muñoz Suay, Pedro Fages, Juan Palomeras. Assistente de produção: Manuel Rubio. Diretor: Glauber Rocha. Assistente de direção: Ricardo Muñoz Suay. Assistentes de realização: Manuel Esteban e Manuel Perez Sestremeras. Argumentista: Glauber Rocha. Roteiristas: Augusto Martinez Torres e Josefa Pruna. Diálogos em espanhol: Ricardo Muñoz Suay. Diretor de fotografia: Jaime Deu Casas. Câmera: Carlos Frigola. Segundo operador de câmera: Ricardo Gonzales. Primeiro assistente de câmera: Jose Cobos. Segundo assistente de câmera: Ramon Jaques. Som: Roger Sangenis. Operador de microfone: Jorge Sauret. Montador: Eduardo Escorel. Assistentes de montagem: Angeles Sanchez e Susana Lemoine. Cenógrafo: Fabian Puigserver. Decorador: Andres Vallve. Assistentes de decoração: Manuel Rubio Jr. e Jose Rovira. Maquiador: Cristobal Criado. Assistente de maquiagem: Ana Criado. Cabeleireira: Vicenta Salvador. Letreiros: Ana Luísa Escorel. Música: temas populares da Espanha. Locações: Biblioteca Nacional de La Disputación (Barcelona), Rosas, San Pedro de Poda, Castelló de Ampurias, Cadaqués, Cabo de Creus, Port-Lligat. Laboratório de imagem: Fotofilm S. A. E. Estúdio de som: La Voz de España S. A. Estúdio de montagem: Estúdio Kine S. A. Prêmio: Prêmio São Saruê (Federação de Cineclubes do Rio de Janeiro, Rio de Janeiro, 1979). Elenco: Pierre Clementi, Francisco Rabal, Marta May, Rosa Maria Penna, Ema Cohen, Luis Ciges, Telesforo Sanchez, Victor Israel, Carlos Frigola, Carmen Sansa, Emer Cardona, Enrique Majo, Jack Rocha, Jose Jacomet, Jose Ruiz, Jose Torrens, Julian Navarro, Juan Valles, Maria Jesus Andany, Sebastian Camps, Veja Dingo.

CÂNCER

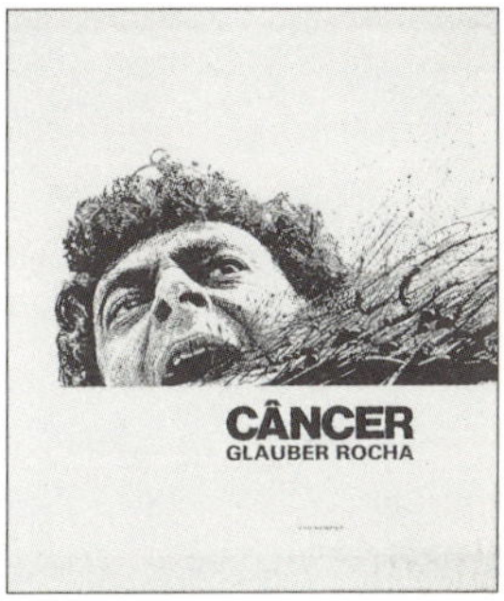

Ficção, longa-metragem, 16 mm, preto-e-branco, 950 metros, 86 minutos. Rio de Janeiro/Roma, 1972. Companhia produtora: Mapa Filmes. Distribuição: Embrafilme. Lançamento: 2 de setembro de 1982, São Paulo, Centro Cultural São Paulo. Co-produtores: Gianni Barcelloni e RAI — Radiotelevisione Italiana. Diretor: Glauber Rocha. Diretor de fotografia e câmera: Luís Carlos Saldanha. Som direto: José Antonio Ventura.

Sincronização: Raul Garcia. Montadores: Tineca e Mireta. Laboratório de imagem: Líder Cine Laboratórios. Elenco: Odete Lara, Hugo Carvana, Antônio Pitanga, Eduardo Coutinho, Rogério Duarte, Hélio Oiticica, José Medeiros, Luís Carlos Saldanha, Zelito Viana e o pessoal do morro da Mangueira (Rio de Janeiro).

HISTÓRIA DO BRASIL

Não-ficção, longa-metragem, 35 mm, preto-e-branco, 4300 metros, 158 minutos. Cuba/Itália, 1974. Companhia produtora: Tricontinental. Produtores: Instituto Cubano de Arte y Industria Cinematográfica, Renzo Rosselini. Diretores: Glauber Rocha e Marcos Medeiros. Roteiristas: Glauber Rocha e Marcos Medeiros. Locutor: Jirges Ristum. Vozes: Glauber Rocha e Marcos Medeiros.

AS ARMAS E O POVO

Não-ficção, longa-metragem, 35 mm, preto-e-branco e cor, 80 minutos. Lisboa, 1975. Diretores: Glauber Rocha e Trabalhadores da Atividade Cinematográfica de Portugal. Produtores: Trabalhadores da Atividade Cinematográfica de Portugal. Elenco: Glauber (entrevistador), o povo de Portugal, Mário Soares e o líder do Partido Comunista Português Álvaro Cunhal. (Documentário sobre a Revolução de Abril de 1974, encontrado no Instituto Português de Cinema e exibido pela primeira vez em 1995.)

CLARO

Título original: *Claro*. Ficção, longa-metragem, colorido (Eastmancolor), 3000 metros, 110 minutos. Roma, Itália, 1975. Companhia produtora: DPT-SPA. Produtor: Alberto Marucchi. Co-produtor: Marco Tamburella. Diretor de produção: Ugo Persichetti Auteri. Produtores executivos: Giacomo Lova e Loya Telli. Direção: Glauber Rocha. Assistente de direção: Anna Carini. Diretor de fotografia: Mario Gianni. Técnicos de som: Manlio e Davide Magara. Música: Vila-Lobos, Bellini, Vivaldi, temas populares do Brasil e da Itália, Benedito Lacerda e Haroldo Lobo ("Espanhola"), José Asunción Flores e Manuel Ortiz Guerrero ("Índia", versão de José Fortuna, cantada por

Gal Costa). Elenco: Juliet Berto, Mackay, Luis Maria Olmedo, Tony Scott, Jirges Ristum, Luis Waldor, Betina Best, Yvone Taylor, Francesco Serrao, Anna Carini, Jarine Janet, Luciana Liquori, Peter Adarire, Glauber Rocha, Carmelo Bene, o povo de Roma.

DI

Não-ficção, curta-metragem, 35 mm, colorido, 480 metros, 18 minutos. Rio de Janeiro, 1977. Companhia produtora: Embrafilme. Distribuição: Embrafilme. Primeira exibição: 11 de março de 1977, Cinemateca do MAM, Rio de Janeiro. Lançamento: 11 de junho de 1979, Rio de Janeiro, Roma-Bruni, Rio Sul, Bruni-Copacabana, Bruni-Tijuca. Diretor de produção: Ricardo Moreira. Diretor: Glauber Rocha. Assistente de direção: Ricardo (Pudim) Moreira. Fotógrafos: Mário Carneiro e Nonato Estrela. Montador: Roberto Pires. Música: Pixinguinha ("Lamento"), Vila-Lobos (trecho de "Floresta do Amazonas"), Paulinho da Viola, Lamartine Babo ("O teu cabelo não nega"), Jorge Bem. Locações: Museu de Arte Moderna, Cemitério São João Batista (Rio de Janeiro). Prêmio: Prêmio Especial do Júri (Festival de Cannes, 1977). Outros títulos: Ninguém assistiu ao formidável enterro de sua última quimera; somente a ingratidão, essa pantera, foi sua companheira inseparável e Di-Glauber. Locutor: Glauber Rocha. Textos: Vinicius de Moraes ("Balada do Di Cavalcanti"), Augusto dos Anjos (trecho de Versos íntimos), Frederico de Moraes (trecho de artigo sobre Di Cavalcanti) e Edison Brenner (anúncio da morte de Di). Elenco: Joel Barcelos, Marina Montini, Antônio Pitanga.

JORJAMADO NO CINEMA

WALTER CARVALHO

Ficção, média-metragem, 16 mm, colorido, 550 metros, 50 minutos. Rio de Janeiro, 1977. Companhia produtora: Embrafilme — Setor de Rádio e Televisão/SRTV. Diretor de produção: Albertino (Tininho) Fonseca. Equipe de produção: Luís Maurício e Almir Muniz. Diretor: Glauber Rocha. Assistentes de direção: Tizuka Yamasaki e Almir Muniz. Diretores de fotografia: Walter Carvalho, Nonato Estrela e Glauber Rocha. Eletricista: Antônio Silva. Som: Lael Rodrigues. Montador: Carlos Cox. Assistente de montagem: Luiz Fernando Sarmento. Estúdio de som: Tecnisom.

A IDADE DA TERRA

Ficção, longa-metragem, 35 mm, colorido (Eastmancolor/Cinemascope), 4350 metros, 160 minutos. Rio de Janeiro, 1980. Companhias produtoras: Embrafilme, CPC (Centro de Produção e Comunicação), Glauber Rocha Comunicações Artísticas e Filmes 3. Distribuição: Embrafilme. Lançamento: 17 de novembro de 1980, Brasília. Produtor: Glauber Rocha. Diretores de produção: Tizuka Yamasaki e Walter Schilke. Gerente financeiro: Haroldo Born de Silva. Produtores executivos: Carlos Alberto Diniz e Wilson Mendes Andrade Jr. (Quim). Assistentes de produção: Yurika Yamasaki, Alice Ozawa, Urbano de Castro Pires, Antonio Alves Cury, Nivalda Silva Costa, Francisco Luís Drumond Neto, João da Rocha Freitas Neiva, João Melo, Maria de Fátima Barreto, Sheila Maria Lopes Torres e Telma Melo Duarte Guimarães. Diretor: Glauber Rocha. Assistentes de direção: Carlos Alberto Caetano e Tizuka Yamasaki. Argumentista e roteirista: Glauber Rocha. Diretores de fotografia: Roberto Pires e Pedro de Moraes. Câmera: John Howard Shemman. Assistentes de câmara: Roque Araújo, Alonso Rodrigues dos Santos, Jaime Schwartz, Antonio Carlos Seabra. Fotógrafos de cena: Sônia Nercessian, Paula Gaitán, Tizuka Yamasaki, Pedro de Moraes e Carlos Cox. Chefe eletricista: Roque Araújo. Eletricista: José Pereira dos Santos. Assistentes de eletricista: Sebastião de Lima, Sandoval Santos Silva e José Caetano de Lima. Técnico de som: Sylvia Maria Amorim de Alencar. Mixagem: Roberto Leite e Onelio Mota. Assistentes de som: Rony Castro Pires, Antonio Raimundo dos Santos, Raul Manuel Quinteros Riquelme, Rodolfo Brandão, Sergio Santos Cravo, Luís Antonio Prado e Paloma Rocha. Montadores: Carlos Coz, Raul Soares e Ricardo Miranda. Montagem de som: Jorge Saldanha. Cenógrafos: Paula Gaitán e Raul Willian Amaral Barbosa. Assistente de cenografia: Nilde Maria Goebel. Contra-regra: Antonio Raimundo dos Santos. Figurinistas: Paula Gaitán e Raul Willian Amaral Barbosa. Assistente de figurinos: Nilde Maria Goebel. Costureira: Nalva Djanira da Silva. Música: Heitor Vila-Lobos, Jorge Ben, Jamelão, Nanã, Mozart, folclore brasileiro. Diretor musical: Rogério Duarte. Arranjador musical: Vivaldo Santa Pereira. Músicos: Pascoal Trindade Reis, Antonio Apolinário Andrade, Lidio Marques de Sousa, Álvaro dos Santos Cerqueira, Antonio Ferreira da Anunciação e Manoel Natividade Passos. Orquestra: Orquestra

Mística da Bahia. Continuístas: Suely Seixas Nunes Neiva, Laura Teresa Fernandes Carneiro e Paloma Rocha. Locações: Rio de Janeiro, Salvador, Brasília. Laboratório de imagem: Líder Cine Laboratórios. Estúdio de som: Nel-som. Prêmios: Menção Honrosa (a Norma Benguell) (XXXVII Mostra Internacional de Cinema, Veneza, 1980), Prêmio do Museu de Arte Moderna de Cartagena (XXII Festival de Cinema de Cartagena). Elenco: Maurício do Valle, Jece Valadão, Antônio Pitanga, Tarcísio Meira, Geraldo del Rey, Ana Maria Magalhães, Carlos Petrovicho, Norma Benguell, Mário Gusmão, Danuza Leão, Glória X, Laura Y, Paloma Rocha.

ÍNDICE ONOMÁSTICO

ÍNDICE DE FILMES

ESTA OBRA FOI COMPOSTA PELA GRAPH-BOX EM GOUDY E IMPRESSA PELA HAMBURG GRÁFICA EDITORA SOBRE PAPEL TOP PRINT DA VOTORANTIM PARA A EDITORA SCHWARCZ EM AGOSTO DE 1997.